Die Reform der Hinzurechnungsbesteuerung auf Basis der Anti Tax Avoidance Directive und ihre Bedeutung für Unternehmensakquisitionen

Europäische Hochschulschriften Recht

European University Studies in Law

Publications Universitaires Européennes de Droit

Band/Volume 6777

Julian Solowjeff

Die Reform der Hinzurechnungsbesteuerung auf Basis der Anti Tax Avoidance Directive und ihre Bedeutung für Unternehmensakquisitionen

Handlungsbedarf, Chancen und Risiken

PETER LANG

Berlin - Lausanne - Bruxelles - Chennai - New York - Oxford

Bibliografische Information der Deutschen Nationalbibliothek
Die Deutsche Nationalbibliothek verzeichnet diese Publikation in der Deutschen Nationalbibliografie; detaillierte bibliografische Daten sind im Internet über http://dnb.d-nb.de abrufbar.

Zugl.: Hohenheim, Univ., Diss., 2024

D 100
ISSN 0531-7312
ISBN 978-3-631-91369-7
EBOOK 978-3-631-91371-0
E-PUB 978-3-631-91372-7
DOI 10.3726/b21493

Verlegt durch: Peter Lang GmbH, Berlin, Deutschland

info@peterlang.com http://www.peterlang.com/

Diese Publikation wurde begutachtet.

Danksagung

An dieser Stelle möchte ich den nachstehenden Personen aufrichtig danken. Deren Unterstützung ermöglichte erst die Anfertigung meiner Dissertation.

Zuallererst gilt mein Dank Herrn Prof. Dr. Holger Kahle, meinem Doktorvater, für die Betreuung meiner Dissertation. Seine umfassende Betreuung umfasste nicht nur den fachlichen Austausch, sondern auch zahlreiche Gespräche von persönlicher Natur. Den gemeinsamen Austausch, unabhängig davon, ob dieser auf fachlicher oder persönlicher Ebene erfolgte, habe ich stets als konstruktiv und zugleich als motivierend wahrgenommen. Der Austausch wird mir als eine bereichernde Erfahrung in Erinnerung bleiben wird. Ein weiterer Dank gilt meinen beiden Mentoren, Herrn Prof. Dr. Clemens Wangler und Herrn Prof. Dr. Jürgen Haun.

Ich möchte mich ferner bei all meinen Freunden, insbesondere Maximilian Kirsch und Leonie Engeln, bedanken. Beide standen mir nicht nur im Rahmen von fachlichen Diskussionen und als Ideengeber zur Seite, sondern stellten auch stets eine persönliche Stütze dar. Ein besonderer Dank gilt meinen Großeltern, Ulrieke Dornes und Horst Menze sowie Waltraud und Paul Solowjeff, auf deren Unterstützung ich mich stets verlassen konnte. Zutiefst dankbar bin ich zuletzt meinen Eltern, Sybille und Matthias Solowjeff. Ohne ihre hilfreiche Unterstützung und ihr fortwährendes Verständnis wäre die Anfertigung meiner Dissertation nicht möglich gewesen, sodass ich diese Arbeit meinen Eltern widme.

Julian Solowjeff
Köln, im September 2023

Inhaltsverzeichnis

Abkürzungsverzeichnis

a. A.	anderer Ansicht
ABl. EU	Amtsblatt der Europäischen Union
Abs.	Absatz
abzgl.	Abzüglich
AcquiCo	Akquisitionsgesellschaft
AE	Aktuelle Entwicklungen im Wirtschafts- und Steuerrecht (Zeitschrift)
AEAO	Anwendungserlass zur AO
AEUV	Vertrag über die Arbeitsweise der Europäischen Union
a. F.	alte Fassung
AG	Aktiengesellschaft
AktG	Aktiengesetz
AO	Abgabenordnung
AOA	Authorized OECD Approach
AHRL-ÄndUmsG	Gesetz zur Umsetzung der Änderungen der EU-Amtshilferichtlinie und von weiteren Maßnahmen gegen Gewinnkürzungen und Gewinnverlagerungen
AMR	Academy of Management Review (Zeitschrift)
AmtshilfeRLUmsG	Gesetz zur Umsetzung der Amtshilferichtlinie sowie zur Änderung steuerlicher Vorschriften
AStG	Außensteuergesetz
ATAD	Anti Tax Avoidance Directive
ATADUmsG	Gesetzes zur Umsetzung der Anti-Steuervermeidungsrichtlinie
B.	Beschluss
BB	Betriebs-Berater (Zeitschrift)
BBK	Buchführung, Bilanzierung, Kostenrechnung (Zeitschrift)
BeckOK	Beck'sche Online-Kommentare
BeckRS	Beck-Rechtsprechung (Zeitschrift)
BeckVerw	Beck-Verwaltungsanweisungen (Zeitschrift)
BGB	Bürgerliches Gesetzbuch

BEPS	Base Erosion and Profit Shifting
betr.	betrifft
BewG	Bewertungsgesetz
BFH	Bundesfinanzhof
BFH/NV	Sammlung amtlich nicht veröffentlichter Entscheidungen des Bundesfinanzhofes (Zeitschrift)
BGBl	Bundesgesetzblatt
BGH	Bundesgerichtshof
BGHZ	Entscheidungen des Bundesgerichtshofes in Zivilsachen
BMF	Bundesministerium der Finanzen
BR-Drucks.	Bundesratdrucksachen
Buchst.	Buchstabe
BsGa	Betriebsstättengewinnaufteilung
BsGaV	Betriebsstättengewinnaufteilungsverordnung
bspw.	beispielsweise
BStBl	Bundessteuerblatt (Zeitschrift)
BT-Drucks.	Bundestagsdrucksachen
BVerfG	Bundesverfassungsgericht
BVerfGE	Entscheidungen des Bundesverfassungsgerichts (Zeitschrift)
bzw.	beziehungsweise
CAPM	Capital Asset Pricing-Modell
CF	Corporate Finance (Zeitschrift)
CFC	Controlled Foreign Company
DB	Der Betrieb (Zeitschrift)
DBA	Doppelbesteuerungsabkommen
DBW	Die Betriebswirtschaft (Zeitschrift)
DCF	Discounted Cash Flow
d. h.	das heißt
DK	Der Konzern (Zeitschrift)
D/P/M	Dötsch/Pung/Möhlenbrock (Kommentar)
Doppelbuchst.	Doppelbuchstabe
DStJG	Deutsche Steuerjuristische Gesellschaft (Tagungsband)
DStR	Deutsches Steuerrecht (Zeitschrift)

DStRE	Deutsches Steuerrecht Entscheidungsdienst (Zeitschrift)
DStZ	Deutsche Steuer-Zeitung (Zeitschrift)
E	Entwurf
EBIT	Earnings before Interest and Taxes
EBITDA	Earnings before Interest, Taxes, Depreciation and Amortization
ErbR	Zeitschrift für die gesamte erbrechtliche Praxis (Zeitschrift)
ErbStG	Erbschaftsteuer- und Schenkungsteuergesetz
EStÄR	Einkommensteuer-Änderungsrichtlinien
EStB	Ertrag-Steuer-Berater (Zeitschrift)
EStG	Einkommensteuergesetz
EStH	Einkommensteuer-Hinweise
EStR	Einkommensteuer-Richtlinie
ETF	Exchange Traded Fund
EU	Europäische Union
EUAHiG	EU-Amtshilfegesetz
EuGH	Gerichtshof der Europäischen Union
EUV	Vertrag über die Europäische Union
e. V.	eingetragener Verein
EWG	Europäische Wirtschaftsgemeinschaft
EWR	Europäischer Wirtschaftsraum
f.	folgende
FA	FinanzArchiv (Zeitschrift)
ff.	und folgende
FG	Finanzgericht
FinCo	Finanzierungsgesellschaft
FinMin	Finanzministerium
Fn.	Fußnote
FR	Finanz-Rundschau (Zeitschrift)
FRL	Fusionsrichtlinie
F/D	Frotscher/Drüen (Kommentar)
FS	Festschrift
F/W/B/S	Flick/Wassermeyer/Baumhoff/Schönfeld (Kommentar)
GbR	Gesellschaft des bürgerlichen Rechts

gem.	gemäß
GewStG	Gewerbesteuergesetz
GewStH	Gewerbesteuer-Hinweise
GewStR	Gewerbesteuer-Richtlinie
GG	Grundgesetz
G/K/G/K	Gosch/Kroppen/Grotherr/Kraft (Kommentar)
gl. A.	gleicher Ansicht
GLE	gleich lautende Erlasse
GloBE	Global Anti-Base Erosion
GmbH	Gesellschaft mit beschränkter Haftung
GmbHG	Gesetz betreffend die Gesellschaften mit beschränkter Haftung
GmbH-StB	GmbH-Steuerberater (Zeitschrift)
GRC	Charta der Grundrechte der Europäischen Union
GrEStG	Grunderwerbsteuergesetz
GrS	Großer Senat
h. A.	herrschende Ansicht
HGB	Handelsgesetzbuch
H/H/R	Herrmann/Heuer/Raupach (Kommentar)
H/H/Sp	Hübschmann/Hepp/Spitaler (Kommentar)
H/K/G	Haun/Kahle/Goebel (Kommentar)
h. M.	herrschende Meinung
H/M/B	Haritz/Menner/Bilitewski (Kommentar)
HoldCo	Holdinggesellschaft
Hrsg.	Herausgeber
i. d. F.	in der Fassung
IDW	Institut der Wirtschaftsprüfer in Deutschland e. V.
IER	International Economic Review (Zeitschrift)
IFA	International Fiscal Association
InsO	Insolvenzordnung
IPCo	Lizenzgesellschaft
i. S.	im Sinne
i. S. d.	im Sinne des
ISR	Internationale Steuer-Rundschau (Zeitschrift)
IStR	Internationales Steuerrecht (Zeitschrift)
IStR-Beihefter	Internationales Steuerrecht Beihefter (Zeitschrift)

IStR-LB	Internationales Steuerrecht Länderbericht (Zeitschrift)
IWB	Internationales Steuer- und Wirtschaftsrecht (Zeitschrift)
JA	Juristische Arbeitsblätter
J. Bus.	The Journal of Business (Zeitschrift)
JEL	Journal of Economic Literature (Zeitschrift)
JEP	Journal of Economic Perspectives (Zeitschrift)
JFE	Journal of Financial Economics (Zeitschrift)
J. Finance	Journal of Finance (Zeitschrift)
JPE	Journal of Political Economy (Zeitschrift)
JStG	Jahressteuergesetz
KG	Kommanditgesellschaft
koesdi	Kölner Steuerdialog (Zeitschrift)
KöMoG	Gesetz zur Modernisierung des Körperschaftsteuerrechts
K/S/M	Kirchhof/Söhn/Mellinghoff (Kommentar)
KStG	Körperschaftsteuergesetz
KStH	Körperschaftsteuer-Hinweise
KStR	Körperschaftsteuer-Richtlinie
L/B/P	Littmann/Bitz/Pust (Kommentar)
LLC	Limited Liability Company
L/S	Lenski/Steinberg (Kommentar)
MA	Musterabkommen
M&A	Mergers & Acquisitions
MergerCo	Verschmelzungsgesellschaft
MinBestRL	Mindestbesteuerungs-Richtlinie
MLI	Multilaterales Instrument
MoPeG	Gesetz zur Modernisierung des Personengesellschaftsrechts
MTRL	Mutter-Tochter-Richtlinie
n. F.	neue Fassung
Nr.	Nummer
NTJ	National Tax Journal (Zeitschrift)
NZG	Neue Zeitschrift für Gesellschaftsrecht (Zeitschrift)
NWB	Steuer- und Wirtschaftsrecht (Zeitschrift)

OECD	Organisation für wirtschaftliche Zusammenarbeit und Entwicklung
ÖStZ	Österreichische Steuerzeitung (Zeitschrift)
OFD	Oberfinanzdirektion
OpCo	Betriebsgesellschaft
PIStB	Praxis Internationale Steuerberatung (Zeitschrift)
PropCo	Besitzgesellschaft
rd.	rund
RdF	Recht der Finanzinstrumente (Zeitschrift)
REF	REthinking Finance (Zeitschrift)
RefE	Referentenentwurf
RGBl	Reichsgesetzblatt
RegE	Regierungsentwurf
Rev. Financ. Stud.	Review of Financial Studies (Zeitschrift)
RJE	The RAND Journal of Economics (Zeitschrift)
R/H/N	Rödder/Herlinghaus/Neumann (Kommentar)
R/H/vL	Rödder/Herlinghaus/van Lishaut (Kommentar)
Rn.	Randnummer
Rs.	Rechtssache
S.	Seite
SalesCo	Vertriebsgesellschaft
SenFin	Senatsverwaltung für Finanzen
ServiceCo	Dienstleistungsgesellschaft
SEStEG	Gesetz über steuerliche Begleitmaßnahmen zur Einführung der Europäischen Gesellschaft und zur Änderung weiterer steuerrechtlicher Vorschriften
S/H	Schmitt/Hörtnagl (Kommentar)
S/K/K	Strunk/Kaminski/Köhler (Kommentar)
Slg.	Sammlung der Rechtsprechung des Gerichtshofes und des Gerichts in Erster Instanz (Zeitschrift)
SMJ	Strategic Management Journal (Zeitschrift)
sog.	sogenannt
SolZG	Solidaritätszuschlaggesetz
Sondernr.	Sondernummer
StAbwG	Gesetz zur Abwehr von Steuervermeidung und unfairem Steuerwettbewerb
StÄndG	Steueränderungsgesetz

Stbg	Die Steuerberatung (Zeitschrift)
Stbp	Die steuerliche Betriebsprüfung (Zeitschrift)
StBW	Steuerberater Woche (Zeitschrift)
StEntlG	Steuerentlastungsgesetz
StSenkG	Gesetz zur Senkung der Steuersätze und zur Reform der Unternehmensbesteuerung
SteuerStud	Steuer und Studium (Zeitschrift)
Strateg. Manag. J.	Strategic Management Journal (Zeitschrift)
StuB	Unternehmensteuern und Bilanzen (Zeitschrift)
StuW	Steuer und Wirtschaft (Zeitschrift)
StVergAbG	Steuervergünstigungsabbaugesetz
SWI	Zeitschrift für internationales Steuer- und Wirtschaftsrecht (Zeitschrift)
T/K	Tipke/Kruse (Kommentar)
T/L	Tipke/Lang (Handbuch)
Tz.	Textziffer
U.	Urteil
u. a.	und andere
Ubg	Die Unternehmensbesteuerung (Zeitschrift)
UmsG	Umsetzungsgesetz
UmwG	Umwandlungsgesetz
UmwStG	Umwandlungssteuergesetz
UntStFG	Unternehmenssteuerfortentwicklungsgesetz
US	United States
USA	United States of America
v.	vom
vGA	verdeckte Gewinnausschüttung
vgl.	vergleiche
V/L	Vogel/Lehner (Kommentar)
VWG	Verwaltungsgrundsätze
WiSt	Wirtschaftswissenschaftliches Studium (Zeitschrift)
W/M	Widmann/Mayer (Kommentar)
WPg	Die Wirtschaftsprüfung (Zeitschrift)
WRP	Wettbewerb in Recht und Praxis (Zeitschrift)
WTO	World Trade Organization
YIN	Young IFA Network
z. B.	zum Beispiel

ZfB	Zeitschrift für Betriebswirtschaft (Zeitschrift)
ZfbF	Schmalenbachs Zeitschrift für betriebswirtschaftliche Forschung (Zeitschrift)
ZCG	Zeitschrift für Corporate Governance (Zeitschrift)
ZHR	Zeitschrift für das gesamte Handelsrecht und Gesellschaftsrecht (Zeitschrift)
ZGR	Zeitschrift für Unternehmens- und Gesellschaftsrecht (Zeitschrift)
zzgl.	zuzüglich

Abbildungsverzeichnis

1 Einleitung

1.1 Zwecksetzung der Hinzurechnungsbesteuerung

Aufgrund der Globalisierung sind zahlreiche Unternehmen schon seit geraumer Zeit nicht nur auf den nationalen Märkten tätig, sondern auch global und grenzüberschreitend.[1] Die Globalisierung führt zu einer Freizügigkeit des Kapitals, sodass Unternehmungen bei zahlreichen Investitionen sowohl der inländische als auch ausländische Markt zur Verfügung stehen.[2] Die Freizügigkeit des Kapitals führt dazu, dass bei Investitionsentscheidungen in- und ausländische Handlungsalternativen zu betrachten sind. Darüber hinaus werden die Standortfaktoren um den Faktor „Steuerbelastung" erweitert.[3] Es kann nämlich beobachtet werden, dass deutsche Unternehmungen unter Ausnutzung des internationalen Steuergefälles eine betriebswirtschaftliche Vorteilhaftigkeit bei Investitionen im Ausland (sog. Outbound-Investitionen) sehen und bewusst Kapital vom Inland in das Ausland transferieren.[4] Insbesondere der Umstand, dass Deutschland im internationalen Vergleich ein äußerst hohes Ertragsteuerniveau aufweist und folgerichtig als Hochsteuerland qualifiziert[5], führt zu einer

1 Vgl. *Debatin*, DB 1965a, S. 1022; *Herzig/Dautzenberg*, DB 2000, S. 13; *Homburg*, FA 1999, S. 1; *Knorr*, WiSt 1998, S. 238 ff.; *Kußmaul/Dill/Ruiner*, IWB 2010, S. 801; *Hamen u. a.*, IWB 2021, S. 807; *Menck*, IStR 2001, S. 279.

2 Vgl. *Gerken/Märkt/Schick*, Internationaler Steuerwettbewerb, 2000, S. 269; *Debatin*, DB 1965a, S. 1022; *Knorr*, WiSt 1998, S. 238 ff.; *Herzig/Dautzenberg*, DB 2000, S. 13; *Cortez*, Neuausrichtung der deutschen Hinzurechnungsbesteuerung, 2013, S. 7.

3 Vgl. auch *Herzig/Dautzenberg*, DB 2000, S. 12 f.; *Selling*, IStR 2000a, S. 225 f., *Selling*, IStR 2000b, S. 417 f.; *Beker*, DStZ 2004, S. 32 ff.; *Maiterth*, StuW 2005, S. 47 f.; *Brähler*, Internationales Steuerrecht, 2012, S. 385.

4 Vgl. BT-Drucks. IV/2412, S. 1 ff.; *Lühn*, DK 2008, S. 102 f.; *Schaumburg*, in: Schaumburg, Internationales Steuerrecht, 2017, Rn. 13.1; *Debatin*, DStZ 1962, S. 89 f.; *Debatin*, DB 1965a, S. 1023 zu den Gründen und Folgen des Steuergefälles. Siehe auch *Gerken/Märkt/Schick*, Internationaler Steuerwettbewerb, 2000, S. 5; *Hey*, DB 2018, S. 2951 ff.; *Linn*, Missbrauchsverhinderungsnormen und Standortwahl, 2007, S. 13 ff. zur Anreizsetzung des Kapitaltransfers durch den Steuerrechtsrahmen.

5 Vgl. *Köhler*, Die Steuerpolitik der deutschen internationalen Unternehmung, 1994, S. 2; *Spengel/Wiegard*, DB 2005, S. 516 ff.; *Schaumburg*, ISR 2016, S. 371; *Lang*, Die Steuerrechtsordnung, 1993, S. 31; *Cortez*, Neuausrichtung der deutschen Hinzurechnungsbesteuerung, 2013, S. 1. Unter Berücksichtigung des gewerbesteuerlichen Mindesthebesatzes in Höhe von 200 %, ergibt sich ein Mindestunternehmensteuersatz in Höhe von rd. 22,83 % (15 % × (1 – 5,5 %) – (200 % × 3,5 %). Gleichwohl darf nicht

erhöhten Attraktivität ausländischer Steuerrechtsordnungen, die oftmals eine geringere, wenn nicht sogar deutlich geringere, Ertragsteuerbelastung vorsehen.[6]

Das Ausnutzen des Steuergefälles erfolgt dadurch, dass im Ausland erzielte Einkünfte über eine ausländische Kapitalgesellschaft „vereinnahmt" werden[7], wobei diese gegenüber dem deutschen Fiskus eine Abschirmwirkung entfaltet[8]. Das Eintreten einer Abschirmwirkung thesaurierter Einkünfte lässt sich auf das im deutschen Ertragsteuerrecht für Kapitalgesellschaften geltende Trennungsprinzip zurückführen, bei dem stringent zwischen der Ebene der Gesellschaft und der des Gesellschafters zu unterscheiden ist.[9] Eine Besteuerung hat getrennt

---

vernachlässigt werden, dass zahlreiche „Ballungszentren" einen Gewerbesteuerhebesatz von deutlich über 450 % kennen (so z. B. auch *Eichfelder*, DStR 2018, S. 2398). Dies ergibt dann einen Unternehmensteuersatz in Höhe von rd. 31,58 % (15 % × (1 – 5,5 %) – (450 % × 3,5 %). Angesichts der Körperschaftsteuersätze in Belgien in Höhe von 25 %, in Frankreich in Höhe von 25,83 %, in Großbritannien in Höhe von 17 % sowie in den Niederlanden in Höhe von 20,5 % stellt Deutschland selbst im Vergleich mit europäischen Industriestaaten ein Hochsteuerland dar (vgl. *Linnemann/Weiß*, IStR 2019, S. 695; *Eichfelder*, DStR 2018, S. 2398 f.). Siehe auch *Schreiber/Kahle/Ruf*, Besteuerung der Unternehmen, 2021, S. 674 ff. ausführlich zu den steuerökonomischen Gründen des Einsatzes ausländischer Tochterkapitalgesellschaften.

6 Vgl. *Debatin*, DStZ 1962, S. 89 f.; *Debatin*, DB 1965a, S. 1023; *Schaumburg*, in: Schaumburg, Internationales Steuerrecht, 2017, Rn. 5.1 ff.; *Schaumburg*, ISR 2016, S. 371; *Quilitzsch*, Ubg 2021, S. 942; *Herbst/Schumann/Heckerodt*, Ubg 2022, S. 419.

7 Siehe auch *Schreiber/Kahle/Ruf*, Besteuerung der Unternehmen, 2021, S. 674 ff.; *Schaumburg*, ISR 2016, S. 371 ff.; *Jacobs/Endres/Spengel*, Internationale Unternehmensbesteuerung, 2016, S. 1081 f.; *Dreßler*, Gewinn- und Vermögensverlagerungen, 2007, S. 205; *Kessler/Düll*, DStR 2004, S. 1317 ff.; *Kessler/Petersen*, IStR 2007, S. 815 ff.; *Richter/Kortendick/Ekinci*, GmbHR 2020, S. 696; *Hölzemann*, IStR 2006, S. 830 ff.; *Cortez*, Neuausrichtung der deutschen Hinzurechnungsbesteuerung, 2013, S. 2 zur Motivation der Zwischenschaltung ausländischer Kapitalgesellschaften.

8 Vgl. *Burmester*, in: Burmester/Endres, FS Debatin, 1996, S. 69 ff.; *Jacobs/Endres/Spengel*, in: Jacobs, Internationale Unternehmensbesteuerung, 2016, S. 994; *Kessler/Eicke*, IStR 2006, S. 4 f.; *Lüdemann*, Die Steuerplanung der multinationalen Unternehmung, 2004, S. 38 ff.; *Schreiber*, ZfbF 1993, S. 528; *Rose/Watrin*, Internationales Steuerrecht, 2016, S. 178; *Oppel/Wittling*, BB 2022, S. 1495.

9 Vgl. *Prinz*, DB 2022a, S. 11 ff.; *Rödding/Brinkmann/Fischer*, in: Lüdicke/Sistermann, Unternehmensteuerrecht, 2018, § 14, Rn. 95; *Watrin/Eberhardt*, DStR 2013, S. 2601. Die transparente Besteuerung von Personengesellschaften kann sich aus der gesellschaftsrechtlichen Fokussierung auf die Gesellschafter und der hieraus resultierenden Unselbständigkeit der Unternehmensform ableiten lassen (so auch *Burmester*, in: Klein/Stihl/Wassermeyer, FS Flick, 1997, S. 664).

auf Gesellschafts- und Gesellschafterebene zu erfolgen. Anders als beim – auch nach dem Inkrafttreten des MoPeG[10] – für Personengesellschaften fortgeltenden Transparenzprinzip kommt es nicht zu einer Zurechnung der Einkünfte der Gesellschaft zum Gesellschafter.[11] Das Trennungsprinzip findet nicht nur auf inländische Kapitalgesellschaften Anwendung[12], sondern auch auf ausländische Gesellschaften, vorausgesetzt, sie sind nach deutsch-ertragsteuerlichen Grundsätzen als Kapitalgesellschaft einzustufen[13].

10 Vgl. Gesetz zur Modernisierung des Personengesellschaftsrechts (Personengesellschaftsrechtsmodernisierungsgesetz) vom 10.08.2021, BGBl 2021, S. 3436. Nach Ansicht des Gesetzgebers soll die Abschaffung des Gesamthandsprinzips bei der Besteuerung von Personengesellschaften zu keinen Änderungen führen (vgl. BT-Drucks. 19/27635, S. 107). Im Schrifttum wird jedoch darauf hingewiesen, dass bestimmte Vorschriften auf die Gesamthand abstellen, sodass eine künftige Anwendbarkeit offen ist (vgl. hierzu z. B. *Möhlenbrock/Haubner*, FR 2022, S. 53 ff.; *Kahle*, StuB 2022, S. 881 ff.; *Wichmann*, Stbg 2022, S. 81 ff.). Beispielhaft können § 39 Abs. 2 Nr. 2 AO, § 6 Abs. 5 Satz 3 Nr. 1 und 2 EStG sowie die §§ 5, 6 GrEStG genannt werden (vgl. *Prinz*, DB 2022, S. 15; *Jahndorf*, FR 2022, S. 708; *Loose*, DB 2022, S. 2125). Ferner ergibt sich die Frage, ob und inwiefern die zum Rechtstypenvergleich entwickelten Rechtsgrundsätze fortgelten können (vgl. *Prinz*, FR 2023, S. 4; *Linn/Maywald*, IStR 2021, S. 825).

11 Vgl. *Kahle*, FR 2022, S. 377 ff.; *Schreiber/Kahle/Ruf*, Besteuerung der Unternehmen, 2021, S. 299; *Teufel*, in: Lüdicke/Sistermann, Unternehmensteuerrecht, 2018, § 2, Rn. 1 ff.; *Altvater*, in: Kessler/Kröner/Köhler, Konzernsteuerrecht, 2018, § 11, Rn. 266. In gewisser Hinsicht besteht eine Durchbrechung des Transparenzprinzips im Hinblick auf die Gewerbesteuer, bei der Mitunternehmerschaften selbst Steuersubjekt sind. Es wird nämlich nicht der Mitunternehmer besteuert wird, sondern der Gewerbebetrieb selbst (vgl. auch *Lüdicke*, in: Lüdicke/Sistermann, Unternehmensteuerrecht, 2018, § 1, Rn. 79; *Jacobs/Scheffler/Spengel*, Unternehmensbesteuerung und Rechtsform, 2015, 287). Für Wirtschaftsjahre, die nach dem 31. Dezember 2021 beginnen, können Personenhandels- und Partnerschaftsgesellschaften zur Körperschaftsteuerbesteuerung optieren (§ 34 Abs. 1a i. V. m. § 1a KStG). Insoweit unterliegen Personenhandels- und Partnerschaftsgesellschaften dann einer intransparenten Besteuerung (vgl. *Kudert/Rein*, FR 2022, S. 976; *Stöber*, GmbHR 2022, S. 970).

12 Vgl. *Köhler*, in: Kessler/Kröner/Köhler, Konzernsteuerrecht, 2018, § 8, Rn. 1 ff.; *Frotscher*, Internationales Steuerrecht, 2020, § 7, Rn. 514 f.; *Böhmer/Mühlhausen/Oppel*, ISR 2021, S. 388; *Oppel/Wittling*, BB 2022, S. 1495.

13 Die ertragsteuerliche Qualifikation einer ausländischen Gesellschaft als Kapital- oder Personengesellschaft ist im Rahmen eines Rechtstypenvergleichs durchzuführen, wobei dem ausländischen Gesellschaftsrecht lediglich eine indizielle Wirkung zugeschrieben werden kann (vgl. BMF vom 19.03.2004, BStBl I 2004, S. 411; *Köhler*, in: S/

Der deutsche Gesetzgeber erkannte bereits im Rahmen des sog. Steueroasenberichts[14], dass die bewusste Ausnutzung von Steuergefällen aufgrund der zunehmenden Mobilität der Einkünfte zu einer Steuerflucht führt[15], der nicht nur gelegentlich missbräuchliche Maßnahmen zugrunde liegen.[16] Um diesen missbräuchlichen Gestaltungen entgegenzuwirken sowie eine ausreichende Vorbelastung sicherzustellen[17], hat der deutsche Gesetzgeber im Jahr 1972 die Hinzurechnungsbesteuerung als Gegenmaßnahme eingeführt.[18] Die Hinzurechnungsbesteuerung bewirkt, dass die passiven Einkünfte dem inländischen Steuerpflichtigen im Wege einer Quasi-Dividende zugerechnet werden, wobei weder das Teileinkünfteverfahren noch das Schachtelprivileg hierauf anzuwenden sind.[19] Ausländische Steuern sind auf die inländische Körperschaftsteuer

---

K/K, AStG/DBA, 2017, § 7 AStG, Rn. 43; *Wassermeyer*, in: F/W/B/S, Außensteuerrecht, 2018, § 7 AStG, Rn. 10).

14 Vgl. BT-Drucks. IV/2412, S. 1 ff. Siehe auch FinMin Niedersachsen vom 14.06.1965, BStBl II 1965, S. 75 zur Subsumtion von Basisgesellschaften als missbräuchliche Gestaltungen i. S. von § 42 AO. Diese Ansicht wurde von der Rechtsprechung nicht geteilt (vgl. hierzu z. B. BFH vom 17.07.1968, I 121/64, BStBl II 1968, S. 695; BFH vom 21.05.1971, III R 125/70, BStBl II 1971, S. 721; BFH vom 26.05.1982, I R 16/78, BStBl II 1982, S. 583; *Staats*, in: BeckOK AStG, AStG, 2022, Vor §§ 7–14 AStG, Rn. 34).

15 Siehe auch *Seer*, in: T/L, Steuerrecht, 2021, § 6, Rn. 29; *Schaumburg/Englisch*, in: Schaumburg/Englisch, Europäisches Steuerrecht, 2020, Rn. 8.141; *Debatin*, DStZ 1962, S. 91 f.; *Debatin*, DStZ 1972, S. 266; *Klein*, IStR 2001, S. 617; *Cortez*, SteuerStud 2011, S. 314 zu weiteren Gedanken zur Steuerflucht.

16 Vgl. *Haun/Solowjeff*, in: H/K/G, Außensteuerrecht, 2021, Vor §§ 7–13 AStG, Rn. 2; *Vogt*, in: Brandis/Heuermann, Ertragsteuerrecht, 2022, Vor §§ 7–13 AStG, Rn. 111; *Cortez*, Neuausrichtung der deutschen Hinzurechnungsbesteuerung, 2013, S. 2.

17 Vgl. BT-Drucks. 19/28652, S. 50; *Rödder*, IStR 2009, S. 875; *Schnitger*, IStR 2012, S. 290; *Heckerodt/van Lück*, IStR 2020, S. 857; *Köhler/Staats*, ISR 2021, S. 299; *Frischmuth*, IStR 2005, S. 362.

18 Vgl. BT-Drucks. IV/2412, S. 1 ff.; BT-Drucks. VI/2883, S. 1 ff.; *Schaumburg*, in: Schaumburg, Internationales Steuerrecht, 2017, Rn. 13.1 ff.; *Kahle/Willner*, Ubg 2017, S. 21; *Kraft*, in: Kraft, AStG, 2019, Vor §§ 7–14 AStG, Rn. 1 ff.; *Schaumburg/Häck*, in: Schaumburg/Peters, Internationales Steuerstrafrecht, 2021, Rn. 14.193 ff.; *Reiche*, in: Haase, AStG/DBA, 2016, § 7 AStG, Rn. 1.

19 Vgl. *Kroppen*, in: DStJG 31, Einkommen aus Kapital, 2006, S. 322; *Gosch*, in: Gosch, KStG, 2020, § 8b KStG, Rn. 25.

anzurechnen.[20] Die passiven Einkünfte werden im Ergebnis auf das inländische Besteuerungsniveau heraufgeschleust.[21]

Auch wenn das deutsche Außensteuerrecht schon seit einem halben Jahrhundert eine Hinzurechnungsbesteuerung kennt, hat diese aufgrund des BEPS-Abschlussberichts der OECD und G20 vom 5. Oktober 2015[22] erneut an Aktualität gewonnen. Das BEPS-Projekt sieht mit Aktionspunkt 3 auch umfassende Regelungen zur Hinzurechnungsbesteuerung vor.[23] Hintergrund der BEPS-Initiative war die Eindämmung des internationalen Steuerwettbewerbes.[24] Die EU hat am 12. Juli 2016 die Anti-Steuervermeidungsrichtlinie[25] sowie am 29. Mai 2017 die Anti-Steuervermeidungsrichtlinie II[26] verabschiedet. Diese sehen zahlreiche Maßnahmen gegen den internationalen Steuerwettbewerb vor[27]. Gegenstand der Richtlinie ist nach Art. 7 und 8 ATAD die

---

20 Siehe auch *Reiser/Cortez*, ISR 2013, S. 80; *Köhler*, ISR 2018a, S. 391; *Schönfeld*, StuW 2005, S. 169; FG Hessen vom 12.11.2020, 4 K 832/18, BeckRS 2020, 45902 zur fehlenden Anrechnungsmöglichkeit ausländischer Steuern auf die inländische Gewerbesteuer.

21 Vgl. *Haun/Solowjeff*, in: H/K/R, Außensteuerrecht, 2021, Vor §§ 7–13 AStG, Rn. 31; *Köhler*, in: S/K/K, AStG/DBA, 2017, Vor §§ 7–14 AStG, Rn. 21; *Eilers/Hennig*, ISR 2015, S. 428; *Schaumburg*, in: Schaumburg, Internationales Steuerrecht, 2017, Rn. 13.16 f. zur Qualifikation der Hinzurechnungsbesteuerung als Durchgriffsbesteuerung.

22 Abrufbar unter https://doi.org/10.1787/23132612.

23 Vgl. *Pinkernell*, IStR-LB 2015, S. 45; *Musil*, FR 2018, S. 935; *Heckerodt*, IStR 2019, S. 690; *Oppel/Wittling*, BB 2022, S. 1495; *Kahlenberg*, StuB 2016, S. 231; *Eilers/Hennig*, ISR 2015, S. 422 ff.; *Bärsch/Böhmer*, DB 2017, S. 567 ff.; *Frank-Fahle/Löbker*, IStR 2021, S. 44 ff.

24 Vgl. *Lehner*, StuW 1998, S. 160; *Linn*, IStR 2016, S. 645; *Haase*, Internationales und Europäisches, 2014, S. 18; *Bärsch/Barbu/Schneider*, IWB 2022, S. 104 f.; *Mitschke*, SteuerStud 2009, S: 427. Siehe auch *Kroppen*, in: DStJG 31, Einkommen aus Kapital, 2006, S. 319, der innerhalb Europas einen harten Steuerwettbewerb sieht, jedoch diesen alternativ als Steuersatzwettbewerb bezeichnet.

25 Vgl. Richtlinie (EU) 2016/1164 des Rates vom 12.07.2016 mit Vorschriften zur Bekämpfung von Steuervermeidungspraktiken mit unmittelbaren Auswirkungen auf das Funktionieren des Binnenmarkts, Abl. EU 2016 L 193/1.

26 Vgl. Richtlinie (EU) 2017/952 des Rates vom 29.05.2017 zur Änderung der Richtlinie (EU) 2016/1164 bezüglich hybrider Gestaltungen mit Drittländern, Abl. EU 2017 L 144/1.

27 Siehe auch *Reimer*, in: Schaumburg/Englisch, Europäisches Steuerrecht, 2020, Rn. 7.5; *Lehner*, StuW 1998, S. 159 ff.; *Hey*, DB 2018, S. 2951 ff.; *Fehling*, FR 2022, S. 491, Fn. 79; *Schön*, IStR 2022, S. 181 ff. zur grundsätzlichen Problematik des Steuerwettbewerbs.

Hinzurechnungsbesteuerung, wobei gemäß Art. 3 ATAD lediglich ein Mindestschutzniveau bestimmt wird.[28]

Auch wenn der Gesetzgeber in den §§ 7 bis 14 AStG a. F. bereits eine robuste Hinzurechnungsbesteuerung sah, die mit den sekundärrechtlichen Regelungen im Einklang stehen soll[29], wurde die deutsche Hinzurechnungsbesteuerung im Rahmen des ATADUmsG[30] umfassend novelliert.[31] Ergänzend sieht das StAbwG[32] eine verschärfte Hinzurechnungsbesteuerung für nicht-kooperative Staaten bzw. Gebiete vor.[33] Auf diese Regelungen wird im weiteren Verlauf dieser Arbeit allerdings nicht eingegangen. Ferner wird auch die zweite Säule des Reformpakets der OECD (Pillar II) vom 20. Dezember 2021[34] wohl zu weiteren Anpassungen der nationalen Hinzurechnungsbesteuerung führen.[35] Denn die

---

28 Vgl. *Musil*, in: Musil/Weber-Grellet, Europäisches Steuerrecht, 2022, Art. 3 ATAD, Rn. 1 ff.; *Hagemann u. a.*, IStR 2018, S. 193; *Fehling*, DB 2016, S. 2685. Siehe auch *Kahlenberg/Weiss*, IStR 2019, S. 86; *Schönfeld*, IStR 2017, S. 721 mit dem Hinweis, dass das bisherige Sekundärrecht ausschließlich eine Schrankenwirkung herbeigeführt hat.

29 Vgl. BT-Drucks. 19/28652, S. 50; a. A. *Heckerodt/van Lück*, IStR 2020, S. 863; *Schönfeld*, IStR 2017, S. 728; *Schnitger/Krüger/Nielsen*, IStR 2019, S. 346. Selbst die Begründung des Gesetzgebers ist teils widersprüchlich (vgl. *Ditz/Quilitzsch*, Ubg 2021, S. 485; *Haun/Solowjeff*, in: H/K/R, Außensteuerrecht, 2021, Vor §§ 7–13 AStG, Rn. 16).

30 Vgl. Gesetz zur Umsetzung der Anti-Steuervermeidungsrichtlinie (ATAD-Umsetzungsgesetz) vom 25.06.2021, BGBl I 2021, S. 2035.

31 Vgl. *Oppel/Wittling*, BB 2022, S. 1496; *Bärsch/Barbu/Schneider*, IWB 2022, S. 104; *Bärsch/Schneider*, DB 2022, S. 81. Gemäß Art. 11 Abs. 1 ATAD hat eine Umsetzung der europäischen Richtlinie in nationales Recht bis zum 31. Dezember 2018 erfolgen müssen (vgl. auch *Kahlenberg*, IWB 2019, S. 12; *Kahlenberg/Melkonyan*, StuW 2019, S. 188; *Oppel*, ISR 2019, S. 322; *Kraft*, FR 2020, S. 105; *Linn*, IStR 2020, S. 77; *Kraft/Hohage*, FR 2021, S. 541). Aufgrund der nicht rechtzeitigen Umsetzung wird im Schrifttum daher gefordert, dass die §§ 7 bis 14 AStG a. F. ab dem 1. Januar 2019 bis zum Inkrafttreten des neuen Rechts einer richtlinienkonformen Auslegung unterliegen (vgl. *Wassermeyer*, in: Gosch/Schnitger/Schön, FS Lüdicke, 2019, S. 613; *Dehne*, ISR 2018, S. 137; *Cloer/Niemeyer*, FR 2018, S. 1027).

32 Vgl. Gesetz zur Abwehr von Steuervermeidung und unfairem Steuerwettbewerb (Steueroasen-Abwehrgesetz) vom 25.06.2021, BGBl I 2021, S. 2056.

33 Siehe auch *Haun/Sauer*, IStR 2021, S. 923 f.; *Loose*, PIStB 2021b, S. 221 f.; *Benz/Böhmer*, DB 2021, S. 1634 f.; *Hörnicke/Quilitzsch*, ISR 2021, S. 314; *Brähler*, SteuerStud 2021, S. 831 zu den Voraussetzungen und Rechtsfolgen der verschärften Hinzurechnungsbesteuerung.

34 Abrufbar unter https://doi.org/10.1787/23132612.

35 Vgl. hierzu z. B. *Tcherveniachki/Linnemann*, DB 2022, S. 1350 ff.; *Schön*, IStR 2022, S. 191; *Rieck/Fehling*, IStR 2023, S. 80; *Dehne/Rosenberg*, DB 2022, S. 557; *Polatzky/Michelberger*, IStR 2023, S. 89 ff.; *Schnorberger u. a.*, BB 2023, S. 151 ff.

am 14. Dezember 2022 erlassene Mindestbesteuerungs-Richtlinie[36] sieht zahlreiche Regelungen zur Schaffung einer globalen Mindestbesteuerung vor.[37] Der deutsche Gesetzgeber wird daher im Detail prüfen müssen, ob und inwiefern die nationale Hinzurechnungsbesteuerung diesen Regelungen bereits entspricht.

Da Unternehmensakquisitionen betriebswirtschaftlich eine Investitionsentscheidung darstellen, werden Unternehmungen bei der Entscheidungsfindung auch die Ertragsteuerbelastung einfließen lassen müssen.[38] Handelt es sich bei der Zielgesellschaft um eine ausländische Gesellschaft, so kann sich zum einen durch das Steuergefälle eine Vorteilhaftigkeit ergeben.[39] Zum anderen darf nicht ausschließlich auf die Ertragsteuerbelastung im Ausland abgestellt werden, sondern vielmehr sind auch die Wirkungen der Hinzurechnungsbesteuerung zu eruieren und in die Gesamtbetrachtung einzubeziehen.

1.2 Problemstellung und Zielsetzung der Arbeit

Unabhängig von der zu diskutierenden Frage der ökonomischen Berichtigung der Hinzurechnungsbesteuerung wird die Wirkungsweise der Hinzurechnungsbesteuerung unter Berücksichtigung des Sinns und Zwecks nicht nur in der jüngsten Vergangenheit scharf kritisiert.[40] Der Hinzurechnungsbesteuerung wird regelmäßig der Charakter einer Strafbesteuerung zugeschrieben.[41] Dieses

---

36 Vgl. Richtlinie (EU) 2022/2523 des Rates vom 14.12.2022 zur Gewährleistung einer globalen Mindestbesteuerung für multinationale Unternehmensgruppen und große inländische Gruppen in der Union, Abl. EU 2022 L 328/1.

37 Siehe auch *Valta*, Ubg 2022, S. 303 ff.; *Schön*, IStR 2022, S. 188 ff.; *Prinz*, DB 2022, S. 1733 ff.; *Rieck/Fehling*, IStR 2023, S. 77 ff. zu einem Überblick der Regelungen von Pillar II zur Erlangung einer globalen Mindestbesteuerung.

38 Ökonomisch handelt es sich bei Steuern um einen Aufwandsfaktor und daher um einen negativen Zielbeitrag (vgl. *Debatin*, StuW 1967, S. 318; *Seer*, in: T/L, Steuerrecht, 2021, § 1, Rn. 22; *Lehner/Waldhoff*, K/S/M, EStG, 2018, § 1 EStG, Rn. A 308; *Schmidbauer*, BB 2002, S. 1252; *Jacobsen*, FR 2009, S. 162).

39 Vgl. *Debatin*, DStZ 1962, S. 89 f.; *Debatin*, DB 1965a, S. 1023; *Fehling*, FR 2022, S. 485; *Schaumburg*, ISR 2016, S. 371.

40 Vgl. *Kraft*, in: Kraft, AStG, 2019, Vor §§ 7–14 AStG, Rn. 4; *Haun/Solowjeff*, in: H/K/G, Außensteuerrecht, 2021, Vor §§ 7–13 AStG, Rn. 121 ff.; *Haase*, DStR 2019, S. 827 ff.

41 Vgl. *Schönfeld*, StuW 2005, S. 167; *Köhler*, ISR 2018a, S. 391; *Reiser/Cortez*, ISR 2013, S. 80; *Adrian/Rautenstrauch/Sterner*, DStR 2017, S. 1461; *Haase*, DStR 2019, S. 828; *Kollruss*, IStR 2017, S. 448. Insbesondere das Ziel der Hinzurechnungsbesteuerung der Sicherstellung einer angemessenen Vorbelastung veranschaulicht, dass zwar eine Niedrigbesteuerung zu vermeiden ist (vgl. BT-Drucks. VI/2883, S. 19; *Heckerodt/van Lück*, IStR 2020, S. 857; *Köhler/Staats*, ISR 2021, S. 299; *Schnitger*, IStR 2012, S. 290;

Charakteristikum lässt sich (a) zum einen auf den zu weiten Anwendungsbereich auf der Tatbestandsseite sowie (b) zum anderen auf die überschießenden Wirkungen auf der Rechtsfolgenseite zurückführen.[42] Die mögliche Fehlwirkung der Hinzurechnungsbesteuerung ergibt sich durch den (zu) weiten persönlichen und sachlichen Anwendungsbereich, der typisierend an (a) eine Beherrschung der ausländischen Gesellschaft, (b) die Erzielung von passiven Einkünften sowie (c) eine Niedrigbesteuerung anknüpft.[43] Da die Hinzurechnungsbesteuerung bewusst auf ausländische Gesellschaften abzielt, ergibt sich ferner die Problematik der Sachverhaltsaufklärung ausländischer Geschäftsvorfälle.[44]

Es kann zudem nicht vernachlässigt werden, dass der in § 8 Abs. 1 AStG a. F. und AStG inkludierte Aktivkatalog im Grundtypus seit der Einführung im Jahr 1972 nahezu unverändert blieb, obwohl dieser Teil von zentraler Natur für die deutsche Hinzurechnungsbesteuerung ist.[45] Insbesondere die fehlende Anpassung des § 8 Abs. 1 AStG a. F. und AStG an die veränderten Modalitäten der globalen und immer mehr zunehmenden digitalen Wirtschaft stößt im Schrifttum auf erhebliche Kritik.[46] Auch die Annahme einer Niedrigbesteuerung

---

Rödder, IStR 2009, S. 875; *Frischmuth*, IStR 2005, S. 362). Eine höhere Besteuerung als im Inland darf hingegen nicht gefordert werden.

42 Siehe auch *Haun/Solowjeff*, in: H/K/G, Außensteuerrecht, 2021, Vor §§ 7–13 AStG, Rn. 121 ff.; *Kraft*, in: Kraft, AStG, 2019, Vor §§ 7–14 AStG, Rn. 1 ff.; *Vogt*, in: Brandis/Heuermann, Ertragsteuerrecht, 2022, Vor §§ 7–14 AStG, Rn. 132 ff. zu den Kritikpunkten der Hinzurechnungsbesteuerung.

43 Vgl. *Haun/Solowjeff*, in: H/K/G, Außensteuerrecht, 2021, Vor §§ 7–13 AStG, Rn. 61; *Kraft*, in: Kraft, AStG, 2019, Vor §§ 7–13 AStG, Rn. 2; *Wassermeyer*, in: F/W/B/S, Außensteuerrecht, 2018, Rn. 9 ff., *Staats*, in: BeckOK AStG, AStG, 2022, Vor §§ 7–13 AStG, Rn. 3; *Schaumburg/Häck*, in: Schaumburg/Peters, Internationales Steuerstrafrecht, 2021, Rn. 14.196.

44 Vgl. *Korff/Süß*, IStR 2017, S. 905; *Gosch*, ISR 2020, S. 341; *Jacobs/Endres/Spengel*, in: Jacobs, Internationalen Unternehmensbesteuerung, 2016, S. 211. Dieser Problematik ist sich ebenfalls der Gesetzgeber bewusst. Bspw. ermöglichen die Vorschriften des § 8 Abs. 2 Satz 2 AStG a. F. und § 8 Abs. 4 AStG die Möglichkeit der Nachweiserbringung nur, wenn und soweit ein ausreichender zwischenstaatlicher Informationsaustausch gegeben ist (vgl. BT-Drucks. 19/28652, S. 57; *Vogt*, in: Brandis/Heuermann, Ertragsteuerrecht, 2022, § 8 AStG, Rn. 475; *Mann*, in: BeckOK AStG, AStG, 2022, § 8 AStG, Rn. 426).

45 Vgl. auch *Cortez*, Neuausrichtung der deutschen Hinzurechnungsbesteuerung, 2013, S. 3; *Reiser/Cortez*, Ubg 2011, S. 846.

46 Vgl. *Werra*, IStR 2001, S. 439; *Ditz/Quilitzsch*, Ubg 2021, S. 488; *Haun/Solowjeff*, in: H/K/G, Außensteuerrecht, 2021, Vor §§ 7–13 AStG, Rn. 121, *Quilitzsch/Engelen*, FR 2018,

beim Unterschreiten einer Ertragsteuerbelastung von 25 % scheint nicht mehr zeitgerecht zu sein, sodass infrage gestellt werden kann, ob und inwiefern die nationale Ausgestaltung der Hinzurechnungsbesteuerung ihrem eigentlichen Ziel gerecht wird.[47] Auf der Rechtsfolgenseite besteht eine nicht nur unwesentliche Problematik darin, dass die Wirkungsweise der Hinzurechnungsbesteuerung einer Anrechnungsmethode ähnelt.[48] Kritisch zu betrachten ist, wenn eine ausländische Steuer nicht oder nur teilweise auf die deutsche Steuer angerechnet werden kann und hierdurch das deutsche Besteuerungsniveau überschritten wird.[49]

Diese Arbeit zielt darauf ab, typische Problembereiche der Hinzurechnungsbesteuerung im Rahmen von Unternehmensakquisitionen für ausgewählte Fallkonstellationen zu untersuchen. Der Untersuchungsgegenstand wird sowohl das alte als auch neue Außensteuerrecht sein. Hierdurch sollen die Abweichungen zwischen den beiden Rechtsständen bzw. die Reichweite der Reform durch das ATADUmsG[50] veranschaulicht werden. Ergänzend sollen allgemeine Gedanken erfolgen, ob und inwiefern das nationale Außensteuerrecht in der Fassung des ATADUmsG[51] mit der Anti-

---

S. 295 f.; *Kraft*, IStR 2010, S. 379 f.; *Haas/Wünnemann*, IStR 2018, S. 380; *Engelke/Hoffmann*, BB 2019, S. 1565.

47 Vgl. *Wassermeyer/Schönfeld*, in: F/W/B/S, Außensteuerrecht, 2017, § 8 AStG, Rn. 701; *Roser*, IStR 2000, S. 79; *Haase*, ISR 2017, S. 351; *Haase/Nürnberg*, Ubg 2020, S. 3; *Dörr/Fehling*, NWB 2007, S. 2549; *Engelke/Hoffmann*, BB 2019, S. 1567; *Röder*, StuW 2020, S. 46.

48 Vgl. *Debatin*, DB 1978, S. 1195; *Burmester*, in: Klein/Stihl/Wassermeyer, FS Flick, 1997, S. 677; *Schönfeld*, StuW 2005, S. 167; *Schönfeld*, Hinzurechnungsbesteuerung und Europäisches Gemeinschaftsrecht, 2005, S. 145 f.; *Haun/Solowjeff*, in: H/K/G, Außensteuerrecht, 2021, Vor §§ 7–13 AStG, Rn. 4 und 31.

49 Siehe auch *Köhler*, in: S/K/K, AStG/DBA, 2017, Vor §§ 7–14 AStG, Rn. 22; *Vogt*, in: Brandis/Heuermann, Ertragsteuerrecht, 2022, § 10 AStG, Rn. 62; *Mann*, in: BeckOK AStG, AStG, 2022, § 8 AStG, Rn. 461; *Henkel/Klein*, in: Mössner u. a., Steuerrecht international tätiger Unternehmen, 2018, Rn. 8.98; *Oppel/Wittling*, BB 2022, S. 1500; *Linn*, IStR 2020, S. 79; *Ditz u. a.*, DStR 2020, S. 79; *Micker*, ISR 2021, S. 428; *Kühn/Schienke-Ohletz*, BB 2020, S. 1562 zur Gefahr von Anrechnungsüberhängen aufgrund der fehlenden Anrechnungsmöglichkeit bei der Gewerbesteuer.

50 Vgl. Gesetz zur Umsetzung der Anti-Steuervermeidungsrichtlinie (ATAD-Umsetzungsgesetz) vom 25.06.2021, BGBl I 2021, S. 2035.

51 Vgl. Gesetz zur Umsetzung der Anti-Steuervermeidungsrichtlinie (ATAD-Umsetzungsgesetz) vom 25.06.2021, BGBl I 2021, S. 2035.

Steuervermeidungsrichtlinie[52] in Einklang steht. Diese Arbeit fokussiert sich nicht nur auf die Problembereiche, sondern zeigt auch Handlungsalternativen auf, welche zur Optimierung der Wirkungen der Hinzurechnungsbesteuerung herangezogen werden können.

1.3 Gang der Untersuchung

Diese Arbeit ist in zehn Kapitel untergliedert. Nach einer allgemeinen Übersicht der (a) Zwecksetzung der nationalen Hinzurechnungsbesteuerung sowie (b) der Problemstellung und Zielsetzung dieser Arbeit im Einleitungsteil werden in Kapitel 2 die ökonomischen und unionsrechtlichen Grundlagen von Unternehmensakquisitionen sowie der Hinzurechnungsbesteuerung gelegt. Hierzu werden in Kapitel 2.1 die ökonomischen Gründe und Treiber von Unternehmensakquisitionen dargelegt. Aufgrund der ökonomischen Einordnung von Unternehmensakquisitionen als eine Investitionsentscheidung werden in Kapitel 2.2 die ökonomischen Prinzipien der internationalen Besteuerung sowie in Kapitel 2.3 die ökonomischen und verfassungsrechtlichen Anforderungskriterien einer gerechten Besteuerung ausgearbeitet. Das Kapitel 2.4 widmet sich der Problematik der Minderbesteuerung.

Unter Berücksichtigung dieser Erkenntnisse werden in Kapitel 2.5.1 und 2.5.2 die Notwendigkeit und Rechtfertigung steuerlicher Gegenmaßnahmen einschließlich der Hinzurechnungsbesteuerung aufgezeigt. In Kapitel 2.5.3 wird dargelegt, welchen ökonomischen Kritikpunkten die Hinzurechnungsbesteuerung ausgesetzt ist, wobei auch die Fehlwirkungen der Hinzurechnungsbesteuerung exemplarisch bei Unternehmensakquisitionen veranschaulicht werden. Abschließend umfasst Kapitel 2.6 unionsrechtliche Grundlagen, wobei zum einen dargelegt wird, welcher Konnex zwischen der Ökonomie und dem Unionsrecht besteht, und zum anderen, welche Auswirkungen das Unionsrecht auf die nationale Gesetzgebung bei der Hinzurechnungsbesteuerung hat. Kapitel 3 schafft die steuerrechtlichen Grundlagen der Hinzurechnungsbesteuerung und umfasst hier neben den nationalen Regelungen der §§ 7 bis 14 AStG a. F. sowie §§ 7 bis 13 AStG auch die Grundlagen zu Art. 7 und 8 ATAD.

52 Vgl. Richtlinie (EU) 2016/1164 des Rates vom 12.07.2016 mit Vorschriften zur Bekämpfung von Steuervermeidungspraktiken mit unmittelbaren Auswirkungen auf das Funktionieren des Binnenmarkts, Abl. EU 2016 L 193/1.

Der Hauptteil dieser Arbeit befindet sich unter anderem in den Kapiteln 4 bis 8, wobei Kapitel 4 bis 7 auf der Tatbestandsseite und Kapitel 8 auf der Rechtsfolgenseite anknüpfen. In den Kapiteln 4 bis 8 wird auf Grundlage diverser Fallkonstellationen vergleichend dargestellt, welche Änderungen sich im nationalen Außensteuerrecht infolge der Novellierung ergeben. Des Weiteren werden die vorgenannten Fallkonstellationen im Lichte der Vorgaben der ATAD beleuchtet.

Kapitel 4 behandelt die Rechtsfrage, ob und inwiefern überhaupt eine Beteiligung vorliegt. Kapitel 5 thematisiert die Voraussetzung der Mehrheitsbeteiligung. Da die ATAD im Vergleich zum AStG a. F. ein erheblich abweichendes Beherrschungskonzept kennt, stellt sich die Frage, ob und inwiefern die Umsetzung im AStG den europäischen Voraussetzungen genügt. In Kapitel 6 werden wiederum Handlungsmöglichkeiten untersucht, durch welche eine Niedrigbesteuerung vermieden werden kann. Denn insoweit definiert die ATAD nur einen Mindeststeuersatz, lässt andererseits auch einen höheren Steuersatz als Niedrigsteuergrenze zu. Kapitel 7 umfasst Überlegungen zur Umqualifizierung passiver Einkünfte in aktive Einkünfte. Diese Überlegungen beruhen im Wesentlichen auf der funktionalen Betrachtungsweise, sodass es zu prüfen gilt, ob und inwiefern eine derartige wirtschaftliche Betrachtung im Einklang mit der ATAD steht.

Auf der Rechtsfolgenseite werden mit Kapitel 8 Handlungsalternativen aufgezeigt, durch die auf die Hinzurechnung als Rechtsfolge selbst Einfluss genommen werden kann. Die Handlungsalternativen auf der Rechtsfolgenseite lassen sich in (a) die Ermittlung des Hinzurechnungsbetrags in Kapitel 8.1, (b) die Zurechnung des Hinzurechnungsbetrags in Kapitel 8.2 sowie (c) die Nutzungsmöglichkeit von Verlusten in Kapitel 8.3 unterteilen. In den Kapiteln 8.1 bis 8.3 wird damit dargestellt, welche Änderungen sich bei der Ermittlung und Zuordnung des Hinzurechnungsbetrags ergeben. Des Weiteren werden die Themenbereiche (a) der Organgesellschaft als Hinzurechnungsempfänger in Kapitel 8.4 sowie (b) der fehlenden Gewerbesteuerpflicht des Hinzurechnungsbetrags in Kapitel 8.5 diskutiert. Die Kapitel 8.4 und 8.5 widmen sich folglich zwei Sonderthemen des nationalen Ertragsteuerrechts, zu denen es an Regelungen innerhalb der ATAD fehlt.

In einer abschließenden rechtskritischen Auseinandersetzung werden die zuvor erlangten Erkenntnisse in Kapitel 9 im Hinblick auf die Vereinbarkeit mit der ATAD zusammengefasst. Es wird damit in Kapitel 9 dargelegt, ob und inwiefern die Umsetzung der ATAD im nationalen Außensteuerrecht in einem ausreichenden Umfang oder überschießend erfolgte bzw. Nachbesserungsbedarf besteht, um den Anforderungen der ATAD gerecht zu werden. Eine rechtskritische Auseinandersetzung der nationalen Umsetzung der ATAD ist aus ökonomischer Sicht zwingend notwendig, da das Unionsrecht ebenfalls als rechtlicher Ordnungsrahmen der Ökonomie zu verstehen ist, durch den die ökonomischen Leitprinzipien rechtssicher umgesetzt und angewendet werden. Die Arbeit fasst in Kapitel 10 thesenförmig die in den Kapiteln 4 bis 8 herausgearbeiteten Handlungsalternativen sowie in Kapitel 9 dargestellten Kritikpunkte zusammen.

2 Prinzipien der Besteuerung und Gründe für Unternehmensakquisitionen

2.1 Hintergründe von Unternehmensakquisitionen

2.1.1 Betriebswirtschaftliche Definition von Umstrukturierungen

Bei der Begrifflichkeit „Umstrukturierung" handelt es sich um einen nicht rechtlich definierten Terminus.[53] Sowohl die Wirtschafts- als auch Rechtswissenschaft verwenden diese Begrifflichkeit innerhalb eines weiten Sprachgebrauchs, ohne jedoch eine trennscharfe Abgrenzung zwischen den einzelnen Erscheinungsformen vorzunehmen.[54] Der Terminus der Umstrukturierung wird vordergründig als Umwandlung, Restrukturierung, Sanierung sowie Unternehmenstransaktion verstanden[55], wobei diese stets auf die Absicherung oder den Ausbau der Ertragslage abzielen. Umstrukturierungen führen generell zu einer Veränderung der Unternehmensstruktur.[56] Es kommt somit zu einer Änderung des Unternehmensaufbaus.[57] Die Änderung der Unternehmensstruktur stellt nicht nur eine kurz- oder mittelfristige Anpassung dar, sondern eine Adaption des langfristigen Unternehmensgebildes.[58]

---

53 Siehe auch *Stangl*, in: Kessler/Kröner/Köhler, Konzernsteuerrecht, 2018, § 4, Rn. 206; *Arnold*, Umstrukturierung inländischer Konzerne, 2015, S. 12; *Förster*, Umstrukturierung deutscher Tochtergesellschaften, 1991, S. 14; *Kraft*, in: DStJG 43, Umstrukturierung und Steuerrecht, 2020, S. 34 f.; *Heidecke/Schmidtke/Wilmanns*, Funktionsverlagerung & Verrechnungspreise, 2017, S. 21.

54 Vgl. *Kraft*, in: Kraft/Edelmann/Bron, UmwStG, 2019, Grundlagen, Rn. 120; *Kraft*, in: DStJG 43, Umstrukturierung und Steuerrecht, 2020, S. 34, welcher die Begrifflichkeit der Umstrukturierung als einen heterogen gebrauchten Terminus bezeichnet.

55 Vgl. auch *Heidecke/Schmidtke/Wilmanns*, Funktionsverlagerung & Verrechnungspreise, 2017, S. 21; *Grotherr*, BB 1994, S. 1970 ff.; *Stangl*, in: Kessler/Kröner/Köhler, Konzernsteuerrecht, 2018, § 4, Rn. 206; *Kraft*, in: Kraft/Edelmann/Bron, UmwStG, 2019, Grundlagen, Rn. 482 ff.; *Kraft*, in: DStJG 43, Umstrukturierung und Steuerrecht, 2020, S. 34 f.; *Förster*, Umstrukturierung deutscher Tochtergesellschaften, 1991, S. 14 ff.

56 Vgl. hierzu z. B. *Arnold*, Umstrukturierung inländischer Konzern, 2015, S. 12.

57 Vgl. *Arnold*, Umstrukturierung inländischer Konzerne, 2015, S. 12; *Förster*, Umstrukturierung deutscher Tochtergesellschaften, 1991, S. 14; *Henze*, BB 2001, S. 60.

58 Vgl. *Förster*, Umstrukturierung deutscher Tochtergesellschaften, 1991, S. 14; *Kraft*, in: DStJG 43, Umstrukturierung und Steuerrecht, 2020, S. 35; *Arnold*, Umstrukturierung inländischer Konzerne, 2015, S. 12. Bei Prozessen handelt es sich hingegen um

Ein wesentlicher Faktor von Umstrukturierungen geht von der Inhaber- und Eigentümerstruktur aus, da diese die Entscheidungsträger darüber sind, ob und inwiefern eine Umsetzung erfolgen soll.[59] Die Einflussnahme der Inhaber ergibt sich nicht nur aus dem langfristigen Charakter von Umstrukturierungen, sondern auch aus dem Gesellschaftsrecht[60]. Das betriebswirtschaftliche Begriffsverständnis wird auch durch den Bundesfinanzhof als Repräsentanz der Steuerrechtswissenschaften getragen. In seiner Rechtsprechung[61] zur Liebhaberei (Fehlen einer Gewinnerzielungsabsicht) stellt er auf „betriebswirtschaftlich sinnvolle Umstrukturierungen" ab.[62] Nach Ansicht des Bundesfinanzhofs sei das Vorliegen der Gewinnerzielungsabsicht anzuerkennen, wenn die Maßnahmen dazu geeignet sind, aus Sicht eines wirtschaftlich vernünftigen Betriebsinhabers eine profitable Situation in überschaubarer Zeit herzustellen.[63] Durch die Verwendung der Begrifflichkeit der Maßnahme wird ersichtlich, dass ebenfalls die Finanzrechtsprechung

---

kurzfristige bzw. allenfalls mittelfristige Unternehmenselemente, sodass eine Prozessanpassung auf den Aufbau des Unternehmens keinen Einfluss hat (vgl. *Kraft*, in: DStJG 43, Umstrukturierung und Steuerrecht, 2020, S. 35).

59 Vgl. *Bethel/Liebeskind*, Strateg. Manag. J. 1993, S. 15 ff.; *Kraft*, in: DStJG 43, Umstrukturierung und Steuerrecht, 2020, S. 35.

60 So bedarf z. B. ein Verschmelzungsvertrag nach § 13 Abs. 1 Satz 1 UmwG einen Gesellschafterbeschluss (vgl. auch *Winter*, in: S/H, UmwG/UmwStG, 2020, § 13 UmwG, Rn. 1 ff.; *Zimmermann*, in: Kallmeyer, UmwG, 2020, § 13 UmwG, Rn. 1 ff.; *Heckschen*, in: W/M, Umwandlungsrecht, 2022, § 13 UmwG, Rn. 1 ff.; *Gehling*, in: Semler/Stengel/Leonard, UmwG, 2021, § 13 UmwG, Rn. 1 ff.). Dieses Erfordernis besteht hierbei nicht nur für Verschmelzungen, sondern auch bei einer Spaltung sowie einem Formwechsel (vgl. BMF vom 11.11.2011, BStBl I 2011, S. 1314, Rn. 01.12 und 01.17 zur Anwendbarkeit der Vorschriften des UmwG).

61 Vgl. BFH vom 21.07.2004, X R 33/03, BStBl II 2004, S. 1063.

62 Vgl. BFH vom 04.06.2019, IV B 69/08, BFH/NV 2009, S. 1644; BFH vom 05.03.2013, X B 98/11, BFH/NV 2013, S. 924; BFH vom 23.08.2017, X R 27/16, BFH/NV 2018, S. 36; *Roser*, in: Gosch, KStG, 2020, § 8 KStG, Rn. 71 ff.; *Meyer*, in: BeckOK EstG, EStG, 2022, § 4 EStG, Rn. 748 f.; *Musil*, in: H/H/R, EStG/KStG, 2020, § 2 EStG, Rn. 442 ff.; *Kirchhof*, in: K/S/M, EStG, 2021, § 2 EStG, Rn. B 125 ff.; *Loschelder*, in: Schmidt, EStG, 2022, § 12 EStG, Rn. 16. Siehe auch *Dreßler*, StBp 2019, S. 252; *Wacker*, in: Schmidt, EStG, 2022, § 15 EStG, Rn. 34; *Bodden*, in: Korn, EStG, 2021, § 2 EStG, Rn. 75; *Bode*, in: Brandis/Heuermann, Ertragsteuerrecht, 2022, § 15 EStG, Rn. 45 zur Berücksichtigung betriebswirtschaftlicher Gründe als Wertungsmaßstab im Ertragsteuerrecht.

63 Vgl. BFH vom 21.07.2004, X R 33/03, BStBl II 2004, S. 1063; so auch *Stapperfend*, in: H/H/R, EStG/KStG, 2022, § 15 EStG, Rn. 1045; *Wacker*, in: Schmidt, EStG, 2022, § 15 EStG, Rn. 34; *Korn*, in: Korn, EStG, 2021, § 15 EStG, Rn. 304.

Umstrukturierungen als einen betriebswirtschaftlichen Terminus und daher als ein Synonym für geänderte Unternehmensstrukturen ansieht.[64]

Folglich ist die Begrifflichkeit der Umstrukturierung auch im Steuerrecht weit auszulegen, sodass eine Beschränkung auf den Wortlaut oder Sinn und Zweck einer steuerlichen Rechtsnorm fern ist.[65] Diese Würdigung beschränkt sich nicht nur auf die steuerrechtliche Materie, sondern gilt allgemein für die Rechtswissenschaften. Zwar sieht § 1 Abs. 1 UmwG eine abschließende Aufzählung vor, welche Vorgänge als Umwandlung anzusehen sind[66], diese Aufzählung kann jedoch keinesfalls mit einer abschließenden Definition der Umstrukturierung gleichgesetzt werden.[67] Es handelt sich bei Umwandlungen nur um einen rechtlichen Teilaspekt der Umstrukturierungen, da zahlreiche Maßnahmen auch außerhalb des UmwG rechtlich möglich sind.[68]

2.1.2 Motive von Unternehmenstransaktionen bei börsennotierten Unternehmen

Längst beschränken sich die globalen Märkte nicht mehr auf Produkte und Dienstleistungen, sondern umfassen ebenfalls Unternehmenstransaktionen.[69]

---

64 Siehe auch *Kraft*, in: DStJG 43, Umstrukturierung und Steuerrecht, 2020, S. 36 ff. mit weiterführenden Gedanken.

65 Vgl. *Hey*, in: T/L, Steuerrecht, 2021, § 8, Rn. 421; *Benecke/Beinert*, FR 2010, S. 1120 ff.; *Kraft*, in: DStJG 43, Umstrukturierung und Steuerrecht, 2020, S. 36; *Grotherr*, BB 1994, S. 1970 ff. Siehe auch *Haase*, in: Haase/Hofacker, UmwStG, 2021, § 1 UmwStG, Rn. 2 mit einer Übersicht der auf Umstrukturierungen anzuwenden Steuerrechtsvorschriften.

66 Vgl. *Heckschen*, in: W/M, Umwandlungsrecht, 2020, § 1 UmwG, Rn. 345; *Decker*, in: Henssler/Strohn, Gesellschaftsrecht, 2021, § 1 UmwG, Rn. 2; *Marsch-Barner/Oppenhoff*, in: Kallmeyer, UmwG, 2020, § 1 UmwG, Rn. 6 ff.; *Hörtnagl*, in: S/H, UmwG/UmwStG, § 1 UmwStG, Rn. 1 zur Begrifflichkeit der Umwandlung im rechtlichen Sinne.

67 Vgl. *Kraft*, in: DStJG 43, Umstrukturierung und Steuerrecht, 2020, S. 36; *Förster*, DStR 2020, S. 865 ff.; *Bron*, DStR 2020, S. 1009 ff.; *Micker*, Ubg 2019, S. 504 ff.

68 Vgl. *Hennrichs*, in: T/L, Steuerrecht, 2021, § 14, Rn. 9; *Heckschen*, in: W/M, Umwandlungsrecht, 2020, § 1 UmwG, Rn. 404; *Decker*, in: Henssler/Strohn, Gesellschaftsrecht, 2021, § 1 UmwG, Rn. 2. Siehe z. B. auch *Roderburg*, in: Scherer, Unternehmensnachfolge, 2020, § 30, Rn. 10; *Hierstetter*, in: Prinz/Witt, Steuerliche Organschaft, 2019, Rn. 20.31, die explizit die Anwachsung als Umwandlung außerhalb des UmwG bezeichnen.

69 Vgl. *Jensen/Ruback*, JFE 1983, S. 5 ff.; *Jensen*, JEP 1988, S. 22 ff., *Schiessl*, in: Meyer-Sparenberg/Jäckle, Beck'sches M&A-Handbuch, 2022, § 1, Rn. 1 ff.; *Picot*, Handbuch Mergers & Acquisitions, 2012, S. 2 ff.; *Kraft*, in: DStJG 43, Umstrukturierung und Steuerrecht, 2020, S. 53 ff.

Hierbei lassen sich Unternehmenstranskationen in Unternehmensveräußerungen und Unternehmensakquisitionen unterteilen. In den letzten Jahren hat sich die letztere Form, nämlich die Unternehmensakquisitionen, immer mehr als übliches Instrument der Unternehmensführung neben internen Umstrukturierungen entwickelt.[70] Aufgrund der sich deutlich schneller entwickelnden Märkte können Unternehmen dem globalen Wettbewerb gewöhnlich nur begegnen, wenn diese über ihr organisches Wachstum hinaus ihre Markposition stärken, was das Erfordernis von Unternehmensübernahmen begründet.[71] Selbst unter Berücksichtigung unternehmensinterner Strukturanpassungen stößt die jeweilige Unternehmung an ihre Grenzen und kann die Unternehmensziele nur durch externe Umstrukturierungen in Form von Unternehmensakquisitionen erreichen.[72] Deshalb entwickelte sich historisch ein überregionaler und mittlerweile globaler Unternehmensmarkt, wobei durch die Globalisierung und Digitalisierung immer mehr Unternehmen mit dieser Problematik konfrontiert sind.[73]

Die ökonomischen Motive von Unternehmensakquisitionen können empirisch insbesondere bei kapitalmarktorientierten Unternehmen beobachtet

70 Vgl. *Müller-Stewens/Kunisch/Binder*, Mergers & Acquisitions, 2016, S. 12; *Eichner*, CF 2017, S. 190 ff.; *Strauss*, BB 2018, S. 1; *Picot*, Handbuch Mergers & Acquisitions, 2012, S. 2.

71 Vgl. *Dryander/Raettig*, in: Schalast/Raettig, Grundlagen des M&A-Geschäfts, 2018, S. 24 f.; *Rosengarten*, in: Meyer-Sparenberg/Jäckle, Beck'sches M&A-Handbuch, 2017, § 4 Rn. 30 ff.; *Engelhardt*, Mergers & Acquisitions, 2017, S. 25 ff.; *Dreher/Ernst*, Mergers & Acquisitions, 2021, S. 24.

72 Vgl. *Lee/Lieberman*, SMJ 2010, S. 140 ff.; *Becker/Ulrich/Zimmermann*, DB 2014, S. 789 ff.; *Knott*, in: Knott, Unternehmenskauf, 2019, Kapitel I, Rn. 3.

73 Vgl. *Knorr*, WiSt 1998, S. 238 ff.; *Dreher/Ernst*, Mergers & Acquisitions, 2021, S. 18 ff.; BFH vom 04.06.2019, IV B 69/08, BFH/NV 2009, S. 1644; BFH vom 05.03.2013, X B 98/11, BFH/NV 2013, S. 924; BFH vom 23.08.2017, X R 27/16, BFH/NV 2018, S. 36. Siehe auch *Roser*, in: Gosch, KStG, 2020, § 8 KStG, Rn. 71 ff.; *Meyer*, in: BeckOK EstG, EStG, 2022, § 4 EStG, Rn. 748 f.; *Musil*, in: H/H/R, EStG/KStG, 2020, § 2 EStG, Rn. 442 ff.; *Kirchhof*, in: K/S/M, EStG, 2021, § 2 EStG, Rn. B 125 ff.; *Loschelder*, in: Schmidt, EStG, 2022, § 12 EStG, Rn. 16. Waren in der Vergangenheit Unternehmenstransaktionen eher ein Instrument großer Konzerne, kann jüngst beobachtet werden, dass nun ebenfalls mittelständische Unternehmen dieses Instrument heranziehen, um den Anforderungen der Globalisierung und Digitalisierung Herr zu werden (vgl. *Müller-Stewens/Kunisch/Binder*, Mergers & Acquisitions, 2016, S. 3; *Picot*, Handbuch Mergers & Acquisitions, 2019, S. 2).

werden.[74] Von *Copeland/Weston*[75] werden die Motive von Unternehmenstransaktionen in (a) Efficiency, (b) Information, (c) Agency Problems, (d) Market Power sowie (e) Taxes unterteilt. Zu einer etwas detaillierteren, aber dennoch vergleichbaren Kategorisierung kommen *Brealey/Myers/Allen*[76], die in einem ersten Schritt zwischen validen und dubiosen Motiven unterscheiden möchten. Unter den validen Motiven sind die empirisch messbaren Kategorien (a) Economies of Scale, (b) Economies of Vertical Integration, (c) Combining Complementary Resources, (d) Unused Tax Shields, (e) Use for Surplus Funds sowie (f) Eliminating Inefficiencies zu verstehen.[77] Bei den dubiosen Motiven handelt es sich um die kaum nachweisbaren Kategorien (a) Diversification, (b) Bootstrap, (c) Earnings per Share sowie (d) Lower Financing Costs.[78] Ergänzend unterscheidet *Förster*[79] die Motive danach, ob diese von unternehmensinterner oder unternehmensexterner Natur sind.[80]

---

74 Vgl. *Kraft*, in: DStJG 43, Umstrukturierung und Steuerrecht, 2020, S. 39; *Jansen*, Mergers & Acquisitions, 2016, S. 30. Dies ist die Folge aus der erhöhten Transparenzverpflichtung von kapitalmarktorientierten Unternehmen, welche einen Gläubigerschutz sicherstellen soll. Siehe z. B. auch *Kahle/Dahlke*, DStR 2007, S. 313 ff.; *Böcking/Herold/Müßig*, DK 2004, S. 664 ff.; *Theile*, GmbHR 2001, S. 897; *Peemöller/Spanier/Weller*, BB 2002, S 1799 ff. vor dem Hintergrund der Rechnungslegung.

75 Vgl. *Copeland/Weston*, Financial Theory and Corporate Policy, 2005, S. 683 ff.

76 Vgl. *Brealey/Myers/Allen*, Principles of Corporate Finance, 2020, S. 831 ff.

77 Vgl. *Kraft*, in: DStJG 43, Umstrukturierung und Steuerrecht, 2020, S. 45 f.; *Stratz/Hettler*, in: Hettler/Stratz/Hörtnagl, Beck'sches Mandatshandbuch Unternehmenskauf, 2013, § 1, Rn. 24; *Picot*, Handbuch Mergers & Acquisitions, 2012, S. 4 ff. Siehe auch *Brealey/Myers/Allen*, Principles of Corporate Finance, 2020, S. 837 ff. mit dem Hinweis, dass sich die validen Motive anhand der Earnings per Share oder den Kapitalkosten messen lassen.

78 Vgl. *Kraft*, in: DStJG 43, Umstrukturierung und Steuerrecht, 2020, S. 46; *Brealey/Myers/Allen*, Principles of Corporate Finance, 2020, S. 836 ff. Siehe auch *Bowman/Singh*, Strateg. Manag. J. 1993, S. 8 ff. zur Unterscheidung zwischen Portfoliorestrukturierungen, finanziellen und organisatorische Restrukturierungen.

79 Vgl. *Förster*, Umstrukturierung deutscher Tochtergesellschaften, 1991, S. 19 ff.

80 Unternehmensinterne Motive liegen vor, wenn das Unternehmen sich selbst dazu entscheidet, die Unternehmensgröße zu verändern, wobei dieses Motiv dem Grunde nach losgelöst von externen Einflussfaktoren ist (vgl. *Bühner/Walter*, DB 1977, S. 1205 ff.; *Bühner*, DB 1986, S. 2341 ff.; *Dirrigl*, DB 1990, S. 185 ff.; *Eisenführ*, ZfB 1970, S. 725 ff.; *Jakob*, Die steuerliche Behandlung der Unternehmungsteilung, 1983, S. 37 ff.). Von unternehmensexternen Motiven wird gesprochen, wenn eine Strukturveränderung durch eine Markentwicklung, durch technische Entwicklungen oder durch gesetzliche

2.1.2.1 Valide Motive

Einer der wesentlichsten Punkte der validen Motive zielt auf die Schaffung von Kostenvorteilen ab.[81] Die Größen- und Verbundeffekte versuchen einen Kostenvorteil durch die Erlangung von Synergien zu erlangen, wobei sich diese wie folgt unterteilen lassen[82]:

- **Economies of Scale:** Unter den Economies of Scale ist die betriebswirtschaftliche Größenbeziehung zwischen der Produktion und der Wirtschaftlichkeit zu verstehen.[83] Das Unternehmen wird bestreben, steigende Skalenerträge (sog. Niveaugrenzprodukte) im Falle einer Unternehmenstransaktion zu generieren.[84] Steigende Skalenerträge liegen vor, wenn die Produktion sich

---

oder andere hoheitliche Einflüsse getrieben wird (vgl. *Meffert*, DBW 1989, S. 445 ff.; *Wildemann*, DBW 1990, S. 309 ff.; *Kraft*, in: DStJG 43, Umstrukturierung und Steuerrecht, 2020, S. 40; *Schmidt*, BB 1989, S. 1596; *Picot*, ZfbF 1990, S. 119 ff.; *Jakob*, Die steuerliche Behandlung der Unternehmungsteilung, 1983, S. 34 ff.; *Ulrich*, Unternehmungspolitik, 1978, S. 80 ff.).

81 Vgl. *Martin/McConnell*, J. Finance 1991, S. 671; *Jensen*, JEP 1988, S. 28 ff.; *Dirrigl*, DB 1990, S. 185 ff.; *Förster*, Umstrukturierung deutscher Tochtergesellschaften im Ertragsteuerrecht, 1991, S. 19 ff.; *Müller-Stewens/Kunisch/Binder*, Mergers & Acquisitions, 2016, S. 13; *Graewe*, BB 2020, S. 2542; *Dreher/Ernst*, Mergers & Acquisitions, 2021, S. 24; *Picot*, Handbuch Mergers & Acquisitions, 2012, S. 11.

82 Siehe auch *Prechtl*, in: Petersen/Zwirner, Handbuch Unternehmensbewertung, 2017, Kapitel F, Berücksichtigung von Synergien bei der Unternehmensbewertung, Rn. 1 ff.; *Dirrigl*, DB 1990, S. 185 ff.; *Copeland/Weston/Shastri*, Financial Theory and Corporate Policy, 2005, S. 728 f.; *Stratz/Hettler*, in: Hettler/Stratz/Hörtnagl, Beck'sches Mandatshandbuch Unternehmenskauf, 2013, § 1, Rn. 24; *Graewe*, BB 2020, S. 2539 ff.; *Kraft*, in: DStJG 43, Umstrukturierung und Steuerrecht, 2020, S. 41 ff.; *Gaughan*, Mergers, Acquisitions, and Corporate Restructurings, 2018, S. 157 f. zur Begrifflichkeit der Synergie bzw. Synergieeffekte.

83 Vgl. *Brealey/Myers/Allen*, Principles of Corporate Finance, 2020, S. 833; *DePamphilis*, Mergers, Acquisitions, and Other Restructuring Activities, 2019, S. 6; *Kraft*, in: DStJG 43, Umstrukturierung und Steuerrecht, 2020, S. 42; *Kraft*, in: Kraft/Edelmann/Bron, UmwStG, 2019, Grundlagen, Rn. 485; *Picot*, Handbuch Mergers & Acquisitions, 2012, S. 110.

84 Vgl. *Reiner/Geuter*, JA 2006, S. 543; *Zimmerlich*, WRP 2004, S. 1261; *Stratz/Hettler*, in: Hettler/Stratz/Hörtnagl, Beck'sches Mandatshandbuch Unternehmenskauf, 2013, § 1, Rn. 24. Siehe auch *Hey*, in: H/H/R, EStG/KStG, 2020, Einführung zum EStG, Rn. 614 zu den steigenden Skalenerträgen im Fall einer gemeinschaftlichen Haushaltsführung.

im Vergleich zu den Produktionsfaktoren nicht nur proportional verändert.[85] Durch die Erhöhung der Produktion soll sich eine Fixkostenoptimierung ergeben, da bei gleichbleibenden variablen Kosten eine Stückkostendegression eintritt.[86] Skalenerträge unterliegen einer gewissen Endlichkeit, da z. B. die Kapazitätserweiterung mit weiteren Fixkosten einhergeht.[87]

- **Economies of Scope**: Die Economies of Scope treten ein, wenn ein Kostenvorteil aufgrund der Unternehmensgröße und der Heterogenität des Produktangebots eintritt.[88] Der Kostenvorteil entsteht dadurch, dass die Gesamtkosten des Gesamtunternehmens geringer sind als die jeweiligen Gesamtkosten eigenständiger Unternehmen.[89] Dies ist der Fall, wenn sich die Produktionsbereiche und -prozesse gegenseitig ergänzen.[90] Eine hohe Produktheterogenität kann jedoch zusätzliche Kosten verursachen, da die verschiedensten Produktionsbereiche und -prozesse aufeinander abzustimmen

85 Vgl. *Picot*, Handbuch Mergers & Acquisitions, 2012, S. 110; *Müller-Stewens/Kunisch/Binder*, Mergers & Acquisitions, 2016, S. 64 und 222; *Zimmerlich*, WRP 2004, S. 1261; *Heidecke/Schmidtke/Wilmanns*, Funktionsverlagerung & Verrechnungspreise, 2017, S. 495.

86 Vgl. *Brealey/Myers/Allen*, Principles of Corporate Finance, 2020, S. 833, Fn. 3; *Jansen*, Mergers & Acquisitions, 2016, S. 173; *Kraft*, in: Kraft/Edelmann/Bron, UmwStG, 2019, Grundlagen, Rn. 485; *Jensen*, JEP 1988, S. 28 ff.; *Dahm*, ZCG 2019, S. 151; *Picot*, Handbuch Mergers & Acquisitions, 2012, S. 110. Beispielhaft können die Fixkosten der Verwaltung genannt werden (vgl. *DePamphilis*, Mergers, Acquisitions, and Other Restructuring Activities, 2019, S. 6 ff.).

87 Vgl. hierzu z. B. *Jansen*, Mergers & Acquisitions, 2016, S. 174.

88 Vgl. *Kraft*, in: DStJG 43, Umstrukturierung und Steuerrecht, 2020, S. 42; *Stratz/Hettler*, in: Hettler/Stratz/Hörtnagl, Beck'sches Mandatshandbuch Unternehmenskauf, 2013, § 1, Rn. 24; *Jensen*, JEP 1988, S. 28 ff.; *Jansen*, Mergers & Acquisitions, 2016, S. 173; *Bergau*, in: Bergau, Praxishandbuch Unternehmenskauf, 2021, Kapitel 1, Rn. 34; *DePamphilis*, Mergers, Acquisitions, and Other Restructuring Activities, 2019, S. 6 f.

89 Vgl. *Witt*, Mergers & Acquisitions von börsennotierten Unternehmen in Deutschland, 2019, S. 14; *DePamphilis*, Mergers, Acquisitions, and Other Restructuring Activities, 2019, S. 6 f. Hierfür können exemplarisch höhere Auslastungsgrade und geringere Leer- und Stillstandzeiten genannt werden (vgl. *Ditz/Greinert*, in: Wassermeyer/Baumhoff/Ditz, Verrechnungspreise international verbundener Unternehmen, 2022, Rn. 7.1).

90 Vgl. *DePamphilis*, Mergers, Acquisitions, and Other Restructuring Activities, 2019, S. 7; *Jansen*, Mergers & Acquisitions, 2016, S. 174.

sind.[91] Ergänzend besteht eine umfangreiche Abhängigkeit zwischen den einzelnen Produktionsbereichen und -prozessen, sodass es an einer Risikodiversifikation fehlt.[92]

Bei der horizontalen und vertikalen Integration sollen sich betriebswirtschaftliche Vorteile durch Unternehmenszusammenschlüsse und -konzentrationen ergeben[93]:

- **Economies of Horizontal Integration:** Die Economies of Horizontal Integration zielen darauf ab, dass durch Umstrukturierungen die Gesamtkosten vermindert werden oder die Produktqualität steigt.[94] Dies kann dadurch erreicht werden, dass gegenseitig Kenntnisse ausgetauscht werden, wodurch ein gesteigertes Produktionspotenzial entsteht.[95] Die Economies of Horizontal Integration unterliegen einer Beschränkung der Vorteilserlangung, sofern eine „Zweckentfremdung" der Kenntnisse erfolgt.[96]
- **Economies of Vertical Integration:** Bei der vertikalen Integration handelt es sich um eine Kombination von Unternehmen in der gleichen Branche, die allerdings verschiedene Produktionsebenen erfüllen, sodass diese jeweils

91 Vgl. *Kraft*, in: DStJG 43, Umstrukturierung und Steuerrecht, 2020, S. 42 f.; *Gaughan*, Mergers, Acquisitions, and Corporate Restructurings, 2018, S. 157; *Jansen*, Mergers & Acquisitions, 2016, S. 174.

92 Vgl. *Berk/DeMarzo*, Corporate Finance, 2017, S. 1008; *Bowman/Singh*, Strateg. Manag. J. 1993, S. 9. Siehe auch *Henze*, BB 2000, S. 210; *Henze*, BB 2001, S. 57 zum Erfordernis der Risikovorsorge durch die Geschäftsführung.

93 Vgl. *Brealey/Myers/Allen*, Principles of Corporate Finance, 2020, S. 833 f.; *Gaughan*, Mergers, Acquisitions, and Corporate Restructurings, 2018, S. 157 f.

94 Vgl. *Sheen*, J. Finance 2014, S. 2651 ff.; *Gaughan*, Mergers, Acquisitions, and Corporate Restructurings, 2018, S. 157 f.: *Berk/DeMarzo*, Corporate Finance, 2017, S. 1005.

95 Vgl. *Kraft*, in: DStJG 43, Umstrukturierung und Steuerrecht, 2020, S. 43; *Gaughan*, Mergers, Acquisitions, and Corporate Restructurings, 2018, S. 157; *Dreher/Ernst*, Mergers & Acquisitions, 2021, S. 24; *Bowman/Singh*, Strateg. Manag. J. 1993, S. 10. Hierfür können z. B. gemeinsame Vertriebskanäle oder die Verwertung der Forschungs- und Entwicklungsergebnisse genannt werden (vgl. *Brealey/Myers/Allen*, Principles of Corporate Finance, 2020, S. 834; *Gaughan*, Mergers, Acquisitions, and Corporate Restructurings, 2018, S. 176 f.).

96 Siehe z. B. auch *Kraft*, in: DStJG 43, Umstrukturierung und Steuerrecht, 2020, S. 44; *Gaughan*, Mergers, Acquisitions, and Corporate Restructurings, 2018, S. 157 ff. mit dem Beispiel der Verwendung von Qualitätssiegeln, welche durch den Zweckverbraucher als eine Zweckentfremdung angesehen wird.

einen eigenen Beitrag zur Wertschöpfung leisten.[97] Der zentrale Vorteil der vertikalen Integration wird in der Kontrollmöglichkeit sowie der gemeinsamen Wertschöpfung gesehen. Durch den Produktionsprozess wird eine einheitliche Zielverfolgung erlangt, welche zu einer Gesamtkostenoptimierung führt.[98] Im Vergleich zur horizontalen Integration verursacht die vertikale Integration umfassendere Koordinationskosten, was regelmäßig auf die Unternehmensgröße sowie die Integration nach Produktionsbereichen und -prozessen zurückzuführen ist.[99]

Neben (a) Größen- und Verbundeffekten sowie (b) horizontalen und vertikalen Integrationseffekten gibt es die folgenden sonstigen Unternehmenseffekte[100]:

- **Complementary Resources:** Kleinere Unternehmen können gewöhnlich nur ein singuläres Produktangebot anbieten, um konkurrenzfähig zu sein.[101] Diese Unternehmen übernehmen lediglich einen Teilabschnitt der Wertschöpfungskette, sodass sich durch die Abstimmung komplementärer Tätigkeiten Kostenvorteile in Form der gegenseitigen Förderung und Ergänzung ergeben können.[102]

---

97 Vgl. *Brealey/Myers/Allen*, Principles of Corporate Finance, 2020, S. 833 f.; *Gaughan*, Mergers, Acquisitions, and Corporate Restructurings, 2018, S. 164 ff.; *Kraft*, in: DStJG 43, Umstrukturierung und Steuerrecht, 2020, S. 43 f.; *Kraft*, in: Kraft/Edelmann/Bron, UmwStG, 2019, Grundlagen, Rn. 486; *Berk/DeMarzo*, Corporate Finance, 2017, S. 1005.

98 Vgl. auch *Williamson*, JEL 2000, S. 595 ff.; *Berk/DeMarzo*, Corporate Finance, 2017, S. 1005; *Bergau*, in: Bergau, Praxishandbuch Unternehmenskauf, 2021, Kapitel 1, Rn. 35; *Kraft*, in: DStJG 43, Umstrukturierung und Steuerrecht, 2020, S. 43; *Kraft*, in: Kraft/Edelmann/Bron, UmwStG, 2019, Grundlagen, Rn. 486.

99 Vgl. *Berk/DeMarzo*, Corporate Finance, 2017, S. 1005; *Kraft*, in: DStJG 43, Umstrukturierung und Steuerrecht, 2020, S. 44. Siehe auch *Gaughan*, Mergers, Acquisitions, and Corporate Restructurings, 2018, S. 166 ff. mit weiterführenden Gedanken zur Automobilindustrie.

100 Siehe auch *Kraft*, in: DStJG 43, Umstrukturierung und Steuerrecht, 2020, S. 44 f. mit einer Zusammenfassung der sonstigen Unternehmenseffekte.

101 Da eine umfassende Diversifikation entsprechende Fixkosten birgt, ist ein nicht-singuläres Produktangebot aufgrund des Fehlens einer gewinnbringenden Marktteilnahme wirtschaftlich als nicht sinnvoll zu betrachten (vgl. *Kraft*, in: DStJG 43, Umstrukturierung und Steuerrecht, 2020, S. 44; *Brealey/Myers/Allen*, Principles of Corporate Finance, 2020, S. 834).

102 Vgl. *Brealey/Myers/Allen*, Principles of Corporate Finance, 2020, S. 834; *Kraft*, in: DStJG 43, Umstrukturierung und Steuerrecht, 2020, S. 44.

- **Surplus Funds:** Bei Unternehmungen mit einem hohen Reifegrad (sog. Maturität) lässt sich empirisch beobachten, dass diese Unternehmen umfangreiche Bestände an liquiden Mitteln innehaben.[103] Die Unternehmensführung wird oftmals mit der betriebswirtschaftlichen Fragestellung konfrontiert, wie überschüssige liquide Mittel verwendet werden.[104] Zur Vermeidung von „totem Kapital" wird die Unternehmensführung auch die Kapitalanlage durch die Beteiligung an bzw. Übernahme von anderen Unternehmen in Betracht ziehen müssen.[105]
- **Eliminating Inefficiencies:** Nicht selten werden Unternehmenstransaktionen und -übernahmen zur Beseitigung von Ineffizienzen genutzt.[106] Dies kann unter anderem auf der Führungsebene beobachtet werden, da nicht selten innerhalb der ersten Jahre nach einer Unternehmensübernahme die Mitglieder der Geschäftsleitung ersetzt werden (sog. Management-Replacement-Hypothese).[107] Der psychologische Effekt einer derartigen Maßnahme darf nicht unterschätzt werden, da hierdurch rasch die Stimmung der Belegschaft aufgrund emotionaler Faktoren umschlagen kann.[108]

---

103 Vgl. *Kraft*, in: DStJG 43, Umstrukturierung und Steuerrecht, 2020, S. 44; *Brealey/Myers/Allen*, Principles of Corporate Finance, 2020, S. 834 f.

104 Von einer Auskehrung der liquiden Mittel an die Eigentümer und Inhaber wird die Unternehmensführung gewöhnlich absehen, da die liquiden Mittel dann den Eigentümern und Inhabern „final" zur freien Verfügung stehen (vgl. *Jensen*, JEP 1988, S. 29; *Kraft*, in: DStJG 43, Umstrukturierung und Steuerrecht, 2020, S. 44). Eine Verpflichtung zur Wiedereinlage ist nämlich kaum umsetzbar.

105 Vgl. auch *Brealey/Myers/Allen*, Principles of Corporate Finance, 2020, S. 834 f.; *Kraft*, in: DStJG 43, Umstrukturierung und Steuerrecht, 2020, S. 44.

106 Vgl. *Berk/DeMarzo*, Corporate Finance, 2017, S. 1006 f.; *Bernstein/Sheen*, Rev. Financ. Stud. 2016, S. 2387; *Gaughan*, Mergers, Acquisitions, and Corporate Restructurings, 2018, S. 166; *Kaplan*, JFE 1989, S. 217 ff.; *Martin/McConnell*, J. Finance 1991, S. 671 ff.

107 Vgl. *Martin/McConnell*, J. Finance 1991, S. 671 und 674 ff.; *Brealey/Myers/Allen*, Principles of Corporate Finance, 2020, S. 835; *Kaplan*, JFE 1989, S. 217 ff.; *Berk/DeMarzo*, Corporate Finance, 2017, S. 1006 f.; *Schön*, Mergers & Acquisitions als strategisches Instrument, 2013, S. 40; *Gaughan*, Mergers, Acquisitions, and Corporate Restructurings, 2018, S. 176. Die Beseitigung von Ineffizienzen steht unter dem Motto „Konkurrenz belebt das Geschäft" (vgl. *Kraft*, in: DStJG 43, Umstrukturierung und Steuerrecht, 2020, S. 45).

108 Vgl. *Kraft*, in: DStJG 43, Umstrukturierung und Steuerrecht, 2020, S. 44 f. Es ist folglich abzuwägen, welcher Widerstand bei der Eliminierung von Ineffizienzen zu erwarten ist.

2.1.2.2 Dubiose Motive

Bei den dubiosen Motiven lassen sich im Wesentlichen die folgenden Motive nennen:

- **Diversification Argumentation:** In der Unternehmensführung werden Unternehmenstransaktionen nicht selten mit dem Argument der Diversifikation begründet.[109] Hinter diesem Argument steckt der ökonomische Grundgedanke, dass sich eine diversifizierte Unternehmung besser gegen Risiken und sonstige nicht vorhersehbare Ereignisse absichern kann.[110] Eine umfassende Diversifikation geht jedoch mit dem Verlust von Chancen auf eine Wertsteigerung einher.[111]
- **Earnings per Share:** Ein weiteres dubioses Motiv für Unternehmenstransaktionen stellt die Erhöhung des Ausschüttungspotenzials (sog. Earnings per Share) dar.[112] Durch entsprechende Umstrukturierungsmaßnahmen soll die Profitabilität bzw. Ertragslage der Unternehmung steigen, wodurch zusätzliche Mittel an die Unternehmensinhaber und -eigentümer ausgekehrt werden können.[113]
- **Lower Financing Costs:** Im externen Rechnungswesen werden nur Fremdkapitalkosten als Aufwand betrachtet, da Eigenkapitalkosten eine

---

109 Vgl. *Brealey/Myers/Allen*, Principles of Corporate Finance, 2020, S. 836 f.; *Kraft*, in: DStJG 43, Umstrukturierung und Steuerrecht, 2020, S. 44 f.; *Hoskisson/Turk*, AMR 1990, S. 463; *Berk/DeMarzo*, Corporate Finance, 2017, S. 1008.

110 Vgl. auch *DePamphilis*, Mergers, Acquisitions, and Other Restructuring Activities, 2019, S. 7 f.; *Brealey/Myers/Allen*, Principles of Corporate Finance, 2020, S. 836 f.; *Berk/DeMarzo*, Corporate Finance, 2017, S. 1008. Diese Vorgehensweise ist ebenfalls bei der Anlagestrategie in ETFs zu beobachten, bei denen durch die Nachbildung von Leitindices eine Risikostreuung angestrebt wird. Siehe auch *Barthel*, DB 2020, S. 2253; *Link/Reuter/Schmies*, FR 2010, S. 369 ff.; *Polivanova-Rosenauer*, RdF 2014, S. 45 zur Einordnung von ETFs.

111 Vgl. *Brealey/Myers/Allen*, Principles of Corporate Finance, 2020, S. 833 ff.; *Hoskisson/Turk*, AMR 1990, S. 463; *Amihu/Lev*, RJE 1981, S. 605 ff.; *Kraft*, in: DStJG 43, Umstrukturierung und Steuerrecht, 2020, S. 45.

112 Vgl. *Kraft*, in: DStJG 43, Umstrukturierung und Steuerrecht, 2020, S. 45; *Brealey/Myers/Allen*, Principles of Corporate Finance, 2020, S. 837 f.; *Pellens u. a.*, CF 2016, S. 340.

113 Vgl. *Brealey/Myers/Allen*, Principles of Corporate Finance, 2020, S. 837 f.; *Berk/DeMarzo*, Corporate Finance, 2017, S. 1008 f.

Gewinnverwendung darstellen.[114] Das interne Rechnungswesen kennt auch Eigenkapitalkosten in Form von kalkulatorischen Kosten. Da die Eigen- und Fremdkapitalkosten einen erheblichen Einfluss auf (a) die Profitabilität, (b) die Rentabilität sowie (c) den Unternehmenswert haben, streben Unternehmen regelmäßig an, die Kapitalkosten zu senken.[115]

2.1.3 Unternehmensakquisitionen als ökonomische Investitionsentscheidungen

Da Unternehmensakquisitionen eine ökonomische Investitionsentscheidung darstellen, hat die Unternehmensführung den betriebswirtschaftlichen Grundgedanken der Nettobarwertmaximierung zu berücksichtigen.[116] Es besteht indes eine gewisse Konfliktlage zwischen (a) der Unternehmensführung sowie (b) den Unternehmensinhabern und -eigentümern.[117] Dieser Konflikt kann im Wesentlichen darauf zurückgeführt werden, dass die Inhaber und Eigentümer nicht nur gelegentlich persönliche Präferenzen haben, die nicht zwingend mit den betriebswirtschaftlichen Überlegungen der Unternehmensführung übereinstimmen.[118] Die Unternehmensführung wird eine Unternehmensübernahme

---

114 Vgl. *Kußmaul*, Betriebswirtschaftliche Steuerlehre, 2020, S. 225; *Küting/Lorson*, BB 1998, S. 2254; *Kußmaul*. DStR 1999, S. 1579 ff.; *Wala/Knoll/Messner*, DStR 2007, S. 1834 ff.

115 Vgl. *DePamphilis*, Mergers, Acquisitions, and Other Restructuring Activities, 2019, S. 7 ff.; *Brealey/Myers/Allen*, Principles of Corporate Finance, 2020, S. 838 ff.; *Lewellen*, J. Finance 1971, S. 521 ff.; *Higgins/Schall*, J. Finance 1975, S. 93 ff.; *Kraft*, in: DStJG 43, Umstrukturierung und Steuerrecht, 2020, S. 45; *Galai/Masulis*, JFE 1976, S. 53 ff. So sind unter Anwendung des CAPM die Eigenkapitalkosten bei der Ermittlung des Unternehmenswerts von zentraler Bedeutung (vgl. *Muschallik/Ortmann*, CF 2017, S. 302 ff.; *Heidecke/Schmidtke/Wilmanns*, Funktionsverlagerung & Verrechnungspreise, 2017, S. 184 und 194; *Zwirner/Lindmayr*, in: Petersen/Zwirner, Handbuch Unternehmensbewertung, 2017, Kapitel C, DCF-Verfahren, Rn. 20 ff.).

116 Vgl. *Becker/Fuest*, IER 2010, S. 175; *Brealey/Myers/Allen*, Principles of Corporate Finance, 2020, S. 135 ff.; *Kraft*, in: DStJG 43, Umstrukturierung und Steuerrecht, 2020, S. 53 f.; *Grotherr*, in: Grotherr, Handbuch der Internationalen Steuerplanung, 2011, Teil 1, S. 11; *König*, ZfbF 1997, S. 44 f.; *Wagner/Wissel*, WiSt 1995, S. 65.

117 Vgl. *Jensen*, JEP 1988, S. 29 ff.; *Kraft*, in: DStJG 43, Umstrukturierung und Steuerrecht, 2020, S. 53.

118 Siehe auch *Berk/DeMarzo*, Corporate Finance, 2017, S. 59; *Kraft*, in: DStJG 43, Umstrukturierung und Steuerrecht, 2020, S. 54; *Brealey/Myers/Allen*, Principle of Corporate Finance, 2020, S. 108.

stets fundiert prüfen müssen.[119] Bei Unternehmensübernahmen ergibt sich damit das Erfordernis einer Unternehmensbewertung.[120] In der Regel knüpfen Unternehmensbewertungen an künftigen Nettozahlungsflüssen an, sodass sowohl eine periodische als auch aperiodische Steuerbelastung bei der Ermittlung zu inkludieren ist.[121]

2.2 Ökonomische Prinzipien der internationalen Ertragbesteuerung

2.2.1 Internationale Fiskalautonomie

Bei Behandlung internationaler Sachverhalte entsteht eine steuerliche Komplexität für Unternehmungen dadurch[122], dass diese nicht nur mit der Steuerrechtsordnung eines Staats, sondern mehrerer konfrontiert werden[123]. Diese

---

119 Vgl. auch *Brealey/Myers/Allen*, Principles of Corporate Finance, 2020, S. 135 ff.; *Dahlke*, Harmonisierung der Konzernbesteuerung, 2011, S. 27; *Kraft*, in: DStJG 43, Umstrukturierung und Steuerrecht, 2020, S. 53 ff.; *Berk/DeMarzo*, Corporate Finance, 2017, S. 1011 f.; *Martin/McConnell*, J. Finance 1991, S. 685.

120 Der sich ergebenden Unternehmenswert wird regelmäßig die Grundlage für eine etwaige Kaufpreisverhandlung darstellen (vgl. *Mitchell/Mulherin*, JFE 1996, S. 193 ff.; *Roll*, J. Bus. 1986, S. 197 ff.; *Nestler*, in: Schalast/Raettig, Grundlagen des M&A-Geschäfts, 2018, S. 51 f.). Da es sich beim Unternehmenswert um einen subjektiven Wert handelt, können der durch den Erwerber und Veräußerer jeweils ermittelte Unternehmenswert signifikant abweichen (vgl. *Wagner*, StuW 1992, S. 2 ff.; *Dahlke* Harmonisierung der Konzernbesteuerung, 2011, S. 27; *Roll*, J. Bus. 1986, S. 197 ff.). Gleichwohl soll die Ermittlung des Unternehmenswerts unter Berücksichtigung objektivierter Parameter erfolgen, sodass eine gewisse Objektivierbarkeit des Unternehmenswerts erlangt wird (vgl. IDW S 1, 2008, Tz. 2.4 und 8.3.3.2; *Widmann/Mayer*, in: W/M, Umwandlungsrecht, 2010, IDW Standard: Grundsätze zur Durchführung von Unternehmensbewertungen (IDW S 1), Rn. 17; *Gabert-Pipersberg*, in: H/H/R, EStG/KStG, 2021, § 6 EStG, Rn. 441; *Schiffers*, GmbH-StB 2005, S. 300).

121 Vgl. auch IDW S 1, 2008, Tz. 4.4.1.2; *Dahlke*, Harmonisierung der Konzernbesteuerung, 2011, S. 27; *Nestler*, in: Schalast/Raettig, Grundlagen des M&A-Geschäfts, 2018, S. 42 ff.; *Matschke*, in: Petersen/Zwirner, Handbuch Unternehmensbewertung, 2017, Kapitel A, Grundsätze der Unternehmensbewertung, Rn. 53; *Brealey/Myers/Allen*, Principles of Corporate Finance, 2020, S. 142 ff.; *Hennrichs*, ZHR 164, S. 453 ff.; *Berk/DeMarzo*, Corporate Finance, 2017, S. 729 ff.

122 Vgl. *Cortez*, Neuausrichtung der deutschen Hinzurechnungsbesteuerung, 2013, S. 7.

123 Siehe auch *Breithecker/Klapdor*, Internationale betriebswirtschaftliche Steuerlehre, 2010, 19 ff. *Scheffler*, Internationale betriebswirtschaftliche Steuerlehre, 2009, S. 7 ff. zu weiteren Ausführungen dieser Problematik.

Problematik hat ihre Grundlage in der Fiskalautonomie der beteiligten Staaten, nach der diese den Steuerrechtsrahmen eigenständig bestimmen können (sog. Souveränitätsprinzip).[124] Die Fiskalautonomie führt dazu, dass die Staaten die steuerlichen Rechtsfolgen im inner- und zwischenstaatlichen Verhältnis selbst bestimmen können[125], wobei die Rechtsfolgen sowohl das inländische als auch ausländische Besteuerungssubstrat betreffen[126]. Das internationale Steuerrecht sieht eine unmittelbare Rechtsverknüpfung zwischen den einzelnen Staaten nicht vor. Andererseits können (a) nationale Grundlagengesetze sowie (b) völkerrechtliche Vereinbarungen gewisse „Schrankenwirkungen" vorsehen, die gemäß Art. 1 Abs. 3 GG und § 2 AO dem innerstaatlichen Recht vorgehen.[127] Aufgrund dieser Komplexität ist es nicht verwunderlich, dass sich die betriebswirtschaftliche Steuerlehre in einem eigenen Teilbereich dem internationalen Steuerrecht widmet.[128]

2.2.2 Anknüpfungspunkte der Besteuerung als Grund der internationalen Besteuerungsdivergenz

2.2.2.1 Persönliche Steuerpflicht

Aufgrund des Souveränitätsprinzips ist es den einzelnen Staaten ferner gestattet, dass diese selbst bestimmen, welche Anknüpfungsmerkmale bei der Steuerpflicht

---

124 Vgl. *Schaumburg*, ISR 2016, S. 373; *Fischer/Kleineidam/Warneke*, Internationale Betriebswirtschaftliche Steuerlehre, 2005, S. 41 f.; *Debatin*, StuW 1967, S. 315; *Lüdemann*, Die Steuerplanung der multinationalen Unternehmung, 2004, S. 19 f.; *Schön*, IStR 2022, S. 181. Siehe auch *Breithecker/Klapdor*, Internationale Betriebswirtschaftliche Steuerlehre, 2010, S. 19, welche die Souveränität in die äußere gegenüber anderen Staaten und innere gegenüber den im Staat lebenden Personen unterteilen.

125 Vgl. *Cortez*, Neuausrichtung der deutschen Hinzurechnungsbesteuerung, 2013, S. 7; *Lüdemann*, Die Steuerplanung der multinationalen Unternehmung, 2004, S. 19; *Rose/Watrin*, Internationales Steuerrecht, 2016, S. 27.

126 Vgl. *Köhler/Kühn*, in: S/K/K, AStG/DBA, 2019, Überblick Außensteuerrecht, Rn. 3; *Scheffler*, Internationale betriebswirtschaftliche Steuerlehre, 2009, S. 7; *Cortez*, Neuausrichtung der deutschen Hinzurechnungsbesteuerung, 2013, S. 8; *Schreiber*, DBW 1992, S. 829 f.

127 Vgl. *Schaumburg*, in: Schaumburg, Internationales Steuerrecht, 2017, Rn. 5.11; *Hey*, in: T/L, Steuerrecht, 2021, § 7, Rn. 71; *Schaumburg*, ISR 2016, S. 372; *Drüen*, in: T/K, AO/FGO, 2022, § 2 AO Rn. 1 ff.; *Musil* in: H/H/Sp, AO/FGO, 2017, § 2 AO, Rn. 14 und 17.

128 Vgl. *Hidien*, in: K/S/M, EStG, 2021, § 49 EStG, Rn. A 1356 ff.; *Schaumburg*, in: Schaumburg, Internationales Steuerrecht, 2017, Rn. 17.13.

heranzuziehen sind.[129] Die Anknüpfungsmerkmale können nach der persönlichen und sachlichen Steuerpflicht unterschieden werden.[130] Die persönliche Steuerpflicht umfasst die Fragen, welches Steuersubjekt (Steuerpflichtiger) der Besteuerung unterliegt.[131] Bei der persönlichen Steuerpflicht kann eine weiterführende Unterscheidung zwischen (a) dem Wohnsitzprinzip sowie (b) dem Nationalitätsprinzip erfolgen.

- **Wohnsitzprinzip:** Knüpft die persönliche Steuerpflicht (a) bei natürlichen Personen an den Wohnsitz oder den gewöhnlichen Aufenthalt bzw. (b) bei juristischen Personen an den Sitz oder Ort der Geschäftsleitung an, so wird vom Wohnsitzprinzip (Ansässigkeitsprinzip) gesprochen.[132] Das Wohnsitzprinzip entspricht dem Rechtsgedanken des § 1 Abs. 1 EStG bzw. § 1 Abs. 1 KStG, welche für das Vorliegen einer unbeschränkten Steuerpflicht einen persönlichen Inlandsbezug voraussetzen.[133]
- **Nationalitätsprinzip:** Hängt die persönliche Steuerpflicht von der Staatsangehörigkeit bzw. vergleichbaren Merkmalen ab, so findet das Nationalitätsprinzip Anwendung.[134] Auch wenn für die unbeschränkte Steuerpflicht

---

129 Vgl. hierzu z. B. *Jacobs/Scheffler/Spengel*, in: Jacobs/Scheffler/Spengel, Unternehmensbesteuerung und Rechtsform, 2015, S. 99 ff.; *Schaumburg*, in: Schaumburg, Internationales Steuerrecht, 2017, Rn. 6.4; *Schaumburg/Häck*, in: Schaumburg/Peter, Internationales Steuerstrafrecht, 2021, Rn. 14.220; *Siebing*, ISR 2021, S. 104 ff.; *Köhler/Kühn*, in: S/K/K, AStG/DBA, 2019, Überblick Außensteuerrecht, Rn. 2 ff.

130 Vgl. *Cortez*, Neuausrichtung der deutschen Hinzurechnungsbesteuerung, 2013, S. 8.

131 Vgl. auch *Schaumburg*, in: Schaumburg, Internationales Steuerrecht, 2017, Rn. 6.1; *Klein*, in: H/H/R, EStG/KStG, 2020, § 1 EStG, Rn. 1.

132 Vgl. *Schreiber*, ZfbF 1993, S. 525 ff.; *Schaumburg*, in: Schaumburg, Internationales Steuerrecht, 2017, Rn. 6.2; *Klein*, in: H/H/R, EStG/KStG, 2020, § 1 EStG, Rn. 1. Siehe auch *Schreiber/Kahle/Ruf*, Besteuerung der Unternehmen, 2021, S. 299 ff., welche die Wirkungen des Wohnsitzprinzips vor dem Hintergrund der Kapitalexportneutralität und Kapitalimportneutralität darstellen.

133 Siehe z. B. auch *Klein*, in: H/H/R, EStG/KStG, 2020, § 1 EStG, EStG/KStG, 2020, Rn. 1; *Hidien*, in: K/S/M, § 49 EStG, EStG, 2021, Rn. A 100.

134 Vgl. *Lüdemann*, Die Steuerplanung der multinationalen Unternehmung, 2004, S. 21. Siehe auch *Drüen*, in: T/K, AO/FGO, 2022, § 2 AO, Rn. 35, der z. B. die USA, Mexiko und die Philippinen nennt. Siehe auch *Vogel*, DStZ 1997, S. 273; *Cortez*, IWB 2010, S. 531 ff.; *Loose/Engel*, Ubg 2018, S. 77 ff.; *Kraft/Beck*, IWB 2012, S. 629 ff. mit weiteren Ausführungen zum US Steuerrecht.

nach § 1 Abs. 1 EStG und § 1 Abs. 1 KStG das Wohnsitzprinzip kennzeichnend ist[135], ist dem deutschen Ertragsteuerrecht das Nationalitätsprinzip nicht unbekannt. Denn mit der erweiterten unbeschränkten Steuerpflicht i. S. von § 1 Abs. 2 EStG sowie der erweiterten beschränkten Steuerpflicht i. S. von § 2 AStG knüpft der deutsche Gesetzgeber bewusst an die Staatsangehörigkeit an.[136]

2.2.2.2 Sachliche Steuerpflicht

Die sachliche Steuerpflicht beschäftigt sich mit der Frage, welches Steuerobjekt (Besteuerungsgut) bei der Einkommen- oder Körperschaftsteuer zu erfassen ist.[137] Auch im Bereich der sachlichen Steuerpflicht kann zwischen (a) dem Welteinkommensprinzip sowie (b) dem Quellen- bzw. Belegenheitsprinzip unterschieden werden.

– **Welteinkommensprinzip:** Für das Welteinkommensprinzip (Universalprinzip) ist kennzeichnend, dass sämtliche Einkünfte der Besteuerung unterliegen, unabhängig davon, ob die Quelle der bezogenen Einkünfte im In- oder Ausland belegen ist.[138] Das Welteinkommensprinzip ist bei der unbeschränkten Steuerpflicht anzuwenden.[139] Es wird vorrangig von hoch entwickelten Staaten angewendet, wobei hierdurch regelmäßig dem ökonomischen Prinzip der Kapitalexportneutralität[140] Rechnung getragen wird.[141]

---

135 Vgl. *Hey*, in: T/L, Steuerrecht, 2021, § 8, Rn. 25; *Schaumburg/Häck*, in: Schaumburg/Peter, Internationales Steuerstrafrecht, 2021, Rn. 14.10; *Schaumburg*, in: Schaumburg/Englisch, Europäisches Steuerrecht, 2020, Rn. 8.1.

136 Vgl. *Jacobs/Endres/Spengel*, in: Jacobs, Internationale Unternehmensbesteuerung, 2016, S. 7; *Siebing*, ISR 2021, S. 107, Fn. 38.

137 Vgl. *Klein*, in: H/H/R, EStG/KStG, 2020, § 1 EStG, Rn. 77; *Gosch*, in: Kirchhof/Seer, EStG, 2022, § 1 EStG, Rn. 30 zur beschränkten Steuerpflicht.

138 Vgl. *Schaumburg*, in: Schaumburg, Internationales Steuerrecht, 2017, Rn. 6.55, der die Selbstverständlichkeit des Welteinkommensprinzips kritisiert und infrage stellt.

139 Vgl. *Fischer/Kleineidam/Warneke*, Internationale Betriebswirtschaftliche Steuerlehre, 2005, S. 45; *Schaumburg*, in: Schaumburg, Internationales Steuerrecht, 2017, Rn. 6.2; *Lüdemann*, Die Steuerplanung der multinationalen Unternehmung, 2004, S. 19; *Brähler*, Internationales Steuerrecht, 2010, S. 6; *Homburg*, FA 1999, S. 8 f.

140 Vgl. Kapitel 2.3.1.2.1.

141 Vgl. auch *Schmidt/Sigloch/Henselmann*, Internationale Steuerlehre, 2005, S. 13; *Winner*, StuW 2010, S. 105; *Cortez*, Neuausrichtung der deutschen Hinzurechnungsbesteuerung, 2013, S. 11.

- **Quellen- bzw. Belegenheitsprinzip:** Bei Anwendung des Quellen- bzw. Belegenheitsprinzips (Territorialitätsprinzip) wird das Besteuerungsrecht dem Staat zugewiesen, in dem die Einkünfte erzielt werden bzw. das Vermögen belegen ist.[142] Eine Ausprägung dieses Prinzips stellt die beschränkte Steuerpflicht in § 1 Abs. 4 EStG bzw. § 2 Nr. 1 KStG dar.[143] Das Quellen- bzw. Belegenheitsprinzip wird häufig von geringer entwickelten Staaten angewendet, wobei das Prinzip der Kapitalimportneutralität[144] im Vordergrund steht.[145]

2.3 Anforderungskriterien an ein gerechtes Besteuerungsregime

2.3.1 Ökonomisches Prinzip der Investitionsneutralität

2.3.1.1 Investitionstheoretische Wettbewerbsneutralität

In der Ökonomie besteht stets das Streben nach einer Allokationseffizienz von Ressourcen, um einen größtmöglichen gesamtwirtschaftlichen Nutzen zu erlangen.[146] Eine Wohlfahrtssteigerung setzt allerdings einen funktionierenden Markt voraus[147], was nur erreicht werden kann, wenn ein investitionsneutraler Steuerrechtsrahmen besteht[148]. Bei Vorliegen einer Investitionsneutralität

---

142 Vgl. *Brähler*, Internationales Steuerrecht, 2010, S. 6; *Schaumburg*, in: Schaumburg, Internationales Steuerrecht, 2017, Rn. 6.2 ff.; *Debatin*, DB 1965a, S. 1022; *Lüdemann*, Die Steuerplanung der multinationalen Unternehmung, 2004, S. 21; *Cortez*, Neuausrichtung der deutschen Hinzurechnungsbesteuerung, 2013, S. 11 zur Definition des Quellenprinzips.

143 Vgl. *Lüdemann*, Die Steuerplanung der multinationalen Unternehmung, 2004, S. 19.

144 Vgl. Kapitel 2.3.1.2.2.

145 Vgl. *Fischer/Kleineidam/Warneke*, Internationale Betriebswirtschaftliche Steuerlehre, 2005, S. 45; *Cortez*, Neuausrichtung der deutschen Hinzurechnungsbesteuerung, S. 11.

146 Vgl. *Schneider*, Grundzüge der Unternehmensbesteuerung, 1994, S. 6; *Englisch*, FR 2021, S. 4; *Lütke*, Die CFC-Legislation, 2006, S. 46; *Kilincsoy*, BB 2020, S. 2715.

147 So z. B. auch *Welling/Richter*, FR 2004, S. 243 ff.; *Lütke*, Die CFC-Legislation, 2006, S. 46; *Schneider*, Grundzüge der Unternehmensbesteuerung, 1994, S. 6.

148 Vgl. *Sigloch*, StuW 1990, S. 229 ff.; *Desai/Hines*, NTJ 2003, S. 494 f.; *Elschen*, StuW 1991, S. 99 ff.; *Wagner*, StuW 2001, S. 356 ff.; *Wagner/Dirrigl*, Die Steuerplanung der Unternehmung, 1980, S. 14; *Schneider*, Investition, Finanzierung und Besteuerung, 1992, S. 193 ff.; *Kahle*, in: Schulze-Osterloh/Hennrichs/Wüstemann, Handbuch des Jahresabschlusses, Abteilung VII, Rn. 279; *Dahlke*, Harmonisierung der Konzernbesteuerung, 2011, S. 25; *Schneider*, Grundzüge der Unternehmensbesteuerung, 1994, S. 6; *Maiterth*, StuW 2005, S. 48; *Paschen*, Steuerumgehung im Steuerrecht, 2001,

kommt es nicht zu einer Störung der Ressourcenverteilung durch die Märkte, wodurch sich erst eine Allokationseffizienz ergibt.[149] Eine Besteuerung kann als investitionsneutral bezeichnet werden, wenn (a) das Steuersystem keine Ausweichhandlungen vorsieht sowie (b) vom Steuersystem kein Einfluss auf die Rangfolge der Vorteilhaftigkeit von Handlungsalternativen ausgeht.[150] Die Besteuerung hat damit bei Vorliegen einer Investitionsneutralität keinen Einfluss auf die relativen Markpreise.[151]

Bei der Investitionsneutralität handelt es sich um ein ökonomisches Optimum, welches anlässlich der Komplexität in der Realität nicht bzw. kaum zu erlangen ist.[152] Bei der Beurteilung von Steuersystemen wird regelmäßig die Entscheidungsneutralität als allgemeingültiger Maßstab herangezogen, um die gesamtwirtschaftliche Wirkung der Besteuerung zu analysieren.[153] Bei der Entscheidungsneutralität handelt es sich um eine Fortentwicklung des Prinzips der Investitionsneutralität[154], bei der eine Beschränkung auf die zeitlichen Effekte

S. 63 ff.; *Schaumburg*, in: Schaumburg, Internationales Steuerrecht, 2017, Rn. 5.2; *Hey*, in: T/L, Steuerrecht, 2021, § 13, Rn. 17.

149 Vgl. hierzu auch *Musgrave/Musgrave*, Public Finance in Theory and Practice, 1989, S. 279; *Schreiber/Stellpflug*, WiSt 1999, S. 190.

150 Vgl. *Samuelson*, JPE 1964, 604 ff.; *Wagner/Dirrigl*, Die Steuerplanung der Unternehmung, 1980, S. 14; *Schneider*, WPg 1988, S. 334; *Scheffler*, Besteuerung von Unternehmen, 2013, S. 75; *Wagner/Wissel*, WiSt 1995, S. 67; *Schreiber/Stellpflug*, WiSt 1999, S. 190. Die Besteuerung darf daher weder die angestrebte Entscheidung fördern noch vereiteln (vgl. *Lehner*, StuW 1998, S. 164; *Schaumburg*, in: Schaumburg, Internationales Steuerrecht, 2017, Rn. 5.2.).

151 Vgl. *Samuelson*, JPE 1964, 604 ff.; gl. A. *Wagner/Dirrigl*, Die Steuerplanung der Unternehmung, 1980, S. 13 f.; *Spengel*, Internationale Unternehmensbesteuerung, 2003, S. 224.

152 Vgl. *Spengel*, Internationale Unternehmensbesteuerung, 2003, S. 230 ff.; *Dahlke*, Harmonisierung der Konzernbesteuerung, 2011, S. 33.

153 Vgl. hierzu z. B. *Scheffler*, Besteuerung von Unternehmen, 2013, S. 74 f.; *Schneider*, Investition, Finanzierung und Besteuerung, 1992, S. 192; *Maiterth*, DStR 2006, S. 916; *Petereit*, IStR 2003, S. 582.

154 Verfassungsrechtlich wird die Investitionsneutralität aus dem Prinzip der gleichmäßigen Besteuerung nach der wirtschaftlichen Leistungsfähigkeit abgeleitet (vgl. *Rose/Watrin*, Internationales Steuerrecht, 2016, S. 60; *Schneider*, StuW 2000, S. 421; *Lentz*, Vermeidung einer Minderbesteuerung, 2016, S. 13; *Lang*, in: Elschen/Siegel/Wagner, FS Schneider, 1995, S. 402; *Kußmaul/Dill/Ruiner*, IWB 2010, S. 803; *König*, ZfbF 1997, S. 44 ff.).

erfolgt, jedoch Bemessungsgrundlagen- oder Tarifeffekte aus Gründen der Vereinfachung nicht in die Analyse einfließen[155].

2.3.1.2 Investitionsneutralität bei grenzüberschreitenden Investitionen

Aus ökonomischer Sicht ergibt sich das Erfordernis, dass sowohl inländische als auch ausländische Investitionen einer gleichen Besteuerung unterliegen.[156] Dies trifft sowohl auf Inbound-Investitionen[157] als auch auf Outbound-Investitionen[158] zu. Es ist mehr als offensichtlich, dass der Investitionsneutralität eine Doppel- bzw. Mehrfachbesteuerung[159] entgegensteht, da hierdurch das Ziel der Wettbewerbsneutralität nicht erlangt wird.[160] Gleichwohl kann das ökonomische Gebot der Investitionsneutralität nicht nur als Vermeidung der Doppel- bzw. Mehrfachbesteuerung verstanden werden, sondern auch als Verhinderung der Minderbesteuerung[161]. Anderenfalls geht von einer Minderbesteuerung ebenfalls eine Wettbewerbsverzerrung aus.[162] Fraglich ist, wie und wann eine Wettbewerbsneutralität erlangt wird, da die Finanzwissenschaft mit

155 Vgl. *Samuelson*, JPE 1964, S. 604 ff.; *Wagner*, in: Kahle u. a., Kernfragen der Unternehmensbesteuerung, 2015, S. 14 ff.

156 Vgl. auch *Hey*, in: T/L, Steuerrecht, 2021, § 13, Rn. 171 und 176; *Lehner*, in: V/L, DBA, 2021, Grundlagen des Abkommensrechts, Rn. 24 ff.; *Debatin*, DB 1965a, S. 1022; *Debatin*, StuW 1967, S. 330; *Prinz*, FR 2009, S. 593 ff.; *Spengel*, FR 2009, S. 101 ff.; *Musil/Leibhom*, FR 2008, S. 807 ff.

157 Vgl. *Herzig/Dautzenberg*, DB 1997, S. 13; *Dautzenberg*, NWB 2000, S. 1627 f.; *Schnitger*, Die Grenzen der Einwirkung der Grundfreiheiten, 2006, S. 277; *Scheunemann*, IStR 2005, S. 304; a. A. *Englisch*, StuW 2003, S. 94 mit der unionsrechtlichen Argumentation, dass es hierfür einer Grundlage im Unionsrecht fehlt.

158 Vgl. EuGH vom 13.12.2005, Rs. Marks & Spencer, C-446/03, Slg. I 2005, S. 10837; *Maiterth*, DStR 2006, S. 915 ff.; *Herzig/Wagner*, DB 2005, S. 1 f.; *Dörr*, IStR 2004, S. 271, *Schnitger*, IStR 2004, S. 827.

159 Vgl. Kapitel 2.4.1.

160 Vgl. *Debatin*, DStZ 1962, S. 89 ff.; *Cortez*, Neuausrichtung der deutschen Hinzurechnungsbesteuerung, 2013, S. 12; *Werra*, IStR 2001, S. 438 ff. Siehe auch *Cordewener*, FR 2005, S. 238 zur Intention der Erlangung gleicher Wettbewerbsbedingungen im Rahmen des europäischen Handels- und Wirtschaftsverkehrs.

161 Vgl. Kapitel 2.4.2.

162 Vgl. hierzu z. B. *Lentz*, Vermeidung einer Minderbesteuerung, 2016, S. 13.

der Kapitalexportneutralität und der Kapitalimportneutralität zwei, nicht nur marginal divergierende, Theoreme kennt.[163]

2.3.1.2.1 Kapitalexportneutralität

Die finanzwissenschaftliche Theorie der Kapitalexportneutralität versteht das Prinzip der Investitionsneutralität dergestalt, dass die Besteuerung einer Einkunftsquelle unabhängig der Belegenheit erfolgt.[164] Aus Sicht eines inländischen Investors ist somit für die steuerliche Belastung ohne Relevanz, ob und inwiefern die Investition im In- oder Ausland erfolgt.[165] Hierdurch soll dem Erfordernis der Gleichmäßigkeit der Besteuerung[166] Rechnung getragen werden.[167] Nach *Spengel*[168] wird die Wettbewerbsneutralität bei der Kapitalexportneutralität einer Produktionseffizienz gleichgesetzt. Die Kapitalexportneutralität knüpft am Welteinkommensprinzip an, sodass die ausländischen Einkünfte unter Anrechnung einer ausländischen Steuer auf das inländische Besteuerungsniveau heraufgeschleust werden.[169] Abkommensrechtlich schlägt sich die

---

163 Siehe auch *Dahlke*, Harmonisierung der Konzernbesteuerung, 2011, S. 30 ff. mit dem Hinweis, dass sowohl die Kapitalexportneutralität als auch die Kapitalimportneutralität am ökonomischen Prinzip der Investitionsneutralität anknüpfen.

164 Vgl. *Schönfeld*, StuW 2005, S. 159 ff.; *Musgrave/Musgrave*, Public Finance in Theory and Practice, 1989, S. 569 ff.; *Dahlke*, Harmonisierung der Konzernbesteuerung, 2011, S. 30.

165 Vgl. *Desai/Hines*, NTJ 2003, S. 494; *Lehner*, StuW 1998, S. 161; *Winner*, StuW 2010, S. 105; *Homburg*, FA 1999, S. 8 f.; *Lüdemann*, Die Steuerplanung der multinationalen Unternehmung, 2004, S. 25.

166 Vgl. Kapitel 2.3.2.

167 Vgl. EuGH vom 14.10.1999, Rs. Sandoz, C-439/97, Slg. I 7041; kritischer *Schönfeld*, StuW 2005, S. 164 und 168. Eine Produktionseffizienz und Entscheidungsneutralität ergeben sich dann, wenn das Einkommen im Rahmen des Welteinkommensprinzips einheitlich dem Steuersatz im Wohnsitzland unterliegt, jedoch etwaige Anrechnungsüberhänge durch den Wohnsitzstaat zu erstatten sind (vgl. *Spengel*, Internationale Unternehmensbesteuerung, 2003, S. 228).

168 Vgl. *Spengel*, Internationale Unternehmensbesteuerung, 2003, S. 228 ff.

169 Vgl. *Haas*, BB 1964, S. 1135 ff.; *Debatin*, StuW 1967, S. 329 f.; *Lehner*, StuW 1998, S. 161; *Kraft/Quilitzsch*, ISR 2012, S. 110 f.; gl. A. *Schön*, DB 2001, S. 940 ff.; *Kroppen*, in: DStJG 31, Einkommen aus Kapital, 2006, S. 336; *Lang*, IStR 2002, S. 220; *Morgenthaler*, IStR 2000, S. 292; *Schmidt/Sigloch/Henselmann*, Internationale Steuerlehre, 2005, S. 13; *Winner*, StuW 2010, S. 105; *Cortez*, Neuausrichtung der deutschen Hinzurechnungsbesteuerung, 2013, S. 11.

Kapitalexportneutralität in der Anrechnungsmethode nieder.[170] Auch wenn der Gedanke der Kapitalexportneutralität einleuchtet, wird diese nicht nur vereinzelt kritisiert.[171]

Es gilt hervorzuheben, dass ausländische Einkünfte bei der inländischen Besteuerung herangezogen werden, ohne eine Erhöhung der öffentlichen Güter im Ausland zu begründen.[172] Dieser Aspekt scheint im Widerspruch zu dem Äquivalenzprinzip zu sein, welches die Legitimation einer Besteuerung mit der Nutzung bereitgestellter öffentlicher Wirtschaftsgüter rechtfertigt.[173] Bei Betrachtung des ausländischen Marktes ergibt sich zudem für den inländischen Investor eine schlechtere Wettbewerbsposition gegenüber den ausländischen Investoren[174], was zumindest mittelbar die Investitionsentscheidung beeinflusst. Eine Umsetzung der Kapitalexportneutralität erfordert nach Ansicht von *Schönfeld*[175], dass eine höhere ausländische Steuer im Inland nicht zu einem Anrechnungsüberhang führen darf, sondern zu einer negativen Steuerlast. Eine derartige Vorgehensweise ist dem internationalen Steuerrecht mehr als fremd.

---

170 Vgl. *Jacobs/Endres/Spengel*, in: Jacobs, Internationale Unternehmensbesteuerung, 2016, S. 23; *Seer*, in: T/L, Steuerrecht, 2021, § 1, Rn. 98; *Schön*, DB 2001, S. 940 ff.; *Schönfeld/Häck*, ISR 2013, S. 168 ff.; *Rombach*, FR 2019, S. 167 ff.; *Spek/Schumacher*, Ubg 201, S. 342.

171 Allein besteht schon eine Problematik darin, dass bei der Kapitalexportneutralität eine umfassende Mitwirkung durch den Steuerpflichtigen notwendig ist (so auch *Winner*, StuW 2010, S. 105). Erfolgt diese nicht und kann diese auch nicht erzwungen werden, so bestehen erhebliche Zweifel, ob dies nicht zu einem Verstoß gegen die Gleichmäßigkeit der Besteuerung führt.

172 Vgl. auch *Vogel*, StuW 1993, S. 386 ff.; *Terra/Wattel*, European Tax Law, 2001, S. 153 ff.; *Desai/Hines*, NTJ 2003, S. 494; einschränkender *Schönfeld*, StuW 2005, S. 161; *Spengel*, Internationale Unternehmensbesteuerung, 2003, S. 234.

173 Vgl. *Hey*, StuW 2008, S. 171 und 174. Siehe auch *Englisch*, in: Schaumburg/Englisch, Europäisches Steuerrecht, 2020, Rn. 12.47 f.; *Schaumburg/Häck*, in: Schaumburg/Häck, Internationales Steuerstrafrecht, 2021, Rn. 14.159; *Hey*, in: T/L, Steuerrecht, 2021, § 3, Rn. 44 zum Äquivalenzprinzip.

174 Vgl. *Schreiber*, DBW 1992, S. 833; *Fischer/Kleineidam/Warneke*, Internationale Betriebswirtschaftliche Steuerlehre, 2005, S. 44; *Kußmaul/Dill/Ruiner*, IWB 2010, S. 803 f.

175 Vgl. *Schönfeld*, StuW 2005, S. 162; Bezug genommen auf EuGH vom 12.05.1998, Rs. Gilly, C-336/96, Slg. I 1998, S. 2793.

2.3.1.2.2 *Kapitalimportneutralität*

Bei der Kapitalimportneutralität richtet sich die Besteuerung ausschließlich nach der Belegenheit der Quelle.[176] Es soll hier eine Gleichbehandlung der Investition erfolgen, unabhängig davon, ob ein in- oder ausländischer Investor tätig wird.[177] Im Gegensatz zur Kapitalexportneutralität steht nicht die Produktionseffizienz im Vordergrund, sondern die Konsumeffizienz.[178] Abkommensrechtlich wird die Kapitalexportneutralität durch die Freistellungsmethode umgesetzt.[179] Der Kapitalimportneutralität kann unter anderem angelastet werden, dass diese gegen die Gleichmäßigkeit der Besteuerung verstößt, da die Rangfolge der Vorteilhaftigkeit zwischen in- und ausländischen Investitionen offensichtlich von der Besteuerung abhängt.[180] Ferner dient die Kapitalimportneutralität nicht der Bereinigung von ungerechtfertigten Steuervorteilen im Ausland, sodass hiermit stets die Gefahr der Fehlallokation einhergeht.[181] Eine vollständige Umsetzung der Kapitalimportneutralität steht einem Progressionsvorbehalt entgegen, da durch die Berücksichtigung der ausländischen Einkünfte bei der

---

176 Vgl. *Jacobs/Endres/Spengel*, in: Jacobs, Internationale Unternehmensbesteuerung, 2016, S. 20; *Schönfeld*, StuW 2005, S. 159 ff.; *Musgrave/Musgrave*, Public Finance in Theory and Practice, 1989, S. 569 ff.; *Seer*, in: T/L, Steuerrecht, 2021, § 1, Rn. 98; *Dahlke*, Harmonisierung der Konzernbesteuerung, 2011, S. 30.

177 Vgl. auch *Desai/Hines*, NTJ 2003, S. 494; *Lehner*, StuW 1998, S. 161; *Winner*, StuW 2010, S. 105; *Maiterth*, StuW 2005, S. 51; *Vogel*, StuW 1996, S. 2; *Lüdemann*, Die Steuerplanung der multinationalen Unternehmung, 2004, S. 25; *Jacobs*, Internationale Unternehmensbesteuerung, 2002, S. 21 f.; *Scheffler*, Besteuerung der grenzüberschreitenden Unternehmenstätigkeit, 2002, S. 69.

178 Vgl. *Spengel*, Internationale Unternehmensbesteuerung, 2003, S. 228 ff.

179 Vgl. *Jacobs/Endres/Spengel*, in: Jacobs, Internationale Unternehmensbesteuerung, 2016, S. 23 f.; *Schönfeld/Häck*, in: Schönfeld/Ditz, DBA, 2019, Art. 23A OECD-MA, Rn. 87; gl. A. *Seer*, in: T/L, Steuerrecht, 2021, § 1, Rn. 98; *Lüdicke/Richter*, in: Lüdicke/Sistermann, Unternehmensteuerrecht, 2018, § 20, Rn. 24; *Oellerich*, in: Schaumburg/Englisch, Europäisches Steuerrecht, 2020, Rn. 8.197.

180 Vgl. *Schreiber*, DBW 1992, S. 833; *Fischer/Kleineidam/Warneke*, Internationale Betriebswirtschaftliche Steuerlehre, 2005, S. 44; *Kußmaul/Dill/Ruiner*, IWB 2010, S. 803 f.

181 Vgl. *Desai/Hines*, NTJ 2003, S. 494; *Dahlke*, Harmonisierung der Konzernbesteuerung, 2011, S. 35. Ferner wird ein progressiver Steuersatz bei mehrperiodigen Besteuerung kritisiert, da trotz eines identischen Einkommens alleinig aus der zeitlichen Verteilung des Einkommens erhebliche Besteuerungsdifferenzen eintreten können (vgl. *Schneider*, StuW 2000, S. 421 ff.; *Anzinger*, StuW 2022, S. 305; *Lang*, in: Elschen/Siegel/Wagner, FS Schneider, 1995, S. 399 ff.).

Steuersatzfindung – zumindest partiell – Komponenten der Kapitalexportneutralität Berücksichtigung finden.[182]

2.3.1.2.3 Welches Prinzip ist zur Vermeidung einer Doppel- bzw. Mehrfachbesteuerung nun geeignet?

Auch wenn die Kapitelimportneutralität nicht gänzlich ohne Kritikpunkte auskommt, ist zur Vermeidung einer Doppel- bzw.- Mehrfachbesteuerung die Kapitalimportneutralität geeigneter.[183] Zum einen ergibt sich eine Wettbewerbsneutralität für den jeweiligen Markt nur durch die Kapitalimportneutralität, da hierdurch in- und ausländische Investoren gleichgestellt werden.[184] Zum anderen lassen sich bei Anwendung der Freistellungsmethode die wirtschaftlichen Effekte auf die Transaktionskosten im jeweiligen Staat beschränken.[185]

2.3.2 Verfassungsrechtliches Prinzip der Leistungsfähigkeit

Nicht nur die Ökonomie kennt das Erfordernis einer gerechten Besteuerung. Im deutschen Verfassungsrecht ist in Art. 3 Abs. 1 GG der Gleichheitsgrundsatz verankert, an dem sich ebenfalls Steuerrechtsnormen messen lassen müssen.[186] Die steuerliche Ausgestaltung des Gleichheitsgrundsatzes befindet sich in § 85 Satz 1 AO, der eine Gleichmäßigkeit der Besteuerung fordert (sog. Steuergerechtigkeit).[187] Das Verfassungsrecht beurteilt die Steuergerechtigkeit anhand

---

182 Vgl. *Lehner*, StuW 1998, S. 161; *Fischer/Kleineidam/Warneke*, Internationale Betriebswirtschaftliche Steuerlehre, 2005, S. 44.

183 Vgl. *Vogel*, StuW 1993, S. 380 ff.; *Lehner*, StuW 1998, S. 171 ff.; *Dautzenberg*, DB 1994, S. 1542 ff.; *Dautzenberg*, DB 1997, S. 1354 ff.; *Terra/Wattel*, European Tax Law, 2001, S. 159 ff.

184 Vgl. *Maiterth*, StuW 2005, S. 51; *Vogel*, StuW 1996, S. 2; *Jacobs*, Internationale Unternehmensbesteuerung, 2002, S. 21 f.; *Scheffler*, Besteuerung der grenzüberschreitenden Unternehmenstätigkeit, 2002, S. 69.

185 Vgl. *Vogel*, StuW 1993, S. 380 ff.; *Lehner*, StuW 1998, S. 171 ff.

186 Vgl. *Hey*, in: T/L, Steuerrecht, 2021, § 3, Rn. 110; *Schaumburg*, in: Schaumburg, Internationales Steuerrecht, 2017, Rn. 4.4; *Debatin*, DB 1965a, S. 1023; *Debatin*, DStZ 1962, S. 92; *Mammen*, Ubg 2019, S. 395. Siehe auch *Tipke*, in: Steuergerechtigkeit, 1981, S. 24 ff. zur Herleitung der Gleichmäßigkeit der Besteuerung aus dem verfassungsrechtlichen Prinzip der Gleichbehandlung.

187 Vgl. BVerfG vom 14.04.1959, 1 BvL 23/57, BVerfGE 9, S. 237; *Fehling*, FR 2022, S. 493; *Hey*, in: T/L; Steuerrecht, 2021, § 3, Rn. 110; *Wernsmann*, StuW 2022, S. 280 ff.; a. A. *Drüen*, in: T/K, AO/FGO, 2022, § 3 AO, Rn. 42. Ergänzend wird nach der interpersonellen Steuergerechtigkeit zwischen den einzelnen Steuerpflichtigen sowie der zwischenstaatlichen Steuergerechtigkeit zwischen den einzelnen Mitgliedstaaten

der wirtschaftlichen Leistungsfähigkeit, sodass das Verfassungsrecht an ökonomische Größen anknüpft.[188] Der maßgebliche Bewertungsmaßstab stellt in der Regel das Einkommen dar.[189] Das Verfassungsrecht fordert, dass das Steuerrecht der vertikalen und horizontalen Leistungsfähigkeit ausreichend Rechnung trägt.[190]

- **Vertikale Leistungsfähigkeit:** Die vertikale Leistungsfähigkeit stellt darauf ab, dass bei einer höheren Leistungsfähigkeit eine höhere Lastentragung gerechtfertigt ist.[191] Hierdurch soll auf wirtschaftlich schwächere Steuerpflichtige Rücksicht genommen werden.[192]
- **Horizontale Leistungsfähigkeit:** Die horizontale Leistungsfähigkeit fordert, dass bei einer gleichen Leistungsfähigkeit eine unterschiedliche Lastentragung nicht gerechtfertigt ist.[193]

---

differenziert (vgl. auch *Dahlke*, Harmonisierung der Konzernbesteuerung, 2011, S. 38 ff.).

188 Vgl. *Hey*, StuW 2008, S. 174; *Hey*, in: DStJG 24, Unternehmenssteuerreform, 2001, S. 13 ff.; *Desens*, FR 2022, S. 683; *Dahlke*, Harmonisierung der Konzernbesteuerung, 2011, S. 38; *Homburg*, Allgemeine Steuerlehre, 2009, S. 287 ff.; *Paschen*, Steuerumgehung im Steuerrecht, 2001, S. 81 ff.

189 Vgl. *Gerken/Märkt/Schick*, Internationaler Steuerwettbewerb, 2000, S. 7; *Lang*, StuW 1990, S. 115; *Wagner*, StuW 1992, S. 7; *Paschen*, Steuerumgehung im Steuerrecht, 2001, S. 81 f. Siehe auch *Lang*, in: Elschen/Siegel/Wagner, FS Schneider, 1995, S. 402; *Schneider*, StuW 2000, S. 421; *König*, ZfbF 1997, S. 44 ff. mit dem Hinweis, dass die Investitionsneutralität ihren Ursprung in der gleichmäßigen Besteuerung nach der wirtschaftlichen Leistungsfähigkeit hat. Im Schrifttum wird vor dem Hintergrund der Entstrickungsbesteuerung die Ansicht vertreten, dass anstelle auf das Einkommen auf die Zahlungsfähigkeit abzustellen sei (vgl. *Desens*, FR 2022, S. 682 ff.; *Welling*, FR 2022, S. 689 ff.).

190 Vgl. BVerfG vom 15.01.2014, 1 BvR 1656/06, BVerfGE 135, S. 126; *Homburg*, Allgemeine Steuerlehre, 2009, S. 287; *Lehner/Waldhoff*, in: K/S/M, EStG, 2021, § 1 EStG, Rn. A 100; *Schreiber/Stellpflug*, WiSt 1999, S. 186; *Debatin*, DStZ 1962, S. 92; *Paschen*, Steuerumgehung im Steuerrecht, 2001, S. 82 ff.; *Kirchhof*, in: H/H/R, EStG/KStG, 2020, Einführung zum EStG, Rn. 230.

191 Vgl. *Wernsmann*, StuW 2022, S. 282; *Cortez*, Neuausrichtung der deutschen Hinzurechnungsbesteuerung, 2013, S. 18; *Drüen*, in: T/K, AO/FGO, 2022, § 3 AO, Rn. 50a.

192 Vgl. BVerfG vom 15.01.2014, 1 BvR 1656/09, BVerfGE 135, S. 126; *Weber-Grellet*, FR 2011, S. 1030; *Drüen*, in: T/K, AO/FGO, 2022, § 3 AO, Rn. 43, *Schneider*, Grundzüge der Unternehmensbesteuerung, 1994, S. 23 f.

193 Vgl. BVerfG vom 10.11.1998, 2 BvL 42/93, BVerfGE 99, S. 246; *Schneider*, Grundzüge der Unternehmensbesteuerung, 1994, S. 23; *Wernsmann*, StuW 2022, S. 281 f.; *Schneider*, StuW 2000, S. 422; *Winner*, StuW 2010, S. 105.

Das verfassungsrechtliche Gegenstück zur ökonomischen Investitionsneutralität stellt die Rechtsformneutralität dar.[194] Das Prinzip der Rechtsformneutralität besagt, dass eine Investitionsentscheidung nicht von der Rechtsform bzw. der rechtsformabhängigen Besteuerung abhängig sein darf.[195] Die Rechtsformneutralität ist nicht nur auf inländische Investitionsentscheidungen beschränkt[196], sondern umfasst ebenso grenzüberschreitende Tätigkeiten[197]. Auch wenn das Gebot der gleichmäßigen Besteuerung einer Erfassung ausländischer Einkünfte nicht entgegensteht, ist die Rechtsformneutralität bei ausländischen Investitionen als Verpflichtung der Beseitigung einer Doppel- bzw. Mehrfachbesteuerung zu verstehen.[198] Andererseits führt die Minderbesteuerung – zwar mit umgekehrten Vorzeichen – zu einem Verstoß gegen die horizontale Leistungsfähigkeit, sodass ferner eine verfassungsrechtliche Verpflichtung zur Eliminierung einer Minderbesteuerung besteht.[199] Die enge Verflechtung der Ökonomie und des Verfassungsrechts wird durch das Willkürverbot verdeutlicht, das aus dem

194 Vgl. *Wagner*, StuW 1992, S. 7; *Kahle*, in: Schulze-Osterloh/Hennrichs/Wüstemann, Handbuch des Jahresabschlusses, Abteilung VII, Rn. 279 ff.; *Paschen*, Steuerumgehung im Steuerrecht, 2001, S. 82.

195 Vgl. *Prinz*, DB 2022a, S. 13; *Prinz*, FR 2022, S. 62. Aufgrund der Anwendung des Transparenzprinzips für Personenunternehmen und des Trennungsprinzips für Kapitalgesellschaften ist eine derartige ökonomische Zielvorgabe kaum möglich, da beide Besteuerungsregime regelmäßig zu unterschiedlichen ertragsteuerlichen Folgen führen (vgl. *Hey*, in: T/L, Steuerrecht, 2021, § 13 Rn. 168 ff.; *Desens*, in: H/H/R, EStG/KStG, 2020, Einführung zum KStG, Rn. 155).

196 So z. B. auch *Frotscher*, Internationales Steuerrecht, 2020, § 1, Rn. 33 ff.

197 Vgl. *Schnitger*, Die Grenzen der Einwirkung der Grundfreiheiten, 2006, S. 277; *Scheunemann*, IStR 2005, S. 304; *Paschen*, Steuerumgehung im Steuerrecht, 2001, S. 82. Es besteht daher die Verpflichtung die Investitionen über eine ausländische Kapitalgesellschaft oder Betriebsstätte hinsichtlich der Besteuerung gleichzustellen (vgl. *Debatin*, StuW 1967, S. 330). Gleichwohl darf nicht vernachlässigt werden, dass das deutsche Ertragsteuerrecht Kapitalgesellschaften als nicht-transparente Rechtsträger und Betriebsstätten – unter Außerachtlassung der abkommensrechtlichen Besonderheiten – als transparente „Rechtsträger" behandelt, sodass die Rechtsformneutralität infrage gestellt werden kann (so z. B. auch *Schreiber*, ZfbF 1993, S. 511 ff.).

198 So z. B. auch *Schreiber*, DBW 1992, S. 829 ff.; *Hamen u. a.*, IWB 2021, S. 811 f.

199 Vgl. *Lentz*, Vermeidung einer Minderbesteuerung, 2016, S. 13; *Gebhardt*, Ubg 2012, S. 585 ff.; *Rombach*, FR 2019, S. 167 ff. Siehe auch *Prinz*, FR 2022, S. 62 zur Einordnung der Option zur Körperschaftbesteuerung von Personenhandels- und Partnerschaftsgesellschaften nach § 1a KStG.

Prinzip der wirtschaftlichen Leistungsfähigkeit abgeleitet wird.[200] Dieses besagt, dass eine Steuerverteilung weder unsystematisch noch willkürlich erfolgen darf.[201]

Es stellt sich die Frage, ob und inwiefern verfassungsrechtlich eine Präferenz der Schaffung einer Kapitalexportneutralität oder einer Kapitalimportneutralität besteht. Das Prinzip der wirtschaftlichen Leistungsfähigkeit erachtet – bereits allein aufgrund des Abstellens auf eine ökonomische Größe – sowohl die Freistellungsmethode als auch die Anrechnungsmethode für zulässig.[202] Insbesondere der verfassungsrechtliche Gleichheitsgrundsatz sowie das abkommensrechtliche Diskriminierungsverbot kann für einen Vorzug der Kapitalimportneutralität sprechen, da hierdurch sowohl der inländische als auch der ausländische Investor im Quellen- bzw. Belegenheitsstaat einer gleichen Behandlung unterliegen.[203] Dieses Ergebnis scheint auch mit den ökonomischen Kritikpunkten[204] einherzugehen, sodass im Allgemeininteresse eine vorrangige Anwendung der Freistellungsmethode zu bejahen ist.[205]

---

200 Siehe auch BFH vom 30.05.2001, II R 4/99, BStBl II 2001, S. 606; BFH vom 17.05.1995, X R 129/92, BStBl II 1996, S. 183; *Hey*, in: T/L, Steuerrecht, 2021, § 3, Rn. 124 ff.; *Hey*, FR 2020, S. 578 ff.; *Gersch*, in: Klein, AO, 2022, § 3 AO, Rn. 12; *Englisch*, in: Schaumburg/Englisch, Europäisches Steuerrecht, 2020, Rn. 12.24 zur Berücksichtigung des Willkürverbots im Rahmen des Steuerrechts.

201 Vgl. *Dahlke*, Harmonisierung der Konzernbesteuerung, 2011, S. 41. Vereinzelte wird das Prinzip der wirtschaftlichen Leistungsfähigkeit dergestalt eingeschränkt, dass der Gesetzgeber bei der Besteuerung von Personenunternehmen und Kapitalgesellschaften frei ist (vgl. *Birk*, StuW 2000, S. 328 ff.; *Drüen*, GmbHR 2008, S. 401; *Musil/Leibohm*, FR 2008, S. 813; a. A. *Hey*, in: DStJG 24, Unternehmenssteuerreform, 2001, S. 13 f.; *Schön*, FR 2001, S. 387). Eine rechtsformabhängige Besteuerung sei somit verfassungsrechtlich nicht zu beanstanden (a. A. *Hey*, in: T/L, Steuerrecht, 2021, § 13, Rn. 172, *Hey*, in: DStJG 24, Unternehmenssteuerreform, 2001, S. 11 f.).

202 Siehe auch *Frotscher*, Internationales Steuerrecht, 2020, § 1, Rn. 37 mit dem Hinweis, dass ein Anrechnungsüberhang allerdings verfassungsrechtlich kritisch betrachtet werden müsse.

203 Vgl. *Winner*, StuW 2010, S. 105; *Terra/Wattel*, European Tax Law, 2001, S. 159 ff.; *Dautzenberg*, DB 1994, S. 1542 ff.; *Dautzenberg*, DB 1997, S. 1354 ff.; a. A. *Lehner*, StuW 1998, S. 171.

204 Vgl. Kapitel 2.3.1.2.

205 Vgl. *Dautzenberg*, DB 1994, S. 1542 ff.; *Dautzenberg*, DB 1997, S. 1354 ff. Siehe z. B. auch *Cordewener*, FR 2005, S. 241; *Hey*, IStR 2009, S. 184 ff. zum öffentlichen Interesse als europäischer Rechtfertigungsgrund.

2.4 Ökonomische Problematik der Minderbesteuerung

2.4.1 Definition der Doppel- bzw. Mehrfachbesteuerung

Um ein besseres Verständnis zu erlangen, ob und wann eine Minderbesteuerung im ökonomischen Sinne vorliegt, muss das Gegenstück, die Doppel- bzw. Mehrfachbesteuerung, definiert werden. Die Doppelbesteuerung ist in eine (a) juristische sowie (b) wirtschaftliche Doppelbesteuerung zu unterteilen[206], wobei diese Unterscheidung entsprechend für die Mehrfachbesteuerung gilt.

- **Juristische Doppelbesteuerung:** Das Schrifttum definiert die juristische Doppelbesteuerung dergestalt, dass verschiedene Staaten dasselbe Steuersubjekt (Steuerpflichtiger) mit demselben Steuerobjekt (Besteuerungsgut) in demselben Steuerzeitraum einer gleichartigen Besteuerung unterwerfen.[207]
- **Wirtschaftliche Doppelbesteuerung:** Eine wirtschaftliche Doppelbesteuerung tritt hingegen ein, wenn verschiedene Staaten verschiedene Steuersubjekte (Steuerpflichtige) als wirtschaftliche Einheit mit demselben Steuerobjekt (Besteuerungsgut) in demselben Besteuerungszeitraum einer gleichartigen Besteuerung unterwerfen.[208]

In Abgrenzung zur juristischen Doppelbelastung fehlt es an einer Steuersubjektidentität, sodass durch verschiedene Steuersubjekte die Einkünfte erzielt werden.[209] Zudem sieht *Frotscher*[210] einen weiteren Unterschied in der wirtschaftlichen Doppelbesteuerung darin, dass diese im strengeren Sinne

206 Vgl. *Grotherr*, in: Grotherr, Handbuch der Internationalen Steuerplanung, 2011, Teil 1, S. 5; *Lüdemann*, Die Steuerplanung der multinationalen Unternehmung, 2004, S. 24 ff.

207 Vgl. auch *Vogel*, DStZ 1997, S. 277; *Frotscher*, Internationales Steuerrecht, 2020, § 1, Rn. 7; *Rose/Watrin*, Internationales Steuerrecht, 2016, S. 139 ff.; *Schaumburg*, in: Schaumburg, Internationales Steuerrecht, 2017, Rn. 12.2; *Lüdemann*, Die Steuerplanung der multinationalen Unternehmung, 2004, S. 23; *Kluge*, Internationales Steuerrecht, 1992, S. 25; *Wörsching*, StteuerStud 2009, S. 178.

208 Vgl. *Lüdemann*, Die Steuerplanung der multinationalen Unternehmung, 2004, S. 23 f.; *Lehner*, in: V/L, DBA, 2021, Grundlagen des Abkommensrechts, Rn. 9; *Wörsching*, SteuerStud 2009, S. 178; *Frotscher*, Internationales Steuerrecht, 2020, § 1, Rn. 8. Siehe z. B. auch BFH vom 24.02.1976, VIII R 155/71, BStBl II 1977, S. 265, der sich der Unterscheidung der Doppelbesteuerung in eine juristische und wirtschaftliche anschließt.

209 Vgl. *Lehner*, in: V/L, DBA, 2021, Grundlagen des Abkommensrechts, Rn. 9; *Frotscher*, Internationales Steuerrecht, 2020, § 1, Rn. 5 ff.; *Lüdemann*, Die Steuerplanung der multinationalen Unternehmung, 2004, S. 23.

210 Vgl. *Frotscher*, Internationales Steuerrecht, 2020, § 1, Rn. 7 f.

fortbesteht, auch wenn die Mehrbelastung tatsächlich eliminiert wurde, da weiterhin in verschiedenen Staaten derselbe Sachverhalt erfasst wurde.

2.4.2 Definition der system- und gestaltungsbedingten Minderbesteuerung

Zwar ist dem Schrifttum keine einheitliche Definition der Minderbesteuerung zu entnehmen.[211] Von *Rose/Watrin*[212] und *Scheffler*[213] wird die Minderbesteuerung indes so definiert, dass ein Steuerobjekt, das in verschiedenen Staaten der Besteuerung unterworfen werden kann, einer geringeren Gesamtsteuerbelastung unterliegt als die eines Steuerobjektes, das lediglich in einem Staat der Besteuerung unterliegt.[214] Aus dieser Definition wird ersichtlich, dass die Minderbesteuerung an das Steuerobjekt (Besteuerungsgut) und nicht an das Steuersubjekt (Steuerpflichtiger) anknüpft.[215] Unter dem Terminus der Minderbesteuerung ist jedoch nicht nur die Nichtbesteuerung zu verstehen, sondern vielmehr auch eine zu niedrige, unangemessene oder nur ermäßigte Besteuerung.[216] Die Minderbesteuerung kann als (a) systembedingte oder (b) gestaltungsbedingte Minderbesteuerung auftreten.

2.4.2.1 Systembedingte Minderbesteuerung

Für die systembedingte Minderbesteuerung ist kennzeichnend, dass die unterschiedlichen Steuersysteme der Staaten zu unterschiedlichen Gesamtsteuer-

211 So z. B. auch *Petereit*, IStR 2003, S. 581; *Kraft/Schürkötter*, BB 2021, S. 1880.

212 Vgl. *Rose/Watrin*, Internationales Steuerrecht, 2016, S. 69.

213 Vgl. *Scheffler*, Internationale betriebswirtschaftliche Steuerlehre, 2009, S. 94 ff.

214 Siehe auch *Kahle/Wildermuth*, Ubg 2013, S. 405 ff.; *Kluge*, Internationales Steuerrecht, 1992, S. 20; *Rose/Watrin*, Internationales Steuerrecht, 2016, S. 139 ff. zu den Erscheinungsformen der Minderbesteuerung.

215 Vgl. *Kahle/Wildermuth*, Ubg 2013, S. 405 ff.; *Cortez*, Neuausrichtung der deutschen Hinzurechnungsbesteuerung, 2013, S. 14 f.; *Schaumburg*, in: Schaumburg, Internationales Steuerrecht, 2017, Rn. 13.39.

216 Vgl. *Petereit*, DStR 2003, S. 581. Aus Sicht des Ansässigkeitsstaats liegt eine Minderbesteuerung vor, wenn der Quellen- bzw. Belegenheitsstaat das Besteuerungsrecht innehat und dessen Besteuerungsniveau geringer als das im Ansässigkeitsstaat ist. Im umgekehrten Fall ergibt sich eine Minderbesteuerung aus Sicht des Quellen- bzw. Belegenheitsstaats, wenn der Ansässigkeitsstaat das Besteuerungsrecht zugewiesen bekommt und ein geringeres Steuerniveau als der Quellen- bzw. Belegenheitsstaat aufweist.

belastungen führen.[217] Die systembedingte Minderbesteuerung kann in (a) subjektive und objektive Qualifikationskonflikte (Wertungsdifferenzen dem Grunde nach) sowie (b) objektive Quantifizierungskonflikte (Wertungsdifferenzen der Höhe nach) unterschieden werden.[218] Ein subjektiver und objektiver Qualifikationskonflikt liegt vor, wenn die Beurteilung eines Rechtsträgers oder der Einkünfte durch die Staaten zu unterschiedlichen steuerlichen Ergebnissen führt.[219] Die objektiven Quantifizierungskonflikte umfassen hingegen die Höhe oder den Zeitpunkt der zuzurechnenden Einkünfte, sodass die Beurteilung diesbezüglich durch die Staaten zu unterschiedlichen Ergebnissen führt.[220] Die systembedingte Minderbesteuerung beschränkt sich nicht nur auf das Steuersatzgefälle, sondern erfasst auch einseitige Steuerbegünstigungen und Steuerfreistellungen sowie verschiedene Gewinnermittlungsarten.[221]

2.4.2.2 Gestaltungsbedingte Minderbesteuerung

Die gestaltungsbedingte Minderbesteuerung setzt bewusste grenzüberschreitende Verlagerungsmaßnahmen voraus.[222] In Abgrenzung zur systembedingten Minderbesteuerung werden bereits umgesetzte Sachverhalte aus steuerlichen Motiven angepasst, sodass eine ursprüngliche Investitionsentscheidung zwar nicht revidiert wird, jedoch durch entsprechende grenzüberschreitende Maßnahmen in Form einer grenzüberschreitenden Verlagerung steuerlich angepasst

---

217 Vgl. *Scheffler*, Internationale betriebswirtschaftliche Steuerlehre, 2009, S. 100; *Cortez*, Neuausrichtung der deutschen Hinzurechnungsbesteuerung, 2013, S. 15.

218 Vgl. *Cortez*, Neuausrichtung der deutschen Hinzurechnungsbesteuerung, 2013, S. 16; *Burmester*, in: Burmester/Endres, FS Debatin, 1996, S. 58 ff. Es sei darauf hingewiesen, dass Qualifikations- und Quantifizierungskonflikte nicht nur in einer Minderbesteuerung enden können, sondern ebenfalls eine Doppel- oder Mehrfachbesteuerung herbeiführen können (vgl. *Hannes*, Qualifikationskonflikte im Internationalen Steuerrecht, 1992, S. 35).

219 Siehe auch *Burmester*, in: Burmester/Endres, FS Debatin, 1996, S. 58 ff.; *Rohler*, GmbH-StB 2010, S. 298; *Burmester*, in: Klein/Stihl/Wassermeyer, FS Flick, 1997, S. 669.

220 Vgl. hierzu z. B. *Burmester*, in: Burmester/Endres, FS Debatin, 1996, S. 63 f.

221 Vgl. *Hahn*, IStR 2003, S. 447. Siehe auch *Lühn*, DK 2008, S. 92 ff. mit einer umfassenden Darstellung steuerplanerischer Maßnahmen zur Minderung der Konzernsteuerquote.

222 Vgl. *Lehner*, StuW 1998, S. 165 ff.; *Scheffler*, Internationale betriebswirtschaftliche Steuerlehre, 2009, S. 100; *Kahle/Wildermuth*, Ubg 2013, S. 405 ff.; *Eilers/Hennig*, ISR 2015, S. 422 ff.; *Cortez*, Neuausrichtung der deutschen Hinzurechnungsbesteuerung, 2013, S. 15.

wird.[223] Die gestaltungsbedingte Minderbesteuerung suggeriert ein gewisses Fehlen ausschließlich wirtschaftlicher oder außersteuerlicher Gründe.[224] Unter die gestaltungsbedingte Minderbesteuerung sind (a) die Verlegung des Wohnsitzes, (b) die Überführung von Wirtschaftsgütern, (c) die bewusste Preisgestaltung der gruppeninternen Liefer- und Leistungsbeziehungen sowie (d) die Verlagerung von Einkünften und Funktionen zu subsumieren.[225]

2.4.3 Gestaltungsbedingte Minderbesteuerung als Folge der Steuerplanung?

2.4.3.1 *Notwendigkeit und Formen der Steuerplanung*

Ein notwendiger Bestandteil der betriebswirtschaftlichen Steuerlehre stellt die Steuerplanung dar.[226] Ein nicht zu vernachlässigender Einfluss auf die Investitions- und Finanzierungsplanung geht von Steuern aus.[227] Insbesondere international agierende Unternehmungen sind einer erhöhten Notwendigkeit der

---

223 Vgl. *Kraft/Schürkötter*, BB 2021, S. 1880 f.; *Kahle/Wildermuth*, Ubg 2013, S. 405; *Pohl*, in: Mössner u. a., Steuerrecht international tätiger Unternehmen, 2018, Rn. 1.77; *Reiser/Cortez*, ISR 2013, S. 77 ff.; *Kahle/Biebinger/Wildermuth*, Ubg 2014, S. 285 ff.

224 Vgl. *Haase*, DStR 2019, S. 835; *Cortez*, Neuausrichtung der deutschen Hinzurechnungsbesteuerung, 2013, S. 17. Siehe auch *Scheffler*, Internationale betriebswirtschaftliche Steuerlehre, 2009, S. 98 ff. einschließlich der strafbewehrten gestaltungsbedingten Minderbesteuerung.

225 Vgl. *Scheffler*, Internationale betriebswirtschaftliche Steuerlehre, 2009, S. 99; *Cortez*, Neuausrichtung der deutschen Hinzurechnungsbesteuerung, 2013, S. 17; *Heckemeyer/Spengel*, DB 2009, S. 133 ff. Diese Maßnahmen haben allesamt gemeinsam, dass künftig entstehende Gewinne in einem Niedrigsteuerland entstehen sollen, ohne den wirtschaftlichen Gehalt der Investitionsentscheidung infrage zu stellen.

226 Vgl. auch *Schneider*, Grundzüge der Unternehmensbesteuerung, 1994, S. 25 ff.; *Wagner*, StuW 2022, S. 339 f.; *Förster*, StuW 2019, S. 317 ff.; *Kessler*, in: Kessler/Kröner/Köhler, Konzernsteuerrecht, § 1, Rn. 18; *Kröner*, DB 1984, S. 1409; *Grotherr*, in: Grotherr, Handbuch der Internationalen Steuerplanung, 2011, Teil 1, S. 5.

227 Vgl. *Kahle/Wildermuth*, Ubg 2013, S. 405 ff.; *Grotherr*, in: Grotherr, Handbuch der Internationalen Steuerplanung, 2011, Teil 1, S. 5; *Grotherr*, Ubg 2015, S. 360 ff.; *Stein/Becker*, GmbHR 2003, S. 84 ff.; *Herzig/Lochmann/Liekenbrock*, DB 2008, S. 593 ff. Anlässlich einer geringeren Steuerbelastung ergeben sich Akkumulationseffekte, die zu einer Steigerung der Produktion führen, da umfassendere Ressourcen zur Verfügung stehen (siehe z. B. auch *Debatin*, StuW 1967, S. 318). Nach Ansicht des Gesetzgebers führt eine Steuerentlastung durch eine Möglichkeit der Innenfinanzierung zu einer erhöhten Wettbewerbsfähigkeit (vgl. BT-Drucks. 14/2683, S. 93; *Schneider*, WPg 1988, S. 331 f.; *Maiterth*, StuW 2005, S. 47 und 49; *Zitzelsberger*, IStR 2001, S. 527).

Steuerplanung ausgesetzt, um allein die Wettbewerbsfähigkeit sicherzustellen.[228] Die Steuerplanung umfasst nicht nur die Zielsetzung der Identifizierung der Steuerfolgen, sondern auch eine bewusste steuerorientierte Unternehmensplanung, die durch die gezielte Sachverhaltsgestaltung Einfluss auf die Steuerbelastung nimmt (sog. sachverhaltsdarstellende Steuerplanung).[229] Letztere soll regelmäßig eine Steuerstundung, eine Steuerminderung oder eine Steuervermeidung herbeiführen.[230] Vornehmlich (a) steuerliche Wahlrechte oder (b) Ermessensspielräume können als Grund der sachverhaltsdarstellenden Steuerplanung genannt werden.[231] Auch der Einsatz von Basisgesellschaften in Niedrigsteuerländern oder Steueroasen kann – losgelöst von der moralischen Frage – als probates Mittel der Steuerplanung angesehen werden.[232]

2.4.3.2 Abgrenzungsmerkmale sowie Grenzen der Steuerplanung

Die wohl h. M.[233] im Schrifttum versteht die Steuerplanung daher als Konkretisierung der in der Steuerpolitik festgelegten Ziele und Grundsätze. Hingegen wird zumindest die langfristige Steuerplanung der Steuerpolitik mit dem

228 Vgl. *Kluge*, Internationales Steuerrecht, 1992, S. 20 f.; *Grotherr*, in: Grotherr, Handbuch der Internationalen Steuerplanung, 2011, Teil 1, S. 26; *Kahle/Wildermuth*, Ubg 2013, S. 405 ff.

229 Vgl. *Lühn*, DK 2008, S. 94; *Dreßler*, Gewinn- und Vermögensverlagerungen, 2007, S. 205; *Scheffler*, Ubg 2011, S. 262 ff.; *Grotherr*, in: Grotherr, Handbuch der Internationalen Steuerplanung, 2011, Teil 1, S. 6 und 18; *Jacobsen*, FR 2009, S. 170 f.; *Hinz*, Sachverhaltsgestaltungen im Rahmen der Jahresabschlusspolitik, 1994, S. 68.

230 Vgl. hierzu z. B. *Grotherr*, in: Grotherr, Handbuch der Internationalen Steuerplanung, 2011, Teil 1, S. 7.

231 Vgl. *Grotherr*, in: Grotherr, Handbuch der Internationalen Steuerplanung, 2011, Teil 1, S. 6 und 18; *Scheffler*, Ubg 2011, S. 262 ff.; *Kröner*, DB 1984, S. 1409 f.; *Spengel/Meier*, FR 2016, S. 498 Es wird darauf hingewiesen, dass zahlreiche Missbrauchsvermeidungsvorschriften aufgrund ihrer unklaren Konzepte als auslegungsbedürftig anzusehen sind und folglich infrage gestellt werden kann, ob und inwiefern diese überhaupt dem jeweiligen Ziel gerecht werden (vgl. *Hey*, StuW 2008, S. 168 f.).

232 Vgl. *Morgenthaler*, IStR 2000, S. 290 f.; *Kahle/Biebinger/Wildermuth*, Ubg 2014, S. 285 ff.; *Rättig/Protzen*, IStR 2002, S. 828 ff.; *Stein/Becker*, GmbHR 2003, S. 84 ff.

233 Vgl. *Haberstock*, Die Steuerplanung der internationalen Unternehmen, 1976, S. 16 ff.; *Rieger*, Prinzipien des Internationalen Steuerrechts, 1978, S. 24 ff.; *Kratz*, Steuerplanung internationaler Unternehmungen, 1986, S. 72 ff.; *Zirfas de Morón*, Transnationale Besteuerung im Kontext der Globalisierung, 1995, S. 48 ff.; *Menck*, IStR 2001, S. 279.

quantitativen Ziel der Steuerminimierung gleichgesetzt.[234] Andere Literaten[235] möchten hingegen der Steuerpolitik eine Optimierungsabsicht entnehmen, was freilich auch bei der Steuerplanung der Fall sein kann, jedoch nicht zwingend sein muss. Aufgrund dieses unterschiedlichen Begriffsverständnisses verwundert es nicht, dass auch vereinzelt die Steuerpolitik und Steuerplanung als Synonyme verstanden werden.[236]

Deutlich wesentlicher ist die Abgrenzung zwischen der legitimen und aggressiven Steuerplanung, da die zweitgenannte Form immer mehr in Verruf gerät.[237] Eine legitime Steuerplanung soll vorliegen, wenn ein Sachverhalt nicht zu umfassender Berücksichtigung der steuerlichen Folgen geplant und umgesetzt wird.[238] Es wird ersichtlich, dass die Steuerbelastung keine Hauptrolle spielt. Hingegen lässt sich die Begrifflichkeit der aggressiven Steuerplanung nicht punktgenau definieren.[239] Teilweise wird im Schrifttum eine aggressive Steuerplanung immer dann angenommen, sofern bewusst das internationale Steuergefälle ausgenutzt wird.[240] Der europäische Richtlinienverfasser scheint zumindest im internationalen Kontext eine aggressive Steuerplanung „nur" zu sehen, wenn die Sachverhaltsgestaltung eine rein künstliche Gewinnverlagerung herbeiführt

234 Vgl. *Breithecker/Klapdor*, Internationale Betriebswirtschaftliche Steuerlehre, 2010, S. 237 ff.; *Bader*, Steuergestaltungen mit Holdinggesellschaften, 2017, S. 30; *Burmester*, Unternehmensfinanzierung im Internationalen Steuerrecht, 2003, S. 1 f.

235 So z. B. auch *Heinhold*, Betriebliche Steuerplanung mit quantitativen Methoden, 1979, S. 23.

236 Vgl. *Rose*, Betriebliche Steuerplanung, 1977, S. 63; *Grotherr*, in: Grotherr, Handbuch der Internationalen Steuerplanung, 2011, Teil 1, S. 7.

237 Vgl. *Kahle/Biebinger/Wildermuth*, Ubg 2014, S. 285 ff.; *Kahle/Wildermuth*, Ubg 2013, S. 405 ff.; *Jacobs/Endres/Spengel*, in: Jacobs, Internationale Unternehmensbesteuerung, 2016, S. 885 ff.; *Blumers*, BB 2013, S. 2785 ff.; *Kessler*, in: Kessler/Kröner/Köhler, Konzernsteuerrecht, § 1, Rn. 17 f.; *Ehrke-Rabel/Kofler*, ÖStZ 2009, S. 456 ff.; *Grotherr*, Ubg 2015, S. 360 ff.

238 Vgl. *Ehrke-Rabel/Kofler*, ÖStZ 2009, S. 456 ff.; *Kahle/Wildermuth*, Ubg 2013, S. 405 ff.; *Blumers*, BB 2013, S. 2785 ff.; *Jacobs/Endres/Spengel*, in: Jacobs, Internationale Unternehmensbesteuerung, 2016, S. 890 f.

239 Vgl. *Kahle/Wildermuth*, Ubg 2013, S. 405 ff.; *Kahle/Biebinger/Wildermuth*, Ubg 2014, S. 285 ff.; *Grotherr*, Ubg 2015, S. 360 ff.; *Lang*, SWI 2013, S. 62 ff.

240 Vgl. *Steiner*, SWI 2006, S. 308 ff. Diese Definition scheint allerdings zu pauschaliert zu sein, da einer grenzüberschreitenden Tätigkeit nicht immer eine aggressive Steuerplanung zugrunde liegt (siehe z. B. auch *Lang*, SWI 2013, S. 63; *Kahle/Wildermuth*, Ubg 2013, S. 405 ff.; *Ehrke-Rabel/Kofler*, ÖStZ 2009, S. 460).

(Abs. 12 Satz 3 der Erwägungsgründe der ATAD)[241]. Es ist folglich nicht jegliche grenzüberschreitende Gewinnverlagerung als aggressiv anzusehen.[242]

Eine aggressive Steuerplanung ist jedoch gegeben, wenn hierdurch eine Steuerbelastung erreicht wird, die durch den Fiskus nicht so vorgesehen ist.[243] Auch wenn die aggressive Steuerplanung nicht nur vereinzelt im Schrifttum als unmoralisch oder verwerflich bezeichnet wird[244], führt diese nicht direkt zur Einordnung als nicht-strafbewerter steuerlicher Gestaltungsmissbrauch oder als strafbewerte Steuerhinterziehung bzw. leichtfertige Steuerverkürzung[245]. Vielmehr steht der Gesetzgeber in der Verantwortung, die Tatbestandsmerkmale und Rechtsfolgen des steuerlichen Gestaltungsmissbrauchs sowie der Steuerhinterziehung bzw. leichtfertigen Steuerverkürzung eindeutig und klar zu definieren[246].

2.4.4 Ökonomische Problematik der Fehlallokation von Ressourcen durch Steuerflucht

Aufgrund der ökonomischen Prämisse der Gewinnmaximierung und der Internationalisierung von Unternehmen ist – wie bereits eingangs erwähnt – in den letzten Jahren vermehrt ein globaler Steuerwettbewerb entstanden.[247] Auch wenn das Schrifttum keine abschließende Definition des Steuerwettbewerbs kennt[248],

---

241 Vgl. *Fehling*, in: Schaumburg/Englisch, Europäisches Steuerrecht, 2020, Rn. 17.60; *Kahlenberg/Prusko*, IStR 2017, S. 305; *Englisch*, in: T/L, 2021, § 4, Rn. 100; *Jochimsen/Zinowsky*, ISR 2016, S. 113; *Schnitger/Nitzschke/Gebhardt*, IStR 2016, S. 964.

242 Vgl. auch *Cloer/Niemeyer*, FR 2018, S. 1018; *Fehling*, in: Schaumburg/Englisch, Europäisches Steuerrecht, 2020, Rn. 17.13 und 17.16; *Ditz/Wassermeyer*, in: F/W/B/S, Außensteuerrecht, 2021, Vor §§ 7–14 AStG, Rn. 12 f.

243 So z. B. auch *Wulf*, in: Streck/Mack/Schwedhelm, Tax Compliance, 2019, Rn. 2.397.

244 Vgl. auch *Blumers*, BB 2013, S. 2785; *Neumann-Tomm*, IStR 2015, S. 436; *Kahle/Wildermuth*, Ubg 2013, S. 405 ff.; *Grotherr*, Ubg 2015, S. 360 ff.; *Piltz*, IStR 2015, S. 532; *Pinkernell*, Ubg 2014, S. 73 ff.; *Pohl*, DStZ 2018, S. 827.

245 Vgl. *Hey*, StuW 2008, S. 169; *Grotherr*, in: Grotherr, Handbuch der Internationalen Steuerplanung, 2011, Teil 1, S. 9.

246 Vgl. auch *Hey*, StuW 2008, S. 168 f.

247 Vgl. *Grotherr*, in: Grotherr, Handbuch der Internationalen Steuerplanung, 2011, Teil 1, S. 10 f.; *Kußmaul/Dill/Ruiner*, IWB 2010, S. 803 f. Siehe auch *Pinto*, Tax Competition and EU Law, 2002, S. 7 ff.; *Selling*, IStR 2000b, S. 418, die erst aufgrund der Globalisierung die Möglichkeit der Entstehung eines internationalen Steuerwettbewerbs für möglich halten.

248 Vgl. *Schön*, in: Schön, Tax Competition in Europe, 2003, S. 4; *Pinto*, Tax Competition and EU Law, 2002, S. 1 ff.; *Gerken/Märkt/Schick*, Internationaler Steuerwettbewerb, 2000, S. 3.

kann dieser auf die Fiskalautonomie zurückgeführt werden. Durch diese sind die einzelnen Staaten weitgehend frei bei der Gestaltung des Steuerrechtsrahmens[249], wobei der Steuerwettbewerb erst dadurch entsteht, dass bestimmte Staaten bewusst steuerlich günstigere Rahmenbedingungen schaffen.[250] Da der Steuerwettbewerb zur Folge hat, dass das anzuwendende Steuerregime einen wesentlichen Standortfaktor verkörpert[251], siedeln sich Unternehmen vermehrt in Niedrigsteuerländern an (sog. Steuerflucht).[252] Besonders „anfällig" sind Unternehmungen mit mobilen Einkünften, da diese keine bzw. nur eine geringe physische Bindung zum jeweiligen Staat aufweisen, sodass die mobilen Einkünfte ohne größere Probleme transferiert werden können.[253]

---

249 Vgl. Kapitel 2.2.1.

250 Vgl. *Schaumburg*, in: Schaumburg, Internationales Steuerrecht, 2017, Rn. 5.11; *Hey*, in: T/L, Steuerrecht, 2021, § 7, Rn. 71; *Lehner*, StuW 1998, S. 160 zur Souveränität der Staaten. Es wird daher im Schrifttum auch auf den Einfluss der Steuerbelastung auf die betriebswirtschaftliche Kennziffer der Konzernsteuerquote hingewiesen (vgl. auch *Bader*, Steuergestaltungen mit Holdinggesellschaften, 2017, S. 37; *Lühn*, DK 2008, S. 93; *Fischer/Kleineidam/Warneke*, Internationale Betriebswirtschaftliche Steuerlehre, 2005, S. 567).

251 Vgl. *Lang*, StuW 1989, S. 12; *Tipke*, Die Steuerrechtsordnung, 1993, S. 1033; *Rädler*, StuW 1996, S. 254; *Schreiber*, in: Jacobs/Spengel, Aspekte der Unternehmensbesteuerung in Europa, 1996, S. 86; *Wagner*, FA 1986, S. 38; *Maiterth*, StuW 2005, S. 47; *Alworth*, in: Cnossen, Tax Coordination in the European Community, 1987, S. 253. Es sei darauf hingewiesen, dass auch in rein inländischen Fällen durch die unterschiedlichen Gewerbesteuerhebesätzen ein nationaler Steuerwettbewerb besteht (vgl. auch *Hey*, FR 2001, S. 870; *Prinz*, DB 2022b, S. 1732; *Schaumburg*, ISR 2016, S. 371; *Schaumburg*, in: Schaumburg, Internationales Steuerrecht, 2017, Rn. 5.1.).

252 Vgl. auch *Herzig/Dautzenberg*, DB 2000, S. 12 f.; *Selling*, IStR 2000a, S. 225 f., *Selling*, IStR 2000b, S. 417 f.; *Beker*, DStZ 2004, S. 32 ff.; *Maiterth*, StuW 2005, S. 47 f.; *Brähler*, Internationales Steuerrecht, 2012, S. 385; *Scheffler*, Internationale betriebswirtschaftliche Steuerlehre, 2009, S. 234. Siehe auch *Kroppen*, in: DStJG 31, Einkommen aus Kapital, 2006, S. 320, der die Diskussion um die Steuerflucht in gewissen Umfang als hysterisch betrachtet (a. A. *Flume*, DB 1970, S. 2142 ff.; *Eichhorn*, DB 1971, S. 447 ff.).

253 Vgl. *Debatin*, DStZ 1962, S. 89; *Schaumburg*, ISR 2016, S. 372; *Kroppen*, in: DStJG 31, Einkommen aus Kapital, 2006, S. 320; *Bärsch/Böhmer*, DB 2017, S. 572 zur Wettbewerbsverzerrung durch die Verlagerung mobiler Einkünfte. Siehe auch *Lehner*, StuW 1998, S. 159; *Herzig/Dautzenberg*, DB 2000, S. 13 zum gesamtwirtschaftlichen Zielkonflikt der Mobilität wirtschaftlicher Ressourcen und der Aufrechterhaltung des Steueraufkommens.

Auch wenn die Definition des Niedrigsteuerlandes sowie die Abgrenzung zur Steueroase in der Literatur nicht einheitlich erfolgt[254], haben sämtliche Definitionen gemeinsam, dass die Steuerbelastung deutlich und nicht nur geringfügig geringer ist als die im Inland. Die Steuerflucht in Niedrigsteuerländer stellt ökonomisch eine gestaltungsbedingte Minderbesteuerung dar.[255] Die Folgen für den deutschen Fiskus sind einleuchtend. Der Steuerwettbewerb führt als Steuerflucht zum Verlust inländischen Besteuerungssubstrats.[256] Fraglich ist, ob und inwiefern diese in gewisser Hinsicht profiskalische Sichtweise auch den ökonomischen Gedanken entspricht. Volkswirtschaftlich ist zwischen dem fairen und unfairen Wettbewerb zu unterschieden:[257]

- **Fairer Steuerwettbewerb:** Für den fairen Steuerwettbewerb ist kennzeichnend, dass ein allgemein anerkanntes Gleichgewicht zwischen den erhobenen

254 Teilweise wird ein Niedrigsteuerland gesehen, wenn die Besteuerung deutlich geringer als im Inland ausfällt, und eine Steueroase als gegeben angesehen, wenn eine Nullbesteuerung vorliegt (vgl. *Dreßler*, Gewinn- und Vermögensverlagerungen, 2007, S. 20). Nach anderer Ansicht sollen Steueroasen von Niedrigsteuerländern dergestalt abzugrenzen sein, dass nämlich mobile Einkünfte keiner oder nur einer geringen Besteuerung unterliegen (vgl. *Winner*, StuW 2010, S. 101; *Debatin*, DStZ 1972, S. 272; *Eimermann*, IStR 2001, S. 82; *Eimermann*, IStR 2010, S. 561; *Bärsch/Böhmer*, DB 2017, S. 572; *Kroppen*, in: DStJG 31, Einkommen aus Kapital, 2006, S. 320). Siehe z. B. auch *Homburg*, Allgemeine Steuerlehre, 2009, S. 293 f.; *Dharmapala/Hines*, JPE 2009, S. 1058 mit der Einschränkung, dass es sich bei Steueroasen um äußerst kleine Volkswirtschaften handelt, welche gemessen an dieser Größe als entsprechend wohlhabend anzusehen sind. Andererseits werden die Begrifflichkeiten des Niedrigsteuerlands sowie der Steueroase als Synonym verstanden (vgl. hierzu z. B. *Hey*, StuW 2008, S. 171; *Cortez*, SteuerStud 2011, S. 314).

255 Vgl. *Kluge*, Internationales Steuerrecht, 1992, S. 16 ff.; *Scheffler*, Internationale betriebswirtschaftliche Steuerlehre, 2009, S. 94; *Fischer/Kleineidam/Warneke*, Internationale Betriebswirtschaftliche Steuerlehre, 2005, S. 32; *Cortez*, Neuausrichtung der deutschen Hinzurechnungsbesteuerung, 2013, S. 14; *Rose/Watrin*, Internationales Steuerrecht, 2016, S. 69.

256 Siehe auch *Herzig/Dautzenberg*, DB 2000, S. 12 ff.; *Selling*, IStR 2000a, S. 225 ff., *Selling*, IStR 2000b, S. 417 ff.; *Beker*, DStZ 2004, S. 32 ff.; *Maiterth*, StuW 2005, S. 47 ff. im Detail zu den gesamtwirtschaftlichen Folgen der Steuerflucht.

257 Vgl. *Schön*, in: Schön, Tax Competition in Europe, 2003, S. 6 ff., Schön, IStR 2022, S. 182 f.; *Lütke*, Die CFC-Legislation, 2006, S. 47; *Pinto*, Tax Competition and EU Law, 2002, S. 9 ff.; *Selling*, IStR 2000a, S. 226. Siehe auch *Paschen*, Steuerumgehung im Steuerrecht, 2001, S. 66 ff. zur Legitimation und Notwendigkeit der Intervention bei Vorliegen eines Marktversagens.

Steuern abzüglich etwaiger Betreibungskosten sowie den zur Verfügung gestellten öffentlichen Gütern besteht.[258]

- **Unfairer Steuerwettbewerb:** Der unfaire Steuerwettbewerb lebt hingegen nicht von einem derartigen Gleichgewicht, sondern es ist – wie *Schön*[259] darauf hinweist – vielmehr ein unkontrollierter Wettbewerb gegeben, mit der Folge, dass sich unerwünschte Allokationseffekte ergeben. Der unfaire Steuerwettbewerb beschränkt sich nicht nur auf die effektive Steuerbelastung.[260] Vielmehr können Faktoren wie (a) die selektive Steuervorteilsgewährung bei Inbound-Investitionen, (b) die fehlende Transparenz in Steuersachen, (c) das Fehlen eines Informationsaustausches sowie (d) das Fehlen einer Mindestsubstanz als weitere Indikatoren für einen unfairen Wettbewerb angesehen werden.[261]

Es kann festgestellt werden, dass lediglich vom unfairen Wettbewerb eine Fehlallokation von Ressourcen ausgeht, was eine Minderung der Gesamtwohlfahrt verursacht.[262] Der faire Steuerwettbewerb führt hingegen nicht zu einem ökonomisch abzulehnenden Kapitalabfluss.[263]

---

258 Vgl. hierzu z. B. *Pinto*, Tax Competition and EU Law, 2002, S. 10 f. Es wird ersichtlich, dass die Steuerbelastung von der Effizienz der Steuerbetreibung sowie dem Umfang der öffentlich zur Verfügung gestellten Gütern abhängt.

259 Vgl. *Schön*, in: Schön, Tax Competition in Europe, 2003, S. 8.

260 Siehe auch *Selling*, IStR 2000a, S. 225 ff.; *Selling*, IStR 2000b, S. 417 ff.; *Fehling*, FR 2022, S. 482 ff.; *Kokott*, ISR 2022, S. 283 ff. zur Problematik des unfairen Steuerwettbewerbs.

261 Vgl. BT-Drucks. 16/28901, S. 22 ff.; *Schön*, in: Schön, Tax Competition in Europe, 2003, S. 8; *Eimermann*, IStR 2001, S. 81; *Fehling*, FR 2022, S. 482 ff.; *Kokott*, ISR 2022, S. 283 ff.; *Ditz/Licht*, ISR 2022, S. 290 ff.; *Fehling/Koch*, IStR 2021, S. 561 ff.

262 Vgl. *Desai/Hines*, NTJ 2003, S. 494; *Spengel*, Internationale Unternehmensbesteuerung, 2003, S. 223; *Selling*, IStR 2000a, S. 225; *Schön*, in: Schön, Tax Competition in Europe, 2003, S. 8; *Linn*, Missbrauchsverhinderungsnormen und Standortwahl, 2007, S. 11. Siehe auch *Menck*, IStR 2001, S. 280 mit dem Hinweis, dass der unfaire Wettbewerb als missbräuchlich anzusehen und zu „bekämpfen“ ist.

263 Vgl. hierzu z. B. *Gerken/Märkt/Schick*, Internationaler Steuerwettbewerb, 2000, S. 5; *Hey*, DB 2018, S. 2951 ff.; *Linn*, Missbrauchsverhinderungsnormen und Standortwahl, 2007, S. 13 ff.

2.5 Ökonomische Notwendigkeit, Rechtfertigung und Kritikpunkte einer Hinzurechnungsbesteuerung

2.5.1 Rechtfertigung steuerlicher Gegenmaßnahmen einschließlich der Hinzurechnungsbesteuerung

Missbrauchsverhinderungsnormen zielen auf die Erlangung einer wirtschaftlichen Leistungsfähigkeit ab.[264] Gleichwohl liegt diesen Normen regelmäßig der verfassungsrechtliche Fiskalzweck der Sicherstellung der staatlichen Einnahmen zugrunde.[265] Ökonomisch werden Gegenmaßnahmen mit der Vermeidung einer systembedingten und gestaltungsbedingten Minderbesteuerung begründet, wobei das Hauptaugenmerk der politischen Diskussion auf der gestaltungsbedingten Minderbesteuerung liegt.[266] Der Gesetzgeber stellt hier gewisse Einkunftsarten im Ausland unter einen Generalverdacht der rein künstlichen Gewinnverlagerung.[267] Obwohl die Steuerflucht

---

264 Vgl. *Hey*, StuW 2008, S. 171 und 174; *Kraft/Kockrow*, IStR 2022, S. 61; *Mörwald*, DStZ 2019, S. 492 ff.; *Lang*, GmbHR 2012, S. 57 ff.; *Wichmann/Schmidt-Heß*, IStR 2014, S. 884.

265 Neben einem Fiskalzweck können die steuerrechtlichen Vorschriften ferner ihre Rechtfertigung in einem Sozial- oder Lenkungszwecke sowie einem Vereinfachungszweck haben (vgl. *Koenig*, in: Koenig, AO, 2021, § 3 AO, Rn. 76; *Hey*, StuW 2008, S. 170 und 172; *Hey*, in: T/L, Steuerrecht, 2021, § 3, Rn. 19 ff.; *Englisch*, in: Schaumburg/Englisch, Europäisches Steuerrecht, 2020, Rn. 6.67 ff.; *Schaumburg*, in: Schaumburg, Internationales Steuerrecht, 2021, Rn. 2.1 ff.). Der Fiskalzweck ist nur so lange legitim, wie das Leistungsfähigkeitsprinzip nicht verletzt wird (so z. B. auch *Homburg*, Allgemeine Steuerlehre, 2009, S. 286).

266 Vgl. BT-Drucks. IV/2412, 4 ff.; *Cortez*, Neuausrichtung der deutschen Hinzurechnungsbesteuerung, 2013, S. 71 mit dem Hinweis auf die zunehmende Ausnutzung des internationalen Steuergefälles. Insbesondere mobile Einkünfte sind nach der h. M. prädestiniert für die Verlagerung von Einkünften (vgl. *Debatin*, DStZ 1962, S. 89; *Schaumburg*, ISR 2016, S. 372; *Kroppen*, in: DStJG 31, Einkommen aus Kapital, 2006, S. 320; *Bärsch/Böhmer*, DB 2017, S. 57; *Lehner*, StuW 1998, S. 159; *Herzig/Dautzenberg*, DB 2000, S. 13). Ferner wird im Schrifttum neben den Steuersätzen eine Steuerrechtsunsicherheit z. B. in Form von umfassenden Steuerprüfungen als Grund für eine Steuerflucht genannt (vgl. hierzu z. B. *Beker*, DStZ 2004, S. 32).

267 Vgl. *Schmieszek*, in: Gosch, AO/FGO, 2021, § 42 AO, Rn. 159 zur rein künstlichen Zwischenschaltung einer ausländischen Gesellschaft. Siehe auch EuGH vom 31.05.2018, Rs. Hornbach-Baumarkt, C-382/16, IStR 2018, 461; BFH vom 14.08.2019, I R 21/18, BFH/NV 2020, S. 759 zur rein künstlichen Gewinnverlagerung im Rahmen des § 1 Abs. 1 AStG.

unionsrechtlich als eine gerechtfertigte Beschränkung der Grundfreiheiten anerkannt wird[268], kann beobachtet werden, dass der nationale Gesetzgeber bei zahlrechen Steuerrechtsvorschriften über das Ziel hinausschießt[269].

Die europäischen Grundfreiheiten erfordern bei typisierenden Anti-Missbrauchsvorschriften eine Exkulpationsmöglichkeit, sodass die Möglichkeit eines objektiven und subjektiven Nachweises zu bestehen hat.[270] Der ökonomische Gedanke der Verhinderung einer Steuerflucht unterliegt daher den Schrankenwirkungen der europäischen Grundfreiheiten, die jedoch wiederum selbst an dem ökonomischen Prinzip des freien Binnenmarktes anknüpfen[271]. Der ökonomische Grundgedanke der Sicherung des Steuersubstrats fordert, dass die Gewinne dort besteuert werden, wo sie wirtschaftlich entstanden sind.[272]

---

268 Vgl. EuGH vom 12.12.2002, Rs. Lankhorst-Hohorst, C-324/00, Slg. I 2002, 11779; EuGH vom 13.12.2005, Rs. Marks & Spencer, C-446/03, Slg. I 2005, S. 10837; EuGH vom 11.10.2007, Rs. ELISA, C-451/05, Slg. I 2007, S. 8251; *Englisch*, in: T/L, Steuerecht, 2021, § 4, Rn. 99; *Schnitger*, BB 2004, S. 805 f.

269 Vgl. EuGH vom 20.12.2017, Rs. Deister Holding und Juhler Holding, C-504/16 und C-613/16, IStR 2018, S. 197; EuGH vom 14.06.2018, Rs. GS, C-440/17, IStR 2018, S. 543.

270 Vgl. EuGH vom 12.09.2006, Rs. Cadbury Schweppes, C-196/04, IStR 2006, S. 670 zur britischen Hinzurechnungsbesteuerung; EuGH vom 31.05.2018, Rs. Hornbach-Baumarkt, C-382/16, IStR 2018, S. 461 zur Vorschrift des § 1 Abs. 1 AStG. Siehe auch *Menck*, IStR 2001, S. 281 f.; *Schaumburg*, DB 2005, S. 1133 f. zur Gefahr der Fehlwirkung generalklauselartiger Regelungen.

271 Vgl. Kapitel 2.6.1.

272 Vgl. *Dreßler*, Gewinn- und Vermögensverlagerungen, 2007, S. 206; *Hey*, FR 2008, S. 1037; *Hidien*, in: K/S/M, EStG, 2021, § 49 EStG, Rn. A 171; *Cortez*, Neuausrichtung der deutschen Hinzurechnungsbesteuerung, 2013, S. 72. Es soll sichergestellt werden, dass der deutsche Fiskus entsprechende der Wertschöpfung einen adäquaten Anteil am Besteuerungssubstrat erhält (vgl. *Pinkernell/Ditz*, ISR 2020, S. 4). Die erhobenen Steuern sollen folglich eine „Nutzungsentschädigung" für die zur Verfügung gestellten öffentlichen Güter verkörpern (vgl. *Pinto*, Tax Competition and EU Law, 2002, S. 10 f.; *Desai/Hines*, NTJ 2003, S. 494; *Vogel*, StuW 1993, S. 386 ff.; *Terra/Wattel*, European Tax Law, 2001, S. 153 ff.).

2.5.2 Ausgestaltung steuerlicher Gegenmaßnahmen

2.5.2.1 Umschalt- und Rückfallklauseln zur Vermeidung der systembedingten Minderbesteuerung

Stellt die ausländische Gesellschaft eine nicht nur funktionslose Basisgesellschaft dar, tritt eine Abschirmwirkung ein, sodass die Einkünfte der ausländischen Gesellschaft als eigenständiges Steuersubjekt nicht der Besteuerung im Inland unterliegen.[273] Gleichwohl kennen die nationalen und abkommensrechtlichen Vorschriften zahlreiche Regelungen, die bei Vorliegen eines Qualifikationskonflikts zur Anwendung kommen.[274] Von zentraler Bedeutung sind Umschaltklauseln (sog. Switch-over-Clause).[275] Der Ansässigkeitsstaat wendet eine Freistellungsmethode nicht an, wenn sich eine Minderbesteuerung aufgrund eines Qualifikationskonflikts im Quellen- bzw. Belegenheitsstaat ergibt.[276] Der Ansässigkeitsstaat geht von der Freistellungs- zur Anrechnungsmethode über, sodass die Doppelbesteuerung zwar verhindert wird, jedoch auch eine Minderbesteuerung vermieden wird.[277] Neben den Regelungen im jeweiligen DBA kennt das nationale Steuerrecht mit § 50d Abs. 9 EStG eine weitreichende Umschaltklausel.[278]

---

273 Vgl. *Debatin*, DB 1978, S. 1195; *Hidien*, in: K/S/M, EStG, 2021, § 49 EStG, Rn. A 560; *Henkel/Klein*, in: Mössner u. a., Steuerrecht international tätiger Unternehmen, 2018, Rn. 8.53. Siehe z. B. auch *Dreßler*, Gewinn- und Vermögensverlagerungen, 2007, S. 209 f.; *Debatin*, DB 1965a, S. 1023; *Debatin*, StuW 1967, S. 313 zur Definition der Basisgesellschaft.

274 Vgl. *Schönfeld/Häck*, in: Schönfeld/Ditz, DBA, 2019, Art. 23A OECD-MA, Rn. 85; *Cloer/Hagemann*, in: Bordewin/Brandt, EStG, 2021, § 50d EStG, Rn. 410 zu den abkommensrechtlichen bzw. nationalen Umschaltklauseln.

275 Vgl. *Burmester*, in: Burmester/Endres, FS Debatin, 1996, S. 62; *Schön*, in: Schön, Tax Competition in Europe, 2003, S. 37; *Petereit*, IStR 2003, S. 577 ff.; *Scheffler*, Internationale betriebswirtschaftliche Steuerlehre, 2009, S. 101. Siehe auch *Köhler*, BB 1993, S. 342; *Kahle*, IStR 2007, S. 761; *Haun/Reiser*, GmbHR 2004, S. 849 f.; *Linn*, IStR 2010, S. 542 und 545; *Lüdicke*, IStR 2003, S. 439 zur Qualifikation des § 20 Abs. 2 AStG als eine Switch-over-Clause.

276 Vgl. *Burmester*, in: Klein/Stihl/Wassermeyer, FS Flick, 1997, S. 668; *Valta*, ISR 2014, S. 251; *Gosch*, in: Kirchhof/Seer, EStG, 2022, § 50d EStG, Rn. 40.

277 Vgl. *Schönfeld/Häck*, in: Schönfeld/Ditz, DBA, 2019, Art. 23A OECD-MA, Rn. 86; *Schaumburg/Häck*, in: Schaumburg, Internationales Steuerrecht, 2017, Rn. 19.140. Siehe auch *Burmester*, in: Burmester/Endres, FS Debatin, 1996, S. 55 ff. zur Wechselwirkung zwischen der Doppelbesteuerung und Minderbesteuerung.

278 Bei der Umschaltklausel des § 50d Abs. 9 EStG handelt es sich um einen Treaty Override, der den Anwendungsbereich eines DBA überschreibt (vgl. *Cloer/Hagemann*,

Eine weitere Anti-Missbrauchsvorschrift stellen Rückfallklauseln dar (sog. Subject-to-tax-Clause).[279] Grundsätzlich ist die Wirkungsweise einer Rückfallklausel mit der einer Umschaltklausel vergleichbar, wobei die Rückfallklausel keinen Qualifikations- oder Quantifizierungskonflikt voraussetzt, sondern allein auf die tatsächliche Vorbelastung im Quellen- bzw. Belegenheitsstaat abstellt.[280] Es kommt zu einer regulären Besteuerung im Ansässigkeitsstaat, wobei eine ausländische Steuer anzurechnen ist.[281] Eine mit der Reichweite des § 50d Abs. 9 EStG vergleichbare Rückfallklausel ist dem nationalen Steuerrecht fremd[282], sondern ist primär im Abkommensrecht verankert. Andererseits sieht § 50d Abs. 8 EStG eine Rückfallklausel für die Einkünfte aus nichtselbstständiger Arbeit vor.[283]

2.5.2.2 Durchgriffsbesteuerung zur Vermeidung der gestaltungsbedingten Minderbesteuerung

Zur Vermeidung der gestaltungsbedingten Minderbesteuerung kann sich der Gesetzgeber (a) der Zurechnungstheorie oder (b) der Ausschüttungstheorie

---

in: Bordewin/Brandt, EStG, 2021, § 50d EStG, Rn. 309; *Grotherr*, IStR 2007, S. 265). Aufgrund des Beschlusses des Bundesverfassungsgerichts zur Vorschrift des § 50d Abs. 8 EStG ist die abkommensüberschreibende Wirkungsweise des § 50d Abs. 9 EStG wohl auch nicht zu beanstanden (vgl. BVerfG vom 15.12.2015, 2 BvL 1/12, BVerfGE 141, S. 1; *Gosch*, in: Kirchhof/Seer, EStG, 2022, § 50d EStG, Rn. 40a; kritischer *Schönfeld*, in: F/W/B/W, Außensteuerrecht, 2021, § 50d Abs. 9 EStG, Rn. 34 und 41).

279 Vgl. *Gosch*, in: Kirchhof/Seer, EStG, 2022, § 50d EStG, Rn. 35; *Schön*, in: Schön, Tax Competition in Europe, 2003, S. 37; *Ditz/Quilitzsch*, in: Wassermeyer/Andresen/Ditz, Betriebsstätten-Handbuch, 2017, Rn. 3.70. Siehe auch *Meilicke/Portner*, IStR 2004, S. 397 ff. zu den rechtlichen Grenzen einer Subject-to-Tax-Clause.

280 Vgl. *Scheffler*, Internationale betriebswirtschaftliche Steuerlehre, 2009, S. 101; *Ditz/Quilitzsch*, in: Wassermeyer/Andresen/Ditz, Betriebsstätten-Handbuch, 2017, Rn. 3.70.

281 Vgl. auch *Mössner*, in: Mössner u. a., Steuerrecht international tätiger Unternehmen, 2018, Rn. 2.472.

282 Teilweise wird im Schrifttum die Vorschrift des § 50d Abs. Abs. 9 EStG als Rückfallklausel verstanden (vgl. *Klein/Hagena*, in: H/H/R, EStG/KStG, 2021, § 50d EStG, Rn. 121). Da § 50d Abs. 9 Satz 1 Nr. 1 EStG einen Qualifikationskonflikt fordert, liegt nach der hier vertretenen Ansicht keine Rückfallklausel vor, sondern eine Umschaltklausel.

283 Vgl. *Klein/Hagena*, in: H/H/R, EStG/KStG, 2021, § 50d EStG, Rn. 110; *Gosch*, in: Kirchhof/Seer, EStG, 2022, § 50d EStG, Rn. 35; *Strunk*, in: Korn, EStG, 2004, § 50d EStG, Rn. 41 ff.

bedienen.[284] Bei der Zurechnungstheorie wird die steuerliche Abschirmwirkung einer ausländischen Gesellschaft negiert, sodass sowohl das Vermögen als auch die Einkünfte den dahinterstehenden Gesellschaftern zugerechnet werden.[285] Das deutsche Steuerrecht kennt hier insbesondere die Normen der §§ 39, 41 und 42 AO.[286] Die Ausschüttungstheorie erkennt hingegen weiterhin die rechtliche Existenz der ausländischen Gesellschaft für deutsch-ertragsteuerliche Zwecke an und bedient sich vielmehr fiktiver Gewinnausschüttungen der ausländischen Gesellschaft an den inländischen Anteilseigner.[287] Die Hinzurechnungsbesteuerung bedient sich nach der Gesetzessystematik der Ausschüttungstheorie (§ 10 Abs. 2 Satz 1 AStG a. F. und AStG).[288] Das wichtigste ökonomische Argument für die Implementierung einer Hinzurechnungsbesteuerung ist die Erlangung einer Wettbewerbsneutralität, indem eine gleichmäßige Besteuerung sichergestellt sowie eine Mehr- oder Minderbesteuerung verhindert wird.[289]

---

284 Vgl. *Oppel*, in: Schaumburg, Internationales Steuerrecht, 2023, Rn. 13.7 f.; *Luckey*, in: S/K/K: AStG/DBA, 2017, § 10 AStG, Rn. 39; *Vogt*, in: Brandis/Heuermann, Ertragsteuerrecht, 2022, Vor §§ 7–13 AStG, Rn. 104; *Ditz/Wassermeyer*, in: F/W/B/S, Außensteuerrecht, 2021, Vor §§ 7–14 AStG, Rn. 45.

285 Vgl. *Oppel*, in: Schaumburg, Internationales Steuerrecht, 2023, Rn. 13.8; *Ditz/Wassermeyer*, in: F/W/B/S, Außensteuerrecht, 2021, Vor §§ 7–14 AStG, Rn. 44 ff.

286 Vgl. *Protzen*, in: Kraft, AStG, 2019, § 7 AStG, Rn. 40 ff.; *Haun/Solowjeff*, in: H/K/G, Außensteuerrecht, 2021, Vor §§ 7–13 AStG, Rn. 4; *Lüdemann*, Die Steuerplanung der multinationalen Unternehmung, 2004, S. 40; *Köhler*, in: S/K/K, AStG/DBA, 2017, Vor §§ 7–14 AStG, Rn. 20 und 46.

287 Vgl. *Melkonyan/Kudert*, Ubg 2015, S. 132 ff.; *Ditz/Wassermeyer*, in: F/W/B/S, Außensteuerrecht, 2021, Vor §§ 7–14 AStG, Rn. 45; *Oppel*, in: Schaumburg, Internationales Steuerrecht, 2023, Rn. 13.8; *Kraft*, IStR 2016, S. 909; *Lentz/Sezer*, ISR 2021, S. 90 f.

288 Vgl. auch *Vogt*, in: Brandis/Heuermann, Ertragsteuerrecht, 2022, Vor §§ 7–13 AStG, Rn. 104; *Schaumburg*, in: Schaumburg, Internationales Steuerrecht, 2017, Rn. 13.3; *Luckey*, in: S/K/K, AStG/DBA, 2017, § 10 AStG, Rn. 120; *Ditz/Wassermeyer*, in: F/W/B/S, Außensteuerrecht, 2021, Vor §§ 7–14 AStG, Rn. 45. Bei den §§ 39, 41 und 42 AO handelt es sich um Vorschriften, die einen allgemeinen Missbrauch vermeiden möchten, wobei die Hinzurechnungsbesteuerung nur Fälle des ungerechtfertigten Steuervorteils erfasst (vgl. *Kroppen*, in: DStJG 31, Einkommen aus Kapital, 2006, S. 323 ff.; *Haase*, IStR 2009, S. 24; *Lüdemann*, Die Steuerplanung der multinationalen Unternehmung, 2004, S. 43; *Quilitzsch*, Ubg 2011, S. 942; *Ruf/Wohlfahrt*, Ubg 2009, S. 496).

289 Vgl. *Burmester*, in: Burmester/Endres, FS Debatin, 1996, S. 57; *Scheffler*, Internationale betriebswirtschaftliche Steuerlehre, 2011, S. 99; *Cortez*, Neuausrichtung der deutschen Hinzurechnungsbesteuerung, 2013, S. 19. Das Problem einer Mehr- oder Minderbesteuerung besteht darin, dass eine durch den Steuerrechtsrahmen verzerrte

Eine derartige Wettbewerbsverzerrung verstößt gegen die Prinzipien der Investitionsneutralität und Kapitalexportneutralität.[290] Durch die Sicherung des Steuersubstrats wird einer Minderbesteuerung entgegengewirkt, da eine Kompensation des ausgefallenen Steueraufkommens regelmäßig zulasten der immobilen Einkünfte sowie Arbeitseinkünfte erfolgt.[291] Die Verlagerung mobiler Einkünfte darf daher keinen wesentlichen Einfluss auf das Gleichgewicht zwischen Gewinnallokation und Wertschöpfung nehmen.[292] Entwickelte Industrienationen beabsichtigen somit eine Gleichstellung in- und ausländischer Investitionen, um der Wettbewerbsverzerrung in Form des unfairen Steuerwettbewerbs zu begegnen.[293] Die Hinzurechnungsbesteuerung möchte an dieser Stelle rein künstliche Gewinnverlagerungen aufgreifen.[294] Die passiven Einkünfte sind im Wege einer fiktiven Gewinnausschüttung zuzurechnen.[295] Unter Berücksichtigung der Anrechnung ausländischer Steuern werden die passiven Einkünfte auf das deutsche Besteuerungsniveau heraufgeschleust.[296]

Standortvorteilhaftigkeit nachhaltig die Funktionsfähigkeit des Binnenmarktes schädigt (vgl. auch *Spengel*, FR 2009, S. 101; *Spengel*, Internationale Unternehmensbesteuerung, 2003, S. 223; *Musil/Leibohm*, FR 2008, S. 807; *Hey*, in: T/L, Steuerrecht, 2021, § 13, Rn. 171; *Desai/Hines*, NTJ 2003, S. 494; *Selling*, IStR 2000a, S. 225; *Schön*, in: Schön, Tax Competition in Europe, 2003, S. 8; *Linn*, Missbrauchsverhinderungsnormen und Standortwahl, 2007, S. 11).

290 Vgl. *Lüdemann*, Die Steuerplanung der multinationalen Unternehmung, 2004, S. 42; *Mack*, ISR 2020, S. 256; *Winner*, StuW 2010, S. 105; *Cortez*, Neuausrichtung der deutschen Hinzurechnungsbesteuerung, 2013, S. 19.

291 Vgl. *Pinkernell/Ditz*, ISR 2020, S. 4; *Hey*, StuW 2008, S. 171; *Lütke*, Die CFC-Legislation, 2006, S. 46.

292 Vgl. hierzu z. B. *Kahlenberg*, StuB 2016, S. 231.

293 Vgl. *Winner*, StuW 2010, S. 105; *Cortez*, Neuausrichtung der deutschen Hinzurechnungsbesteuerung, 2013, S. 11; *Schmidt/Sigloch/Henselmann*, Internationale Steuerlehre, 2005, S. 13.

294 Siehe z. B. auch *Rättig/Protzen*, IStR 2003, S. 195 ff.; *Hey*, StuW 2008, S. 179 ff. zu den unionsrechtlichen Rahmenbedingungen typisierender Missbrauchsvermeidungsvorschriften.

295 Vgl. *Kahlenberg/Melkonyan*, StuW 2019, S. 183; *Pohl*, in: *Fuhrmann*, AStG, 2017, Vor § 7–14 AStG, Rn. 55; *Schaumburg*, in: Schaumburg, Internationales Steuerrecht, 2017, Rn. 13.3; kritisch betrachtend *Wassermeyer/Schönfeld*, in: F/W/B/S, Außensteuerrecht, 2019, § 10 AStG, Rn. 153 im Hinblick auf den Systemwechsel durch die Körperschaftsteuerreform.

296 Vgl. auch *Wassermeyer/Schönfeld*, in: F/W/B/S, Außensteuerrecht, 2019, § 10 AStG, Rn. 21; *Schreiber*, ZfbF 1993, S. 528. Siehe z. B. auch BT-Drucks. VI/2883, S. 19; *Rödder*, IStR 2009, S. 875*Heckerodt/van Lück*, IStR 2020, S. 857; *Köhler/Staats*, ISR 2021,

2.5.3 Kritik an der Hinzurechnungsbesteuerung und Gründe für die Fehlwirkung

Einer der zentralen Kritikpunkte der Hinzurechnungsbesteuerung ergibt sich aus ihrer Wirkungsweise. Die Hinzurechnungsbesteuerung ist als Durchgriffsbesteuerung zu qualifizieren, auch wenn gesetzestechnisch die Ausschüttungsbesteuerung vorgesehen ist.[297] Zwar entspricht die Hinzurechnungsbesteuerung dem ökonomischen Prinzip der Kapitalexportneutralität.[298] Allerdings sieht das deutsche Steuerrecht nur eine Anrechnung der ausländischen Steuer auf die Einkommen- und Körperschaftsteuer vor, jedoch nicht auf die Gewerbesteuer.[299]

S. 299; *Schnitger*, IStR 2012, S. 290; *Frischmuth*, IStR 2005, S. 362 zur Zielsetzung der Hinzurechnungsbesteuerung.

297 Vgl. *Haun/Solowjeff*, in: H/K/R, Außensteuerrecht, 2021, Vor §§ 7–13 AStG, Rn. 31; *Kroppen*, in: DStJG 31, Einkommen aus Kapital, 2006, S. 319 ff.; *Köhler*, in: S/K/K, AStG/DBA, 2017, Vor §§ 7–14 AStG, Rn. 46; *Oppel*, in: Schaumburg, Internationales Steuerrecht, 2023, Rn. 13.8. Teilweise wurde bereits vor der gewerbesteuerlichen Erfassung des Hinzurechnungsbetrags die Hinzurechnungsbesteuerung als Durchgriffsbesteuerung qualifiziert (vgl. *Debatin*, DB 1978, S. 1195; *Burmester*, in: Klein/Stihl/Wassermeyer, FS Flick, 1997, S. 677; *Schönfeld*, StuW 2005, S. 167; *Schönfeld*, Hinzurechnungsbesteuerung und Europäisches Gemeinschaftsrecht, 2005, S. 145 f.; *Rose/Watrin*, Internationales Steuerrecht, 2016, S. 178; *Lüdemann*, Die Steuerplanung der multinationalen Untersuchung, 2004, S. 42). Andere Literaten bezeichnen die Hinzurechnungsbesteuerung unter Rückgriff auf die Repräsentationstheorie als Steuerpflicht *sui generis* (vgl. *Menck*, DStZ 1978, S. 106 ff.; *Debatin*, DB 1992, S. 2159; *Kahlenberg/Melkonyan*, StuW 2019, S. 185).

298 Vgl. *Wassermeyer/Schönfeld*, in: F/W/B/S, Außensteuerrecht, 2019, § 10 AStG, Rn. 29; *Spengel*, FR 2009, S. 101; *Jacobs/Endres/Spengel*, in: Jacobs, Internationale Unternehmensbesteuerung, 2016, S. 412; *Musil/Leibohm*, FR 2008, S. 807; *Hey*, in: T/L, Steuerrecht, 2021, § 13, Rn. 171; *Haase*, DStR 2019, S. 835. Durch die Anwendung des Welteinkommensprinzips kommt es zu einer Durchbrechung der Abschirmwirkung ausländischer Gesellschaften (siehe auch *Kroppen*, in: DStJG 31, Einkommen aus Kapital, 2006, S. 322; *Schönfeld*, Hinzurechnungsbesteuerung und Europäisches Gemeinschaftsrecht, 2005, S. 108; *Cortez*, SteuerStud 2011, S. 314; *Jacobs/Endres/Spengel*, in: Jacobs, Internationale Unternehmensbesteuerung, 2016, S. 405 ff.). Hervorzuheben gilt es, dass teilweise die Ansicht vertreten wird, dass das Prinzip der Kapitalexportneutralität jedoch selbst kein Rechtfertigungsgrund für eine Antimissbrauchsvorschrift darstellt, sondern allenfalls als die technische Umsetzung qualifiziert (vgl. *Vogt*, DStR 2005, S. 1348; *Körner*, IStR 2004, S. 702 f.).

299 Siehe auch *Blumenberg/Hundeshagen*, in: Kessler/Kröner/Köhler, Konzernsteuerrecht, 2018, § 7, Rn. 188; *Böhmer/Gebhardt/Krüger*, IWB 2021, S. 495; *Reiser/Cortez*, ISR

Ob diese Vorgehensweise einer sachgerechten Umsetzung der Kapitalexportneutralität entspricht, kann berechtigterweise kritisch betrachtet werden.[300] Unter Berücksichtigung der Niedrigsteuergrenze von 25 % sowie eines Unternehmenssteuersatzes von rd. 30 %, ist die Erwartung, dass die passiven Einkünfte auf die inländische Belastung in Höhe von rd. 30 % heraufgeschleust werden.[301] Bei einer Steuerbelastung im Ausland in Höhe von 24,9 %, ergibt sich jedoch ein Anrechnungsüberhang in Höhe von 9,9 %-Punkten. Es kann nämlich nur eine Anrechnung auf die Körperschaftsteuer in Höhe von 15 % erfolgen. Im Ergebnis ergibt sich eine effektive Ertragsteuerbelastung in Höhe von 39,9 %.[302] Dieses Ergebnis widerspricht dem Ziel der Hinzurechnungsbesteuerung zur Herstellung einer ausreichenden Vorbelastung.[303] Vielmehr tritt im Rahmen der Hinzurechnungsbesteuerung eine Strafbesteuerung ein.[304]

2013, S. 78; *Micker*, ISR 2021, S. 428 f.; *Scheffler*, ISR 2017, S. 65; *Vogt*, in: Brandis/Heuermann, Ertragsteuerrecht, 2022, § 12 AStG, Rn. 16.

300 Vgl. *Schönfeld*, IStR 2017, S. 723; *Scheffler*, ISR 2017, S. 63 ff.; *Haase*, DStR 2019, S. 828; *Kahle/Willner*, Ubg 2017, S. 21 ff.; *Reiser/Cortez*, ISR 2013, S. 80; *Micker*, ISR 2021, S. 428 f.; a. A. FG Hessen vom 12.11.2020, 4 K 832/18, BeckRS 2020, S. 45902. Zum Teil wird im Schrifttum gefordert, dass die Kapitalexportneutralität einem Anrechnungsüberhang entgegensteht, sodass der Ansässigkeitsstaat eine übersteigende ausländische Steuer als negative Steuerlast zu erstatten hat (vgl. *Schönfeld*, StuW 2005, S. 162; mit Verweis aus EuGH vom 12.05.1998, Rs. Gilly, C-336/96, Slg. I 1998, S. 2793).

301 Aus Gründen der Vereinfachung soll der Solidaritätszuschlag außen vor gelassen sowie ein Körperschaft- und Gewerbesteuersatz von jeweils 15 % unterstellt werden, sodass sich ein Unternehmenssteuersatz in Höhe von rd. 30 % ergibt (vgl. *Röder*, StuW 2020, S. 35 und 40).

302 Ein Anrechnungsüberhang entsteht immer dann, wenn die ausländische Besteuerung über 15 % liegt (vgl. *Reiser/Cortez*, ISR 2013, S. 80 f.; *Oppel/Wittling*, BB 2022, S. 1500; *Rödder*, IStR 2009, S. 875).

303 Vgl. BT-Drucks. 19/28652, S. 50; *Rödder*, IStR 2009, S. 875; *Schnitger*, IStR 2012, S. 290; *Heckerodt/van Lück*, IStR 2020, S. 857; *Frischmuth*, IStR 2005, S. 362.

304 Vgl. *Haun/Solowjeff*, in: H/K/G, Außensteuerrecht, 2021, Vor §§ 7–13 AStG, Rn. 148; *Köhler*, ISR 2018a, S. 391; *Reiser/Cortez*, ISR 2013, S. 80; *Mattern/Schnitger*, DStR 2003, S. 1327 f.; *Rödder*, IStR 2009, S. 875; *Haase*, DStR 2019, S. 827. Ein derartiges Ergebnis kann auch vor dem Hintergrund der wirtschaftlichen Leistungsfähigkeit aus verfassungsrechtlicher Sicht kritisch betrachtet werden (vgl. *Lüdemann*, Die Steuerplanung der multinationalen Unternehmung, 2004, S. 42; *Mack*, ISR 2020, S. 256; *Winner*, StuW 2010, S. 105).

Selbst wenn ausgeklammert wird, dass die wohl h. A.[305] die Anwendung der Kapitalimportneutralität zur Beseitigung einer Minderbesteuerung fordert, wird die Kapitalexportneutralität im Rahmen der §§ 7 bis 14 AStG a. F. und §§ 7 bis 13 AStG widersprüchlich umgesetzt. Insbesondere die Unterscheidung zwischen aktiven und passiven Einkünften ist der Kapitalexportneutralität fremd, da bei dieser sämtliche ausländischen Einkünfte dem inländischen Steuerniveau unterliegen.[306] Aufgrund dieser ökonomischen Mängel der Hinzurechnungsbesteuerung vermag es nicht zu verwundern, dass ein Teil des Schrifttums diese als einen Verstoß gegen das Souveränitätsprinzip ausländischer Staaten betrachtet.[307] Zwar verfolgt die Hinzurechnungsbesteuerung auch das Ziel, die Steuerflucht präventiv zu verhindern.[308] Allerdings ist äußerst kritisch zu hinterfragen, ob und inwiefern es sich bei der Hinzurechnungsbesteuerung lediglich um eine Präventionsmaßnahme künftiger Maßnahmen handelt.[309] Diesem Ziel steht die „eingekaufte" Hinzurechnungsbesteuerung entgegen, bei der ein Steuerpflichtiger eine ausländische Gesellschaft erwirbt, die passive Einkünfte erzielt. Der Anwendungsbereich der Hinzurechnungsbesteuerung ist unabhängig davon eröffnet, ob und inwiefern die Aktivitäten durch die ausländische Gesellschaft selbst „aufgebaut" oder vom Inland in das Ausland verlagert wurden.[310] Folglich wird der Hinzurechnungsbesteuerung regelmäßig der Charakter einer überschießenden Rechtsvorschrift zugeschrieben.[311]

Aufgrund der typisierenden Abstellung der Hinzurechnungsbesteuerung auf eine Inländerbeherrschung nach § 7 Abs. 2 Satz 1 AStG a. F. bzw. eine

---

305 Vgl. *Jacobs*, Internationale Unternehmensbesteuerung, 2016, S. 19 f.; *Scheffler*, Besteuerung der grenzüberschreitenden Unternehmenstätigkeit, 2002, S. 69; *Maiterth*, StuW 2005, S. 51; *Vogel*, StuW 1993, S. 380 ff.; *Lehner*, StuW 1998, S. 171 ff.; *Dautzenberg*, DB 1994, S. 1542 ff.; *Dautzenberg*, DB 1997, S. 1354 ff.; *Terra/Wattel*, European Tax Law, 2001, S. 159 ff.

306 Vgl. *Lang*, IStR 2002, S. 222; *Werra*, IStR 2001, S. 440.

307 Vgl. *Burmester*, in: Burmester/Endres, FS Debatin, 1996, S. 62; *Schönfeld*, StuW 2005, S. 161; *Bracewell-Milnes*, The Economics of International Tax Avoidance, 1980, S. 90.

308 Vgl. *Pinkernell*, IStR-LB 2015, S. 46; *Cortez*, Neuausrichtung der deutschen Hinzurechnungsbesteuerung, 2013, S. 72; *Klein*, IStR 2001, S. 617.

309 Siehe auch *Schaumburg*, DB 2005, S. 1129 ff.; *Pinkernell*, IStR-LB 2015, S. 46; *Vogt*, DStR 2005, S. 1347 ff. zur Rechtfertigung der Einschränkung der europäischen Grundfreiheiten.

310 Vgl. hierzu z. B. *Köhler*, in: S/K/K, AStG/DBA, 2017, § 7 AStG, Rn. 65.

311 Vgl. *Schaumburg*, in: Schaumburg, Internationales Steuerrecht, 2017, Rn. 13.7; *Haase*, ISR 2017, S. 350; *Dehne*, ISR 2018, S. 133; *Gläser/Birk*, ISR 2015, S. 233.

Verbundbeherrschung nach § 7 Abs. 2 AStG ergibt sich eine pauschalierte Betrachtung, ob und inwiefern eine zu „beseitigende" rein künstliche Gewinnverlagerung gegeben ist.[312] Selbst wenn diese Argumente für nicht stichhaltig gehalten werden, stellt die Exkulpationsmöglichkeit des § 8 Abs. 2 AStG a. F. sowie § 8 Abs. 2 bis 4 AStG eine abzulehnende Umsetzungsdifferenzierung der Kapitalexportneutralität dar.[313] Denn nach dem bloßen Wortlaut finden die vorgenannten nur auf EU- und EWR-Gesellschaften Anwendung, jedoch nicht auf Drittstaatengesellschaften. Infolge der Bedrohung einer steuerlichen Mehrbelastung sowie der Unterscheidung bei der Exkulpationsmöglichkeit werden Unternehmungen im Rahmen der Steuerplanung die Wirkungen der Hinzurechnungsbesteuerung umfassend beurteilen und optimieren müssen. Andernfalls werden diese der Gefahr ausgesetzt, bei Outbound-Investitionen nicht wettbewerbsfähig zu sein.[314]

2.6 Unionsrecht als rechtlicher Ordnungsrahmen der ökonomischen Grundprinzipien

Eines der zentralen Ziele des Unionsrechts ist die Sicherstellung eines effizienten Ressourceneinsatzes durch die Gewährleistung eines funktionierenden Binnenmarkts (Art. 120 Satz 2 AEUV).[315] Das Unionsrecht steht hier nicht

---

312 Siehe z. B. auch *Henkel/Klein*, in: Mössner u. a., Steuerrecht international tätiger Unternehmen, 2018, Rn. 8.29; *Reiser/Cortez*, ISR 2013, S. 77 ff.; *Köhler/Haun*, Ubg 2008, S. 73 ff. zur Typisierung innerhalb der Hinzurechnungsbesteuerung.

313 Es sei darauf hingewiesen, dass § 8 Abs. 2 AStG a. F. und wohl auch § 8 Abs. 2 bis 4 AStG einer unionsrechtskonformen Auslegung bedürfen, da eine Beschränkung dieser Normen auf EU- und EWR-Gesellschaft nicht mit dem Unionsrecht vereinbar ist (vgl. *Haun/Solowjeff*, in: H/K/R, Außensteuerrecht, 2021, Vor §§ 7–13 AStG, Rn. 78b und 146; *Kahlenberg/Quilitzsch*, IStR 2021, S. 135 ff.; *Böhmer/Gebhardt/Krüger*, IWB 2021, S. 491; *Vogt*, in: Brandis/Heuermann, Ertragsteuer, 2022, § 8 AStG, Rn. 473; a. A. *Mann*, in: BeckOK AStG, AStG, 2022, § 8 AStG, Rn. 405). Siehe auch *Kessler/Spengel*, DB 2022, Beilage 1, S. 1 ff. mit einer Übersicht potenziell unionsrechtswidriger Vorschriften des deutschen Ertragsteuerrechts.

314 Siehe auch *Kluge*, Internationales Steuerrecht, 1992, S. 20 f.; *Grotherr*, in: Grotherr, Handbuch der Internationalen Steuerplanung, 2011, Teil 1, S. 26; *Kahle/Wildermuth*, Ubg 2013, S. 405 ff. zur Notwendigkeit der Steuerplanung vor dem Hintergrund der Wettbewerbsfähigkeit.

315 Vgl. *Schön*, IStR-Beihefter 2013, S. 4; *Häde*, in: Calliess/Ruffert, EUV/AEUV, 2022, Art. 120 AEUV, Rn. 4 f.; *Kempen*, in: Streinz, EUV/AEUV, 2018, Art. 120 AEUV, Rn. 4 f.; *Terchete*, in: Pechstein/Nowak/Häde, EUV/GRC/AEUV, 2017, Art. 114, Rn. 9; *Kingreen*, in: Calliess/Ruffert, EUV/AEUV, 2022, Art. 36 AEUV, Rn. 2. Siehe z. B.

abstrakt neben der Ökonomie, sondern stellt den rechtlichen Ordnungsrahmen dar[316], um die ökonomischen Grundprinzipien umsetzen.[317] Die ökonomischen Prinzipien spiegeln sich unter anderem im unionsrechtlichen Erfordernis der gleichen Besteuerung von Steuerinländern und Steuerausländern wider.[318] Auch wenn unionsrechtlich die Kapitalimportneutralität zur Gleichbehandlung in- und ausländischer Investoren geeigneter ist[319], ist die Umsetzung der Kapitalexportneutralität unionsrechtlich nicht zu beanstanden. Dies setzt jedoch voraus, dass eine Anrechnung ausländischer Steuern erfolgt.[320]

---

auch *Schneider*, Grundzüge der Unternehmensbesteuerung, 1994, S. 6; *Kilincsoy*, BB 2020, S. 2715; *Englisch*, FR 2021, S. 4; *Lütke*, Die CFC-Legislation, 2006, S. 46 zum ökonomischen Erfordernis der Allokationseffizienz.

316 Die Schaffung eines freien Binnenmarktes in Form der Beseitigung von Binnengrenzen wird als negative Integration bezeichnet. Unter der positiven Integration wird hingegen die Schaffung eines gemeinsamen Ordnungsrahmens verstanden (vgl. *Kingreen*, in: Calliess/Ruffert, EUV/AEUV, 2022, Art. 36 AEUV, Rn. 2; *Ismer*, in: H/H/R, EStG/KStG, 2020, Einführung zum EStG, Rn. 413; *Terchete*, in: Pechstein/Nowak/Häde, EUV/GRC/AEUV, 2017, Art. 114, Rn. 9).

317 Siehe z. B. auch *Schönfeld*, StuW 2005, S. 158 ff.; *Hey*, StuW 2008, S. 168 ff. zum Verhältnis der ökonomischen Prinzipien und dem Unionsrecht.

318 Vgl. *Maiterth*, StuW 2005, S. 48; *Lehner*, IStR 2001, S. 331 ff.; *Weber-Grellet*, DStR 2009, S. 1229 ff.; *Reimer*, in: Schaumburg/Englisch, Europäisches Steuerrecht, 2020, Rn. 7.137 ff.; *Jacobs/Endres/Spengel*, in: Jacobs, Internationale Unternehmensbesteuerung, 2016, S. 202 f.; *Jachmann*, BB 2003, S. 2712 ff.; *Cordewener*, FR 2005, S. 345 ff.

319 Vgl. hierzu z. B. *Schönfeld*, StuW 2005, S. 161.

320 Vgl. EuGH vom 14.10.1999, Rs. Sandoz, C-439/97, Slg. I 7041; *Lehner*, StuW 1998, S. 170; *Pinto*, Tax Competition and EU Law, 2002, S. 334 ff.; *Schön*, DB 2001, 945 f.; kritischer *Schönfeld* StuW 2005, S. 162; kritisch *Schönfeld*, StuW 2005, S. 164 und 168. Eine Produktionseffizienz und Entscheidungsneutralität ergeben sich dann, wenn das Einkommen im Rahmen des Welteinkommensprinzips einheitlich dem Steuersatz im Wohnsitzland unterliegt, jedoch etwaige Anrechnungsüberhänge durch den Wohnsitzstaat zu erstatten sind (vgl. *Spengel*, Internationale Unternehmensbesteuerung, 2003, S. 228).

2.6.1 Grundzüge des Primär- und Sekundärrechts

2.6.1.1 Primärrecht als Maßstab der europäischen sowie nationalen Gesetzgebung und Rechtsanwendung

2.6.1.1.1 Niederlassungs- und Kapitalverkehrsfreiheit als Umsetzung der ökonomischen Prinzipien

Beim Primärrecht handelt es sich um das Unionsrecht im engeren Sinne, welches aus diversen Verträgen besteht, die zwischen den Mitgliedstaaten geschlossen wurden.[321] Im Wesentlichen sind hier (a) die Gründungsverträge, (b) die Revisionsverträge sowie (c) die Beitrittsverträge zu nennen, welche die verfassungsgebende Gewalt der EU regeln. Durch den EUV[322] und AEUV[323] werden die europäischen Grundfreiheiten kodifiziert, welche die rechtlichen Grundlagen der EU darstellen.[324] Speziell der Bereich der indirekten Steuern unterliegt nach Art. 113 AEUV umfangreichen Regelungen durch den europäischen Gesetzgeber.[325] Hierzu dienen vordergründig Richtlinien.[326]

Auch das deutsche Ertragsteuerrecht muss sich an den europäischen Prinzipien messen lassen[327], obwohl dieser Bereich nur vereinzelt direkt durch

---

321 Vgl. auch *Englisch*, in: T/L, Steuerrecht, 2021, § 4, Rn. 2 ff.; *Schaumburg*, in: Schaumburg/Englisch, Europäisches Steuerrecht, 2020, Rn. 3.4.

322 Vgl. Vertrag über die Europäische Union in der Fassung vom 07.06.2016, Abl. EU 2016 C 202 vom 7. Juni 2016.

323 Vgl. Vertrag über die Arbeitsweise der Europäischen Union in der Fassung vom 07.06.2016, Abl. EU 2016 C 202.

324 Vgl. *Englisch*, in: T/L, Steuerrecht, 2021, § 4, Rn. 24; *Ismer*, in: H/H/R, EStG/KStG, 2020, Einführung in das EStG, Rn. 432; *Schaumburg*, in: Schaumburg/Englisch, Europäisches Steuerrecht, Rn. 3.4.

325 Vgl. *Weber-Grellet*, in: Musil/Weber-Grellet, Europäisches Steuerrecht, 2022, Art. 113 AUEV, Rn. 1 ff.; *Waldhoff*, in: Calliess/Ruffert, EUV/AEUV, 2022, Art. 113 AEUV, Rn. 4; *Schaumburg*, in: Schaumburg, Internationales Steuerrecht, 2017, Rn. 11.21; *Kokott*, IStR 2019, S. 124; *Kokott*, in: Kokott, Das Steuerrecht der Europäischen Union, 2018, § 1, Rn. 21 ff.; *Kamann*, in: Streinz, Streinz, AEUV/EUV, 2018, Art. 113 AEUV, Rn. 3 ff.

326 Vgl. *Kokott*, in: Kokott, Das Steuerrecht der Europäischen Union, 2018, § 1, Rn. 21; *Rehm*, in: Wassermeyer/Richter/Schnittker, Personengesellschaften im Internationalen Steuerrecht, 2015, Rn. 1.82 ff.; *Waldhoff*, in: Calliess/Ruffert, EUV/AEUV, 2022, Art. 113 AEUV, Rn. 5.

327 Vgl. *Kamann*, in: Streinz, EUV/AEUV, 2018, Art. 113 AEUV, Rn. 30; *Kokott*, in: Kokott, Das Steuerrecht der Europäischen Union, 2018, § 1, Rn. 28; *Jacobs/Endres/Spengel*, in: Jacobs, Internationale Unternehmensbesteuerung, 2016, S. 175 ff.; *Sydow*, in: Mössner u. a., Steuerrecht international tätiger Unternehmen, 2018, Rn. 1.97; *Englisch*,

Richtlinien geregelt wird[328]. Der nationale Gesetzgeber, die Finanzgerichte sowie die Finanzverwaltung stehen vor der Aufgabe, die nationalen Vorschriften auf ihre Unionsrechtskonformität zu prüfen und, sofern diese dem Unionsrecht widersprechen, unionskonform auszulegen.[329] Für die Ertragsteuern sind im Wesentlichen die Niederlassungsfreiheit in Art. 49 AEUV und die Kapitalverkehrsfreiheit in Art. 63 AEUV von Relevanz.[330]

- **Niederlassungsfreiheit:** Bei der Niederlassungsfreiheit handelt es sich um eine Form der allgemeinen Freizügigkeit für Unionsbürger (Art. 21 ff. AEUV).[331] Im Wesentlichen regelt die Niederlassungsfreiheit gemäß Art. 49 AUEV das Verbot der Beschränkung der freien Bewegung und des freien Aufenthalts.[332] Hierdurch wird sichergestellt, dass Unionsbürger und Gesellschaften, (a) die nach dem Recht eines Mitgliedstaats der EU oder dem EWR gegründet wurden sowie (b) ihren Sitz oder ihre Niederlassung in einem Mitgliedstaat der EU oder dem EWR haben, in einem anderen Mitgliedstaat Tochtergesellschaften, Niederlassungen oder Zweigniederlassungen gründen können.[333] Bei Beteiligungen an ausländischen Gesellschaften ist der Schutzbereich der Niederlassungsfreiheit eingeschränkt und tatbestandlich nur

in: T/L, Steuerrecht, 2021, § 4, Rn. 68; *Hennigfeld*, in: BeckOK AO, AO, 2022, § 42 AO, Rn. 53.

328 Vgl. *Schaumburg*, in: Schaumburg/Englisch, Europäisches Steuerrecht, 2020, Rn. 3.4 f.; *Hulde*, in: Prinz/Witt, Steuerliche Organschaft, 2019, Rn. 5.6 ff.; *Sydow*, in: Mössner u. a., Steuerrecht international tätiger Unternehmen, 2018, Rn. 1.101 ff.; *Kokott*, in: Kokott, Das Steuerrecht der Europäischen Union, § 1, Rn. 4.

329 Vgl. *Schaumburg*, in: Schaumburg, Internationales Steuerrecht, 2023, Rn. 3.60 ff.; *Drüen*, in: T/K, AO/FGO, 2020, § 4 AO, Rn. 240 ff.; *Englisch*, in: T/L, Steuerrecht, 2021, § 4, Rn. 30 ff.; *Kofler*, ISR 2014, S. 126 ff.; *Kofler*, in: Schaumburg/Englisch, Europäisches Steuerrecht, 2020, Rn. 13.14; *Ruffert*, in: Callies/Ruffert, EUV/AEUV, 2022, Art. 1 AEUV, Rn. 24.

330 Vgl. hierzu z. B. *Hulde*, in: Prinz/Witt, Steuerliche Organschaft, 2019, Rn. 5.14; *Reimer*, in: Schaumburg/Englisch, Europäisches Steuerrecht, 2020, Rn. 7.71 ff.; *Sydow*, in: Mössner u. a., Steuerrecht international tätiger Unternehmen, 2018, Rn. 1.121.

331 Vgl. *Schaumburg*, in: Schaumburg/Englisch, Europäisches Steuerrecht, 2020, Rn. 3.4; *Ismer*, in: H/H/R, EStG/KStG, Einführung zum EStG, 2020, Rn. 450 und 460 ff.

332 So z. B. auch EuGH vom 12.12.2006, Rs. FII Group Litigation, C-282/12, IStR 2013, S. 871; EuGH vom 10.06.2015, Rs. X AB, C-686/13, IStR 2015, S. 557.

333 Vgl. *Sydow*, in: Mössner u. a., Steuerrecht international tätiger Unternehmen, 2018, Rn. 1.121; *Sedemund*, in: Prinz, Umwandlungen im internationalen Steuerrecht, 2013, Rn. 3.114; *Reimer*, in: Schaumburg/Englisch, Europäisches Steuerrecht, 2020, Rn. 7.71.

eröffnet, sofern diese dem Anteilseigner einen sicheren Einfluss vermittelt.[334] Ist der Anwendungsbereich eröffnet, darf eine geplante Tätigkeit in einem anderen Mitgliedstaat durch die ertragsteuerlichen Normen nicht beschränkt werden.[335] Hierfür muss eine vergleichende Betrachtung vorgenommen werden, bei dem der rein inländische Fall dem grenzüberschreitenden gegenübergestellt wird.[336]

- **Kapitalverkehrsfreiheit:** Die Kapitalverkehrsfreiheit schützt den Kapitalverkehr (a) innerhalb der EU und dem EWR sowie (b) auch gegenüber dem Drittland (Art. 63 Abs. 1 AEUV).[337] Die Kapitalverkehrsfreiheit verbietet die Beschränkung von Kapitalanlagen und Kapitalanlegern.[338] Die Kapitalverkehrsfreiheit ist nicht nur auf die EU sowie den EWR beschränkt.[339] Bei der

---

334 Vgl. *Köhler*, ISR 2018a, S. 388; *Reimer*, in: Schaumburg/Englisch, Europäisches Steuerrecht, 2020, Rn. 7.74; *Schnitger/Krüger/Nielsen*, IStR 2019, S. 341. Der sichere Einfluss ist nicht an eine bestimmte Beteiligungshöhe geknüpft, sodass die tatsächlichen Umstände des Einzelfalls zu würdigen sind (vgl. EuGH vom 12.12.2006, Rs. FII Group Litigation, C-282/12, IStR 2013, S. 871; EuGH vom 10.06.2015, Rs. X AB, C-686/13, IStR 2015, S. 557; *Sedlaczek/Züger*, in: Streinz, EUV/AEUV, 2018, Art. 63 AEUV, Rn. 35). Bei einer Beteiligungshöhe von mehr als 25 % kann wohl von einem sicheren Einfluss ausgegangen werden (vgl. *Sedlaczek/Züger*, in: Streinz, EUV/AEUV, 2018, Art. 63 AEUV, Rn. 34; mit Verweis auf EuGH vom 10.05.2007, Rs. Lasertec, C-492/04, IStR 2007, S. 439; EuGH vom 19.07.2012, Rs. Marianne Scheunemann, C-31/11, IStR 2012, S. 723). Anderseits wird im Schrifttum bereits eine Beteiligung von 10 % für ausreichend betrachtet (vgl. auch *Schaumburg*, in: Schaumburg, Internationales Steuerrecht, 2017, Rn. 4.34).

335 Vgl. *Schaumburg*, in: Schaumburg, Internationales Steuerrecht, 2017, Rn. 4.28; *Seer*, in: T/K, AO/FGO, 2020, Europarechtsschutz, Rn. 1.

336 Vgl. *Reimer*, in: Schaumburg/Englisch, Europäisches Steuerrecht, 2020, Rn. 7.125; *Hackemann*, in: Bott/Walter, KStG, 2020, § 8c Abs. 1 KStG, Rn. 48.

337 Vgl. *Gramlich*, in: Pechstein/Nowak/Häde, EUV/GRC/AEUV, 2017, Art. 63 AEUV, Rn. 9; *Rättig/Protzen*, IStR 2004, S. 625 ff.; *Köhler*, ISR 2019a, S. 178; *Gebhardt/Krüger*, IWB 2019, S. 303 zur Anwendbarkeit innerhalb der Hinzurechnungsbesteuerung.

338 Vgl. *Gramlich*, in: Pechstein/Nowak/Häde, EUV/GRC/AEUV, 2017, Art. 63 AEUV, Rn. 22; *Schaumburg*, in: Schaumburg, Internationales Steuerrecht, 2017, Rn. 4.33.

339 Der Anwendungsbereich ist daher unabhängig davon eröffnet, ob und inwiefern sich der Ort der Kapitalanlage oder der Wohnort oder gewöhnliche Aufenthalt bzw. Sitz oder Ort der Geschäftsleitung des Kapitalanlegers innerhalb oder außerhalb der EU bzw. dem EWR befindet (siehe z. B. auch *Jacobs/Endres/Spengel*, in: Jacobs, Internationale Unternehmensbesteuerung, S. 202; *Reimer*, in: Schaumburg/Englisch, Europäisches Steuerrecht, 2020, Rn. 7.106; *Gramlich*, in: Pechstein/Nowak/Häde, EUV/GRC/AEUV, 2017, Art. 63 AEUV, Rn. 22; *Schaumburg*, in: Schaumburg, Internationales Steuerrecht, 2017, Rn. 4.33).

Prüfung des Anwendungsbereichs der Kapitalverkehrsfreiheit auf Beteiligungen ist die Beteiligungshöhe ohne Relevanz.[340]

2.6.1.1.2 *Abgrenzungsproblematik*

Bei der Abgrenzung zwischen der Anwendung der Niederlassungsfreiheit i. S. von Art. 49 AEUV und der Kapitalverkehrsfreiheit i. S. von Art. 63 AEUV ist auf die jeweilige Beschränkungswirkung der Norm abzustellen.[341] Es können sowohl die Niederlassungsfreiheit als auch die Kapitalverkehrsfreiheit anwendbar sein.[342] Beide Grundfreiheiten stehen nämlich nebeneinander.[343] Der Europäische Gerichtshof legt in der Rechtssache *FII Group Litigation*[344] und *Emerging Markets Series of DFA Investment Trust Company*[345] dar, dass die Anwendung der Niederlassungsfreiheit als abschließend anzusehen ist, sofern die Norm auf Beteiligungen mit einem sicheren Einfluss abstellt.[346] Bei Anwendbarkeit der Niederlassungsfreiheit kommt es dann zur Nichtanwendung der Kapitalverkehrsfreiheit.[347] Allerdings erfordert das Unionsrecht stets eine abstrakte Einzelfallbetrachtung, sodass der Anwendungsbereich der Niederlassungsfreiheit nur abschließend ist, wenn die vorliegende Rechtsnorm ausschließlich auf einen sicheren Einfluss vermittelnde Beteiligungen abstellt.[348]

---

340 Vgl. *Haslehner*, IStR 2008, S. 573; *Köhler*, ISR 2019a, S. 180; *Schnitger/Krüger/Nielsen*, IStR 2018, S. 342.

341 Siehe auch *Wassermeyer/Schönfeld*, in: F/W/B/S, Außensteuerrecht, 2017, § 8 AStG, Rn. 429; *Köhler*, ISR 2019a, S. 179. Siehe auch *Haslehner*, IStR 2008, S. 569 ff.; *Jacobsen*, DStZ 2019, S. 390 ff.; *Mitschke*, SteuerStud 2009, S. 427 ff.

342 Vgl. *Köhler/Tippelhofer*, IStR 2007, S. 649; *Völker*, IStR 2009, S. 705.

343 Siehe auch *Gosch/Schönfeld*, IStR 2015, S. 756; *Reimer*, in: Schaumburg/Englisch, Europäisches Steuerrecht, 2020, Rn. 7.74; *Schnitger/Krüger/Nielsen*, IStR 2019, S. 342.

344 Vgl. EuGH vom 12.12.2006, Rs. FII Group Litigation, C-282/12, IStR 2013, S. 871.

345 Vgl. EuGH vom 10.04.2014, Rs. Emerging Markets Series of DFA Investment Trust Company, C-190/12, IStR 2014, S. 333.

346 Vgl. *Reimer*, in: Schaumburg/Englisch, Europäisches Steuerrecht, 2020, Rn. 7.89; *Wassermeyer/Schönfeld*, in: F/W/B/S, Außensteuerrecht, 2017, § 8 AStG, Rn. 429 zur Notwendigkeit des Motivtests bei Drittstaatengesellschaften.

347 Vgl. EuGH vom 12.12.2006, Rs. FII Group Litigation, C-282/12, IStR 2013, S. 871; EuGH vom 10.04.2014, Rs. Emerging Markets Series of DFA Investment Trust Company, C-190/12, IStR 2014, S. 334.

348 Erfasst eine Norm ebenfalls Beteiligungen, die nicht nur einen sicheren Einfluss voraussetzen, so hat sich diese anhand der Kapitalverkehrsfreiheit messen zu lassen (vgl. auch EuGH vom 12.12.2006, Rs. FII Group Litigation, C-282/12, IStR 2013, S. 871; *Hörnicke/Kraft*, ISR 2022, S. 1 ff.). In diesem Fall ist der Anwendungsbereich der Kapitalverkehrsfreiheit nicht nur auf den Einzelfall der nicht-beherrschten

2.6.1.1.3 *Rechtfertigung von Beschränkungen*

Das europäische Primärrecht beinhaltet zahlreiche allgemeine sowie auch für die Kapitalverkehrsfreiheit in Art. 65 AEUV kodifizierte steuerspezifische Rechtfertigungsgründe, bei denen eine Beschränkung mit dem Unionsrecht vereinbar ist.[349] Aus steuerlicher Sicht erkennt die europäische Rechtsprechung (a) die Bekämpfung von Steuerhinterziehung und missbräuchlicher Rechtsanwendung sowie (b) die wirksame Steueraufsicht als Rechtfertigungsgrund an.[350] Ferner hat der Europäische Gerichtshof den Grundsatz der Territorialität sowie die Kohärenz des Steuerrechts als ungeschriebene Rechtsfertigungsgründe anerkannt.[351] Die europäische Rechtsprechung legt stringent dar, dass eine nicht widerlegbare typisierende Missbrauchsverhinderungsnorm jedoch gegen das Unionsrecht verstößt.[352]

Der Europäische Gerichtshofs hat jüngst in der Rechtssache *X GmbH*[353] dargelegt, dass sich die Hinzurechnungsbesteuerung nach den §§ 7 bis 14 AStG a. F.

Beteiligung beschränkt, sondern es entsteht vielmehr ein genereller Schutzbereich, der auch eine beherrschte Beteiligung umfasst (vgl. auch *Reimer*, in: Schaumburg/Englisch, Europäisches Steuerrecht, 2020, Rn. 7.94).

349 Vgl. *Korte*, in: Calliess/Ruffert, EUV/AEUV, 2022, Art. 65 AEUV, Rn. 2; *Böhmer*, IWB 2017, S. 846 f.; *Englisch*, in: Schaumburg/Englisch, Europäisches Steuerrecht, 2020, Rn. 7.201.

350 Vgl. EuGH vom 17.09.2009, Rs. Glaxo Wellcome, C-182/08, Slg. I 2009, S. 8591; EuGH vom 10.04.2014, Rs. Emerging Markets Serios of DFA Investment Trust Company, C-190/12, IStR 2014, S. 333; *Englisch*, in: Schaumburg/Englisch, Europäisches Steuerrecht, 2020, Rn. 7.201; *Schaumburg*, DB 2005, S. 1133 f.; *Sydow*, in: Mössner u. a., Steuerrecht international tätiger Unternehmen, 2018, Rn. 1.121.

351 Vgl. EuGH vom 12.09.2006, Rs. Cadbury Schweppes, C-196/04, Slg. I 2006, S. 7995; EuGH vom 23.10.2008, Rs. Krankenheim Ruhesitz am Wannsee-Seniorenheimstatt GmbH, C-157/07, IStR 2008, S. 769; *Kingreen*, in: Calliess/Ruffert, EUV/AEUV, 2022, Art. 36 AEUV, Rn. 80.

352 Vgl. EuGH vom 12.09.2006, Rs. Cadbury Schweppes, C-196/04, Slg. I 2006, S. 7995; EuGH vom 26.02.2019, Rs. X GmbH, C-135/17, IStR 2019, S. 347. Zwar darf der nationale Gesetzgeber der missbräuchlichen Ausnutzung des Unionsrechts entgegenwirken. Allerdings muss er stets eine überschießende Wirkung im Auge behalten, wodurch sich das Erfordernis der Möglichkeit eines Gegenbeweises ergibt (so z. B. auch EuGH vom 21.01.2010, Rs. Société de Gestion Industrielle SA (SGI), C-311/08, Slg. I 2010, S. 487; *Kraft*, in: Kraft, AStG, 2019, § 1 AStG, Rn. 529).

353 Vgl. EuGH vom 26.02.2019, Rs. X GmbH, C-135/17, IStR 2019, 347.

im Drittstaatenfall an den europäischen Grundfreiheiten messen lassen muss.[354] Vor allem im Hinblick auf Zwischeneinkünfte mit Kapitalanlagecharakter i. S. des § 7 Abs. 6 und 6a AStG a. F. wurde durch den Europäischen Gerichtshof[355] und nachfolgend Bundesfinanzhof[356] die Anwendbarkeit der Kapitalverkehrsfreiheit für zutreffend erachtet.[357] Die rein zufällige Inländerbeherrschung begründet nämlich die Anwendbarkeit der Kapitalverkehrsfreiheit auf die reguläre Hinzurechnungsbesteuerung, sodass die Anwendbarkeit der Niederlassungsfreiheit nicht als abschließend anzusehen ist.[358]

2.6.1.2 Sekundärrecht als europäische Gesetzgebung

Die EU erlässt Rechtsakte des Sekundärrechts, wozu sie auf der Grundlage des Primärrechts legitimiert wurde.[359] Das Sekundärrecht muss im Einklang mit dem Primärrecht stehen.[360] Gemäß Art. 288 Abs. 2 bis 4 AUEV sieht das Primärrecht als verbindlichen Rechtsakt des Sekundärrechts (a) Verordnungen,

---

354 Vgl. hierzu z. B. BFH vom 22.05.2019, I R 11/19 (I R 80/14), BStBl II 2021, S. 265; *Kraft*, FR 2020, S. 108; *Jacobsen*, DStZ 2019, S. 389 ff.; *Lange/Roßmann*, StuB 2017, S. 432; *Köhler*, ISR 2019a, S. 175; *Köhler*, ISR 2019b, S. 442.

355 Vgl. EuGH vom 26.02.2019, Rs. X GmbH, C-135/17, IStR 2019, S. 347.

356 Vgl. BFH vom 22.05.2019, I R 11/19 (I R 80/14), BStBl II 2021, S. 265.

357 Eine unionsrechtlich gerechtfertigte Einschränkung kann sich trotz des Fehlens der Möglichkeit der Erbringung eines Gegenbeweises ergeben, wenn und soweit es an einem umfassenden zwischenstaatlichen Informationsaustausch fehlt (vgl. BFH vom 22.05.2019, I R 11/19 (I R 80/14), BStBl II 2021, S. 265; BFH vom 18.12.2019, I R 59/17, BStBl II 2021, S. 270).

358 Bei nationalen Rechtsnormen, die sowohl beherrschende als auch nicht-beherrschende Beteiligungen umfassen, ist die Kapitalverkehrsfreiheit nicht auf den Einzelfall beschränkt, sondern als generell anwendbar zu betrachten (vgl. hierzu z. B. *Hörnicke/Kraft*, ISR 2022, S. 4; *Reimer*, in: Schaumburg/Englisch, Europäisches Steuerrecht, 2020, Rn. 7.94). Eine Drittstaatengesellschaft kann somit hinsichtlich der regulären Hinzurechnungsbesteuerung in den Anwendungsbereich der Kapitalverkehrsfreiheit fallen, selbst wenn eine beherrschende Beteiligung gegeben ist (siehe auch *Heckerodt*, IStR 2019, S. 688 ff.; *Heckerodt/van Lück*, IStR 2020, S. 859 ff.).

359 Vgl. *Schroeder*, in: Streinz, EUV/AEUV, 2018, Art. 288 AEUV, Rn. 23; *Lehner u. a.*, in: Kessler/Kröner/Köhler, Konzernsteuerrecht, 2018, § 6, Rn. 65. Siehe auch *Ruffert*, in: Callies/Ruffert, AEUV/EUV, 2022, Art. 288 AEUV, Rn. 4 mit dem Hinweis, dass das Sekundärrecht die Umsetzung des Primärrechts sicherstellt.

360 Vgl. auch *Schroeder*, in: Streinz, EUV/AEUV, 2018, Art. 288 AEUV, Rn. 24; *Ruffert*, in: Callies/Ruffert, EUV/AEUV, 2022, Art. 288 AEUV, Rn. 9; *Schönfeld/Ellenrieder/Sendke*, IStR 2022, S. 517 ff.

(b) Richtlinien sowie (c) Beschlüsse vor.[361] Zudem hat die EU die Legitimation, (a) Empfehlungen und (b) Stellungnahmen abzugeben, wobei diese unverbindliche Rechtsakte darstellen (Art. 288 Abs. 5 AEUV).[362] Für das Steuerrecht sind vor allem Richtlinien von Bedeutung, die im Unterschied zu Verordnungen grundsätzlich keine unmittelbare Rechtswirkung entfalten.[363] Die Mitgliedstaaten haben die Regelungen der Richtlinien in nationales Recht zu transformieren.[364] Hierzu sieht die Richtlinie eine Umsetzungsfrist vor. Auch bei der Umsetzung einer EU-Richtlinie ist der nationale Gesetzgeber gebunden, kann jedoch die Mittel frei wählen (sog. Umsetzungsgebot).[365]

2.6.1.3 Unionstreue und ihre Rechtsfolge

2.6.1.3.1 Umsetzungsverpflichtung

Gemäß Art. 4 Abs. 3 EUV sind die Mitgliedstaaten dazu verpflichtet, alle Maßnahmen zu ergreifen, um die Wirksamkeit des Unionsrechts zu gewährleisten. Die Unionstreue bewirkt, dass die Mitgliedstaaten die Anwendung des

---

361 Vgl. *Schaumburg*, in: Schaumburg/Englisch, Europäisches Steuerrecht, 2020, Rn. 3.6; *Ruffert*, in: Calliess/Ruffert, EUV/AEUV, 2022, Art. 288, Rn. 15; *Schroder*, in: Streinz, EUV/AEUV, 2018, Art. 288 AEUV, Rn. 23; *Hulde*, in: Prinz/Witt, Steuerliche Organschaft, 2019, Rn. 5.6; *Schaumburg*, in: Schaumburg, Internationales Steuerrecht, 2023, Rn. 3.28.

362 Vgl. auch *Biervert*, in: Schwarze, EU-Recht, 2019, Art. 288 AEUV, Rn. 36; *Gundel* in: Pechstein/Nowak/Häde, EUV/GRC/AEUV, 2017, Art. 288 AEUV, Rn. 98.

363 Vgl. *Englisch*, in: Schaumburg/Englisch, Europäisches Steuerrecht, 2020, Rn. 3.9; *Drüen*, in: T/K, AO/FGO, 2022, § 2 AO, Rn. 49. Verordnungen entfalten hingegen unmittelbar allgemeine und verbindliche Geltung (vgl. *Ruffert*, in: Calliess/Ruffert, EUV/AEUV, 2022, Art. 288, Rn. 15; *Biervert*, in: Schwarze, EU-Recht, 2019, Art. 288 AEUV, Rn. 20). Aufgrund der bestehenden Durchgriffswirkung ist es nicht notwendig, dass die Mitgliedstaaten die Verordnungen in nationales Gesetz transformieren (vgl. *Biervert*, in: Schwarze, EU-Recht, 2019, Art. 288 AEUV, Rn. 21). Vielmehr ist es den Mitgliedstaaten im Rahmen des Umsetzungsverbots untersagt, eine Anpassung der Verordnung durch die nationale Gesetzgebung durchzuführen, es sei denn, dass die Verordnung entsprechende Anpassungsmöglichkeiten explizit vorsieht (vgl. *Schaumburg*, in: Schaumburg/Englisch, Europäisches Steuerrecht, 2020, Rn. 3.7; *Schroeder*, in: Streinz, EUV/AEUV, 2018, Art. 288 AEUV, Rn. 46).

364 Vgl. auch *Biervert*, in: Schwarze, EU-Recht, 2019, Art. 288 AEUV, Rn. 28; *Ruffert*, in: Calliess/Ruffet, EUV/AEUV, 2022, Art. 288 AEUV, Rn. 26.

365 Vgl. BGH vom 05.02.1998, I ZR 211/95, BGHZ 138, S. 55; BGH vom 28.05.2020, I ZR 7/16, DB 2020, S. 1731.

Unionsrechts sicherstellen.[366] Des Weiteren ergibt sich für die Mitgliedstaaten die Notwendigkeit, die von der EU erlassenen Richtlinien fristgerecht und ordnungsgemäß umzusetzen.[367]

2.6.1.3.2 *Unionsrechts- oder richtlinienkonforme Auslegung bei der Anwendung nationaler Vorschriften*

Aufgrund des Vorrangs des Unionsrechts vor den nationalen Vorschriften der Mitgliedstaaten sind die nationalen Steuervorschriften entsprechend des Unionsrechts anzuwenden bzw. auszulegen.[368] Die Finanzgerichte und Finanzverwaltungen haben eine nationale Rechtsvorschrift unionsrechtskonform anzuwenden, wenn diese gegen das Primär- oder Sekundärrecht verstößt (Art. 288 AEUV).[369]

366 Vgl. *Kraft*, FR 2020, S. 106; *Schaumburg*, in: Schaumburg, Internationales Steuerrecht, 2017, Rn. 3.49; *Schönfeld*, IStR 2022, S. 623 f.; *Englisch*, in: Schaumburg/Englisch, Europäisches Steuerrecht, 2020, Rn. 3.9.

367 Vgl. *Schaumburg*, in: Schaumburg, Internationales Steuerrecht, 2017, Rn. 3.49; *Englisch*, in: Schaumburg/Englisch, Europäisches Steuerrecht, 2020, Rn. 3.11; *Schönfeld*, IStR 2022, S. 623 f.

368 Vgl. *Schaumburg*, in: Schaumburg, Internationales Steuerrecht, 2023, Rn. 3.60 ff.; *Franzius*, in: Pechstein/Nowak/Häde, EUV/GRC/AEUV, 2017, Art. 4 EUV, Rn. 145; *Drüen*, in: T/K, AO/FGO, 2020, § 4 AO, Rn. 240 ff.; *Englisch*, in: T/L, Steuerrecht, 2021, § 4, Rn. 30 ff.; *Kofler*, ISR 2014, S. 126 ff.; *Kofler*, in: Schaumburg/Englisch, Europäisches Steuerrecht, 2020, Rn. 13.14; *Ruffert*, in: Callies/Ruffert, EUV/AEUV, 2022, Art. 1 AEUV, Rn. 24.

369 Vgl. BFH vom 19.01.2016, XI R 38/12, BStBl II 2017, S. 567; FG München vom 14.03.2019, 14 K 1773/17, BeckRS 2019, 10902; Drüen, StuW 2012, S. 269 ff.; *Sedemund*, in: Prinz, Umwandlungen im Internationalen Steuerrecht, 2013, Rn. 3.144. Die unionsrechtskonforme Auslegung steht neben den weiteren Auslegungsmethoden, sodass ein abweichendes Auslegungsergebnis z. B. im Rahmen der verfassungsrechtlichen Auslegung die unionsrechtskonforme Auslegung nicht verdrängt (vgl. *Drüen*, in: T/K, AO/FGO, 2020, § 4 AO, Rn. 24; FG Schleswig-Holstein vom 09.04.2001, IV 64/99, EFG 2001, S. 1001; *Koenig*, in: Koenig, AO, 2021, § 4 AO, Rn. 86; *Neumann*, in: Gosch, AO/FGO, 2020, § 4 AO, Rn. 39). Des Weiteren hat die unionsrechts- oder richtlinienkonforme Auslegung grundsätzlich Vorrang vor der unmittelbaren Richtlinienanwendung (vgl. hierzu z. B. *Dehne*, ISR 2018, S. 137).

2.6.1.3.3 *Unmittelbare Anwendung nicht fristgerecht oder ordnungsgemäß umgesetzter Richtlinien*

Aufgrund der bestehenden Unionstreue wurde das Rechtskonstrukt der unmittelbaren Anwendung von Richtlinien entwickelt.[370] Als Rechtsfolge kann sich der Steuerpflichtige auf eine Richtlinie berufen, wenn und soweit es an einer nationalen Umsetzung fehlt.[371] Dies erfordert, dass eine Richtlinie (a) nicht fristgerecht und/oder (b) nicht ordnungsgemäß in nationales Recht umgesetzt wurde.[372] Die unmittelbare Anwendung kann nur erfolgen, sofern die inhaltlichen Bestimmungen genaue und konkrete Rechtsanwendungen enthalten.[373] Die unmittelbare Anwendung der EU-Richtlinie darf folglich nicht von weiteren Bedingungen und zusätzlichen Rechtsakten abhängig gemacht werden.[374] Abschließend erfordert die unmittelbare Richtlinienanwendung, dass diese keine Ermessenspielräume oder Wahlrechte vorsieht, bei deren Bestehen die geforderte Präzisierung zu verneinen ist.[375]

---

370 Vgl. EuGH vom 19.01.1982, Rs. Becker, C-8/81, Slg. I 1982, S. 53; BVerfG vom 08.04.1987, 2 BvR 687/85, BVerfGE 1975, S. 223; *Kokott*, in: Kokott, Das Steuerrecht der Europäischen Union, 2018, § 1, Rn. 20; *Hatje*, in: Schwarze, EU-Recht, 2019, Art. 4 EUV, Rn. 43; *Streinz*, in: Streinz, EUV/AEUV, 2018, Art. 4 EUV, Rn. 27.

371 Vgl. *Kofler*, in: Schaumburg/Englisch, Europäisches Steuerrecht, 2020, Rn. 13.12; *Kokott*, in: Kokott, Das Steuerrecht der Europäischen Union, 2018, § 1, Rn. 20; *Hatje*, in: Schwarze, EU-Recht, 2019, Art. 4 EUV, Rn. 43

372 Vgl. EuGH vom 18.12.1997, Rs. Inter-Environnement Wallonie ASBL, C-129/96, Slg. I 1997, 7411; *Kofler*, in: Schaumburg/Englisch, Europäisches Steuerrecht, 2020, Rn. 13.11.

373 Vgl. auch EuGH vom 19.01.1982, Rs. Becker, C-8/81, DB 1982, 11; EuGH vom 12.02.2009, Rs. Cobelfret, C-138/07, Slg. I 2009, S. 731; EuGH vom 04.06.2009, Rs. KBC Bank und Beleggen, C-439/07 und C-439/07, Slg. I 2009, S. 4409; BVerfG vom 08.04.1987, 2 BvR 687/85, BVerfG 75, 223; *Kofler*, in: Schaumburg/Englisch, Europäisches Steuerrecht, 2020, Rn. 13.12 f.

374 Vgl. *Kofler*, in: Schaumburg/Englisch, Europäisches Steuerrecht, 2020, Rn. 13.13; *Streinz*, in: Streinz, EUV/AEUV, 2018, Art. 4 EUV, Rn. 29; *Hatje*, in: Schwarze, EU-Recht, 2019, Art. 4 EUV, Rn. 43.

375 Vgl. auch *Ruffert*, in: Calliess/Ruffert, EUV/AEUV, 2022, Art. 288 AEUV, Rn. 60; *Kofler*, in: Schaumburg/Englisch, Europäisches Steuerrecht, 2020, Rn. 13.13; mit Verweis auf EuGH vom 12.02.2009, Rs. Cobelfret, C-138/07, Slg. I 2009, S. 731; EuGH vom 04.06.2009, Rs. KBC Bank und Beleggen, C-439/07 und C-439/07, Slg. I 2009, S. 4409.

2.6.2 Vermeidung eines unfairen Steuerwettbewerbs durch die Anti-Steuervermeidungsrichtlinie

2.6.2.1 Verhinderung einer internationalen Steuerflucht als globales und europäisches Ziel

Die OECD und die G20 haben im Rahmen des BEPS-Projektes zahlreiche Aktionspunkte entwickelt, die dem unfairen Steuerwettbewerb sowie der aggressiven Steuerplanung entgegenwirken sollen.[376] Der Abschlussbericht der OECD und der G20 vom 5. Oktober 2015[377] beinhaltet mit 15 Aktionspunkten Regelungen, die unter anderem (a) die Abzugsfähigkeit von Zinsen, (b) die Wegzugs- und Entstrickungsbesteuerung, (c) die Verhinderung des Abkommensmissbrauchs sowie (d) die Regelungen zu den beherrschten ausländischen Unternehmen betreffen.[378] Da das BEPS-Projekt keinen unmittelbar verbindlichen Rechtsakt darstellt, ist dieser für die unterzeichneten Staaten nicht rechtsverbindlich, sondern stellt weitgehend eine gemeinsame Absichtserklärung dar.[379] Infolgedessen hat die EU unter Bezugnahme auf das BEPS-Projekt am 19. Juli 2016 die ATAD veröffentlicht und diese am 29. Mai 2017 durch die ATAD II ergänzt.[380] Mit

---

376 Vgl. *Musil*, FR 2018, S. 935; *Hey*, in: T/L, Steuerrecht, 2021, § 7, Rn. 70; *Valta*, in: Schaumburg, Internationales Steuerrecht, 2023, Rn. 5.17 ff.; *Ditz/Wassermeyer*, in: F/W/B/S, Außensteuerrecht, 2021, Vor §§ 7–14 AStG, Rn. 5 ff.; *Fehling*, in: Schaumburg/Englisch, Europäisches Steuerrecht, 2020, Rn. 17.7; *Prinz*, DB 2022b, S. 1733; *Jacobs/Endres/Spengel*, in: Jacobs, Internationale Unternehmensbesteuerung, 2016, S. 885 f.; *Kokott*, in: Kokott, Das Steuerrecht der Europäischen Union, 2018, § 5, Rn. 111 f.; *Desens*, in: H/H/R, EStG/KStG, 2020, Einführung zum KStG, Rn. 45; *Kokott*, IStR 2019, S. 125; *Haas/Wünnemann*, DStR 2019, S. 377; *Hummel/Knebel/Born*, IStR 2014, S. 840.

377 Abrufbar unter https://doi.org/10.1787/23132612.

378 Vgl. *Fehling*, in: Schaumburg/Englisch, Europäisches Steuerrecht, 2020, Rn. 17.8; *Oppel*, ISR 2019, S. 321; *Fehling*, DB 2016, S. 2862. Siehe auch *Jacobs/Endres/Spengel*, in: Jacobs, Internationale Unternehmensbesteuerung, 2016, S. 96 ff.; *Spengel/Nusser*, DK 2015, S. 10; *Bärsch/Barbu/Schneider*, IWB 2022, S. 104; *Bärsch/Quilitzsch/Schulz*, ISR 2013, S. 358 ff. mit einer Übersicht der einzelnen Aktionspunkte.

379 Vgl. *Oppel*, IStR 2016, S. 798; *Oppel*, ISR 2019, S. 322; *Reddig*, in: K/S/M, EStG, 2019, § 4j EStG, Rn. A 2; *Ditz/Seibert*, FR 2021, S. 814; *Rasch/Eigelshoven/Mank*, ISR 2015, S. 397.

380 Vgl. *Zinowsky/Jochimsen*, ISR 2017, S. 326; *Fehling*, in: Schaumburg/Englisch, Europäisches Steuerrecht, 2020, Rn. 17.11 ff.; *Weber-Grellet*, DB 2022, S. 1345; *Schön*, IStR 2022, S. 183 f.

Ausnahme einzelner Regelungen war (a) die Anti-Steuervermeidungsrichtlinie[381] bis zum 31. Dezember 2018 sowie (b) die Anti-Steuervermeidungsrichtlinie II[382] bis zum 31. Dezember 2019 in nationales Recht umzusetzen (Art. 11 Abs. 1 ATAD, Art. 2 Abs. 1 ATAD II).[383]

Durch die ATAD wird auf europäischer Ebene erstmalig zusätzliches Besteuerungssubstrat „geschaffen" bzw. einer Minderbesteuerung entgegengewirkt.[384] Führt man sich z. B. die Mutter-Tochter-Richtlinie[385] und die Zins-Lizenz-Richtlinie[386] vor Augen, so wird deutlich, dass durch das europäische Sekundärrecht im Bereich der Ertragsteuern gewöhnlich die Besteuerungsrechte beschränkt und nicht begründet wurden (sog. Schrankenwirkung).[387] Gemäß Art. 3 ATAD stellen die Regelungen ein Mindestschutzniveau dar, sodass die Mitgliedstaaten bei der Wahl ihrer Mittel frei sind und restriktivere Regelungen implementieren können.[388]

---

381 Vgl. Richtlinie (EU) 2016/1164 des Rates vom 12.07.2016 mit Vorschriften zur Bekämpfung von Steuervermeidungspraktiken mit unmittelbaren Auswirkungen auf das Funktionieren des Binnenmarkts, Abl. EU 2016 L 193/1.

382 Vgl. Richtlinie (EU) 2017/952 des Rates vom 29.05.2017 zur Änderung der Richtlinie (EU) 2016/1164 bezüglich hybrider Gestaltungen mit Drittländern, Abl. EU 2017 L 144/1.

383 Vgl. *Linn*, IStR 2020, S. 77.

384 Vgl. *Schnitger/Nitzschke/Gebhardt*, IStR 2016, S. 960; *Fehling*, in: Schaumburg/Englisch, Europäisches Steuerrecht, 2020, Rn. 17.125.

385 Vgl. Richtlinie (EU) 2011/96 des Rates vom 30.11.2011 über das gemeinsame Steuersystem der Mutter- und Tochtergesellschaften verschiedener Mitgliedstaaten (Neufassung), Abl. EU 2011 L 345/8.

386 Vgl. Richtlinie 2003/49/EG des Rates vom 03.06.2003 über eine gemeinsame Steuerregelung für Zahlungen von Zinsen und Lizenzgebühren zwischen verbundenen Unternehmen verschiedener Mitgliedstaaten, Abl. EU 2003 L 157/49.

387 Vgl. auch *Fehling*, in: Schaumburg/Englisch, Europäisches Steuerrecht, 2020, Rn. 17.18; *Hey*, in: T/L, Steuerrecht, 2021, Rn. 13.143 ff.; *Schnitger/Nitzschke/Gebhardt*, IStR 2016, S. 960.

388 Vgl. auch *Schönfeld*, IStR 2017, S. 722; *Kahlenberg*, NWB 2020, 1560, 1565; *Musil*, FR 2018, S. 935; *Musil*, in: Musil/Weber-Grellet, Europäisches Steuerrecht, 2022, Art. 3 ATAD, Rn. 2; *Kußmaul*, Betriebswirtschaftliche Steuerlehre, 2020, S. 1220. Das Primärrecht entfaltet weiterhin eine Schrankenwirkung nach oben, sodass dieses bei der Umsetzung des Sekundärrechts stets zu berücksichtigen ist (vgl. auch *Schönfeld/Ellenrieder/Sendke*, IStR 2022, S. 517 ff.; *Musil*, FR 2018, S. 938; *Schnitger/Nitzschke/Gebhardt*, IStR 2016, S. 960; *Böhmer*, IWB 2017, S. 848; *Linn*, IStR 2016, S. 646; a. A. FG Köln vom 17.05.2017, 2 K 773/16, EFG 2017, S. 1518; *Fehling*, FR 2015, S. 823).

2.6.2.2 *Beherrschte ausländische Unternehmen als Anknüpfungspunkt der rein künstlichen Gewinnverlagerung*

2.6.2.2.1 *Grundsätzliche Konzeption*

Die Art. 7 und 8 ATAD sehen umfangreiche Regelungen im Zusammenhang mit beherrschten ausländischen Unternehmen vor (sog. Hinzurechnungsbesteuerung).[389] Im Hinblick auf eine faire und effiziente Unternehmensbesteuerung bestand nach Ansicht der OECD und der G20 das Erfordernis, flächendeckend eine Hinzurechnungsbesteuerung einzuführen, die der Gewinnverlagerung in Niedrigsteuerländer entgegenwirken soll.[390] Die ATAD knüpft an verschiedene Tatbestandsmerkmale an. Die Hinzurechnungsbesteuerung findet Anwendung, wenn (a) eine Beherrschung nach Art. 7 Abs. 1 Buchst. a ATAD, (b) eine Niedrigbesteuerung nach Art. 7 Abs. 1 Buchst. b ATAD sowie (c) passive Einkünfte nach Art. 7 Abs. 2 Buchst. a ATAD vorliegen.[391] Die Einkünfte eines beherrschten ausländischen Unternehmens werden gemäß Art. 8 Abs. 1 Satz 1 ATAD dem inländischen Steuerpflichtigen zugerechnet und erhöhen die körperschaftsteuerliche Bemessungsgrundlage.[392]

---

389 Vgl. *Musil*, in: Weber-Grellet, Europäisches Steuerrecht, 2022, Art. 7 ATAD, Rn. 1; *Linn*, IStR 2016, S. 645 ff.; *Schönfeld*, IStR 2017, S. 721 ff.; *Ditz/Wassermeyer*, in: F/W/B/S, Außensteuerrecht, 2021, Vor §§ 7–14 AStG, Rn. 12 ff.; *Frotscher*, Internationales Steuerrecht, 2020, § 16, Rn. 1155; *Oppel*, in: Schaumburg, Internationales Steuerrecht, 2023, Rn. 13.5; *Fehling*, in: Schaumburg/Englisch, Europäisches Steuerrecht, 2020, Rn. 17.68 ff.; *Wenzel*, ISR 2017, S. 432.

390 Vgl. *Valta*, in: Schaumburg, Internationales Steuerrecht, 2023, Rn. 5.17; *Ditz/Wassermeyer*, in: F/W/B/S, Außensteuerrecht, 2021, Vor §§ 7–14 AStG, Rn. 1; *Schnitger/Nitzschke/Gebhardt*, IStR 2016, S. 960; *Pinkernell/Ditz*, ISR 2020, S. 2; *Wenzel*, ISR 2017, S. 434; *Schönfeld/Häck*, in: Schönfeld/Ditz, 2019, Systematik der Doppelbesteuerungsabkommen, Rn. 84; *Oppel*, ISR 2019, S. 321.

391 Vgl. *Musil*, in: Musil/Weber-Grellet, Europäisches Steuerrecht, 2022, Art. 7 ATAD, Rn. 6 ff.; *Fehling*, in: Schaumburg/Englisch, Europäisches Steuerrecht, 2020, Rn. 17.72 ff.; *Linn*, IStR 2016, S. 645 ff.; *Schnitger/Nitzschke/Gebhardt*, IStR 2016, S. 960 ff.; *Schönfeld*, IStR 2017, S. 721 ff.

392 Vgl. *Schönfeld*, IStR 2017, S. 724; *Musil*, in: Musil/Weber-Grellet, Europäisches Steuerrecht, 2022; *Ditz/Wassermeyer*, in: F/W/B/S, Außensteuerrecht, 2021, Vor §§ 7–14 AStG, Rn. 25; *Schnitger/Nitzschke/Gebhardt*, IStR 2016, S. 970 f.

2.6.2.2.2 *Umsetzungswahlrecht eines Passivkatalogs oder Principal-purpose-Test nach Art. 7 Abs. 2 ATAD*

Für die passiven Einkünfte sieht Art. 7 Abs. 2 ATAD zwei verschiedene Möglichkeiten vor.[393] Es steht den Mitgliedstaaten frei, ob diese (a) nach Art. 7 Abs. 2 Buchst. a ATAD einen Passivkatalog oder (b) nach Art. 7 Abs. 2 Buchst. b ATAD eine Prüfung einer unangemessenen Gestaltung (sog. Principal-purpose-Test) in das nationale Recht übernehmen.[394]

- **Passivkatalog:** Der Passivkatalog des Art. 7 Abs. 2 Buchst. a ATAD entspricht der Konzeption des § 8 Abs. 1 AStG a. F. und AStG.[395] Hervorzuheben gilt es, dass die deutsche Hinzurechnungsbesteuerung einen Aktivkatalog kennt, was als eine restriktivere Regelung betrachtet wird.[396] Allerdings ist auch ein Aktivkatalog mit Art. 7 Abs. 2 Buchst. a ATAD vereinbar.[397]
- **Principal-purpose-Test:** Die Mitgliedstaaten haben die Möglichkeit, unangemessene Gestaltungen, deren wesentlicher Zweck die Erlangung eines steuerlichen Vorteils ist, als Vorgang zu qualifizieren, welcher durch die Hinzurechnungsbesteuerung zu erfassen ist (Art. 7 Abs. 2 Buchst. b ATAD).[398] Die unangemessene Gestaltung soll zu bejahen sein, sofern ein Unternehmen nicht Eigentümer von Vermögenswerten oder Risiken wäre, wenn dieses nicht vom Entscheidungsträger beherrscht würde.[399]

---

393 Vgl. hierzu z. B. *Ditz/Quilitzsch*, Ubg 2021, S. 488; *Haase*, DStR 2019, S. 827; *Wenzel*, ISR 2017, S. 435.

394 Vgl. *Haase*, DStR 2019, S. 827; *Musil*, in: Musil/Weber-Grellet, Europäisches Steuerrecht, 2022, Art. 7 ATAD, Rn. 11 und 13; *Schnitger/Nitzschke/Gebhardt*, IStR 2016, S. 960; *Wenzel*, ISR 2017, S. 435.

395 Vgl. *Fehling*, in: Schaumburg/Englisch, Europäisches Steuerrecht, 2020, Rn. 17.116; *Musil*, in: Musil/Weber-Grellet, Europäisches Steuerrecht, 2022, Art. 7 ATAD, Rn. 13.

396 Vgl. *Schnitger/Nitzschke/Gebhardt*, IStR 2016, S. 967; kritisch *Haase*, ISR 2017, S. 350; *Bärsch/Quilitzsch/Schulz*, ISR 2013, S. 363.

397 Vgl. *Fehling*, in: Schaumburg/Englisch, Europäisches Steuerrecht, 2020, Rn. 17.116; kritischer *Schnitger/Nitzschke/Gebhardt*, IStR 2016, S. 967; *Köhler/Staats*, ISR 2021, S. 296. Da Art. 3 ATAD lediglich ein Mindestschutzniveau vorsieht, ist der deutsche Gesetzgeber grundsätzlich dazu befugt, eine restriktivere Hinzurechnungsbesteuerung im nationalen Recht zu implementieren (vgl. *Schönfeld*, IStR 2017, S. 722; *Musil*, FR 2018, S. 938).

398 Vgl. *Schnitger/Nitzschke/Gebhardt*, IStR 2016, S. 969 f.; *Musil*, in: Musil/Weber-Grellet, Europäisches Steuerrecht, 2022, Art. 7 ATAD, Rn. 13; *Wenzel*, ISR 2017, S. 435.

399 Siehe z. B. auch *Linn*, IStR 2016, S. 647; *Schnitger/Nitzschke/Gebhardt*, IStR 2016, S. 969 f.; *Haase*, DStR 2019, S. 827.

Da der Principal-purpose-Test eine Abkehr von der deutschen Hinzurechnungsbesteuerung darstellt, wird diese Arbeit im weiteren Verlauf lediglich den Passivkatalog des Art. 7 Abs. 2 Buchst. a ATAD einbeziehen.

3 Überblick über die nationale und europäische Regelung der Hinzurechnungsbesteuerung

3.1 Abgrenzung zum Anwendungsbereich des steuerlichen Gestaltungsmissbrauchs i. S. des § 42 AO

Bei ausländischen Gesellschaften ist vorrangig zu prüfen, ob diese vor dem Hintergrund des § 42 AO anzuerkennen sind.[400] Hierbei ist stets der Bewertungsmaßstab der Hinzurechnungsbesteuerung zu berücksichtigen.[401] Das Vorliegen einer Basisgesellschaft führt nicht zwingend dazu, dass diese für ertragsteuerliche Zwecke nicht anzuerkennen ist.[402] Auch eine Basisgesellschaft entfaltet eine

---

400 Vgl. *Haun/Solowjeff*, in: H/K/R, Außensteuerrecht, 2021, Vor §§ 7–13 AStG, Rn. 49; *Staats*, in: BeckOK AStG, AStG, 2022, Vor §§ 7–14 AStG, Rn. 140; *Reiche*, in Haase, AStG/DBA, 2016, § 7 AStG, Rn. 12. Die Abgrenzung des steuerlichen Gestaltungsmissbrauchs i. S. von § 42 AO und der Hinzurechnungsbesteuerung kann ebenfalls nach der „Intensität" der Gestaltungsmaßnahme erfolgen (vgl. auch *Schönfeld*, Hinzurechnungsbesteuerung und Europäisches Gemeinschaftsrecht, 2005, S. 168 ff.; *Kroppen*, in: DStJG 31, Einkommen aus Kapital, 2006, S. 323; *Frank-Fahle/Löbker*, IStR 2021, S. 45; einschränkender *Haarmann*, IStR 2011, S. 566; mit Verweis auf BFH vom 29.01.2008, I R 26/06, BStBl II 2008, S. 978). Allerdings schließt die Hinzurechnungsbesteuerung als *lex specialis* nach Verwaltungsansicht die Anwendung der Vorschrift des § 42 AO nicht aus (vgl. BMF vom 14.05.2004, BStBl I 2004, Sondernr. 1/2004, S. 3 Tz. 7.0.2.; a. A. BFH vom 23.10.1991, I R 40/89, BStBl II 1992, S. 1026; *Haun/Reiser*, GmbHR 2004, S. 843). § 42 AO scheint seit dem 1. Januar 2008 bei Nichterfüllung einer einzelsteuergesetzlichen Antimissbrauchsvorschrift wohl anwendbar zu sein (vgl. auch BFH vom 17.11.2020, I R 2/18, BStBl II 2021, S. 580). Siehe auch *Eilers/Roderich*, ISR 2022, S. 303 ff.; *Kraft/Gräfe/Moser*, ISR 2016, S. 219 ff.; *Hey*, BB 2009, S. 1044 ff.; *Heintzen*, FR 2009, S. 599 ff.; *Carlé*, DStZ 2008, S. 654; *Gosch*, in: Kirchhof/Nieskens, FS Reiss, 2008, S. 602 ff.; *Bauschatz*, IStR 2002, S. 333 f. zum Verhältnis von § 42 AO zu den einzelsteuergesetzlichen Antimissbrauchsvorschriften.

401 Siehe auch BFH vom 23.10.1991, I R 40/89, BStBl II 1992, S. 1026; BFH vom 10.06.1992, I R 135/70, BStBl II 1992, S. 1029; *Kroppen*, in: DStJG 31, Einkommen aus Kapital, 2006, S. 323; *Bauschatz*, IStR 2002, S. 334; *Haun/Solowjeff*, in: H/K/R, Außensteuerrecht, 2021, Vor §§ 7–13 AStG, Rn. 49; *Köhler/Tippelhofer*, IStR 2007, S. 684; *Haarmann*, IStR 2011, S. 566.

402 Vgl. *Debatin*, DB 1978, S. 1195 f.; *Debatin*, StuW 1967, S. 328 f.; *Cortez*, Neuausrichtung der deutschen Hinzurechnungsbesteuerung, 2013, S. 41, die eine Basisgesellschaft

Abschirmwirkung, sodass die Einkünfte und das Vermögen nicht „automatisch“ den dahinterstehenden Gesellschaftern zuzurechnen sind.[403] Ein steuerlicher Gestaltungsmissbrauch ist gemäß § 42 Abs. 2 Satz 1 AO gegeben, wenn eine unangemessene rechtliche Gestaltung gewählt wird, die beim Steuerpflichtigen oder einem Dritten im Vergleich zu einer angemessenen Gestaltung zu einem gesetzlich nicht vorgesehenen Steuervorteil führt. Dies gilt nicht, wenn der Steuerpflichtige außersteuerliche Gründe vorträgt, die nach dem Gesamtbild beachtlich sind.[404] Die außersteuerlichen Gründe dürfen nicht nur von untergeordneter Bedeutung sein.[405] Die außersteuerlichen Gründe müssen nicht das Ziel der Erlangung eines Steuervorteils in den Hintergrund drängen.[406] Nach der Rechtsprechung des Bundesfinanzhofs ist die Zwischenschaltung einer ausländischen Gesellschaft nicht missbräuchlich, wenn (a) diese für eine gewisse Dauer besteht sowie (b) durch diese ein gewisses Mindestmaß einer personellen und sachlichen Ausstattung unterhalten wird.[407]

Der Anwendungsbereich des § 42 AO ist eröffnet, wenn die zwischengeschaltete Basisgesellschaft eine funktionslose Gesellschaft darstellt, wofür kennzeichnend ist, dass (a) diese keiner wirtschaftlichen Tätigkeit nachgeht sowie (b) das

---

nicht unmittelbar mit einer funktionslosen, nicht anzuerkennenden ausländischen Gesellschaft gleichsetzen, sondern vielmehr eine fehlende wirtschaftliche Tätigkeit voraussetzen.

403 Vgl. auch *Watrin/Eberhardt*, DStR 2013, S. 2601; *Henkel/Klein*, in: Mössner u. a., Steuerrecht international tätiger Unternehmen, 2018, Rn. 8.53; *Hidien*, in: K/S/M, EStG, 2021, § 49 EStG, Rn. A 560; *Rose/Watrin*, Internationales Steuerrecht, 2016, S. 178 f.; *Schreiber*, ZfbF 1993, S. 528 zur Abschirmwirkung ausländischer Gesellschaften.

404 Vgl. AEAO zu § 42 Nr. 2.6 Satz 2 f.; *Carlé*, DStZ 2008, S. 654; *Crezelius*, DB 2008, S. 1428 und 1430; *Fischer*, in: H/H/Sp, AO/FGO, 2010, § 42 AO, Rn. 274; *Brockmeyer*, DStR 2007, S. 1329; *Stöber*, in: Gosch, AO/FGO, 2021, § 42 AO, Rn. 93. Siehe auch *Heintzen*, FR 2009, S. 604; *Hey*, BB 2009, S. 1047 zur Darlegungs- und Beweislast des Vorliegens einer unangemessenen rechtlichen Gestaltung seitens der Finanzverwaltung sowie außersteuerlicher Gründe seitens des Steuerpflichtigen.

405 Vgl. *Stöber*, in: Gosch, AO/FGO, 2021, § 42 AO Rn. 94; *Ratschow*, in: Klein, AO, 2020, § 42 AO, Rn. 72; *Drüen*, in T/K, AO/FGO, 2022, § 39 AO, Rn. 74.

406 Vgl. BMF vom 29.03.2021, BStBl I 2021, S. 582, Rn. 108.

407 Vgl. BFH vom 23.10.2002, I R 39/01, BFH/NV 2003, S. 289; BFH vom 29.01.2008, I R 26/06, BStBl II 2008, S. 978; *Drüen*, in: T/K, AO/FGO, 2017, § 42 AO, Rn. 98 f.; *Kalbfleisch*, in: Bott/Walter, KStG, 2017, § 1 KStG, Rn. 26; *Gosch*, in: Kirchhof/Nieskens, FS Reiss, 2008, S. 601; *Henkel/Klein*, in: Mössner u. a., Steuerrecht international tätiger Unternehmen, 2018, Rn. 8.33; *Schmieszek*, in: Gosch, AO/FGO, 2017, § 42 AO, Rn. 157.

Einkommen im ausländischen Staat nur einer geringen oder keiner Besteuerung unterliegt (sog. Briefkastengesellschaften).[408] Fehlt es an einer Funktion, stellt die Zwischenschaltung eine unangemessene Gestaltung dar, die gemäß § 42 Abs. 1 Satz 3 AO für steuerliche Zwecke außen vor zu lassen ist.[409] Die Rechtsfolgen des § 42 Abs. 1 Satz 3 AO sind, dass die Steuer so entsteht, wie sie bei einer den wirtschaftlichen Vorgängen angemessenen rechtlichen Gestaltung entsteht.[410] Das Vermögen und die Einkünfte der ausländischen Gesellschaft sind den dahinterstehenden Gesellschaftern zuzurechnen.[411] Im Ergebnis verliert die ausländische Gesellschaft ihre abschirmende Wirkung und wird transparent behandelt.[412]

---

408 Vgl. auch BFH vom 19.01.2000, I R 94/97, BStBl II 2001, S. 222; BFH vom 03.05.2006, I R 124/04, BStBl II 2011, S. 547; BFH vom 29.01.2008, I R 26/06, BStBl II 2008, S. 978; *Schmieszek*, in: Gosch, AO/FGO, 2017, § 42 AO, Rn. 159; *Dreßler*, Gewinn- und Vermögensverlagerungen, 2007, S. 219; *Debatin*, DB 1965b, S. 1067; *Debatin*, StuW 1967, S. 325 f.; *Rättig/Protzen*, IStR 2003, S. 396 f.). Es sei darauf hingewiesen, dass Briefkastengesellschaften aus europäischer Sicht nur als missbräuchlich anzusehen sind, wenn diese einer rein künstlichen Ausgestaltung zugrunde liegen, was regelmäßig der Fall ist, sofern es diesen an einem Mindestmaß an Substanz fehlt (vgl. hierzu z. B. *Schönfeld*, StuW 2005, S. 164; *Hey*, StuW 2008, S. 179). Nach anderer Ansicht im Schrifttum liegt eine Briefkasten- oder Domizilgesellschaft vor, wenn Basisunternehmen, die weder eine personelle noch sachliche Ausstattung im Ausland aufweisen (vgl. *Dreßler*, Gewinn- und Vermögensverlagerungen, 2007, S. 213). Siehe auch *Benz/Böhmer*, DB 2022, S. 1028 ff. zur aktuellen Diskussion betreffend die Behandlung von Briefkastengesellschaften. Im Schrifttum wird dies teilweise so verstanden, dass eine missbräuchliche Zwischenschaltung einer ausländischen Gesellschaft nur gegeben ist, wenn dies allein die Steuerumgehung im Inland herbeiführen soll (vgl. *Dreßler*, Gewinn- und Vermögensverlagerung, 2007, S. 204). Eine Funktion kann hierbei sowohl betriebswirtschaftlich als auch steuerrechtlich verstanden werden (vgl. *Cortez*, Neuausrichtung der deutschen Hinzurechnungsbesteuerung, 2013, S. 45 ff.). Das alleinige Implementieren einer lokalen Zwischenholding nicht zwingend eine steuerlich zu berücksichtigende Funktion darstellt (vgl. BFH vom 29.01.1975, I R 135/70, BStBl II 1975, S. 553; BFH vom 29.01.2008, I R 26/06, BStBl II 2008, S. 978).

409 Vgl. auch *Dremel*, in: Schönfeld/Ditz, DBA, 2019, Art. 1 OECD-MA, Rn. 124; *Schaumburg*, in: Schaumburg, Internationales Steuerrecht, 2017, Rn. 13.28; *Drüen*, in: T/K, AO/FGO, 2017, § 42 AO, Rn. 98.

410 Vgl. *Drüen*, in: T/K, AO/FGO, 2016, § 42 AO, Rn. 50; *Ratschow*, in: Klein, AO, 2020, § 42 AO, Rn. 85.

411 Vgl. *Haun/Reiser*, GmbHR 2004, S. 843. Siehe z. B. auch *Benz/Böhmer*, DB 2022, S. 1028 ff. zur aktuellen Diskussion hinsichtlich der steuerlichen (Nicht-)Berücksichtigung von Briefkastengesellschaften auf europäischer Ebene.

412 So z. B. auch *Debatin*, DB 1978, S. 1195.

Ist eine ausländische Gesellschaft gemäß § 42 AO anzuerkennen, so ist zu prüfen, ob diese in den Anwendungsbereich der Hinzurechnungsbesteuerung fällt.[413] Die deutsche Hinzurechnungsbesteuerung setzt gemäß den §§ 7 bis 14 AStG a. F. bzw. den §§ 7 bis 13 AStG voraus, dass

- eine ausländische Gesellschaft vorliegt (sog. Zwischengesellschaft)[414],
- diese beherrscht wird (sog. Beherrschungserfordernis)[415],
- diese passive Einkünfte erzielt (sog. Zwischeneinkünfte)[416] und
- diese niedrig besteuert wird (sog. Niedrigbesteuerung)[417].

Sofern die Tatbestandsmerkmale der Hinzurechnungsbesteuerung erfüllt sind, ist der Hinzurechnungsbetrag gemäß § 10 Abs. 2 Satz 1 AStG a. F. und AStG im Wege einer sog. Quasi-Dividende dem inländischen Anteilseigner zuzurechnen.[418]

3.2 Kumulativ zu erfüllende Tatbestandsmerkmale der Hinzurechnungsbesteuerung

3.2.1 Ausländische Gesellschaft

3.2.1.1 Kapitalgesellschaft als ausländische Gesellschaft

Gemäß § 7 Abs. 1 AStG a. F. und AStG setzt die Hinzurechnungsbesteuerung eine ausländische Gesellschaft voraus (sog. Zwischengesellschaft).[419] Unter

---

413 Es sei darauf hingewiesen, dass die Hinzurechnungsbesteuerung anders als die Vorschrift des § 42 AO die ausländische Gesellschaft als eigenständiges Steuersubjekt ansieht und keine Nichtanerkennung der ausländischen Gesellschaft herbeiführt (vgl. *Debatin*, DStZ 1972, S. 271 f.; *Debatin*, DB 1978, S. 1195).

414 Vgl. Kapitel 3.2.1.

415 Vgl. Kapitel 3.2.2.

416 Vgl. Kapitel 3.2.3.

417 Vgl. Kapitel 3.2.4.

418 Vgl. *Wassermeyer/Schönfeld*, in: F/W/B/S, Außensteuerrecht, 2019, § 8 AStG, Rn. 70; *Morgenthaler*, IStR 2000, S. 291; *Gosch*, in: Gosch, KStG, 2020, § 8b KStG, Rn. 25; *Jacobsen*, DStZ 2019, S. 393; *Nolte*, in: AStG eKommentar, AStG, 2021, § 10 AStG, Fassung vom 01.01.2018, Rn. 5. Siehe auch *Scheffler*, ISR 2017, S. 63 f.; *Eilers/Hennig*, ISR 2015, S. 422; *Jacobsen*, DStZ 2019, S. 393; *Kahle/Willner*, Ubg 2017, S. 21 ff. zur Einordnung einer Hinzurechnungsbesteuerung als Ausschüttungsfiktion.

419 Vgl. BMF vom 14.05.2004, BStBl I 2004, Sondernr. 1/2004, S. 3, Tz. 7.1.1; *Wassermeyer*, in: F/W/B/S, Außensteuerrecht, 2018, § 7 AStG, Rn. 10; *Jacobsen*, in: AStG eKommentar, 2022, § 7 AStG, Fassung vom 01.01.2022, Rn. 34 ff.; *Staats*, in: BeckOK AStG, AStG, 2022, § 7 AStG, Rn. 97 f. Es sei darauf hingewiesen, dass eine Zwischengesellschaft

Gesellschaften sind Körperschaften i. S. des § 1 KStG zu verstehen, sodass vor allem Kapitalgesellschaften i. S. des § 1 Nr. 1 KStG sowie vergleichbare ausländische Rechtsformen als ausländische Gesellschaft gelten.[420] Des Weiteren ist es notwendig, dass die Gesellschaft eine ausländische Gesellschaft darstellt.[421] Dies erfordert, dass die Gesellschaft (a) weder ihren Ort der Geschäftsleitung i. S. von § 10 AO (b) noch ihren Sitz i. S. von § 11 AO im Inland hat.[422] Im Umkehrschluss darf die ausländische Gesellschaft nicht der unbeschränkten Körperschaftsteuerpflicht unterliegen (§ 1 Abs. 1 KStG).[423]

---

definitorisch nur vorliegt, insoweit eine ausländische Gesellschaft einer passiven Tätigkeit nachgeht und niedrig besteuert ist (so z. B. auch *Debatin*, DStZ 1972, S. 272).

420 Vgl. *Schmidt*, in: H/K/R, Außensteuerrecht, 2014, § 8 AStG, Rn. 46; *Staats*, in: BeckOK AStG, AStG, 2022, § 7 AStG, Rn. 97; *Jacobsen*, in: AStG eKommentar, AStG, 2021, § 7 AStG, Fassung vom 01.01.2018, Rn. 16; *Protzen*, in: Kraft, AStG, 2019, § 7 AStG, Rn. 79. Inwiefern eine nach deutschem Recht vergleichbare Kapitalgesellschaft vorliegt, ist anhand des Rechtstypenvergleichs zu bestimmen (vgl. *Wassermeyer*, in: F/W/B/S, Außensteuerrecht, 2018, § 7 AStG, Rn. 10.1; *Köhler*, in: S/K/K, AStG/DBA, 2017, § 7 AStG, Rn. 43; *Jacobsen*, in: AStG eKommentar, AStG, 2022, § 7 AStG, Fassung vom 01.01.2022, Rn. 36; *Staats*, in: BeckOK AStG, AStG, 2022, § 7 AStG, Rn. 98. Siehe auch BMF vom 19.03.2004, BStBl I 2004, S. 411; *Djanani/Brähler/Hartman*, IStR 2004, S. 481 ff. zu den herzuziehenden Vergleichbarkeitskriterien).

421 Vgl. auch *Mössner/Rode*, in: Fuhrmann, AStG, 2017, § 7 AStG, Rn. 55; *Köhler*, in: S/K/K, AStG/DBA, 2017, § 7 AStG, Rn. 41.

422 Vgl. *Oppel/Wittling*, BB 2022, S. 1496; *Jacobsen*, in: AStG eKommentar, AStG, 2021, § 7 AStG, Fassung vom 01.01.2018, Rn. 107; *Wassermeyer*, in: F/W/B/S § 7 AStG, Rn. 10; *Mössner/Rode*, in: Fuhrmann, AStG, 2017, § 7 AStG, Rn. 50. Durch die Verlegung des Sitzes oder Orts der Geschäftsleitung könnte das Vorliegen einer ausländischen Gesellschaft i. S. des § 7 Abs. 1 AStG a. F. und § 7 Abs. 1 Satz 1 AStG vermieden werden (vgl. hierzu z. B. *Kollruss*, IStR 2008, S. 316 ff.; *Perwein*, GmbHR 2009, S. 418 ff.; *Haase*, IStR 2008b, S. 695 ff.). Da dies einen Einfluss auf die unbeschränkte Körperschaftsteuerpflicht nach § 1 Abs. 1 KStG sowie die abkommensrechtliche Ansässigkeit nach Art. 4 Abs. 1 und 3 OECD-MA haben kann, müssen zwingenderweise weitere ertragsteuerliche Folgewirkungen in die Gesamtbetrachtung einfließen. Bei der Verlegung des Sitzes i. S. des § 11 AO oder des Orts der Geschäftsleitung i. S. des § 10 AO ist auf die Problematik einer sog. steuerlichen Doppelansässigkeit hinzuweisen (vgl. *Wassermeyer/Kaeser*, in: Wassermeyer, DBA, 2018, Art. 4 OECD-MA, Rn. 91; *Haase*, IStR 2008b, S. 695).

423 Vgl. *Köhler*, in: S/K/K, AStG/DBA, 2017, § 7 AStG, Rn. 47; *Jacobsen*, in: AStG eKommentar, AStG, 2021, § 7 AStG, Fassung vom 01.01.2018, Rn. 16.

Der europäische Gesetzgeber hat in Art. 7 und 8 ATAD die Begrifflichkeit des ausländischen Unternehmens gewählt.[424] Hierunter fallen Körperschaften i. S. des § 1 KStG.[425] Dies wird daraus ersichtlich, dass in Art. 1 ATAD der persönliche Anwendungsbereich Körperschaftsteuerpflichtige umfasst und Art. 8 Abs. 1 ATAD als Rechtsfolge die Einbeziehung in die körperschaftsteuerliche Bemessungsgrundlage vorsieht. Da Art. 7 Abs. 1 ATAD selbst das ausländische Unternehmen nicht definiert, erfolgt eine Auslegung anhand einer Negativabgrenzung zum Steuerpflichtigen i. S. des Art. 1 ATAD.[426] Der Steuerpflichtige wird gemäß Art. 1 ATAD als Unternehmen definiert, das in einem oder mehreren Mitgliedstaaten der Körperschaftsteuer unterliegt[427], wodurch ein örtlicher Bezug geschaffen wird. Wird nun die Begrifflichkeit des ausländischen Unternehmens betrachtet, so ist es naheliegend, dies zu bejahen, sofern ein Unternehmen der Körperschaftsteuerpflicht nicht im gleichen Staat wie der Hinzurechnungsempfänger unterliegt.[428]

---

424 Vgl. *Staats*, in: BeckOK AStG, AStG, 2022, § 7 AStG, Rn. 91; *Moser*, IStR 2017, S. 614; *Musil*, in: Musil/Weber-Grellet, Europäisches Steuerrecht, 2022, Art. 7 ATAD, Rn. 6; *Fehling*, in: Schaumburg/Englisch, Europäisches Steuerrecht, 2020, Rn. 17.72.

425 Vgl. *Musil*, in: Musil/Weber-Grellet, Europäisches Steuerrecht, 2022, Art. 1 ATAD, Rn. 5; *Böhmer/Gebhardt/Krüger*, in: Hagemann/Kahlenberg, ATAD, 2019, Art. 7 ATAD, Rn. 8.

426 Vgl. *Böhmer/Gebhardt/Krüger*, in: Hagemann/Kahlenberg, ATAD, 2019, Art. 7 ATAD, Rn. 7.

427 Vgl. hierzu z. B. *Schönfeld*, IStR 2017, S. 728; *Musil*, in: Musil/Weber-Grellet, Europäisches Steuerrecht, 2022, Art. 1 ATAD, Rn. 1; *Rüsch*, in: Hagemann/Kahlenberg, ATAD, 2019, Art. 1 ATAD, Rn. 7 ff.

428 So z. B. auch *Wenzel*, ISR 2017, S. 432. Nach deutschem Verständnis erfordert dies, dass sich sowohl der Sitz i. S. des § 11 AO als auch der Ort der Geschäftsleitung i. S. des § 10 AO im Ausland befinden (sog. doppeltes Ansässigkeitserfordernis). Andererseits könnte ein ausländisches Unternehmen vorliegen, sofern sich lediglich der Sitz oder der Ort der Geschäftsleitung im Ausland befindet, sodass dem Grunde nach eine unbeschränkte Körperschaftsteuerpflicht gemäß § 1 Abs. 1 KStG zu bejahen ist (sog. einfaches Ansässigkeitserfordernis). Aus Art. 1 ATAD ist ersichtlich, dass der Steuerpflichtige in mehreren Mitgliedstaaten der Körperschaftsteuerpflicht unterliegen kann und eine Doppelansässigkeit innerhalb der ATAD wohl toleriert wird (siehe auch *Böhmer/Gebhardt/Krüger*, in: Hagemann/Kahlenberg, ATAD, 2019, Art. 7 ATAD, Rn. 10; *Haase*, DStR 2019, S. 830 ff. zum Fehlen einer Tie-breaker-Rule.). Im Umkehrschluss kann ein ausländisches Unternehmen anzunehmen sein, sobald dieses nicht ausschließlich im gleichen Staat wie der Steuerpflichtige i. S. des Art. 1 ATAD der Körperschaftsteuerpflicht unterliegt.

3.2.1.2 Personengesellschaft als ausländische Gesellschaft?

Sofern es sich bei der ausländischen Gesellschaft um eine Personengesellschaft handelt, liegt keine Zwischengesellschaft vor.[429] Beteiligungen einer Personengesellschaft an ausländischen Gesellschaften sind gemäß § 7 Abs. 3 AStG a. F. dem Anteilseigner der Personengesellschaft (anteilig) zuzurechnen.[430] Die Transparenz ausländischer Personengesellschaften ergibt sich bereits aus § 39 Abs. 2 Nr. 2 AO, da die Wirtschaftsgüter aufgrund der sog. fiktiven Bruchteilsbetrachtung für ertragsteuerliche Zwecke dem Anteilseigner der Personengesellschaft zuzurechnen sind.[431] Der Reglung des § 7 Abs. 3 AStG a. F. wird lediglich eine deklaratorische Natur zugesprochen.[432] Auch im Rahmen des § 7 Abs. 1 Satz 1 und 3 AStG erfolgt die Zurechnung der Anteile aufgrund der Transparenz von Personengesellschaften und der fiktiven Bruchteilsbetrachtung nach § 39 Abs. 2 Nr. 2 AO.

Grundsätzlich enthält die ATAD keine explizite Regelung für Personengesellschaften. Aus Art. 8 Abs. 1 ATAD lässt sich schließen, dass Personengesellschaften als transparent zu betrachten sind, da die passiven Einkünfte die

---

429 Vgl. *Köhler*, in: S/K/K, AStG/DBA, 2017, § 7 AStG, Rn. 44; *Staats*, in: BeckOK AStG, AStG, 2022, § 7 AStG, Rn. 93; *Jacobsen*, in: AStG eKommentar, AStG, 2022, § 7 AStG, Fassung vom 01.01.2022, Rn. 35 f. Personenhandels- und Partnerschaftsgesellschaften können erstmalig für Wirtschaftsjahre, die nach dem 31. Dezember 2021 beginnen, gemäß § 34 Abs. 1a i. V. m. § 1a KStG zur Körperschaftsteuerbesteuerung optieren (vgl. auch *Förster*, IStR 2022a, S. 109 ff.; *Kahlenberg/Rein*, PIStB 2021a, S. 259 ff.; *Kahlenberg/Rein*, PIStB 2021b, S. 289 ff.; *Kahlenberg/Rein*, PIStB 2022, S. 52 ff.). Eine ausländische Personengesellschaft ist daher als ausländische Gesellschaft i. S. des § 7 Abs. 1 Satz 1 AStG anzusehen, insoweit diese von der Option des § 1a KStG Gebrauch macht (vgl. hierzu z. B. *Förster*, IStR 2022b, S. 160; *Grotherr*, Ubg 2021, S. 570; *Böhmer/Mühlhausen/Oppel*, ISR 2021, S. 398). Im weiteren Verlauf dieser Arbeit wird bei in- und ausländischen Personengesellschaften davon ausgegangen, dass diese nicht zur Körperschaftbesteuerung optieren.

430 Vgl. BMF vom 14.05.2004, BStBl I 2004, Sondernr. 1/2004, S. 3, Tz. 7.3; *Wassermeyer*, in: F/W/B/S, Außensteuerrecht, 2018, § 7 AStG, Rn. 9.1. Der Anwendungsbereich des § 7 Abs. 3 AStG a. F. ist auf Außengesellschaften beschränkt, sodass reine Innengesellschaften nicht hiervon erfasst sind (so z. B. auch *Lipp*, ISR 2014, S. 412).

431 Vgl. BFH vom 11.07.1996, IV R 103/94, BStBl II 1997, S. 39; BFH vom 26.04.2001, IV R 14/00, BStBl II 2001, S. 798; FG Hamburg vom 01.10.2009, 6 K 45/07, EFG 2010, S. 425; FG Niedersachsen vom 28.09.2009, 3 K 869/04, DStRE 2010, S. 992.

432 Vgl. auch *Protzen*, in: Kraft, AStG, 2019, § 7 AStG, Rn. 112; *Wassermeyer*, in: F/W/B/S, Außensteuerrecht, 2018, § 7 AStG, Rn. 9.1; *Fuhrmann*, in: Fuhrmann, AStG, 2017, § 7 AStG, Rn. 121.

körperschaftliche Bemessungsgrundlage des Anteilseigners erhöhen.[433] Da nach internationalem Verständnis Personengesellschaften in der Regel nicht Körperschaftsteuersubjekt sind, werden diese auch für Zwecke der Art. 7 f. ATAD transparent behandelt, sodass eine Zurechnung der passiven Einkünften auf Ebene des (körperschaftsteuerpflichtigen) Anteilseigners zu erfolgen hat.[434]

3.2.2 Inländer- und Verbundbeherrschung

Das Tatbestandsmerkmal der Inländerbeherrschung ist erfüllt, sofern im Inland unbeschränkt Einkommen- oder Körperschaftsteuerpflichtige und erweitert beschränkt Steuerpflichtige i. S. des § 2 AStG mehr als 50 % der Anteile oder Stimmrechte an der ausländischen Gesellschaft halten (§ 7 Abs. 2 Satz 1 AStG a. F.).[435] Es reicht aus, dass die unbeschränkt Steuerpflichtigen unmittelbar und/oder mittelbar entweder die Mehrheit der Anteile oder Stimmrechte innehaben.[436] Maßgeblich sind gemäß § 7 Abs. 2 Satz 1 AStG a. F. die Verhältnisse am Ende des Wirtschaftsjahres der ausländischen Gesellschaft.[437] Unterjährige Änderungen der Beteiligungs- und Stimmrechtsverhältnisse sind außer Acht zu lassen.[438] Die „Zusammenrechnung" fordert kein Näheverhältnis der Anteilseigner.[439] Hieraus ergibt sich das groteske Ergebnis, dass eine

---

433 Vgl. auch *Böhmer/Gebhardt/Krüger*, in: Hagemann/Kahlenberg, ATAD, 2019, Art. 7 ATAD, Rn. 12; *Fehling*, in: Schaumburg/Englisch, Europäisches Steuerrecht, 2020, Rn. 17.74.

434 Vgl. *Schnitger/Nitzschke/Gebhardt*, IStR 2016, S. 961; *Böhmer/Gebhardt/Krüger*, in: Hagemann/Kahlenberg, ATAD, 2019, Art. 7 ATAD, Rn. 12.

435 Vgl. *Wassermeyer*, in: F/W/B/S, Außensteuerrecht, 2018, § 7 AStG, Rn. 9 und 9.3; *Debatin*, DStZ 1972, S. 271; *Debatin*, DB 1978, S. 1195 f.; *Protzen*, in: Kraft, AStG, 2019, § 7 AStG, Rn. 75.

436 Vgl. *Fuhrmann*, in: Fuhrmann, AStG, 2017, AStG, 2017, § 7 AStG, Rn. 96; *Köhler*, in: S/K/K, AStG/DBA, 2017, § 7 AStG, Rn. 30.

437 Vgl. *Debatin*, DB 1978, S. 1195; *Wassermeyer*, in: F/W/B/S, Außensteuerrecht, 2018, § 7 AStG, Rn. 71; *Holle/Weiss*, IWB 2020, S. 333 zur Bestimmung des maßgebenden Wirtschaftsjahrs bei Vorliegen eines abweichenden Wirtschaftsjahrs nach ausländischem Handelsrecht.

438 Vgl. *Jacobsen*, in: AStG eKommentar, AStG, 2021, § 7 AStG, Fassung vom 01.01.2018, Rn. 36; *Fuhrmann*, in: Fuhrmann, AStG, 2017, § 7 AStG, Rn. 88; *Wassermeyer*, in: F/W/B/S, Außensteuerrecht, 2018, § 7 AStG, Rn. 21.1.

439 Vgl. BMF vom 14.05.2004, BStBl I 2004, Sondernr. 1/2004, S. 3, Tz. 7.2.2; kritischer *Haase*, DStR 2019, S. 828, da bereits Kleinstbeteiligungen zur Erfüllung einer Inländerbeherrschung führen können.

Inländerbeherrschung nach § 7 Abs. 2 Satz 1 AStG a. F. rein zufällig entstehen kann.[440]

Gemäß § 7 Abs. 6 Satz 1 AStG a. F. ist eine Beteiligungsgrenze von 1 % maßgebend, sofern die ausländische Gesellschaft Zwischeneinkünfte mit Kapitalanlagecharakter i. S. des § 7 Abs. 6a AStG a. F. bezieht.[441] Eine Zusammenrechnung der Beteiligungen im Inland unbeschränkt Steuerpflichtiger hat nicht zu erfolgen, sodass die Beteiligungsgrenze von 1 % je unbeschränkt steuerpflichtigem Gesellschafter zu prüfen ist.[442] Der komplette Verzicht auf eine Beteiligungsgrenze und somit eine uneingeschränkte Inländerbeherrschung tritt gemäß § 7 Abs. 6 Satz 3 AStG a. F. ein, sofern die ausländische Gesellschaft ausschließlich oder fast ausschließlich Zwischeneinkünfte aus Kapitalanlagecharakter i. S. des § 7 Abs. 6a AStG a. F. erwirtschaftet.[443] Fast ausschließlich sollen die Einkünfte sein, wenn die Bruttoerträge zu mindestens 90 % aus Zwischeneinkünften bestehen.[444]

Für Wirtschaftsjahre, die nach dem 31. Dezember 2021 beginnen, ist gemäß § 21 Abs. 4 AStG die Hinzurechnungsbesteuerung in der Fassung des ATAD-UmsG[445] anzuwenden. In § 7 Abs. 2 AStG wird nicht mehr auf das Prinzip der Inländerbeherrschung zurückgegriffen, sondern auf eine gesellschafterbezogene Beherrschung im Unternehmensverbund (sog. Verbundbeherrschung).[446] Eine

---

440 Vgl. *Schönfeld*, StuW 2005, S. 169; *Wassermeyer*, IStR 2018, S. 744; *Protzen*, in: Kraft, AStG, 2019, § 7 AStG, Rn. 98; *Haase*, DStR 2019, S. 828; *Gebhardt/Krüger*, IWB 2020, S. 115; *Richter/Welling*, FR 2020, S. 109. Siehe auch *Heckerodt/van Lück*, IStR 2020, S. 860 f. zur unionsrechtlichen Anwendung der Kapitalverkehrsfreiheit auf die reguläre Hinzurechnungsbesteuerung nach den §§ 7 bis 14 AStG a. F. bei Vorliegen einer rein zufälligen Inländerbeherrschung.

441 Vgl. *Jacobsen*, in: AStG eKommentar, AStG, 2021, § 7 AStG, Fassung vom 01.01.2018, Rn. 70; *Reiser/Cortez*, in: H/K/R, Außensteuerrecht, 2014, § 8 AStG, Rn. 181.

442 Vgl. *Köhler*, in: S/K/K, AStG/DBA, 2017, § 7 AStG, Rn. 164; *Vogt*, in: Brandis/Heuermann, Ertragsteuerrecht, 2016, § 7 AStG, Rn. 53.

443 Vgl. *Wassermeyer*, in: F/W/B/S, Außensteuerrecht, 2018, § 7 AStG, Rn. 140. Siehe auch BMF vom 14.05.2004, BStBl I 2004, Sondernr. 1/2004, S. 3, Tz. 7.6.1. Siehe auch *Kneip/Rieke*, IStR 2001, S. 666 zur Definition der Zwischeneinkünfte mit Kapitalanlagecharakter.

444 Vgl. BMF vom 14.05.2004, BStBl I 2004, Sondernr. 1/2004, S. 3, Tz. 7.6.2; *Jacobsen*, in: AStG eKommentar, AStG, 2021, § 7 AStG, Fassung vom 01.01.2018, Rn. 77.

445 Vgl. Gesetz zur Umsetzung der Anti-Steuervermeidungsrichtlinie (ATAD-Umsetzungsgesetz) vom 25.06.2021, BGBl I 2021, S. 2035.

446 Vgl. *Vogt*, in: Brandis/Heuermann, Ertragsteuerrecht, 2022, § 7 AStG, Rn. 97 ff.; *Staats*, in: BeckOK AStG, AStG, 2022, § 7 AStG, Rn. 189 ff.; *Haase/Nürnberg*, Ubg 2020, S. 2; *Linn*, IStR 2020, S. 78; *Gebhardt/Krüger*, IWB 2020, S. 117; *Böhmer/Oppel*, IWB 2020, S. 6.

Beherrschung liegt gemäß § 7 Abs. 2 AStG vor, sofern mehr als die Hälfte der (a) Anteile am Nennkapital oder (b) Stimmrechte gehalten werden.[447] Unter der neuen Rechtslage ist die gesellschafterbezogene Beherrschung zusätzlich erfüllt, sofern eine Mehrheit auf den Anspruch am Gewinn oder den Liquidationserlös besteht.[448] Hiervon sind Gesellschaften erfasst, die einen vom Nennkapital abweichenden Gewinnverteilungsschlüssel vorsehen.[449] Der Verbund umfasst gemäß § 7 Abs. 3 Satz 1 AStG sämtliche Personen, die sich nach § 1 Abs. 2 AStG nahestehen[450]. Die Beteiligung einer nahestehenden Person ist wohl vollumfänglich dem Steuerpflichtigen zuzurechnen und – sofern eine gesellschaftsrechtliche Verbindung besteht – nicht nur entsprechend seiner Beteiligungshöhe.[451]

Alternativ kann gemäß § 7 Abs. 4 Satz 1 AStG ein Näheverhältnis für Zwecke der Hinzurechnungsbesteuerung anzunehmen sein, sofern die Personen durch ein abgestimmtes Verhalten zusammenwirken.[452] Ein abgestimmtes Verhalten wird gemäß § 7 Abs. 4 Satz 2 AStG bei den Gesellschaftern einer

447 Vgl. *Staats*, in: BeckOK AStG, AStG, § 7 AStG, Rn. 189; *Middendorf/Eberhardt*, StuB 2021, S. 696; *Böhmer/Oppel*, IWB 2020, S. 6; *Ditz u. a.*, DStR 2020, S. 76; *Linn*, IStR 2020, S. 78; *Gebhardt/Krüger*, IWB 2020, S. 117.

448 Vgl. *Linn*, IStR 2020, S. 78; *Böhmer/Oppel*, IWB 2020, S. 7; *Staats*, in: BeckOK AStG, AStG, § 7 AStG, Rn. 192; *Ditz u. a.*, DStR 2020, S. 76; *Jacobsen*, in: AStG eKommentar, AStG, 2022, § 7 AStG, Fassung vom 01.01.2022, Rn. 75; *Vogt*, in: Brandis/Heuermann, Ertragsteuerrecht, 2022, § 7 AStG, Rn. 101.

449 Vgl. *Böhmer/Oppel*, IWB 2020, S. 7 mit einer beispielhaften Aufzählung, welche wirtschaftlichen Beteiligungsformen hierunter zu subsumieren sind.

450 Vgl. *Busch*, DB 2020, S. 192; *Richter*, ISR 2020, S. 110 zur Auslegung der nahestehenden Person in § 1 Abs. 2 AStG. Die Definition der nahestehende Person in § 1 Abs. 2 AStG geht allerdings in erheblichem Umfang über Art. 2 Abs. 4 ATAD hinaus (vgl. *Oppel/Wittling*, BB 2022, S. 1497). Der weitere Anwendungsbereich ist durch Art. 3 ATAD gedeckt. Ferner wird teilweise im Schrifttum darauf hingewiesen, dass die Formulierung „allein oder zusammen" eine unmittelbare Beteiligung zwingend voraussetzt (vgl. *Bindl/Leidel/Bücheler*, IStR 2022, S. 792; mit Verweis auf BT-Drucks. 19/28652, S. 51 ff.).

451 So soll es ausreichend sein, dass das Tatbestandsmerkmal des § 1 Abs. 2 AStG erfüllt ist, sodass es obsolet ist, ob und inwiefern der Steuerpflichtige an der nahestehenden Person zu 100 % oder weniger beteiligt ist (vgl. *Ditz/Quilitzsch*, Ubg 2021, S. 488; *Kortendick/Ekinci*, IStR 2020, S. 617 und 619; a. A. *Bindl/Leidel/Bücheler*, IStR 2022, S. 792).

452 Vgl. *Vogt*, in: Brandis/Heuermann, Ertragsteuerrecht, 2022, § 7 AStG, Rn. 133 ff.; *Weber/Zöller*, FR 2020, S. 294; *Jacobsen*, in: AStG eKommentar, AStG, 2022, § 7 AStG, Fassung vom 01.01.2022, Rn. 91; *Böhmer/Oppel*, IWB 2020, S. 10.

Personengesellschaft widerlegbar vermutet.[453] Eine Besonderheit des § 7 Abs. 4 Satz 2 AStG besteht im Vergleich zu § 7 Abs. 3 AStG a. F. darin, dass neben Personengesellschaften ebenfalls Mitunternehmerschaften erfasst werden.[454] Bei der Beherrschungsprüfung sind schuldrechtliche Vertragsbeziehungen zu erfassen, die zu einer Mitunternehmerschaft i. S. von § 15 Abs. 1 Satz 1 Nr. 2 EStG führen.[455] Weiterhin wird gemäß § 13 Abs. 1 Satz 2 AStG eine verminderte Beteiligungsgrenze von 1 % bei den Zwischeneinkünften mit Kapitalanlagecharakter i. S. des § 13 Abs. 2 AStG als ausreichend erachtet.[456] Das Erfüllen einer Beteiligungsgrenze soll weiterhin entfallen, sofern die Zwischengesellschaft ausschließlich oder fast ausschließlich Zwischeneinkünfte mit Kapitalanlagecharakter erzielt.[457] An dieser Stelle ist auch künftig die Ausschließlichkeitsgrenze von 90 % heranzuziehen.[458]

Ebenfalls knüpft Art. 7 Abs. 1 Buchst. a ATAD an einer unmittelbaren und/oder mittelbaren Mehrheit der Stimmrechte, des Gesellschaftskapitals oder der

453 Vgl. *Staats*, in: BeckOK AStG, AStG, 2022, § 7 AStG, Rn. 246 f.; *Jacobsen*, in: AStG eKommentar, AStG, 2022, § 7 AStG, Fassung vom 01.01.2022, Rn. 94; *Bindl/Leidel/Bücheler*, IStR 2022, S. 795; *Vogt*, in: Brandis/Heuermann, Ertragsteuerrecht, 2022, § 7 AStG, Rn. 137; kritisch betrachtend *Böhmer/Oppel*, IWB 2020, S. 10.

454 Vgl. *Staats*, in: BeckOK AStG, AStG, 2022, § 7 AStG, Rn. 246; *Vogt*, in: Brandis/Heuermann, Ertragsteuerrecht, 2022, § 7 AStG, Rn. 137; *Köhler*, in: S/K/K, AStG/DBA, 2017, § 7 AStG, Rn. 122; *Wassermeyer*, in: F/W/B/S, Außensteuerrecht, 2018, § 7 AStG, Rn. 83.1; *Jacobsen*, in: AStG eKommentar, AStG, 2021, § 7 AStG, Fassung vom 01.01.2018, Rn. 54.

455 Aufgrund der Typisierung des § 7 Abs. 4 Satz 2 AStG ergibt sich eine äußerst kritisch zu betrachtende Ungleichbehandlung zwischen Publikumsgesellschaft in der Rechtsform der Kapital- und Personengesellschaft (vgl. hierzu z. B. *Böhmer/Oppel*, IWB 2020, S. 10).

456 Vgl. *Vogt*, in: Brandis/Heuermann, Ertragsteuerrecht, 2022, § 13 AStG, Rn. 33; *Jacobsen*, in: AStG eKommentar, AStG, 2022, § 13 AStG, Fassung vom 01.01.2022, Rn. 29; *Ditz u. a.*, DStR 2020, S. 79; *Gebhardt/Krüger*, IWB 2020, S. 118; *Linn*, IStR 2020, S. 78. Siehe auch *Kortendick/Ekinci*, DStR 2022, S. 2526 ff. mit dem kritischen Hinweis, dass es bei „Zwergbeteiligungen" an einer Beherrschung und daher an einem Missbrauch in Form einer künstlichen Gewinnverlagerung fehlt.

457 Vgl. *Linn*, IStR 2020, S. 78; *Jacobsen*, in: AStG eKommentar, AStG, 2022, § 13 AStG, Fassung vom 01.01.2022, Rn. 30; *Ditz u. a.*, DStR 2020, S. 79.

458 Vgl. *Vogt*, in: Brandis/Heuermann, Ertragsteuerrecht, 2022, § 13 AStG, Rn. 33; *Treusch*, in: BeckOK AStG, AStG, 2022, § 13 AStG, Rn. 235; *Jacobsen*, in: AStG eKommentar, AStG, 2022, § 13 AStG, Fassung vom 01.01.2022, Rn. 31. Siehe auch BMF vom 14.05.2004, BStBl I 2004, Sondernr. 1/2004, S. 3, Tz. 7.6.2; *Fuhrmann*, in: Fuhrmann, AStG, 2017, § 7 AStG, Rn. 200 zur Ausschließlichkeitsgrenze nach altem Recht.

Gewinnbezugsrechte an.[459] Diesbezüglich stellt die ATAD auf verschiedene Gesellschafterrechte ab, für die irrelevant ist, ob diese von gesellschafts- oder schuldrechtlicher Natur sind.[460] Allerdings sollen bei der Betrachtung der jeweiligen Wertgrenze von mehr als 50 % nach Art. 7 Abs. 1 Buchst. a ATAD verbundene Unternehmen „zusammengerechnet" werden.[461] In Art. 7 Abs. 1 Buchst. a ATAD wird ferner eine einheitliche Wertgrenze vorgesehen, sodass durch die EU keine geringere Wertgrenze für Zwischeneinkünfte mit Kapitalanlagecharakter vorgesehen ist.[462] Fraglich ist, ob Art. 7 Abs. 1 Buchst. a ATAD eine zeitpunkt- oder zeitraumbezogene Betrachtung fordert.[463] Da Art. 7 Abs. 1 Buchst. a ATAD keine Stichtagsbetrachtung anordnet, kann dem Unionsrecht eine zeitraumbezogene Betrachtung entnommen werden.[464]

3.2.3 Passive Einkünfte

3.2.3.1 Atomisierung oder Zusammenfassung passiver Einkünfte (funktionale Betrachtungsweise)?

Gemäß § 8 Abs. 1 AStG a. F. sieht die deutsche Hinzurechnungsbesteuerung einen Aktivkatalog vor, bei dem die Einkünfte einer Zwischengesellschaft nicht

---

459 Vgl. *Haase*, DStR 2019, S. 830; *Musil*, in: Musil/Weber-Grellet, Europäisches Steuerrecht, 2022, Art. 7 ATAD, Rn. 6; *Schönfeld*, IStR 2017, S. 722; *Linn*, IStR 2016, S. 646.

460 Vgl. *Böhmer/Oppel*, IWB 2020, S. 7; mit Verweis auf *Böhmer/Gebhardt/Krüger*, in: Hagemann/Kahlenberg, ATAD, 2019, Art. 7 ATAD, Rn. 77.

461 Vgl. *Linn*, IStR 2016, S. 646; *Bindl/Leidel/Bücheler*, IStR 2022, S. 791; *Haase*, DStR 2019, S. 831; *Jacobsen*, DStZ 2020, S. 122.

462 Vgl. *Staats*, in: BeckOK AStG, AStG, 2022, § 13 AStG, Rn. 63; *Schönfeld*, IStR 2017, S. 723. Dessen ungeachtet ist die verminderte Beteiligungsgrenzen i. S. des § 7 Abs. 6 Satz 1 und 3 AStG a. F. sowie § 13 Abs. 1 Satz 4 AStG mit dem Unionsrecht vereinbar, da die europäische Richtlinie gemäß Art. 3 ATAD lediglich ein Mindestschutzniveau vorgibt (vgl. *Haase*, DStR 2019, S. 833; *Staats*, in: BeckOK AStG, AStG, 2022, § 13 AStG, Rn. 63; *Kahlenberg*, NWB 2020, S. 1565; ablehnend *Schönfeld*, IStR 2017, S. 723, welcher die Beteiligungsgrenze von weniger als 50 % im Widerspruch zur Beherrschung im Verbund sieht).

463 So z. B. auch *Middendorf/Eberhardt*, StuB 2021, S. 696; *Böhmer/Gebhardt/Krüger*, in: Hagemann/Kahlenberg, ATAD, 2019, Art. 7 ATAD, Rn. 33; *Böhmer/Gebhardt/Krüger*, IWB 2021, S. 481.

464 Das Beherrschungserfordernis nach Art. 7 Abs. 1 Buchst. a ATAD ist folglich erfüllt, wenn der Steuerpflichtige zu irgendeinem Zeitpunkt das ausländische Unternehmen beherrscht (vgl. *Böhmer/Gebhardt/Krüger*, in: Hagemann/Kahlenberg, ATAD, 2019, Art. 7 ATAD, Rn. 33; *Böhmer/Gebhardt/Krüger*, IWB 2021, S. 481).

als passive Einkünfte (Zwischeneinkünfte) zu werten sind.[465] Dies bedeutet, dass Einkünfte, die nicht in § 8 Abs. 1 AStG a. F. genannt werden, aufgrund der abschließenden Aufzählung als passiv zu klassifizieren sind.[466] Hiervon erfasst werden laufende Einkünfte und etwaige Veräußerungsgewinne der jeweiligen Wirtschaftsgüter als letzte Handlung.[467] Diese Grundsystematik ist weiterhin in § 8 Abs. 1 AStG vorgesehen[468], sodass abweichend von Art. 7 Abs. 2 Buchst. a ATAD die Grundkonzeption des Aktivkatalogs beibehalten wird[469]. Der Ergänzung des Wortlautes des § 8 Abs. 1 AStG um Veräußerungsgewinne kommt nur ein klarstellender Charakter zu.[470] Zwischengesellschaften können verschiedenen Tätigkeiten nachgehen, sodass mehrere Arten von Zwischeneinkünften nach § 8 Abs. 1 AStG a. F. sowie AStG erfüllt sein können.[471] Eine endlose Atomisierung der Einkünfte hat nicht zu erfolgen, da wirtschaftlich zusammenhängende Tätigkeiten einheitlich zu würdigen sind (sog. funktionale

---

465 Der Vollständigkeit halber sei darauf hingewiesen, dass der Aktivkatalog des § 8 Abs. 1 AStG auf niedrigbesteuerte ausländischen Gesellschaften gemäß § 9 Satz 1 StAbwG im Rahmen der verschärften Hinzurechnungsbesteuerung keine Anwendung findet, sofern diese in einem nicht-kooperativen Staat oder Gebiet ihren Sitz oder Ort der Geschäftsleitung haben (vgl. hierzu z. B. *Haun/Sauer*, IStR 2021, S. 923; *Hörnicke/Quilitzsch*, ISR 2021, S. 317). Im weiteren Verlauf dieser Arbeit soll unterstellt werden, dass die ausländische Gesellschaft weder ihren Sitz noch ihren Ort der Geschäftsleitung in einem nicht-kooperativen Staat oder Gebiet haben.

466 Vgl. *Mann*, in: BeckOK AStG, AStG, 2022, § 8 AStG, Rn. 91; *Reiche*, in: Haase, AStG/DBA, 2016, § 8 AStG, Rn. 5; kritisch *Rödel*, in: Kraft, AStG, 2019, § 8 AStG, Rn. 19.

467 Vgl. BFH vom 16.05.1990, I R 16/88, BStBl II 1990, S. 1049; BFH vom 07.08.2002, I R 10/01, BStBl II 2002, S. 848; BMF vom 14.05.2004, BStBl I 2004, Sondernr. 1/2004, S. 3, Tz. 8.1.1; *Kraft*, IStR 2012, S. 734. Siehe auch *Haase*, IStR 2009, S. 25 f. mit weiteren Ausführungen zur Behandlung der Veräußerung von Wirtschaftsgütern, die zeitweise zu aktiven und passiven Einkünften führten.

468 Siehe auch *Oppel/Wittling*, BB 2022, S. 1498 mit einem tabellarischen Vergleich des Aktivkatalogs nach § 8 Abs. 1 AStG a. F. und n. F.

469 Vgl. *Böhmer/Oppel*, IWB 2020, S. 11; *Ditz u. a.*, DStR 2020, S. 77; *Linn*, IStR 2020, S. 79. Auf einen etwaigen Reformbedarf wurde schon frühzeitig im Schrifttum hingewiesen (siehe auch *Bärsch/Quilitzsch/Schulz*, ISR 2013, S. 363).

470 Vgl. *Mann*, in: BeckOK AStG, AStG, 2022, § 8 AStG, Rn. 105; *Vogt*, in: Brandis/Heuermann, Ertragsteuerrecht, 2022, § 8 AStG, Rn. 58.

471 Vgl. BMF vom 14.05.2004, BStBl I 2004, Sondernr. 1/2004, S. 3, Tz. 8.0.2; *Reiche*, in: Haase, AStG/DBA, 2016, § 8 AStG, Rn. 13; *Stahl*, ISR 2014, S. 373; *Kahle/Cortez*, Ubg 2011, S. 956; *Mann*, in: BeckOK AStG, AStG, 2022, § 8 AStG, Rn. 100; *Vogt*, in: Brandis/Heuermann, Ertragsteuerrecht, 2022, § 8 AStG, Rn. 68.

Betrachtungsweise).[472] Nach einer Anschauung der allgemeinen Verkehrsauffassung sind Neben- und Hilfserträge einer aktiven Tätigkeit den aktiven Einkünften i. S. des § 8 Abs. 1 AStG a. F. sowie AStG zuzuordnen.[473]

Die funktionale Betrachtungsweise kommt ebenfalls im Rahmen des Passivkatalogs des Art. 7 Abs. 2 Buchst. a ATAD zur Anwendung.[474] Dies lässt sich mit der Grundintention der Anti-Steuervermeidungsrichtlinie[475] begründen, die in Abs. 12 Satz 3 der Erwägungsgründe der ATAD einer rein künstlichen Gewinnverlagerung entgegenwirken möchte. Es ist sachgerecht, dass notwendige Nebenerträge von aktiven Einkünften ebenfalls von aktiver Natur sind.[476] Anderenfalls kann eine einheitliche Tätigkeit zu unterschiedlichen Rechtswürdigungen führen.

3.2.3.2 Überblick über die wesentlichsten Einkunftsarten im Aktiv- und Passivkatalog

3.2.3.2.1 Dienstleistungen

Dienstleistungen stellen gemäß § 8 Abs. 1 Nr. 5 AStG a. F. aktive Einkünfte dar. Allerdings besteht eine Rückausnahme, nämlich für gewisse konzerninterne Dienstleistungen. Die Passivität der Dienstleistungen tritt ein, sofern die ausländische Gesellschaft sich dem unbeschränkt Steuerpflichtigen i. S. des § 7 Abs. 1 AStG a. F. oder einem diesen Nahestehenden i. S. des § 1 Abs. 2 AStG a. F. bei

---

472 Vgl. *Kahle/Cortez*, Ubg 2011, S. 957; *Wassermeyer/Schönfeld*, in: F/W/B/S, Außensteuerrecht, 2017, § 8 AStG, Rn. 24; *Scheidle*, IStR 2007, S. 287 ff.; *Kahle/Willner*, Ubg 2017, S. 22; *Vogt*, in: Brandis/Heuermann, Ertragsteuerrecht, 2022, § 8 AStG, Rn. 58; *Mann*, in: BeckOK AStG, AStG, 2022, § 8 AStG, Rn. 102. Siehe z. B. auch *Kraft/Bildstein*, BB 2017, S. 2971 zur Abgrenzung des gewerblichen Grundstückshandels von einer Handels- oder Dienstleistungstätigkeit.

473 Vgl. hierzu *Wassermeyer/Schönfeld*, in: F/W/B/S, Außensteuerrecht, 2017, § 8 AStG, Rn. 24; *Kahle/Cortez*, Ubg 2011, S. 957; *Vogt*, in: Brandis/Heuermann, Ertragsteuerrecht, 2022, § 8 AStG, Rn. 58; BMF vom 14.05.2004, BStBl I 2004, Sondernr. 1/2004, S. 3, Tz. 8.0.2.

474 Vgl. *Schnitger/Nitzschke/Gebhardt*, IStR 2016, S. 970; *Böhmer/Gebhardt/Krüger*, in: Hagemann/Kahlenberg, ATAD, 2019, Art. 7 ATAD, Rn. 268; ablehnend *Haase*, ISR 2017, S. 354.

475 Vgl. Richtlinie (EU) 2016/1164 des Rates vom 12.07.2016 mit Vorschriften zur Bekämpfung von Steuervermeidungspraktiken mit unmittelbaren Auswirkungen auf das Funktionieren des Binnenmarkts, Abl. EU 2016 L 193/1.

476 Siehe auch *Böhmer/Gebhardt/Krüger*, in: Hagemann/Kahlenberg, ATAD, 2019, Art. 7 ATAD, Rn. 268.

der Leistungserbringung bedient und das Bedienen zu inländischen Einkünften führt (§ 8 Abs. 1 Nr. 5 Buchst. a AStG a. F.).[477] Auch § 8 Abs. 1 Nr. 5 Buchst. b AStG a. F. sieht eine vergleichbare Ausnahme vor, da eine Erbringung durch die ausländische Gesellschaft gegenüber unbeschränkt Steuerpflichtigen i. S. des § 7 Abs. 1 AStG a. F. oder einem diesen Nahestehenden i. S. des § 1 Abs. 2 AStG a. F. als schädlich anzusehen ist.[478] Für die Dienstleistungserbringung besteht gemäß § 8 Abs. 1 Nr. 5 Buchst. b AStG a. F. die Möglichkeit eines Funktionsnachweises.[479] Durch den unveränderten Wortlaut der Vorschrift des § 8 Abs. 1 Nr. 5 AStG wird die Grundsystematik von Dienstleistungseinkünften beibehalten.[480] Allerdings unterliegt § 8 Abs. 1 Nr. 5 AStG durch die „Erweiterung" der nahestehenden Person in § 1 Abs. 2 AStG einer dynamischen Verschärfung. Insbesondere durch § 1 Abs. 2 Nr. 1 Buchst. a AStG können schuldrechtliche Beteiligungen ein Näheverhältnis begründen, selbst wenn aufgrund geringer Mitsprache- und Mitwirkungsrechte die unternehmerische Einflussnahme von untergeordneter Bedeutung ist.[481]

Der Passivitätskatalog führt in Art. 7 Abs. 2 Buchst. a Unterbuchst. vi) ATAD die Dienstleistungserbringung durch sog. Abrechnungsunternehmen als passive Tätigkeit auf.[482] Die Regelung des Art. 7 Abs. 2 Buchst. a Unterbuchst. vi) ATAD ist allerdings auf verbundene Unternehmen beschränkt und greift nur, sofern das beherrschte ausländische Unternehmen keinen oder nur einen geringen Mehrwert erbringt.[483] Der wesentliche Unterschied zu § 8 Abs. 1 Nr. 4 und 5 AStG a. F. sowie AStG besteht darin, dass in Art. 7 Abs. 2 Buchst. a Unterbuchst. vi)

477 Vgl. *Fuhrmann*, in: Fuhrmann, AStG, 2017, § 8 AStG, Rn. 139 ff.; *Kraft/Beck*, IWB 2012, S. 637.

478 Vgl. *Wassermeyer/Schönfeld*, in: F/W/B/S, Außensteuerrecht, 2017, § 8 AStG, Rn. 183 mit dem Hinweis auf die Unterschiede zwischen der Mitwirkung i. S. des § 8 Abs. 1 Nr. 4 Buchst. a AStG und dem Bedienen i. S. des § 8 Abs. 1 Nr. 5 Buchst. a AStG.

479 Vgl. auch BMF vom 14.05.2004, BStBl I 2004, Sondernr. 1/2004, S. 3, Tz. 8.1.5.1.2 i. V. m. Tz. 8.1.4.2; *Haun/Cortez*, in: H/K/R, Außensteuerrecht, 2014, § 8 AStG, Rn. 386; *Fuhrmann*, in: Fuhrmann, AStG, 2017, § 8 AStG, Rn. 142.

480 Siehe auch *Haase/Nürnberg*, Ubg 2020, S. 2 zur Notwendigkeit der Erweiterung der schädlichen Mitwirkung auf EU- und EWR-Sachverhalte, was indes in § 8 Abs. 1 Nr. 5 AStG-RefE noch vorgesehen war.

481 Vgl. *Richter*, ISR 2020, S. 110; *Busch*, DB 2020, S. 192 zur angepassten Begrifflichkeit der nahestehenden Person in § 1 Abs. 2 AStG-RefE.

482 Vgl. *Schnitger/Nitzschke/Gebhardt*, IStR 2016, S. 968 f.; *Musil*, in: Musil/Weber-Grellet, Europäisches Steuerrecht, 2022, Art. 7 ATAD, Rn. 11; *Linn*, IStR 2016, S. 651; *Schönfeld*, IStR 2017, S. 726.

483 Vgl. *Schönfeld*, IStR 2017, S. 726; *Becker/Loose*, BB 2018, S. 220.

ATAD keinerlei Bezug auf eine schädliche Mitwirkung oder ein schädliches Bedienen genommen wird.[484] Die Passivität bezieht sich folglich allein auf das Funktions- und Risikoprofil des ausländischen Unternehmens, wodurch passive Einkünfte anzunehmen sind, soweit diese nicht dem Fremdvergleichsgrundsatz entsprechen.[485]

3.2.3.2.2 Rechteüberlassung

Zwar stellt die Vermietung und Verpachtung gemäß § 8 Abs. 1 Nr. 6 Buchst. a AStG a. F. eine aktive Tätigkeit dar.[486] Allerdings sieht diese Norm unter anderem eine Ausnahme vor, wenn es sich um eine Nutzungsüberlassung immaterieller Wirtschaftsgüter handelt, was alle urheberrechtlich geschützten Rechte sowie nicht urheberrechtlich geschützte Erfahrungen und Kenntnisse umfasst (sog. Rechteüberlassung).[487] Nichtsdestoweniger soll die Rechteüberlassung nicht in jedem Fall passiv sein, da ein Entlastungsbeweis vorgesehen ist (§ 8 Abs. 1 Nr. 6 Buchst. a AStG a. F.).[488] Im Wesentlichen soll die Rechteüberlassung aktiv sein, sofern diese aus einer eigenen Forschungs- und Entwicklungsarbeit resultiert.[489]

---

484 Vgl. *Haase/Hofacker*, Ubg 2019, S. 264, Fn. 17; *Haase*, DStR 2019, S. 833; *Schönfeld*, IStR 2017, S. 726; *Schnitger/Nitzschke/Gebhardt*, IStR 2016, S. 969; *Böhmer/Gebhardt/Krüger*, in: Hagemann/Kahlenberg, ATAD, 2019, Art. 7 ATAD, Rn. 282.

485 Vgl. *Schönfeld*, IStR 2017, S. 726; *Linn*, IStR 2016, S. 651; *Becker/Loose*, BB 2018, S. 220.

486 Vgl. *Reiche*, in: Haase, AStG/DBA, 2016, § 8 AStG, Rn. 56; *Lehfeldt*, in: S/K/K, AStG/DBA, 2016, § 8 AStG, Rn. 113; *Wassermeyer/Schönfeld*, in: F/W/B/S, Außensteuerrecht, 2017, § 8 AStG, Rn. 216; *Rödel*, in: Kraft, AStG, 2019, § 8 AStG, Rn. 340.

487 Vgl. *Lehfeldt*, in: S/K/K, AStG/DBA, 2016, § 8 AStG, Rn. 116; *Rödel*, in: Kraft, AStG, 2019, § 8 AStG, Rn. 342: *Schnitger/Nitzschke/Gebhardt*, IStR 2016, S. 967. Siehe auch *Debatin*, DStZ 1962, S. 91; *Debatin*, DB 1965a, S. 1025; *Debatin*, StuW 1967, S. 313 zur Intention der Erfassung von Patentverwertungsgesellschaften.

488 Vgl. auch *Goebel/Schmidt*, in: H/K/R, Außensteuerrecht, 2014, § 8 AStG, Rn. 400; *Lehfeldt*, in: S/K/K, AStG/DBA, 2016, § 8 AStG, Rn. 118.

489 Vgl. *Mann*, in: BeckOK AStG, AStG, 2022, § 8 AStG, Rn. 229; *Vogt*, in: Brandis/Heuermann, Ertragsteuerrecht, 2022, § 8 AStG, Rn. 187; *Schnitger/Nitzschke/Gebhardt*, IStR 2016, S. 967; *Lehfeldt*, in: S/K/K, AStG/DBA, 2016, § 8 AStG, Rn. 119. Die unveränderte Vorschrift des § 8 Abs. 1 Nr. 6 AStG sieht keinen mit § 4j Abs. 1 Satz 4 EStG vergleichbaren Nexus-Ansatz vor, sondern beschränkt sich auf den allgemeinen Entlastungbeweis des § 8 Abs. 2 bis 4 AStG (vgl. *Haun/Solowjeff*, in: H/K/R, Außensteuerrecht, 2021, Vor §§ 7–13 AStG, Rn. 121; *Bärsch/Quilitzsch/Schulz*, ISR 2013, S. 363, die hieraus einen Reformbedarf des Aktivkatalogs ableiten). Siehe auch *Kramer*, ISR 2018, S. 3 f.; *Ritzer/Stangl/Karnath*, DK 2017, S. 401 zum divergierenden Anwendungsbereich der Hinzurechnungsbesteuerung und der Lizenzschranke. Es

Gemäß Art. 7 Abs. 2 Buchst. a Unterbuchst. ii) ATAD sollen Lizenzgebühren und sonstige Einnahmen aus geistigem Eigentum ausnahmslos zu passiven Einkünften führen.[490] Da die ATAD selbst keine Definition von Lizenzgebühren enthält, kann auf das nationale Begriffsverständnis zurückgegriffen werden.[491] Allerdings wird die Begrifflichkeit der Lizenzgebühr i. S. Art. 7 Abs. 2 Buchst. a Unterbuchst. ii) ATAD aufgrund der Mobilität und der Intention der Anti-Steuervermeidungsrichtlinie[492] von Lizenzeinnahmen weit auszulegen sein.[493] Im Vergleich zur nationalen Regelung des § 8 Abs. 1 Nr. 6 AStG sind die Einkünfte selbst dann passiv, wenn diesen eine tatsächliche Forschungs- und Entwicklungstätigkeit zugrunde liegt, sodass die ATAD keinerlei Entlastungsbeweis oder Nexus-Ansatz vorsieht.[494]

3.2.3.2.3 Zinsen

In § 8 Abs. 1 Nr. 7 AStG a. F. wird geregelt, wann Finanzierungs- und Kapitalanlagetätigkeiten zu aktiven Einkünften führen, da diese dem Grunde nach

---

kann die groteske Situation eintreten, dass eine Lizenzgesellschaft gemäß § 8 Abs. 1 Nr. 6 AStG a. F. und AStG als passiv anzusehen ist, obwohl diese dem Nexus-Ansatz des § 4j Abs. 1 Satz 4 EStG entspricht. Insbesondere die Beschränkung des Substanznachweises in § 8 Abs. 3 AStG auf EU- und EWR-Gesellschaften führt zu einer ungerechtfertigten Unterscheidung zwischen Lizenzgesellschaften in § 8 Abs. 1 Nr. 6 Buchst. a AStG und § 4j Abs. 1 Satz 4 EStG (vgl. *Böhmer/Oppel*, IWB 2020, S. 12). Siehe auch *Kessler/Spengel*, DB 2022, Beilage 1, S. 1 ff. mit einer Übersicht potenziell unionsrechtswidriger Vorschriften des deutschen Ertragsteuerrechts.

490 Vgl. *Musil*, in: Musil/Weber-Grellet, Europäisches Steuerrecht, 2019, Art. 7 ATAD, Rn. 11; *Böhmer/Gebhardt/Krüger*, in: Hagemann/Kahlenberg, ATAD, 2019, Art. 7 ATAD, Rn. 101; *Schnitger/Nitzschke/Gebhardt*, IStR 2017, S. 967; *Schönfeld*, IStR 2017, 721, 725.

491 Vgl. auch *Böhmer/Gebhardt/Krüger*, in: Hagemann/Kahlenberg, ATAD, 2019, Art. 7 ATAD, Rn. 94.

492 Vgl. Richtlinie (EU) 2016/1164 des Rates vom 12.07.2016 mit Vorschriften zur Bekämpfung von Steuervermeidungspraktiken mit unmittelbaren Auswirkungen auf das Funktionieren des Binnenmarkts, Abl. EU 2016 L 193/1.

493 Vgl. *Becker/Loose*, BB 2018, S. 217; *Böhmer/Gebhardt/Krüger*, in: Hagemann/Kahlenberg, ATAD, 2019, Art. 7 ATAD, Rn. 94.

494 Vgl. hierzu z. B. *Böhmer/Gebhardt/Krüger*, IWB 2021, S. 483; *Böhmer/Gebhardt/Krüger*, in: Hagemann/Kahlenberg, ATAD, 2019, Art. 7 ATAD, Rn. 101; *Becker/Loose*, BB 2018, S. 217. Siehe auch *Linn*, IStR 2016, S. 650 mit Hinweis, dass eine Forschungs- und Entwicklungstätigkeit nur im Rahmen des Substanznachweises berücksichtigt werden kann.

als Zwischeneinkünfte zu werten sind.[495] Unter der Begrifflichkeit der Finanzierungs- und Kapitalanlagetätigkeit sind die Einkünfte aus Kapitalvermögen i. S. des § 20 EStG zu subsumieren.[496] Gleichwohl sieht die schwer verständliche Regelung des § 8 Abs. 1 Nr. 7 AStG a. F. nicht sämtliche Finanzierungs- und Kapitalanlagetätigkeiten als aktiv an.[497] Zu unterscheiden ist zwischen speziellen Voraussetzungen der Kapitalbeschaffungsseite und der Kapitalvergabeseite, die in einem schwer zu erbringenden Nachweis enden.[498] Es wird nämlich vorausgesetzt, dass das vergebene Kapital nachweislich auf einem ausländischen Kapitalmarkt aufgenommen wird (Fremdkapital).[499]

Bei der darlehensweisen Vergabe von Eigenkapital einschließlich thesaurierter Gewinne wird die Auffassung vertreten, dass dies als eine passive Tätigkeit zu werten ist.[500] Ebenfalls darf die Kapitalaufnahme nicht beim Hinzurechnungsempfänger oder einer diesem nahestehenden Person i. S. des § 1 Abs. 2 AStG a. F. erfolgen.[501] Auf der Kapitalvergabeseite ist nachzuweisen, dass das aufgenommene Kapital ausländischen Betrieben oder Betriebsstätten zugeführt wurde, die ausschließlich oder fast ausschließlich aktive Einkünfte i. S. des § 8 Abs. 1 Nr. 1 bis 6 AStG a. F. beziehen.[502] Ebenfalls begünstigt ist die Kapitalvergabe an inländische Betriebe und Betriebsstätten, ohne dass hierfür weitere Anforderungen

---

495 Vgl. *Lehfeldt*, in: S/K/K, AStG/DBA, 2016, § 8 AStG, Rn. 135; *Rödel*, in: Kraft, AStG, 2019, § 8 AStG, Rn. 421.

496 Vgl. *Wassermeyer/Schönfeld*, in: F/W/B/S, Außensteuerrecht, 2017, § 8 AStG, Rn. 241.

497 Vgl. *Kahle/Cortez*, Ubg 2011, S. 949 ff. im Detail zu den einzelnen Tatbestandsmerkmalen.

498 Kritisch *Kroppen*, in: DStJG 31, Einkommen aus Kapital, 2006, S. 327; *Kahle/Cortez*, Ubg 2011, S. 958; *Schnitger/Nitzschke/Gebhardt*, IStR 2016, S. 967; *Ammelung/Kuich*, IStR 2000, S. 642 f.; *Kraft*, IStR 2010, S. 380.

499 Vgl. BMF vom 14.05.2004, BStBl I 2004, Sondernr. 1/2004, S. 3, Tz. 8.1.7.1; so auch *Lehfeldt*, in: S/K/K, AStG/DBA, 2016, § 8 AStG, Rn. 139; *Kahle/Cortez*, Ubg 2011, S. 952.

500 Vgl. *Lehfeldt*, in: S/K/K, AStG/DBA, 2016, § 8 AStG, Rn. 139; *Vogt*, in: Brandis/Heuermann, Ertragsteuerrecht, 2016, § 8 AStG, Rn. 74; a. A. *Wassermeyer/Schönfeld*, in: F/W/B/S, Außensteuerrecht, 2017, § 8 AStG, Rn. 248; *Geurts*, in: Fuhrmann, AStG, 2017, § 8 AStG, Rn. 185.

501 Vgl. *Kahle/Cortez*, Ubg 2011, S. 952; kritischer *Lehfeldt*, in: S/K/K, AStG/DBA, 2016, § 8 AStG, Rn. 149; *Vogt*, in: Brandis/Heuermann, Ertragsteuerrecht, 2016, § 8 AStG, Rn. 76.

502 Vgl. BMF vom 14.05.2004, BStBl I 2004, Sondernr. 1/2004, S. 3, Tz. 8.1.7.3. Siehe auch *Wassermeyer/Schönfeld*, in: F/W/B/S, Außensteuerrecht, 2017, § 8 AStG, Rn. 262; *Lehfeldt*, in: S/K/K, AStG/DBA, 2016, § 8 AStG, Rn. 153.

an die Tätigkeit gestellt werden.[503] In § 8 Abs. 1 AStG ist keine mit § 8 Abs. 1 Nr. 7 AStG a. F. vergleichbare Regelung vorgesehen.[504] Zinseinkünfte sind folglich als passiv zu werten.[505]

Zinsen und sonstige Einkünfte aus Finanzanlagevermögen stellen ausnahmslos passive Einkünfte dar, da diese vergleichbar mit den Lizenzgebühren als äußerst mobil zu betrachten sind (Art. 7 Abs. 2 Buchst. a Unterbuchst. i) ATAD).[506] Von Art. 7 Abs. 2 Buchst. a Unterbuchst. i) ATAD werden sämtliche Vergütungen von Fremdkapital erfasst.[507] Negativ abzugrenzen sind kurzfristige Kapitalanlagen, welche nicht dem Finanzanlagevermögen zuzuordnen sind, sondern dem Umlaufvermögen.[508]

3.2.3.2.4 Gewinnausschüttungen

Erhaltene Gewinnausschüttungen stellen gemäß § 8 Abs. 1 Nr. 8 AStG a. F. vollumfänglich begünstigte Einkünfte dar.[509] Hierunter sollen ordentliche sowie verdeckte Gewinnausschüttungen einer Kapitalgesellschaft fallen.[510] Dividenden

---

503 Vgl. hierzu z. B. *Kahle/Cortez*, Ubg 2011, S. 956.

504 Vgl. *Kühn/Schienke-Ohletz*, BB 2020, S. 1564; *Gosch/Rautenstrauch*, AE 2020, S. 54; *Jacobsen*, DStZ 2020, S. 119; *Linn*, IStR 2020, S. 81; *Böhmer/Oppel*, IWB 2020, S. 13.

505 Vgl. *Böhmer/Oppel*, IWB 2020, S. 13, die keine Verschlechterung durch die Streichung des § 8 Abs. 1 Nr. 7 AStG a. F. annehmen. Siehe z. B. auch *Kroppen*, in: DStJG 31, Einkommen aus Kapital, 2006, S. 327; *Ammelung/Kuich*, IStR 2000, S. 642 f. zur Nachweisproblematik des § 8 Abs. 1 Nr. 7 AStG a. F.

506 Vgl. *Schönfeld*, IStR 2017, S. 724; *Musil*, in: Musil/Weber-Grellet, Europäisches Steuerrecht, 2022, Art. 7 ATAD, Rn. 11; *Becker/Loose*, BB 2018, S. 216; *Böhmer/Gebhardt/Krüger*, in: Hagemann/Kahlenberg, ATAD, 2019, Art. 7 ATAD, Rn. 63.

507 Vgl. auch *Böhmer/Gebhardt/Krüger*, in: Hagemann/Kahlenberg, ATAD, 2019, Art. 7 ATAD, Rn. 66; *Becker/Loose*, BB 2018, S. 216.

508 Vgl. *Schnitger/Nitzschke/Gebhardt*, IStR 2016, S. 967; *Haase*, DStR 2019, S. 833, die den Terminus Finanzanlagevermögen den Kapitalanlagen des Anlagevermögens gleichsetzen; a. A. *Böhmer/Gebhardt/Krüger*, in: Hagemann/Kahlenberg, ATAD, 2019, Art. 7 ATAD, Rn. 76.

509 Vgl. *Lieber*, FR 2002, S. 139; *Kroppen*, in: DStJG 31, Einkommen aus Kapital, 2006, S. 324; *Kneip/Rieke*, IStR 2001, S. 666.

510 Vgl. BMF vom 14.05.2004, BStBl I 2004, Sondernr. 1/2004, S. 3, Tz. 8.1.8. Siehe auch *Goebel/Schmidt*, in: H/K/R, Außensteuerrecht, 2014, § 8 AStG, Rn. 483 zur Diskussion der Deckungsgleichheit mit § 8b Abs. 1 KStG. Problematisch ist, wenn eine Gewinnausschüttung durch eine Genossenschaft oder Stiftung erfolgt, da § 8 Abs. 1 Nr. 8 AStG a. F. nur Bezug auf Gewinnausschüttungen von Kapitalgesellschaften nimmt. Eine wortlautgetreue Auslegung des § 8 Abs. 1 Nr. 8 AStG a. F. sieht Leistungen von Genossenschaften oder Stiftungen als passiv an (vgl. *Kollruss*, FR 2017, S. 914, *Kollruss*,

sind nach § 8 Abs. 1 Nr. 7 AStG weiterhin als aktiv zu qualifizieren.[511] Allerdings sind diese nicht mehr ausnahmslos aktiv, da der Gesetzgeber die Aktivität an eine hinreichende Vorbelastung knüpft.[512] Dividenden sind gemäß § 8 Abs. 1 Nr. 7 Buchst. a AStG nämlich nur aktiv, wenn diese das Einkommen der leistenden Körperschaft nicht gemindert haben.[513] Hierdurch wird das Korrespondenzprinzip des § 3 Nr. 40 Buchst. d Satz 2 EStG sowie § 8b Abs. 1 Satz 2 und 5 KStG zum Ausdruck gebracht.[514] Entsprechend der Intention des § 8b Abs. 4 KStG sind Portfoliodividenden der Zwischengesellschaft als passiv zu werten (§ 8 Abs. 1 Nr. 7 Buchst. b AStG).[515] Die gleiche Rechtsfolge tritt gemäß § 8 Abs. 1 Nr. 7 Buchst. c AStG ein, wenn die Anteile an der leistenden Gesellschaft dem Handelsbestand i. S. des § 8b Abs. 7 KStG zuzurechnen sind.[516]

Nach der Intention des europäischen Gesetzgebers sind Dividenden ausnahmslos passiv (Art. 7 Abs. 2 Buchst. a Unterbuchst. iii) ATAD).[517] Die ATAD stellt nicht darauf ab, ob die ausschüttende Gesellschaft selbst aktive oder

---

IStR 2017, S. 447 ff.; a. A. *Lehfeldt*, in: S/K/K, AStG/DBA, 2016, § 8 AStG, Rn. 163; *Wassermeyer/Schönfeld*, in: F/W/B/S, Außensteuerrecht, 2017, § 8 AStG, Rn. 292; *Goebel/Schmidt*, in: H/K/R, Außensteuerrecht, 2014, § 8 AStG, Rn. 481).

511 Vgl. *Böhmer/Schewe/Schlücke*, FR 2020, S. 165; *Böhmer/Oppel*, IWB 2020, S. 13; *Ditz u. a.*, DStR 2020, S. 78. Siehe z. B. auch *Binder/Graßl*, IStR 2021, S. 866 mit dem Hinweis, dass § 8 Abs. 1 Nr. 7 AStG nicht mehr von Gewinnausschüttungen, sondern von Bezügen i. S. des § 8b Abs. 1 KStG ausgeht.

512 So z. B. auch *Böhmer/Schewe/*Schlücke, FR 2020, S. 165.

513 Vgl. *Mann*, in: BeckOK AStG, AStG, 2022, § 8 AStG, Rn. 249; *Vogt*, in: Brandis/Heuermann, Ertragsteuerrecht, 2022, § 8 AStG, Rn. 232; *Binder/Graßl*, IStR 2021, S. 866; *Schönfeld*, IStR 2019, S. 400 f.; *Linn*, IStR 2020, S. 81; *Böhmer/Schewe/Schlücke*, FR 2020, S. 165 f.; *Ditz u. a.*, DStR 2020, S. 78; *Böhmer/Oppel*, IWB 2020, S. 13.

514 Vgl. BT-Drucks. 19/28652, S. 57; *Köhler/Staats*, ISR 2021, S. 296; *Mann*, in: BeckOK AStG, AStG, 2022, § 8 AStG, Rn. 249; *Vogt*, in: Brandis/Heuermann, Ertragsteuerrecht, 2022, § 8 AStG, Rn. 253; *Müller*, ISR 2021, S. 244; *Loose*, PIStB 2021a, S. 185 ff. Siehe z. B. auch *Binder/Graßl*, IStR S. 867, welche die Vorschrift des § 8 Abs. 1 Nr. 7 Buchst. a Satz 2 Doppelbuchst. aa AStG entsprechend des § 8b Abs. 1 Satz 2 KStG auslegen.

515 Vgl. *Böhmer/Schewe/Schlücke*, FR 2020, S. 166; *Mann*, in: BeckOK AStG, AStG, 2022, § 8 AStG, Rn. 252; *Böhmer/Oppel*, IWB 2020, S. 13; *Vogt*, in: Brandis/Heuermann, Ertragsteuerrecht, 2022, § 8 AStG, Rn. 254; *Böhmer/Gebhardt/Krüger*, IWB 2021, S. 487.

516 Vgl. *Linn*, IStR 2020, S. 81; *Böhmer/Oppel*, IWB 2020, S. 13; *Ditz u. a.*, DStR 2020, S. 78.

517 Vgl. *Musil*, in: Musil/Weber-Grellet, Europäisches Steuerrecht, 2022, Art. 7 ATAD, Rn. 11; *Becker/Loose*, BB 2018, S. 218; *Schnitger/Nitzschke/Gebhardt*, IStR 2016, S. 967; *Linn*, IStR 2016, S. 649.

passive Einkünfte erwirtschaftet.[518] Die Passivität von Dividenden ist trotz allem systemgerecht, da lediglich nicht ausgeschüttete passive Einkünfte der Hinzurechnungsbesteuerung unterliegen.[519] Im Umkehrschluss findet die Hinzurechnungsbesteuerung nur im Falle der Thesaurierung Anwendung.[520] Da die Hinzurechnungsbesteuerung ihre Wirkung durch entsprechende Vorabausschüttungen verliert, sind konsequenterweise Dividenden gemäß Art. 7 Abs. 2 Buchst. a Unterbuchst. iii) ATAD als passiv zu qualifizieren.[521]

3.2.3.2.5 Anteilsveräußerung

Als Ergänzung zu § 8 Abs. 1 Nr. 8 AStG a. F. behandelt die deutsche Hinzurechnungsbesteuerung gemäß § 8 Abs. 1 Nr. 9 AStG a. F. Anteilsveräußerungen und veräußerungsgleichgestellte Vorgänge als einen aktiven Vorgang.[522] Voraussetzung ist, dass der Hinzurechnungsempfänger nachweist, dass der Veräußerungsgewinn unter anderem nicht auf Wirtschaftsgüter i. S. des § 7 Abs. 6a AStG a. F. entfällt, was regelmäßig zu Schwierigkeiten führt.[523] Veräußerungsgewinne sind gemäß § 8 Abs. 1 Nr. 8 AStG wie Dividenden aktiv.[524] Eine Ausnahme besteht, wenn die durch die Zwischengesellschaft gehaltenen Anteile dem Handelsbestand i. S. des § 8b Abs. 7 KStG zuzurechnen sind.[525] Ein Bezug auf die

---

518 Vgl. auch *Böhmer/Gebhardt/Krüger*, in: Hagemann/Kahlenberg, ATAD, 2019, Art. 7 ATAD, Rn. 104.

519 Vgl. *Haase*, DStR 2019, S. 833; *Schönfeld*, IStR 2017, S. 725; *Musil*, in: Musil/Weber-Grellet, Europäisches Steuerrecht, 2022, Art. 7 ATAD, Rn. 11.

520 Vgl. *Schönfeld*, IStR 2017, S. 725. Siehe auch *Nielsen/Westermann*, Ubg 2018, S. 164; *Becker/Loose*, BB 2018, S. 218; *Schnitger/Nitzschke/Gebhardt*, IStR 2016, S. 968 zur Gestaltung mit Hilfe von Vorabausschüttungen.

521 Siehe z. B. auch *Schnitger/Gebhardt*, IStR 2018, S. 214; *Böhmer/Gebhardt/Krüger*, in: Hagemann/Kahlenberg, ATAD, 2019, Art. 7 ATAD, Rn. 56.

522 Vgl. hierzu z. B. *Lehfeldt*, in: S/K/K, AStG/DBA, 2016, § 8 AStG, Rn. 165.

523 Vgl. *Goebel/Schmidt*, in: H/K/R, Außensteuerrecht, 2014, § 8 AStG, Rn. 498; *Reiche*, in: Haase, AStG/DBA, 2016, Rn. 90 f.; *Lehfeldt*, in: S/K/K, AStG/DBA, 2016, § 8 AStG, Rn. 166. Siehe auch *Schönfeld*, IStR 2008, S. 392; *Schaden/Dieterlen*, IStR 2011, S. 290 ff.; *Mühlhausen/Schmelz*, DStR 2018, S. 1641 ff. zu den praktischen Problemen.

524 Vgl. *Vogt*, in: Brandis/Heuermann, Ertragsteuerrecht, 2022, § 8 AStG, Rn. 287; *Linn*, IStR 2020, S. 81; *Mann*, in: BeckOK AStG, AStG, 2022, § 8 AStG, Rn. 280; *Ditz u. a.*, DStR 2020, S. 78; *Böhmer/Schewe/*Schlücke, FR 2020, S. 166. Siehe auch *Böhmer/Gebhardt/Krüger*, IWB 2021, S. 488 zur Anwendungsproblematik des § 8b Abs. 7 KStG bei Altfällen.

525 Vgl. *Ditz u. a.*, DStR 2020, S. 78; *Mann*, in: BeckOK AStG, AStG, 2022, § 8 AStG, Rn. 280; *Böhmer/Oppel*, IWB 2020, S. 13; *Linn*, IStR 2020, S. 81; *Böhmer/Schewe/*Schlücke, FR 2020, S. 166.

Wirtschaftsgüter mit Kapitalanlagecharakter i. S. des § 13 Abs. 2 AStG sowie die kaum handhabbaren Nachweispflichten sind nicht mehr vorgesehen.[526]

Gemäß Art. 7 Abs. 2 Buchst. a Unterbuchst. iii) ATAD sind die Einkünfte aus der Anteilsveräußerung ausnahmslos passiv.[527] Der Richtlinienverfasser verzichtet auf eine Unterscheidung, ob der Veräußerungsgewinn auf eine aktive oder passive Gesellschaft entfällt.[528]

3.2.3.2.6 Umwandlungen

Bei Umwandlungen handelt es sich um einen veräußerungsähnlichen Vorgang.[529] Da § 8 Abs. 1 Nr. 1 bis 9 AStG a. F. sowohl die laufenden Erträge als auch die aperiodischen Veräußerungsgewinne erfasst, sind vorrangig Umwandlungsgewinne unter jene Vorschriften zu subsumieren. Eine Prüfung des § 8 Abs. 1 Nr. 10 AStG a. F. ist nur notwendig, sofern die Tätigkeit der Zwischengesellschaft nach § 8 Abs. 1 Nr. 1 bis 7 AStG a. F. als passiv zu werten ist.[530] Eine Umwandlung einer passiv tätigen Gesellschaft führt gemäß § 8 Abs. 1 Nr. 10 AStG a. F. zu aktiven Einkünften, wenn die Umwandlung ungeachtet des § 1 Abs. 2 und 4 UmwStG a. F. nach deutsch-ertragsteuerlichen Grundsätzen zu Buchwerten erfolgen kann.[531] Folglich sind die §§ 3 ff. UmwStG a. F. so zu prüfen, als stelle die

526 Vgl. hierzu z. B. *Böhmer/Schewe/*Schlücke, FR 2020, S. 166.

527 Siehe auch *Schnitger/Nitzschke/Gebhardt*, IStR 2016, S. 967; *Musil*, in: Musil/Weber-Grellet, Europäisches Steuerrecht, 2022, Art. 7 ATAD, Rn. 11; *Böhmer/Gebhardt/Krüger*, in: Hagemann/Kahlenberg, ATAD, 2019, Art. 7 ATAD, Rn. 107 ff.; *Haase*, DStR 2019, S. 833.

528 Es erfolgt damit eine vollständige Gleichbehandlung periodischer und aperiodischer Erträge (vgl. auch *Böhmer/Gebhardt/Krüger*, in: Hagemann/Kahlenberg, ATAD, 2019, Art. 7 ATAD, Rn. 113).

529 Vgl. hierzu z. B. BMF vom 11.11.2011, BStBl I 2011, 1314, Rn. 00.02 zu Umwandlungen im Allgemeinen; BMF vom 08.12.2011, BStBl 2011 I, 1279, Rn. 33 zur Umwandlung als Sperrfristverstoß nach § 6 Abs. 5 Satz 4 EStG.

530 Vgl. *Lehfeldt*, in: S/K/K, AStG/DBA, 2016, § 8 AStG, Rn. 182.4; *Wassermeyer/Schönfeld*, in: F/W/B/S, Außensteuerrecht, 2017, § 8 AStG, Rn. 368; *Geurts*, in: Fuhrmann, AStG, 2017, § 8 AStG, Rn. 35; BMF vom 14.05.2004, BStBl I 2004, Sondernr. 1/2004, S. 3, Tz. 8.1.1.

531 Vgl. *Schießl*, DStZ 2009, S. 208; *Lehfeldt*, in: S/K/K, AStG/DBA, 2016, § 8 AStG, Rn. 182.6; *Goebel/Schmidt*, in: H/K/R, Außensteuerrecht, 2014, § 8 AStG, Rn. 529; *Geiger/Kurrle*, Ubg 2021, S. 416; *Fuhrmann*, in: Fuhrmann, AStG, 2017, § 8 AStG, Rn. 266.

ausländische Umwandlung einen reinen Inlandsfall dar[532], sodass die steuerliche Ansässigkeit außer Acht gelassen wird[533]. Von erheblicher Bedeutung dürfte bei ausländischen Umwandlungsvorgängen die Vergleichbarkeit sein, da diese einer deutschen Umwandlung entsprechen muss (§ 1 Abs. 1 und 3 UmwStG).[534]

Des Weiteren ergibt sich eine Einschränkung dadurch, dass von der Umwandlung keine Anteile an Kapitalgesellschaften erfasst werden dürfen, die nach § 8 Abs. 1 Nr. 9 AStG a. F. als passiv qualifiziert werden.[535] Sind Anteile an Gesellschaften i. S. des § 7 Abs. 6a AStG a. F. betroffen, ergeben sich insoweit Zwischeneinkünfte.[536] § 8 Abs. 1 Nr. 9 AStG sieht in Analogie zu § 8 Abs. 1 Nr. 10 AStG a. F. eine Ausnahme der Passivität vor. Dies erfordert, dass unabhängig des Ansässigkeitserfordernisses des § 1 Abs. 2 und 4 UmwStG a. F. bzw. des § 1 Abs. 4 UmwStG der Vorgang theoretisch zu Buchwerten erfolgen kann.[537] Ein wesentlicher Punkt dürfte weiterhin sein, ob die ausländische Umwandlung mit einer inländischen Umwandlung vergleichbar ist.[538] In § 8 Abs. 1 Nr. 9 Halbsatz 2

---

532 Siehe auch *Wassermeyer/Schönfeld*, in: F/W/B/S, Außensteuerrecht, 2017, § 8 AStG, Rn. 370; *Lehfeldt*, in: S/K/K, AStG/DBA, 2016, § 8 AStG, Rn. 182.7, Fn. 467, *Kraft*, in: Kraft, AStG, 2019, § 8 AStG Rn. 702 zur sog. Inlandsthese.

533 Vgl. *Wassermeyer/Schönfeld*, in: F/W/B/S, Außensteuerrecht, 2017, § 8 AStG, Rn. 366; *Mattern*, in: AStG eKommentar, AStG, 2021, § 8 AStG, Fassung vom 01.01.2015, Rn. 128; *Lehfeldt*, in: S/K/K, AStG/DBA, 2016, § 8 AStG, Rn. 182.6.

534 Vgl. *Wassermeyer/Schönfeld*, in: F/W/B/S, Außensteuerrecht, 2017, § 8 AStG, Rn. 366; *Geiger/Kurrle*, Ubg 2021, S. 416. Die Finanzrechtsprechung sieht zumindest bei § 20 Abs. 4a EStG eine Gesamtrechtsnachfolge nicht als wesentliches Strukturmerkmal einer inländischen Umwandlung an (vgl. hierzu z. B. BFH vom 01.07.2021, VIII R 9/19, BStBl II, 2022, S. 359; BFH vom 01.07.2021, VIII R 28/19, BFH/NV 2021, S. 1497; BFH vom 01.07.2021, VIII R 15/20, BStBl II 2022, S. 363; BFH vom 19.10.2021, VIII R 7/20, BStBl II 2022, S. 366). Die Finanzverwaltung möchte diese Rechtsgrundsätze ausschließlich bei § 20 Abs. 4a EStG anwenden, jedoch nicht bei der im UmwStG vorgesehenen Vergleichbarkeitsprüfung (vgl. BMF vom 19.05.2022, BStBl I 2022, S. 844).

535 Vgl. *Lehfeldt*, in: S/K/K, AStG/DBA, 2016, § 8 AStG, Rn. 182.10; *Mattern*, in: AStG eKommentar, AStG, 2021, § 8 AStG, Fassung vom 01.01.2015, Rn. 132.

536 Vgl. *Wassermeyer/Schönfeld*, in: F/W/B/S, Außensteuerrecht, 2017, § 8 AStG, Rn. 388.

537 Vgl. auch *Ditz u. a.*, DStR 2020, S. 78; *Böhmer/Oppel*, IWB 2020, S. 13; *Linn*, IStR 2020, S. 81. Die ausländische Umwandlung ist daher im Rahmen der sog. Inlandsthese fiktiv in das Inland zu verlagern und einheitlich nach den Vorschriften des deutschen UmwStG zu prüfen (vgl. *Böhmer/Schewe/Schlücke*, FR 2020, S. 168).

538 Vgl. *Vogt*, in: Brandis/Heuermann, Ertragsteuerrecht, 2022, § 8 AStG, Rn. 331; *Mann*, in: BeckOK AStG, AStG, 2022, § 8 AStG, Rn. 301. Siehe auch BMF vom 11.11.2011, BStBl I 2011, 1314, Rn. 01.30, 01.33, 01.36 und 01.39 zu den Strukturmerkmalen einer ausländischen Umwandlung.

AStG ist eine Restriktion dergestalt vorgesehen, dass die Umwandlung passiver Wirtschaftsgüter nach dem ausländischem Ertragsteuerrecht tatsächlich zu steuerlichen Buchwerten zu erfolgen hat (sog. doppeltes Buchwerterfordernis).[539] Hierdurch kommt es zu einer deutlichen Verschärfung. Auf der anderen Seite ist es irrelevant, ob die Anteile an Gesellschaften betroffen sind, die Zwischeneinkünfte mit Kapitalanlagecharakter i. S. des § 13 Abs. 2 AStG erzielen.[540]

Problematisch dürfte zudem sein, wenn die ausländische Umwandlung nicht mit einer inländischen Umwandlung vergleichbar ist, sodass der Anwendungsbereich des § 8 Abs. 1 Nr. 9 AStG nicht eröffnet ist. Strittig ist, wie nicht vergleichbare ausländische Umwandlungen grundsätzlich zu behandeln sind.[541] Teilweise wird die Auffassung vertreten, dass bei (nicht vergleichbaren) Seitwärtsverschmelzungen ein Vermögenstransfer im Dreieck vorliegt.[542] Vor allem *Hruschka*[543] möchte (a) eine verdeckte Gewinnausschüttung durch den übertragenden Rechtsträger an den Gesellschafter sowie (b) eine anschließende verdeckte Einlage durch den Gesellschafter in den übernehmenden Rechtsträger sehen. Unter Berücksichtigung des in § 8 Abs. 1 Nr. 7 Buchst. a Satz 2 Doppelbuchst. bb AStG normierten Korrespondenzprinzips besteht ein nicht zu vernachlässigendes Risiko, dass eine nicht vergleichbare ausländische Umwandlung zu einer vollumfänglich steuerpflichtigen verdeckten Gewinnausschüttung auf Anteilseignerebene führt.[544]

---

539 Vgl. *Mann*, in: BeckOK AStG, AStG, 2022, § 8 AStG, Rn. 304; *Vogt*, in: Brandis/Heuermann, Ertragsteuerrecht, 2022, § 8 AStG, Rn. 331; *Köhler/Staats*, ISR 2021, S. 298; *Ditz u. a.*, DStR 2020, S. 78; *Linn*, IStR 2020, S. 81; *Böhmer/Oppel*, IWB 2020, S. 13; *Kühn/Schienke-Ohletz*, BB 2020, S. 1564.

540 Vgl. *Böhmer/Schewe/*Schlücke, FR 2020, S. 168.

541 Vgl. hierzu z. B. *Becker/Kamphaus/Loose*, IStR 2013, S. 328 ff.

542 Vgl. *Sejdija/Trinks*, IStR 2013, S. 868; *Sejdija/Gaiser*, DB 2020, S. 1699; *Hruschka*, IStR 2012, S. 845; a. A. *Weiss*, IWB 2016, S. 907; *Pung*, in: D/P/M, KStG/UmwStG, 2021, § 8b KStG, Rn. 130; *Becker/Kamphaus/Loose*, IStR 2013, S. 331. Siehe auch *Staccioli/Kunert*, ISR 2022, S. 321 ff. zu den Rechtsfolgen einer nicht vergleichbaren Umwandlung.

543 Vgl. *Hruschka*, IStR 2012, S. 845.

544 Vor dem 1. Januar 2022 werden ausländische Umwandlungen regelmäßig unterhalb einer ausländischen Kapitalgesellschaft durchgeführt, da im Falle einer nicht vergleichbaren ausländischen Umwandlung bei Vorliegen passiver Wirtschaftsgüter zwar ein passiver Umwandlungsgewinn entstünde, allerdings die verdeckte Gewinnausschüttung an den Gesellschafter gemäß § 8 Abs. 1 Nr. 8 AStG a. F. ohne weitere Bedingungen von aktiver Natur ist (vgl. *Wassermeyer/Schönfeld*, in: F/W/B/S, Außensteuerrecht, 2017, § 8 AStG, Rn. 282). Für nicht vergleichbare ausländische

Unter Bezugnahme auf die Fusionsrichtlinie[545] stellen Umwandlungen nach europäischer Lesart einen veräußerungsähnlichen Vorgang dar, da Art. 8 Abs. 1 FRL von einem Veräußerungsgewinn spricht. Die Rechtsfolgen für die Anteile an dem umgewandelten Rechtsträger richten sich nach den allgemeinen Grundsätzen.[546] Da Art. 7 Abs. 2 Buchst. a Unterbuchst. iii) ATAD Veräußerungsgewinne aus Anteilen vollständig als passiv ansieht, ergäbe sich das Ergebnis, dass Umwandlungsvorgänge ebenfalls passiv sind.[547] Es stellt sich die Frage, ob und inwiefern dieses Ergebnis auf die Ebene des umgewandelten Rechtsträgers projiziert werden kann, da es wohl nicht sachgerecht ist, wenn der Vermögenstransfer aktiver Wirtschaftsgüter der Hinzurechnungsbesteuerung unterliegt.[548] Derartige Umwandlungsgewinne führen als letzter Rechtsakt auf Ebene des umgewandelten Rechtsträgers die gleichen Rechtsfolgen wie die laufenden Einkünfte herbei.[549]

Umwandlungen nach dem 31. Dezember 2021 ist indessen das Korrespondenzprinzip in § 8 Abs. 1 Nr. 7 Buchst. a Satz 2 Doppelbuchst. bb AStG zu beachten (vgl. *Staccioli/Kunert*, ISR 2022, S. 321 ff.; *Binder/Graßl*, IStR 2021, S. 865 ff.). Erfahrungsgemäß vertritt die Finanzverwaltung die Rechtsansicht, dass das Korrespondenzprinzip lediglich erfüllt ist, wenn die Einkommenserhöhung und -minderung im gleichen Veranlagungszeitraum eintreten (so auch *Pung*, in: D/P/M, KStG/UmwStG, 2021, § 8b KStG, Rn. 129; *Sejdija/Gaiser*, DB 2020, S. 1699). Vor allem bei abnutzbaren Wirtschaftsgütern, bei denen sich die Einkommenserhöhung erst in einem späteren Veranlagungszeitraum durch die verminderte Abschreibung ergibt, wird regelmäßig das Korrespondenzprinzip als nicht erfüllt angesehen. Selbst wenn der übertragende Rechtsträger ausschließlich aktive Wirtschaftsgüter innehat, die unter § 8 Abs. 1 Nr. 1 bis 6 AStG fallen, besteht die Problematik einer steuerpflichtigen verdeckten Gewinnausschüttung beim Anteilseigner im Falle der fehlenden Vergleichbarkeit fort.

545 Vgl. Richtlinie (EG) 2009/133 des Rates vom 19.10.2009 über das gemeinsame Steuersystem für Fusionen, Spaltungen, Abspaltungen, die Einbringung von Unternehmensteilen und den Austausch von Anteilen, die Gesellschaften verschiedener Mitgliedstaaten betreffen, sowie für die Verlegung des Sitzes einer Europäischen Gesellschaft oder einer Europäischen Genossenschaft von einem Mitgliedstaat in einen anderen Mitgliedstaat (kodifizierte Fassung), ABl. EU 2009 L 310/34.

546 Vgl. auch *Böhmer/Gebhardt/Krüger*, in: Hagemann/Kahlenberg, ATAD, 2019, Art. 7 ATAD, Rn. 110.

547 Vgl. *Dehne*, ISR 2018, S. 137; *Böhmer/Gebhardt/Krüger*, in: Hagemann/Kahlenberg, ATAD, 2019, Art. 7 ATAD, Rn. 278.

548 Vgl. auch *Böhmer/Gebhardt/Krüger*, in: Hagemann/Kahlenberg, ATAD, 2019, Art. 7 ATAD, Rn. 279, die eine einheitliche Behandlung von Umwandlungen als passiven Vorgang ablehnen.

549 Vgl. *Haase*, DStR 2019, S. 834.

3.2.4 Niedrigbesteuerung

Tatbestandlich setzt die Hinzurechnungsbesteuerung in § 8 Abs. 3 AStG a. F. und § 8 Abs. 5 AStG eine Niedrigbesteuerung voraus.[550] Dieses Tatbestandsmerkmal ist erfüllt, wenn eine effektive Ertragsteuerbelastung von unter 25 % vorliegt (§ 8 Abs. 3 Satz 1 AStG a. F. und § 8 Abs. 5 Satz 1 AStG).[551] Die effektive Ertragsteuerbelastung hat nach deutschen Grundsätzen zu erfolgen, wodurch die Notwendigkeit einer Schattenrechnung besteht.[552] Der effektiven Steuerquote nach ausländischem Recht kommt nur eine indizielle Wirkung zu.[553] Gemäß § 8 Abs. 3 Satz 3 AStG und § 8 Abs. 5 Satz 3 AStG sind nur ausländische Ertragsteuern heranzuziehen, die tatsächlich auf das Einkommen und somit nicht auf das Vermögen der Zwischengesellschaft erhoben werden.[554] Ferner sind Steuererstattungsansprüche des Hinzurechnungsempfängers, die ihm als Anteilseigner der Zwischengesellschaft gewährt werden, bei der effektiven

---

550 Vgl. *Kraft*, in: Kraft, AStG, 2019, § 8 AStG, Rn. 892; *Wassermeyer/Schönfeld*, in: F/W/B/S, Außensteuerrecht, 2017, § 8 AStG, Rn. 707; *Lehfeldt*, in: S/K/K, AStG/DBA, 2016 § 8 AStG, Rn. 184; *Reiche*, in: Haase, AStG/DBA, 2016, § 8 AStG, Rn. 162; *Mann*, in: BeckOK AStG, AStG, 2022, § 8 AStG, Rn. 460; *Vogt*, in: Brandis/Heuermann, Ertragsteuerrecht, 2022, § 8 AStG, Rn. 480.

551 Vgl. *Wassermeyer/Schönfeld*, in: F/W/B/S, Außensteuerrecht, 2017, § 8 AStG, Rn. 701; *Roser*, IStR 2000, S. 79; *Dörr/Fehling*, NWB 2007, S. 2549; *Haase/Nürnberg*, Ubg 2020, S. 3; *Engelke/Hoffmann*, BB 2019, S. 1567; *Haase*, ISR 2017, S. 351; *Röder*, StuW 2020, S. 46 zur anhaltenden Kritik der Niedrigsteuergrenze von 25 %. Siehe auch *Weber-Grellet*, DB 2022, S. 1346; *Hundeshagen/Fuss*, DK 2022, S. 54 ff.; *Bärsch/Schneider*, DB 2022, S. 82; *Prinz*, DB 2022b, S. 1733 zur Einführung einer globalen Mindeststeuer in Höhe von 15 % im Rahmen von Pillar Two.

552 Vgl. auch *Binder/Graßl*, IStR 2021, S. 870; *Fuhrmann*, in: Fuhrmann, AStG, 2017, § 8 AStG, Rn. 316; BMF vom 14.05.2004, BStBl I 2004, Sondernr. 1/2004, S. 3, Tz. 8.3.2.1. Siehe auch *Kraft/Seydewitz*, BB 2015, S. 1494 ff.; *Lieber*, FR 2002, S. 147 f. zur Ermittlung der effektiven Ertragsteuerbelastung bei Gruppenbesteuerungssystemen.

553 Vgl. *Mattern*, in: AStG eKommentar, AStG, 2021, § 8 AStG, Fassung vom 01.01.2015, Rn. 164. Siehe auch OFD Frankfurt vom 13.07.2021, BeckVerw 551750, Übersicht 1 und 3 zur indikativen Auswahl der Steuerquoten verschiedener Staaten.

554 Vgl. *Wassermeyer/Schönfeld*, in: F/W/B/S, Außensteuerrecht, 2017, § 8 AStG, Rn. 761; *Köhler/Luckey/Kollruss*, Ubg 2010, S. 465 ff.; *Höring*, DStZ 2011, S. 15 ff. zur Einführung des § 8 Abs. 3 Satz 3 AStG a. F. vor dem Hintergrund des Malta-Modells. Siehe auch *Kollruss/Lukas/Rüst*, BB 2010, S. 2663 ff.; *Kollruss*, FR 2016, S. 448 ff.; *Schmidt*, in: Schmidt, AStG, 2012, § 8 AStG, Rn. 36; *Haaf/Weiss*, IStR 2022, S. 707 f. mit weiterführenden Überlegungen zum Zypern-Modell sowie Malta-Betriebsstätten-Modell als Alternativen nach Einführung des § 8 Abs. 3 Satz 3 AStG a. F.

Ertragsteuerbelastung zu berücksichtigen (§ 8 Abs. 3 Satz 2 AStG a. F. und § 8 Abs. 5 Satz 2 AStG).[555] Hierunter fallen typischerweise die Steuererstattungen im Rahmen von Anrechnungssystemen.[556]

Gemäß Art. 7 Abs. 1 Buchst. b ATAD soll eine Niedrigbesteuerung vorliegen, sofern die Körperschaftsteuerbelastung des beherrschten ausländischen Unternehmens weniger als 50 % der Ertragsteuerbelastung im Mitgliedstaat des Hinzurechnungsempfängers beträgt.[557] Unter Berücksichtigung des Körperschaftsteuersatzes in Höhe von 15 % ergibt sich eine Niedrigsteuergrenze von mindestens 7,5 %.[558] Gleichwohl ist eine Untergrenze der Niedrigsteuergrenze von 15 % sachgerechter, sodass einer zusätzlichen Gewerbesteuerbelastung mit typisierenden 15 % Rechnung getragen wird.[559] Die im nationalen Recht verankerte Wertgrenze von 25 % ist jedoch auch mit dem Mindestschutzniveau nach Art. 3 ATAD vereinbar.[560]

---

555 Vgl. *Benecke/Schnitger*, IStR 2010, S. 435 f.; *Eismayr/Linn*, NWB 2011, S. 30 ff.; *Kraft*, in: Kraft, AStG, 2019, § 8 AStG, Rn. 1080; *Wassermeyer*, in: F/W/B/S, Außensteuerrecht, 2018, § 7 AStG, Rn. 9; *Mann*, in: BeckOK AStG, AStG, 2022, § 8 AStG, Rn. 492 ff.; *Mattern*, in: AStG eKommentar, AStG, 2021, § 8 AStG, Fassung vom 01.01.2015, Rn. 149; *Vogt*, in: Brandis/Heuermann, Ertragsteuerrecht, 2022, § 8 AStG, Rn. 527 f.

556 Vgl. *Lehfeldt*, in: S/K/K, AStG/DBA, 2016, § 8 AStG, Rn. 183; *Mattern*, in: AStG eKommentar, AStG, 2021, § 8 AStG, Fassung vom 01.01.2015, Rn. 149 zur Besonderheit von Körperschaftsteueranrechnungssystemen im Ausschüttungsfall. Es sei darauf hingewiesen, dass bis zum Veranlagungszeitraum 2001 ebenfalls das deutsche Körperschaftsteuerrecht ein Anrechnungssystem kannte (siehe auch *Crezelius*, DB 2001, S. 221 ff.).

557 Vgl. *Musil*, in: Musil/Weber-Grellet, Europäisches Steuerrecht, 2019, Art. 8 ATAD, Rn. 7; *Linn*, IStR 2016, S. 646. Siehe auch *Schönfeld*, IStR 2017, 721, 723 mit dem Hinweis auf den schwer verständlichen Richtlinienwortlaut.

558 Vgl. *Scheffler*, ISR 2017, S. 66; *Mammen*, Ubg 2019, S. 400; *Becker/Loose*, BB 2018, S. 216; *Böhmer/Gebhardt/Krüger*, in: Hagemann/Kahlenberg, ATAD, 2019, Art. 7 ATAD, Rn. 266; *Haase*, DStR 2019, S. 834; *Köhler/Staats*, ISR 2021, S. 298.

559 Vgl. *Schnitger/Nitzschke/Gebhardt*, IStR 2016, S. 963; *Röder*, StuW 2005, S. 46; *Engelke/Hoffmann*, BB 2019, S. 1567. Siehe auch *Haun/Solowjeff*, in: H/K/R, Außensteuerrecht, 2021, Vor §§ 7–13 AStG, Rn. 121, die sich in Abhängigkeit der Einkommen- oder Körperschaftsteuerpflicht des Hinzurechnungsempfängers auf eine differenzierte Niedrigsteuergrenze aussprechen.

560 Vgl. auch *Linn*, IStR 2016, S. 649; *Schnitger/Nitzschke/Gebhardt*, IStR 2016, S. 964; kritischer *Scheffler*, ISR 2017, S. 66; *Musil*, FR 2018, S. 938; *Schönfeld*, IStR 2017, S. 723 unter Bezugnahme auf die Schrankenwirkung des Primärrechts „nach oben".

3.2.5 Notwendigkeit eines Substanz- und Motivnachweises

Als Reaktion auf die Rechtsprechung des Europäischen Gerichtshofs in der Rechtssache *Cadbury Schweppes*[561] hat der deutsche Gesetzgeber mit dem JStG 2008[562] die Möglichkeit eines Substanznachweises in § 8 Abs. 2 AStG a. F. eingeführt.[563] Infolgedessen ist von einer Hinzurechnung der Zwischeneinkünfte abzusehen, sofern die Zwischengesellschaft mit Sitz oder Ort der Geschäftsleitung innerhalb der EU oder dem EWR einer tatsächlichen wirtschaftlichen Tätigkeit nachgeht. Aufgrund der vorgenannten Rechtsprechung umfasst missbräuchliches Verhalten ein subjektives und objektives Element.[564] Aufgrund der praktischen Problematik der Widerlegung des subjektiven Elements, erfolgt zumeist eine Prüfung des objektiven Elements anhand der Geschäftsräume, des Personals sowie der Ausrüstungsgegenstände.[565]

---

561 Vgl. EuGH vom 12.09.2006, Rs. Cadbury Schweppes, C-196/04, Slg. I 2006, S. 7995. Siehe auch *Schönfeld*, IWB 2006, S. 11 ff.; *Kraft/Bron*, IStR 2006, S. 614 ff.; *Hahn*, IStR 2006, S. 667 ff.; *Wassermeyer/Schönfeld*, GmbHR 2006, S. 1065 ff.; *Goebel/Palm*, IStR 2007, S. 720 ff.; *Hackemann*, IStR 2007, S. 351 ff. zu den Konsequenzen für die deutsche Hinzurechnungsbesteuerung vor Einführung des § 8 Abs. 2 AStG a. F.

562 Vgl. Jahressteuergesetz 2008 vom 20.12.2007, BGBl I 2007, S. 3150.

563 Vgl. BT-Drucks. 16/6290, S. 92; *Kraft*, in: Kraft, AStG, 2019, § 8 AStG, Rn. 730; *Vogt*, in: Brandis/Heuermann, Ertragsteuerrecht, 2022, § 8 AStG, Rn. 314; *Schön*, IStR-Beihefter 2013, S. 3; *Köhler/Haun*, Ubg 2008, S. 73 ff.; *Dörr/Fehling*, NWB 2007, S. 2549 ff.; *Schnitger*, IStR 2007, S. 731; *Köhler/Tippelhofer*, IStR 2007, S. 684.

564 Vgl. EuGH vom 12.09.2006, Rs. Cadbury Schweppes, C-196/04, Slg. I 2006, S. 7995; *Hahn*, IStR 2006, S. 669; *Cloer/Hagemann*, DB 2019, S. 1233; *Wassermeyer/Schönfeld*, in: F/W/B/S, Außensteuerrecht, 2017, § 8 AStG, Rn. 403; *Kraft/Bron*, IStR 2006, S. 617. Es ist ausreichend, wenn entweder das objektive Element oder subjektive Element widerlegt wird (vgl. *Grübel*, ISR 2021, S. 45 ff.; *Haase/Blank*, Ubg 2021, S. 78 ff.; *Köhler*, ISR 2021, S. 201 ff.; *Wassermeyer/Schönfeld*, in: F/W/B/S, Außensteuerrecht, 2017, § 8 AStG, Rn. 402; a. A. *Eimler*, FR 2021, 822 ff.).

565 Vgl. EuGH vom 12.09.2006, Rs. Cadbury Schweppes, C-196/04, Slg. I 2006, S. 7995; *Wassermeyer/Schönfeld*, in: F/W/B/S, Außensteuerrecht, 2017, § 8 AStG, Rn. 401. Die Exkulpationsmöglichkeit führt in der Praxis zu Unsicherheiten, da von der Finanzverwaltung sowohl eine Tätigkeit auf dem Beschaffungs- als auch auf dem Absatzmarkt gefordert wird (vgl. BMF vom 08.01.2007, BStBl I 2007, S. 99, gl. A. FG Münster vom 20.11.2015, 10 K 1410/12 F, EFG 2016, S. 453). Der verwaltungsseitige Versuch der Herstellung einer Unionsrechtskonformität der Hinzurechnungsbesteuerung wurde im Schrifttum aufgrund der teils zu engen Voraussetzungen frühzeitig kritisiert (vgl. *Köhler/Haun*, Ubg 2008, S. 73 ff.; *Köhler/Eicker*, DStR 2007, S. 331 ff.). In der Revisionsentscheidung lässt der Bundesfinanzhof die Frage offen, an welchen Voraussetzungen der objektive Substanznachweis i. S. des § 8 Abs. 2 AStG a. F. zu messen ist

Gemäß § 8 Abs. 2 bis 4 AStG ist weiterhin der Substanznachweis möglich. Nichtsdestoweniger wird nicht mehr eine „tatsächliche wirtschaftliche Tätigkeit", sondern eine „wesentliche wirtschaftliche Tätigkeit" gefordert.[566] Diese Begrifflichkeit steht im Einklang mit dem Wortlaut des Art. 7 Abs. 2 Satz 2 ATAD.[567] Gemäß § 8 Abs. 2 Satz 2 AStG soll eine wesentliche wirtschaftliche Tätigkeit voraussetzen, dass die für die Tätigkeit der ausländischen Gesellschaft erforderliche sachliche und personelle Ausstattung vorliegt.[568] Die Tätigkeit muss nach § 8 Abs. 2 Satz 3 AStG durch hinreichend qualifiziertes Personal selbstständig und eigenverantwortlich ausgeübt werden können.[569] Durch den Bezug auf die jeweilige Tätigkeit kann geschlossen werden, dass der Steuergesetzgeber die vom Europäischen Gerichtshof[570] und Bundesfinanzhof[571] dargelegten Grundsätze zur Substanz dynamisch

---

(vgl. BFH vom 13.06.2018, I R 94/15, BStBl II 2020, S. 705; *Köhler*, ISR 2018b, S. 455; *Kortendick/Joisten/Ekinci*, BB 2018, S. 3032; *Cloer/Hagemann*, DB 2019, S. 1232; *Ditz/Engelen/Quilitzsch*, DStR 2019, S. 366). Durch die Rechtsprechung wurde lediglich bejaht, dass die im Urteilsfall vorliegende geringe Substanz für eine derartig einfache kaufmännische Verwaltungstätigkeit ausreichend ist (vgl. auch BFH vom 13.06.2018, I R 94/15, BStBl II 2020, S. 705). Inwiefern eine derartige Substanz bei einer umfangreicheren Tätigkeit den Erfordernissen genügt, ist offen geblieben (vgl. *Ditz/Engelen/Quilitzsch*, DStR 2019, S. 366; *Cloer/Hagemann*, DB 2019, S. 1232; *Köhler*, ISR 2018b, S. 455).

566 Vgl. BT-Drucks. 19/28652, S. 57; *Grübel*, ISR 2021, S. 54; *Ditz u. a.*, DStR 2020, S. 78; *Böhmer/Oppel*, IWB 2020, S. 14.

567 Vgl. *Haun/Solowjeff*, in: H/KG, Außensteuerrecht, 2021, Vor §§ 7–13 AStG, Rn. 77; *Mann*, in: BeckOK AStG, AStG, 2022, § 8 AStG, Rn. 332; *Böhmer/Oppel*, IWB 2020, S. 14. Die Finanzverwaltung könnte die Begriffsänderung als Anlass nehmen, der Vorschrift des § 8 Abs. 2 Satz 1 AStG ein restriktiveres Begriffsverständnis zugrunde zu legen (vgl. *Schönfeld*, IStR 2019, S. 401; *Eimler*, FR 2021, S. 833 f.; *Köhler/Staats*, ISR 2021, S. 300; *Kraft*, IStR 2022a, S. 483, die den Substanztest auf der Basis einer wesentlichen wirtschaftlichen Tätigkeit als eine Verschärfung ansehen). Siehe auch *Bärsch/Schneider*, DB 2022, S. 83, die sich für eine einschränkende Auslegung des Wortlauts des § 8 Abs. 2 Satz 2 AStG aussprechen.

568 Vgl. *Mann*, in: BeckOK AStG, AStG, 2022, § 8 AStG, Rn. 349 f.; *Böhmer/Oppel*, IWB 2020, S. 14; *Vogt*, in: Brandis/Heuermann, Ertragsteuerrecht, 2022, § 8 AStG, Rn. 448; *Ditz u. a.*, DStR 2020, S. 78. Siehe auch *Kraft*, IStR 2022a, S. 483, der durch die Anpassung des Wortlautes in § 8 Abs. 2 Satz 1 AStG eine Verschärfung der Exkulpationsmöglichkeit annimmt.

569 Vgl. *Ditz u. a.*, DStR 2020, S. 78; *Böhmer/Oppel*, IWB 2020, S. 14.

570 Vgl. EuGH vom 12.09.2006, Rs. Cadbury Schweppes, C-196/04, Slg. I 2006, S. 7995.

571 Vgl. BFH vom 13.06.2018, I R 94/15, BStBl II 2020, S. 705.

auslegt.[572]

Durch § 8 Abs. 2 Satz 2 und 3 AStG steigt die Substanzanforderung mit einer höheren Komplexität der Tätigkeit der ausländischen Gesellschaft.[573] Des Weiteren kann gemäß § 8 Abs. 2 Satz 5 AStG eine Substanz nicht durch einen Dritten vermittelt werden (sog. Outsourcing).[574] Der Motivtest ist nach dem Wortlaut des § 8 Abs. 2 Satz 1 AStG a. F. und § 8 Abs. 3 AStG auf Gesellschaften mit Sitz oder Geschäftsleitung innerhalb der EU oder dem EWR beschränkt.[575] Der

---

572 Nach der Gesetzesbegründung handelt es sich bei der Novellierung des § 8 Abs. 2 AStG lediglich um eine redaktionelle Anpassung an den Wortlaut des Art. 7 Abs. 2 Satz 2 ATAD (vgl. BT-Drucks. 19/28652, S. 57; kritischer *Köhler*, ISR 2018b, S. 455; *Ditz/Engelen/Quilitzsch*, DStR 2019, S. 366).

573 Vgl. hierzu z. B. *Böhmer/Oppel*, IWB 2020, S. 14 f.; *Ditz u. a.*, DStR 2020, S. 78.

574 Vgl. *Böhmer/Oppel*, IWB 2020, S. 14; kritisch *Köhler/Staats*, ISR 2021, S. 300; *Schmidtmann*, IWB 2020, S. 182; *Ditz u. a.*, DStR 2020, S. 78. Gleichwohl könnte § 8 Abs. 2 Satz 5 AStG entgegengehalten werden, dass zumindest im Rahmen des kleinen Substanznachweises in § 8 Abs. 1 Nr. 3 AStG a. F. die Auslagerung von Geschäftstätigkeiten auf fremde Dritte als unschädlich angesehen wurde (vgl. BFH vom 13.10.2010, I R 61/09, BStBl II 2011, S. 249; *Köhler*, ISR 2012, S. 1 ff.; *Bauschatz*, IStR 2002, S. 334 f.; *Fuhrmann/Steierberg*, IWB 2011, S. 8 ff.; *Heinsen/Handwerker*, DB 2011, S. 82 ff.; a. A. *Eimler*, FR 2021, S. 827). Insoweit § 8 Abs. 2 Satz 5 AStG auch das gruppeninterne Outsourcing als schädlich betrachtet, ist diese Vorschrift vor dem Hintergrund der europäischen Rechtsprechung zu § 50 Abs. 3 EStG mehr als kritisch zu betrachten (vgl. EuGH vom 20.12.2017, Rs. Deister Holding und Juhler Holding, C-504/16 und C-613/16, IStR 2018, 197; EuGH vom 14.06.2018, Rs. GS, C-440/17, IStR 2018, S. 543; *Ditz u. a.*, DStR 2020, S. 78). Siehe auch *Grübel*, ISR 2021, S. 45; *Schmidtmann*, GmbHR 2019, S. 64 zur Übertragung der zu § 50d Abs. 3 EStG ergangenen Rechtsprechungsgrundsätze auf § 8 Abs. 2 AStG a. F. und AStG. Die Finanzverwaltung wendet diese Rechtsgrundsätze auf Entlastungsanträge gemäß § 43b EStG an (vgl. BMF vom 04.04.2018, BStBl I 2018, S. 589). Sofern der Entlastungsantrag auf § 50g EStG oder einer abkommensrechtlichen Norm beruht, sollen diese Rechtsgrundsätze wohl keine Anwendung finden. Es ist gleichwohl verwunderlich, dass eine widersprüchliche Regelung in § 8 Abs. 2 Satz 5 AStG implementiert wurde (so auch *Haun/Solowjeff*, in: H/K/R, Außensteuerrecht, 2021, Vor §§ 7–13 AStG, Rn. 78). Siehe auch *Müller*, GmbH-StB 2021, S. 283, der grundsätzlich eine Angleichung der Exkulpationsmöglichkeit in § 8 Abs. 2 AStG und § 50d Abs. 3 EStG vorschlägt.

575 Vgl. *Lehfeldt*, in: S/K/K, AStG/DBA, 2016, § 8 AStG, Rn. 182.17; *Kraft*, in: Kraft, AStG, 2019, § 8 AStG, Rn. 740; *Mann*, in: BeckOK AStG, AStG, 2022, § 8 AStG, Rn. 403; *Vogt*, in: Brandis/Heuermann, Ertragsteuerrecht, 2022, § 8 AStG, Rn. 471 ff.; *Schmidtmann*, IWB 2020, S. 185; *Böhmer/Oppel*, IWB 2020, S. 14; *Ditz u. a.*, DStR 2020, S. 78; *Hörnicke/Kraft*, ISR 2022, S. 3; kritisierend *Haase/Hofacker*, Ubg 2019, S. 265. Gleichwohl wurde durch den Bundesfinanzhof zu § 8 Abs. 2 AStG a. F. entschieden,

Motivtest i. S. des § 8 Abs. 2 AStG ist gemäß § 13 Abs. 4 AStG ergänzend auf Zwischeneinkünfte mit Kapitalanlagecharakter anwendbar.[576] Aufgrund der Rechtsprechung des Europäischen Gerichtshofs[577] und des Bundesfinanzhofs[578] zu § 7 Abs. 6 und 6a AStG a. F. ist der Substanznachweis fortan ebenfalls für Drittstaatengesellschaften anwendbar, sodass ein Verweis auf § 8 Abs. 3 AStG unterbleibt.[579] Bei niedrigbesteuerten ausländischen Gesellschaften mit Sitz oder Ort

---

dass sich neben den Zwischeneinkünften mit Kapitalanlagecharakter ebenfalls die reguläre Hinzurechnungsbesteuerung aufgrund des Konzepts der Inländerbeherrschung anhand der Kapitalverkehrsfreiheit nach Art. 63 AEUV zu messen lassen hat, sofern ein zwischenstaatlicher Informationsaustausch sichergestellt ist (vgl. BFH vom 22.05.2019, I R 11/19 (I R 80/14), BStBl II 2021, S. 265; BFH vom 18.12.2019, I R 59/17, BStBl II 2021, S. 270; BMF vom 17.03.2021, BStBl I 2021, S. 342; *Köhler/Staats*, ISR 2021, S. 299; *Ditz/Ekinci*, Ubg 2021, S. 367; *Müller*, GmbH-StB 2021, S. 287). Aufgrund der Abkehr vom Konzept der Inländerbeherrschung zur Verbundbeherrschung hält der Gesetzgeber für die reguläre Hinzurechnungsbesteuerung nur die Niederlassungsfreiheit nach Art. 49. AUEV für anwendbar (vgl. BT-Drucks. 19/28652, S. 57; *Jacobsen*, DStZ 2021, S. 753; *Mann*, in: BeckOK AStG, AStG, 2022, § 8 AStG, Rn. 23; a. A. *Holst/Krüger*, IStR 2021, S. 84; *Böhmer/Gebhardt/Krüger*, IWB 2021, S. 480; *Ditz/Ekinci*, Ubg 2021, S. 368). Dieser Auffassung wird entgegengehalten, dass zwar auf den Verbund abzustellen ist, jedoch weiterhin kein „echtes" Beherrschungserfordernis verlangt wird (vgl. hierzu z. B. *Böhmer/Gebhardt/Krüger*, IWB 2021, S. 480). Es sei darauf hingewiesen, dass ausschließlich Stimmrechte eine echte Beherrschung begründen, sodass die Vorschrift des § 8 Abs. 3 AStG im Fall einer Mehrheit des Anspruchs am Gewinn oder Liquidationserlös unionsrechtlich äußerst kritisch zu betrachten ist (vgl. *Middendorf*/Eberhardt, StuB 2021, S. 697; *Holst/Krüger*, IStR 2021, S. 84; *Köhler/Staats*, ISR 2021, S. 296; *Kahlenberg*, DB 2019, S. 1594; *Ditz/Ekinci*, Ubg 2021, S. 368; a. A. *Mann*, in: BeckOK AStG, AStG, 2022, § 8 AStG, Rn. 23; *Jacobsen*, DStZ 2021, S. 753). Siehe z. B. auch *Lieber/Rasch*, GmbHR 2004, S. 1572 ff.; *Hörnicke/Kraft*, ISR 2022, S. 1 ff.; mit detaillierten Ausführungen zur Anwendbarkeit der Niederlassungs- und Kapitalverkehrsfreiheit auf die Hinzurechnungsbesteuerung.

576 Vgl. auch *Kraft*, IStR 2022b, S. 528 f.; *Kortendick/Ekinci*, DStR 2022, S. 2527; *Treusch*, in: BeckOK AStG, AStG, 2022, § 13 AStG, Rn. 358; *Vogt*, in: Brandis/Heuermann, Ertragsteerrecht, 2022, § 13 AStG, Rn. 72 ff.

577 Vgl. EuGH vom 26.02.2019, Rs. X GmbH, C-135/17, IStR 2019, S. 347.

578 Vgl. BFH vom 22.05.2019, I R 11/19 (I R 80/14), BStBl II 2021, S. 265, der die Anwendung der Kapitalverkehrsfreiheit ablehnte, da mit Art. 27 Abs. 1 Buchst. b DBA-Schweiz a. F. nur eine kleine Auskunftsklausel vorhanden ist. Siehe auch FG Münster vom 11.02.2022, 2 V 1478/21 F, EFG 2022, S. 557 zur Unionsrechtskonformität im Verhältnis zu Hong Kong.

579 Vgl. *Gebhardt/Krüger*, IWB 2020, S. 116; *Ditz u. a.*, DStR 2020, S. 79 mit dem berechtigten Hinweis, dass der Querverweis auf § 8 Abs. 2 AStG äußerst misslungen ist, da

der Geschäftsleitung in einem nicht-kooperativen Staat und Gebiet wird gemäß § 9 Satz 1 StAbwG die Anwendung des Substanz- oder Motivnachweises *per se* ausgeschlossen.[580]

Durch Art. 7 Abs. 2 Satz 2 ATAD wird eine Exkulpationsmöglichkeit für in der EU und dem EWR ansässige beherrschte ausländische Unternehmen vorgesehen.[581] Diese erfordert gemäß Art. 7 Abs. 2 Satz 2 ATAD, dass eine „wesentliche wirtschaftliche Tätigkeit" vorliegt. Die ATAD weicht diesbezüglich von der Rechtsprechung des Europäischen Gerichtshofs[582] ab, die eine „wirkliche wirtschaftliche Tätigkeit" fordert.[583] Grundsätzlich kann für Zwecke des Art. 7 Abs. 2 Satz 2 ATAD weiterhin auf die bereits durch den Europäischen Gerichtshof[584] hergeleiteten objektiven Kriterien wie das Personal, die Ausstattung, Vermögenswerte sowie Räumlichkeiten zurückgegriffen werden.[585] Des Weiteren steht es den Mitgliedstaaten frei, den Substanznachweis für Zwischengesellschaften im Drittstaat zuzulassen (Art. 7 Abs. 2 Satz 3 ATAD).[586] Dies ist vor allem

---

die Kapitalverkehrsfreiheit auf die gehaltene Beteiligung und nicht auf die wirtschaftliche Tätigkeit der ausländischen Gesellschaft abstellt. Kritisch zu betrachten ist, dass durch den Verweis auf den Substanznachweis i. S. des § 8 Abs. 2 AStG nicht Rechnung getragen wird, dass Drittstaatengesellschaften in den Schutzbereich der Kapitalverkehrsfreiheit nach den Art. 63 AEUV fallen (vgl. hierzu z. B. *Köhler/Staats*, ISR 2021, S. 300). Die Rechtsprechung stellt zutreffenderweise ausschließlich darauf ab, ob wirtschaftliche Gründe für eine Beteiligung auf Gesellschafterebene sprechen (vgl. EuGH vom 26.02.2019, Rs. X GmbH, C-135/17, IStR 2019, S. 347; BFH vom 22.05.2019, I R 11/19 (I R 80/14), BStBl II 2021, S. 265; BFH vom 18.12.2019, I R 59/17, BStBl II 2021, S. 270). Ein Rückgriff auf § 8 Abs. 2 bis 4 AStG und somit auf Gesellschaftsebene ist nicht sachgerecht (vgl. *Kahlenberg*, DB 2019, S. 1593; *Kahlenberg*, NWB 2020, S. 1564).

580 Vgl. *Mann*, in: BeckOK AStG, AStG, 2022, § 8 AStG, Rn. 404; *Ditz/Seibert*, FR 2021, S. 818; *Kußmaul/Kloster/Licht*, Ubg 2021, S. 377; *Haun/Sauer*, IStR 2021, S. 923.

581 Vgl. *Schönfeld*, IStR 2017, S. 726.

582 Vgl. EuGH vom 12.09.2006, Rs. Cadbury Schweppes, C-196/04, Slg. I 2006, S. 7995.

583 Vgl. auch *Böhmer/Gebhardt/Krüger*, in: Hagemann/Kahlenberg, ATAD, 2019, Art. 7 ATAD, Rn. 181, die im Hinblick auf das Primärrecht keine Erhöhung der Substanzerfordernisse sehen.

584 Vgl. EuGH vom 12.09.2006, Rs. Cadbury Schweppes, C-196/04, Slg. I 2006, S. 7995 zu den objektiven Kriterien. Siehe auch *Haun/Cortez*, in: H/K/R, Außensteuerrecht, 2014, § 8 AStG, Rn. 564.

585 Siehe auch *Schnitger/Nitzschke/Gebhardt*, IStR 2016, S. 969; *Böhmer/Gebhardt/Krüger*, in: Hagemann/Kahlenberg, ATAD, 2019, Art. 7 ATAD, Rn. 181.

586 Vgl. hierzu z. B. *Schnitger/Nitzschke/Gebhardt*, IStR 2016, S. 969.

im Hinblick auf das Fehlen der Widerlegung einer schädlichen Mitwirkung zu begrüßen, wenn nicht sogar aus primärrechtlichen Gründen verpflichtend.[587]

3.3 Rechtsfolgen bei Erfüllung der Tatbestandsmerkmale der Hinzurechnungsbesteuerung

3.3.1 Erfassung des Hinzurechnungsbetrags bei der inländischen steuerlichen Bemessungsgrundlage

Die Zwischeneinkünfte sind gemäß § 10 Abs. 1 Satz 1 AStG a. F. und AStG dem Hinzurechnungsempfänger entsprechend seiner Beteiligungshöhe zuzurechnen (sog. Hinzurechnungsbetrag). Eine Zurechnung erfolgt nur, wenn der Hinzurechnungsbetrag positiv ist, sodass kein negativer Betrag beim Hinzurechnungsempfänger zu erfassen ist (§ 10 Abs. 1 Satz 4 AStG a. F. und § 10 Abs. 1 Satz 2 AStG).[588] Dieser ist nach § 10 Abs. 3 Satz 5 AStG a. F. unter entsprechender Anwendung des § 10d EStG rück- oder vorzutragen.[589] Nach § 10 Abs. 3 Satz 5 und 6 AStG ist unter entsprechender Anwendung des § 10d EStG nur noch der Verlustvortrag vorgesehen.[590] Der Hinzurechnungsbetrag stellt gemäß § 10 Abs. 2 Satz 1 AStG a. F. und AStG eine Quasi-Dividende dar, die den Einkünften aus Kapitalvermögen zuzurechnen ist.[591]

---

587 Vgl. *Linn*, IStR 2016, S. 651, der die Anwendung des Entlastungsbeweises in Art. 7 Abs. 2 Buchst. a ATAD für Drittstaatengesellschaften befürwortet. Siehe auch *Heckerodt*, IStR 2019, S. 690 f., der wohl einen Entlastungsbeweis für Drittstaatengesellschaften im Rahmen der §§ 7 bis 12 AStG nicht für zwingend hält.

588 Vgl. auch *Haun/Cortez*, in: H/K/R, Außensteuerrecht, 2014, § 8 AStG, Rn. 73; *Nolte*, in: AStG eKommentar, AStG, 2021, § 10 AStG, Fassung vom 01.01.2018, Rn. 21; *Oertel*, in: BeckOK AStG, AStG, 2022, § 10 AStG, Rn. 102; *Vogt*, in: Brandis/Heuermann, Ertragsteuerrecht, 2022, § 10 AStG, Rn. 34.

589 Vgl. *Fuhrmann*, in: Fuhrmann, AStG, 2017, § 10 AStG, Rn. 136; *Edelmann*, in: Kraft, AStG, 2019, § 8 AStG, Rn. 529; *Oertel*, in: BeckOK AStG, AStG, 2022, § 10 AStG, Rn. 103.

590 Unter Berücksichtigung des Art. 8 Abs. 1 Satz 2 ATAD ist die Beschränkung in § 10 Abs. 3 Satz 5 und 6 AStG auf einen Verlustvortrag unionsrechtlich notwendig (vgl. *Ditz u. a.*, DStR 2020, S. 80; *Böhmer/Oppel*, IWB 2020, S. 18).

591 Vgl. *Gosch*, in: Gosch, KStG, 2020, § 8b KStG, Rn. 25; *Wassermeyer*, IStR 2016, S. 517; *Oertel*, in: BeckOK AStG, AStG, 2022, § 10 AStG, Rn. 144; *Ries/Herbst*, IStR 2018, S. 781 f.; *Böhmer/Schewe/Schlücke*, FR 2020, S. 164; *Wassermeyer/Schönfeld*, in: F/W/B/S, Außensteuerrecht, 2019, § 8 AStG, Rn. 143.

Deckungsgleich zu § 20 Abs. 8 Satz 1 EStG sieht § 10 Abs. 2 Satz 2 AStG a. F. und AStG eine Subsidiarität gegenüber den Gewinneinkünften vor.[592] Durch die Nichtanwendung des Teileinkünfteverfahrens i. S. von § 3 Nr. 40 EStG und des Schachtelprivilegs i. S. von § 8b KStG, wird der Hinzurechnungsbetrag der „regulären" Ertragsbesteuerung unterworfen (§ 10 Abs. 2 Satz 3 AStG a. F. und § 10 Abs. 2 Satz 4 AStG).[593] Der Hinzurechnungsbetrag unterliegt gemäß § 7 Satz 7 GewStG der Gewerbesteuer, da dieser als in einer inländischen Betriebsstätte angefallen gilt.[594] Eine gewerbesteuerliche Kürzung des Hinzurechnungsbetrags scheidet nach § 9 Nr. 3 Satz 1 GewStG aus, da nur „eigene" ausländische Betriebsstätten des Gewerbesteuerpflichtigen kürzungsfähig sind.[595]

Gemäß Art. 8 Abs. 1 Satz 1 ATAD werden passive Einkünfte in der körperschaftsteuerlichen Bemessungsgrundlage erfasst.[596] Die Zurechnung erfolgt gemäß der Beteiligungsquote (Art 8 Abs. 3 ATAD).[597] Art. 8 Abs. 1 Satz 2 ATAD sieht vor, dass ein Verlust nicht zugerechnet wird, sondern nach den nationalen Vorschriften vorgetragen wird.[598]

---

592 Vgl. *Luckey*, in: S/K/K, AStG/DBA, 2017, § 10 AStG, Rn. 42; *Nolte*, in: AStG eKommentar, AStG, 2021, § 10 AStG, Fassung vom 01.01.2018, Rn. 181; *Fuhrmann*, in: Fuhrmann, AStG, 2017, § 10 AStG, Rn. 96; *Oertel*, in: BeckOK AStG, AStG, 2022, § 10 AStG, Rn. 152.

593 Vgl. *Bauernschmitt*, in: Haase, AStG/DBA, 2016, § 10 AStG, Rn. 63; *Wassermeyer/Schönfeld*, in: F/W/B/S, Außensteuerrecht, 2019, § 10 AStG, Rn. 202; *Vogt*, in: Brandis/Heuermann, Ertragsteuerrecht, 2018, § 10 AStG, Rn. 43; *Edelmann*, in: Kraft, AStG, 2019, § 10 AStG, Rn. 370; *Gosch*, in: Gosch, KStG, 2020, § 8b KStG, Rn. 25. Siehe auch *Rättig/Protzen*, IStR 2000a, S. 398 f. zur Notwendigkeit der Einführung des § 10 Abs. 2 Satz 3 AStG a. F.

594 Vgl. *Nolte/Kuhnert*, in: AStG eKommentar, AStG, 2022, § 10 AStG, Fassung vom 01.01.2022; Rn. 9; *Vogt*, in: Brandis/Heuermann, Ertragsteuerrecht, 2022, § 10 AStG, Rn. 61; *Selder*, in: Glanegger/Güroff, GewStG, 2021, § 7 GewStG, Rn. 21; kritisch *Schnitger*, IStR 2016, S. 642.

595 Vgl. *Kraft*, FR 2016, S. 257 ff.; *Wassermeyer/Schönfeld*, in: F/W/B/S, Außensteuerrecht, 2017, § 20 AStG, Rn. 214; *Schnitter*, in: F/D, KStG/GewStG/UmwStG, 2021, § 7 GewStG, Rn. 132; Schmidt/Cortez, IWB 2021, S. 566.

596 Vgl. *Musil*, in: Musil/Weber-Grellet, Europäisches Steuerrecht, 2022, Art. 8 ATAD, Rn. 2; *Böhmer/Gebhardt/Krüger*, in: Hagemann/Kahlenberg, ATAD, 2019, Art. 8 ATAD, Rn. 5.

597 Siehe auch *Böhmer/Gebhardt/Krüger*, in: Hagemann/Kahlenberg, ATAD, 2019, Art. 8 ATAD, Rn. 16 ff. zur Ermittlung der Hinzurechnungsquote.

598 Vgl. *Linn*, IStR 2016, S. 647; *Schnitger/Nitzschke/Gebhardt*, IStR 2016, S. 971. Durch Art. 1 ATAD werden nur Körperschaftsteuerpflichtige als Hinzurechnungsempfänger definiert. Die Einbeziehung von Einkommensteuerpflichtigen kann als „freiwillige"

3.3.2 Zurechnungszeitpunkt

Die Zurechnung des Hinzurechnungsbetrags erfolgt gemäß § 10 Abs. 2 Satz 1 AStG a. F. unmittelbar nach Ablauf des maßgebenden Wirtschaftsjahrs der Zwischengesellschaft.[599] Der fiktive Zufluss des Hinzurechnungsbetrags erfolgt eine logische Sekunde nach Ablauf des maßgebenden Wirtschaftsjahrs (sog. phasenverschobene Zurechnung).[600] In § 10 Abs. 2 Satz 1 AStG ist vorgesehen, dass der Hinzurechnungsbetrag dem Hinzurechnungsempfänger mit Ablauf des maßgebenden Wirtschaftsjahrs fiktiv zufließt.[601] Es erfolgt eine phasengleiche Zurechnung des Hinzurechnungsbetrags.[602]

Die passiven Einkünfte sind gemäß Art. 8 Abs. 4 ATAD dem Hinzurechnungsempfänger mit Ende des Steuerjahrs der beherrschten ausländischen Gesellschaft zuzurechnen.[603] Nach der ATAD erfolgt somit eine phasengleiche Zurechnung.

3.3.3 Ermittlung des Hinzurechnungsbetrags

Der Hinzurechnungsbetrag ist gemäß § 10 Abs. 3 Satz 1 AStG a. F. und AStG entsprechend der nationalen Steuerrechtsvorschriften zu ermitteln.[604] Nach § 10 Abs. 3 Satz 4 AStG a. F. sind neben zahlreichen steuerliche Vergünstigungen die Vorschriften über die Zinsschranke i. S. des § 4h EStG, § 8a KStG und

---

Erweiterung durch den deutschen Gesetzgeber angesehen werden, die mit dem Mindestschutzniveau des Art. 3 ATAD vereinbar ist (vgl. *Schönfeld*, IStR 2017, S. 728).

599 Vgl. *Haun/Reiser/Cortez*, in: H/K/R, Außensteuerrecht, 2017, § 10 AStG, Rn. 106.

600 Vgl. *Debatin*, DB 1978, S. 1195; *Luckey*, in: S/K/K, AStG/DBA, 2017, § 10 AStG, Rn. 44; *Wassermeyer/Schönfeld*, in: F/W/B/S, Außensteuerrecht, 2019, § 8 AStG, Rn. 161; *Edelmann*, in: Kraft, AStG, 2019, § 10 AStG, Rn. 310.

601 Vgl. *Nolte/Kunert*, in: AStG eKommentar, AStG, 2022, § 10 AStG, Fassung vom 01.01.2022, Rn. 5; *Oertel*, in: BeckOK AStG, AStG, 2022, § 10 AStG, Rn. 148 und 164; *Vogt*, in: Brandis/Heuermann, Ertragsteuerrecht, 2022, § 10 AStG, Rn. 17 ff.; *Linn*, IStR 2020, S. 82; *Ditz u. a.*, IStR 2020, S. 79; *Böhmer/Oppel*, IWB 2020, S. 17.

602 Vgl. *Böhmer/Oppel*, IWB 2020, S. 17; *Linn*, IStR 2020, S. 82; *Ditz u. a.*, IStR 2020, S. 79.

603 Vgl. *Musil*, in: Musil/Weber-Grellet, Europäisches Steuerrecht, 2022, Art. 8 ATAD, Rn. 11; *Böhmer/Gebhardt/Krüger*, in: Hagemann/Kahlenberg, ATAD, 2019, Art. 8 ATAD, Rn. 21.

604 Vgl. BMF vom 14.05.2004, BStBl I 2004, Sondernr. 1/2004, S. 3, Tz. 10.1.1.1; *Edelmann*, in: Kraft, AStG, 2019, § 10 AStG, Rn. 451; *Vogt*, in: Brandis/Heuermann, Ertragsteuerrecht, 2018, § 10 AStG, Rn. 67; *Oertel*, in: BeckOK AStG, AStG, 2022, § 10 AStG, Rn. 210; *Nolte/Kunert*, in: AStG eKommentar, AStG, 2022, § 10 AStG, Fassung vom 01.01.2022, § 10 AStG, Rn. 10 ff.

Lizenzschranke i. S. des § 4j EStG für Zwecke der Ermittlung des Hinzurechnungsbetrags auf Ebene der ausländischen Gesellschaft außer Acht zu lassen.[605] Ebenso findet die körperschaftsteuerliche Steuerbefreiung i. S. des § 8b Abs. 1 und 2 KStG keine Anwendung.[606]

Aus § 10 Abs. 3 AStG ergeben sich derartige Einschränkungen der Anwendung nationaler Vorschriften nicht mehr.[607] Unter anderem sind die Zinsschranke i. S. des § 4h EStG, § 8a KStG und die Lizenzschranke i. S. des § 4j EStG bei der Ermittlung des Hinzurechnungsbetrags zu berücksichtigen.[608] Des Weiteren findet die neu eingeführte Abzugsbeschränkung für hybride Gestaltungen i. S. des § 4k EStG im Rahmen der Hinzurechnungsbesteuerung Anwendung.[609] Ebenfalls ist das körperschaftsteuerliche Schachtelprivileg des § 8b Abs. 1 und 2 KStG der Zwischengesellschaft zu gewähren.[610]

Die passiven Einkünfte erfolgen nach den körperschaftsteuerlichen Vorschriften des Mitgliedstaats des Hinzurechnungsempfängers (Art. 8 Abs. 1 Satz 1 ATAD).[611] Eine Einschränkung nationaler Vorschriften ist nicht vorgesehen.[612]

3.3.4 Steuerabzug und -anrechnung

§ 10 Abs. 1 Satz 1 AStG a. F. sieht vor, dass der Hinzurechnungsbetrag als Nettogröße nach Abzug der ausländischen Steuern dem Steuerpflichtigen i. S. des § 7

---

605 Vgl. *Wassermeyer/Schönfeld*, in: F/W/B/S, Außensteuerrecht, 2019, § 10 AStG, Rn. 340; *Vogt*, in: Brandis/Heuermann, Ertragsteuerrecht, 2018, § 10 AStG, Rn. 67; *Bauernschmitt*, in: Haase, AStG/DBA, 2016, § 10 AStG, Rn. 89 f.

606 Vgl. *Wassermeyer/Schönfeld*, in: F/W/B/S, Außensteuerrecht, 2019, § 8 AStG, Rn. 340; *Nolte*, in: AStG eKommentar, AStG, 2021, § 10 AStG, Fassung vom 01.01.2018, Rn. 57.

607 Vgl. *Vogt*, in: Brandis/Heuermann, Ertragsteuerrecht, 2022, § 10 AStG, Rn. 96; *Böhmer/Oppel*, IWB 2020, S. 18. Siehe auch *Linn*, IStR 2020, S. 82 zur Problematik der Anwendung der außerbilanziellen Korrektur.

608 Vgl. *Linn*, IStR 2020, S. 82; *Böhmer/Oppel*, IWB 2020, S. 18.

609 Vgl. *Böhmer/Gebhardt/Krüger*, IWB 2021, S. 494; *Voß*, DB 2021, S. 2795; *Ehlermann/Link*, ISR 2021, S. 322 ff. So auch *Linn*, IStR 2020, S. 82, der die Problematik einer systemwidrigen Doppelbesteuerung darlegt.

610 Vgl. *Böhmer/Oppel*, IWB 2020, S. 18; *Linn*, IStR 2020, S. 82. Da die Aktivität von Dividenden und Veräußerungsgewinnen tatbestandlich von § 8b Abs. 1, 4 und 7 KStG abhängt, ergibt sich eine gewisse Rechtsfolgenverknüpfung zwischen der Aktivität nach § 8 Abs. 1 Nr. 8 AStG und der Steuerfreistellung nach § 8b KStG.

611 Vgl. *Schönfeld*, IStR 2017, S. 727; *Schnitger/Nitzschke/Gebhardt*, IStR 2016, S. 970; *Musil*, in: Musil/Weber-Grellet, Europäisches Steuerrecht, 2022, Art. 8 ATAD, Rn. 2.

612 Vgl. auch *Böhmer/Gebhardt/Krüger*, in: Hagemann/Kahlenberg, ATAD, 2019, Art. 8 ATAD, Rn. 10.

Abs. 1 AStG a. F. zugerechnet wird.[613] Zur Vermeidung einer Doppelbelastung gewährt § 12 Abs. 1 Satz 1 AStG a. F. die antragsgebundene Möglichkeit der Anrechnung der ausländischen Steuer.[614] In diesem Fall ist der Hinzurechnungsbetrag um die ausländische Steuer zu erhöhen (§ 12 Abs. 1 Satz 2 AStG a. F.).[615] Eine Anrechnung ausländischer Steuern, welche die Zwischengesellschaft durch die Anwendung einer ausländischen Hinzurechnungsbesteuerung entrichtet hat, lässt die Finanzverwaltung im Wege der Billigkeit zu.[616]

Gemäß § 12 Abs. 1 Satz 1 AStG erfolgt von Amts wegen eine Anrechnung der ausländischen Steuer auf die inländische Einkommen- oder Körperschaftsteuer, die auf den Hinzurechnungsbetrag entfällt.[617] Ein mit § 10 Abs. 1 Satz 1 AStG a. F. vergleichbarer Abzug der ausländischen Steuern ist nicht mehr vorgesehen.[618] Durch die Anwendung der deutschen Vorschriften erhöhen die ausländischen Ertragsteuern gemäß § 12 Nr. 3 EStG, § 10 Nr. 2 KStG sowie § 4 Abs. 5b EStG den Hinzurechnungsbetrag. Eine ausländische Steuer der Zwischengesellschaft aus einem ausländischen Hinzurechnungssteuerregime kann gemäß § 12 Abs. 2 AStG antragsgebunden auf die inländische Einkommen- oder Körperschaftsteuer angerechnet werden.[619] Die Steueranrechnung erfolgt nach

613 Siehe z. B. auch *Blumenberg/Hundeshagen*, in: Kessler/Kröner/Köhler, Konzernsteuerrecht, 2018, § 7, Rn. 187; *Mattern*, in: AStG eKommentar, AStG, 2021, § 12 AStG, Fassung vom 01.01.2015, Rn. 10.

614 Vgl. *Sonntag*, in: S/K/K, AStG/DBA, 2013, § 12 AStG, Rn. 6; *Mattern*, in: AStG eKommentar, AStG, 2021, § 12 AStG, Fassung vom 01.01.2015, Rn. 1.

615 Vgl. *Edelmann*, in: Kraft, AStG, 2019, § 12 AStG, Rn. 75; *Mattern*, in: AStG eKommentar, AStG, 2021, § 12 AStG, Fassung vom 01.01.2015, Rn. 33; *Fuhrmann*, in: Fuhrmann, AStG, 2017, § 12 AStG, Rn. 26.

616 Vgl. BMF vom 14.05.2004, BStBl I 2004, Sondernr. 1/2004, S. 3, Tz. 14.1.5. Teilweise wird im Schrifttum eine ausländische Hinzurechnungsbesteuerung als ausländische Steuer i. S. von § 12 Abs. 1 AStG a. F. betrachtet, sodass eine Billigkeitsmaßnahme obsolet sei (so z. B. auch *Fu/Wassermeyer*, in: F/W/B/S, Außensteuerrecht, 2018, § 12 AStG, Rn. 40).

617 Vgl. *Jacobsen*, DStZ 2021, S. 755; *Vogt*, in: Brandis/Heuermann, Ertragsteuerrecht, 2022, § 12 AStG, Rn. 4 f.; *Ditz/Quilitzsch*, Ubg 2021, S. 494; *Linn*, IStR 2020, S. 78; *Ditz u. a.*, DStR 2020, S. 80; *Radmanesh*, in: BeckOK AStG, AStG, 2022, § 12 AStG, Rn. 96 ff.; *Kortendick/Ekinci*, IStR 2020, S. 619.

618 Vgl. *Radmanesh*, in: BeckOK AStG, AStG, 2022, § 12 AStG, Rn. 97; *Ditz u. a.*, DStR 2020, S. 80; *Ditz/Quilitzsch*, Ubg 2021, S. 494.

619 Vgl. *Kortendick/Ekinci*, IStR 2020, S. 619; *Radmanesh*, in: BeckOK AStG, AStG, 2022, § 12 AStG, Rn. 218 ff.; *Böhmer/Oppel*, IWB 2020, S. 8; Die vorherige verwaltungstechnische Billigkeitsmaßnahme zu § 12 Abs. 1 AStG a. F. wurde hierdurch gesetzlich kodifiziert (vgl. BMF vom 14.05.2004, BStBl I 2004, Sondernr. 1/2004, S. 3, Tz. 14.1.5).

den nationalen Anrechnungsvorschriften des § 34c Abs. 1 EStG und § 26 Abs. 1 KStG.[620] Eine ausländische Steuer kann lediglich auf die deutsche Einkommen- oder Körperschaftsteuer erfolgen, sodass eine Anrechnung auf die Gewerbesteuer weiterhin nicht vorgesehen wird.[621]

Nach Art. 8 Abs. 7 Satz 1 ATAD wird die Anrechnung der ausländischen Steuern zugelassen.[622] Die ATAD sieht ausschließlich die Anrechnung vor, sodass ein Abzug nicht dem Wortlaut des Art. 8 Abs. 7 Satz 1 ATAD zu entnehmen ist.[623] Eine Anrechnung der ausländischen Steuer erfolgt gemäß Art. 8 Abs. 7 Satz 1 ATAD im Mitgliedstaat des Hinzurechnungsempfängers auf die entstandene Steuerschuld.[624] Hieraus wird geschlossen, dass der Richtlinienverfasser die Anrechnung nicht nur auf die Körperschaftsteuer beschränken wollte, sondern aufgrund der Begrifflichkeit der Steuerschuld ebenfalls eine Anrechnung auf die Gewerbesteuer vorsieht.[625]

3.3.5 Gewinnausschüttungen und Veräußerungsgewinne

Zur Vermeidung einer Doppelbesteuerung sieht § 3 Nr. 41 Buchst. a EStG a. F. vor, dass Gewinnausschüttungen einer Zwischengesellschaft steuerbefreit sind, soweit im Wirtschaftsjahr des Zuflusses und den vorangegangen sieben Wirtschaftsjahren von der ausschüttenden ausländischen Gesellschaft nach § 10

---

620 Vgl. *Edelmann*, in: Kraft, AStG, 2019, § 12 AStG, Rn. 90; *Vogt*, in: Brandis/Heuermann, Ertragsteuerrecht, 2022, § 12 AStG, Rn. 61 ff.; *Radmanesh*, in: BeckOK AStG, AStG, 2022, § 12 AStG, Rn. 293 ff.; *Prinz/Otto*, DB 2017, S. 1992.

621 Vgl. *Haase*, DStR 2019, S. 828; *Schönfeld*, IStR 2017, S. 723. Siehe auch *Haun/Solowjeff*, in: H/K/R, Außensteuerrecht, 2021, Vor §§ 7–13 AStG, Rn. 124, die sich für eine unmittelbare Anwendung des Art. 8 Abs. 7 ATAD und daher für eine Anrechnungsmöglichkeit bei der Gewerbesteuer aussprechen.

622 Vgl. *Schnitger/Nitzschke/Gebhardt*, IStR 2016, S. 973 f.; *Musil*, in: Musil/Weber-Grellet, Europäisches Steuerrecht, 2022, Art. 8 ATAD, Rn. 15; *Schönfeld*, IStR 2017, S. 727 f.

623 Siehe auch *Böhmer/Gebhardt/Krüger*, in: Hagemann/Kahlenberg, ATAD, 2019, Art. 8 ATAD, Rn. 64; *Radmanesh*, in: BeckOK AStG, AStG, 2022, § 12 AStG, Rn. 97.

624 Vgl. *Dehne*, ISR 2018, S. 136; *Linn*, IStR 2016, S. 647; *Schönfeld*, IStR 2017, S. 727; so auch *Böhmer/Gebhardt/Krüger*, in: Hagemann/Kahlenberg, ATAD, 2019, Art. 8 ATAD, Rn. 63.

625 Vgl. auch *Prinz/Otto*, DB 2017, S. 1993; *Kahlenberg/Melkonyan*, StuW 2019, S. 189; *Haase/Nürnberg*, Ubg 2020, S. 3; *Schönfeld*, IStR 2017, S. 727; *Schönfeld*, IStR 2019, S. 401, die allesamt eine Anrechnungspflicht der Vorschrift des Art. 8 Abs. 7 ATAD entnehmen.

Abs. 2 Satz 1 AStG a. F. ein Hinzurechnungsbetrag zugerechnet wurde.[626] Die Steuerbefreiung tritt gemäß § 3 Nr. 41 Buchst. b EStG a. F. ebenfalls für Veräußerungsgewinne ein.[627] Auch hier gilt eine sachliche und zeitliche Beschränkung auf die Höhe des Hinzurechnungsbetrags des Wirtschaftsjahrs der Veräußerung und der vorangegangenen sieben Wirtschaftsjahre.[628] Sofern der Hinzurechnungsempfänger eine Körperschaft i. S. des § 1 KStG ist, kommt es – auch bei einer Steuerfreistellung gemäß § 3 Nr. 41 EStG a. F. – nach § 8b Abs. 3 oder 5 KStG zur Anwendung der Schachtelstrafe.[629]

Weiterhin sollen nach neuem Recht Dividenden der ausländischen Gesellschaften sowie Veräußerungsgewinne von der inländischen Besteuerung ausgenommen werden, soweit eine Hinzurechnungsbesteuerung durchgeführt wurde. Der Gesetzgeber bedient sich dem Konzept eines Kürzungsbetrags und nicht mehr der Steuerbefreiung.[630] Gemäß § 11 Abs. 1 Satz 1 AStG kann auf Antrag im Jahr der tatsächlichen Ausschüttung der Kürzungsbetrag von der Summe der Einkünfte abgezogen werden.[631] Der Kürzungsbetrag ist auf den Ausschüttungsbetrag beschränkt (§ 11 Abs. 2 Satz 2 AStG). Der Abzug von der Summe der Einkünfte darf das Hinzurechnungskorrekturvolumen nicht übersteigen.[632]

Das Hinzurechnungskorrekturvolumen ermittelt sich nach § 11 Abs. 3 Satz 2 AStG durch den zugerechneten Hinzurechnungsbetrag des laufenden Veranlagungszeitraums abzüglich des Ausschüttungsbetrags des laufenden Veranlagungszeitraums zuzüglich des gesondert festgestellten

626 Vgl. *Haase*, DStR 2019, S. 829; *Tormöhlen*, in: Korn, EStG, 2017, § 3 Nr. 41 EStG, Rn. 4; *Levedag*, in: Schmidt, EStG, 2022, § 3 EStG, Rn. 147.

627 Vgl. *Intemann*, in: H/H/R, EStG/KStG, 2019, § 3 Nr. 41 EStG, Rn. 23; *Levedag*, in: Schmidt, EStG, 2022, § 3 EStG, Rn. 147; *Tormöhlen*, in: Korn, EStG, 2017, § 3 Nr. 41 EStG, Rn. 8.

628 Vgl. *Schnitger/Nitzschke/Gebhardt*, IStR 2016, S. 973; *Schönfeld*, IStR 2017, S. 728.

629 Vgl. BFH vom 26.04.2017, I R 84/15, BStBl II 2018, S. 492; *Weiss*, DK 2017, S. 176 ff.; OFD Niedersachsen vom 01.02.2013, BeckVerw 455786, Tz. 8; a. A. *Schnitger/Rüsch*, DK 2016, S. 382 ff.; *Kollruss/Schrey/Benten*, GmbHR 2013, S. 684 ff.; mit Verweis auf FG Bremen vom 15.10.2015, 1 K 4/15 (5), EFG 2016.

630 Vgl. *Böhmer/Oppel*, IWB 2020, S. 18; *Vogt* in: Brandis/Heuermann, Ertragsteuerrecht, 2022, § 11 AStG, Rn. 6; *Ditz u. a.*, DStR 2020, S. 79; *Jacobsen*, DStZ 2021, S. 755.

631 Vgl. *Vogt* in: Brandis/Heuermann, Ertragsteuerrecht, 2022, § 11 AStG, Rn. 37 ff.; *Jahn*, in: BeckOK AStG, AStG, 2022, § 11 AStG, Rn. 95 ff.; *Böhmer/Oppel*, IWB 2020, S. 18; *Jacobsen*, DStZ 2021, S. 755; *Ditz u. a.*, DStR 2020, S. 79.

632 Vgl. Vogt, in: BeckOK AStG, AStG, 2022, § 11 AStG, Rn. 44 ff.; *Böhmer/Oppel*, IWB 2020, S. 5 ff.

Hinzurechnungskorrekturvolumens des vorangegangenen Veranlagungszeitraums.[633] Dieses ist gemäß § 11 Abs. 4 AStG ebenfalls im Falle der Anteilsveräußerung mindernd zu erfassen.[634] Im Hinblick auf körperschaftsteuerpflichtige Anteilseigner stellt sich die Frage, inwiefern die Schachtelstrafe von 5 % zur Anwendung kommt.[635] Für die Anwendung der Schachtelstrafe kann die Rechtsprechung[636] zur abkommensrechtlichen Freistellung sprechen, da auch in diesem Fall gemäß § 8b Abs. 5 Satz 1 KStG pauschal 5 % nicht abzugsfähige Betriebsausgaben anzunehmen sind.

Eine Auswirkung der Schachtelstrafe des § 8b Abs. 3 und 5 KStG scheidet dadurch aus, dass § 11 Abs. 1 Satz 1 AStG nicht die Einkünfte tangiert, sondern die Summe der Einkünfte.[637] Systematisch betrachtet umfassen die Einkünfte aus Gewerbebetrieb eines Körperschaftsteuerpflichtigen gemäß § 8b Abs. 2 oder 3 KStG 5 % nicht abzugsfähige Betriebsausgaben. Durch § 11 Abs. 1 Satz 1 AStG ist der „ausstehende" Betrag zu kürzen. Konsequenterweise wird durch § 11 Abs. 1 Satz 1 AStG bei einem einkommensteuerpflichtigen Hinzurechnungsempfänger der nach Anwendung von § 3 Nr. 40 Buchst. a und d EStG verbleibende steuerpflichtige Betrag von 40 % abgezogen.[638] Es ist äußerst fraglich, ob dies auch die Intention des Gesetzgebers ist.[639]

Eine mit § 11 AStG vergleichbare Regelung ist in Art. 8 Abs. 5 ATAD vorgesehen, da der Hinzurechnungsbetrag im Fall der Gewinnausschüttung von der

633 Vgl. *Köhler/Staats*, ISR 2021, S. 304; *Vogt*, in: Brandis/Heuermann, Ertragsteuerrecht, 2022, § 11 AStG, Rn. 67. Siehe auch *Böhmer/Oppel*, IWB 2020, S. 19 mit Berechnungsbeispielen.

634 Vgl. *Jacobsen*, DStZ 2021, S. 755; *Vogt*, in: Brandis/Heuermann, Ertragsteuerrecht, 2022, § 11 AStG, Rn. 70; *Böhmer/Oppel*, IWB 2021, S. 20.

635 Vgl. *Böhmer/Oppel*, IWB 2020, S. 20, die die Anwendung der Schachtelstrafe vor dem Hintergrund des Art. 8 Abs. 5 und 6 ATAD ausschließen.

636 Vgl. BFH vom 29.08.2012, I R 7/12, BStBl II 2013, S. 89; FG München vom 13.03.2107, 7 K 59/14, EFG 2017, S. 543.

637 Vgl. *Jahn*, in: BeckOK AStG, AStG, 2022, § 11 AStG, Rn. 136; *Lenz/Sezer*, ISR 2021, S. 95; *Böhmer/Oppel*, IWB 2020, S. 19.

638 Siehe z. B. auch *Böhmer/Oppel*, IWB 2020, S. 19 mit den Beispielen 3 und 4.

639 Gleichwohl ist dieses Ergebnis sachgerecht, da Art. 8 Abs. 5 ATAD bewusst eine Doppelbesteuerung verbietet, was bei einer vollständigen Steuerfreistellung erlangt werden kann (vgl. auch *Haun/Solowjeff*, in: H/K/R, Außensteuerrecht, 2021, Vor §§ 7–13 AStG, Rn. 83; *Böhmer/Oppel*, IWB 2020, S. 19).

körperschafsteuerlichen Bemessungsgrundlage abzuziehen ist.[640] Die gleichen Rechtsfolgen treten bei der Anteilsveräußerung ein (Art. 8 Abs. 6 ATAD). Infolgedessen wird die Gewinnausschüttung oder der Veräußerungsgewinn nicht steuerfrei gestellt, sondern es wird vielmehr die Hinzurechnungsbesteuerung im Jahr dieses Ereignisses rückgängig gemacht.[641] Der Vorschrift des Art. 8 Abs. 5 und 6 ATAD ist keine zeitliche Befristung zu entnehmen.[642]

3.4 Passive Betriebsstätteneinkünfte

Gemäß den §§ 7 bis 14 AStG a. F. und den §§ 7 bis 13 AStG unterliegen nur Körperschaften i. S. des § 1 KStG als ausländische Gesellschaft der Hinzurechnungsbesteuerung.[643] Im Umkehrschluss werden ausländische Betriebsstätten eines unbeschränkt Steuerpflichtigen nicht selbst von der Hinzurechnungsbesteuerung erfasst, sodass eine Freistellungsbetriebsstätte i. S. des Art. 7 OECD-MA eine Abschirmwirkung entfaltet.[644] Zur Vermeidung dieses systemwidrigen Vorteils behilft sich der Gesetzgeber mit § 20 Abs. 2 AStG a. F. und AStG.[645] Der Anwendungsbereich des § 20 Abs. 2 AStG a. F. und AStG umfasst ausländische Betriebsstätten i. S. von § 12 AO, die durch einen unbeschränkt Einkommen- oder Körperschaftsteuerpflichtigen unterhalten werden.[646] Des Weiteren umfasst

640 Vgl. *Musil*, in: Musil/Weber-Grellet, Europäisches Steuerrecht, 2022, Art. 8 ATAD, Rn. 15; *Böhmer/Gebhardt/Krüger*, in: Hagemann/Kahlenberg, ATAD, 2019, Art. 8 ATAD, Rn. 86.

641 Vgl. hierzu z. B. *Schnitger/Nitzschke/Gebhardt*, IStR 2016, S. 973.

642 Vgl. *Schnitger/Nitzschke/Gebhardt*, IStR 2016, S. 973; *Böhmer/Gebhardt/Krüger*, in: Hagemann/Kahlenberg, ATAD, 2019, Art. 8 ATAD, Rn. 86; *Schönfeld*, IStR 2017, S. 728; *Schnitger/Gebhardt*, IStR 2018, S. 214.

643 Vgl. Kapitel 3.2.1.

644 Vgl. *Burmester*, in: Burmester/Endres, FS Debatin, 1996, S. 72; *Schütz*, in: Fuhrmann, AStG, 2017, § 20 AStG, Rn. 24; *Treusch*, in: BeckOK AStG, AStG, 2022, § 20 AStG, Rn. 6; *Meretzki*, in: Wassermeyer/Richter/Schnittker, Personengesellschaften im Internationalen Steuerrecht, 2015 Rn. 15.94; *Vogt*, in: Brandis/Heuermann, Ertragsteuerrecht, 2022, § 20 AStG, Rn. 25; *Vituschek*, in: AStG eKommentar, AStG, 2021, § 20 AStG, Fassung vom 01.01.2015, Rn. 1.

645 Vgl. *Treusch*, in: BeckOK AStG, AStG, 2022, § 20 AStG, Rn. 6; *Eilinghoff/Goebel*, in: H/K/R, Außensteuerrecht, 2011, § 20 AStG, Rn. 63; *Vogt*, in: Brandis/Heuermann, Ertragsteuerrecht, 2022, § 20 AStG, Rn. 25.

646 Vgl. *Kuhle*, IStR 2007, S. 761; *Prokopf*, in: S/K/K, AStG/DBA, 2019, § 20 AStG; *Eilinghoff/Goebel*, in: H/K/R, Außensteuerrecht, 2011, § 20 AStG, Rn. 74; *Treusch*, in: BeckOK AStG, AStG, 2022, § 20 AStG, Rn. 56; *Vogt*, in: Brandis/Heuermann, Ertragsteuerrecht, 2022, § 20 AStG, Rn. 30.

die Vorschrift Personengesellschaften mit einer ausländischen Betriebsstätte, da diese jeweils eine anteilige Betriebsstätte den Gesellschaftern vermittelt.[647]

Die Prüfung umfasst eine fiktive Behandlung der Freistellungsbetriebsstätte als Kapitalgesellschaft und eine anschließende Prüfung, ob diese einer passiven Tätigkeit i. S. des § 8 Abs. 1 AStG a. F. und AStG nachgeht (sog. passive Betriebsstätteneinkünfte).[648] Nicht passiv sollen Dienstleistungen i. S. des § 8 Abs. 1 Nr. 5 Buchst. a AStG a. F. und AStG sein (§ 20 Abs. 2 Satz 2 AStG a. F. und AStG).[649] Sofern die Betriebsstätte passiv ist, ordnet § 20 Abs. 2 Satz 1 AStG a. F. und AStG den Übergang zur Anrechnungsmethode an, wodurch ein vergleichbares Ergebnis wie bei der Hinzurechnungsbesteuerung erreicht wird (sog. Umschaltklausel).[650] Der Gesetzgeber schließt gemäß § 20 Abs. 2 Satz 1 AStG a. F. und AStG bewusst die Möglichkeit eines Substanznachweises i. S. des § 8 Abs. 2 AStG a. F. sowie § 8 Abs. 2 bis 4 und AStG aus.[651]

---

647 Vgl. BMF vom 26.09.2014, BStBl I 2014, S. 1258, Tz. 2.2.3; BMF vom 14.05.2004, BStBl I 2004, Sondernr. 1/2004, S. 3, Tz. 20.2; *Treusch*, in: BeckOK AStG, AStG, 2022, § 20 AStG, Rn. 56; *Vogt*, in: Brandis/Heuermann, Ertragsteuerrecht, 2022, § 20 AStG, Rn. 30; *Prokopf*, in: S/K/K, AStG/DBA, 2019 § 20 AStG, Rn. 128; *Vituschek*, in: AStG eKommentar, AStG, 2022, § 20 AStG, Fassung vom 01.01.2022, Rn. 33 und 39.

648 Vgl. *Wassermeyer/Schönfeld*, in: F/W/B/S, Außensteuerrecht, 2017, § 20 AStG, Rn. 132; *Vituschek*, in: AStG eKommentar, AStG, 2021, § 20 AStG, Fassung vom 01.01.2015, Rn. 37; *Lüdicke/Richter*, in: Lüdicke/Sistermann, Unternehmensteuerrecht, 2018, § 20, Rn. 111; *Treusch*, in: BeckOK AStG, AStG, 2022, § 20 AStG, Rn. 70 ff.

649 Vgl. *Wassermeyer/Schönfeld*, in: F/W/B/S, Außensteuerrecht, 2017, § 20 AStG, Rn. 167; kritisch *Eilinghoff/Goebel*, in: H/K/R, Außensteuerrecht, 2011, § 20 AStG, Rn. 10; *Vituschek*, in: AStG eKommentar, AStG, 2022, § 20 AStG, Fassung vom 01.01.2022, Rn. 45. Siehe auch *Haase*, IStR 2007, S. 437 ff.; *Eismayr/Linn*, NWB 2011, S. 35 f.; *Benecke/Schnitger*, IStR 2010, S. 432 zur ursprünglichen Problematik vor Einführung des § 20 Abs. 2 Satz 2 AStG a. F.

650 Vgl. *Benecke/Schnitger*, IStR 2010, S. 437; *Wassermeyer/Schönfeld*, in: F/W/B/S, Außensteuerrecht, 2017, § 20 AStG, Rn. 154 f.; *Treusch*, in: BeckOK AStG, AStG, 2022, § 20 AStG, Rn. 25; *Treusch*, in: BeckOK AStG, AStG, 2022, § 20 AStG, Rn. 55. Siehe auch *Eilinghoff/Goebel*, in: H/K/R, Außensteuerrecht, 2011, § 20 AStG, Rn. 10 mit deutlicher Kritik.

651 Ob diese Regelung unionsrechtskonform ist, ist äußerst umstritten. Die europäische Rechtsprechung hatte sich nur partiell mit der Unionsrechtskonformität des § 20 Abs. 2 AStG a. F. vor der Einführung des Substanznachweises in § 8 Abs. 2 AStG a. F. zu beschäftigen (vgl. EuGH vom 06.12.2007, Rs. Columbus Container Services, C-298/05, Slg. I 2007, S. 10451). Hierauf wird sogar durch den Bundesfinanzhof hingewiesen (vgl. BFH vom 21.10.2009, I R 114/08, BStBl II 2010, S. 774). Die vorgenannte Rechtsprechung kann daher nicht so verstanden werden, dass § 20 AStG a. F. und

Passive Betriebsstätteneinkünfte unterliegen der Gewerbesteuer, obwohl diese in einer ausländischen Betriebstätte angefallen sind (§ 7 Satz 8 GewStG).[652] Diesbezüglich ordnen die Kürzungsvorschriften des § 9 Nr. 2 und 3 GewStG an, dass die passiven Betriebsstätteneinkünfte nicht kürzungsfähig sind.[653] Gemäß § 7 Satz 9 GewStG sieht der Gesetzgeber die Möglichkeit eines Substanznachweises i. S. des § 8 Abs. 2 AStG a. F. sowie § 8 Abs. 2 bis 4 AStG für gewerbesteuerliche Zwecke vor.[654] Die abkommensrechtliche Steuerfreistellung wird für Zwecke der Gewerbesteuer gewährt, wenn (a) die Betriebsstätte sich in der EU oder dem EWR befindet sowie (b) in dieser einer tatsächlichen bzw. wesentlichen wirtschaftlichen Tätigkeit nachgegangen wird.

Die ATAD unterwirft neben ausländischen Unternehmen nach Art. 7 Abs. 1 ATAD ebenfalls ausländische Betriebsstätten der Hinzurechnungsbesteuerung, die im Mitgliedstaat des Hinzurechnungsempfängers steuerbefreit sind (sog. Freistellungsbetriebsstätte).[655] Der Richtlinienverfasser unterscheidet nicht zwischen Unternehmen oder Betriebsstätten, sodass für beide die gleichen Rechtsfolgen in Form der Hinzurechnungsbesteuerung eintreten. Regelmäßig vermitteln Personengesellschaften dem Anteilseigner eine anteilige Betriebsstätte, sodass der Anwendungsbereich des Art. 7 Abs. 1 ATAD eröffnet ist. Bemerkenswert ist, dass Art. 7

AStG abschließend durch die Rechtsprechung als unionsrechtskonform anzusehen ist (vgl. *Quilitzsch/Licht/Seibert*, Ubg 2022, S. 334; *Vituschek*, in: AStG eKommentar, AStG, 2022, § 20 AStG, Rn. 18 ff.; *Prinz*, FR 2010, S. 381; *Richter*, BB 2010, S. 1835; *Kühn/Schienke-Ohletz*, BB 2022, S. 1566; a. A. OFD Rheinland vom 22.10.2010, DStR 2011, S. 175; FG München vom 13.07.2021, 6 K 215/19, EFG 2021, S. 1702; *Treusch*, in: BeckOK AStG, AStG, 2022, § 20 AStG, Rn. 31 i. V. m. Rn. 30).

652 Vgl. hierzu z. B. *Schnitger*, IStR 2016, S. 642; *Wassermeyer/Schönfeld*, in: F/W/B/S, Außensteuerrecht, 2017, § 20 AStG, Rn. 218.

653 Vgl. *Adrian/Rautenstrauch/Sterner*, DStR 2017, 1457, 1458; *Herbst*, in: Wendt u. a., GewStG, 2022, § 9 Nr. 3 GewStG, Rn. 31; *Vogt*, in: Brandis/Heuermann, Ertragsteuerrecht, 2022, § 20 AStG, Rn. 36; *Selder*, in: Glanegger/Güroff, GewStG, 2021, § 7 GewStG, Rn. 22.

654 Vgl. *Roser*, in: L/S, GewStG, 2020, § 7 GewStG, Rn. 437; *Franke u. a.*, in: Wendt u. a., GewStG, 2022, § 7 GewStG, Rn. 169; *Adrian/Rautenstrauch/Sterner*, DStR 2017, S. 1458.

655 Vgl. *Böhmer/Gebhardt/Krüger*, in: Hagemann/Kahlenberg, ATAD, 2019, Art. 7 ATAD, Rn. 6; *Schönfeld*, IStR 2017, S. 722; *Musil*, in: Musil/Weber-Grellet, Europäisches Steuerrecht, 2022, Art. 7 ATAD, Rn. 6; *Schnitger/Nitzschke/Gebhardt*, IStR 2016, S. 961.

Abs. 2 Satz 2 ATAD keine Einschränkungen der Exkulpationsmöglichkeit vorsieht, sodass diese ebenfalls auf passive Betriebsstätten anwendbar sein muss.[656]

656 Vgl. auch *Böhmer/Gebhardt/Krüger*, in: Hagemann/Kahlenberg, ATAD, 2019, Art. 7 ATAD, Rn. 175.

4 Unternehmensakquisitionen als zwingender Erwerb einer Beteiligung i. S. der Hinzurechnungsbesteuerung anhand der Beispiele von Genussrechten, stillen Gesellschaften und stillen Unterbeteiligungen?

4.1 Gesellschaftsrechtliche Beteiligung als zentrales Anknüpfungsmerkmale der Beherrschung

Eine Beteiligung i. S. des § 7 Abs. 1 AStG a. F. und § 7 Abs. 1 Satz 1 AStG erfordert, dass der Steuerpflichtige eine gesellschaftsrechtliche Beteiligung innehat.[657] D. h., es muss eine Beteiligung am Nennkapital der ausländischen Gesellschaft vorliegen.[658] Nach der zutreffenden Auffassung von *Jacobsen*[659] sind hierfür Mitgliedschaftsrechte kennzeichnend, die einen Anspruch (a) auf eine Gewinnpartizipation sowie (b) auf das Vermögen der ausländischen Gesellschaft vermitteln.[660] Demnach ist bei einer ausländischen Gesellschaft zu prüfen, inwiefern die Beteiligung den Geschäftsanteilen an einer GmbH oder den Aktien an einer AG entspricht.[661] Der Rechtstypenvergleich einer ausländischen Gesellschaft umfasst somit nicht nur die Vergleichbarkeit mit einer deutschen Kapital- oder Personengesellschaft, sondern beinhaltet auch eine vergleichende Betrachtung

---

657 Vgl. *Wassermeyer*, in: F/W/B/S, Außensteuerrecht, 2018, § 7 AStG, Rn. 12; *Köhler*, in: S/K/K, AStG/DBA, 2017, § 7 AStG, Rn. 50; *Oppel/Wittling*, BB 2022, S. 1497; *Staats*, in: BeckOK AStG, AStG, 2022, § 7 AStG, Rn. 106.

658 Vgl. *Köhler*, in: S/K/K, AStG/DBA, 2017, § 7 AStG, Rn. 50; *Fuhrmann*, in: Fuhrmann, AStG, 2017, § 7 AStG, Rn. 57; *Staats*, in: BeckOK AStG, AStG, 2022, § 7 AStG, Rn. 106; *Wassermeyer*, in: F/W/B/S, Außensteuerrecht, 2018, § 7 AStG, Rn. 12.

659 Vgl. *Jacobsen*, in: AStG eKommentar, AStG, 2021, § 7 AStG, Fassung vom 01.01.2018, Rn. 24.

660 Vgl. hierzu z. B. *Wassermeyer*, in: F/W/B/S, Außensteuerrecht, 2018, § 7 AStG, Rn. 12.2.

661 Vgl. auch *Vogt*, in: Brandis/Heuermann, Ertragsteuerrecht, 2016, § 7 AStG, Rn. 21; *Jacobsen*, in: AStG eKommentar, AStG, 2021, § 7 AStG, Fassung vom 01.01.2018, Rn. 24; *Fuhrmann*, in: Fuhrmann, AStG, 2017, § 7 AStG, Rn. 57.

der Gesellschafterstellung.[662] Typischerweise werden die Gewinnbezugsrechte und die Rechte am Vermögen der Gesellschaft durch das Nennkapital verkörpert.[663] Im Umkehrschluss stellen rein schuldrechtliche Beteiligungen keine Beteiligung i. S. des § 7 Abs. 1 AStG a. F. und § 7 Abs. 1 Satz 1 AStG dar, sodass der Steuerpflichtige nicht als Beteiligter anzusehen ist.[664]

Gemäß Art. 7 Abs. 1 Buchst. a ATAD setzt ein beherrschtes ausländisches Unternehmen voraus, dass der Steuerpflichtige mehr als 50 % (a) der Stimmrechte, (b) des Kapitals oder (c) der Gewinnbezugsrechte innehat.[665] Die Begrifflichkeiten sind hierbei deckungsgleich mit den Begrifflichkeiten zur Bestimmung des verbundenen Unternehmens in Art. 2 Abs. 4 ATAD. Jedoch beinhalten weder Art. 2 Abs. 4 ATAD noch Art. 7 Abs. 1 Buchst. a ATAD eine Legaldefinition, was unter einer Kapitalbeteiligung des ausländischen Unternehmens zu verstehen ist. Grundsätzlich richtet sich die Beteiligung am Kapital nach dem Begriffsverständnis des jeweiligen Mitgliedstaats. Hierbei ist stets das Mindestschutzniveau im Auge zu behalten, wodurch bestimmte Beteiligungsformen im nationalen Recht zwingend zu erfassen sind. Durch die Verwendung der Begrifflichkeit des Kapitals umfasst Art. 7 Abs. 1 Buchst. a ATAD primär gesellschaftsrechtliche Beteiligungsformen.[666] Das Kapital wird durch das gesellschaftsrechtliche Haftkapital des ausländischen Unternehmens verkörpert. Es ist notwendig, dass Mitgliedschaftsrechte in Form von Verwaltungs- und Vermögensrechten vermittelt werden.[667] Hiervon abzugrenzen ist auch

662 Vgl. *Köhler*, in: S/K/K, AStG/DBA, 2017, § 7 AStG, Rn. 50; *Fuhrmann*, in: Fuhrmann, AStG, 2017, § 7 AStG, Rn. 57. Siehe auch BMF vom 19.03.2004, BStBl I 2004, S. 411; *Djanani/Brähler/Hartman*, IStR 2004, S. 481 ff. zum Rechtstypenvergleich.

663 Vgl. *Schmidt*, in: H/K/R, Außensteuerrecht, 2018, § 7 AStG, Rn. 77; *Jacobsen*, in: AStG eKommentar, AStG, 2021, § 7 AStG, Fassung vom 01.01.2018, Rn. 24; *Protzen*, in: Kraft, AStG, 2019, § 7 AStG, Rn. 92; *Wassermeyer*, in: F/W/B/S, Außensteuerrecht, 2018, § 7 AStG, Rn. 12.2; *Vogt*, in: Brandis/Heuermann, Ertragsteuerrecht, 2016, § 7 AStG, Rn. 21.

664 Vgl. *Köhler*, in: S/K/K, AStG/DBA, 2017, § 7 AStG, Rn. 51; *Schmidt*, in: H/K/R, Außensteuerrecht, 2018, § 7 AStG, Rn. 69; *Staats*, in: BeckOK AStG, AStG, 2022, § 7 AStG, Rn. 106; *Jacobsen*, in: AStG eKommentar, AStG, 2021, § 7 AStG, Fassung vom 01.01.2018, Rn. 24.

665 Vgl. *Musil*, in: Musil/Weber-Grellet, Europäisches Steuerrecht, 2022, Art. 7 ATAD, Rn. 6; *Gosch*, ISR 2020, S. 340.

666 Siehe auch *Böhmer/Gebhardt/Krüger*, in: Hagemann/Kahlenberg, ATAD, 2019, Art. 7 ATAD, Rn. 26.

667 Vgl. auch *Böhmer/Gebhardt/Krüger*, in: Hagemann/Kahlenberg, ATAD, 2019, Art. 2 ATAD, Rn. 74.

eine schuldrechtliche Vertragsbeziehung, die mangels gesellschaftsrechtlicher Beteiligung keine Beteiligung am Kapital i. S. des Art. 7 Abs. 1 Buchst. a ATAD darstellt. Die Begrifflichkeit des Kapitals ist deckungsgleich mit dem nationalen Beteiligungsbegriff.

Fraglich ist, ob sich eine Beherrschungsbeteiligung i. S. des Art. 7 Abs. 1 Buchst. a ATAD nach dem rechtlichen oder wirtschaftlichen Eigentum richtet. Grundsätzlich stellt der europäische Gesetzgeber auf das wirtschaftliche Eigentum ab.[668] Gemäß Abs. 12 Satz 3 der Erwägungsgründe der ATAD soll nämlich eine rein künstliche Gewinnverlagerung vermieden werden.[669] Eine Anknüpfung an das rechtliche Eigentum ist nicht zielführend. Hierdurch wäre ein umfassender Gestaltungsspielraum eröffnet. Auch vor dem Hintergrund, dass eine tatsächliche Beherrschung und Kontrolle durch Art. 7 Abs. 1 Buchst. a ATAD gefordert wird, ist auf die tatsächliche Verfügungsmacht abzustellen, die grundsätzlich beim wirtschaftlichen Eigentümer liegt.[670]

4.2 Genussrechte als ausschließlich schuldrechtliche Beteiligung

Bei Genussrechten handelt es sich um eine Mezzanine-Finanzierungsform, sodass Genussrechte über Eigenschaften von Eigen- und Fremdkapital verfügen.[671] Genussrechte sind eine rein schuldrechtliche Vertragsbeziehung. Sie werden durch die Ausgabe von Genussrechtskapital gezeichnet, das vom Genussrechtsinhaber durch eine Einlage zu erbringen ist.[672] Als Gegenleistung erhält der Genussrechtsinhaber Vermögensrechte, die mit denen eines Gesellschafters mehr oder weniger vergleichbar sind. Die Vermögensrechte umfassen regelmäßig gewinnabhängige Vergütungen und unter Umständen auch die Partizipation

---

668 So auch *Böhmer/Gebhardt/Krüger*, in: Hagemann/Kahlenberg, ATAD, 2019, Art. 7 ATAD, Rn. 26.

669 Vgl. *Kahlenberg/Prusko*, IStR 2017, S. 305; *Jochimsen/Zinowsky*, ISR 2016, S. 113. Siehe auch *Heckemeyer/Spengel*, DB 2009, S. 133 ff. zur gesetzgeberischen Intention der Einführung der Zinsschranke und Funktionsverlagerung vor dem Hintergrund der Verlagerung von Gewinnen vom Inland in das Ausland.

670 Vgl. hierzu z. B. *Heinsen/Erb*, DB 2018, S. 976; *Quilitzsch/Engelen*, FR 2018, S. 294; *Haase*, ISR 2017, S. 353 zum Erfordernis der Beherrschung und Kontrolle.

671 Vgl. *Strunk/Haase*, BB 2007, S. 17; *Bott u. a*, in: Bott/Walter, KStG, 2022, § 8 KStG, Rn. 885; *Breuninger/Prinz*, DStR 2006, S. 1345; *Großer*, DStR 2010, 1397, 1397 zu dieser Begrifflichkeit.

672 Vgl. *Gosch*, in: Gosch, KStG, 2020, § 8 KStG, Rn. 149; *Beyer*, DStR 2012, S. 2199.

am Liquidationserlös.[673] Die Besonderheit von Genussrechten besteht darin, dass diese keine Verwaltungsrechte begründen.[674] Dem Genussrechtsinhaber werden durch den Genussrechtsemittenten keine Stimmrechte gewährt.[675]

4.2.1 Gesellschaftsrechtliche Beteiligung i. S. der Hinzurechnungsbesteuerung?

Beispiel: Der inländische Investor in der Rechtsform der Kapitalgesellschaft beabsichtigt, 50 % der Anteile an der passiven ausländischen OpCo in der Rechtsform der Kapitalgesellschaft zu erwerben. Zudem möchte der inländische Investor weitere Genussrechte an der OpCo zeichnen, wodurch dieser aus wirtschaftlichen Gesichtspunkten eine Mehrheit der Gewinnbezugsrechte innehat.

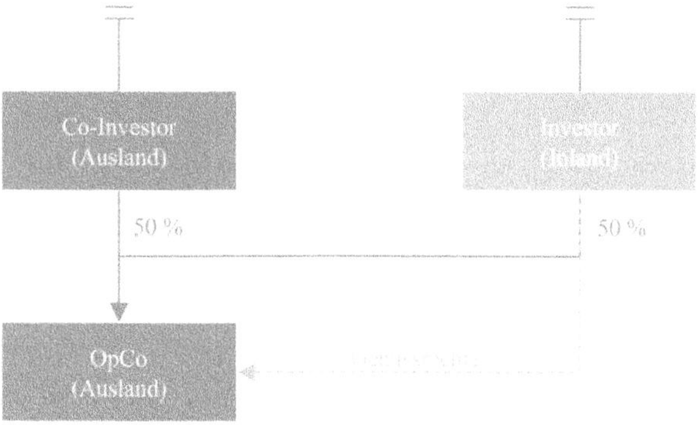

Abbildung 1: Genussrechte

Genussrechte qualifizieren nicht als eine Beteiligung i. S. des § 7 Abs. 1 AStG a. F. und § 7 Abs. 1 Satz 1 AStG.[676] Im Wesentlichen wird das Argument hervorgebracht, dass Genussrechte lediglich schuldrechtliche Vermögensansprüche

---

673 Vgl. hierzu z. B. *Neumann*, in: R/H/N, KStG, 2015, § 8 KStG, Rn. 1259.

674 Siehe auch *Strunk/Haase*, BB 2007, S. 17 mit einer Zusammenfassung der zivilrechtlichen Einordnung von Genussrechten.

675 Vgl. hierzu z. B. *Lang*, in: D/P/M, KStG/UmwStG, 2022, § 8 Abs. 3 KStG, Teil A, Rn. 103; *Gosch*, in: Gosch, KStG, 2020, § 8 KStG, Rn. 149.

676 Vgl. auch *Vogt*, in: Brandis/Heuermann, Ertragsteuerrecht, 2016, § 7 AStG, Rn. 21; *Schnitger/Bildstein*, IStR 2009, S. 633; *Köhler*, in: S/K/K, AStG/DBA, 2017, § 7 AStG, Rn. 51; *Wassermeyer*, in: F/W/B/S, Außensteuerrecht, 2018, § 7 AStG, Rn. 12; offen gelassen *Reiche*, in Haase, AStG/DBA, 2016, § 7 AStG, Rn. 59.

begründen.[677] Für eine Beteiligung sind indes Gesellschafterrechte oder Rechte, die eine vergleichbare Rechtsstellung begründen, dem Steuerpflichtigen zu gewähren.[678] Hierunter fallen neben den Vermögensrechten auch die Mitverwaltungsrechte.[679] Im Wesentlichen kann diese Rechtsauffassung auf einen Vergleich mit § 17 Abs. 1 Satz 1 und 3 EStG gestützt werden.[680] Die Vorschrift des § 17 Abs. 1 Satz 1 EStG stellt durch die Verwendung des Terminus „Anteile an Kapitalgesellschaften" wie das Außensteuerrecht auf eine gesellschaftsrechtliche Beteiligung ab.[681]

Da schuldrechtliche Beteiligungen nicht unter § 17 Abs. 1 Satz 1 EStG zu subsumieren sind, handelt es sich bei Genussrechten nicht um Anteile an einer Kapitalgesellschaft.[682] Der Gesetzgeber hat jedoch durch § 17 Abs. 1 Satz 3 EStG fingiert, dass es sich bei Genussrechten um Anteile i. S. von § 17 EStG handelt. Eine vergleichbare rechtliche Erweiterung ist hingegen § 7 Abs. 1 AStG a. F. und § 7 Abs. 1 Satz 1 AStG fremd. Auch wenn § 20 Abs. 1 Nr. 1 EStG und § 8 Abs. 3 Satz 2 KStG die Begrifflichkeit des Genussrechts verwenden, wendet der Bundesfinanzhof[683] die Vorschrift des § 17 Abs. 1 Satz 3 EStG einschränkend an.[684] Von der vorgenannten Rechtsprechung[685] wird eine wirtschaftliche Betrachtung gefordert, sodass Genussrechte einem Gesellschafter einer Kapitalgesellschaft vergleichbare Rechtsstellung nur gewähren können, sofern die Genussrechte

---

677 Vgl. *Strahl*, in: Korn, EStG, 2021, § 17 EStG, EStG, 2021, Rn. 31; *Kraft/Richter/Moser*, DB 2014, S. 86; *Kollruss*, DB 2014, S. 1045; *Vogt*, in: Brandis/Heuermann, Ertragsteuerrecht, 2016, § 7 AStG, Rn. 21; *Strunk/Haase*, BB 2007, S. 17; *Schmidt*, in: H/H/R, EStG/KStG, 2020, § 17 EStG, Rn. 146.

678 Vgl. *Protzen*, in: Kraft, AStG, 2019, § 7 AStG, Rn. 92; *Köhler*, in: S/K/K, AStG/DBA, 2017, § 7 AStG, Rn. 50.

679 Vgl. hierzu z. B. *Kraft/Richter/Moser*, DB 2014, S. 86; *Kollruss*, DB 2014, S. 1045.

680 Vgl. *Kraft/Richter/Moser*, DB 2014, S. 86; *Strunk/Haase*, BB 2007, S. 19 f., welche die Beteiligungsbegrifflichkeit in § 7 AStG und § 17 EStG einheitlich auslegen.

681 Vgl. *Strahl*, in: Korn, EStG, 2021, § 17 EStG, Rn. 29; *Weber-Grellet*, in: Schmidt, EStG, 2022, § 17 EStG, Rn. 20.

682 Vgl. *Schmidt*, in: H/H/R, EStG/KStG, 2020, § 17 EStG, Rn. 146; *Strahl*, in: Korn, EStG, 2021, § 17 EStG, Rn. 29. Siehe auch *Kollruss*, DB 2014, S. 1045; *Kraft/Richter/Moser*, DB 2014, 85, 86.

683 Vgl. BFH vom 14.06.2005, VIII R 73/03, BStBl II 2005, S. 861.

684 Vgl. *Kraft/Richter/Moser*, DB 2014, S. 86; *Vogt*, in: Brandis/Heuermann, EStG/KStG, 2020, § 17 EStG, Rn. 168; *Weber-Grellet*, in: Schmidt, EStG, 2022, § 17 EStG, Rn. 22.

685 Vgl. BFH vom 14.06.2005, VIII R 73/03, BStBl II 2005, S. 861.

den ertragsteuerlichen Charakter von Eigenkapital haben (sog. qualifizierte Genussrechte).[686]

Es wird ersichtlich, dass der Bundesfinanzhof zwar eine wirtschaftliche Betrachtung vornimmt, jedoch selbst die Vermögensrechte nicht als mitgliedschaftsähnlich bezeichnet und den Genussrechtsinhaber nicht als Gesellschafter behandelt.[687] Es ist äußerst fraglich, ob eigenkapitalähnliche Genussrechte losgelöst von der gesetzlichen Erweiterung in § 17 Abs. 1 Satz 3 EStG für steuerliche Zwecke als Anteile an Kapitalgesellschaften betrachtet werden können.[688] Dieser Gedanke ist von elementarer Bedeutung, da im Rahmen der Hinzurechnungsbesteuerung eine wirtschaftliche Betrachtungsweise vonnöten ist, was sich bspw. anhand der funktionalen Betrachtungsweise veranschaulichen lässt.[689]

Gleichwohl hat der Gesetzgeber sowohl in § 7 Abs. 1 AStG a. F. als auch in § 7 Abs. 1 Satz 1 AStG auf eine Klarstellung verzichtet, sodass die Definition der Beteiligung aus den allgemeinen Grundsätzen herzuleiten ist.[690] Es kommt auch unter Berücksichtigung der Grundsätze des § 17 Abs. 1 Satz 3 EStG zu keiner abweichenden Rechtsauffassung, sodass mangels gesetzlicher Klarstellung weiterhin auf eine gesellschaftsrechtliche Beteiligung abzustellen ist.[691] Des Weiteren führt eine teleologische Erweiterung des § 7 Abs. 2 Satz 1 AStG a. F. zu keinem abweichenden Ergebnis. Aufgrund des Erfordernisses einer Beherrschung ist das Vorliegen von Verwaltungsrechten zwingend, was bei

---

686 Vgl. *Gosch*, in: Kirchhof/Seer, EStG, 2022, § 17 EStG, Rn. 15; *Nielsen*, IStR 2016, S. 828; *Böhmer/Gebhardt/Krüger*, IWB 2021, S. 481.

687 Vgl. BFH vom 14.06.2005, VIII R 73/03, BStBl II 2005, S. 861; *Kraft/Richter/Moser*, DB 2014, S. 86; *Lang*, in: D/P/M, KStG/UmwStG, 2022, § 8 Abs. 3 KStG, Teil A, Rn. 103.

688 Ablehnend *Protzen*, in: Kraft, AStG, 2019, § 7 AStG, Rn. 92; *Kraft/Richter/Moser*, DB 2014, S. 86 mit dem Hinweis des Fehlens eines mit § 17 Abs. 1 Satz 3 EStG vergleichbaren Erweiterung in § 7 Abs. 2 AStG a. F.

689 Eine wirtschaftliche Betrachtungsweise könnte dergestalt verstanden werden, dass ertragsteuerlich als Eigenkapital zu beurteilende Finanzierungsinstrumente eine Beteiligung i. S. der Hinzurechnungsbesteuerung darstellen, selbst wenn diese nicht von gesellschaftsrechtlicher, sondern von schuldrechtlicher Natur sind (vgl. *Kraft/Richter/Moser*, DB 2014, S. 86). Der Vorschrift des § 7 Abs. 1 AStG a. F. und § 7 Abs. 1 Satz 1 AStG liegt folglich ein weiteres Begriffsverständnis als § 17 Abs. 1 Satz 1 EStG zugrunde (so auch *Staats*, in: BeckOK AStG, AStG, 2022, § 7 AStG, Rn. 109).

690 Vgl. *Kraft/Richter/Moser*, DB 2014, S. 86; *Kollruss*, DB 2014, S. 1045.

691 Vgl. *Köhler*, in: S/K/K, AStG/DBA, 2017, § 7 AStG, Rn. 50; *Fuhrmann*, in: Fuhrmann, AStG, 2017, § 7 AStG, Rn. 57; *Wassermeyer*, in: F/W/B/S, Außensteuerrecht, 2018, § 7 AStG, Rn. 12; *Oppel/Wittling*, BB 2022, S. 1497.

Genussrechten sowohl mit Eigenkapitalcharakter als auch mit Fremdkapitalcharakter nicht gegeben ist.[692] Dem Genussrechtsinhaber ist vielmehr eine derartige Rechtsposition einzuräumen, bei der er tatsächlich Einfluss auf die ausländische Gesellschaft nehmen kann.[693]

Nach Auffassung von *Kraft/Richter/Moser*[694] sollen allgemeine Kontroll- und Informationsrechte unschädlich sein. Dieser Auffassung ist zuzustimmen, soweit hierdurch keine Einflussnahme erlangt werden kann.[695] Problematisch kann sein, wenn z. B. ein allgemeines Widerspruchsrecht gewährt wird, wodurch sämtliche Maßnahmen der Gesellschafter der ausländischen Gesellschaft (Genussrechtsemittent) blockiert werden können. Dies ist im Rahmen des § 7 Abs. 2 Satz 1 AStG a. F. irrelevant, da ein bloßes Verhinderungsrecht außen vor zu lassen ist.[696]

Indessen stellt sich die Frage, inwiefern diese Rechtsauffassung im Hinblick auf § 7 Abs. 2 Satz 3 AStG a. F. zutreffend ist. Der Anwendungsbereich des § 7 Abs. 2 Satz 3 AStG a. F. ist deutlich eingeschränkt, da hierfür weder ein Geschäftskapital noch Stimmrechte vorliegen dürfen.[697] Dies bedeutet, dass eine vermögensrechtliche Betrachtung ausgeschlossen ist, sobald entweder ein Nennkapital oder Stimmrechte vorliegen.[698] Da die Ausgabe von Genussrechten keinen Einfluss auf das Vorliegen eines Nennkapitals oder von Stimmrechten der ausländischen Gesellschaft hat, führt die Emission nicht zur Anwendung des § 7 Abs. 2 Satz 3 AStG a. F. Des Weiteren führt § 7 Abs. 5 AStG a. F. nicht zu einer Inländerbeherrschung. Denn die Besonderheit besteht darin, dass § 7 Abs. 5

---

692 Vgl. *Kraft/Richter/Moser*, DB 2014, S. 87; *Hamacher/Dahm*, in: Korn, EStG, 2017, § 20 EStG, Rn. 231 zum Fehlen von Verwaltungsrechten.

693 Vgl. *Kraft/Richter/Moser*, DB 2014, S. 87, die zutreffend dies für Genussrechte mit Eigen- und Fremdkapitalcharakter fordern.

694 Vgl. *Kraft/Richter/Moser*, DB 2014, S. 87.

695 Vgl. *Wassermeyer*, in: F/W/B/S, Außensteuerrecht, 2018, § 7 AStG, Rn. 57. Siehe auch *Köhler*, in: S/K/K, AStG/DBA, 2017, § 7 AStG, Rn. 100; *Vogt*, in: Brandis/Heuermann, Ertragsteuerrecht, 2016, § 7 AStG, Rn. 27a zum wirtschaftlichen Eigentum.

696 Vgl. *Köhler*, in: S/K/K, AStG/DBA, 2017, § 7 AStG, Rn. 98; *Wassermeyer*, in: F/W/B/S, Außensteuerrecht, 2018, § 7 AStG, Rn. 55.

697 Vgl. hierzu z. B. *Fuhrmann*, in: Fuhrmann, AStG, 2017, § 7 AStG, Rn. 105; *Köhler*, in: S/K/K, AStG/DBA, 2017, § 7 AStG, Rn. 115; *Kollruss*, DB 2014, S. 1047; *Wassermeyer*, in: F/W/B/S, Außensteuerrecht, 2018, § 7 AStG, Rn. 80.

698 Vgl. *Wassermeyer*, in: F/W/B/S, Außensteuerrecht, 2018, § 7 AStG, Rn. 80; *Köhler*, in: S/K/K, AStG/DBA, 2017, § 7 AStG, Rn. 115.

AStG a. F. eine abweichende Hinzurechnungsquote als Rechtsfolge bestimmt.[699] Dies kann rechtssystematisch nur eintreten, wenn das Tatbestandsmerkmal der Inländerbeherrschung i. S. des § 7 Abs. 2 AStG a. F. erfüllt ist.

Durch die grundsätzliche Änderung des Konzepts des § 7 Abs. 2 AStG zur gesellschafterbezogenen Beherrschung im Verbund wurde die Ausschließlichkeit der Anteile oder Stimmrechte aufgegeben.[700] Ein abweichender Verteilungsschlüssel von Gewinnen und Liquidationserlösen ist nach § 7 Abs. 2 AStG zu berücksichtigen.[701] Die Erweiterung führt dazu, dass unter anderem Genussrechte bei der Ermittlung des Vorliegens der Beherrschung im Verbund zu erfassen sind.[702] Ein Anspruch auf den Gewinn oder Liquidationserlös i. S. des § 7 Abs. 2 AStG ist indes nur zu bejahen, wenn die Genussrechte zu steuerbilanziellem Eigenkapital führen.[703]

4.2.2 Differenzierende Betrachtung bei Genussrechten mit Eigenkapital- oder Fremdkapitalcharakter

Nach Auffassung des IDW[704] haben Genussrechte den Charakter von Eigenkapital, wenn (a) ein nachrangiges Finanzierungsinstrument bei Insolvenz oder Liquidation anzunehmen ist, (b) eine erfolgsabhängige Vergütung inklusive der Teilnahme an einem Verlust besteht sowie (c) die Kapitalüberlassung von langfristiger Natur ist.[705] Diese Qualifikation ist nicht uneingeschränkt auf die

---

699 Vgl. auch *Jacobsen*, in: AStG eKommentar, AStG, 2021, § 7 AStG, Fassung vom 01.01.2018, Rn. 65; *Kraft/Richter/Moser*, DB 2014, S. 87. Siehe auch FG Hamburg vom 09.09.1987, I 69/85, EFG 1988, S. 281.

700 Vgl. *Gebhardt/Krüger*, IWB 2020, S. 117; *Ditz u. a.*, DStR 2020, S. 76; *Linn*, IStR 2020, S. 78.

701 Vgl. *Linn*, IStR 2020, S. 78; *Staats*, in: BeckOK AStG, AStG, 2022, § 7 AStG, Rn. 189 und 192; einschränkend *Ditz/Quilitzsch*, Ubg 2021, S. 487, die Genussrechte nicht als Gewinnanspruch ansehen, sondern als Anspruch am Liquidationserlös.

702 Vgl. *Ditz/Quilitzsch*, Ubg 2021, S. 487; *Böhmer/Oppel*, IWB 2020, S. 7, die beispielhaft Genussrechte hierunter subsumieren.

703 Da die Vergütung für Genussrechte mit Fremdkapitalcharakter als Betriebsausgaben zu behandeln sind, stellt die Vergütung keinen Gewinnanspruch i. S. von § 7 Abs. 2 AStG dar (vgl. *Böhmer/Oppel*, IWB 2021, S. 7; *Böhmer/Gebhardt/Krüger*, in: Hagemann/Kahlenberg, ATAD, 2019, Art. 2 ATAD, Rn. 77). Gleichwohl wird § 7 Abs. 2 AStG vereinzelt auch so verstanden, dass schuldrechtliche Vertragsbeziehungen losgelöst von der Einordnung als steuerliches Eigen- oder Fremdkapital zu berücksichtigen sind (vgl. *Staats*, in: BeckOK AStG, AStG, 2022, § 7 AStG, Rn. 192).

704 Vgl. IDW HFA 1/1994, 1998, Tz. 2.1.1.

705 Vgl. *Neumann*, in: R/H/N, KStG, 2015, § 8 KStG, Rn. 1252; *Große*, DStR 2010, S. 1398.

steuerliche Würdigung zu übertragen.[706] In der Steuerbilanz ist nach der wohl h. M.[707] allein darauf abzustellen, ob die Genussrechte eine Partizipation an den stillen Reserven in Form des Liquidationserlöses begründen (sog. beteiligungsähnliche Genussrechte).

Trotz allem wird durch die Oberfinanzdirektion Rheinland[708] die Auffassung vertreten, dass die handelsrechtliche Qualifikation als Eigen- oder Fremdkapital gemäß § 5 Abs. 1 Satz 1 Halbsatz 1 EStG für die Steuerbilanz maßgeblich ist (sog. Maßgeblichkeitsgrundsatz).[709] In diesem Fall richtet sich die Qualifikation von Genussrechten in der Steuerbilanz nach den handelsrechtlichen Qualifikationskriterien.[710] Bemerkenswert ist, dass diese Ansicht jüngst wohl nicht mehr (einheitlich) von der Finanzverwaltung getragen wird.[711] Für Zwecke des § 8 Abs. 3 Satz 2 KStG werden Genussrechte ausnahmslos als Fremdkapital in der Steuerbilanz qualifiziert.[712] Es scheint so, dass in diesen Fall eine rein rechtliche Würdigung als schuldrechtliche Rechtsbeziehung und somit keine wirtschaftliche Betrachtungsweise gegeben ist.

Auch wenn die jüngste Verlautbarung der Finanzverwaltung im Anwendungsbereich des § 8 Abs. 3 Satz 2 KStG Genussrechte als Fremdkapital qualifiziert, stellt sich die Frage, ob und inwiefern diese Rechtsgrundsätze auf § 7 Abs. 2 Satz 1 AStG a. F. und § 7 Abs. 2 AStG übertragbar sind.[713] Es ist unabhängig

---

706 Vgl. *Nielsen*, IStR 2016, S. 828; gl. A. OFD Nordrhein-Westfalen vom 12.05.2016, DStR 2016, S. 1816.

707 Vgl. BFH vom 14.08.2019, I R 44/17, BFH/NV 2020, S. 807; *Breuninger/Prinz*, DStR 2006, S. 1347; *Schwedhelm*, in: Streck, KStG, 2021, § 8 KStG, Rn. 139; *Gosch*, in: Gosch, KStG, 2020, § 8 KStG, Rn. 151; a. A. OFD Rheinland vom 14.12.2011, DStR 2012, S. 189.

708 Vgl. OFD Rheinland vom 14.12.2011, DStR 2012, S. 189.

709 Vgl. *Große*, DStR 2010, S. 1399; a. A. *Neumann*, in: R/H/N, KStG, 2015, § 8 KStG, Rn. 1254; *Rengers*, in: Brandis/Heuermann, Ertragsteuerrecht, 2021, § 8 KStG, Rn. 215.

710 Vgl. OFD Rheinland vom 14.12.2011, DStR 2012, S. 189; teilweise einschränkend OFD Nordrhein-Westfalen vom 12.05.2016, DStR 2016, S. 1816.

711 Vgl. FinMin Nordrhein-Westfalen vom 18.07.2018, DB 2018, S. 1762.

712 Vgl. FinMin Nordrhein-Westfalen vom 18.07.2018, DB 2018, S. 1762; hierdurch wohl überholt OFD Rheinland vom 14.12.2011, DStR 2012, S. 189; OFD Nordrhein-Westfalen vom 12.05.2016, DStR 2016, S. 1816; a. A. *Rengers*, in: Brandis/Heuermann, Ertragsteuerrecht, 2021, § 8 KStG, Rn. 215; *Großer*, DStR 2010, S. 1398 ff.

713 Vgl. FinMin Nordrhein-Westfalen vom 18.07.2018, DB 2018, S. 1762; hierdurch überholt OFD Rheinland vom 14.12.2011, DStR 2012, S. 189; OFD Nordrhein-Westfalen vom 12.05.2016, DStR 2016, S. 1816. Siehe z. B. auch *Kraft/Richter/Moser*, DB 2014, S. 85 ff. zur Übertragbarkeit des Begriffsverständnisses auf § 7 Abs. 2 AStG a. F.

der Verlautbarung des Finanzministeriums Nordrhein-Westfalen[714] darauf zu achten, dass gewährte Genussrechte aus handels- und steuerbilanzieller Sicht Fremdkapital darstellen. Der Investor kann allerdings den Wunsch haben, an den stillen Reserven in Form eines Liquidationserlöses teilzunehmen. Aus handelsrechtlicher Sicht sind Genussrechte als Eigenkapital zu werten, sofern diese im Insolvenz- oder Liquidationsfall den gleichen Rang wie weitere Gläubiger haben.[715] Da in der Steuerbilanz allein auf das Recht am Liquidationserlös abzustellen ist, wird die Nachrangigkeit der steuerbilanziellen Einordnung als Eigenkapital nicht entgegenstehen.[716]

Sofern die Beteiligung am Liquidationserlös ausgeschlossen wird, stellen die Genussrechte sowohl in der Handelsbilanz als auch in der Steuerbilanz Fremdkapital dar. Hierdurch wird auch der Rechtsauffassung Rechnung getragen, dass die handelsbilanzielle Qualifikation gemäß § 5 Abs. 1 Satz 1 Halbsatz 1 EStG für die Steuerbilanz maßgeblich ist.[717] Idealerweise stehen dem Genussrechtsinhaber auch keine weitreichenderen Kontroll- und Informationsrechte wie einem externen Darlehensgeber zu.[718]

Ergebnis: Aufgrund des Risikos, dass qualifizierte Genussrechte durch die Finanzverwaltung als eine Beteiligung i. S. des § 7 Abs. 2 Satz 1 AStG a. F. und § 7 Abs. 2 AStG angesehen werden können[719], kommt diese Handlungsalternative lediglich für eine reine Kapitalüberlassung durch einen inländischen Investor infrage. Eine gesellschafterähnliche Rechtsstellung ist mit einem erheblichen Risiko verbunden.

Eigenkapitalähnliche Genussrechte stellen aufgrund der Nachrangigkeit faktisch Haftkapital dar. Allerdings sind mitgliedschaftsähnliche Rechte für eine Beteiligung i. S. des Art. 7 Abs. 1 Buchst. a ATAD notwendig. Ein Genussrechtsinhaber erfüllt nur das Tatbestandsmerkmal des Art. 7 Abs. 1 Buchst. a ATAD, wenn ausnahmsweise Verwaltungsrechte gewährt werden. Aufgrund des Fehlens von

714 Vgl. FinMin Nordrhein-Westfalen vom 18.07.2018, DB 2018, S. 1762.

715 Vgl. auch IDW HFA 1/1994, 1998, Tz. 2.1.1; *Neumann*, in: R/H/N, KStG, 2015, § 8 KStG, Rn. 1252; *Große*, DStR 2010, S. 1398.

716 Vgl. *Schwedhelm*, in: Streck, KStG, 2021, § 8 KStG, Rn. 139; *Bott u. a*, in: Bott/Walter, KStG, 2022, § 8 KStG, Rn. 906; *Gosch*, in: Gosch, KStG, 2020, § 8 KStG, Rn. 151; *Nielsen*, IStR 2016, S. 828.

717 Vgl. OFD Rheinland vom 14.12.2011, DStR 2012, S. 189; a. A. *Neumann*, in: R/H/N, KStG, 2015, § 8 KStG, Rn. 1254; *Rengers*, in: Brandis/Heuermann, Ertragsteuerrecht, 2021, § 8 KStG, Rn. 215.

718 Vgl. *Kraft/Richter/Moser*, DB 2014, S. 87 zu den Mitwirkungs- und Kontrollrechten.

719 Vgl. hierzu z. B. *Staats*, in: BeckOK AStG, AStG, 2022, § 7 AStG, Rn. 197.

Verwaltungsrechten ist eine tatsächliche Beherrschung und Kontrolle des ausländischen Unternehmens ausgeschlossen.[720] Gleichwohl sind Genussrechte nach Art. 7 Abs. 1 Buchst. a ATAD bei der Beherrschungsermittlung berücksichtigungsfähig, da der Genussrechtsinhaber ein Gewinnbezugsrecht innehat.[721]

Dies ergibt sich daraus, dass sich die Begrifflichkeit der Beteiligung in Art. 7 Abs. 1 Buchst. a ATAD nur auf die Stimmrechte und das Kapital bezieht. Bezüglich der Gewinngröße muss gemäß Art. 2 Abs. 4 und Art. 7 Abs. 1 Buchst. a ATAD lediglich ein Anspruch vorliegen, der vom bloßen Wortlaut her auch von rein schuldrechtlicher Natur sein kann. Hieraus kann berechtigter Weise geschlossen werden, dass der europäische Gesetzgeber gesellschafts- und schuldrechtliche Gewinnansprüche inkludieren möchte.[722] Lediglich Genussrechte mit Eigenkapitalcharakter sind für Zwecke des Beherrschungserfordernisses i. S. von Art. 7 Abs. 1 Buchst. a ATAD zu berücksichtigen.[723]

4.3 Stille Gesellschaft als ausschließlich schuldrechtliche Beteiligung

4.3.1 Unternehmensakquisition durch typisch stille Gesellschaft als ertragsteuerliche Gewährung von Fremdkapital

4.3.1.1 Ertragsteuerliche Behandlung der typisch stillen Gesellschaft

Die stille Gesellschaft stellt eine Sonderform des deutschen Gesellschaftsrechts dar, welche allein von schuldrechtlicher Natur ist.[724] Nach den §§ 230 ff. HGB kann sich eine natürliche oder juristische Person durch eine Vermögenseinlage an

720 Vgl. *Quilitzsch/Engelen*, FR 2018, S. 294; *Haase*, ISR 2017, S. 353; *Heinsen/Erb*, DB 2018, S. 976.

721 Siehe z. B. auch *Jochimsen/Zinowsky*, ISR 2016, S. 113; *Böhmer/Gebhardt/Krüger*, in: Hagemann/Kahlenberg, ATAD, 2019, Art. 2 ATAD, Rn. 77; a. A. *Moser*, IStR 2017, S. 615.

722 Vgl. auch *Böhmer/Gebhardt/Krüger*, in: Hagemann/Kahlenberg, ATAD, 2019, Art. 2 ATAD, Rn. 77.

723 Da Genussrechte mit Fremdkapitalcharakter zu abzugsfähigen Betriebsausgaben auf Ebene des ausländischen Unternehmens führt, fehlt es an einem Gewinnanspruch i. S. der ATAD (vgl. *Böhmer/Gebhardt/Krüger*, in: Hagemann/Kahlenberg, ATAD, 2019, Art. 7 ATAD, Rn. 74 f. und 106).

724 Vgl. BGH vom 16.07.2019, II ZR 175/18, BGHZ 223, S. 13; *Roth*, in: Hopt, HGB, 2022, § 230 HGB, Rn. 2; *Lipp*, ISR 2014, S. 408 zur gesellschaftsrechtlichen Einordnung der stillen Gesellschaft.

einem Handelsgewerbe beteiligen, ohne selbst im Außenverhältnis aufzutreten.[725] Bei der stillen Gesellschaft handelt es sich um eine reine Innengesellschaft.[726] Da die stille Gesellschaft eine Innengesellschaft ohne Rechtspersönlichkeit und ohne eigenes Vermögen ist, tritt diese nicht selbst nach außen auf.[727] Das Vermögen verbleibt weiterhin beim Unternehmensträger, sodass die stille Gesellschaft nur vermögensrechtliche Ansprüche gegenüber dem Handelsgewerbe begründet.[728]

In Abgrenzung zum partiarischen Darlehen verfolgen der Träger des Handelsgewerbes (Unternehmen) sowie der stille Gesellschafter einen gemeinsamen Zweck.[729] Es steht folglich das gemeinsame Betreiben des Unternehmens im Vordergrund und nicht nur die alleinige Kapitalanlage durch den Investor.[730] Da die §§ 230 ff. HGB weitgehend als dispositives Recht verstanden werden, sind verschiedene Ausgestaltungen einer stillen Gesellschaft anzutreffen.[731] Es kann dazu kommen, dass der Gesellschafter eine Rechtsposition innehat, die mit einem Gesellschafter oder Darlehensgeber mehr oder weniger vergleichbar ist.[732] Im Wesentlichen ist zu unterscheiden, ob und inwiefern dem stillen Gesellschafter Kontroll- und Informationsrechte gewährt werden.[733] Des Weiteren ist zu

---

725 Vgl. *Roth*, in: Hopt, HGB, 2022, § 230 HGB, Rn. 1; *Schmidt*, in: Münchener Kommentar zum HGB, HGB, 2019, § 230 HGB, Rn. 37; *Kindler*, in: Koller u. a., HGB, 2019, § 230 HGB, Rn. 10; BFH vom 22.07.1997, VIII R 12/96, BStBl II 1997, S. 761; BFH vom 30.10.2001, VIII R 15/01, BStBl II 2002, S. 138.

726 Vgl. *Schäfer*, in: Münchener Kommentar zum BGB, BGB, 2020, § 705 BGB, Rn. 282; *Schmidt*, in: Münchener Kommentar zum HGB, HGB, 2019, § 230 HGB, Rn. 50.

727 Vgl. *Schmidt*, in: Münchener Kommentar zum HGB, § 230 HGB, Rn. 9.

728 Vgl. BGH vom 16.07.2019, II ZR 175/18, BGHZ 223, S. 13.

729 Vgl. BGH vom 11.07.1951, II ZR 45/50, BGHZ 3, S. 75; *Dautel*, DStR 2001, S. 925; BFH vom 08.04.2009, VIII R 3/05, BStBl II 2008, S. 852; *Buge*, in: H/H/R, EStG/KStG, 2021, § 20 EStG, Rn. 157; *Schmidt*, in: Münchener Kommentar zum HGB, HGB, 2019, § 230 HGB, Rn. 4. Siehe auch *Reiche*, in Haase, AStG/DBA, 2016, § 7 AStG, Rn. 62 zur außensteuerrechtlichen Einordnung.

730 Vgl. BGH vom 10.10.1994, II ZR 32/94, BGHZ 127, S. 176; FG Sachsen vom 01.12.2009, 5 K 669/06, DStRE 2011, S. 297; *Buge*, in: H/H/R, EStG/KStG, 202ichend1, § 20 EStG, Rn. 157.

731 Vgl. *Bron*, IStR 2016, S. 26 ff.; *Hermes*, DStR 2019, S. 1777 ff.; *Kessler/Becker*, IStR 2005, S. 505 ff.; *Schmidt*, in: Münchener Kommentar zum HGB, HGB, 2019, § 230 HGB, Rn. 72.

732 Vgl. *Schmidt*, in: Münchener Kommentar zum HGB, HGB, 2019, § 230 HGB, Rn. 73 zu den Erscheinungsformen der stillen Gesellschaft.

733 Vgl. BFH vom 18.04.2000, VIII R 68/98, BStBl II 2001, S. 359; *Schmidt*, in: Münchener Kommentar zum HGB, HGB, 2019, § 230 HGB, Rn. 64.

prüfen, ob der stille Gesellschafter am Verlust oder ausschließlich an den Gewinnen partizipiert sowie ob dessen Vermögensrechte die stillen Reserven des Handelsgewerbes umfassen.[734]

Beispiel: Der inländische Investor in der Rechtsform der Kapitalgesellschaft beabsichtigt, 50 % der ausländischen OpCo in der Rechtsform der Kapitalgesellschaft zu erwerben. Zudem möchte dieser weitere vermögensrechtliche Gewinnansprüche sowie in geringem Umfang schuldrechtliche Mitwirkungsmöglichkeiten in Form der Vereinbarung einer typisch stillen Gesellschaft erlangen.[735]

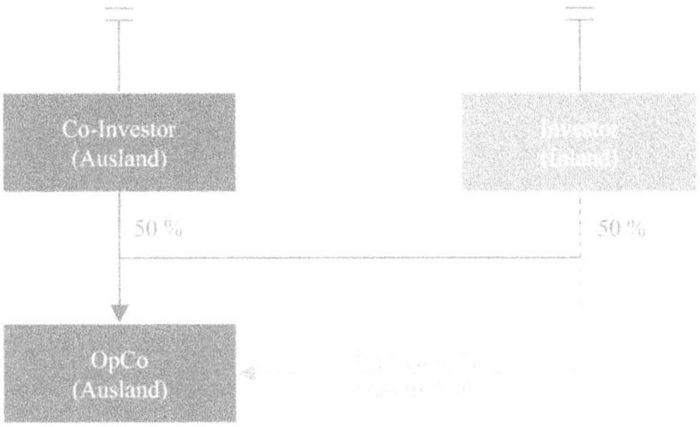

Abbildung 2: Typisch stille Gesellschaft

Bei der typisch stillen Gesellschaft handelt es sich um eine Unterform der stillen Gesellschaft, bei welcher der stille Gesellschafter eine mit einem Darlehensgeber vergleichbare Rechtsstellung hat.[736] Infolgedessen stehen dem stillen Gesellschafter nur eingeschränkte Kontroll- und Informationsrechte zur Verfügung

734 Vgl. BGH vom 16.07.2019, II ZR 175/18, BGHZ 223, S. 13; *Roth*, in: Hopt, HGB, 2022, § 231 HGB, Rn. 3. Siehe auch *Schlotter*, in: L/B/P, EStG, 2021, § 20 EStG Rn. 525 zu den praktischen Erscheinungsformen.

735 Da Genussrechte keinerlei Verwaltungsrechte begründen, bestünde ein wirtschaftlicher Vorteil der typisch stillen Gesellschaft darin, dass diese Mitwirkungsrechte begründen kann.

736 Vgl. *Levedag*, in: Schmidt, EStG, 2022, § 20 EStG, Rn. 91; *Redert*, in: EStG eKommentar, EStG, 2021, § 20 EStG, Fassung vom 01.01.2020, Rn. 302.

(Fehlen einer Mitunternehmerinitiative).[737] Zudem ist dessen Partizipation am Liquidationserlös ausgeschlossen, sodass im Falle der Insolvenz oder Liquidation lediglich die Vermögenseinlage zuzüglich etwaiger Gewinne und, sofern vereinbart, abzüglich etwaiger Verluste zu erstatten ist (Fehlen eines Mitunternehmerrisikos).[738] Die Tatbestandsmerkmale der Mitunternehmerinitiative und des Mitunternehmerrisikos können im Einzelfall mehr oder weniger ausgeprägt sein.[739] Aufgrund der darlehensähnlichen Vertragsbeziehung stellen die Gewinnanateile des stillen Gesellschafters Betriebsausgaben dar.

4.3.1.2 Gesellschaftsrechtliche Beteiligung i. S. der Hinzurechnungsbesteuerung?

Der Vorteil dieses Konstrukts besteht darin, dass die typisch stille Gesellschaft nicht zu einer Beteiligung i. S. des § 7 Abs. 2 Satz 1 AStG a. F. und § 7 Abs. 2 AStG führt, da die Innengesellschaft ausschließlich einen schuldrechtlichen Anspruch gegenüber dem Handelsgewerbe vermittelt, jedoch keinen Anspruch auf die Anteile an der ausländischen Gesellschaft.[740] Da folglich keine gesellschaftsrechtliche Beteiligung vorliegt, ist der Anwendungsbereich der §§ 7 bis 14 AStG a. F. und der §§ 7 bis 13 AStG nicht eröffnet.[741] Eine gesellschafterähnliche Rechtsstellung wird nicht erlangt, da die Einflussnahme aufgrund des Fehlens der Mitunternehmerinitiative ausscheidet.[742] Ebenfalls führt eine Beteiligung an den stillen Reserven zum Vorliegen des Mitunternehmerrisikos. Nichtsdestotrotz ist bei Prüfung des Beherrschungserfordernisses nach § 7 Abs. 2 AStG ein schuldrechtlicher Anspruch am Gewinn oder Liquidationserlös

---

737 Vgl. auch *Redert*, in: EStG eKommentar, EStG, 2021, § 20 EStG, Fassung vom 01.01.2020, Rn. 302; *Levedag*, in: Schmidt, EStG, 2022, § 20 EStG, Rn. 91; *Buge*, in: H/H/R, EStG/KStG, 2021, § 20 EStG, Rn. 149.

738 Vgl. *Buge*, in: H/H/R, EStG/KStG, 2021, § 20 EStG, Rn. 149; *Levedag*, in: Schmidt, EStG, 2022, § 20 EStG, Rn. 91.

739 Vgl. auch H 15.8 Abs. 1 „Allgemeines" EStH; BFH vom 25.06.1984, GrS 4/82, BStBl II 1984, S. 751; BFH vom 15.07.1986, VIII R 154/85; BStBl II 1986, S. 896.

740 Vgl. hierzu z. B. *Schmidt*, in: Münchener Kommentar zum HGB, HGB, 2019, § 230 HGB, Rn. 9; *Roth*, in: Hopt, HGB, 2022, § 230 HGB, Rn. 2.

741 Vgl. *Köhler*, in: S/K/K, AStG/DBA, 2017, § 7 AStG, Rn. 51; *Reiche*, in: Haase, AStG/DBA, 2016, § 7 AStG, Rn. 61; *Lipp*, ISR 2014, S. 412; *Staats*, in: BeckOK AStG, AStG, 2022, § 7 AStG, Rn. 106 ff.; *Oppel/Wittling*, BB 2022, S. 1497.

742 Vgl. *Redert*, in: EStG eKommentar, EStG, 2021, § 20 EStG, Fassung vom 01.01.2021, Rn. 302 zum Fehlen einer Mitunternehmereigenschaft bei der typisch stillen Gesellschaft.

zu berücksichtigen. Ein derartiger Anspruch ist nur gegeben, sofern die Einlage des stillen Gesellschafters zu steuerbilanziellem Eigenkapital führt.[743]

Nichtsdestotrotz stellt sich die Frage, ob für Zwecke des Beherrschungserfordernisses eine tatbestandliche Zurechnung der Anteile an der OpCo nach § 7 Abs. 4 Satz 1 AStG zu erfolgen hat. Die typisch stille Gesellschaft führt nicht unmittelbar zum Vorliegen eines gleichgerichteten Interesses.[744] Nach der Rechtsprechung des Bundesfinanzhofs zum gleichgerichteten Interesse i. S. des § 8c Abs. 1 Satz 2 KStG ist es notwendig, dass der Anteilseigner und der stille Gesellschafter bezüglich der Zwischengesellschaft zusammenwirken, was über einen gewissen Zeitraum erfolgen muss und nicht auf den Erwerbszeitpunkt beschränkt sein darf.[745]

Die schuldrechtliche Vertragsbeziehung besteht zwischen der Zwischengesellschaft als zivilrechtliche Unternehmensträgerin und dem stillen Gesellschafter.[746] Aus dem gemeinsamen Entschluss der Begründung einer typisch stillen Gesellschaft resultiert kein Zusammenwirken durch abgestimmtes Verhalten i. S. des § 7 Abs. 4 Satz 1 AStG. Selbst unter Berücksichtigung der widerlegbaren Vermutung des § 7 Abs. 4 Satz 2 AStG ergibt sich kein abweichendes Resultat, da die typisch stille Gesellschaft weder eine Personengesellschaft noch eine Mitunternehmerschaft ist.[747]

Ergebnis: Sofern die typisch stille Gesellschaft als ergänzende Beteiligungsform gewählt wird, besteht ein Risiko, dass der schuldrechtliche Gewinnanspruch gemäß § 7 Abs. 2 AStG zu einer Beherrschungsbeteiligung führen kann. Zudem kann die Vereinbarung einer typisch stillen Gesellschaft unter

743 So wohl auch *Böhmer/Oppel*, IWB 2020, S. 7, die explizit für die Genussrechte einen Eigenkapitalcharakter fordern.

744 Nach der Intention des Gesetzgebers soll ein Zusammenwirken durch abgestimmtes Verhalten dem Tatbestandsmerkmal des gleichgerichteten Interesses in § 8c Abs. 1 Satz 2 KStG entsprechen (vgl. BT-Drucks. 19/28652, S. 54; *Gebhardt/Krüger*, IWB 2020, S. 118; kritisch betrachtend *Baumgartner*, IStR 2020, S. 525).

745 Vgl. BFH vom 22.11.2016, I R 30/15, BStBl II 2017, S. 921; *Suchanek*, in: H/H/R, EStG/KStG, 2021, § 8c KStG, Rn. 39 f.; einschränkender BMF vom 28.11.2017, BStBl I 2017, S. 1645, Rn. 28.

746 Vgl. BFH vom 30.10.2001, VIII R 15/01, BStBl II 2002, S. 138; BFH vom 22.07.1997, VIII R 12/96, BStBl II 1997, S. 761; *Schmidt*, in: Münchener Kommentar zum HGB, HGB, 2019, § 230 HGB, Rn. 37.

747 Vgl. *Ditz u. a.*, DStR 2020, S. 77; *Böhmer/Oppel*, IWB 2020, S. 10, die wohl unter die Begrifflichkeit der Personengesellschaft lediglich Außengesellschaft subsumieren.

Umständen zum Vorliegen eines Zusammenwirkens durch abgestimmtes Verhalten führen.

Die typisch stille Gesellschaft begründet als rein schuldrechtliche Vertragsbeziehung nicht eine Beteiligung am Kapital i. S. des Art. 7 Abs. 1 Buchst. a ATAD. In diesem Kontext ist jedoch fraglich, ob der typisch stille Gesellschafter nicht ein Gewinnbezugsrecht i. S. des Art. 7 Abs. 1 Buchst. a ATAD hält. Entsprechend der Ausführungen zu den Genussrechten ist ein Gewinnbezugsrecht insbesondere gegeben, wenn dieses eine gesellschaftsrechtliche Grundlage hat.[748] Nichtsdestotrotz spricht der Wortlaut des Art. 2 Abs. 4 Buchst. a und Art. 7 Abs. 1 Buchst. a ATAD dafür, dass unter den Gewinnansprüchen sowohl gesellschaftsrechtliche als auch schuldrechtliche Bezüge zu erfassen sind. Dieses Ergebnis ist im Fall der typisch stillen Gesellschaft kritisch zu hinterfragen, da gemäß Abs. 2 Abs. 12 Satz 3 der Erwägungsgründe der ATAD die Hinzurechnungsbesteuerung eine rein künstliche Gewinnverlagerung auf das ausländische Unternehmen verhindern soll.[749]

Wird der Gewinnanteil des typisch stillen Gesellschafters von der steuerlichen Bemessungsgrundlage des ausländischen Unternehmens abgezogen, handelt es sich nicht um einen Gewinnanspruch nach Art. 7 Abs. 1 Buchst. a ATAD.[750] Die Vergütung unterliegt der inländischen Besteuerung beim Steuerpflichtigen i. S. des Art. 1 ATAD und führt keine niedrigbesteuerte Gewinnthesaurierung herbei. Bei Anwendung der Hinzurechnungsbesteuerung kommt es zu einer dem Abs. 5 Satz 3 und 4 der Erwägungsgründe der ATAD widersprechenden Doppelbesteuerung.[751]

4.3.2 Unternehmensakquisition durch atypisch stille Gesellschaft als ertragsteuerliche Begründung einer Mitunternehmerschaft

4.3.2.1 Ertragsteuerliche Behandlung der atypisch stillen Gesellschaft

Beispiel: Der inländische Investor in der Rechtsform der Kapitalgesellschaft beabsichtigt, 50 % an der passiven ausländischen OpCo in der Rechtsform der

748 Vgl. Kapitel 4.2.

749 Vgl. *Jochimsen/Zinowsky*, ISR 2016, S. 113.

750 Vgl. hierzu z. B. *Schnitger/Nitzschke/Gebhardt*, IStR 2016, S. 962; *Böhmer/Gebhardt/Krüger*, in: Hagemann/Kahlenberg, ATAD, 2019, Art. 7 ATAD, Rn. 25.

751 Vgl. *Müller-Thomzcik/Reiter/Kanduth-Kristen*, FR 2022, S. 531; *Böhmer/Gebhardt/Krüger*, in: Hagemann/Kahlenberg, ATAD, 2019, Art. 7 ATAD, Rn. 25.

Kapitalgesellschaft zu erwerben. Zudem möchte dieser neben weiteren vermögensrechtlichen Gewinnbezugsrechten umfassende Mitwirkungsrechte durch die Begründung einer atypisch stillen Gesellschaft erlangen.

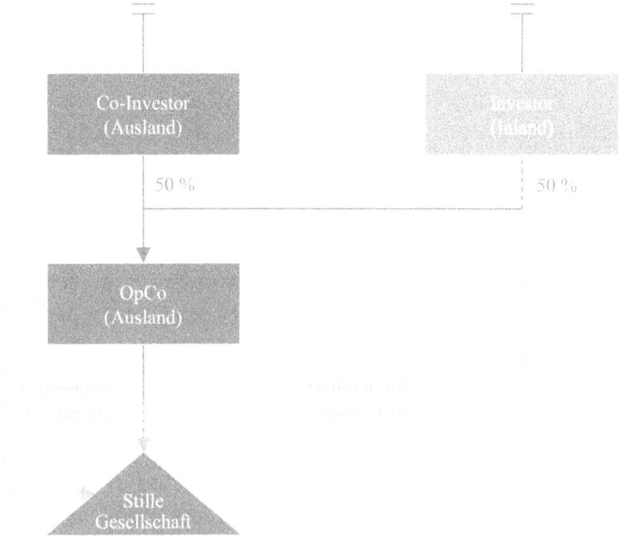

Abbildung 3: Atypisch stille Gesellschaft

Bei einer atypisch stillen Gesellschaft hat der stille Gesellschafter durch (a) seine Mitunternehmerinitiative sowie (b) sein Mitunternehmerrisiko eine Mitunternehmerstellung inne.[752] Die Mitunternehmerinitiative soll erfüllt sein, sofern der stille Gesellschafter vergleichbare Rechte wie ein Kommanditist nach den §§ 161 ff. HGB innehat.[753] Wenn der stille Gesellschafter an den stillen Reserven einschließlich eines Geschäfts- oder Firmenwerts i. S. des § 246 Abs. 1 Satz 4 HGB, § 7 Abs. 1 Satz 3 EStG partizipiert, trägt dieser ein Mitunternehmerrisiko.[754] Die

752 Vgl. auch *Hennrichs*, in: T/L, Steuerrecht, 2021, § 10, Rn. 70; *Bode*, in: Brandis/Heuermann, Ertragsteuerrecht, 2022, § 15 EStG, Rn. 317; *Wacker*, in: Schmidt, EStG, 2022, § 15 EStG Rn. 342.

753 Vgl. *Feldgen/Kraeusel*, in: EStG eKommentar, EStG, 2021, Fassung vom 26.06.2021, § 15 EStG, Rn. 42; *Stapperfend*, in: H/H/R, EStG/KStG, 2022, § 15 EStG, Rn. 313.

754 Vgl. BFH vom 25.06.1984, GrS 4/82, BStBl II 1984, S. 751; *Bodden*, in: Korn, EStG, 2022, § 15 EStG, Rn. 342.

Begründung der atypisch stillen Gesellschaft führt dazu, dass zivilrechtlich zwar weiterhin der Träger des Handelsgewerbes rechtlicher Eigentümer ist. Allerdings wird für ertragsteuerliche Zwecke eine Vermögensübertragung auf die Innengesellschaft als Mitunternehmerschaft angenommen.[755] Die atypisch stille Gesellschaft wird als eine gewerbliche Gesellschaft mit Betriebsvermögen behandelt und kann ertragsteuerlich Trägerin von Rechten sowie Pflichten sein.[756]

4.3.2.2 Gesellschaftsrechtliche Beteiligung i. S. der Hinzurechnungsbesteuerung?

Gemäß § 7 Abs. 2 Satz 1 AStG a. F. und § 7 Abs. 2 AStG setzt das Beherrschungserfordernis eine gesellschaftsrechtliche Beteiligung an der ausländischen OpCo voraus, die unter anderem Verwaltungsrechte erfordert.[757] Auch wenn der stille Gesellschafter bei einer atypisch stillen Gesellschaft eine entsprechende Mitunternehmerinitiative innehat, führt dies nicht dazu, dass dieser die Rechtsposition eines Gesellschafters an einer Kapitalgesellschaft besitzt. Die Verwaltungsrechte an der ausländischen Gesellschaft stehen im Innen- und Außenverhältnis weiterhin vollumfänglich dem Gesellschafter der ausländischen Gesellschaft zu.[758]

Wird die atypisch stille Gesellschaft betrachtet, wird diese ertragsteuerlich einer Personengesellschaft mit Gesamthandseigentum gleichgestellt.[759] Diese Rechtswertung gilt fort, sofern eine ausländische atypisch stille Gesellschaft die wesentlichen Strukturmerkmale einer deutschen stillen Gesellschaft aufweist.[760] Da es sich bei der atypisch stillen Gesellschaft um eine ertragsteuerliche

---

755 Vgl. auch BFH vom 24.04.2014, IV R 34/10, BStBl II 2017, S. 233; *Patt*, in: D/P/M, KStG/UmwStG, 2021, § 24 UmwStG, Rn. 36; *Rasche*, in: R/H/vL, UmwStG, 2019, § 24 UmwStG, Rn. 15; *Bär/Merkle*, in: H/M/B, UmwStG, 2019, § 24 UmwStG, Rn. 59 zur Begründung der atypisch stillen Gesellschaft als Mitunternehmerschaft.

756 Vgl. *Schmitt*, in: S/H, UmwG/UmwStG, 2020, § 24 UmwStG, Rn. 124; *Werneburg*, in: H/M/B, UmwStG, 2019, § 1 UmwStG, Rn. 86; *Wacker*, in: Schmidt, EStG, 2022, § 15 EStG, Rn. 348.

757 Vgl. *Strahl*, in: Korn, EStG, 2020, § 17 EStG, Rn. 31; *Schmidt*, in: H/H/R, EStG/KStG, 2020, § 17 EStG, Rn. 146; so z. B. auch *Vogt*, in: Brandis/Heuermann, Ertragsteuerrecht, 2016, § 7 AStG, Rn. 21 zu § 7 Abs. 2 AStG a. F.

758 Vgl. hierzu z. B. *Roth*, in: Hopt, HGB, 2022, § 230 HGB, Rn. 26 zur Geschäftsführungsbefugnis des stillen Gesellschafters.

759 Vgl. *Haase*, IStR 2008a, S. 314.

760 Vgl. *Bär/Merkle*, in: H/M/B, UmwStG, 2019, § 24 UmwStG, Rn. 60; *Haase*, IStR 2008a, S. 313.

Mitunternehmerschaft handelt, laufen die §§ 7 ff. AStG a. F. und AStG ins Leere[761]. Durch eine atypisch stille Gesellschaft kann die Hinzurechnungsbesteuerung i. S. der §§ 7 bis 14 AStG a. F. und der §§ 7 bis 13 AStG mangels Inländerbeherrschung vermieden werden.[762]

Gleichwohl ist zu prüfen, ob passive Betriebsstätteneinkünfte vorliegen (§ 20 Abs. 2 AStG a. F. und AStG).[763] Die atypisch stille Gesellschaft vermittelt nämlich dem stillen Gesellschafter eine anteilige Betriebsstätte.[764] Inwiefern eine Betriebsstätte vorliegt, muss nach der nationalen Vorschrift des § 12 AO beurteilt werden.[765] Da durch die Begründung der atypisch stillen Gesellschaft ertragsteuerlich der Betrieb der OpCo auf eine Mitunternehmerschaft übertragen wird, führt das Handelsgewerbe zu einer ausländischen Betriebsstätte der stillen Gesellschaft.[766] Infolgedessen ist der Anwendungsbereich des § 20 Abs. 2 AStG a. F. und AStG eröffnet, da der stille Gesellschafter als Mitunternehmer eine (anteilige) ausländische Betriebsstätte unterhält.

Da die wirtschaftliche Wirkungsweise der Umschaltklausel in § 20 Abs. 2 AStG a. F. und AStG weitgehend identisch mit der Hinzurechnungsbesteuerung ist, ergibt sich auf den ersten Blick keine wirkliche Statusveränderung.[767] Der auf die Gewerbesteuer limitierte Motivtest ist als Nachteil gegenüber der regulären Hinzurechnungsbesteuerung zu nennen.[768] Der Anwendungsbereich des § 20

---

761 Vgl. *Köhler*, in: S/K/K, AStG/DBA, 2017, § 7 AStG, Rn. 44; *Staats*, in: BeckOK AStG, AStG, 2022, § 7 AStG, Rn. 93; *Jacobsen*, in: AStG eKommentar, AStG, 2022, § 7 AStG, Fassung vom 01.01.2022, Rn. 35 f.

762 Vgl. *Wassermeyer*, in: F/W/B/S, Außensteuerrecht, 2018, § 7 AStG, Rn. 9.1; *Köhler*, in: S/K/K, AStG/DBA, 2017, § 7 AStG, Rn. 115.1 zur Anwendbarkeit der Hinzurechnungsbesteuerung auf Personengesellschaften.

763 Vgl. *Kessler/Becker*, IStR 2005, S. 506; *Haase*, IStR 2008a, S. 314 zur Behandlung der atypisch stillen Gesellschaft im Rahmen der Hinzurechnungsbesteuerung.

764 Vgl. BMF vom 26.09.2014, BStBl I 2014, S. 1258, Tz. 2.2.3; BMF vom 14.05.2004, BStBl I 2004, Sondernr. 1/2004, S. 3, Tz. 20.2; *Kessler/Becker*, IStR 2005, S. 506.

765 Vgl. auch *Vituschek*, in: AStG eKommentar, AStG, 2021, § 20 AStG, Fassung vom 01.01.2015, Rn. 33; *Meretzki*, in: Wassermeyer/Richter/Schnittker, Personengesellschaften im Internationalen Steuerrecht, 2015, Rn. 15.94.

766 So wohl auch BMF vom 26.09.2014, BStBl I 2014, S. 1258, Tz. 2.2.3; BMF vom 14.05.2004, BStBl I 2004, Sondernr. 1/2004, S. 3, Tz. 20.2.

767 Vgl. hierzu z. B. *Haase*, IStR 2008a, S. 313.

768 Vgl. *Drüen*, in: Brandis/Heuermann, Ertragsteuerrecht, 2021, § 7 GewStG, Rn. 91d; *Selder*, in: Glanegger/Güroff, GewStG, 2021, § 7 GewStG, Rn. 22; *Kraft*, in: Kraft, AStG, 2019, § 20 AStG, Rn. 75; *Treusch*, in: BeckOK AStG, AStG, 2022, § 20 AStG, Rn. 63; *Vituschek*, in: AStG eKommentar, AStG, 2022, § 20 AStG, Fassung vom 01.01.2022, Rn. 44; *Schnitter*, in: F/D, KStG/GewStG/UmwStG, 2021, § 7 GewStG, Rn. 144.

Abs. 2 AStG und AStG a. F. ist auf die anteiligen Zwischeneinkünfte beschränkt, die dem inländischen Investor über die atypisch stille Gesellschaft zuzurechnen sind. Die der OpCo zuzurechnenden Einkünfte unterliegen nämlich nicht der Hinzurechnungsbesteuerung i. S. der §§ 7 ff. AStG a. F. und AStG.

Allerdings stellt sich die Frage, inwiefern eine mögliche Mitunternehmerinitiative, die durch die atypisch stille Gesellschaft vermittelt wird, gemäß § 7 Abs. 2 Satz 1 AStG a. F. zu einer Inländerbeherrschung bzw. gemäß § 7 Abs. 2 AStG zu einer Verbundbeherrschung führen kann. Eine Zusammenrechnung mit schuldrechtlichen Verwaltungsrechten des stillen Gesellschafters i. S. der §§ 230 ff. HGB erfolgt nicht, da diese nicht als Stimmrechte i. S. des § 7 Abs. 2 Satz 1 AStG a. F. und § 7 Abs. 2 AStG zu verstehen sind.[769] Es ist unerheblich, wenn der stille Gesellschafter mitgliedschaftsähnliche Rechte erhält, die über die Informations- und Kontrollrechte der §§ 230 ff. HGB hinausgehen, da die Stimmrechte nur berücksichtigt werden dürfen, wenn diese auf einer gesellschaftsrechtlichen Grundlage beruhen.[770]

Andererseits kann durch einen stillen Gesellschafter das Tatbestandsmerkmal des § 7 Abs. 2 Satz 1 AStG a. F. und § 7 Abs. 2 AStG als erfüllt angesehen werden.[771] Es kann auf die Rechtsgrundsätze hinsichtlich der Vereinbarung einer stillen Gesellschaft durch einen beherrschenden Gesellschafter-Geschäftsführer zurückgegriffen werden.[772] Der Bundesfinanzhof würdigt indessen das Vorliegen der Mitunternehmerinitiative anhand des Gesamtbilds der Verhältnisse und hat die Geschäftsführungsbefugnisse i. S. der §§ 35 ff. GmbHG auch dem (geschäftsführenden) stillen Gesellschafter zugerechnet.[773] Folglich wurde das Bestehen einer atypisch stillen Gesellschaft aufgrund des Vorliegens einer

---

769 Vgl. auch *Köhler*, in: S/K/K, AStG/DBA, 2017, § 7 AStG, Rn. 98; *Wassermeyer*, in: F/W/B/S, Außensteuerrecht, 2018, § 7 AStG, Rn. 55; *Fuhrmann*, in: Fuhrmann, AStG, 2017, § 7 AStG, Rn. 93; *Reiche*, in Haase, AStG/DBA, 2016, § 7 AStG, Rn. 80.

770 Vgl. *Wassermeyer*, in: F/W/B/S, Außensteuerrecht, 2018, § 7 AStG, Rn. 55; *Köhler*, in: S/K/K, AStG/DBA, 2017, § 7 AStG, Rn. 98.

771 Vgl. BFH vom 06.03.1997, XI R 2/92, BStBl II 1997, S. 460; BFH vom 10.05.2016, X R 5/14, BFH/NV 2017, S. 8 zum beherrschenden Einfluss bei einer Betriebsaufspaltung.

772 Vgl. H 15.8 Abs. 1 „Stiller Gesellschafter" EStH. Siehe z. B. auch *Dautel*, DStR 2001, S. 927 zur Vereinbarung eines partiarischen Darlehens.

773 Vgl. BFH vom 13.07.2017, IV R 41/14, BStBl II 2017, S. 1132; BFH vom 20.11.1990, VIII R 10/87, BFH/NV 1991, S. 34; BFH vom 15.12.1992, VIII R 42/90, BStBl II 1994, S. 702.

Mitunternehmerinitiative bejaht, obwohl sich die Mitwirkungsrechte nicht aus der Innengesellschaft ergeben.[774]

Obwohl nach der h. M.[775] bei der Inländerbeherrschung ausschließlich auf die gesellschaftsrechtliche Ebene abzustellen ist, kann man unter Anwendung der vorangegangenen Überlegungen selbst bei einer Beteiligung an der Zwischengesellschaft von nur 50 % eine Beherrschung i. S. der § 7 Abs. 2 Satz 1 AStG a. F. bzw. § 7 Abs. 2 AStG annehmen, sofern der inländische Investor nach dem Gesamtbild der Verhältnisse einen beherrschenden Einfluss auf die ausländische Gesellschaft nehmen kann. Zur Vermeidung eines derartigen Risikos kann dem stillen Gesellschafter anstatt von Stimmrechten in der Innengesellschaft ein umfassendes Vetorecht eingeräumt werden.[776] Da Vetorechte lediglich Verhinderungsrechte darstellen, ist selbst unter Betrachtung des Gesamtbilds des Einzelfalls keine Inländerbeherrschung anzunehmen, da der inländische Investor zwar sämtliche Entscheidungen der Gesellschafterversammlung blockieren kann, jedoch die Unternehmenstätigkeit selbst nicht beherrscht.[777]

Da die atypisch stille Gesellschaft eine Mitunternehmerschaft darstellt, ist nunmehr der Anwendungsbereich des § 7 Abs. 4 Satz 2 AStG eröffnet.[778] Hierdurch wird widerlegbar vermutet, dass eine Beherrschung im Verbund durch abgestimmtes Verhalten vorliegt.[779] Allein der gemeinschaftliche Unternehmenserwerb erfüllt noch nicht das Tatbestandsmerkmal des Zusammenwirkens durch abgestimmtes Verhalten.[780] Nichtsdestotrotz kann die Auffassung

---

774 Vgl. *Levedag*, in: Schmidt, EStG, 2022, § 20 EStG, Rn. 92; *Buge*, in: H/H/R, EStG/KStG, 2021, § 20 EStG, Rn. 200; a. A. FG München vom 27.01.2014, 7 K 987/11, EFG 2014, S. 848.

775 Vgl. *Wassermeyer*, in: F/W/B/S, Außensteuerrecht, 2018, § 7 AStG, Rn. 55; *Fuhrmann*, in: Fuhrmann, AStG, 2017, § 7 AStG, Rn. 93; *Jacobsen*, in: AStG eKommentar, AStG, 2021, § 7 AStG, Fassung vom 01.01.2018, Rn. 37; *Protzen*, in: Kraft, AStG, 2019, § 7 AStG, Rn. 98.

776 Vgl. *Wassermeyer*, in: F/W/B/S, Außensteuerrecht, 2018, § 7 AStG, Rn. 55; *Jacobsen*, in: AStG eKommentar, AStG, 2021, § 7 AStG, Fassung vom 01.01.2018, Rn. 37; *Köhler*, in: S/K/K, AStG/DBA, 2017, § 7 AStG, Rn. 98.

777 Vgl. *Emmerich*, in: Emmerich/Habersack, AktG/GmbHG, 2019, § 291 AktG, Rn. 24a; *Veil*, in: Spindler/Stilz, AktG, 2019, § 292 AktG, Rn. 24 zu den rechtlichen Besonderheiten.

778 Vgl. *Staats*, in: BeckOK AStG, AStG, 2022, § 7 AStG, Rn. 246 f.; *Böhmer/Oppel*, IWB 2020, S. 7.

779 Bei Publikumsgesellschaften scheint die Vorschrift des § 7 Abs. 4 Satz 2 AStG nicht zielführend zu sein (vgl. *Ditz u. a.*, DStR 2020, S. 77; *Böhmer/Oppel*, IWB 2020, S. 10).

780 Vgl. Kapitel 4.3.1.2.

vertreten werden, dass bei einer ausgeprägten Mitunternehmerinitiative ein atypisch stiller Gesellschafter, der innerhalb der Innengesellschaft nicht die Mehrheit der Stimmrechte hat, sich nur beteiligt, wenn ein gleichgerichtetes Interesse besteht und der Wille des Unternehmensträgers den Willen des stillen Gesellschafters widerspiegelt.[781] Ein Gegenbeweis ist dann kaum vorstellbar.[782]

Die Errichtung der atypisch stillen Gesellschaft stellt ertragsteuerlich eine Einbringung des Geschäftsbetriebs durch die Zwischengesellschaft in eine Mitunternehmerschaft dar.[783] Die Nichtanwendung der umwandlungssteuerrechtlichen Vorschriften ist hierbei ohne Relevanz, da der durch den Ansatz des gemeinen Werts entstehende Einbringungsgewinn auf Ebene der nicht beherrschten OpCo entsteht (§ 10 Abs. 3 Satz 4 Halbsatz 2 AStG a. F. und AStG).[784] Dem Ansatz des gemeinen Werts steht § 21 Abs. 3 AStG a. F. und § 10 Abs. 5 Satz 1 AStG nicht entgegen, da der Buchwertansatz nur für die Hinzurechnungseröffnungsbilanz angeordnet wird.[785]

Ergebnis: Sofern die atypisch stille Gesellschaft als ergänzende Beteiligungsform gewählt wird, besteht ein gewisses Risiko, dass der schuldrechtliche Gewinnanspruch gemäß § 7 Abs. 2 AStG zu einer Beherrschungsbeteiligung führen kann. Alternativ kann die Vereinbarung einer typisch stillen Gesellschaft zum Vorliegen eines Zusammenwirkens durch abgestimmtes Verhalten führen.

781 Vgl. hierzu z. B. auch *Staats*, in: BeckOK AStG, AStG, 2022, § 7 AStG, Rn. 247; a. A. *Kortendick/Ekinci*, IStR 2020, S. 621; *Haase/Hofacker*, Ubg 2019, S. 263, die explizit ein abgestimmtes Verhalten im Hinblick auf die passiven Einkünfte fordern und ein pauschaliertes Zusammenwirken bspw. bei einem Joint Venture negieren.

782 Vgl. *Böhmer/Oppel*, IWB 2020, S. 10; *Ditz u. a.*, DStR 2020, S. 77 zur grundsätzlichen Kritik der Typisierung.

783 Vgl. *Patt*, in: D/P/M, KStG/UmwStG, 2021, § 24 UmwStG, Rn. 36; *Bär/Merkle*, in: H/M/B, UmwStG, 2019, § 24 UmwStG, Rn. 8; *Fuhrmann*, in: W/M, Umwandlungsrecht, 2020, § 24 UmwStG, Rn. 61.

784 Da die Einbringung auf Ebene der atypisch stillen Gesellschaft als übernehmender Rechtsträger als ergebnisneutrale Einlage zu erfassen ist, entstehen insoweit keine passiven Betriebsstätteneinkünfte (vgl. hierzu z. B. *Becker/Mühlhausen/Schmelz*, ISR 2018, S. 100 ff.).

785 Die Buchwertverknüpfung des § 10 Abs. 5 Satz 2 UmwStG kommt hier nicht zur Anwendung, da dies eine nach § 8 Abs. 1 Nr. 9 AStG als aktiv zu beurteilender Umwandlung voraussetzt (vgl. *Linn*, IStR 2020, S. 82; *Becker/Mühlhausen/Schmelz*, ISR 2018, S. 100 ff.).

Unter dem Wortlaut der ATAD kann ebenfalls die Gewinnbeteiligung des atypisch stillen Gesellschafters subsumiert werden, da in Art. 2 Abs. 4 Buchst. a und Art. 7 Abs. 1 Buchst. a ATAD von einem Anspruch gesprochen wird.[786] Entsprechend der Ausführungen zu den Genussrechten und der typisch stillen Gesellschaft setzt dies voraus, dass der Gewinnanteil die steuerliche Bemessungsgrundlage des ausländischen Unternehmens nicht vermindert.[787] Dies erfordert, dass Art. 7 und 8 ATAD die atypisch stille Gesellschaft nicht als einen transparenten Rechtsträger qualifizieren, sondern ausschließlich auf die schuldrechtliche Qualifikation abstellen. Da der inländische Investor neben 50 % der Kapitalanteile an der OpCo weitere vermögensrechtliche Ansprüche innehat, ist das Mehrheitserfordernis i. S. des Art. 7 Abs. 1 Buchst. a ATAD erfüllt.

Gemäß Abs. 4 Satz 2 der Erwägungsgründe der ATAD sowie Art. 7 Abs. 1 ATAD kann ebenfalls eine Betriebsstätte ein beherrschtes Unternehmen sein.[788] Der europäische Gesetzgeber stellt eine ausländische Betriebsstätte dem ausländischen Unternehmen gleich.[789] Wird die atypisch stille Gesellschaft als transparenter Rechtsträger qualifiziert und vermittelt diese den Beteiligten eine anteilige Betriebsstätte, ist der Anwendungsbereich der Hinzurechnungsbesteuerung ebenfalls eröffnet.[790] Das Beherrschungserfordernis in Art. 7 Abs. 1 Buchst. a ATAD bezieht sich ausschließlich auf das ausländische Unternehmen. Hierdurch unterliegen unabhängig der vermögensrechtlichen Beteiligungshöhe die passiven Betriebsstätteneinkünfte der Hinzurechnungsbesteuerung.

---

786 Siehe z. B. auch *Jochimsen/Zinowsky*, ISR 2016, S. 113; *Böhmer/Gebhardt/Krüger*, in: Hagemann/Kahlenberg, ATAD, 2019, Art. 2 ATAD, Rn. 77.

787 Vgl. Kapitel 4.2 und 4.3.

788 Vgl. *Musil*, in: Musil/Weber-Grellet, Europäisches Steuerrecht, 2022, Art. 7 ATAD, Rn. 6; *Böhmer/Gebhardt/Krüger*, in: Hagemann/Kahlenberg, ATAD, 2019, Art. 7 ATAD, Rn. 19; *Schnitger/Nitzschke/Gebhardt*, IStR 2016, S. 962.

789 Vgl. *Haase*, ISR 2017, S. 354; *Schnitger/Nitzschke/Gebhardt*, IStR 2016, S. 962.

790 Vgl. *Musil*, in: Musil/Weber-Grellet, Europäisches Steuerrecht, 2022, Art. 7 ATAD, Rn. 7; *Böhmer/Gebhardt/Krüger*, in: Hagemann/Kahlenberg, ATAD, 2019, Art. 7 ATAD, Rn. 12.

4.4 Stille Unterbeteiligung als ausschließlich schuldrechtliche Beteiligung

4.4.1 Unternehmensakquisition durch typisch stille Unterbeteiligung als ertragsteuerliche Gewährung von Fremdkapital?

4.4.1.1 Ertragsteuerliche Behandlung der typisch stillen Unterbeteiligung

Eine mit der stillen Gesellschaft vergleichbare schuldrechtliche Vereinbarung stellt die stille Unterbeteiligung dar.[791] Der Hauptunterschied liegt darin, dass die stille Gesellschaft eine Beteiligung an einem Handelsgewerbe (Unternehmen) vermittelt, die stille Unterbeteiligung hingegen einen schuldrechtlichen Anspruch an der Hauptbeteiligung.[792] Die Voraussetzung einer stillen Unterbeteiligung setzt eine Gesellschafterstellung an einer Personen- oder Kapitalgesellschaft voraus.[793] Diese ist regelmäßig im Zusammenhang mit (a) einem Geschäftsanteil an einer GmbH oder (b) einem Kommanditanteil an einer KG anzutreffen. Obwohl die stille Unterbeteiligung nicht gesetzlich geregelt wird, handelt es sich ebenfalls um eine Innengesellschaft in der Rechtsform der GbR, sodass die §§ 705 ff. BGB und (weitgehend) die §§ 230 ff. HGB als dispositives Recht Anwendung finden.[794]

Die stille Unterbeteiligung hat selbst kein Gesellschaftsvermögen inne, da die Gesellschaftsanteile weiterhin im zivilrechtlichen Eigentum des Gesellschafters (Hauptbeteiligten) stehen.[795] Die schuldrechtliche Vertragsbeziehung

---

791 Siehe z. B. auch *Carlé*, koesdi 2008, S. 16168; *Schmidt*, in: Münchener Kommentar zum HGB, HGB, 2019, § 230 HGB, Rn. 200; *Servatius*, in: Henssler/Strohn, Gesellschaftsrecht, 2021, § 230 HGB, Rn. 10.

792 Vgl. *Kindler*, in: Koller u. a., HGB, 2019, § 230 HGB, Rn. 28; *Schmidt*, in: Münchener Kommentar zum HGB, HGB, 2019, § 230 HGB, Rn. 200; *Stenger*, in: Scherer, Unternehmensnachfolge, 2020, § 5, Rn. 92; *Wacker*, in: Schmidt, EStG, 2022, § 15 EStG, Rn. 365.

793 Vgl. *Wacker*, in: Schmidt, EStG, 2022, § 15 EStG, Rn. 365; *Servatius*, in: Henssler/Strohn, Gesellschaftsrecht, 2021, § 230 HGB, Rn. 10; BFH vom 06.07.1995, IV R 79/94, BStBl II 1996, S. 269 zu den unterschiedlichen Erscheinungsformen.

794 Vgl. BGH vom 29.11.2011, II ZR 306/09, BGHZ 191, S. 354; *Servatius*, in: Henssler/Strohn, Gesellschaftsrecht, 2021, § 230 HGB, Rn. 10 zum Formerfordernis.

795 Vgl. *App*, DStR 1994, S. 291; *Hübner*, ErbR 2014, S. 257; *Koenig*, in: Koenig, AO, 2021, § 179 AO, Rn. 29; *Servatius*, in: Henssler/Strohn, Gesellschaftsrecht, 2021, § 230 HGB, Rn. 9; *Stenger*, in: Scherer, Unternehmensnachfolge, 2020, § 5, Rn. 101.

beschränkt sich allein auf das Innenverhältnis zwischen dem Haupt- und Unterbeteiligten, ohne eine sachenrechtliche Übereignung herbeizuführen.[796] Auch bei der stillen Unterbeteiligung können die Kontroll- und Informationsrechte unterschiedlich ausgeprägt sein, da die §§ 230 ff. HGB zwar weitgehend analog anzuwenden sind, jedoch dispositives Recht darstellen.[797] Des Weiteren kann die schuldrechtliche Vereinbarung optional eine Verlustpartizipation oder eine Beteiligung an den stillen Reserven umfassen.[798]

Beispiel: Der inländische Investor in der Rechtsform der Kapitalgesellschaft beabsichtigt, 50 % der Anteile an der passiven ausländischen OpCo in der Rechtsform der Kapitalgesellschaft zu erwerben. Zudem beteiligt sich der inländische Investor typisch still an der Beteiligung an der OpCo des ausländischen Co-Investors unter.

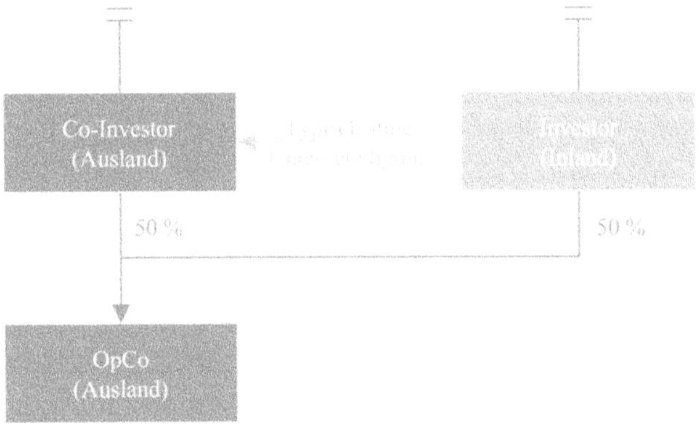

Abbildung 4: Typisch stille Gesellschaft

796 Vgl. BGH vom 29.11.2011, II ZR 306/09, BGHZ 191, S. 354; *Bode*, in: Brandis/Heuermann, Ertragsteuerrecht, 2022, § 15 EStG, Rn. 330; *Maetz*, DStR 2015, S. 1845; *Servatius*, in: Henssler/Strohn, Gesellschaftsrecht, 2021, § 230 HGB, Rn. 10; *Stenger*, in: Scherer, Unternehmensnachfolge, 2020, § 5, Rn. 101.

797 Vgl. BGH vom 29.11.2011, II ZR 306/09, BGHZ 191, S. 354; *Servatius*, in: Henssler/Strohn, Gesellschaftsrecht, 2021, § 230 HGB, Rn. 10; *Hübner*, ErbR 2014, S. 257 f.; a. A. *Schmidt*, in: Münchener Kommentar zum HGB, HGB, 2019, § 235 HGB, Rn. 70.

798 Vgl. *Schmidt*, in: Münchener Kommentar zum HGB, HGB, 2019, § 230 HGB, Rn. 199; *Wacker*, in: Schmidt, EStG, 2022, § 15 EStG, Rn. 365; *Bodden*, in: Korn, EStG, 2022, § 15 EStG, Rn. 223.

Der typisch stille Unterbeteiligte hat keine Mitunternehmerstellung inne, da dies (a) Mitunternehmerinitiative sowie (b) Mitunternehmerrisiko voraussetzt.[799] Es ist irrelevant, dass an der Innengesellschaft ausschließlich Kapitalgesellschaften als Vollhafter beteiligt sind, da für die gewerbliche Prägung i. S. des § 15 Abs. 3 Nr. 2 EStG eine Mitunternehmerstellung des Haupt- und Unterbeteiligten zu erfüllen ist.[800]

4.4.1.2 Gesellschaftsrechtliche Beteiligung i. S. der Hinzurechnungsbesteuerung

Da nach der h. A.[801] eine unmittelbare Beteiligung am Gesellschaftskapital der ausländischen Gesellschaft erforderlich ist, stellt eine typisch stille Unterbeteiligung nicht eine Beteiligung i. S. des § 7 Abs. 1 AStG a. F. und § 7 Abs. 1 Satz 1 AStG dar. Die typisch stille Unterbeteiligung begründet als rein schuldrechtliche Vertragsbeziehung keine gesellschaftsrechtliche Beteiligung sowie kein wirtschaftliches Eigentum an der Beteiligung des Hauptbeteiligten.[802] Zudem führt die typisch stille Unterbeteiligung nicht zu einer Inländer- und Verbundbeherrschung.[803] Je nach vertraglicher Ausgestaltung kann die typisch stille Unterbeteiligung zwar die durch den ausländischen Co-Investor auszuübenden Stimmen umfassen. Der inländische Investor hat gleichwohl keine Stimmrechtsmehrheit i. S. des § 7 Abs. 2 Satz 1 AStG a. F. und § 7 Abs. 2 AStG inne, da die Innengesellschaft weder zu einer Stimmrechtsübertragung noch zu einer Stimmrechtsleihe führt.[804] Des Weiteren stellt der dem typisch stillen Unterbeteiligten zustehende Gewinnanteil keinen Gewinnanspruch i. S. des § 7 Abs. 2 AStG dar, da hierunter ausschließlich steuerliche

---

799 Vgl. BFH vom 10.11.1987, VIII R 53/84, BStBl II 1988, S. 186; *Bode*, in: Brandis/Heuermann, Ertragsteuerrecht, 2022, § 15 EStG, Rn. 331 zur typisch stillen Unterbeteiligung.

800 Vgl. *Krumm*, in: Kirchhof/Seer, EStG, 2022, § 15 EStG, Rn. 369 i. V. m. Rn. 208 und 212; gl. A. FG Münster vom 28.08.2014, 3 K 744/13 F, EFG 2015, S. 101.

801 Vgl. *Köhler*, in: S/K/K, AStG/DBA, 2017, § 7 AStG, Rn. 52; *Wassermeyer*, in: F/W/B/S, Außensteuerrecht, 2018, § 7 AStG, Rn. 12.1; *Fuhrmann*, in: Fuhrmann, AStG, 2017, § 7 AStG, Rn. 57.

802 Vgl. *Protzen*, in: Kraft, AStG, 2019, § 7 AStG, Rn. 92; *Jacobsen*, in: AStG eKommentar, AStG, 2021, § 7 AStG, Fassung vom 01.01.2018, Rn. 24; *Köhler*, in: S/K/K, AStG/DBA, 2017, § 7 AStG, Rn. 52; *Fuhrmann*, in: Fuhrmann, AStG, 2017, § 7 AStG, Rn. 57; *Vogt*, in: Brandis/Heuermann, Ertragsteuerrecht, 2016, § 7 AStG, Rn. 22.

803 Vgl. *Wassermeyer*, in: F/W/B/S, Außensteuerrecht, 2018, § 7 AStG, Rn. 12; *Köhler*, in: S/K/K, AStG/DBA, 2017, § 7 AStG, Rn. 51.

804 Vgl. *Köhler*, in: S/K/K, AStG/DBA, 2017, § 7 AStG, Rn. 99; *Wassermeyer*, in: F/W/B/S, Außensteuerrecht, 2018, § 7 AStG, Rn. 60.

Eigenkapitalinstrumente fallen.[805] Der Gewinnanspruch besteht zudem gegenüber dem Hauptbeteiligten und nicht gegenüber der ausländischen Gesellschaft.

Da die typisch stille Unterbeteiligung keine Personengesellschaft oder Mitunternehmerschaft darstellt, findet § 7 Abs. 4 Satz 2 AStG keine Anwendung. Eine Beherrschung kann gegeben sein, sofern ein Zusammenwirken durch abgestimmtes Verhalten vorliegt (§ 7 Abs. 4 Satz 1 AStG).[806] Eine Abweichung besteht darin, dass durch die schuldrechtliche Vereinbarung unmittelbar das Rechtsverhältnis zwischen dem Haupt- und Unterbeteiligten geregelt wird. Unter Bezug auf die Rechtsprechung des Bundesfinanzhofs vom 22. November 2016[807] zum gleichgerichteten Interesse i. S. von § 8c Abs. 1 Satz 2 KStG erfüllt ein gemeinsames Investment dies noch nicht, sondern erfordert ein abgestimmtes Verhalten über einen gewissen Zeitraum.[808]

Ergebnis: Sofern die atypisch stille Unterbeteiligung als ergänzende Beteiligungsform gewählt wird, besteht ein gewisses Risiko, dass der schuldrechtliche Gewinnanspruch gemäß § 7 Abs. 2 AStG zu einer Beherrschungsbeteiligung führen kann. Alternativ kann die Vereinbarung einer typisch stillen Unterbeteiligung zum Vorliegen eines Zusammenwirkens durch abgestimmtes Verhalten gemäß § 7 Abs. 4 Satz 1 AStG führen.

Da der typisch stille Unterbeteiligte nur geringfügige Verwaltungs- und Vermögensrechte hat, ist dieser nicht als wirtschaftlicher Eigentümer der Anteile am ausländischen Unternehmen zu qualifizieren.[809] Das rechtliche und wirtschaftliche Eigentum liegt beim ausländischen Co-Investor als Hauptbeteiligter. Es ist für Zwecke des Art. 7 Abs. 1 Buchst. a ATAD nicht sachgerecht, die Kapitalbeteiligung dem stillen Unterbeteiligten zuzurechnen. Allerdings stellt sich die Frage, ob und inwiefern der typisch stille Unterbeteiligte einen Gewinnanspruch i. S. des Art. 7 Abs. 1 Buchst. a ATAD erzielt. Dies ist zu verneinen, da der Anspruch des Unterbeteiligten gegenüber dem Hauptbeteiligten besteht. Der Gewinnanspruch stammt zwar mittelbar aus den Gewinnen des ausländischen Unternehmens, stellt jedoch selbst keinen unmittelbaren Gewinnanspruch gegenüber dem ausländischen Unternehmen

---

805 Vgl. Kapitel 4.2.1.

806 Vgl. Kapitel 4.3.1.2.

807 Vgl. BFH vom 22.11.2016, I R 30/15, BStBl II 2017, S. 921.

808 Vgl. *Vogt*, in: Brandis/Heuermann, Ertragsteuerrecht, 2022, § 7 AStG, Rn. 135 f.; *Staats*, in: BeckOK AStG, AStG, 2022, § 7 AStG, Rn. 234.

809 Vgl. auch *Drüen*, in: T/K, AO/FGO, 2020, § 39 AO, Rn. 24a; *Gosch*, in: Kirchhof/Seer, EStG, 2022, § 17 EStG, Rn. 24 zum wirtschaftlichen Eigentum bei einer Unterbeteiligung.

dar. Die typisch stille Unterbeteiligung stellt aus Sicht des Hauptbeteiligten Fremdkapital dar.[810] Es ist zu vernachlässigen, dass auf Ebene des ausländischen Unternehmens der Gewinnanteil erfolgsneutral behandelt wird. Vielmehr ist auf die Ebene des Hauptbeteiligten abzustellen.

4.4.2 Unternehmensakquisition durch atypisch stille Unterbeteiligung als ertragsteuerliche Begründung einer Mitunternehmerschaft?

4.4.2.1 Ertragsteuerliche Behandlung der atypisch stillen Unterbeteiligung

Beispiel: Der inländische Investor in der Rechtsform der Kapitalgesellschaft beabsichtigt, 50 % der Anteile an der passiven ausländischen OpCo in der Rechtsform der Kapitalgesellschaft zu erwerben. Zudem beteiligt sich der inländische Investor atypisch still an der Beteiligung an der OpCo des ausländischen Co-Investors in der Rechtsform der Kapitalgesellschaft unter.

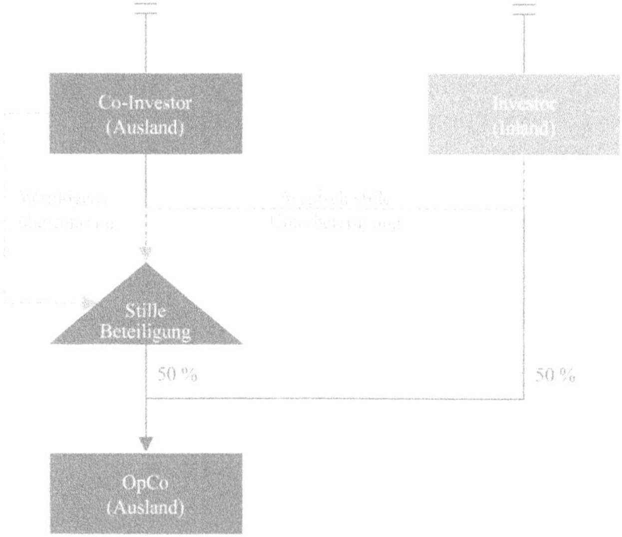

Abbildung 5: Atypisch stille Unterbeteiligung

810 Vgl. Kapitel 4.2.2 zur Unterscheidung zwischen Eigenkapital- und Fremdkapitalinstrumenten.

Der wesentliche Unterschied einer atypisch stillen Unterbeteiligung zur typisch stillen Unterbeteiligung besteht darin, dass dem stillen Unterbeteiligten im Innenverhältnis sowohl eine Mitunternehmerinitiative als auch ein Mitunternehmerrisiko zusteht.[811] Da das Schrifttum die ertragsteuerliche Behandlung einer atypisch stillen Unterbeteiligung an einem Geschäftsanteil einer Kapitalgesellschaft kaum thematisiert, ist zu prüfen, ob und inwiefern die Grundsätze zur atypisch stillen Unterbeteiligung an einem Mitunternehmeranteil herangezogen werden können.[812]

Gemäß § 15 Abs. 1 Satz 1 Nr. 2 Satz 1 EStG führt die Unterbeteiligung an einem Mitunternehmeranteil zur Qualifikation des Unterbeteiligten als Mitunternehmer.[813] Die atypisch stille Unterbeteiligung stellt eine eigene Mitunternehmerschaft dar, die zumindest ertragsteuerlich den Mitunternehmeranteil hält, sodass eine doppelstöckige Mitunternehmerschaft gegeben ist.[814] Der Haupt- und Unterbeteiligte sind mittelbare Mitunternehmer der Personengesellschaft und bekommen über die gesonderte und einheitliche Feststellung der atypisch stillen Unterbeteiligung nach § 179 Abs. 2 Satz 3 AO ihre gewerblichen Einkünfte zugerechnet.[815] Aufgrund der gewerblichen Abfärbetheorie ist die atypisch stille Unterbeteiligung gemäß § 15 Abs. 3 Nr. 1 EStG als eine Mitunternehmerschaft mit steuerlichem Betriebsvermögen anzusehen.[816]

Die Abfärbetheorie findet auf rein vermögensverwaltende Personengesellschaften keine Anwendung, die ausschließlich Anteile an Kapitalgesellschaften halten.[817] Die Innengesellschaft hat in diesem Fall steuerliches Privatvermögen.[818]

---

811 Vgl. auch *Bodden*, in: Korn, EStG, 2022, § 15 EStG, Rn. 222; *Carlé*, koesdi 2008, S. 16167 zur Mitunternehmerstellung.

812 Vgl. BFH vom 27.01.1994, IV R 114/91, BStBl II 1994, S. 54; *Bode*, in: Brandis/Heuermann, Ertragsteuerrecht, 2022, § 15 EStG, Rn. 393; *Wacker*, in: Schmidt, EStG, 2022, § 15 EStG, Rn. 366 zur atypisch stillen Unterbeteiligung an einem Mitunternehmeranteil.

813 Vgl. *Wacker*, in: Schmidt, EStG, 2022, § 15 EStG, Rn. 370; *Schmidt*, in: Münchener Kommentar zum HGB, HGB, 2019, § 230 HGB, Rn. 250.

814 Vgl. H 15.8 Abs. 1 „Innengesellschaft" ESH; so auch *Carlé*, koesdi 2008, S. 16169; BFH vom 29.10.1991, VIII R 51/84, BStBl II 1992, S. 512.

815 Vgl. BFH vom 02.03.1995, IV R 135/95, BStBl II 1995, S. 531; *Wacker*, in: Schmidt, EStG, 2022, § 15 EStG, Rn. 370.

816 Vgl. R 15 Abs. 2 EStR.

817 Vgl. *Wacker*, in: Schmidt, EStG, 2022, § 15 EStG, Rn. 367; BFH vom 08.11.2005, VIII R 11/02, BStBl II 2006, S. 253; *Carlé*, koesdi 2008, S. 16174.

818 Vgl. *Carlé*, koesdi 2008, S. 16174; *Wacker*, in: Schmidt, EStG, 2022, § 15 EStG, Rn. 367.

Sofern die Beteiligung an der Innengesellschaft in einem steuerlichen Betriebsvermögen gehalten wird, sind diese als sog. Zebragesellschaft anzusehen[819]. Auf Ebene des Gesellschafters ist eine Umqualifizierung des Privatvermögens der Innengesellschaft in Betriebsvermögen vorzunehmen.[820] Dies ändert nichts daran, dass die Innengesellschaft selbst kein Betriebsvermögen hat und Überschusseinkünfte erzielt.[821]

Weitreichender ist die gewerbliche Prägung nach § 15 Abs. 3 Nr. 2 Satz 1 EStG, da die Innengesellschaft ein steuerliches Betriebsvermögen innehat und als eine Mitunternehmerschaft gilt.[822] Dies trifft vor allem auf eine klassische GmbH & Co. KG zu, bei der die Komplementär-GmbH allein zur Geschäftsführung befugt ist. Eine Personengesellschaft ist gemäß § 15 Abs. 3 Nr. 2 EStG als gewerblich geprägt anzusehen, sofern (a) die Vollhafter selbst haftungsbeschränkt sind und (b) kein Teilhafter zur Geschäftsführung befugt ist. Richtigerweise geht die Rechtsprechung[823] davon aus, dass eine GbR als Außengesellschaft gewerblich geprägt ist, sofern sämtliche Gesellschafter Kapitalgesellschaften sind.[824]

Diese Rechtsgrundsätze sind nach der hier vertretenen Ansicht auf eine reine Innengesellschaft übertragbar, da das ertragsteuerliche Rechtskonstrukt der Mitunternehmerschaft nicht zwischen Außen- oder Innengesellschaften unterscheidet.[825] Folglich begründet die atypisch stille Unterbeteiligung an einer Kapitalgesellschaft gemäß § 15 Abs. 3 Nr. 2 Satz 1 EStG eine gewerblich geprägte Mitunternehmerschaft, soweit ausschließlich Kapitalgesellschaften beteiligt

---

819 Vgl. *Feldgen/Kraeusel*, in: EStG eKommentar, EStG, 2021, Fassung vom 26.06.2021, § 15 EStG, Rn. 149; *Wacker*, in: Schmidt, EStG, 2022, § 15 EStG, Rn. 201.

820 Vgl. BFH vom 11.04.2005, GrS 2/02, BStBl 2005, S. 679; *Lüdicke*, in: Lüdicke/Sistermann, Unternehmensteuerrecht, 2018, § 1, Rn. 49; *Feldgen/Kraeusel*, in: EStG eKommentar, EStG, 2021, Fassung vom 26.06.2021, § 15 EStG, Rn. 149.

821 Vgl. *Carlé*, koesdi 2008, S. 16174; *Wacker*, in: Schmidt, EStG, 2022, § 15 EStG, Rn. 367; BFH vom 08.11.2005, VIII R 11/02, BStBl II 2006, S. 253.

822 Vgl. auch BFH vom 22.01.1992, I R 61/90, BStBl II 1992, S. 628; *Wacker*, in: Schmidt, EStG, 2022, § 15 EStG, Rn. 231 zu den Rechtsfolgen der gewerblichen Prägung.

823 Vgl. auch BFH vom 17.12.1992, IX R 7/91, BStBl II 1994, S. 492; BFH vom 17.01.2002, IV R 51/00, BStBl II 2002, S. 873; BFH vom 22.11.1994, VIII R 63/93, BStBl II 1996, S. 93.

824 Vgl. *Bode*, in: Brandis/Heuermann, Ertragsteuerrecht, 2022, § 15 EStG, Rn. 277; *Wacker*, in: Schmidt, EStG, 2022, § 15 EStG, Rn. 229; *Bodden*, in: Korn, EStG, 2022, § 15 EStG, Rn. 527.

825 Siehe auch FG Düsseldorf vom 28.10.2019, 8 K 2812/16 E, EFG 2020, S. 42; *Wacker*, in: Schmidt, EStG, 2022, § 15 EStG, Rn. 215; *Bode*, in: Brandis/Heuermann, Ertragsteuerrecht, 2022, § 15 EStG, Rn. 330 zur gewerblichen Prägung einer Innengesellschaft.

sind. Die Geschäftsanteile an der OpCo sind im ertragsteuerlichen Betriebsvermögen der atypisch stillen Unterbeteiligung zu erfassen.

4.4.2.2 Gesellschaftsrechtliche Beteiligung i. S. der Hinzurechnungsbesteuerung

Die Anteile und Stimmrechte an der ausländischen Gesellschaft sind gemäß § 39 Abs. 2 Nr. 1 AO dem wirtschaftlichen Eigentümer zuzurechnen.[826] Der atypisch stille Unterbeteiligte ist gewöhnlich als wirtschaftlicher Eigentümer der Beteiligung an der Zwischengesellschaft zu betrachten.[827] Die durch den Hauptbeteiligten gehaltenen Anteile sind ertragsteuerlich anteilig dem Unterbeteiligten zuzurechnen (§ 39 Abs. 2 Nr. 1 AO).[828] Eine Beherrschung ist gegeben, wenn der inländische Investor durch die atypisch stille Unterbeteiligung über die Mehrheit der Anteile oder Stimmrechte verfügt.[829] Die atypisch stille Unterbeteiligung kann den Mitunternehmern eine anteilige ausländische Betriebsstätte vermitteln.[830]

Erfolgt die Beteiligungsverwaltung im Ausland, liegt gemäß § 12 Satz 2 Nr. 1 AO eine ausländische Geschäftsleitungsbetriebsstätte vor.[831] Es stellt sich die Frage, ob und inwiefern passive Betriebsstätteneinkünfte gemäß § 20 Abs. 2

---

826 Vgl. *Wassermeyer*, in: F/W/B/S, Außensteuerrecht, 2018, § 7 AStG, Rn. 192; *Köhler*, in: S/K/K, AStG/DBA, 2017, § 7 AStG, Rn. 52; *Jacobsen*, in: AStG eKommentar, AStG, 2021, § 7 AStG, Fassung vom 01.01.2018, Rn. 25.

827 Vgl. BFH vom 22.07.2008, IX R 61/05, BFH/NV 2008, S. 2004; *Weber-Grellet*, in: Schmidt, EStG, 2022, § 17 EStG, Rn. 50.

828 Vgl. *Fischer*, in: H/H/Sp, AO/FGO, 2019, § 39 AO, Rn. 186; *Drüen*, in: T/K, AO/FGO, 2020, § 39 AO, Rn. 24a zur Übertragung des wirtschaftlichen Eigentums durch die Vereinbarung einer atypisch stillen Gesellschaft.

829 Fraglich ist, ob und wie die Beteiligung an der OpCo dem Haupt- und Unterbeteiligten zuzurechnen ist, wenn das Bestehen einer gewerblich geprägten Mitunternehmerschaft bejaht wird. Die fiktive Bruchteilsbetrachtung des § 39 Abs. 2 Nr. 2 AO findet nämlich lediglich auf eine Gesamthand Anwendung, sodass sich die Zurechnung weiterhin nach dem wirtschaftlichen Eigentum ergibt (vgl. auch *Drüen*, in: T/K, AO/FGO, 2020, § 39 AO, Rn. 81; *Brühl*, in: BeckOK AO, AO, 2022, § 39 AO, Rn. 425 ff.; *Koenig*, in: Koenig, AO, 2021, § 39 AO, Rn. 68 zur Definition der Gesamthand).

830 Vgl. *Haase*, IStR 2008a, S. 314; *Kessler/Becker*, IStR 2005, S. 506.

831 Vgl. BFH vom 07.12.1994, I K 1/93, BStBl II 1995, S. 175; *Koenig*, in: Koenig, AO, 2021, § 12 AO, Rn. 24; *Gersch*, in: Klein, AO, 2022, § 12 AO, Rn. 10 zur Bestimmung der Geschäftsleitungsbetriebsstätte bei vermögensverwaltenden Gesellschaften.

AStG a. F. und AStG vorliegen.[832] Da die atypisch stille Gesellschaft nur die Beteiligung an der ausländischen Gesellschaft hält, liegen auf Ebene der Mitunternehmerschaft keine passiven Einkünfte gemäß § 8 Abs. 1 Nr. 1 bis 7 AStG a. F. sowie § 8 Abs. 1 Nr. 1 bis 6 AStG vor. Selbst unter Berücksichtigung einer Passivität von Dividenden gemäß § 8 Abs. 1 Nr. 7 AStG und Veräußerungsgewinnen gemäß § 8 Abs. 1 Nr. 8 AStG ergeben sich keine passiven Betriebsstätteneinkünfte. Die Dividenden der OpCo werden im Inland besteuert (Art. 10 Abs. 1 OECD-MA).[833] Das Gleiche trifft gemäß Art. 13 Abs. 5 OECD-MA auf die Veräußerungsgewinne zu.[834]

Selbst wenn die atypisch stille Unterbeteiligung nach Art. 5 Abs. 2 Buchst. f OECD-MA eine Geschäftsleitungsbetriebsstätte vermittelt[835], findet der Betriebsstättenvorbehalt nach Art. 10 Abs. 4 und Art. 13 Abs. 2 OECD-MA keine Anwendung. Die Finanzrechtsprechung hatte längst klargestellt, dass eine gewerbliche Prägung nicht zu Unternehmensgewinnen i. S. des Art. 7 OECD-MA führt, sondern eine vermögensverwaltende Tätigkeit darstellt.[836] Da im Inland keine Freistellung der ausländischen Betriebsstätten erfolgt, läuft die Umschaltklausel des § 20 Abs. 2 Satz 1 AStG a. F. und AStG ins Leere.[837] Durch

---

832 Vgl. *Lüdicke/Richter*, in: Lüdicke/Sistermann, Unternehmensteuerrecht, 2018, § 20, Rn. 111; *Vituschek*, in: AStG eKommentar, AStG, 2021, § 20 AStG, Fassung vom 01.01.2015, Rn. 37.

833 Vgl. auch *Wassermeyer/Kaeser*, in: Wassermeyer, DBA, 2014, Art. 10 OECD-MA, Rn. 52; *Gradel/Klaeren*, in: S/K/K, AStG/DBA, 2020, Art. 10 OECD-MA, Rn. 14 zur Dividendenbesteuerung.

834 Vgl. *Gradel/Klaeren*, in: S/K/K, AStG/DBA, 2019, Art. 13 OECD-MA, Rn. 44; *Reimer*, in: V/L, DBA, 2021, Art. 13 OECD-MA, Rn. 190; zur abkommensrechtlichen Behandlung von Veräußerungsgewinnen.

835 Eine gewerblich geprägte Personengesellschaft verfügt im nationalen Recht gemäß § 12 Satz 2 Nr. 1 AO über eine Geschäftsleitungsbetriebsstätte (vgl. hierzu z. B. BFH vom 29.11.2017, I R 58/15, BFH/NV 2018, S. 684). Abkommensrechtlich erfordert eine Geschäftsleitungsbetriebsstätte das Vorliegen von Unternehmensgewinnen nach Art. 7 OECD-MA (vgl. *Hruschka*, in: Schönfeld/Ditz, DBA, 2019, Art. 5 OECD-MA, Rn. 45).

836 Vgl. BFH vom 28.04.2010, I R 81/09, BStBl II 2014, S. 754; BFH vom 09.12.2010, I R 49/09, BStBl II 2011, S. 482; FG Baden-Württemberg vom 25.09.2018, 6 K 2090/15, EFG 2019, S. 517; *Wassermeyer*, IStR 2007, S. 416; *Liekenbrock*, DStR 2016, S. 2610; *Wassermeyer*, in: Wassermeyer, DBA, 2013, Art. 7 OECD-MA, Rn. 85.

837 Vgl. auch *Schütz*, in: Fuhrmann, AStG, 2017, § 20 AStG, Rn. 41; *Meretzki*, in: Wassermeyer/Richter/Schnittker, Personengesellschaften im Internationalen Steuerrecht, 2015, Rn. 15.89; *Vituschek*, in: AStG eKommentar, AStG, 2021, § 20 AStG, Fassung vom 01.01.2015, Rn. 46.

die Qualifikation der atypisch stillen Unterbeteiligung als eine Mitunternehmerschaft wird gemäß § 7 Abs. 4 Satz 2 AStG ein Zusammenwirken durch abgestimmtes Verhalten widerlegbar vermutet.[838]

Bei Nichterbringen des Gegenbeweises ist der Hinzurechnungsbetrag gemäß § 7 Abs. 1 Satz 1 AStG entsprechend der wirtschaftlichen Beteiligung am Nennkapital dem Unterbeteiligten zuzurechnen. Durch die schuldrechtliche Vereinbarung entsteht eine Mitunternehmerschaft mit eigenem Betriebsvermögen.[839] Die Geschäftsanteile an der ausländischen Gesellschaft sind vom Hauptbeteiligten für ertragsteuerliche Zwecke in die atypisch stille Unterbeteiligung einzubringen, was für die deutsche Besteuerung ohne Relevanz ist. Die unmittelbare Beteiligung des inländischen Investors an der OpCo gehört zum notwendigen Sonderbetriebsvermögen II bei der atypisch stillen Unterbeteiligung.[840]

Die Überführung durch den inländischen Investor ist gemäß § 6 Abs. 5 Satz 2 EStG zu steuerlichen Buchwerten zu bewerten, da das Besteuerungsrecht nicht verloren oder eingeschränkt wird.[841] Eine Einschränkung ergibt sich weder durch § 21 Abs. 3 AStG a. F. noch durch § 10 Abs. 5 Satz 1 AStG, da hierdurch lediglich der Wertansatz bei der erstmaligen Anwendung der Hinzurechnungsbesteuerung geregelt wird (sog. Hinzurechnungseröffnungsbilanz).[842] Die Vereinbarung der atypisch stillen Unterbeteiligung kann für den inländischen Investor ertragsteuerneutral erfolgen, selbst wenn dieser zuvor bereits Anteile an der OpCo hält.[843]

Ergebnis: Durch die ergänzende Vereinbarung einer atypisch stillen Unterbeteiligung ergibt sich aller Voraussicht eine Mitunternehmerschaft, sodass bei Nichterbringen des Gegenbeweises gemäß § 7 Abs. 4 Satz 2 AStG eine Beherrschung

---

838 Vgl. Kapitel 4.3.1.2 und 4.3.2.2.

839 Vgl. *Carlé*, koesdi 2008, S. 16169; BFH vom 29.10.1991, VIII R 51/84, BStBl II 1992, S. 512.

840 Vgl. BFH vom 15.10.1998, IV R 18/98, BStBl II 1999, S. 286; BFH vom 16.04.2015, IV R 1/12, BStBl II 2015, S. 705.

841 Da der inländische Investor sowohl die Direktbeteiligung an der OpCo als auch die atypisch stille Beteiligung in einem zeitlichen Zusammenhang erwirbt, entsprechen die steuerlichen Buchwerte bereits dem gemeinen Wert.

842 Vgl. *Rödel*, in: Kraft, AStG, 2019, § 21 AStG, Rn. 10, *Wassermeyer*, in: F/W/B/S, Außensteuerrecht, 2020, § 21 AStG, Rn. 15, *Böhmer/Oppel*, IWB 2020, S. 18.

843 Auch die Buchwertverknüpfung des § 10 Abs. 5 Satz 2 AStG findet vorliegend keine Anwendung, da dies die Anwendung des § 8 Abs. 1 Nr. 9 AStG voraussetzt (vgl. auch *Oertel*, in: BeckOK AStG, AStG, 2022, § 8 AStG, Rn. 320).

fingiert wird. Aufgrund der zu erwartenden Nachweisproblematik birgt diese Handlungsalternative erhebliche Rechtsunsicherheiten.

Betreffend das Beherrschungskriterium in Art. 7 Abs. 1 Buchst. a ATAD kann die Auffassung vertreten werden, dass die atypisch stille Unterbeteiligung einen berücksichtigungsfähigen Gewinnanspruch begründet.[844] Der Gewinnanteil muss indes unmittelbar dem atypisch stillen Unterbeteiligten zugerechnet werden. Dies ist der Fall, wenn der Unterbeteiligte als wirtschaftlicher Eigentümer der Anteile anzusehen ist. Es ist ergänzend notwendig, dass beim atypisch stillen Unterbeteiligten eine Steuerfreistellung des Gewinnbezugs erfolgt.[845] Anderenfalls fehlt es an der in Abs. 12 Satz 3 der Erwägungsgründe der ATAD geforderten Gewinnverlagerung.

Wird die atypisch stille Unterbeteiligung nach dem Recht des Mitgliedstaats des Steuerpflichtigen i. S. des Art. 1 ATAD als ein mit einer Personengesellschaft vergleichbares Rechtskonstrukt gewertet, stellt sich die Frage, inwiefern ein beherrschtes ausländisches Unternehmen vorliegt. Durch Abs. 4 Satz 1 der Erwägungsgründe der ATAD wird deutlich, dass transparente Rechtsträger nicht selbst in den Anwendungsbereich des Art. 7 und 8 ATAD fallen.[846] Unter diese Regelung fallen sowohl Personengesellschaften als auch Mitunternehmerschaften. Anlässlich der steuerlichen Transparenz sind die Anteile am ausländischen Unternehmen dem Haupt- und Unterbeteiligten für Zwecke der Beherrschung i. S. des Art. 7 Abs. 1 Buchst. a ATAD zuzurechnen.

Gemäß Abs. 4 Satz 1 der Erwägungsgründe der ATAD ist die Anwendbarkeit der Hinzurechnungsbesteuerung für Personengesellschaften und Mitunternehmerschaften ausgeschlossen.[847] Gleichwohl können diese ein Unternehmen i. S. des Art. 7 Abs. 1 ATAD verkörpern und auf der Tatbestandseite das Beherrschungserfordernis erfüllen, ohne selbst Adressat der Hinzurechnungsbesteuerung zu sein.[848] Fraglich ist, ob und inwiefern die wirtschaftliche Betrachtung

---

844 Vgl. auch *Böhmer/Gebhardt/Krüger*, in: Hagemann/Kahlenberg, ATAD, 2019, Art. 7 ATAD, Rn. 25 zur typisch stillen Gesellschaft.

845 Vgl. *Schnitger/Nitzschke/Gebhardt*, IStR 2016, S. 962; *Böhmer/Gebhardt/Krüger*, in: Hagemann/Kahlenberg, ATAD, 2019, Art. 7 ATAD, Rn. 25.

846 Siehe auch *Böhmer/Gebhardt/Krüger*, in: Hagemann/Kahlenberg, ATAD, 2019, Art. 7 ATAD, Rn. 12.

847 So auch *Böhmer/Gebhardt/Krüger*, in: Hagemann/Kahlenberg, ATAD, 2019, Art. 7 ATAD, Rn. 12, die von transparenten Unternehmen sprechen und hierunter insbesondere Personengesellschaften verstehen.

848 Vgl. auch *Böhmer/Gebhardt/Krüger*, in: Hagemann/Kahlenberg, ATAD, 2019, Art. 7 ATAD, Rn. 21; offen gelassen *Haase*, ISR 2017, S. 354.

negiert werden kann, da der atypisch stille Unterbeteiligte lediglich einen schuldrechtlichen Anspruch innehat. Diese Diskussion kann offen bleiben, da gemäß Art. 7 Abs. 1 Buchst. a ATAD ebenfalls ein Gewinnanspruch von mehr als 50 % zum Vorliegen eines ausländisch beherrschten Unternehmens führt. Die atypisch stille Unterbeteiligung erfüllt selbst das Beherrschungserfordernis in Art. 7 Abs. 1 Buchst. a ATAD.

Es ist jedoch folgerichtig, dass die Hinzurechnungsbesteuerung bei den einkommen- oder körperschaftsteuerpflichtigen Gesellschaftern zu erfolgen hat. Dies kann nur verneint werden, soweit auch ein Gewinnbezugsrecht auf einer gesellschaftsrechtlichen Grundlage beruhen muss.[849] Ferner ist nicht zu vernachlässigen, dass die atypisch stille Unterbeteiligung den Mitunternehmern eine Betriebsstätte vermittelt.[850] Diese Betriebsstätte fällt in den Anwendungsbereich der Hinzurechnungsbesteuerung, sofern dieser funktional die Dividenden und Veräußerungsgewinne zugerechnet werden können. In diesem Fall ergeben sich gemäß Art. 7 Abs. 2 Buchst. a Unterbuchst. iii) ATAD passive Einkünfte.[851]

4.5 Zusammenfassung für das Kapitel

Beabsichtigt ein inländischer Investor, gemeinsam mit einem ausländischen Co-Investor eine ausländische Gesellschaft zu erwerben, so können schuldrechtliche Beteiligungsformen in Betracht gezogen werden.

- Durch die ergänzende Emission von Genussrechten kann zumindest eine vermögensrechtliche Mehrheitsbeteiligung aus wirtschaftlicher Sicht erlangt werden, ohne indes eine Mehrheitsbeteiligung zu begründen. Dies trifft für Zwecke des § 7 Abs. 2 AStG nur zu, wenn die Genussrechte steuerlich als Fremdkapital anzusehen sind.
- Durch Vereinbarung einer typisch stillen Gesellschaft oder typisch stillen Unterbeteiligung können dem inländischen Investor weitere Verwaltungsrechte eingeräumt werden. Selbst wenn § 7 Abs. 2 AStG nicht erfüllt ist, bestünde das Risiko, dass aufgrund der zusätzlichen Verwaltungsrechte ein

849 Vgl. Kapitel 4.1 zur weiteren Begrifflichkeit des Anspruchs.

850 Vgl. *Haase*, IStR 2008a, S. 314; *Wassermeyer*, in: Wassermeyer, DBA, 2013, Art. 7 OECD-MA, Rn. 68; *Bron*, IStR 2016, S. 28 zur Betriebsstätte bei einer atypisch stillen Gesellschaft.

851 Vgl. *Schönfeld*, IStR 2017, S. 725; *Schnitger/Nitzschke/Gebhardt*, IStR 2016, S. 967; *Linn*, IStR 2016, S. 646.

Zusammenwirken durch abgestimmtes Verhalten nach § 7 Abs. 4 Satz 1 AStG gegeben ist.

- Bei Vereinbarung einer atypisch stillen Gesellschaft oder atypisch stillen Unterbeteiligung ist gewöhnlich eine Mitunternehmerschaft gegeben. Die passiven Einkünfte sind gemäß § 20 Abs. 2 AStG a. F. und AStG (anteilig) dem inländischen Investor als passive Betriebsstätteneinkünfte zuzurechnen. Durch die atypisch stille Unterbeteiligung wird ein Zusammenwirken durch abgestimmtes Verhalten nach § 7 Abs. 4 Satz 2 AStG widerlegbar vermutet.

5 Mehrheitsbeteiligung trotz des Erwerbs durch gemeinschaftlich handelnde Investoren?

5.1 Divergenz zwischen Kapitalanteilen, Stimmrechten und Gewinnbezugsrechten anhand des Beispiels des Erwerbs von Stamm- und Vorzugsanteilen

Das Beherrschungserfordernis kann gemäß § 7 Abs. 2 Satz 1 AStG a. F. und § 7 Abs. 2 AStG durch eine Stimmrechtsmehrheit erlangt werden. Unter einem Stimmrecht i. S. des § 7 Abs. 2 Satz 1 AStG a. F. und § 7 Abs. 2 AStG ist das aus der gesellschaftsrechtlichen Beteiligung resultierende Gestaltungs- und Mitwirkungsrecht zu verstehen.[852] Hiervon abzugrenzen sind Mitbestimmungsrechte von Nichtgesellschaftern, die von schuldrechtlicher Natur sind und grundsätzlich zu keinem Stimmrecht für Zwecke der Hinzurechnungsbesteuerung führen.[853]

Eine Beherrschung i. S. von Art. 7 Abs. 1 Buchst. a ATAD ist erfüllt, wenn eines der drei Beherrschungskriterien erfüllt ist.[854] *Böhmer/Gebhardt/Krüger*[855] weisen darauf hin, dass mehrere Beherrschungsfälle entstehen können, wobei die ATAD weitere Regelungen für die Mehrfachanwendung der Hinzurechnungsbesteuerung nicht vorsieht. Gemäß Abs. 5 Satz 3 und 4 der Erwägungsgründe der ATAD soll die Hinzurechnungsbesteuerung nicht zu einer Doppelbelastung führen.[856] Eine unionskonforme Umsetzung der ATAD erfordert, dass die Mitgliedstaaten eine Doppelbesteuerung durch die Hinzurechnungsbesteuerung verhindern. Diese Problematik tritt auf, wenn die Stimmrechts- oder Gewinnbezugsrechtsverteilung nicht der kapitalmäßigen Beteiligung entsprechen.

---

852 Vgl. *Köhler*, in: S/K/K, AStG/DBA, 2017, § 7 AStG, Rn. 98; *Jacobsen*, in: AStG eKommentar, AStG, 2021, § 7 AStG, Fassung vom 01.01.2018, Rn. 37; *Wassermeyer*, in: F/W/B/S, Außensteuerrecht, 2018, § 7 AStG, Rn. 55.

853 Vgl. *Wassermeyer*, in: F/W/B/S, Außensteuerrecht, 2018, § 7 AStG, Rn. 55; *Jacobsen*, in: AStG eKommentar, AStG, 2021, § 7 AStG, Fassung vom 01.01.2018, Rn. 37 zur Abgrenzung.

854 Siehe auch *Böhmer/Gebhardt/Krüger*, in: Hagemann/Kahlenberg, ATAD, 2019, Art. 7 ATAD, Rn. 24.

855 Vgl. auch *Böhmer/Gebhardt/Krüger*, in: Hagemann/Kahlenberg, ATAD, 2019, Art. 7 ATAD, Rn. 24.

856 So z. B. auch *Müller-Thomzcik/Reiter/Kanduth-Kristen*, FR 2022, S. 531.

5.2 Unternehmensakquisition durch gemeinschaftliches Handeln mit einem fremden Dritten als ausländischer Co-Investor

5.2.1 Rechtliches oder wirtschaftliches Eigentum als maßgeblicher Zurechnungsmaßstab?

Die Anteile sind gemäß § 39 Abs. 2 Nr. 1 AO dem wirtschaftlichen Eigentümer zuzurechnen.[857] Diese Zurechnung ist auch im Rahmen der Hinzurechnungsbesteuerung nach den §§ 7 ff. AStG a. F. und AStG maßgeblich.[858] Durch § 7 Abs. 4 Satz 1 AStG a. F. wird die wirtschaftliche Betrachtungsweise auf den Fall erweitert, dass der rechtliche Stimmrechtsinhaber keinen eigenen Entscheidungsspielraum hat, sondern gegenüber einem Dritten weisungsgebunden ist.[859] Dieser Fall führt unter dem neuen Recht zu einem Näheverhältnis (§ 7 Abs. 3 Satz 1 i. V. m. § 1 Abs. 2 Nr. 2 AStG). Die Vorschrift des § 7 Abs. 4 Satz 1 AStG a. F. und § 7 Abs. 3 Satz 1 AStG sieht vor, dass eine durch einen Treuhänder verwaltete Beteiligung weiterhin dem Treugeber zuzurechnen ist.[860]

Die Stimmrechte sind für Zwecke des Art. 7 Abs. 1 Buchst. a ATAD dem rechtlichen Eigentümer zuzurechnen.[861] Es stellt sich die Frage, ob und inwiefern dieses Ergebnis sachgerecht ist, soweit der Eigentümer die Stimmrechte zwar im Außenverhältnis ausübt, jedoch im Innenverhältnis die Willensbildung nicht durch diesen erfolgt. Die Begrifflichkeit der Beteiligung in Art. 2 Abs. 4 und Art. 7 Abs. 1 Buchst. a ATAD kann assoziieren, dass ein Stimmrecht eine gesellschaftsrechtliche Grundlage innehaben muss. Durch Abs. 12 Satz 4 der Erwägungsgründe der ATAD wird deutlich, dass die Regelungen der Art. 7 und 8 ATAD eine tatsächliche Beherrschung erfordern.[862] Es ist zielführend, die Stimmrechte dem wirtschaftlichen Eigentümer

---

857 Vgl. BMF vom 14.05.2004, BStBl I 2004, Sondernr. 1/2004, S. 3, Tz. 7.4.1; *Wassermeyer*, in: F/W/B/S, Außensteuerrecht, 2018, § 7 AStG, Rn. 65.1; *Fuhrmann*, in: Fuhrmann, AStG, 2017, § 7 AStG, Rn. 92.

858 Vgl. *Protzen*, in: Kraft, AStG, 2019, § 7 AStG, Rn. 138; BMF vom 14.05.2004, BStBl I 2004, Sondernr. 1/2004, S. 3, Tz. 7.1.1.

859 Vgl. BMF vom 14.05.2004, BStBl I 2004, Sondernr. 1/2004, S. 3, Tz. 7.4.3; *Vogt*, in: Brandis/Heuermann, Ertragsteuerrecht, 2016, § 7 AStG, Rn. 32.

860 Vgl. *Jacobsen*, in: AStG eKommentar, AStG, 2021, § 7 AStG, Fassung vom 01.01.2018, Rn. 25; *Protzen*, in: Kraft, AStG, 2019, § 7 AStG, Rn. 98.

861 Vgl. auch *Böhmer/Gebhardt/Krüger*, in: Hagemann/Kahlenberg, ATAD, 2019, Art. 7 ATAD, Rn. 26.

862 Vgl. *Quilitzsch/Engelen*, FR 2018, S. 294; *Heinsen/Erb*, DB 2018, S. 976; *Haase*, ISR 2017, S. 353.

der Anteile zuzurechnen, sofern dieser allein für die Willensbildung verantwortlich ist.[863]

5.2.2 Konsortialvertrag zwischen dem Investor und Co-Investor als Stimmrecht, Weisungsgebundenheit oder abgestimmtes Verhalten?

Beispiel: Der inländische Investor in der Rechtsform der Kapitalgesellschaft beabsichtigt, 50 % der Anteile an der passiven OpCo in der Rechtsform der Kapitalgesellschaft zu erwerben. Zudem schließt er mit dem ausländischen Co-Investor in der Rechtsform der Kapitalgesellschaft einen Konsortialvertrag zur gemeinschaftlichen Stimmrechtsausübung ab.

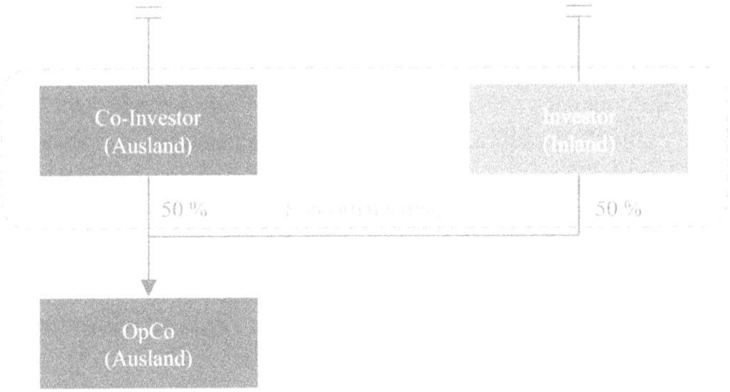

Abbildung 6: Konsortialvertrag über Stimmrechtsausübung

Aufgrund des § 7 Abs. 4 AStG a. F. kann die Inländerbeherrschung im Falle einer Stimmrechtsleihe zum Ende des maßgebenden Wirtschaftsjahrs nicht vermieden werden, da die Stimmrechte weiterhin dem Anteilseigner zuzurechnen sind.[864] Der Stimmrechtsinhaber ist gegenüber dem Anteilseigner weisungsgebunden und hat keinen eigenen Entscheidungsspielraum. Hiervon abzugrenzen ist ein Konsortialvertrag über die gemeinschaftliche Stimmrechtsausübung. Die gegenseitige Verpflichtung zur Stimmrechtsausübung stellt keine Stimmrechtsleihe dar, da hierdurch

863 Vgl. auch *Böhmer/Gebhardt/Krüger*, in: Hagemann/Kahlenberg, ATAD, 2019, Art. 7 ATAD, Rn. 26, die als Beispiel hierfür Treuhandverhältnisse nennen.

864 Vgl. *Wassermeyer*, in: F/W/B/S, Außensteuerrecht, 2018, § 7 AStG, Rn. 88; *Köhler*, in: S/K/K, AStG/DBA, 2017, § 7 AStG, Rn. 100.

keine Fremdbestimmtheit erlangt wird.[865] Die Stimmrechte sind für Zwecke der § 7 Abs. 2 Satz 1 AStG a. F. weiterhin dem jeweiligen Anteilseigner zuzurechnen und nicht zusammenzurechnen. In § 7 Abs. 3 Satz 1 i. V. m. § 1 Abs. 2 Nr. 2 AStG wird nicht von einer Weisungsgebundenheit gesprochen, sondern es ist ein beherrschender Einfluss gefordert.[866] Ein beherrschender Einfluss ist indes weiter auszulegen als die Regelung des § 7 Abs. 4 Satz 1 AStG a. F., da ein beherrschender Einfluss nicht zwingenderweise eine Weisungsgebundenheit voraussetzt.

Auf der anderen Seite setzt eine Weisungsgebundenheit einen beherrschenden Einfluss voraus. Trotz allem begründet gemäß § 7 Abs. 3 Satz 1 i. V. m. § 1 Abs. 2 Nr. 2 AStG eine gegenseitige Verpflichtung zur einheitlichen Stimmrechtsausübung noch kein Näheverhältnis. Demungeachtet stellt sich die Frage, ob und inwiefern dieses Ergebnis im Hinblick auf § 7 Abs. 4 Satz 1 AStG abschließend ist. Insbesondere kann die gemeinschaftliche Stimmrechtsausübung als ein Zusammenwirken gewertet werden.[867] Dieser Ansicht kann entgegengehalten werden, dass das Konsortium eine Innengesellschaft nach den §§ 705 ff. BGB darstellt und lediglich die Stimmrechte einheitlich ausübt, allerdings die Willensbildung im Innenverhältnis alles andere als einheitlich sein muss. Unter Berücksichtigung der Rechtsgrundsätze zum gleichgerichteten Interesse ist fraglich, ob und inwiefern diese Rechtsauffassung tragbar ist.[868] Das Auftreten als erwerbsbezogene Gemeinschaft führt zwar noch nicht zu einem gleichgerichteten Interesse i. S. des § 8c Abs. 1 Satz 2 KStG. Allerdings kann der Konsortialvertrag als dauerhafte Absprache über die Ausübung der Stimmrechte qualifiziert werden.[869]

865 Siehe auch *Köhler*, in: S/K/K, AStG/DBA, 2017, § 7 AStG, Rn. 99; *Fuhrmann*, in: Fuhrmann, AStG, 2017, § 7 AStG, Rn. 94; *Wassermeyer*, in: F/W/B/S, Außensteuerrecht, 2018, § 7 AStG, Rn. 63 mit dem Hinweis, dass nur eine gegenseitige Beschränkung besteht.

866 Vgl. hierzu z. B. *Haßfurter*, in: BeckOK AStG, AStG, 2022, § 1 AStG, Rn. 252 ff.

867 Vgl. *Böhmer/Gebhardt/Krüger*, IWB 2021, S. 482.

868 Vgl. *Gebhardt/Krüger*, IWB 2020, S. 118 zur Analogie hinsichtlich einer Erwerbergruppe mit gleichgerichteten Interessen.

869 Vgl. BFH vom 22.11.2016, I R 30/15, BStBl II 2017, S. 921; deutlich restriktiver BMF vom 28.11.2017, BStBl II 2017, S. 1645, Rn. 28, das einen gemeinsamen Zweck i. S. des § 705 BGB als ein gleichgerichtetes Interesse betrachtet. Teilweise wird im Schrifttum § 7 Abs. 4 Satz 2 AStG so verstanden, dass nur in Ausnahmefällen ein Gegenbeweis möglich sei, da die gesellschaftsrechtliche Verbindung der Gesellschafter einer Personengesellschaft regelmäßig zu einem abgestimmten Verhalten führen soll (so auch *Staats*, in: BeckOK AStG, AStG, 2022, § 7 AStG, Rn. 247).

Wird ein schädliches Zusammenwirken i. S. des § 7 Abs. 4 Satz 1 AStG verneint, kann dem inländischen Investor zusätzlich das Recht gewährt werden, die Geschäftsführung der ausländischen OpCo zu bestellen. Der inländische Investor kann dann die operative Tätigkeit bestimmen. Hierdurch kommt es nicht zu einer Stimmrechtsmehrheit i. S. des § 7 Abs. 2 Satz 1 AStG a. F. und § 7 Abs. 2 AStG, da hierfür nur Stimmrechte aus dem Gesellschaftsverhältnis maßgebend sind.[870] Diese Rechtsauffassung wird ebenfalls von der Finanzverwaltung geteilt, welche die Weisungsgebundenheit i. S. von § 7 Abs. 4 AStG a. F. auf die Beteiligung beschränkt.[871] Die Nichtberücksichtigung der Geschäftsführungsbefugnisse ist auch wirtschaftlich sachgerecht, da regelmäßig nur operative Entscheidungen durch die Geschäftsführung getätigt werden. Strategische Entscheidungen obliegen der Gesellschafterversammlung. Eine abschließende Beherrschung durch den inländischen Investor liegt demnach nicht vor.

Ergebnis: Die Vereinbarung eines Konsortialvertrags kann unter Umständen als ein Zusammenwirken durch abgestimmtes Verhalten gemäß § 7 Abs. 4 Satz 1 AStG angesehen werden. Es ergibt sich daher ein Restrisiko, dass das Vorliegen einer Mehrheitsbeteiligung zu bejahen ist.

Durch die wechselseitige Verpflichtung kommt es zu keiner Stimmrechtsleihe, da die Mitglieder des Konsortiums (Konsorten) nicht fremdbestimmt oder weisungsgebunden sind.[872] Die Stimmrechte sind auch für Zwecke der ATAD ausschließlich dem rechtlichen Eigentümer zuzurechnen.[873] Ein Konsortium führt nicht dazu, dass verbundene Unternehmen i. S. des Art. 2 Abs. 4 und Art. 7 Abs. 1 Buchst. a ATAD vorliegen.[874] Aus Abs. 12 Satz 4 der Erwägungsgründe der ATAD kann indes abgeleitet werden, dass die Stimmrechte zusammenzurechnen sind, sofern das Konsortium eine Stimmrechtsmehrheit innehat. Aufgrund der einheitlichen Stimmrechtsausübung beherrschen die Konsorten das ausländische Unternehmen gemeinschaftlich. Auch wenn dies nicht unmittelbar dem Wortlaut der

---

870 Vgl. *Wassermeyer*, in: F/W/B/S, Außensteuerrecht, 2018, § 7 AStG, Rn. 55; *Protzen*, in: Kraft, AStG, 2019, § 7 AStG, Rn. 123.

871 Vgl. BMF vom 14.05.2004, BStBl I 2004, Sondernr. 1/2004, S. 3, Tz. 7.4.3; gl. A. *Protzen*, in: Kraft, AStG, 2019, § 7 AStG, Rn. 123.

872 Vgl. *Köhler*, in: S/K/K, AStG/DBA, 2017, § 7 AStG, Rn. 99; *Wassermeyer*, in: F/W/B/S, Außensteuerrecht, 2018, § 7 AStG, Rn. 63 zum Konsortialvertrag im Rahmen des § 7 AStG.

873 Vgl. Kapitel 5.2.2.

874 Vgl. auch *Böhmer/Gebhardt/Krüger*, in: Hagemann/Kahlenberg, ATAD, 2019, Art. 2 ATAD, Rn. 62.

Anti-Steuervermeidungsrichtlinie[875] zu entnehmen ist, kann ein Konsortialvertrag gemäß Art. 7 Abs. 1 Buchst. a ATAD zur Erfüllung der Beherrschung im Verbund führen.

5.2.3 Vetorecht zugunsten des Investors als Stimmrecht, Weisungsgebundenheit oder abgestimmtes Verhalten?

Eine Alternative zum Konsortialvertrag stellt die Einräumung eines Vetorechts für den inländischen Investor dar, wodurch sämtliche Entscheidungen blockiert werden können.[876] Das Vetorecht selbst begründet kein Stimmrecht i. S. des § 7 Abs. 2 Satz 1 AStG a. F. und § 7 Abs. 2 AStG, da es sich lediglich um ein Verhinderungsrecht handelt.[877] Durch ein Vetorecht werden keine Gestaltungs- oder Mitwirkungsrechte begründet.[878] Der Vorteil eines Vetorechts besteht darin, dass unzweifelhaft kein Zusammenwirken durch abgestimmtes Verhalten vorliegt.[879] Eine Beherrschung nach § 7 Abs. 4 Satz 1 AStG scheidet aufgrund des Fehlens einer Innengesellschaft aus.[880]

Ergebnis: Durch die Vereinbarung eines umfassenden Vetorechts kann der inländische Investor sämtliche Entscheidungen blockieren, ohne eine Mehrheitsbeteiligung zu begründen. Gleichwohl kann dieser nicht allein den maßgeblichen Unternehmenswillen bilden.

Die Gewährung eines Vetorechts führt nicht zu einem Stimmrecht i. S. des Art. 2 Abs. 4 und Art. 7 Abs. 1 Buchst. a ATAD, da hierdurch lediglich Entscheidungen blockiert werden können. Ein Stimmrecht erfordert vor dem Hintergrund der ATAD entsprechende Mitwirkungs- und Gestaltungsrechte. Für das Beherrschungskriterium des Art. 7 Abs. 1 Buchst. a ATAD sind die Stimmrechtsbeteiligungen

---

875 Vgl. Richtlinie (EU) 2016/1164 des Rates vom 12.07.2016 mit Vorschriften zur Bekämpfung von Steuervermeidungspraktiken mit unmittelbaren Auswirkungen auf das Funktionieren des Binnenmarkts, Abl. EU 2016 L 193/1.

876 Vgl. auch *Weber*, in: Hölters/Weber, AktG, 2022, § 77 AktG, Rn. 16; *Spindler*, in: Münchener Kommentar zum AktG, AktG, 2019, § 77 AktG, Rn. 17.

877 Vgl. *Wassermeyer*, in: F/W/B/S, Außensteuerrecht, 2018, § 7 AStG, Rn. 55; *Köhler*, in: S/K/K, AStG/DBA, 2017, § 7 AStG, Rn. 98.

878 Vgl. *Jacobsen*, in: AStG eKommentar, AStG, 2021, § 7 AStG, Fassung vom 01.01.2018, Rn. 37; *Köhler*, in: S/K/K, AStG/DBA, 2017, § 7 AStG, Rn. 98.

879 Vgl. Kapitel 5.2.2 zur Diskussion im Hinblick auf das gleichgerichtete Interesse.

880 Vgl. BMF vom 28.11.2017, BStBl II 2017, S. 1645, Rn. 28; *Neumann*, in: R/H/N, KStG, 2015, § 8c KStG, Rn. 161; *Suchanek*, in: H/H/R, EStG/KStG, 2021, § 8c KStG, Rn. 40 zur GbR, ohne jedoch zwischen einer Außen- und Innengesellschaft zu unterscheiden.

maßgeblich. Ein Vetorecht führt zu keinem abweichenden Ergebnis. Des Weiteren steht dieses Rechtsverständnis nicht im Widerspruch mit Abs. 12 Satz 4 der Erwägungsgründe der ATAD, da abweichend zur Stimmrechtsbündelung im Außenverhältnis kein einheitlicher Wille besteht. Das Vetorecht ermöglicht nur die „Blockade" einer Entscheidung. Ein Vetorecht ist zur Vermeidung der Beherrschung im Verbund geeignet.

5.3 Ausländische Muttergesellschaft als Co-Investor im Rahmen von Anteilserwerben

5.3.1 Inländischer Investor in der Rechtsform der Kapitalgesellschaft

5.3.1.1 Berücksichtigung mittelbarer Gesellschaften bei einfacher Klammerbeteiligung

Beispiel: Der ausländische Investor beabsichtigt, über die inländische HoldCo 100 % der Anteile an der inländische OpCo I sowie 50 % der Anteile an der passiven ausländischen OpCo II zu erwerben. Die restlichen 50 % der Anteile an der OpCo II verbleiben bei der OpCo I.[881]

Gemäß § 7 Abs. 2 Satz 2 AStG a. F. sind bei der Ermittlung der Inländerbeherrschung mittelbare Beteiligungen zu berücksichtigen.[882]. Durch die Vorschrift des § 7 Abs. 2 Satz 2 AStG a. F. werden mittelbare Beteiligungen erfasst, die durch (a) einen unbeschränkt Steuerpflichtigen oder (b) einen erweitert beschränkt Steuerpflichtigen gehalten werden.[883] Gemäß § 7 Abs. 2 Satz 2 AStG a. F. sind

---

881 Bei grenzüberschreitenden Transaktionen werden regelmäßig lokale Akquisitionsgesellschaften verwendet, um z. B. durch die Begründung einer steuerlichen Organschaft die Refinanzierungsaufwendungen der HoldCo mit den laufenden Gewinnen der OpCo I im Rahmen eines sog. Debt-push-Down konsolidieren zu können (vgl. hierzu z. B. *Endres*, in: Kahle u. a., Kernfragen der Unternehmensbesteuerung, 2015, S. 70).

882 Vgl. BMF vom 14.05.2004, BStBl I 2004, Sondernr. 1/2004, S. 3, Tz. 7.2.1.3; *Fuhrmann*, in: Fuhrmann, AStG, 2017, § 7 AStG, Rn. 98; *Protzen*, in: Kraft, AStG, 2019, § 7 AStG, Rn. 101. Die mittelbare Beteiligung erfasst lediglich ausländische Gesellschaften i. S. des § 7 Abs. 1 AStG a. F., da eine unbeschränkt körperschaftsteuerpflichtige Gesellschaft unmittelbar bei der Ermittlung des Vorliegens einer Inländerbeherrschung zu berücksichtigen ist (vgl. *Wassermeyer*, in: F/W/B/S, Außensteuerrecht, 2018, § 7 AStG, Rn. 73; *Protzen*, in: Kraft, AStG, 2019, § 7 AStG, Rn. 102).

883 Vgl. auch BMF vom 14.05.2004, BStBl I 2004, Sondernr. 1/2004, S. 3, Tz. 7.2.1.3; *Fuhrmann*, in: Fuhrmann, AStG, 2017, § 7 AStG, Rn. 101; *Wassermeyer*, in: F/W/B/S, Außensteuerrecht, 2018, § 7 AStG, Rn. 76.

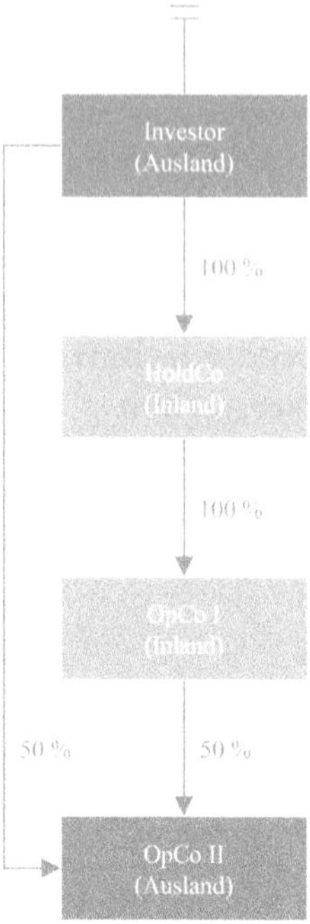

Abbildung 7: Beteiligung über eine inländische Kapitalgesellschaft

die Anteile oder Stimmrechte der vermittelnden Gesellschaft in dem Verhältnis zu berücksichtigen, in dem der Steuerpflichtige an dieser Gesellschaft beteiligt ist.[884] Die mittelbare Beteiligungshöhe ist durch eine prozentuale Durchrechnung zu ermitteln.[885] Es ist der Auffassung von *Wassermeyer*[886] und *Köhler*[887]

884 Vgl. auch *Köhler*, in: S/K/K, AStG/DBA, 2017, § 7 AStG, Rn. 101; *Fuhrmann*, in: Fuhrmann, AStG, 2017, § 7 AStG, Rn. 98; *Wassermeyer*, in: F/W/B/S, Außensteuerrecht, 2018, § 7 AStG, Rn. 74.

885 Vgl. *Wassermeyer*, in: F/W/B/S, Außensteuerrecht, 2018, § 7 AStG, Rn. 74; *Köhler*, in: S/K/K, AStG/DBA, 2017, § 7 AStG, Rn. 101.

886 Vgl. *Wassermeyer*, in: F/W/B/S, Außensteuerrecht, 2018, § 7 AStG, Rn. 74.

887 Vgl. *Köhler*, in: S/K/K, AStG/DBA, 2017, § 7 AStG, Rn. 106.

zuzustimmen, dass eine Durchrechnung unabhängig des Vorliegens einer Beherrschungsbeteiligung an der vermittelnden Gesellschaft zu erfolgen hat.[888]

Es ist für Zwecke des § 7 Abs. 2 Satz 2 AStG a. F. sachgerecht, wenn die Beteiligungsquoten anhand der kapitalmäßigen Beteiligung und die Stimmrechtsquote anhand der Stimmrechtsbeteiligung ermittelt werden.[889] Im vorliegend interessierenden Fall ist gemäß § 7 Abs. 2 Satz 1 AStG a. F. eine Inländerbeherrschung gegenüber der OpCo II nicht gegeben, da die inländische Gesellschaft lediglich 50 % an der ausländischen Gesellschaft hält und folglich keine Mehrheit der Anteile innehat.[890] Zwar darf die inländische Gesellschaft nach § 7 Abs. 2 Satz 1 AStG a. F. nicht über die Stimmrechtsmehrheit verfügen, jedoch ist dies auch nicht notwendig, da eine vom Investor abweichende Willensbildung unwahrscheinlich ist.

Gemäß § 7 Abs. 3 Satz 1 AStG sind sämtliche Anteile an der Zwischengesellschaft zu erfassen, sofern diese durch nahestehende Personen i. S. des § 1 Abs. 2 AStG gehalten werden.[891] Dies führt dazu, dass Beteiligungen an ausländischen Gesellschaften innerhalb von Unternehmensgruppen für Zwecke der Beherrschung i. S. des § 7 Abs. 2 AStG zusammenzurechnen sind.[892] Die Zurechnung von mittelbaren Beteiligungen erfolgt analog der Vorschrift des § 7 Abs. 2 Satz 2 AStG a. F. in Form einer prozentualen Durchrechnung.[893] Unter Berücksichtigung der gesellschafterbezogenen Betrachtung des § 7 Abs. 2 AStG

---

888 Vgl. *Fuhrmann*, in: Fuhrmann, AStG, 2017, § 7 AStG, Rn. 100; *Schmidt*, in: H/K/R, Außensteuerrecht, 2018, § 7 AStG, Rn. 97; ablehnend BMF vom 14.05.2004, BStBl I 2004, Sondernr. 1/2004, S. 3, Tz. 7.1.2.

889 Vgl. hierzu z. B. *Köhler*, in: S/K/K, AStG/DBA, 2017, § 7 AStG, Rn. 101.

890 Vgl. *Protzen*, in: Kraft, AStG, 2019, § 7 AStG, Rn. 139; *Köhler*, in: S/K/K, AStG/DBA, 2017, § 7 AStG, Rn. 70; *Fuhrmann*, in: Fuhrmann, AStG, 2017, § 7 AStG, Rn. 96.

891 Vgl. *Linn*, IStR 2020, S. 78; *Gebhardt/Krüger*, IWB 2020, S. 117.

892 Stellt die nahestehende Person einen Gesellschafter des Hinzurechnungsempfängers dar, sind sämtliche durch die nahestehende Person gehaltenen Anteile zu berücksichtigen, selbst wenn diese nicht sämtliche Anteile am Hinzurechnungsempfänger hält. Es erfolgt daher keine prozentuale Durchrechnung (vgl. *Ditz/Quilitzsch*, Ubg 2021, S. 493; *Haun/Solowjeff*, in: H/K/R, Außensteuerrecht, 2021, Vor §§ 7–13 AStG, Rn. 96).

893 Vgl. *Ditz u. a.*, DStR 2020, S. 77; *Böhmer/Oppel*, IWB 2020, S. 8; *Böhmer/Gebhardt/Krüger*, IWB 2021, S. 483. Es sei darauf hingewiesen, dass teilweise im Schrifttum auch bei Beteiligungen von weniger als 100 % an der nahestehenden Person eine vollumfängliche Berücksichtigung der durch die nahestehende Person gehaltenen Beteiligung angenommen wird (vgl. auch *Ditz/Quilitzsch*, Ubg 2021, S. 488; a. A. *Bindl/Leidel/Bücheler*, IStR 2022, S. 792).

ist nach der neuen Rechtslage die Verbundbeherrschung zu bejahen. Gemäß § 7 Abs. 3 Satz 1 i. V. m. § 1 Abs. 2 Nr. 1 Buchst. a AStG sind nämlich die Anteile der ausländischen Muttergesellschaft zu berücksichtigen.[894] Die deutsche Hinzurechnungsbesteuerung ist somit anwendbar. Gleichwohl sind der OpCo I die passiven Einkünfte lediglich zu 50 % zuzurechnen (§ 7 Abs. 1 Satz 1 AStG).[895]

Ergebnis: Eine Transaktionsstruktur, bei der die inländische Tochtergesellschaft einer ausländischen Muttergesellschaft nicht mehr als 50 % der Anteile an der ausländischen Zielgesellschaft erwirbt, ist unter § 7 Abs. 2 AStG nicht mehr dazu geeignet, eine Mehrheitsbeteiligung zu vermeiden.

Gemäß Art. 2 Abs. 4 Buchst. a und b ATAD gelten Unternehmen als verbundene Unternehmen, sofern eine unmittelbare und/oder mittelbare Stimmrechts- oder Kapitalbeteiligung von mindestens 25 % besteht. Ein Gewinnanspruch von mindestens 25 % ist alternativ auch ausreichend. Die Regelung des Art. 2 Abs. 4 ATAD umfasst neben Tochterunternehmen auch Mutter- und Schwestergesellschaften, soweit das Quantum von mindestens 25 % erreicht wird.[896] *Böhmer/Gebhardt/Krüger*[897] weisen darauf hin, dass in Art. 2 Abs. 4 Satz 2 ATAD im Hinblick auf Schwesterunternehmen lediglich eine Beteiligung von 25 % genannt wird. Hieraus kann gefolgert werden, dass Art. 2 Abs. 4 Satz 2 ATAD lediglich auf die Stimmrechts- oder Kapitalbeteiligung abzielt. Ein Gewinnanspruch von mindestens 25 % erfüllt nicht das Erfordernis des fiktiven Verbunds von Schwestergesellschaften.

Schwestergesellschaften sind gemäß Art. 2 Abs. 4 Satz 2 ATAD nicht als verbundene Unternehmen anzusehen, sofern die Muttergesellschaft bei einer der beiden Schwestergesellschaften zwar mindestens 25 % der Gewinnansprüche innehat, jedoch die Stimmrechte und das Kapital dieses Quantum nicht erreichen. Diese Auslegung führt zu einem erheblichen Gestaltungsspielraum, sodass ein

894 Vgl. *Böhmer/Oppel*, IWB 2020, S. 8; *Ditz u. a.*, DStR 2020, S. 76 f. Siehe z. B. auch *Kortendick/Ekinci*, IStR 2020, S. 615 ff.; *Ditz/Quilitzsch*, Ubg 2021, S. 485 ff. zum Berücksichtigungsumfang nahestehender Personen bei der Bestimmung des Vorliegens einer Beherrschung i. S. von § 7 Abs. 2 AStG.

895 Vgl. *Linn*, IStR 2020, S. 79; *Ditz u. a.*, DStR 2020, S. 77 zur Zurechnungssystematik nach § 7 Abs. 1 Satz 1 AStG-RefE.

896 Vgl. *Musil*, in: Musil/Weber-Grellet, Europäisches Steuerrecht, 2019, Art. 2 ATAD, Rn. 11; *Böhmer/Gebhardt/Krüger*, in: Hagemann/Kahlenberg, ATAD, 2019, Art. 2 ATAD, Rn. 83.

897 Vgl. auch *Böhmer/Gebhardt/Krüger*, in: Hagemann/Kahlenberg, ATAD, 2019, Art. 2 ATAD, Rn. 84.

redaktionelles Versehen naheliegt.[898] Im Wege der teleologischen Erweiterung ist eine Verbundenheit durch einen Gewinnanspruch für die Annahme verbundener Schwestergesellschaften i. S. des Art. 2 Abs. 4 Satz 2 ATAD ausreichend.

Unter Betrachtung der Begrifflichkeit der Unmittelbarkeit und Mittelbarkeit sind an dieser Stelle Art. 7 Abs. 1 Buchst. a ATAD lediglich Tochterunternehmen des Steuerpflichtigen i. S. des Art. 1 ATAD und diesem nachgeschalteten Unternehmen zu erfassen. Es stellt sich die Frage, ob und inwiefern auf jeder Ebene eine gewisse Mindestbeteiligungsquote erreicht werden muss. Auf der Grundlage des Abs. 12 Satz 4 der Erwägungsgründe der ATAD kann die Ansicht vertreten werden, dass auf jeder Ebene eine beherrschende Stellung vorliegen muss. Eine tatsächliche Beherrschung und Kontrolle des mittelbaren ausländischen Unternehmens können nämlich nur bejaht werden, wenn jedes Unternehmen der Beteiligungskette beherrscht wird.[899]

Dieser Auslegung kann entgegengehalten werden, dass in Art. 7 Abs. 1 Buchst. a ATAD auf mehr als 50 % der Stimmrechte, des Kapitals oder der Gewinnansprüche des ausländischen Unternehmens Bezug genommen wird. Durch die Gleichstellung einer unmittelbaren mit einer mittelbaren Beteiligung ist es sachgerecht, dass eine prozentuale Durchrechnung erfolgt.[900] Infolgedessen sind die Beteiligungs- oder Anspruchsverhältnisse auf den einzelnen Beteiligungsebenen zu multiplizieren. Ergibt sich danach eine Stimmrechtsbeteiligung, eine Kapitalbeteiligung oder ein Gewinnanspruch von mehr als 50 %, ist das ausländische Unternehmen als beherrscht anzusehen und der Anwendungsbereich der Hinzurechnungsbesteuerung eröffnet (Art. 7 Abs. 1 Buchst. a ATAD).

Die prozentuale Durchrechnung steht auch nicht im Widerspruch mit Art. 2 Abs. 4 ATAD, da diese Vorschrift lediglich das verbundene Unternehmen unter Rückgriff auf ein Quantum von 25 % ermittelt. Eine Mindestbeteiligung oder ein Mindestanspruch an einer vermittelnden Gesellschaft ergibt sich hieraus nicht. Das verbundene Unternehmen ist losgelöst von der mittelbaren Beteiligung i. S. des Art. 7 Abs. 1 Buchst. a ATAD zu verstehen. Im vorliegend interessierenden Fall ergibt sich dessen ungeachtet gemäß Art. 7 Abs. 1 Buchst. a ATAD eine Mehrheitsbeteiligung.

---

898 Siehe auch *Böhmer/Gebhardt/Krüger*, in: Hagemann/Kahlenberg, ATAD, 2019, Art. 2 ATAD, Rn. 84, die explizit auf dieses Problem hinweisen.

899 Vgl. *Quilitzsch/Engelen*, FR 2018, S. 294; *Haase*, ISR 2017, S. 353; *Heinsen/Erb*, DB 2018, S. 976 zum Beherrschungserfordernis gemäß Art. 7 Abs. 1 Buchst. a ATAD.

900 Vgl. hierzu z. B. *Moser*, IStR 2017, S. 614.

5.3.1.2 Berücksichtigung mittelbarer Gesellschaften bei doppelter Klammerbeteiligung

Beispiel: Der inländische Investor in der Rechtsform der Kapitalgesellschaft beabsichtigt, die passive ausländische OpCo in der Rechtsform der Kapitalgesellschaft zu erwerben. Der inländische Investor erwirbt 50 % der Anteile an der OpCo. Zudem gründen der inländische Investor und dessen Muttergesellschaft als ausländischer Co-Investor in der Rechtsform der Kapitalgesellschaft die ausländische HoldCo in der Rechtsform der Kapitalgesellschaft, die wiederum die verbleibenden 50 % an der ausländischen OpCo erwirbt.

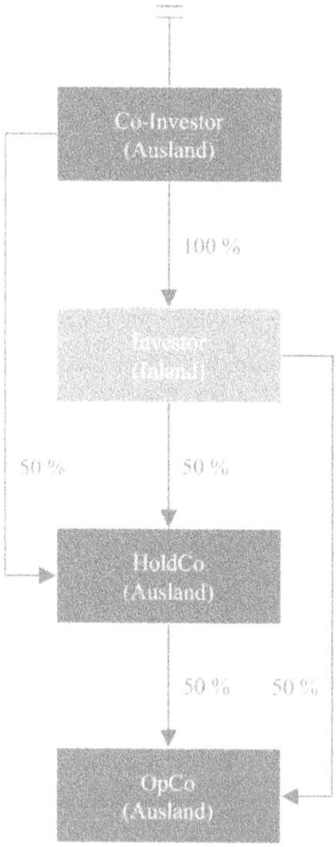

Abbildung 8: Beteiligung über eine ausländische Kapitalgesellschaft

Wird entgegen der Auffassung von *Wassermeyer*[901] und *Köhler*[902] die Ansicht vertreten, dass eine vermittelnde Gesellschaft nur zu berücksichtigen ist, wenn

901 Vgl. *Wassermeyer*, in: F/W/B/S, Außensteuerrecht, 2018, § 7 AStG, Rn. 74.
902 Vgl. *Köhler*, in: S/K/K, AStG/DBA, 2017, § 7 AStG, Rn. 106.

an dieser Gesellschaft eine Mehrheit der Anteile oder Stimmrechte besteht, ist das Beherrschungskriterium nicht erfüllt. Durch diese Transaktionsstruktur verfügt der inländische Investor weder an der ausländischen HoldCo noch an der ausländischen OpCo über die Mehrheit der Anteile und/oder Stimmrechte. Eine Inländerbeherrschung gemäß § 7 Abs. 2 Satz 1 AStG a. F. scheidet sowohl für die HoldCo als auch für OpCo aus. Dieser Grundgedanke wird sogar durch die Finanzverwaltung geteilt, da diese eine Mehrheitsbeteiligung an der vermittelnden Gesellschaft i. S. des § 7 Abs. 2 Satz 2 AStG a. F. fordert.[903] Des Weiteren stellt die OpCo keine Untergesellschaft i. S. des § 14 Abs. 1 Satz 1 AStG a. F. dar, da dies ebenfalls eine Mehrheitsbeteiligung der HoldCo an der OpCo voraussetzt.[904]

Es stellt sich demungeachtet die Frage, ob und inwiefern diese Würdigung durch die unmittelbare Zurechnung des § 7 Abs. 1 AStG fortgelten kann.[905] Durch die rechtliche Gleichstellung der unmittelbaren und mittelbaren Beteiligung kann das Argument vorgetragen werden, dass ebenfalls bei einer vermittelnden Gesellschaft eine Mehrheitsbeteiligung i. S. des § 7 Abs. 2 AStG vorliegen muss, da nur so eine Beherrschung auf jeder Beteiligungsebene möglich ist.[906] Dies entspricht auch dem Rechtsverständnis der Finanzverwaltung zu § 7 Abs. 2 Satz 2 AStG a. F.[907] Diese Auslegung kann auch darauf gestützt werden, dass gemäß Art. 7 Abs. 1 Buchst. a ATAD das ausländische Unternehmen tatsächlich beherrscht und kontrolliert werden muss.[908] Eine Mehrheitsbeteiligung auf jeder Ebene ist daher mehr als konsequent.

Für den inländischen Investor ist der ausländische Co-Investor jedoch gemäß § 7 Abs. 3 Satz 1 i. V. m. § 1 Abs. 2 Nr. 1 AStG eine nahestehende Person, sodass die Beteiligungen an der ausländischen HoldCo gemäß § 7 Abs. 2 AStG

---

903 Vgl. BMF vom 14.05.2004, BStBl I 2004, Sondernr. 1/2004, S. 3, Tz. 7.1.2; a. A. *Schmidt*, in: H/K/R, Außensteuerrecht, 2018, § 7 AStG, Rn. 95; *Fuhrmann*, in: Fuhrmann, AStG, 2017, § 7 AStG, Rn. 100.

904 Vgl. *Protzen*, in: Kraft, AStG, 2019, § 14 AStG, Rn. 45; *Jacobsen*, in: AStG eKommentar, AStG, 2021, § 14 AStG, Fassung vom 01.01.2015, Rn. 21 mit dem Hinweis, dass eine ausländische Gesellschaft eine Mehrheitsbeteiligung an dieser erfordert.

905 Vgl. auch *Schönfeld*, IStR 2019, S. 398; *Linn*, IStR 2016, S. 646; *Kahlenberg/Erdem*, IStR 2020, S. 100; *Ditz u. a.*, DStR 2020, S. 73; *Haase*, DStR 2019, S. 831; *Linn*, IStR 2020, S. 78 zur unmittelbaren Zurechnung.

906 Vgl. *Ditz/Quilitzsch*, Ubg 2021, S. 493, die keine Mehrheitsbeteiligung an vermittelnden Gesellschaften fordern.

907 Vgl. BMF vom 14.05.2004, BStBl I 2004, Sondernr. 1/2004, S. 3, Tz. 7.1.2.

908 Vgl. *Quilitzsch/Engelen*, FR 2018, S. 294; *Haase*, ISR 2017, S. 353; *Heinsen/Erb*, DB 2018, S. 976.

zusammenzurechnen sind und diese durch den Verbund beherrscht wird. Unter Anwendung der zu § 7 Abs. 2 Satz 2 AStG a. F. entwickelten Rechtsgrundsätze stellt die HoldCo keine vermittelnde Gesellschaft für den ausländischen Co-Investor dar, da diese keine Mehrheit an der HoldCo innehat.[909] Infolgedessen ergibt sich das Ergebnis, dass die OpCo nicht durch den Verbund beherrscht wird, was allerdings dem Sinn und Zweck der Anti-Steuervermeidungsrichtlinie[910] widerspricht. Folglich hat die prozentuale Durchrechnung unabhängig des Vorliegens einer Mehrheitsbeteiligung zu erfolgen.[911] Im Ergebnis sind sowohl die HoldCo als auch die OpCo als beherrscht anzusehen.

Ergebnis: Es ist äußerst fraglich, ob bei der Ermittlung mittelbarer Beteiligungsquoten gemäß § 7 Abs. 2 AStG lediglich Mehrheitsbeteiligungen zu erfassen sind oder eine prozentuale Durchrechnung zu erfolgen hat. Folglich ergibt sich ein gewisses Risiko, dass eine Mehrheitsbeteiligung bejaht wird, sofern durch eine ausländische Muttergesellschaft mittelbar sämtliche Anteile an einer Zwischengesellschaft gehalten werden, selbst wenn die inländische Gesellschaft zwar unmittelbar und mittelbar mehr als 50 % der Anteile an der Zwischengesellschaft innehat, jedoch auf keiner Beteiligungsstufe mehr als 50 % der Anteile an der Zwischengesellschaft gehalten werden.

Das Beherrschungserfordernis in Art. 7 Abs. 1 Buchst. a ATAD kann so zu verstehen sein, dass bei mittelbaren Beteiligungsverhältnissen eine quotale Durchrechnung der einzelnen Beteiligungsebenen zu erfolgen hat. Hierbei ist es ohne Relevanz, ob auf jeder Beteiligungsebene eine Mehrheitsbeteiligung besteht.[912] Insbesondere in Konstellationen, bei denen eine ausländische Muttergesellschaft den Verbund beherrschen kann, muss sich ebenfalls der inländische Steuerpflichtige eine Beherrschung zurechnen lassen.

5.3.2 Inländischer Investor in der Rechtsform der Personengesellschaft

Beispiel: Der inländische Investor in der Rechtsform der Kapitalgesellschaft und der ausländische Co-Investor in der Rechtsform der Kapitalgesellschaft gründen die inländische HoldCo in der Rechtsform der Personengesellschaft. Die

---

909 Ablehnend *Kortendick/Ekinci*, IStR 2020, S. 615 ff.; *Ditz/Quilitzsch*, Ubg 2021, S. 485 ff.

910 Vgl. Richtlinie (EU) 2016/1164 des Rates vom 12.07.2016 mit Vorschriften zur Bekämpfung von Steuervermeidungspraktiken mit unmittelbaren Auswirkungen auf das Funktionieren des Binnenmarkts, Abl. EU 2016 L 193/1.

911 Vgl. hierzu z. B. *Ditz/Quilitzsch*, Ubg 2021, S. 493.

912 Vgl. Kapitel 5.3.1.1.

HoldCo erwirbt sämtliche Anteile an der passiven ausländischen OpCo in der Rechtsform der Kapitalgesellschaft.[913]

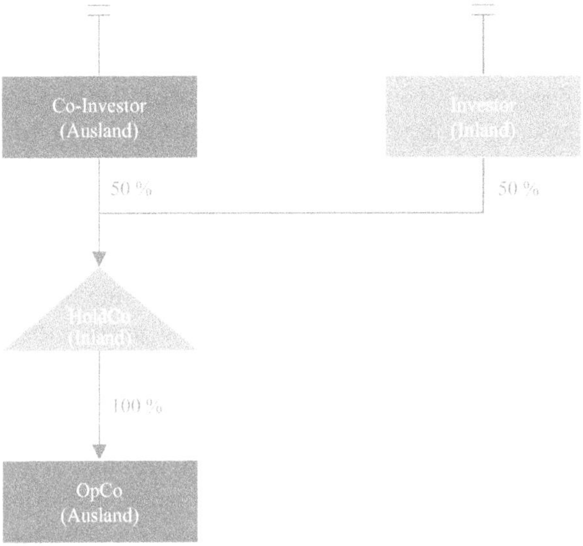

Abbildung 9: Beteiligung über eine Personengesellschaft

Da Personengesellschaften aufgrund ihrer ertragsteuerlichen Transparenz nicht selbst der Einkommen- oder Körperschaftsteuerpflicht unterliegen, erfüllen diese nicht das Tatbestandsmerkmal der Inländer- bzw. Verbundbeherrschung.[914] Gemäß § 7 Abs. 3 AStG a. F. wird eine Transparenz einer Personengesellschaft angeordnet, sodass die Anteile und Stimmrechte anteilig den Steuerpflichtigen zugeordnet werden.[915] Die Transparenz umfasst nach § 7 Abs. 3 AStG a. F.

913 Eine derartige Akquisitionsstruktur konnte regelmäßig bei Unternehmenstransaktionen beobachtet werden, bei denen in- und ausländische Investor zu jeweils 50 % beteiligt sind. Durch die Wahl einer Personengesellschaft konnte nämlich eine Inländerbeherrschung gemäß § 7 Abs. 2 Satz 1 AStG a. F. vermieden werden.

914 Siehe z. B. auch *Protzen*, in: Kraft, AStG, 2019, § 7 AStG, Rn. 140; *Staats*, in: BeckOK AStG, AStG, 2022, § 7 AStG, Rn. 93*Wassermeyer*, in: F/W/B/S, Außensteuerrecht, 2018, § 7 AStG, Rn. 87.2; *Köhler*, in: S/K/K, AStG/DBA, 2017, § 7 AStG, Rn. 115.1 zur Behandlung von Personengesellschaften bei der Hinzurechnungsbesteuerung.

915 Vgl. auch *Vogt*, in: Brandis/Heuermann, Ertragsteuerrecht, 2016, § 7 AStG, Rn. 41; *Jacobsen*, in: AStG eKommentar, AStG, 2021, § 7 AStG, Fassung vom 01.01.2018,

sowohl inländische als auch ausländische Personengesellschaften.[916] Durch § 7 Abs. 3 AStG a. F. wird nicht der Umfang der Zurechnung geregelt, sodass hierfür weiterhin auf § 7 Abs. 2 Satz 2 AStG a. F. zurückzugreifen ist.[917] D. h., dass bei einer Beteiligung über eine Personengesellschaft nach § 7 Abs. 3 AStG a. F. eine Durchrechnung der Beteiligungsverhältnisse zu erfolgen hat, sodass eine prozentuale Zuordnung der ausländischen Gesellschaft notwendig ist.[918] Da der inländische Investor eine Beteiligung von 50 % innehat, ist das Beherrschungserfordernis in § 7 Abs. 2 Satz 1 AStG a. F. nicht erfüllt.

Die über eine Personengesellschaft gehaltenen Anteile sind gemäß § 39 Abs. 2 Nr. 2 AO dem Hinzurechnungsempfänger als unmittelbar gehaltene Anteile zuzurechnen. Die Anteile der ausländischen HoldCo sind zu jeweils 50 % dem inländischen Investor und dem ausländischen Co-Investor zuzurechnen. Eine Inländerbeherrschung nach § 7 Abs. 2 AStG ist nicht gegeben. Durch § 7 Abs. 4 Satz 2 AStG wird widerlegbar vermutet, dass die Gesellschafter der Holdingpersonengesellschaft durch abgestimmtes Verhalten zusammenwirken.[919] Bei Fehlen eines Gegenbeweises sind die Anteile des inländischen Investors und des ausländischen Co-Investors zusammenzurechnen, wodurch sich eine Beherrschung ergäbe (§ 7 Abs. 2 AStG). Der Hinzurechnungsbetrag wird gemäß § 7 Abs. 1 Satz 1 AStG unmittelbar zu 50 % beim inländischen Investor erfasst.[920]

Um die Anwendung der Hinzurechnungsbesteuerung zu vermeiden, sind gemeinschaftliche Personenholdinggesellschaften nur noch eingeschränkt anzutreffen, da erwartungsgemäß der Gegenbeweis des § 7 Abs. 4 Satz 2 AStG kaum rechtssicher geführt werden kann.[921] Ein schädliches Zusammenwirken

---

Rn. 51; *Wassermeyer*, in: F/W/B/S, Außensteuerrecht, 2018, § 7 AStG, Rn. 85; *Fuhrmann*, in: Fuhrmann, AStG, 2017, § 7 AStG, Rn. 125.

916 Vgl. BFH vom 30.08.1995, I R 77/94, BStBl II 1996, S. 122; BMF vom 14.05.2004, BStBl I 2004, Sondernr. 1/2004, S. 3, Tz. 7.3; *Fuhrmann*, in: Fuhrmann, AStG, 2017, § 7 AStG, Rn. 121; *Protzen*, in: Kraft, AStG, 2019, § 7 AStG, Rn. 140.

917 Vgl. *Wassermeyer*, in: F/W/B/S, Außensteuerrecht, 2018, § 7 AStG, Rn. 87.1.

918 Vgl. hierzu z. B. *Wassermeyer*, in: F/W/B/S, Außensteuerrecht, 2018, § 7 AStG, Rn. 87.1.

919 Vgl. *Ditz u. a.*, DStR 2020, S. 77; *Böhmer/Oppel*, IWB 2020, S. 10; *Gebhardt/Krüger*, IWB 2020, S. 118; *Linn*, IStR 2020, S. 78.

920 Vgl. *Böhmer/Oppel*, IWB 2020, S. 17; *Linn*, IStR 2020, S. 78; *Ditz u. a.*, DStR 2020, S. 77.

921 Vgl. *Staats*, in: BeckOK AStG, AStG, 2022, § 7 AStG, Rn. 246 mit dem Hinweis, dass der Gegenbeweis nur in Ausnahmefällen greift. Ablehnend *Kortendick/Ekinci*, IStR 2020, S. 621 f., die zutreffenderweise ein pauschales Zusammenwirken bei einem Joint Venture für nicht sachgerecht halten.

ist anzunehmen, sofern die Anteilseigner ein gleichgerichtetes Interesse haben, was sich durch eine einheitliche Willensbildung ergibt.[922] Es ist daher darauf zu achten, dass tatsächliche widerstreitende Interessen sorgfältig dokumentiert werden. Insbesondere sind Beteiligungsverträge, die die Rechte und Pflichten zwischen den Gesellschaftern regeln, kritisch zu betrachten. Zwar spricht ein Beteiligungsvertrag nicht pauschal gegen die Möglichkeit eines Gegenbeweises i. S. des § 7 Abs. 4 Satz 2 AStG, da dieser regelmäßig der reduzierten Publizität im Handelsregister dient[923].

Gleichwohl umfasst ein Beteiligungsvertrag gewöhnlich auch die gemeinschaftliche Unternehmensführung oder Beteiligungsverwaltung. In diesem Fall sprechen gewichtige Gründe für das tatsächliche Vorliegen eines Zusammenwirkens durch ein abgestimmtes Verhalten i. S. des § 7 Abs. 4 Satz 1 AStG. Bei Vorliegen eines Zusammenwirkens durch abgestimmtes Verhalten kann zudem der ausländische Co-Investor gemäß § 7 Abs. 1 Satz 4 AStG der deutschen Hinzurechnungsbesteuerung unterliegen.[924] Dies setzt voraus, dass der ausländische Co-Investor nach § 2 Nr. 1 KStG i. V. m. § 49 EStG im Inland beschränkt steuerpflichtig ist.[925] Die beschränkte Steuerpflicht ergibt sich für eine originär gewerbliche HoldCo aus § 2 Nr. 1 KStG i. V. m. § 49 Abs. 1 Nr. 2 Buchst. a EStG. Ergänzend müssen die Anteile einer inländischen Betriebstätte zuzuordnen sein, in der eine originär gewerbliche Tätigkeit i. S. des § 15 Abs. 2 EStG ausgeübt wird.

Eine Betriebsstätte i. S. des § 12 AO wird durch eine Mitunternehmerschaft vermittelt.[926] Bezüglich der ertragsteuerlichen Zuordnung der Anteile an der Zwischengesellschaft kann auf § 1 Abs. 5 Satz 3 AStG i. V. m. § 7 Abs. 1 BsGaV verwiesen werden, sodass eine funktionale Zuordnung notwendig ist.[927] Durch

---

922 Vgl. *Schwedhelm*, in: Streck, KStG, 2021, § 8 KStG, Rn. 405; *Gosch*, in: Gosch, KStG, 2020, § 8 KStG, Rn. 221; BFH vom 29.04.1987, I R 192/82, BStBl II 1982, S. 797.

923 Gemäß § 8 Abs. 1 Nr. 1 GmbH ist bspw. die Satzung einer GmbH der Anmeldung zum Handelsregister beizufügen. Es ist demnach zu beobachten, dass Bestandsteile der Satzung in einen separaten Beteiligungsvertrag ausgegliedert werden, um die Publizität zumindest teilweise vermeiden zu können.

924 Vgl. *Böhmer/Oppel*, IWB 2020, S. 10; *Haase/Hofacker*, Ubg 2019, S. 262 f. zur Erweiterung des persönlichen Anwendungsbereichs auf beschränkt Steuerpflichtige.

925 Vgl. *Gosch/Rautenstrauch*, AE 2020, S. 54; *Böhmer/Oppel*, IWB 2020, S. 10.

926 Vgl. BMF vom 26.09.2014, BStBl I 2014, 1258, Tz. 2.2.3; *Haun/Klumpp*, IStR 2018, S. 662; *Haase/Steierberg*, IWB 2014, S. 12; *Musil*, in: H/H/Sp, AO/FGO, 2018, § 12 AO, Rn. 19.

927 Vgl. *Haun/Klumpp*, IStR 2018, S. 663; *Hruschka*, IStR 2016, S. 441; *Gradel/Klaeren*, in: S/K/K, AStG/DBA, 2020, Art. 10 OECD-MA, Rn. 84.

den Verweis auf § 15 Abs. 2 EStG und das Erfordernis einer originär gewerblichen Betriebsstätte erfasst § 7 Abs. 1 Satz 4 AStG vor allem geschäftsleitende Personenholdinggesellschaften. Im Umkehrschluss fällt eine nach § 15 Abs. 3 Nr. 1 EStG gewerblich infiziert oder nach § 15 Abs. 3 Nr. 2 EStG gewerblich geprägte Personengesellschaft nicht in den Anwendungsbereich des § 7 Abs. 1 Satz 4 AStG.[928]

Unter Bezugnahme auf die Verlautbarung der Finanzverwaltung[929] zur abkommensrechtlichen Behandlung von Personengesellschaften wird von *Hruschka*[930] dargelegt, dass eine funktionale Zuordnung von Anteilen zu einer inländischen Betriebsstätte eine umfassende Geschäftsleitungstätigkeit in Form der aktiven Beteiligungsverwaltung bedingt.[931] Hierunter sind bspw. umfassende Management- und Dienstleitungen zu subsumieren.[932] Da abweichende Zuordnungskriterien für Zwecke des § 7 Abs. 1 Satz 4 AStG nicht ersichtlich sind, ist der Anwendungsbereich auf eine geschäftsleitende Holding beschränkt. Es ist somit von umfassenden Management- und Dienstleistungen abzusehen, um eine funktionale Zuordnung zu vermeiden.[933]

Ergebnis: Aufgrund der typisierenden Vermutung in § 7 Abs. 4 Satz 2 AStG eines Zusammenwirkens durch abgestimmtes Verhalten verlieren Personenholdinggesellschaften erheblich an Attraktivität. Vor allem bei geschäftsleitenden Personenholdinggesellschaften kann ein ausländischer Co-Investor der nationalen Hinzurechnungsbesteuerung unterliegen.

Aus Abs. 4 Satz 2 der Erwägungsgründe der ATAD wird ersichtlich, dass der europäische Gesetzgeber sich der ertragsteuerlichen Transparenz von Personengesellschaften anschließt. Daher sind Personengesellschaften nicht selbst Gegenstand der ATAD, soweit diese nicht der Körperschaftsteuer des jeweiligen

---

928 Siehe auch *Haase/Hofacker*, Ubg 2019, S. 262 f. zur Erfassung beschränkt Steuerpflichtiger im Rahmen der Hinzurechnungsbesteuerung.

929 Vgl. BMF vom 26.09.2014, BStBl I 2014, S. 1258, Tz. 2.3.3.

930 Vgl. *Hruschka*, IStR 2016, S. 438; *Hruschka*, IStR 2018, S. 788.

931 Vgl. *Prinz*, FR 2019, S. 597 ff.; *Dötsch/Pung*, DB 2014, S. 1215 ff.; *Dötsch/Pung*, DB 2019, S. 146; *Häck*, ISR 2015, S. 113 ff.; *Ditz/Tcherveniachki*, DB 2015, S. 2897 ff.

932 Vgl. *Kraft*, in: Kraft, AStG, 2019, § 1 AStG, Rn. 681 f.; *Glatz*, in: BeckOK AStG, AStG, 2022, Rn. 977 f.; *Ditz/Tcherveniachki*, DB 2015, S. 2897 ff.; *Dötsch/Pung*, DB 2014, S. 1215 ff.; *Dötsch/Pung*, DB 2019.

933 Siehe z. B. auch *Hruschka*, IStR 2016, S. 438 zur Abgrenzung der aktiven und passiven Beteiligungsverwaltung.

Mitgliedstaats unterliegen.[934] Diese Vorstellung steht im Einklang mit der Definition des Steuerpflichtigen in Art. 1 ATAD. Als Rechtsfolge soll die Hinzurechnungsbesteuerung nach Art. 7 und 8 ATAD auf Personengesellschaften keine unmittelbare Anwendung finden.[935] Die durch die Personengesellschaft vermittelte Betriebsstätte kann zwar selbst gemäß Art. 7 Abs. 1 ATAD der Hinzurechnungsbesteuerung unterliegen[936], allerdings ist eine Voraussetzung, dass der Gesellschafter der Personengesellschaft gemäß Art. 1 ATAD der Körperschaftsteuer in einem Mitgliedstaat unterliegt. Es ist irrelevant, wie hoch die Beteiligung an der Personengesellschaft ist, da sich die Wertgrenze in Art. 7 Abs. 1 Buchst. a ATAD ausschließlich auf ausländische Unternehmen und nicht auf die ausländische Betriebsstätte bezieht.[937]

Ergänzend stellt sich die Frage, wie mit Personenholdinggesellschaften umzugehen ist.[938] Die passiven Betriebsstätteneinkünfte werden von der Hinzurechnungsbesteuerung i. S. des Art. 7 Abs. 1 ATAD erfasst. Zwar sind Personengesellschaften als transparente Rechtsträger kein Steuerpflichtiger i. S. des Art. 1 ATAD. Nichtsdestotrotz stellen diese ein Unternehmen i. S. der ATAD dar. Der Begriff des Unternehmens ist weit auszulegen und umfasst neben den juristischen Personen auch natürliche Personen sowie Personengesellschaften.[939] Folglich ist es sachgerecht, dass Personengesellschaften selbst das Mehrheitserfordernis des Art. 7 Abs. 1 Buchst. a ATAD erfüllen können.[940] Wird nun ein ausländisches Unternehmen durch eine Personengesellschaft beherrscht, ist der Anwendungsbereich der Hinzurechnungsbesteuerung eröffnet. Die Rechtsfolgen des Art. 7 und 8 ATAD ergeben sich auf Gesellschafterebene.[941]

---

934 Siehe auch *Schnitger/Nitzschke/Gebhardt*, IStR 2016, S. 961; *Böhmer/Gebhardt/Krüger*, in: Hagemann/Kahlenberg, ATAD, 2019, Art. 7 ATAD, Rn. 12.

935 Vgl. auch *Böhmer/Gebhardt/Krüger*, in: Hagemann/Kahlenberg, ATAD, 2019, Art. 7 ATAD, Rn. 21.

936 Vgl. *Haase*, ISR 2017, S. 354; *Linn*, IStR 2016, S. 646.

937 Vgl. *Linn*, IStR 2016, S. 646; *Böhmer/Gebhardt/Krüger*, in: Hagemann/Kahlenberg, ATAD, 2019, Art. 7 ATAD, Rn. 21.

938 Vgl. auch *Böhmer/Gebhardt/Krüger*, in: Hagemann/Kahlenberg, ATAD, 2019, Art. 7 ATAD, Rn. 21.

939 Vgl. *Rüsch*, in: Hagemann/Kahlenberg, ATAD, 2019, Art. 1 ATAD, Rn. 28.

940 Vgl. auch *Böhmer/Gebhardt/Krüger*, in: Hagemann/Kahlenberg, ATAD, 2019, Art. 7 ATAD, Rn. 21; offen gelassen *Haase*, ISR 2017, S. 354; *Linn*, IStR 2016, S. 647.

941 So auch *Böhmer/Gebhardt/Krüger*, in: Hagemann/Kahlenberg, ATAD, 2019, Art. 7 ATAD, Rn. 21.

5.4 Zusammenfassung für das Kapitel

Ist angedacht, dass der inländische Investor gemeinsam mit einem ausländischen Investor eine ausländische Gesellschaft erwirbt, so kann die Vereinbarung eines Konsortialvertrags oder Vetorechts sowie die Implementierung von Klammerbeteiligungen in Betracht gezogen werden.

- Weder die Vereinbarung eines Konsortialvertrags noch das Einräumen von Vetorechten führt zu einem Stimmrecht i. S. des § 7 Abs. 2 Satz 1 AStG a. F. und § 7 Abs. 2 AStG, sodass hierdurch selbst keine Mehrheitsbeteiligung entsteht. Andererseits kann ein Konsortialvertrag nach § 7 Abs. 4 Satz 1 AStG zu einem Zusammenwirken durch abgestimmtes Verhalten führen.
- Ob Klammerbeteiligungen zur Vermeidung der Erfüllung des Beherrschungserfordernisses führen können, ist äußerst fraglich, da nicht abschließend geklärt werden kann, ob und inwiefern an einer vermittelnden Gesellschaft eine Mehrheitsbeteiligung bestehen muss. Insbesondere das Abstellen auf den Verbund nach § 7 Abs. 3 Satz 1 AStG sowie die Fiktion eines Zusammenwirkens durch abgestimmtes Verhalten nach § 7 Abs. 4 Satz 2 AStG dürfte zum Vorliegen einer Mehrheitsbeteiligung führen.

6 Einflussmöglichkeiten auf die effektive Steuerquote ausländischer Gesellschaften und Unternehmen im Rahmen von Unternehmensakquisitionen

6.1 Hebung der stillen Reserven eines Geschäfts- oder Firmenwerts für Zwecke der Hinzurechnungsbesteuerung

Beispiel: Der inländische Investor in der Rechtsform der Kapitalgesellschaft beabsichtigt, die passive ausländische OpCo in der Rechtsform der Kapitalgesellschaft über die ausländische HoldCo in der Rechtsform der Kapitalgesellschaft zu erwerben. Die OpCo ist nach inländischen Gesichtspunkten als intransparente Gesellschaft und nach ausländischen Gesichtspunkten als transparente Gesellschaft zu werten. Der Unternehmenserwerb durch die HoldCo führt im Ausland zur Aufdeckung der stillen Reserven auf Ebene der OpCo. Im Nachgang zur Unternehmenstransaktion wird die OpCo auf die beteiligungsidentische MergerCo in der Rechtsform der Kapitalgesellschaft, die im Inland intransparent und im Ausland transparent behandelt wird, verschmolzen (Seitwärtsverschmelzung).

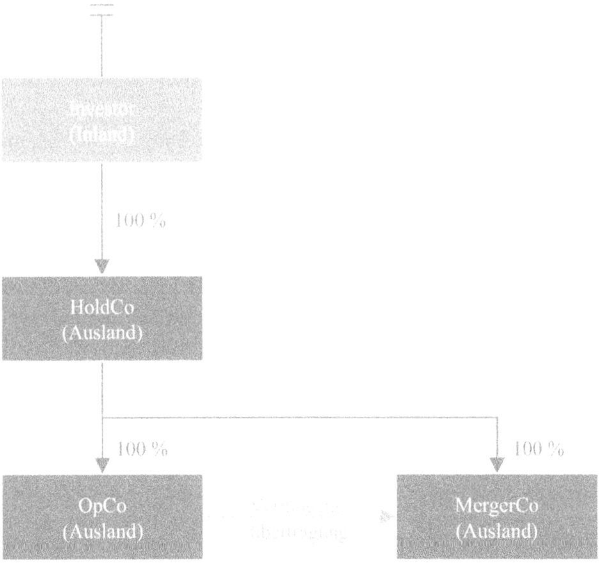

Abbildung 10: Hebung von stillen Reserven durch Umwandlung

Durch den Step-up kann die OpCo bei der ausländischen Steuerveranlagung eine Mehrabschreibung geltend machen.[942] Für deutsch-ertragsteuerliche Zwecke ist die ausländische Qualifikation der OpCo und HoldCo nicht maßgeblich, sondern ausschließlich auf die inländische ertragsteuerliche Qualifikation abzustellen.[943] Da die OpCo aus inländischer Sicht als Kapitalgesellschaft qualifiziert, ist der Step-up in der Hinzurechnungsbilanz nicht zu berücksichtigen. Die aufgedeckten stillen Reserven entfallen nämlich auf die Beteiligung.[944] Infolgedessen ist die geltend gemachte Mehrabschreibung für die deutsche Hinzurechnungsbesteuerung zu korrigieren. Die passiven Einkünfte der OpCo sind somit nach inländischen Grundsätzen höher als die in der ausländischen Steuerveranlagung.

Hierdurch vermindert sich die effektive Steuerquote i. S. von § 8 Abs. 3 AStG a. F. und § 8 Abs. 5 AStG, mit der Folgen, dass trotz eines ausländischen Ertragsteuersatzes von mindestens 25 % eine Niedrigbesteuerung entstehen kann.[945] Durch die Verschmelzung der OpCo auf die MergerCo wird der Step-up ebenfalls in der Hinzurechnungsbilanz vollzogen.[946] Da die Wirtschaftsgüter der OpCo passiv sind, ist ein möglicher Umwandlungsgewinn nur unter den Voraussetzungen des § 8 Abs. 1 Nr. 10 AStG a. F. aktiv.[947] Gemäß § 10 Abs. 3 Satz 4

942 Vgl. auch *Blumenberg/Hundeshagen*, in: Kessler/Kröner/Köhler, Konzernsteuerrecht, 2018, § 7, Rn. 284; *Wassermeyer*, in: Gosch/Schnitger/Schön, FS Lüdicke, 2019, S. 610.

943 Vgl. BMF vom 14.05.2004, BStBl I 2004, Sondernr. 1/2004, S. 3, Tz. 8.3.2.1; *Wassermeyer*, in: F/W/B/S, Außensteuerrecht, 2018, § 7 AStG, Rn. 10.1; *Köhler*, in: S/K/K, AStG/DBA, 2017, § 7 AStG, Rn. 43.

944 Der Step-up auf eine Beteiligung an einer Kapitalgesellschaft wirkt sich nach § 6 Abs. 1 Nr. 2 Satz 2 EStG allenfalls im Rahmen einer Teilwertabschreibung aus (vgl. auch *Kulosa*, in: Schmidt, EStG, 2022, § 6 EStG, Rn. 404; *Richter*, in: H/H/R, EStG/KStG, 2021, § 6 EStG, Rn. 505 f.). Für Vorgänge nach dem 31. Dezember 2021 ist zu beachten, dass eine Teilwertabschreibung gemäß § 10 Abs. 3 Satz 1 AStG i. V. m. § 8b Abs. 3 Satz 3 KStG außerbilanziell zu korrigieren ist (vgl. auch *Kahlenberg/Erdem*, IStR 2020, S. 955 ff.; *Binder/Graßl*, IStR 2021, S. 865 ff. zur grundsätzlichen Anwendbarkeit des § 8b KStG im Rahmen der Hinzurechnungsbesteuerung nach den §§ 7 bis 13 AStG).

945 So z. B. auch *Wassermeyer*, IStR 2018, S. 746.

946 Es sei darauf hingewiesen, dass die Qualifikation von Umwandlungen, die ausschließlich auf die Erlangung eines höheren Abschreibungspotenzials abzielen, im Schrifttum teilweise als steuerlicher Gestaltungsmissbrauch angesehen werden (vgl. *Wassermeyer/Schönfeld*, in: F/W/B/S, Außensteuerrecht, 2017, § 8 AStG, Rn. 373; *Ritzer*, in: R/H/vL, UmwStG, 2019, Anhang 7, Rn. 31; *Schießl*, DStZ 2009, S. 209).

947 Vgl. BMF vom 14.05.2004, BStBl I 2004, Sondernr. 1/2004, S. 3, Tz. 8.1.1; gl. A. *Lehfeldt*, in: S/K/K, AStG/DBA, 2016, § 8 AStG, Rn. 182.4; *Wassermeyer/Schönfeld*, in: F/W/B/S, Außensteuerrecht, 2017, § 8 AStG, Rn. 368.

Halbsatz 2 AStG a. F. sind die Vorschriften des UmwStG a. F. nicht anwendbar, sodass die Verschmelzung in der Hinzurechnungsbilanz nicht zu steuerlichen Buchwerten erfolgen kann.[948] Indes führt der Umwandlungsgewinn nicht zu passiven Einkünften, wenn die Umwandlung mit Ausnahme des Ansässigkeitserfordernisses i. S. von § 1 Abs. 2 und 4 UmwStG a. F. nach dem UmwStG a. F. zu steuerlichen Buchwerten erfolgen kann (§ 8 Abs. 1 Nr. 10 AStG a. F.).[949]

Das Vorliegen aktiver Einkünfte erfordert, dass die ausländische Umwandlung gemäß § 1 Abs. 1 oder 3 UmwStG a. F. mit einer inländischen Umwandlung vergleichbar ist.[950] Durch die deutsche Finanzverwaltung werden hohe Hürden an die Vergleichbarkeit ausländischer Vorgänge gesetzt. Insbesondere setzt die Finanzverwaltung (a) die Vermögensübertragung *ipso iure* sowie (b) die Auflösung des übertragenden Rechtsträgers ohne Liquidation voraus.[951] Teilweise wird im Schrifttum dem Kriterium der Vermögensübertragung *ipso iure* das Erfordernis der Gesamtrechtsnachfolge entnommen.[952] Bei Umwandlungen in Drittstaaten sind unter Umständen diese strengen Kriterien nicht bzw. nicht immer eindeutig mit einer inländischen Umwandlung vergleichbar.[953] Durch § 8 Abs. 1 Nr. 9 AStG wird für eine aktive Umwandlung zusätzlich vorausgesetzt, dass im Ausland die steuerlichen Buchwerte fortgeführt werden.[954]

Die Seitwärtsverschmelzung der OpCo ist unter den Voraussetzungen des § 8 Abs. 1 Nr. 9 AStG aktiv, soweit die Verschmelzung der transparenten Rechtsträger zu Buchwerten erfolgte. Im Wesentlichen zielt die Neuregelung darauf ab, einen ausschließlichen Step-up in der Hinzurechnungsbilanz zu vermeiden, wodurch die effektive Steuerquote „gehoben“ wird.[955] Durch die stringente

---

948 Vgl. *Nolte*, in: AStG eKommentar, AStG, 2021, § 10 AStG, Fassung vom 01.01.2018, Rn. 58; *Wassermeyer/Schönfeld*, in: F/W/B/S, Außensteuerrecht, 2019, § 8 AStG, Rn. 350.1.

949 Vgl. *Wassermeyer/Schönfeld*, in: F/W/B/S, Außensteuerrecht, 2019, § 8 AStG, Rn. 350; *Fuhrmann*, in: Fuhrmann, AStG, 2017, § 8 AStG, Rn. 262.

950 Vgl. *Luckey*, in: S/K/K, AStG/DBA, 2017, § 10 AStG, Rn. 105; gl. A. *Wassermeyer/Schönfeld*, in: F/W/B/S, Außensteuerrecht, 2019, § 8 AStG, Rn. 350.

951 Vgl. BMF vom 11.11.2011, BStBl I 2011, 1314, Rn. 01.30.

952 Vgl. *Möhlenbrock/Werner*, in: D/P/M, KStG/UmwStG, 2021, § 1 UmwStG, Rn. 103; a. A. *Frotscher*, in: F/D, KStG/GewStG/UmwStG, 2021, § 1 UmwStG, Rn. 95; einschränkender *Graw*, in: R/H/vL, UmwStG, 2019, § 1 UmwStG, Rn. 67.

953 Vgl. Kapitel 3.2.3.2.6 zur Problematik einer verdeckten Gewinnausschüttung bei Fehlen einer vergleichbaren ausländischen Umwandlung.

954 Vgl. *Böhmer/Oppel*, IWB 2020, S. 12; *Jacobsen*, DStZ 2020, S. 119; *Linn*, IStR 2020, S. 82.

955 Vgl. *Linn*, IStR 2020, S. 82; *Böhmer/Oppel*, IWB 2020, S. 12.

Buchwertverknüpfung des § 10 Abs. 5 Satz 2 AStG sind die Buchwerte in der Hinzurechnungsbilanz fortzuführen, insoweit sich auf die Aktivität nach § 8 Abs. 1 Nr. 9 AStG berufen wird.[956] Es verbleibt beim Ansatz der Buchwerte in der Hinzurechnungsbilanz.

Ergebnis: Sofern eine Unternehmenstransaktion nach ausländischem Recht als Asset Deal und nach inländischem Recht als Share Deal anzusehen ist, kann eine durch einen Step-up resultierende Niedrigbesteuerung durch eine Seitwärtsverschmelzung auf eine beteiligungsidentische Schwestergesellschaft unter dem neuen Außensteuerrecht nicht mehr behoben werden.

Da sich die Höhe der passiven Einkünfte gemäß Art. 8 Abs. 1 Satz 1 ATAD sowie die effektive Körperschaftsteuer gemäß Art. 7 Abs. 1 Buchst. b ATAD nach den nationalen Vorschriften des Mitgliedstaats des Hinzurechnungsempfängers richten, kann die grenzüberschreitende Akquisition einer transparenten OpCo zu einer Niedrigbesteuerung führen. Durch Art. 8 Abs. 1 Satz 1 ATAD besteht nämlich keine Qualifikationsverknüpfung mit der steuerlichen Einordnung des ausländischen Rechtsträgers durch den ausländischen Staat. Vielmehr wird gefordert, dass die steuerliche Qualifikation durch den Mitgliedstaat des Hinzurechnungsempfängers eigenständig zu erfolgen hat.[957] Bei der Ermittlung der passiven Einkünfte ist die Mehrabschreibung gemäß Art. 8 Abs. 1 Satz 1 ATAD zu korrigieren. Fraglich ist, ob und inwiefern die Seitwärtsverschmelzung der OpCo auf eine beteiligungsidentische Schwestergesellschaft eine Niedrigbesteuerung vermeiden kann.

Zuallererst ist zu klären, ob und inwiefern Umwandlungsgewinne von aktiver oder passiver Natur sind. Der Katalog des Art. 7 Abs. 2 Buchst. a ATAD umfasst im Wesentlichen laufende Einkünfte, die zu passiven Einkünften führen. Es wird diesbezüglich von *Böhmer/Gebhardt/Krüger*[958] die Ansicht vertreten, dass lediglich Art. 7 Abs. 2 Buchst. a Unterbuchst. iii) ATAD aperiodische Erträge umfasst. Somit unterliegen mit Ausnahme der Beteiligungseinkünfte nur laufende Erträge der Hinzurechnungsbesteuerung. Dieser Argumentation muss entgegengehalten werden, dass entsprechend des nationalen Rechtsverständnisses

956 Vgl. *Oertel*, in: BeckOK AStG, AStG, 2022, § 10 AStG, Rn. 320 f.; gl. A. *Baur/Ullmann*, IWB 2021, S. 798 f.; *Köhler/Staats*, ISR 2021, S. 304; *Linn*, IStR 2020, S. 82.

957 Vgl. auch *Böhmer/Gebhardt/Krüger*, in: Hagemann/Kahlenberg, ATAD, 2019, Art. 7 ATAD, Rn. 23, die zutreffenderweise infrage stellen, ob die ATAD ausreichend hybride Strukturen und Qualifikationskonflikte erfasst.

958 Vgl. auch *Böhmer/Gebhardt/Krüger*, in: Hagemann/Kahlenberg, ATAD, 2019, Art. 7 ATAD, Rn. 69.

Veräußerungsgewinne als letzter Rechtsakt das gleiche Schicksal wie die zugrunde liegenden laufenden Einkünfte teilen[959]. Nach der hier vertretenen Auffassung steht dieser Sichtweise nicht die Erwähnung der Veräußerungsgewinne in Art. 7 Abs. 2 Buchst. a Unterbuchst. iii) ATAD entgegen. Dies ergibt sich vielmehr daraus, dass Dividenden und Veräußerungsgewinne nach zahlreichen nationalen Vorschriften unter unterschiedliche Einkunftsarten fallen.[960]

Es liegt somit nahe, dass der Richtlinienverfasser an dieser Stelle die Notwendigkeit sah, den Veräußerungsvorgang klarstellend aufzunehmen. Gleichwohl kann infrage gestellt werden, ob und inwiefern Umwandlungsgewinne durch Art. 7 Abs. 2 Buchst. a ATAD erfasst werden. Im Hinblick auf Umwandlungsgewinne möchten *Böhmer/Gebhardt/Krüger*[961] diese Vorschrift deutlich enger auslegen, da der Passivitätskatalog keinerlei Bezug zu Umwandlungen nimmt. Umwandlungen sind dann von aktiver Natur. Diese Auslegung kann auf Art. 4 Abs. 1 FRL gestützt werden, wodurch die Ertragsteuerneutralität grenzüberschreitender Umwandlungen innerhalb der EU vorgesehen ist. Wird hingegen der Umwandlungsgewinn von Art. 7 Abs. 2 Buchst. a ATAD als passiver Vorgang erfasst, kommt es offensichtlich zu einem Verstoß gegen Art. 4 Abs. 1 FRL, sodass die Mitgliedstaaten angehalten sind, Umwandlungen als aktiv zu behandeln.

Wird die Rechtsauffassung vertreten, dass ebenfalls eine Umwandlung von Art. 7 Abs. 2 Buchst. a ATAD erfasst wird, stellt sich die Folgefrage, ob passive Einkünfte der Höhe nach vorliegen. Aufgrund des Verweises in Art. 8 Abs. 1 Satz 1 ATAD auf die nationalen Vorschriften ist zu prüfen, ob und inwiefern Umwandlungen nach dem nationalen Ertragsteuerrecht zu steuerlichen Buchwerten erfolgen können. Es kann als sachgerecht betrachtet werden, dass ein möglicher Inlandsbezug der nationalen Vorschriften unberücksichtigt zu bleiben hat. Anderenfalls kommt es zu einer Schlechterstellung des ausländischen

---

959 Siehe auch *Kraft*, IStR 2012, S. 734; *Schmidtmann*, IStR 2009, S. 297; *Kraft/Bildstein*, BB 2017, S. 2972; *Staccioli/Kunert*, ISR 2022, S. 328 zum nationalen Verständnis, dass es sich bei einer Veräußerung um den letzten Rechtsakt der Einkünfteerzielung handelt.

960 So waren auch nach deutschem Rechtsverständnis bis zum 31. Dezember 2008 bei im Privatvermögen gehaltenen Anteilen die Dividendeneinkünfte stets steuerpflichtig, jedoch Veräußerungsgewinne nur innerhalb der Spekulationsfrist (vgl. *Levedag*, in: Schmidt, EStG, 2022, § 20 EStG, Rn. 145; *Jochum*, in: K/S/M, EStG, 2021, § 20 EStG, Rn. D 12; *Geurts*, in: Bordewin/Brandt, EStG, 2020, § 20 EStG Rn. 100).

961 Vgl. auch *Böhmer/Gebhardt/Krüger*, in: Hagemann/Kahlenberg, ATAD, 2019, Art. 7 ATAD, Rn. 110.

Unternehmens, was unionsrechtlich mehr als bedenklich ist.[962] Das ausländische Unternehmen ist für die Ermittlung des Umwandlungsgewinns wie ein quasi-inländisches Unternehmen zu betrachten.[963]

6.2 Entstrickung zur Hebung stiller Reserven und Erhöhung der ausländischen Steuerquote

6.2.1 Anwendbarkeit der Entstrickungs- und Verstrickungsnormen innerhalb der Hinzurechnungsbesteuerung

Der Verweis in § 10 Abs. 3 Satz 1 AStG a. F. und AStG umfasst mangels „Nichtanwendungsbefehl" auch die Entstrickungsnormen des § 4 Abs. 1 Satz 3 und 4 EStG, § 12 Abs. 1 KStG sowie die Verstrickungsnorm des § 4 Abs. 1 Satz 8 EStG, § 12 Abs. 1a KStG.[964] Bei den Entstrickungsnormen handelt es sich um eine ergänzende Sondervorschrift zur Einkünftekorrektur nach § 1 Abs. 5 AStG, sodass diese Vorschriften im Rahmen der Hinzurechnungsbesteuerung anwendbar sind.[965] Nach Ansicht von *Wassermeyer*[966] ist der Anwendungsbereich der Entstrickungsnormen des § 4 Abs. 1 Satz 3 und 4 EStG sowie § 12 Abs. 1 KStG im Rahmen der Hinzurechnungsbesteuerung mehr als eingeschränkt. Es

---

962 Es sei darauf hingewiesen, dass lediglich mit § 1 Abs. 4 UmwStG noch ein persönliches Ansässigkeitserfordernis vorgesehen ist (vgl. *Haase*, Ubg 2021, S. 196; *Böhmer/Schewe/Schlücke*, FR 2021, S. 772; *Prinz*, FR 2021, S. 563; *Holle/Krüger/Weiss*, IStR 2021, S. 491 ff.). Für steuerliche Übertragungsstichtage nach dem 31. Dezember 2021 ist daher das UmwStG für die in § 1 Abs. 1 UmwStG genannten Umwandlungsvorgänge global anwendbar (vgl. hierzu z. B. *Prinz*, FR 2021, S. 561 ff.; *Hageböke/Stangl*, Ubg 2021, S. 242 ff.; *Holle/Krüger/Weiss*, IStR 2021, S. 489 ff.).

963 Fraglich ist, ob und inwiefern eine derartige Betrachtung auf EU- und EWR-Gesellschaften beschränkt werden kann oder ebenfalls auf Drittstaatengesellschaften anzuwenden ist (siehe auch EuGH vom 23.01.2014, Rs. DMC, C-164/12, IStR 2014, S. 106; FG Hamburg vom 15.04.2015, 2 K 66/14, EFG 2015, S. 1404 zur Anwendung der Kapitalverkehrsfreiheit auf Einbringungsvorgänge nach § 20 UmwStG 1995).

964 Vgl. *Schmidtmann*, IStR 2009, S. 298; *Nolte*, in: AStG eKommentar, AStG, 2021, § 10 AStG, Fassung vom 01.01.2018, Rn. 44; *Wassermeyer/Schönfeld*, in: F/W/B/S, Außensteuerrecht, 2019, § 8 AStG, Rn. 253; *Kraft/Bildstein*, IStR 2019, S. 42; *Kraft*, IStR 2012, S. 733 und 734.

965 Vgl. *Kahle/Eichholz/Kindich*, Ubg 2016, S. 141 zum Verhältnis von § 4 Abs. 1 Satz 3 EStG und § 1 Abs. 5 AStG.

966 Vgl. *Wassermeyer*, IStR 2012, S. 809.

fehlt an einem Verlust oder einer Beschränkung des deutschen Besteuerungsrechts.[967] Die Wirtschaftsgüter der ausländischen Gesellschaft sind aufgrund des Trennungsprinzips zu Beginn dem deutschen Besteuerungsrecht entzogen. Das Besteuerungsrecht kann weder verloren noch eingeschränkt werden.[968]

Andererseits befürworten *Rieß/Herbst*[969] die Anwendung des § 4 Abs. 1 Satz 8 EStG und § 12 Abs. 1a KStG bei der erstmaligen Anwendung der Hinzurechnungsbesteuerung, wobei der Wortlaut des § 21 Abs. 3 AStG a. F. bzw. § 10 Abs. 5 Satz 1 AStG diesem Verständnis nicht entgegenstehen soll. Die Norm des § 21 Abs. 3 AStG a. F. und daher wohl auch des § 10 Abs. 5 Satz 1 AStG sind aufgrund der verfassungsrechtlichen Bedenken mehr als auslegungsbedürftig.[970] Selbst unter Vernachlässigung dieser Einwendungen steht der Wortlaut des § 21 Abs. 3 AStG a. F. und § 10 Abs. 5 Satz 1 AStG der Anwendung nicht entgegen. Der Wortlaut fordert nur eine Schattenrechnung nach deutsch-ertragsteuerlichen Grundsätzen.[971] Der zwingende Ansatz zu steuerlichen Buchwerten ordnet diese jedoch nicht an.

---

967 Vgl. *Fuhrmann*, in: Fuhrmann, AStG, 2017, § 10 AStG, Rn. 147; *Wassermeyer/Schönfeld*, in: F/W/B/S, Außensteuerrecht, 2019, § 8 AStG, Rn. 253; *Nolte*, in: AStG eKommentar, AStG, 2021, § 10 AStG, Fassung vom 01.01.2018, Rn. 44; a. A. *Rieß/Herbst*, IStR 2017, S. 982; *Kraft*, IStR 2012, S. 733 ff.

968 Es ergibt sich eine ähnliche Diskussion wie bei der Korrektur der Verrechnungspreise gemäß § 1 AStG bei ausländischen Gesellschaften, da es hier an einer Geschäftsbeziehung zwischen dem In- und Ausland fehlt (vgl. *Wassermeyer/Schönfeld*, in: F/W/B/S, Außensteuerrecht, 2019, § 8 AStG, Rn. 318).

969 Vgl. *Rieß/Herbst*, IStR 2017, S. 984.

970 Vgl. auch *Nolte*, in: AStG eKommentar, AStG, 2021, § 10 AStG, Fassung vom 01.01.2018, Rn. 47; *Wassermeyer/Schönfeld*, in: F/W/B/S, Außensteuerrecht, 2019, § 8 AStG, Rn. 282; a. A. *Luckey*, in: S/K/K, AStG/DBA, 2017, § 10 AStG, Rn. 95). Diese Bedenken werden auch durch die Finanzverwaltung gesehen, da § 21 Abs. 3 AStG a. F. keine stillen Lasten erfasst (vgl. BMF vom 14.05.2004, BStBl I 2004, Sondernr. 1/2004, S. 3, Tz. 10.3.3.2). Die Einschränkung auf die stillen Lasten könnte ihren Ursprung in einer profiskalischen Auslegung haben, sodass die Verlautbarung der Finanzverwaltung so verstanden wird, dass die Anwendung der Entstrickungs- und Verstrickungsnormen zu bejahen ist (vgl. *Rieß/Herbst*, IStR 2017, S. 984; a. A. *Luckey*, in: S/K/K, AStG/DBA, 2017, § 10 AStG, Rn. 94)

971 Vgl. hierzu z. B. *Vogt*, in: Brandis/Heuermann, Ertragsteuerrecht, 2022, § 10 AStG, Rn. 121; *Oertel*, in: BeckOK AStG, AStG, 2022, § 10 AStG, Rn. 312 f.; Siehe auch *Wassermeyer*, in: F/W/B/S, Außensteuerrecht, 2020, § 21 AStG, Rn. 14; *Rodel*, in: Kraft, AStG, 2019, § 21 AStG, Rn. 11 mit dem Hinweis, dass § 21 Abs. 3 AStG a. F. allenfalls von deklaratorischer Natur ist.

Ferner ist das in § 4 Abs. 1 Satz 8 EStG geforderte Tatbestandsmerkmal der Begründung oder des Wegfalls der Beschränkung des Besteuerungsrechts im Inland erfüllt.[972] Durch die erstmalige Anwendung der Hinzurechnungsbesteuerung und dem hieraus resultierenden „Besteuerungsreflex" der stillen Reserven kann die Begründung des Besteuerungsrechts als gegeben angesehen werden.[973] Die passiven Wirtschaftsgüter der ausländischen Gesellschaft werden mittelbar im Inland steuerverhaftet.[974] Dieses Rechtsverständnis des § 4 Abs. 1 Satz 8 EStG steht nicht im Widerspruch mit der Rechtsauffassung von *Wassermeyer*[975]. Dessen Ausführungen beziehen sich vielmehr auf die „Folgebesteuerung".

Ergebnis: Aufgrund der Auslegungsproblematik des § 10 Abs. 5 Satz 1 AStG kann bei der Hinzurechnungseröffnungsbilanz ein zwingender Ansatz der steuerlichen Buchwerte gefordert werden, sodass der Ansatz zum gemeinen Wert von der Finanzverwaltung nicht anerkannt wird.

Aufgrund des vollumfänglichen Verweises auf die nationalen Vorschriften in Art. 8 Abs. 1 Satz 1 ATAD finden die Entstrickungs- und Verstrickungsnormen innerhalb der Hinzurechnungsbesteuerung Anwendung.[976] Gemäß Art. 5 Abs. 1 und 5 ATAD sind entsprechende Regelungen durch die Mitgliedstaaten der EU zu implementieren.[977]

6.2.2 Überführungen von Wirtschaftsgütern zur Realisierung stiller Reserven in der Hinzurechnungsbilanz

Hat eine Zwischengesellschaft in mehreren Steuerhoheiten Betriebsstätten, so kann eine grenzüberschreitende Überführung passiver Wirtschaftsgüter in Betracht gezogen werden. Gewöhnlich führt dies zu einer Entstrickungsbesteuerung im Staat der „überführenden" Betriebsstätte. Hierdurch werden sich die ausländischen Steuern i. S. des § 12 Abs. 1 AStG a. F. und AStG erhöhen. Da die grenzüberschreitende Überführung nicht zu einer Entstrickung für Zwecke

---

972 Ablehnend *Wassermeyer*, IStR 2012, S. 809, der eine Begründung eines Besteuerungsrechts bei der Anwendung der Hinzurechnungsbesteuerung als nicht erfüllt ansieht.

973 Vgl. *Rieß/Herbst*, IStR 2017, S. 984; a. A. *Wassermeyer/Schönfeld*, in: F/W/B/S, Außensteuerrecht, 2019, § 8 AStG, Rn. 314.1.

974 Vgl. *Wassermeyer/Schönfeld*, in: F/W/B/S, Außensteuerrecht, 2019, § 8 AStG, Rn. 314.1.

975 Vgl. *Wassermeyer*, IStR 2012, S. 809, der auf die Rechtsfolgen während der Anwendung der Hinzurechnungsbesteuerung abstellt.

976 Vgl. *Hagemann*, in: Hagemann/Kahlenberg, ATAD, 2019, Art. 5 ATAD, Rn. 60.

977 Vgl. hierzu z. B. *Fehling*, DB 2016, S. 2862.

des Hinzurechnungsbetrags führt[978], bleiben die Zwischeneinkünfte der ausländischen Gesellschaft hiervon unberührt. Gleichwohl ergibt sich eine höhere relative Effektivbelastung i. S. des § 8 Abs. 3 Satz 1 AStG a. F. und § 8 Abs. 5 Satz 1 AStG. Aufgrund der Anwendung der Verrechnungspreisgrundsätze ist es notwendig, dass die übertragenen Wirtschaftsgüter nach § 1 Abs. 5 Satz 3 AStG funktional der „übernehmenden" Betriebsstätte zugeordnet werden können.[979]

Diese Variante ist steuerlich vorteilhaft, wenn die effektive Steuerbelastung zuvor lediglich geringfügig unterhalb der Niedrigsteuergrenze von 25 % liegt. In diesem Fall löst die grenzüberschreitende Übertragung der Wirtschaftsgüter zwar eine tatsächliche Besteuerung aus, gleichwohl kann sie die Anwendung der Hinzurechnungsbesteuerung vermeiden. Insbesondere bei einer Effektivbelastung von fast 25 % droht eine umfangreiche Doppelbelastung.[980] Es ist abzuwägen, ob und inwiefern der Nutzen durch die Vermeidung einer Niedrigbesteuerung die Mehrbelastung durch die zusätzliche ausländische Steuer rechtfertigt.

Ergebnis: Durch die bewusste Herbeiführung einer Entstrickungsbesteuerung aufgrund der Überführung von Wirtschaftsgütern zwischen verschiedenen ausländischen Betriebsstätten, kann bei Vorliegen einer nur geringfügigen Niedrigbesteuerung dieser entgegengewirkt werden. Da sich in den Folgezeiträumen durch die Mehrabschreibung in der Betriebsstättengewinnermittlung ein Umkehreffekt ergäbe, ist diese Handlungsalternative jedoch auf Konstellationen beschränkt, bei denen künftig keine Niedrigbesteuerung oder keine Passivität mehr besteht.

Werden Wirtschaftsgüter zwischen verschiedenen Betriebsstätten überführt, so ist nach Art. 5 Abs. 1 Buchst. a oder b ATAD im Mitgliedstaat der „überführenden" Betriebsstätte eine Entstrickungsbesteuerung durchzuführen, soweit das Besteuerungsrecht beschränkt wird oder verloren

---

978 Vgl. *Wassermeyer*, IStR 2012, S. 809; *Fuhrmann*, in: Fuhrmann, AStG, 2017, § 10 AStG, Rn. 147; *Nolte*, in: AStG eKommentar, AStG, 2021, § 10 AStG, Fassung vom 01.01.2018, Rn. 44; *Wassermeyer/Schönfeld*, in: F/W/B/S, Außensteuerrecht, 2019, § 10 AStG, Rn. 253.

979 Vgl. *Köhler*, ISR 2018b, S. 454; *Kraft/Bildstein*, IStR 2019, S. 38. Siehe auch *Wassermeyer u. a.*, in: F/W/B/S, Außensteuerrecht, 2020, Rn. 2884 ff.; *Kraft*, in: Kraft, AStG, 2019, § 1 AStG, Rn. 665 ff.; *Glatz*, in: BeckOK AStG, 2022, AStG, § 1 AStG, Rn. 905 ff. zur funktionalen Zuordnung von Wirtschaftsgütern.

980 Vgl. *Prinz/Otto*, DB 2019, S. 1989; *Schümmer/Leusder/Weinrich*, IStR 2018, S. 399; *Reiser/Cortez*, ISR 2013, S. 80; *Gosch/Rautenstrauch*, AE 2020, S. 53; *Rieck*, IStR 2017, S. 400.

geht.[981] Aufgrund des Art. 5 Abs. 5 ATAD hat der Mitgliedstaat der „übernehmenden" Betriebsstätte die Verpflichtung, den Wert anzuerkennen, welcher der Entstrickungsbesteuerung zugrunde gelegt wurde, es sei denn, dass dieser nicht den Marktwert widerspiegelt.[982] Der Richtlinienverfasser scheint an dieser Stelle eine strikte Wertverknüpfung zwischen dem Wertansatz bei der Entstrickung und Verstrickung vor Augen zu haben.[983] Infolgedessen ist im Rahmen der ATAD eine steuerfreie Verstrickung überführter Wirtschaftsgüter innerhalb der EU nicht möglich. Ein Vorteil kann sich hingegen ergeben, wenn die effektive Steuerquote des ausländischen Unternehmens nur geringfügig unterhalb der Niedrigsteuergrenze des Art. 7 Abs. 1 Buchst. b ATAD liegt. Vor allem bei einem erheblichen Anrechnungsüberhang ist zu prüfen, ob die Ertragsteuerbelastung durch eine Entstrickung einen Vorteil aus der Nichtanwendung der Hinzurechnungsbesteuerung rechtfertigt.[984]

Fraglich ist jedoch, ob und inwiefern die ATAD eine steuerfreie Verstrickung aus Drittstaaten ermöglicht, da die Regelung des Art. 5 Abs. 5 ATAD nach dem bloßen Wortlaut auf Überführungen zwischen den EU-Mitgliedstaaten beschränkt ist.[985] Diesbezüglich sieht *Hagemann*[986] eine faktische Verpflichtung darin, den Wertansatz einer möglichen Entstrickung im Drittstaat gemäß Art. 5 Abs. 5 ATAD zu übernehmen. Im Wesentlichen lässt sich dies aus dem Grundgedanken des Abs. 5 Satz 3 der Erwägungsgründe der ATAD ableiten, da durch die Maßnahmen der ATAD keine Doppelbesteuerung entstehen darf.[987] Ob die ATAD die Mitgliedstaaten dazu verpflichtet, eine Verstrickung aus einem Drittstaat nur vorzunehmen, wenn die Entstrickung tatsächlich besteuert wurde, ist dem Richtlinienwortlaut nicht zu entnehmen. Führt die Überführung von

981 Vgl. *Hagemann*, in: Hagemann/Kahlenberg, ATAD, 2019, Art. 5 ATAD, Rn. 115. Anders als die nationalen Vorschriften ist Art. 5 Abs. 1 Buchst. a und b ATAD ein Bezug zum inländischen Besteuerungsrecht fremd. Dem Wortlaut ist vielmehr das abstrakte Besteuerungsrecht zu entnehmen, jedoch ohne eine örtliche Beschränkung.

982 Vgl. *Oppel*, IStR 2016, S. 802; *Rautenstrauch/Suttner*, BB 2016, S. 2396.

983 Vgl. auch *Hagemann*, in: Hagemann/Kahlenberg, ATAD, 2019, Art. 5 ATAD, Rn. 225; *Musil*, in: Musil/Weber-Grellet, Europäisches Steuerrecht, 2019, Art. 5 ATAD, Rn. 42; *Oppel*, IStR 2016, S. 802; *Rautenstrauch/Suttner*, BB 2016, S. 2396.

984 Vgl. Kapitel 6.2.2.

985 Vgl. *Hagemann*, in: Hagemann/Kahlenberg, ATAD, 2019, Art. 5 ATAD, Rn. 231.

986 Vgl. hierzu z. B. *Hagemann*, in: Hagemann/Kahlenberg, ATAD, 2019, Art. 5 ATAD, Rn. 232.

987 Vgl. *Müller-Thomzcik/Reiter/Kanduth-Kristen*, FR 2022, S. 531; gl. A. *Hagemann*, in: Hagemann/Kahlenberg, ATAD, 2019, Art. 5 ATAD, Rn. 232.

Wirtschaftsgütern aus dem Drittstaat nach den nationalen Vorschriften grundsätzlich zu einer Verstrickung, unabhängig davon, ob zuvor eine Entstrickungsbesteuerung durchgeführt wurde, so können bewusst Wirtschaftsgüter aus einer Betriebsstätte des ausländischen Unternehmens im Drittstaat in eine Betriebsstätte innerhalb der EU überführt werden.

6.3 Nicht fremdüblich verzinsliche Darlehen durch ausländische Gesellschaft zur Erreichung einer ausschließlichen Einkünftekorrektur im Ausland

6.3.1 Niedrigverzinsliche Darlehen zwischen erworbenen ausländischen Tochter- und Enkelgesellschaften?

Beispiel:
Der inländische Investor in der Rechtsform der Kapitalgesellschaft erwirbt die passive ausländische HoldCo in der Rechtsform der Kapitalgesellschaft, die wiederum sämtliche Geschäftsanteile an der aktiven ausländischen OpCo in der Rechtsform der Kapitalgesellschaft hält. Nach Durchführung der Unternehmensakquisition gewährt die HoldCo der OpCo ein niedrigverzinsliches Darlehen. In der ausländischen Steuerveranlagung erfolgt eine Korrektur auf ein fremdübliches Zinsniveau. Der HoldCo wird ein Zinsertrag und der OpCo ein Zinsaufwand zugerechnet.

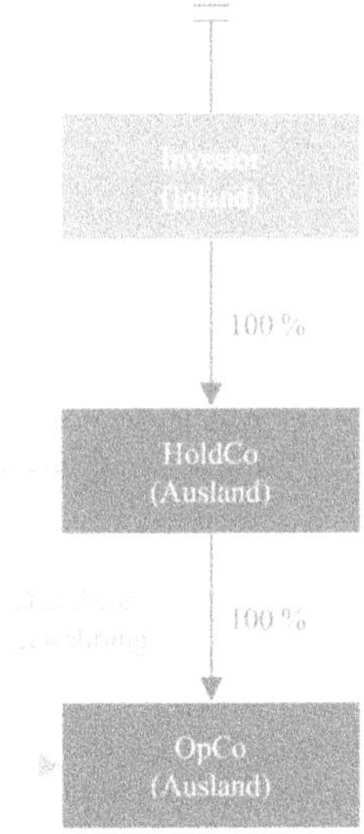

Abbildung 11: Niedrigverzinsliches Darlehen

Das niedrig verzinsliche Darlehen führt nach deutschen Grundsätzen nicht zu einer verdeckten Einlage i. S. von § 8 Abs. 3 Satz 3 KStG.[988] Bei einem niedrigverzinslichen Darlehen handelt es sich nicht um einen einlagefähigen Vermögensvorteil.[989] Voraussetzung ist, dass die niedrige Verzinsung von Anfang an und nicht erst nachträglich vereinbart wird.[990] Da der zu geringe Zinssatz keine verdeckte Einlage darstellt, hat eine Korrektur auf den fremdüblichen Zinssatz nicht zu erfolgen. Die Korrektur nach § 1 Abs. 1 Satz 1 AStG findet keine Anwendung, da keine Geschäftsbeziehung zum Ausland, sondern innerhalb des Auslands besteht.[991] Hierdurch kann die relative Ertragsteuerbelastung der passiven HoldCo erhöht werden, wodurch das Vorliegen einer Niedrigbesteuerung i. S. des § 8 Abs. 3 AStG a. F. und § 8 Abs. 5 AStG vermieden wird.[992] Dies setzt voraus, dass die relative Steuerquote mindestens 25 % beträgt.[993] Auf der anderen Seite vermindern sich die tatsächlichen Ertragsteuern der aktiven OpCo korrespondierend. Hierdurch ergibt sich im Hinblick auf die effektive Steuerquote i. S. des § 8 Abs. 3 AStG a. F. und § 8 Abs. 5 AStG ein gegenläufiger Effekt. Dies ist unproblematisch, soweit nach § 8 Abs. 1 AStG a. F. und AStG aktive Einkünfte vorliegen.[994]

---

988 Vgl. BFH vom 26.10.1987, GrS 2/86, BStBl II 1988, S. 348.

989 Vgl. auch H 8.9 „Nutzungsvorteil“ KStH; BFH vom 26.10.1987, GrS 2/86, BStBl II 1988, S. 348; BFH vom 03.02.1971, I R 51/66, BStBl II 1971, S. 408.

990 Siehe auch H 8.9 „Verzicht auf Tätigkeitsvergütung“ KStH; BFH vom 19.07.1994, VIII R 58/92, BStBl II 1995, S. 362; BFH vom 09.06.1997, GrS 1/94, BStBl II 1998, S. 307; BFH vom 19.05.1993, I R 34/92, BStBl II 1993, S. 804.

991 Vgl. hierzu z. B. *Kraft*, in: Kraft, AStG, 2019, § 1 AStG, Rn. 574; *Wassermeyer/Schönfeld*, in: F/W/B/S, Außensteuerrecht, 2019, § 10 AStG, Rn. 318; BMF vom 14.07.2021, BStBl I 2021, S. 1098, Rn. 1.7.

992 Da der Einkünftekorrektur im Ausland keine Erhöhung der Zwischeneinkünfte gegenübersteht, ergibt sich hierdurch die Erhöhung der relativen Ertragsteuerbelastung.

993 Vgl. *Mattern*, in: AStG eKommentar, AStG, 2021, § 8 AStG, Fassung vom 01.01.2015, Rn. 151; *Fuhrmann*, in: Fuhrmann, AStG, 2017, § 8 AStG, Rn. 311; *Rättig/Protzen*, IStR 2000b, S. 551; *Kraft*, in: Kraft, AStG, 2019, § 8 AStG, Rn. 890; *Böhmer/Oppel*, IWB 2020, S. 13; *Linn*, IStR 2020, S. 78.

994 Bei Wirtschaftsjahren, die vor dem 1. Januar 2023 endeten, war darauf zu achten, dass zumindest ein marginaler Zinssatz vereinbart wurde. Anderenfalls ist das Darlehen in der Hinzurechnungsbilanz mit 5,5 % abzuzinsen (§ 52 Abs. 12 Satz 2 EStG i. V. m. § 6 Abs. 1 Nr. 3 Satz 1 EStG a. F.). Fraglich ist, wann zumindest eine geringe Verzinsung vorliegt. In der Beratungspraxis wird regelmäßig ein Zinssatz von 0,5 % oder 1 % als ausreichend erachtet (vgl. *Maus*, BBK 2005, S. 695).

Ergebnis: Die Gewährung niedrigverzinslicher Darlehen kann eine empfehlenswerte Handlungsalternative darstellen, soweit sich nach nationalem Recht keine verdeckte Einlage ergibt, jedoch in der ausländischen Steuerbilanz eine Korrektur zu erfolgen hat. Hierdurch kann einer etwaigen Niedrigbesteuerung entgegengewirkt werden.

Im vorliegend interessierenden Fall finden gemäß Art. 8 Abs. 1 Satz 1 ATAD die nationalen Vorschriften einschließlich der Korrekturvorschriften uneingeschränkt Anwendung.[995] Hierdurch ergibt sich ein Gestaltungsspielraum. Ein wesentlicher Grund ist das unterschiedliche Verständnis der Mitgliedstaaten über die Höhe des fremdüblichen Zinssatzes innerhalb von Unternehmensgruppen.[996] Insbesondere besteht keine Abhängigkeit zwischen dem Rechtsverständnis der einzelnen Mitgliedstaaten. Durch die bewusste Ausnutzung eines divergierenden Verständnisses zur Fremdüblichkeit und der nationalen Korrekturvorschriften kann die Höhe der effektiven Steuerquote beeinflusst werden.

6.3.2 Hochverzinsliche Darlehen zwischen ausländischen Tochtergesellschaften?

Beispiel: Der inländische Investor in der Rechtsform der Kapitalgesellschaft erwirbt über eine ausländische HoldCo in der Rechtsform der Kapitalgesellschaft die passive ausländische OpCo I in der Rechtsform der Kapitalgesellschaft sowie die aktive ausländische OpCo II in der Rechtsform der Kapitalgesellschaft. Die ausländische OpCo I gewährt der OpCo II ein Darlehen mit einer zu hohen Verzinsung. In der ausländischen Steuerveranlagung wird der vereinbarte Zinssatz als fremdüblich betrachtet.

995 Vgl. *Schönfeld*, IStR 2017, S. 727, der zutreffend auf eine fehlende Einschränkung des nationalen Rechts in Art. 8 Abs. 1 Satz 1 ATAD hinweist.

996 Die Streitfrage kann bereits die Rechtsfrage betreffen, welche Verrechnungspreismethode Anwendung findet (vgl. *Greil*, IStR 2021, S. 960 ff.; *Schaden/Käshammer*, IStR 2022, S. 1 ff.; *Bärsch/Engelen*, DStR 2022, S. 818 ff.; *Scholz/Köhler*, IStR 2022, S. 14 ff.; mit Verweis auf BFH vom 18.05.2021, I R 4/17, BFH/NV 2021, S. 1595; BMF vom 14.07.2021, BStBl I 2021, S. 1098, Rn. 3.92). Selbst wenn Einigkeit über die anzuwendende Verrechnungspreismethode besteht, ergibt sich naturgemäß ein entsprechender Bewertungsspielraum.

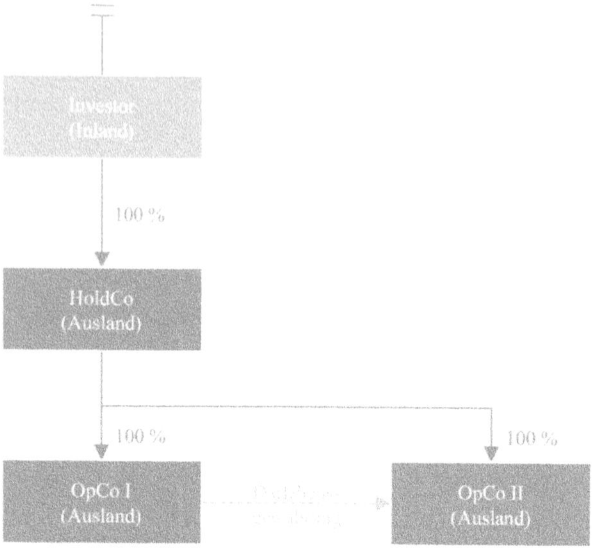

Abbildung 12: Hochverzinsliches Darlehen

Durch die Entrichtung eines zu hohen Entgeltes tätigt die aktive OpCo II gemäß § 8 Abs. 3 Satz 2 KStG eine verdeckte Gewinnausschüttung der Höhe nach an die ausländische HoldCo.[997] Gemäß § 10 Abs. 3 Satz 1 AStG a. F. und AStG sind die aktiven Einkünfte zu erhöhen.[998] Durch den tatsächlichen Zufluss der zu hohen Zinsvergütung liegt bei der passiven OpCo I nach § 8 Abs. 3 Satz 3 KStG eine verdeckte Einlage vor, sodass die passiven Einkünfte zu vermindern sind.[999] Der Korrektur steht die Vorschrift des § 8 Abs. 3 Satz 5 KStG nicht entgegen. Der

---

997 Vgl. R 8.9 Abs. 1 Satz 1 und 3 KStR. Siehe auch *Wassermeyer/Schönfeld*, in: F/W/B/S, Außensteuerrecht, 2019, § 10 AStG, Rn. 301; *Edelmann*, in: Kraft, AStG, § 10 AStG, Rn. 545 ff.; *Rödder/Ritzer*, DB 2004, S. 893 zur Anwendung der Grundsätze zur verdeckten Gewinnausschüttung innerhalb der Hinzurechnungsbesteuerung.

998 Vgl. BFH vom 13.06.2018, I R 94/15, BHF/NV 2018, S. 1303; *Wassermeyer/Schönfeld*, in: F/W/B/S, Außensteuerrecht, 2019, § 8 AStG, Rn. 301; *Fuhrmann*, in: Fuhrmann, AStG, 2017, § 10 AStG, Rn. 169; *Luckey*, in: S/K/K, AStG/DBA, 2017, § 10 AStG, Rn. 72 zur Anwendbarkeit des § 8 Abs. 3 Satz 2 KStG innerhalb der Hinzurechnungsbesteuerung.

999 Vgl. auch BFH vom 13.06.2018, I R 94/15, BHF/NV 2018, S. 1303; *Richter*, ISR 2019, S. 337; *Köhler*, ISR 2018b, S. 454; *van Lishaut*, FR. 2019, S. 371.

Bundesfinanzhof[1000] hatte jüngst klargestellt, dass das materielle Korrespondenzprinzip in § 8 Abs. 3 Satz 5 KStG keine formelle Erfassung der verdeckten Gewinnausschüttung im Rahmen der Steuerveranlagung erfordert.[1001] Es reicht somit aus, dass die verdeckte Gewinnausschüttung auf Ebene der HoldCo dem Grunde nach gemäß § 8b Abs. 1 KStG steuerbefreit ist.[1002] Vor allem muss diese nicht im Rahmen der Steuerveranlagung tatsächlich erfasst werden, sodass es unschädlich ist, wenn die in § 8b Abs. 5 Satz 1 KStG erwähnten nicht abzugsfähigen Betriebsausgaben außen vor gelassen werden (sog. materielles Korrespondenzprinzip).[1003]

Gleichwohl kann die Auffassung vertreten werden, dass diese Rechtswürdigung nur unter dem neuen Recht gilt. § 10 Abs. 3 Satz 4 AStG a. F. sieht nämlich eine Nichtanwendung des § 8b KStG vor, sodass auf Ebene der HoldCo eine Steuerbefreiung nach § 8b Abs. 1 KStG nicht eintreten kann.[1004] Da die HoldCo einer Beherrschung unterliegt, ist für diese die Hinzurechnungsbesteuerung zu prüfen.[1005] Da gemäß § 10 Abs. 3 Satz 4 AStG a. F. das körperschaftsteuerliche Schachtelprivileg nicht zu gewähren ist, fließt die verdeckte Gewinnausschüttung der Höhe nach in den Hinzurechnungsbetrag ein. Die verdeckte Gewinnausschüttung qualifiziert jedoch als aktiv (§ 8 Abs. 1 Nr. 8 AStG a. F.).[1006] Eine Aktivität der verdeckten Gewinnausschüttung ergibt sich nicht aus § 8 Abs. 1

1000 Vgl. BFH vom 13.06.2018, I R 94/15, BStBl II 2020, S. 705.

1001 Vgl. *Höring*, IWB 2019, S. 295; *Kahlenberg/Weiss*, IStR 2018, S. 879; gl. A. *Haase*, FR 2019, S. 561; *Richter*, ISR 2019, S. 337; *van Lishaut*, FR 2019, S. 372; a. A. BMF vom 18.11.2020, BStBl I 2020, S. 1226.

1002 Vgl. *Binder/Graßl*, IStR 2021, S. 873, die für Zwecke des § 8 Abs. 1 Nr. 7 Buchst. a Satz 2 Doppelbuchst. bb AStG die materiell-rechtliche Erfassung nach ausländischem Recht als maßgeblich betrachten.

1003 Vgl. *Haase*, FR 2019, S. 561; *Kortendick/Joisten/Ekinci*, BB 2018, S. 3034; *van Lishaut*, FR 2019, S. 372; Bezug genommen auf BFH vom 13.06.2018, I R 94/15, BStBl II 2020, S. 705.

1004 Vgl. *Wassermeyer/Schönfeld*, in: F/W/B/S, Außensteuerrecht, 2019, § 8 AStG, Rn. 306; *Nolte*, in: AStG eKommentar, AStG, 2021, § 10 AStG, Fassung vom 01.01.2018, Rn. 57; *Edelmann*, in: Kraft, AStG, 2019, § 10 AStG, Rn. 559; *Luckey*, in: S/K/K, AStG/DBA, 2017, § 10 AStG, Rn. 74.

1005 In der Beratungspraxis werden ausländische Gesellschaften nicht nur vereinzelt über eine ausländische Holdinggesellschaft gehalten, um bei verdeckten Gewinnausschüttungen im Dreieck keine direkten Ertragsteuerfolgen im Inland herbeizuführen.

1006 Vgl. BT-Drucks. 14/6682, S. 42; *Rödel*, in: Kraft, AStG, 2019, § 8 AStG, Rn. 494; BMF vom 14.05.2004, BStBl I 2004, Sondernr. 1/2004, S. 3, Tz. 8.1.8; *Lehfeldt*, in: S/K/K, AStG/DBA, 2016, § 8 AStG, Rn. 161.

Nr. 7 Buchst. a Satz 2 Doppelbuchst. bb AStG, da die OpCo I als empfangende Körperschaft einer Niedrigbesteuerung unterliegt.[1007] Da die Einkommenserhöhung auf Ebene der OpCo II nicht zu Zwischeneinkünften führte, ist die verdeckte Gewinnausschüttung auch nicht nach § 8 Abs. 1 Nr. 7 Buchst. a Satz 2 Doppelbuchst. aa AStG von aktiver Natur.[1008] Das Schachtelprivileg ist allerdings zu beachten (§ 10 Abs. 3 Satz 1 AStG i. V. m. § 8b Abs. 1 Satz 2 und 5 KStG).

Ergebnis: Die Gewährung hochverzinslicher Darlehen kann eine empfehlenswerte Handlungsalternative darstellen, soweit sich nach nationalem Recht eine verdeckte Gewinnausschüttung im Dreieck ergibt, jedoch in der ausländischen Gewinnermittlung eine Korrektur zu unterbleiben hat. Hierdurch kann einer Niedrigbesteuerung entgegengewirkt werden.

Gemäß Art. 8 Abs. 1 Satz 1 ATAD sind die nationalen Vorschriften einschließlich etwaiger Korrekturvorschriften für Zwecke der Hinzurechnungsbesteuerung anzuwenden.[1009] Hierdurch ergibt sich ein entsprechender Gestaltungsspielraum.

6.4 Zusammenfassung für das Kapitel

Nach Durchführung einer Unternehmensakquisition stehen dem inländischen Investor unterschiedliche Möglichkeiten offen, die effektive Steuerquote der ausländischen Gesellschaft zu beeinflussen.

- Durch die Seitwärtsverschmelzung einer ausländischen Gesellschaft auf eine andere ausländische Gesellschaft kann bei aktiven Wirtschaftsgütern ein Step-up in der Hinzurechnungsbilanz erlangt werden, wodurch bei einer künftigen Passivität einer Niedrigbesteuerung entgegengewirkt wird. Insoweit die Wirtschaftsgüter der ausländischen Gesellschaft passiv sind, sei auf die Problematik der Vergleichbarkeit einer ausländischen Umwandlung hingewiesen, da anderenfalls eine Umwandlung gemäß § 8 Abs. 1 Nr. 10 AStG a. F. und § 8 Abs. 1 Nr. 9 AStG als passiv anzusehen sein kann. Des Weiteren steht der Aktivität der Umwandlung nach § 8 Abs. 1 Nr. 9 AStG aufgrund der stringenten Buchwertverknüpfung in § 10 Abs. 5 Satz 2 AStG einem Step-up passiver Wirtschaftsgüter entgegen.

1007 Vgl. *Ditz u. a.*, DStR 2020, S. 78; *Linn*, IStR 2020, S. 81.

1008 Vgl. *Böhmer/Oppel*, IWB 2020, S. 13; *Linn*, IStR 2020, S. 81; *Ditz u. a.*, DStR 2020, S. 78.

1009 Vgl. auch *Schönfeld*, IStR 2017, S. 727; *Böhmer/Gebhardt/Krüger*, in: Hagemann/Kahlenberg, ATAD, 2019, Art. 8 ATAD, Rn. 10.

- Werden Wirtschaftsgüter einer ausländischen Gesellschaft zwischen Betriebsstätten verschiedener ausländischer Staaten überführt, so ergibt sich regelmäßig eine Entstrickungsbesteuerung im ausländischen Staat. Dies hat zur Folge, dass sich die effektive Steuerquote erhöht, was regelmäßig in Betracht gezogen werden kann, um eine nur geringe Niedrigbesteuerung zu vermeiden.
- Eine weitere Möglichkeit besteht in der Gewährung gruppeninterner Darlehen zwischen einer ausländischen Gesellschaft und einer anderen ausländischen Gesellschaft, bei denen der in- und ausländische Staat nicht das gleiche Verständnis hinsichtlich der Höhe eines fremdüblichen Zinssatzes haben. Ein Vorteil ergibt sich, wenn einer ausländischen Einkünfteerhöhung keine Korrektur im Inland oder einer inländischen Einkünfteminderung keine Korrektur im Ausland gegenübersteht.

7 Umqualifizierung von Zwischeneinkünften erworbener ausländischer Gesellschaften und Unternehmen in aktive Einkünfte

7.1 Umqualifizierung von Zwischeneinkünften in aktive Nebenerträge anhand der Beispiele von Finanzierungs-, Vermietungs- und Vertriebsgesellschaften

7.1.1 Einheitlicher Beurteilungsmaßstab für Nebenerträge mit einer aktiven oder passiven Tätigkeit (funktionale Betrachtungsweise)

Erwirbt ein unbeschränkt Steuerpflichtiger eine ausländische Unternehmensgruppe, so wird sich dieser regelmäßig mit der Hinzurechnungsbesteuerung i. S. der §§ 7 bis 14 AStG a. F. bzw. der §§ 7 bis 13 AStG auseinandersetzen müssen, selbst wenn die erworbene Unternehmensgruppe ausschließlich gewöhnliche gruppeninterne Liefer- und Leistungsbeziehungen unterhält. Wird der Erwerb einer Mehrheitsbeteiligung an den ausländischen Gesellschaften angestrebt, so ist das Tatbestandsmerkmal der Inländerbeherrschung i. S. des § 7 Abs. 2 Satz 1 AStG a. F. oder der Verbundbeherrschung i. S. des § 7 Abs. 2 AStG erfüllt. Insbesondere gruppeninterne Finanzierungstätigkeiten sowie Nutzungsüberlassungen von Wirtschaftsgütern können gemäß § 8 Abs. 1 AStG Nr. 6 und 7 AStG a. F. sowie § 8 Abs. 1 Nr. 6 AStG zu Zwischeneinkünften führen, unabhängig davon, ob diesen eine rein künstliche Gewinnverlagerung zugrunde liegt[1010]. Da eine ausländische Gesellschaft Einkünfte aus diversen Tätigkeiten erzielen kann, ist die Situation möglich, dass diese sowohl aktive als auch passive Einkünfte erzielt.[1011] Eine einheitliche Betrachtung sämtlicher Einkünfte der ausländischen Gesellschaft als aktiv oder passiv ist gleichwohl nicht vorgesehen.[1012]

1010 Vgl. *Kraft/Quilitzsch*, ISR 2012, S. 117; *Schaumburg*, in: Schaumburg, Internationales Steuerrecht, 2017, Rn. 13.7; *Kilincsoy*, ISR 2021, S. 422; *Englisch*, in: T/L, 2021, § 4, Rn. 100, *Lüdemann*, Die Steuerplanung der multinationalen Unternehmung, 2004, S. 41 ff. zur Intention der Vermeidung einer rein künstlichen Gewinnverlagerung.

1011 Vgl. *Haun/Cortez*, in: H/K/R, Außensteuerrecht, 2014, § 8 AStG, Rn. 80; *Lehfeldt*, in: S/K/K, AStG/DBA, 2016, § 8 AStG, Rn. 14.

1012 Vgl. BMF vom 14.05.2004, BStBl I 2004, Sondernr. 1/2004, S. 3, Tz. 8.0.1.

Wirtschaftlich zusammenhängende Tätigkeiten sind einer einheitlichen Einordnung zu unterwerfen (sog. funktionale Betrachtungsweise).[1013] Eine funktionale Betrachtung hat nach der Auffassung von *Wassermeyer/Schönfeld*[1014] zu erfolgen, wenn die Betriebseinnahmen und Betriebsausgaben mit der Haupttätigkeit in einem wirtschaftlichen Zusammenhang stehen.[1015] Die Finanzrechtsprechung[1016] und Finanzverwaltung[1017] verstehen die funktionale Betrachtungsweise so, dass auf die Tätigkeiten abzustellen ist, die nach allgemeiner Verkehrsauffassung das wirtschaftliche Schwergewicht innehat (sog. Haupttätigkeiten). Betriebliche Nebenerträge sind einer Haupttätigkeit zuzuordnen.[1018] Andererseits liegt eine separate Tätigkeit vor, wenn die Einkünfte ein eigenständiges wirtschaftliches Schwergewicht haben, selbst wenn diese durch eine andere Tätigkeit mitverursacht wurden.[1019] Das gleiche Schicksal sollen nach der h. M.[1020] die Vor- und Folgeerträge tragen, da diese in einem wirtschaftlichen Zusammenhang mit der Haupttätigkeit stehen, dieser jedoch zeitlich vorangehen bzw. folgen. Die funktionale Betrachtungsweise ist auch für § 8 Abs. 1 AStG maßgeblich.[1021]

Die ATAD enthält keine Bestimmungen, wie mit Einkünften zu verfahren ist, die in einem wirtschaftlichen Zusammenhang mit anderen aktiven oder passiven Einkünften i. S. des Art. 7 Abs. 2 Buchst. a ATAD stehen. Weitgehend wird die Anwendung der funktionalen Betrachtungsweise für

---

1013 Vgl. auch BMF vom 14.05.2004, BStBl I 2004, Sondernr. 1/2004, S. 3, Tz. 8.0.2; BFH vom 16.05.1990, I R 16/88, BStBl II 1990, S. 1049; *Haun/Cortez*, in: H/K/R, Außensteuerrecht, 2014, § 8 AStG, Rn. 10.

1014 Vgl. *Wassermeyer/Schönfeld*, in: F/W/B/S, Außensteuerrecht, 2017, § 8 AStG, Rn. 25.

1015 Vgl. *Rödel*, in: Kraft, AStG, 2019, § 8 AStG, Rn. 30; *Lehfeldt*, in: S/K/K, AStG/DBA, 2016, § 8 AStG, Rn. 15.

1016 Vgl. BFH vom 16.05.1990, I R 16/88, BStBl II 1990, S. 1049.

1017 Vgl. BMF vom 14.05.2004, BStBl I 2004, Sondernr. 1/2004, S. 3, Tz. 8.0.2.

1018 Vgl. *Geurts*, in: Fuhrmann, AStG, 2017, § 8 AStG, Rn. 39; *Lehfeldt*, in: S/K/K, AStG/DBA, 2016, § 8 AStG, Rn. 17; *Wassermeyer/Schönfeld*, in: F/W/B/S, Außensteuerrecht, 2017, § 8 AStG, Rn. 36.

1019 Vgl. BMF vom 14.05.2004, BStBl I 2004, Sondernr. 1/2004, S. 3, Tz. 8.0.2; *Haun/Cortez*, in: H/K/R, Außensteuerrecht, 2014, § 8 AStG, Rn. 82.

1020 Vgl. *Lehfeldt*, in: S/K/K, AStG/DBA, 2016, § 8 AStG, Rn. 17; *Geurts*, in: Fuhrmann, AStG, 2017, § 8 AStG, Rn. 39; *Wassermeyer/Schönfeld*, in: F/W/B/S, Außensteuerrecht, 2017, § 8 AStG, Rn. 36; *Rödel*, in: Kraft, AStG, 2019, § 8 AStG, Rn. 40.

1021 So z. B. auch BT-Drucks. 19/28652, S. 56; *Mann*, in: BeckOK AStG, AStG, 2022, § 8 AStG, Rn. 102, *Vogt*, in: Brandis/Heuermann, Ertragsteuerrecht, 2022, § 8 AStG, Rn. 58.

Art. 7 Abs. 2 Buchst. a ATAD als wünschenswert befunden.[1022] Die funktionale Betrachtungsweise ist auch mit der Intention des Abs. 12 Satz 3 der Erwägungsgründe der ATAD vereinbar, da die Hinzurechnungsbesteuerung lediglich einer rein künstlichen Gewinnverlagerung entgegenwirken soll[1023]. Es scheint daher fast schon zwingend zu sein, dass wirtschaftlich zusammenhängende Erträge einheitlich auf der Grundlage des Passivkatalogs des Art. 7 Abs. 2 Buchst. a ATAD zu prüfen sind.[1024] Es fehlt eine rein künstliche Gewinnverlagerung, wenn die Erträge einen Nebenertrag der aktiven Einkünfte darstellen.[1025] Dieser Auslegung kann entgegengehalten werden, dass die Hinzurechnungsbesteuerung eine gewisse Typisierung in Kauf nimmt, da der europäische Gesetzgeber im Passivitätskatalog des Art. 7 Abs. 2 Buchst. a ATAD speziell mobile Einkünfte anspricht.[1026] Aufgrund dieser Vereinfachung kann argumentiert werden, dass eine Atomisierung der Einkünfte zu erfolgen hat und die Nebenerträge isoliert im Rahmen des Art. 7 Abs. 2 Buchst. a ATAD zu prüfen sind.[1027]

1022 Vgl. *Schnitger/Nitzschke/Gebhardt*, IStR 2016, S. 970; *Böhmer/Gebhardt/Krüger*, in: Hagemann/Kahlenberg, ATAD, 2019, Art. 7 ATAD, Rn. 268; a. A. *Haase*, ISR 2017, S. 354.

1023 Vgl. *Kahlenberg/Prusko*, IStR 2017, S. 305; *Jochimsen/Zinowsky*, ISR 2016, S. 113.

1024 Vgl. auch *Böhmer/Gebhardt/Krüger*, in: Hagemann/Kahlenberg, ATAD, 2019, Art. 7 ATAD, Rn. 268.

1025 Vgl. *Schönfeld*, IStR 2017, S. 724; *Bärsch/Böhmer*, DB 2017, S. 572; *Kahlenberg*, StuB 2016, S. 231; *Pinkernell*, IStR-LB 2015, S. 45; *Richter/Kortendick/Ekinci*, GmbHR 2020, S. 694; *Becker/Loose*, BB 2018, S. 217; *Kilincsoy*, ISR 2021, S. 422 zur Vermeidung der Verlagerung mobiler Einkünfte.

1026 Vgl. *Böhmer/Gebhardt/Krüger*, in: Hagemann/Kahlenberg, ATAD, 2019, Art. 7 ATAD, Rn. 9.

1027 Vgl. hierzu z. B. *Haase*, ISR 2017, S. 354. Da Art. 7 Abs. 2 Satz 2 und 3 ATAD die Möglichkeit des Gegenbeweises einer wesentlichen wirtschaftlichen Tätigkeit ermöglicht (sog. Exkulpationsmöglichkeit), verstößt die Typisierung nicht gegen die Niederlassungsfreiheit i. S. des Art. 49 AEUV und, sofern der Gegenbeweis ebenfalls für Drittstaatengesellschaft anwendbar ist, nicht gegen die Kapitalverkehrsfreiheit i. S. des Art. 63 AEUV (vgl. auch *Schnitger/Nitzschke/Gebhardt*, IStR 2016, S. 969; *Quilitzsch/Engelen*, FR 2018, S. 298; *Schönfeld*, IStR 2017, S. 728). Siehe auch *Kraft*, FR 2020, S. 108 mit dem Hinweis, dass der Substanznachweis für Drittstaatengesellschaften zwingend ist.

7.1.2 Beispiel der Unternehmensakquisition von Finanzierungsgesellschaften und -unternehmen

7.1.2.1 Finanzierungseinkünfte als Nebenertrag aktiver Einkünfte

Die Finanzverwaltung sieht im Grundsatz Finanzierungseinkünfte von notwendigen Finanzmitteln als einen Nebenertrag der Haupttätigkeit an.[1028] Von *Mattern*[1029] wird diese Interpretation des § 8 Abs. 1 AStG a. F. und AStG dergestalt fortgeführt, dass die Finanzanlage liquider Mittel begünstigte Nebenerträge aktiver Einkünfte darstellen können. Dies soll der Fall sein, wenn die Mittel für künftige Investitionen, die zu einer aktiven Tätigkeit führen, thesauriert und angelegt werden.[1030] Die konzerninterne Finanzierung kann bewusst aus thesaurierten aktiven Einkünften erfolgen, sodass die Mittel bis zu einer tatsächlichen Reinvestition innerhalb von aktiven Einkünften als Vor- bzw. Folgeertrag dieser Aktivitäten gelten. Es ist darauf zu achten, dass die Finanzierungstätigkeit durch aktive Einkünfte erfolgt und dass es sich nicht lediglich um die Weiterreichung einer Refinanzierung handelt, die nach § 8 Abs. 1 Nr. 7 AStG a. F. nur unter sehr engen Voraussetzungen aktiv sowie nach § 8 Abs. 1 AStG ausnahmslos passiv ist.[1031]

Die objektive Beweis- und Feststellungslast für das Vorliegen der Tatbestandsmerkmale der Hinzurechnungsbesteuerung liegt bei der Finanzverwaltung.[1032] Die objektive Beweislast hat hingegen der Steuerpflichtige zu tragen, soweit es sich um das Nichtvorliegen von passiven Einkünften handelt.[1033] Insbesondere

---

1028 Vgl. BMF vom 14.05.2004, BStBl I 2004, Sondernr. 1/2004, S. 3, Tz. 8.0.2; *Rödel*, in: Kraft, AStG, 2019, § 8 AStG, Rn. 42; *Haun/Cortez*, in: H/K/R, Außensteuerrecht, 2014, § 8 AStG, Rn. 83; *Geurts*, in: Fuhrmann, AStG, 2017, § 8 AStG, Rn. 39.

1029 Vgl. auch *Mattern*, in: AStG eKommentar, AStG, 2021, § 8 AStG, Fassung vom 01.01.2015, Rn. 34.

1030 Vgl. *Lehfeldt*, in: S/K/K, AStG/DBA, 2016, § 8 AStG, Rn. 19; *Scheidle*, IStR 2007, S. 288; *Mattern*, in: AStG eKommentar, AStG, 2021, § 8 AStG, Fassung vom 01.01.2015, Rn. 34; so wohl auch *Wassermeyer/Schönfeld*, in: F/W/B/S, Außensteuerrecht, 2017, § 8 AStG, Rn. 248.

1031 Vgl. *Kahle/Cortez*, Ubg 2011, S. 952 ff. zu § 8 Abs. 1 Nr. 7 AStG a. F.; *Ditz u. a.*, DStR 2020, S. 77; *Linn*, IStR 2020, S. 81 zu § 8 Abs. 1 AStG. Siehe auch *Baur/Ullmann*, IWB 2021, S. 794 mit dem Hinweis, dass durch die Streichung des § 8 Abs. 1 Nr. 7 AStG a. F. Zinseinkünfte nur im Rahmen der funktionalen Betrachtungsweise von aktiver Natur sein können.

1032 Vgl. *Wassermeyer/Schönfeld*, in: F/W/B/S, Außensteuerrecht, 2017, § 8 AStG, Rn. 27; *Lehfeldt*, in: S/K/K, AStG/DBA, 2016, § 8 AStG, Rn. 27.

1033 Vgl. auch *Lehfeldt*, in: S/K/K, AStG/DBA, 2016, § 8 AStG, Rn. 27; *Wassermeyer/Schönfeld*, in: F/W/B/S, Außensteuerrecht, 2017, § 8 AStG, Rn. 27.

mögliche Ausnahmen der Passivität weisen einen steuerbegünstigten Charakter auf.[1034] Es gilt demnach zu vermuten, dass die Finanzverwaltung die funktionale Zuordnung bei einer Finanzierungstätigkeit an hohe Hürden knüpfen wird, selbst wenn sämtliche Haupttätigkeiten der ausländischen Gesellschaft zu aktiven Einkünften i. S. des § 8 Abs. 1 AStG a. F. und AStG führen. Die Finanzverwaltung kann – unabhängig des § 8 Abs. 1 Nr. 7 AStG a. F. – einen Nachweis über die Herkunft und die Verwendung der Mittel fordern, woraus ersichtlich wird, dass diese aus einer aktiven Tätigkeit stammen und einer aktiven Tätigkeit dienen sollen.[1035]

Ergebnis: Grundsätzlich stellen Finanzierungseinkünfte Nebenerträge aktiver Einkünfte dar. Allerdings wird die Nachweiserbringung regelmäßig schwer zu erbringen sein, sodass ein nicht zu vernachlässigendes Restrisiko verbleibt.

Gemäß Art. 7 Abs. 2 Buchst. a Unterbuchst. i) ATAD sind Zinseinkünfte ausnahmslos passiv.[1036] Unter Anwendung der funktionalen Betrachtungsweise sind Zinseinnahmen aktiven Einkünften zuzurechnen, soweit ein wirtschaftlicher Zusammenhang besteht. Die funktionale Betrachtung erfasst nicht nur die Nebenerträge, sondern auch die Vor- und Folgeerträge.[1037] Es kann die Auffassung vertreten werden, dass eine Finanzierungstätigkeit aus aktiven Einkünften nicht unter Art. 7 Abs. 2 Buchst. a Unterbuchst. i) ATAD zu subsumieren ist, sondern als Folgeertrag das Schicksal der aktiven Einkünfte teilt.[1038] Entsprechend der Regelung des § 8 Abs. 1 Nr. 7 AStG a. F. erfordert dies einen Nachweis, welcher die Mittelherkunft und Mittelverwendung belegt. Im Vergleich zur nationalen Regelung dürfen dem Nachweis aus primärrechtlichen Gesichtspunkten nicht allzu hohe Hürden auferlegt werden.[1039] Vielmehr ist eine gewisse Vermutung vonnöten, wenn das ausländische Unternehmen ausschließlich oder fast

---

1034 Vgl. *Wassermeyer/Schönfeld*, in: F/W/B/S, Außensteuerrecht, 2017, § 8 AStG, Rn. 27; *Geurts*, in: Fuhrmann, AStG, 2017, § 8 AStG, Rn. 122; *Lehfeldt*, in: S/K/K, AStG/DBA, 2016, § 8 AStG, Rn. 27.

1035 Vgl. auch *Kahle/Cortez*, Ubg 2011, S. 949 ff., die sich im Detail mit diesem Erfordernis im Rahmen des § 8 Abs. 1 Nr. 7 AStG a. F. auseinandersetzen.

1036 Vgl. *Linn*, IStR 2016, S. 646; *Schnitger/Nitzschke/Gebhardt*, IStR 2016, S. 970; *Schönfeld*, IStR 2017, S. 724.

1037 Siehe z. B. auch *Schnitger/Nitzschke/Gebhardt*, IStR 2016, S. 970; *Böhmer/Gebhardt/Krüger*, in: Hagemann/Kahlenberg, ATAD, 2019, Art. 7 ATAD, Rn. 268 zur funktionalen Betrachtungsweise.

1038 Vgl. Kapitel 7.1.2.1.

1039 Vgl. *Kahle/Cortez*, Ubg 2011, S. 949 ff. zum Nachweis der Mittelherkunft und -verwendung innerhalb des § 8 Abs. 1 Nr. 7 AStG a. F.

ausschließlich aktive Einkünfte erzielt und keine Anhaltspunkte gegeben sind, dass einer „separaten" Finanzierungstätigkeit nachgegangen wird.

7.1.2.2 Finanzierungseinkünfte aus refinanzierten Gewinnausschüttungen als aktive Nebenerträge?

7.1.2.2.1 Zinseinkünfte als Nebenertrag

Beispiel: Der inländische Investor in der Rechtsform der Kapitalgesellschaft beabsichtigt, über die ausländische HoldCo in der Rechtsform der Kapitalgesellschaft sämtliche Anteile an der ausländischen OpCo in der Rechtsform der Kapitalgesellschaft zu erwerben. Nach der Unternehmensakquisition soll die HoldCo der OpCo liquide Mittel in Form einer offenen Einlage zur Verfügung stellen. Im Anschluss wird in gleicher Höhe eine Gewinnausschüttung oder, soweit die freien Mittel nicht ausreichend sind, eine Einlagenrückgewähr durch die OpCo beschlossen. Der Auszahlungsanspruch wird nicht ausgezahlt, sondern durch die HoldCo fremdüblich gestundet.

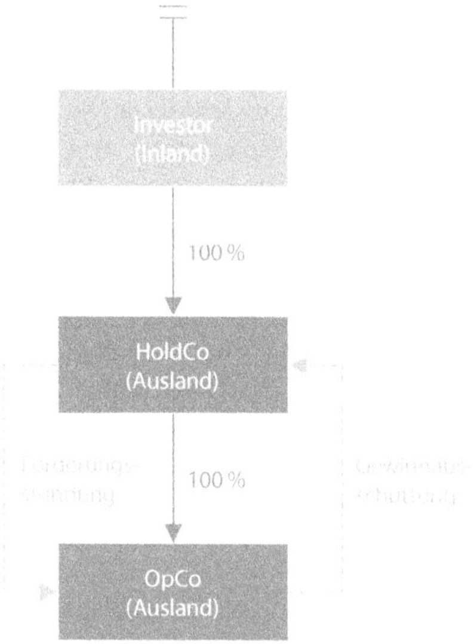

Abbildung 13: Darlehensfinanzierte Gewinnausschüttung

Es ergibt sich die gleiche Finanzierungsstruktur wie bei einer unmittelbaren Fremdkapitalfinanzierung der OpCo durch die HoldCo. Es kann sich indes im Hinblick auf die Beurteilung der Zinseinkünfte auf Ebene der HoldCo ein erheblicher Unterschied ergeben. Gibt die HoldCo unmittelbar der OpCo ein

Darlehen, so sind die hieraus erzielten Einkünfte gemäß § 8 Abs. 1 Nr. 7 AStG nur unter sehr engen Voraussetzungen aktiv und aufgrund der Streichung dieser Vorschrift im neuen Recht ausnahmslos passiv.[1040] Nach Auffassung von *Rödel*[1041] teilen allerdings die Zinserträge aus einer Forderungsstundung das Schicksal des zugrunde liegenden Geschäfts. Wird dieser Grundgedanke auf den vorliegend interessierenden Fall übertragen, so müssen die Zinserträge auf Ebene der HoldCo entsprechend der Gewinnausschüttung als aktiv oder passiv behandelt werden. Ebenfalls sehen *Wassermeyer/Schönfeld*[1042] Zinserträge auf eine Forderungsstundung als unselbstständige Einkünfte an und nennen beispielhaft die Warenlieferung. Unabhängig von der Frage, ob und inwiefern ein gestundeter Dividendenanspruch von der funktionalen Betrachtungsweise erfasst wird, kann der Wortlaut des § 7 Abs. 6a AStG a. F. und § 13 Abs. 2 AStG so verstanden werden, dass die funktionale Betrachtungsweise auf die aktiven Einkünfte nach § 8 Abs. 1 Nr. 1 bis 6 AStG a. F. und AStG beschränkt ist.[1043] Diese Auslegung verkennt, dass der Verweis auf § 8 Abs. 1 Nr. 1 bis 6 AStG a. F. sowie AStG ausschließlich das Nachweiserfordernis betrifft.[1044]

7.1.2.2.2 Aktivität von Gewinnausschüttungen oder Kapitalrückzahlungen durch ausländische Gesellschaften?

Des Weiteren stellt sich die Frage, ob und inwiefern die Gewinnausschüttung an die HoldCo als aktiver Vorgang zu werten ist. Gemäß § 8 Abs. 1 Nr. 8 AStG a. F. sind die erhaltenen Gewinnausschüttungen ausnahmslos und unbedingt von aktiver Natur.[1045] Die Gewinnausschüttungen führen auch nach neuem Recht

---

1040 Vgl. *Kahle/Cortez*, Ubg 2011, S. 956; *Haun/Cortez*, in: H/K/R, Außensteuerrecht, 2014, § 8 AStG, Rn. 437; *Lehfeldt*, in: S/K/K, AStG/DBA, 2016, § 8 AStG, Rn. 135 zu § 8 Abs. 1 Nr. 7 AStG a. F. Siehe z. B. auch *Linn*, IStR 2020, S. 81; *Ditz u. a.*, DStR 2020, S. 77 zur Streichung des § 8 Abs. 1 Nr. 7 AStG a. F.

1041 Vgl. *Rödel*, in: Kraft, AStG, 2019, § 8 AStG, Rn. 42.

1042 Vgl. *Wassermeyer/Schönfeld*, in: F/W/B/S, Außensteuerrecht, 2017, § 8 AStG, Rn. 36.

1043 Im Grundsatz erzielt die HoldCo gemäß § 7 Abs. 6a AStG a. F. und § 13 Abs. 2 AStG fast ausschließlich bzw. ausschließlich Zwischeneinkünfte mit Kapitalanlagecharakter.

1044 Vgl. *Fuhrmann*, in: Fuhrmann, AStG, 2017, § 7 AStG, Rn. 213; *Wassermeyer*, in: F/W/B/S, Außensteuerrecht, 2018, § 7 AStG, Rn. 189.1; *Protzen*, in: Kraft, AStG, 2019, § 7 AStG, Rn. 204; einschränkender *Mann*, in: BeckOK AStG, AStG, 2022, § 8 AStG, Rn. 307.

1045 Vgl. *Lehfeldt*, in: S/K/K, AStG/DBA, 2016, § 8 AStG, Rn. 157; *Mattern*, in: AStG eKommentar, AStG, 2021, § 8 AStG, Fassung vom 01.01.2015, Rn. 105; BMF vom 14.05.2004, BStBl I 2004, Sondernr. 1/2004, S. 3, Tz. 8.1.8.

zu aktiven Einkünften (§ 8 Abs. 1 Nr. 7 AStG).[1046] Die Ausnahme des § 8 Abs. 1 Nr. 7 Buchst. a AStG ist nicht einschlägig, soweit die offene Gewinnausschüttung das Einkommen der OpCo nicht gemindert hat.[1047] Selbst bei einem unterjährigen Erwerb ergibt sich keine passive Portfoliodividende, sofern ein Beteiligungserwerb von mindestens 10 % vorliegt (§ 8 Abs. 1 Nr. 7 Buchst. b AStG i. V. m. § 8b Abs. 4 Satz 6 KStG).[1048] Die Einlagenrückgewähr führt gemäß § 27 Abs. 1 Satz 3 KStG nur zu einem steuerbaren Vorgang, insoweit nicht eine Rückzahlung des Nennkapitals oder des steuerlichen Einlagekontos vorliegt.[1049] Die Verwendungsreihenfolge des § 27 Abs. 1 Satz 3 KStG ist gemäß § 10 Abs. 3 Satz 1 AStG a. F. und AStG auch für Zwecke der Hinzurechnungsbesteuerung anwendbar. Gemäß § 27 Abs. 1 Satz 1 KStG besteht nur die Verpflichtung zur Ermittlung des steuerlichen Einlagekontos für im Inland unbeschränkt Körperschaftsteuerpflichtige, sodass sich diesbezüglich eine gewisse Divergenz zum rein nationalen Sachverhalt ergibt.[1050]

Gemäß § 27 Abs. 8 KStG kann für ausländische Gesellschaften innerhalb der EU oder dem EWR antragsgebunden eine nicht-steuerbare Einlagenrückgewähr festgestellt werden.[1051] Anlässlich der Antragsgebundenheit hat der

---

1046 Vgl. *Böhmer/Schewe/Schlücke*, FR 2020, S. 164; *Linn*, IStR 2020, S. 81; *Böhmer/Oppel*, IWB 2020, S. 13; *Kahlenberg/Erdem*, IStR 2020, S. 103.

1047 So z. B. auch *Mann*, in: BeckOK AStG, AStG, 2022, § 8 AStG, Rn. 249. Ferner führt die Einschränkung der funktionalen Betrachtungsweise in § 8 Abs. 1 Nr. 7 Buchst. a Halbsatz 2 AStG zu keinem anderweitigen Ergebnis. Zwar wird die funktionale Betrachtungsweise für Bezüge i. S. von § 8b Abs. 1 KStG eingeschränkt (vgl. *Vogt* in Brandis/Heuermann, Ertragsteuerrecht, 2022, § 8 AStG, Rn. 260; *Baur/Ullmann*, IWB 2021, S. 795 f.). Gleichwohl führt diese Einschränkung nur dazu, dass Bezüge i.S. von § 8b Abs. 1 KStG nicht unter eine andere Einkunftsart zu subsumieren sind, jedoch nicht umgekehrt.

1048 Vgl. *Ditz u. a.*, DStR 2020, S. 78; *Mann*, in: BeckOK AStG, AStG, 2022, § 8 AStG, Rn. 252; *Böhmer/Schewe/Schlücke*, FR 2020, S. 166; *Böhmer/Oppel*, IWB 2020, S. 13.

1049 Vgl. BMF vom 04.06.2003, BStBl I 2003, S. 366, Rn. 9; *Bauschatz*, in: Gosch, KStG, 2020, § 27 KStG, Rn. 48; *Binnewies*, in: Streck, KStG, 2021, § 27 KStG, Rn. 23.

1050 Vgl. *Stimpel*, in: R/H/N, KStG, 2015, § 27 KStG, Rn. 43; BMF vom 04.06.2003, BStBl I 2003, S. 366, Rn. 2; *Oppel*, IStR 2020, S. 48; *Wassermeyer/Schönfeld*, in: F/W/B/S, Außensteuerrecht, 2017, § 8 AStG, Rn. 284.

1051 Vgl. BMF vom 04.04.2016, BStBl I 2016, S. 468 mit dem Hinweis, dass § 27 Abs. 8 KStG ebenfalls auf EWR-Gesellschaft anzuwenden ist; gl. A. *Stimpel*, in: R/H/N, KStG, 2015, § 27 KStG, Rn. 217; *Bauschatz*, in: Gosch, KStG, 2020, § 27 KStG, Rn. 136 vor dem Hintergrund der Unionsrechtswidrigkeit bei Beschränkung auf die EU.

Hinzurechnungsempfänger ein faktisches Wahlrecht. Bei Unterlassung des Antrags stellt die Kapitalrückzahlung eine Gewinnausschüttung dar.[1052] Zudem ergibt sich ein vergleichbares Ergebnis in Form eines Veräußerungsgewinns bei der Feststellung einer Einlagenrückgewähr, wenn diese den Buchwert der Beteiligung übersteigt.[1053] Unter den Voraussetzungen des § 8 Abs. 1 Nr. 9 AStG a. F. und § 8 Abs. 1 Nr. 8 AStG ist ein Veräußerungsgewinn von aktiver Natur.[1054] Aufgrund der problematischem Nachweisverpflichtung bei § 8 Abs. 1 Nr. 9 AStG a. F. ist von einem Antrag i. S. des § 27 Abs. 8 KStG abzusehen, sodass mangels Nachweiserbringung eine aktive Gewinnausschüttung anzunehmen ist (§ 8 Abs. 1 Nr. 8 AStG a. F.).[1055]

Da in § 8 Abs. 1 Nr. 8 AStG ein mit § 8 Abs. 1 Nr. 9 AStG a. F. vergleichbarer Nachweis nicht vorgesehen ist, sind Veräußerungsgewinne fortan als aktiv zu werten.[1056] Der Antrag auf Feststellung einer Einlagenrückgewähr kommt lediglich in Betracht, wenn eine Gewinnausschüttung nach § 8 Abs. 1 Nr. 7 AStG als passiv anzusehen ist.[1057] Befindet sich die OpCo in einem Drittstaat, so waren sich die Finanzrechtsprechung[1058] sowie die Finanzverwaltung[1059] bis vor Kurzem noch uneinig, ob und inwiefern eine Kapitalrückzahlung zu einer

---

1052 Vgl. *Kahlenberg/Erdem*, IStR 2020, S. 98; *Wassermeyer/Schönfeld*, in: F/W/B/S, Außensteuerrecht, 2017, § 8 AStG, Rn. 285; *Lehfeldt*, in: S/K/K, AStG/DBA, 2016, § 8 AStG, Rn. 162.

1053 Vgl. BFH vom 20.04.1999, VIII R 58/97, BStBl II 1999, 650; H 6.2 „Ausschüttung aus dem steuerlichen Einlagekonto" EStH; *Binnewies*, in: Streck, KStG, 2021, § 8b KStG, Rn. 52; *Häuselmann/Teufel*, in: Lüdicke/Sistermann, Unternehmensteuerrecht, 2018, § 8, Rn. 115.

1054 Vgl. *Lehfeldt*, in: S/K/K, AStG/DBA, 2016, § 8 AStG, Rn. 162; *Wassermeyer/Schönfeld*, in: F/W/B/S, Außensteuerrecht, 2017, § 8 AStG, Rn. 285; so wohl auch *Kahlenberg/Erdem*, IStR 2020, S. 98.

1055 Vgl. *Schaden/Dieterlen*, IStR 2011, S. 292; so auch *Rödel*, in: Kraft, AStG, 2019, § 8 AStG, Rn. 607; *Wassermeyer/Schönfeld*, in: F/W/B/S, Außensteuerrecht, 2017, § 8 AStG, Rn. 315; *Lehfeldt*, in: S/K/K, AStG/DBA, 2016, § 8 AStG, Rn. 162.

1056 Vgl. *Böhmer/Schewe/*Schlücke, FR 2020, S. 166.

1057 Vgl. *Ditz u. a.*, DStR 2020, S. 78; *Linn*, IStR 2020, S. 81; *Böhmer/Oppel*, IWB 2020, S. 13 zur Passivität von Gewinnausschüttungen nach § 8 Abs. 1 Nr. 7 AStG-RefE.

1058 Vgl. BFH vom 10.04.2019, I R 15/16, BFH/NV 2019, S. 1312 explizit zur Einlagenrückgewähr. Siehe auch BFH vom 13.07.2016, VIII R 47/13, BFH/NV 2016, S. 847 zum US Spin-off.

1059 Vgl. FinMin Nordrhein-Westfalen vom 06.10.2011, BeckVerw 268159; a. A. *Binnewies*, in: Streck, KStG, 2021, § 27 KStG, Rn. 218; *Oppel*, IStR 2020, S. 50.

steuerbaren Gewinnausschüttung oder nicht-steuerbaren Einlagenrückgewähr führt.[1060] Die von der Finanzrechtsprechung[1061] vertretene Ansicht, dass unter Berücksichtigung der Verwendungsreihenfolge in § 27 Abs. 1 Satz 3 KStG eine nicht-steuerbare Einlagenrückgewähr durch eine Drittstaatengesellschaft erfolgen kann, wurde anfänglich von der Finanzverwaltung abgelehnt[1062]. Diese Ansicht wurde jüngst von der Finanzverwaltung[1063] aufgeben.

Liegt nach dem ausländischen Handels- und Gesellschaftsrecht eine Kapitalrückzahlung vor, so ist die Verwendungsreihenfolge des § 27 Abs. 1 Satz 3 KStG zu prüfen.[1064] Eine analoge Anwendung von § 27 Abs. 8 KStG ist abzulehnen.[1065] Die Einlagenrückgewähr ist bei Fehlen eines ausschüttbaren Gewinns nicht steuerbar.[1066] Ein übersteigender Betrag ist als Veräußerungsgewinn unter den Voraussetzungen des § 8 Abs. 1 Nr. 9 AStG a. F. bzw. § 8 Abs. 1 Nr. 8 AStG a. F. aktiv.

Ergebnis: Die Zinseinkünfte, die im Zusammenhang mit einer gestundeten Gewinnausschüttung anfallen, sind als Nebenertrag von aktiver Natur, insoweit die zugrunde liegende Gewinnausschüttung zu aktiven Einkünften führt. Eine Gewinnausschüttung oder Kapitalrückzahlung ist regelmäßig gemäß § 8 Abs. 1 Nr. 7 Buchst. b AStG von aktiver Natur, es sei denn, dass die Beteiligung zu Beginn des Kalenderjahrs nicht mindestens 10 % betrug. In diesem Fall ist zu prüfen, ob eine nicht-steuerbare Einlagenrückgewähr vorliegen kann, die unter § 8 Abs. 1 Nr. 8 AStG zu subsumieren ist.

1060 Vgl. *Haun/Schneider*, IWB 2019, S. 769 ff.; *Kahlenberg/Erdem*, IStR 2020, S. 95 ff. zum damaligen Meinungsstand. Siehe auch *Lehfeldt*, in: S/K/K, AStG/DBA, 2016, § 8 AStG, Rn. 162 zur Einlagenrückgewähr innerhalb der Hinzurechnungsbesteuerung.

1061 Vgl. BFH vom 10.04.2019, I R 15/16, BFH/NV 2019, S. 1312 explizit zur Einlagenrückgewähr. Siehe auch BFH vom 13.07.2016, VIII R 47/13, BFH/NV 2016, S. 847 zum US Spin-off.

1062 Vgl. FinMin Nordrhein-Westfalen vom 06.10.2011, BeckVerw 268159; a. A. *Binnewies*, in: Streck, KStG, 2021, § 27 KStG, Rn. 218; *Oppel*, IStR 2020, S. 50.

1063 Vgl. BMF vom 21.04.2022, BStBl I 2022, S. 647.

1064 Vgl. auch *Käshammer/Schmohl/Schuhmann*, IStR 2019, S. 859; *Oppel*, IStR 2020, S. 51; *Gebhardt/Krüger/Hundrieser*, IWB 2019, S. 986.

1065 Vgl. *Kahlenberg/Erdem*, IStR 2020, S. 98; *Mattern*, in: AStG eKommentar, AStG, 2021, § 8 AStG, Fassung vom 01.01.2015, Rn. 118; *Gebhardt/Krüger/Hundrieser*, IWB 2019, S. 989 mit dem Hinweis, dass eine Orientierung an dem Nachweis des § 27 Abs. 8 KStG gleichwohl nicht schädlich ist.

1066 Vgl. *Antweiler*, in: Bott/Walter, KStG, 2021, § 27 KStG, Rn. 126; *Stimpel*, in: R/H/N, KStG, 2015, § 27 KStG, Rn. 76; *Berninghaus*, in: H/H/R, EStG/KStG, 2022, § 27 KStG, Rn. 41.

Grundsätzlich findet die funktionale Betrachtungsweise für Zwecke des Art. 7 Abs. 2 Buchst. a ATAD Anwendung.[1067] Es ist daher vertretbar, dass Zinseinkünfte als Nebenertrag zu aktiven Einkünften führen, sofern diese funktional einer aktiven Tätigkeit zuzurechnen sind. Andererseits kann Art. 7 Abs. 2 Buchst. a Unterbuchst. i) ATAD so verstanden werden, dass eine langfristige Forderungsstundung ein Eigengewicht innehat, das zu Zinsen aus Finanzanlagevermögen führt und als passiv anzusehen ist.[1068] Eine refinanzierte Gewinnausschüttung ist im Grundsatz nicht zur Umqualifizierung passiver Zinseinkünfte geeignet. Das wesentliche Problem besteht darin, dass Dividenden als passiv gelten (Art. 7 Abs. 2 Buchst. a Unterbuchst. iii) ATAD). Selbst unter Berücksichtigung des Art. 8 Abs. 1 Satz 1 ATAD, durch den regelmäßig das nationale Schachtelprivileg zu einer vollständigen oder teilweisen Steuerfreistellung von Dividenden führt, ergibt sich keine Statusverbesserung für Zinseinkünfte.[1069] Die funktionale Betrachtungsweise ordnet lediglich an, dass die Zinseinnahmen aus einem gestundeten Gewinnausschüttungsanspruch als Nebenertrag von Dividendeneinkünften unter Art. 7 Abs. 2 Buchst. a Unterbuchst. iii) ATAD fallen, jedoch wird hierdurch nicht erreicht, dass diese ebenfalls in den Genuss einer Dividendensteuerfreistellung kommen.

7.1.3 Beispiel der Unternehmensakquisition von Vermietungsgesellschaften und -unternehmen

7.1.3.1 Qualifikation einer Vermietungstätigkeit als passive Tätigkeit i. S. der Hinzurechnungsbesteuerung

Die Vermietung und Verpachtung von Einzelwirtschaftsgütern kann als Nebenertrag von aktiven Einkünften i. S. des § 8 Abs. 1 AStG a. F. und AStG zu qualifizieren sein, wenn ein wirtschaftlicher Zusammenhang zu diesen besteht. Die Finanzverwaltung nennt bspw. die Vermietung einer Werkswohnung sowie eines

---

1067 Vgl. *Schnitger/Nitzschke/Gebhardt*, IStR 2016, S. 970; *Böhmer/Gebhardt/Krüger*, in: Hagemann/Kahlenberg, ATAD, 2019, Art. 7 ATAD, Rn. 268; a. A. *Haase*, ISR 2017, S. 354.

1068 Vgl. *Schnitger/Nitzschke/Gebhardt*, IStR 2016, S. 967; *Haase*, DStR 2019, S. 833, die den Terminus Finanzanlagevermögen den Kapitalanlagen des Anlagevermögens gleichsetzen.

1069 Vgl. auch *Schreiber*, ZfbF 1993, S. 511 ff. zur Kritik der unterschiedlichen Behandlung des nationalen und internationalen Schachtelprivilegs.

Vorratsgeländes als einen Nebenertrag.[1070] Besteht kein wirtschaftlicher Zusammenhang der Vermietungs- und Verpachtungstätigkeit zu einer aktiven Haupttätigkeit, so bestimmt sich die Aktivität nach § 8 Abs. 1 Nr. 6 AStG a. F. und AStG.[1071] Umfasst die Nutzungsüberlassung Grundstücke, so sind die Einkünfte gemäß § 8 Abs. 1 Nr. 6 Buchst. b AStG a. F. und AStG von passiver Natur, es sei denn, dass eine unmittelbare Vermietung oder Verpachtung durch den Hinzurechnungsempfänger nach dem anzuwendenden DBA steuerbefreit ist.[1072] Problematisch ist, wenn die Zwischengesellschaft inländische Grundstücke überlässt, da aufgrund der Nichtanwendbarkeit eines DBA im reinen Inlandsfall die Vermietung als passiv qualifiziert.[1073]

Lizenzeinkünfte sind als aktiv einzuordnen, wenn die ausländische Gesellschaft eine eigene Forschungs- und Entwicklungstätigkeit nachweisen kann (§ 8 Abs. 1 Nr. 6 Buchst. a AStG a. F. und AStG).[1074] Da der Nachweis auch das Nichtvorliegen einer schädlichen Mitwirkung umfasst, kann es trotz einer eigenen Forschung und Entwicklung zu Zwischeneinkünften kommen.[1075] Es stellt sich die Frage, ob und inwiefern durch die Erbringung von gewerblichen Sonderleistungen eine passive Vermietungs- und Verpachtungstätigkeit zu einer aktiven Tätigkeit führt. *Goebel/Schmidt*[1076] legen dar, dass eine Nutzungsüberlassung immer unter § 8 Abs. 1 Nr. 6 AStG a. F. und AStG zu subsumieren ist,

---

1070 Vgl. auch BMF vom 14.05.2004, BStBl I 2004, Sondernr. 1/2004, S. 3, Tz. 8.0.2; *Wassermeyer/Schönfeld*, in: F/W/B/S, Außensteuerrecht, 2017, § 8 AStG, Rn. 37; *Lehfeldt*, in: S/K/K, AStG/DBA, 2016, § 8 AStG, Rn. 115.

1071 Vgl. *Lehfeldt*, in: S/K/K, AStG/DBA, 2016, § 8 AStG, Rn. 114; *Fuhrmann*, in: Fuhrmann, AStG, 2017, § 8 AStG, Rn. 151; *Böhmer/Oppel*, IWB 2020, S. 11; *Linn*, IStR 2020, S. 81.

1072 Vgl. auch *Mattern*, in: AStG eKommentar, AStG, 2021, § 8 AStG, Fassung vom 01.01.2015, Rn. 94; *Rödel*, in: Kraft, AStG, 2019, § 8 AStG, Rn. 372. Siehe auch *Wassermeyer/Schönfeld*, in: F/W/B/S, Außensteuerrecht, 2017, § 8 AStG, Rn. 232 mit dem Hinweis auf den eindeutigen Wortlaut des § 8 Abs. 1 Nr. 6 Buchst. b AStG

1073 Vgl. *Lehfeldt*, in: S/K/K, AStG/DBA, 2016, § 8 AStG, Rn. 127.1; *Rödel*, in: Kraft, AStG, 2019, § 8 AStG, Rn. 377; *Wassermeyer/Schönfeld*, in: F/W/B/S, Außensteuerrecht, 2017, § 8 AStG, Rn. 232; *Goebel/Schmidt*, in: H/K/R, Außensteuerrecht, 2014, § 8 AStG, Rn. 420.

1074 Vgl. *Goebel/Schmidt*, in: H/K/R, Außensteuerrecht, 2014, § 8 AStG, Rn. 400; *Mattern*, in: AStG eKommentar, AStG, 2021, § 8 AStG, Fassung vom 01.01.2015, Rn. 91; *Lehfeldt*, in: S/K/K, AStG/DBA, 2016, § 8 AStG, Rn. 121.

1075 Vgl. *Lehfeldt*, in: S/K/K, AStG/DBA, 2016, § 8 AStG, Rn. 122; *Fuhrmann*, in: Fuhrmann, AStG, 2017, § 8 AStG, Rn. 158; *Rödel*, in: Kraft, AStG, 2019, § 8 AStG, Rn. 364.

1076 Vgl. *Goebel/Schmidt*, in: H/K/R, Außensteuerrecht, 2014, § 8 AStG, Rn. 416.

selbst wenn diese nach nationalen Grundsätzen zu originär gewerblichen Einkünften i. S. des § 15 Abs. 2 EStG führt.[1077] Die Nutzungsüberlassung stellt folglich keine Dienstleistung i. S. des § 8 Abs. 1 Nr. 5 AStG a. F. und AStG dar, selbst wenn die Sonderleistungen zu einer gewerblichen Vermietung oder Verpachtung führen.[1078] Die gewerbliche Nutzungsüberlassung wird einschließlich der Sonderleistungen von § 8 Abs. 1 Nr. 6 AStG a. F. und AStG erfasst.[1079] Liegt auf der Sonderleistung nach allgemeiner Verkehrsauffassung ein wirtschaftliches Schwergewicht, so stellt diese eine eigenständige Haupttätigkeit dar.[1080]

Gemäß Art. 7 Abs. 2 Buchst. a Unterbuchst. iv) ATAD wird vom Passivitätskatalog das Finanzierungsleasing erfasst. Abzugrenzen ist das Operating Leasing sowie die klassische Vermietung und Verpachtung, die allesamt zu aktiven Einkünften führen.[1081] Es liegt nahe, dass der europäische Gesetzgeber ein Leasinggeschäft mit „Kreditcharakter" den Zinseinkünften i. S. des Art. 7 Abs. 2 Buchst. a Unterbuchst. i) ATAD gleichstellen möchte, wodurch bspw. eine Umgehung passiver Einkünfte beim Kreditkauf verhindert werden soll. Dies entspricht dem deutschen Verständnis, dass Finanzierungsleasing ein Veräußerungsgeschäft mit einer anschließenden Darlehensgewährung darstellt.[1082] Bezüglich Art. 7 Abs. 2 Buchst. a Unterbuchst. iv) ATAD ist hervorzuheben, dass sämtliche Einkünfte aus dem Finanzierungsleasing umfasst werden und keine Beschränkung auf einen Finanzierungsanteil erkennbar ist. Ein Veräußerungsgewinn aus dem Leasinggegenstand ist folglich vom Passivitätskatalog erfasst.[1083]

1077 Vgl. *Wassermeyer/Schönfeld*, in: F/W/B/S, Außensteuerrecht, 2017, § 8 AStG, Rn. 217; *Fuhrmann*, in: Fuhrmann, AStG, 2017, § 8 AStG, Rn. 152; so wohl auch BMF vom 14.05.2004, BStBl I 2004, Sondernr. 1/2004, S. 3, Tz. 8.0.1.

1078 Vgl. hierzu z. B. R 15.7 Abs. 2 und 3 EStR.

1079 Vgl. *Wassermeyer/Schönfeld*, in: F/W/B/S, Außensteuerrecht, 2017, § 8 AStG, Rn. 217; *Goebel/Schmidt*, in: H/K/R, Außensteuerrecht, 2014, § 8 AStG, Rn. 416.

1080 Vgl. auch BFH vom 20.04.1999, VIII R 58/97, BStBl II 1999, S. 650; BMF vom 14.05.2004, BStBl I 2004, Sondernr. 1/2004, S. 3, Tz. 8.0.2.

1081 Vgl. *Schnitger/Nitzschke/Gebhardt*, IStR 2016, S. 968; *Böhmer/Gebhardt/Krüger*, in: Hagemann/Kahlenberg, ATAD, 2019, Art. 7 ATAD, Rn. 117.

1082 Vgl. BFH vom 26.01.1970, IV R 144/66, BStBl II, S. 1970; BMF vom 19.04.1971, BStBl I 1971, S. 264; BMF vom 21.03.1972, BStBl I 1972, S. 188 zur bilanziellen Behandlung des Finanzierungsleasings.

1083 Vgl. hierzu z. B. *Schnitger/Nitzschke/Gebhardt*, IStR 2016, S. 968.

7.1.3.2 Überlassung einer Sachgesamtheit als Betriebsverpachtung im Ganzen oder Betriebsaufspaltung

7.1.3.2.1 Beispiel des Erwerbs einer Vermietungsgesellschaft mit vorheriger Errichtung einer Betriebsverpachtung im Ganzen

Beispiel: Der inländische Investor in der Rechtsform der Kapitalgesellschaft beabsichtigt, über die ausländische HoldCo in der Rechtsform der Kapitalgesellschaft die aktive ausländische PropCo in der Rechtsform der Kapitalgesellschaft zu erwerben. Aus haftungsrechtlichen Gründen soll der gesamte Geschäftsbetrieb nicht mehr durch die PropCo betrieben werden, sondern durch die OpCo.

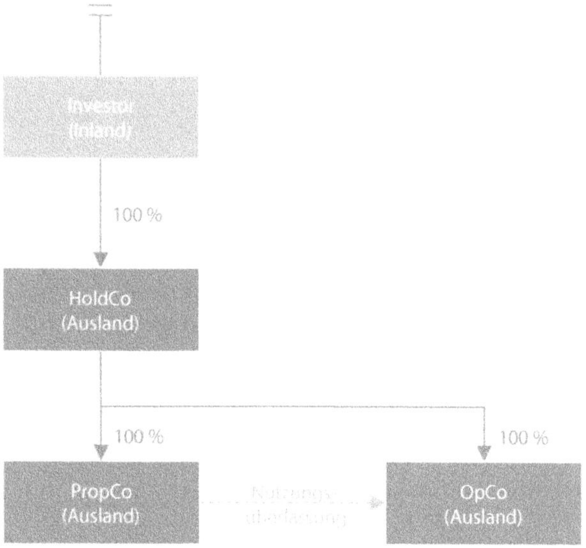

Abbildung 14: Betriebsverpachtung im Ganzen

Wird eine Sachgesamtheit durch eine ausländische Gesellschaft überlassen, vertreten *Mattern*[1084] und *Rödel*[1085] die Rechtsauffassung, dass diese Tätigkeit nicht unter § 8 Abs. 1 Nr. 6 AStG a. F. und AStG zu subsumieren ist. Stellt die

---

1084 Vgl. auch *Mattern*, in: AStG eKommentar, AStG, 2021, § 8 AStG, Fassung vom 01.01.2015, Rn. 34.

1085 Vgl. *Rödel*, in: Kraft, AStG, 2019, § 8 AStG, Rn. 48.

Nutzungsüberlassung eine Betriebsverpachtung im Ganzen dar, so stellen die Pachteinnahmen nachträgliche Betriebseinnahmen dar, die unter die vormalige Tätigkeit des verpachteten Betriebs fallen dürften.[1086] Gemäß § 16 Abs. 3b Satz 1 Nr. 1 EStG erfordert eine Betriebsaufgabe in derartigen Fällen eine Betriebsaufgabeerklärung gegenüber der Finanzverwaltung.[1087] Dieser Grundsatz ist meines Erachtens gemäß § 10 Abs. 3 Satz 1 AStG a. F. und AStG auf Ebene der ausländischen Gesellschaft zu berücksichtigen, sodass bei einer fehlenden Erklärung eine Betriebsverpachtung im Ganzen zu bejahen ist.[1088] Ist der verpachtete Betrieb nach § 8 Abs. 1 AStG a. F. und AStG als aktiv anzusehen, so teilen die Einkünfte der überlassenden PropCo das gleiche Schicksal.[1089] Der Betrieb wird fortan durch die OpCo betrieben. Es kann die Übertragung einer Geschäftschance angenommen werden[1090], die zu einer verdeckten Gewinnausschüttung an die HoldCo und anschließenden verdeckten Einlage in die OpCo führen kann (sog. Dreiecksverhältnis).[1091] Diese Auslegung ist nach der hier vertretenen Ansicht äußerst fraglich, insbesondere wenn die PropCo den Kundenstamm nicht auf die OpCo überträgt, sondern diesen mitverpachtet.[1092]

Die Übertragung einer Geschäftschance führt auf Ebene der PropCo eine Sachausschüttung herbei, mit der Folge, dass auf Ebene dieser Gesellschaft eine

1086 Siehe auch *Mattern*, in: AStG eKommentar, AStG, 2021, § 8 AStG, Fassung vom 01.01.2015, Rn. 34; *Rödel*, in: Kraft, AStG, 2019, § 8 AStG, Rn. 48.

1087 Vgl. *Schallmoser*, in: Brandis/Heuermann, Ertragsteuerrecht, 2021, § 16 EStG, Rn. 535; gl. A. *Dehmer*, in: Dehmer, Betriebsaufspaltung, 2018, § 16, Rn. 11; *Wacker*, in: Schmidt, EStG, 2022, § 16 EStG, Rn. 709.

1088 Vgl. *Vogt*, in: Brandis/Heuermann, Ertragsteuerrecht, 2016, § 8 AStG, Rn. 19; Siehe auch *Wassermeyer/Schönfeld*, in: F/W/B/S, Außensteuerrecht, 2017, § 8 AStG, Rn. 57 zur Betriebsverpachtung im Ganzen bei der Land- und Forstwirtschaft.

1089 Vgl. *Rödel*, in: Kraft, AStG, 2019, § 8 AStG, Rn. 48; *Mattern*, in: AStG eKommentar, AStG, 2021, § 8 AStG, Fassung vom 01.01.2015, Rn. 34.

1090 Vgl. *Roser*, in: Gosch, KStG, 2020, § 8 KStG, Rn. 131 „Geschäftschancen"; *Selder*, in: Glanegger/Güroff, GewStG, 2021, § 7 GewStG, Rn. 248 „Geschäftschancenlehre".

1091 Vgl. BFH vom 09.07.2003, I B 194/02, BFH/NV 2003, S. 1349; *Ditz*, DStR 2006, S. 1625; *Roser*, in: Gosch, KStG, 2020, § 8 KStG, Rn. 850; *Jakob*, DStR 2000, S. 1122 zur Problematik der Übertragung von Geschäftschancen.

1092 Zur Vermeidung der Berücksichtigung einer verdeckten Gewinnausschüttung beim inländischen Investor werden ausländische Gesellschaften in der Beratungspraxis gewöhnlich über eine ausländische HoldCo erworben. Wird die Übertragung der Betriebsführung auf die OpCo als eine verdeckte Gewinnausschüttung gewertet, kommt es zu keiner unmittelbaren Einkünftezurechnung beim inländischen Investor.

Einkünftekorrektur durchzuführen ist (§ 8 Abs. 3 Satz 2 KStG).[1093] Der Korrekturbetrag unterliegt jedoch nicht der Hinzurechnungsbesteuerung, da die aktiven Einkünfte ebenfalls Veräußerungsvorgänge als letzten Rechtsakt erfassen.[1094] Hingegen stellt die Zuwendung an die OpCo nach § 8 Abs. 3 Satz 3 KStG eine verdeckte Einlage dar, die zu einer Einkünfteminderung führt.[1095] Gemäß § 8 Abs. 1 Nr. 8 AStG a. F. ist die verdeckte Gewinnausschüttung auf Ebene der HoldCo von aktiver Natur.[1096] Da die PropCo aufgrund der Erzielung aktiver Einkünfte nicht selbst der Hinzurechnungsbesteuerung unterliegt, findet die Rückausnahme des § 8 Abs. 1 Nr. 7 Buchst. a Satz 2 Doppelbuchst. aa AStG keine Anwendung, sodass vorläufig die Passivität erfüllt ist.[1097] Die verdeckte Gewinnausschüttung ist hingegen aktiv, wenn diese das Einkommen der ausländischen Gesellschaft oder einer ihr nahestehenden Person i. S. des § 1 Abs. 2 AStG erhöht und die ausländische empfangende Körperschaft keiner niedrigen Besteuerung unterliegt (§ 8 Abs. 1 Nr. 7 Buchst. a Satz 2 Doppelbuchst. bb AStG).[1098]

Unabhängig davon, dass meines Erachtens eine formale Erfassung der verdeckten Gewinnausschüttung im Rahmen der Steuerveranlagung nicht erforderlich ist, scheitert die Aktivität an der Niedrigbesteuerung der OpCo als empfangende Körperschaft.[1099] Für die verdeckte Gewinnausschüttung ist gemäß § 10 Abs. 3 Satz 1 AStG das Schachtelprivileg i. S. des § 8b Abs. 1 Satz 2 und 5 KStG anwendbar, da insoweit das materielle Korrespondenzprinzip erfüllt

---

1093 Vgl. BFH vom 11.04.2018, I R 34/15, BStBl II 2020, S. 201; *Pohl*, NWB 2019, S. 244; *Binnewies*, in: Streck, KStG, 2021, § 8b KStG, Rn. 60 zum Vorliegen einer Sachausschüttung.

1094 Vgl. auch BFH vom 16.05.1990, I R 16/88, BStBl II 1990, S. 1049; BFH vom 07.08.2002, I R 10/01, BStBl II 2002, S. 848; BMF vom 14.05.2004, BStBl I 2004, Sondernr. 1/2004, S. 3, Tz. 8.1.1.

1095 Vgl. BFH vom 13.06.2018, I R 94/15, BStBl II 2020, S. 705; *van Lishaut*, FR 2020, S. 371; *Staccioli/Kunert*, ISR 2022, S. 331; *Ditz/Engelen/Quilitzsch*, DStR 2019, S. 362.

1096 Vgl. auch BMF vom 14.05.2004, BStBl I 2004, Sondernr. 1/2004, S. 3, Tz. 8.1.8; *Lehfeldt*, in: S/K/K, AStG/DBA, 2016, § 8 AStG, Rn. 161; kritischer *Wassermeyer/Schönfeld*, in: F/W/B/S, Außensteuerrecht, 2017, § 8 AStG, Rn. 283.

1097 Vgl. *Mann*, in: BeckOK AStG, AStG, 2022, § 8 AStG, Rn. 250; *Vogt*, in: Brandis/Heuermann, Ertragsteuerrecht, 2022, § 8 AStG, Rn. 255; *Müller*, ISR 2021, S. 241 ff.; *Staccioli/Kunert*, ISR 2022, S. 323 f.; *Binder/Graßl*, IStR 2021, S. 870.

1098 Vgl. *Mann*, in: BeckOK AStG, AStG, 2022, § 8 AStG, Rn. 251; *Ditz u. a.*, DStR 2020, S. 78, *Linn*, IStR 2020, S. 81; *Binder/Graßl*, IStR 2021, S. 866; *Müller*, ISR 2021, S. 244.

1099 Vgl. hierzu z. B. *Linn*, IStR 2020, S. 81; *Loose*, PIStB 2021a, S. 189.

ist.[1100] Es stellt sich dennoch die Frage, ob und inwiefern nach § 8b Abs. 5 Satz 1 KStG zu 5 % nicht abzugsfähige Betriebsausgaben zu erfassen sind, da die Rechtsprechung des Bundesfinanzhofs[1101] hierfür eine inländische Betriebsstätte fordert. Eine systematische Auslegung des § 8b Abs. 5 KStG kann dazu führen, dass eine ausländische Betriebsstätte für Zwecke der Hinzurechnungsbesteuerung ausreichend ist. Des Weiteren legt *Mattern*[1102] dar, dass eine Betriebsverpachtung im Ganzen nur gegeben ist, wenn der Pächter den Betrieb im Wesentlichen beibehält, da es ansonsten der Fortführungsmöglichkeit des Betriebs fehlt.[1103] Dies entspricht dem Verständnis der Finanzverwaltung.[1104]

Es stellt sich daher die Frage, ob und inwiefern eine Betriebsverpachtung im Ganzen vorliegen kann, wenn die PropCo einen Betrieb unmittelbar nach der Errichtung an die OpCo verpachtet, sodass der Betrieb durch die PropCo nicht bzw. nur kurzfristig betrieben wird. Eine begünstigte Betriebsverpachtung im Ganzen ist gegeben, wenn die Überlassung sämtliche funktional wesentlichen Betriebsgrundlagen umfasst.[1105] Bei Produktionsunternehmen sind Betriebsgrundstücke, Betriebsgebäude sowie betriebsnotwendige Anlagen und Betriebsvorrichtungen als funktional wesentlich anzusehen.[1106] Die Überlassung

1100 Die verdeckte Gewinnausschüttung ist daher bei der Ermittlung des Hinzurechnungsbetrags steuerfrei zu stellen (vgl. auch *Nolte/Kunert*, in: AStG eKommentar, AStG, 2022, § 10 AStG, Fassung vom 01.01.2022, Rn. 10; *Vogt*, in: Brandis/Heuermann, Ertragsteuerrecht, 2022, § 10 AStG, Rn. 96; *Böhmer/Oppel*, IWB 2020, S. 14; *Ditz u. a.*, DStR 2020, S. 78 zur Anwendbarkeit des § 8b Abs. 1 und 2 KStG). Fraglich ist, ob gemäß § 8b Abs. 5 Satz 1 KStG nicht abzugsfähige Betriebsausgaben in Höhe von 5 % zu berücksichtigen sind.

1101 Vgl. BFH vom 31.05.2017, I R 37/15, BStBl II 2018, S. 144.

1102 Vgl. auch *Mattern*, in: AStG eKommentar, AStG, 2021, § 8 AStG, Fassung vom 01.01.2015, Rn. 34.

1103 Vgl. BFH vom 15.10.1987, IV R 91/85, BStBl II 1988, S. 257; *Kulosa*, in: H/H/R, EStG/KStG, 2019, § 16 EStG, Rn. 665 zum Erfordernis der Fortführungsmöglichkeit.

1104 Vgl. *Graw*, in: K/S/M, EStG, 2017, § 16 EStG, Rn. H 11; *Maetz*, in: Bordewin/Brandt, EStG, 2022, § 16 EStG, Rn. 242 ff.; *Stahl*, in: Korn, EStG, 2020, § 16 EStG, Rn. 394.2; BFH vom 15.10.1987, IV R 91/85, BStBl II 1988, S. 257; BFH vom 15.10.1987, IV R 66/86, BStBl II 1988, S. 260; H 16 Abs. 5 „Umgestaltung wesentlicher Betriebsgrundlagen“ EStH.

1105 Vgl. H 16 Abs. 5 „Wesentliche Betriebsgrundalgen“ EStH; BFH vom 11.10.2007, X R 39/04, BStBl II 2008, S. 220; *Kulosa*, in: H/H/R, EStG/KStG, 2019, § 16 EStG, Rn. 653; *Schallmoser*, in: Brandis/Heuermann, Ertragsteuerrecht, 2021, § 16 EStG, Rn. 543.

1106 Vgl. BFH vom 11.10.2007, X R 39/04, BStBl II 2008, S. 220; BFH vom 18.08.2009, X R 20/06, BStBl II 2010, S. 222.

beweglicher Wirtschaftsgüter ist nicht notwendig.[1107] Ein zeitliches Erfordernis ist im Grundsatz nicht zu erkennen. Gleichwohl kann die Ansicht vertreten werden, dass der Betriebsverpachtung ein Eigenbetrieb vorangegangen sein muss.[1108] Diese Auslegung verkennt, dass die funktionale Betrachtungsweise nicht nur Neben- und Folgeerträge erfasst, sondern auch Vorerträge.[1109] Kann die PropCo abstrakt den verpachteten Betrieb fortführen, so führt die Nutzungsüberlassung die gleiche Qualifikation innerhalb des § 8 Abs. 1 AStG a. F. und AStG wie der verpachtete Betrieb herbei.

Ergebnis: Durch die Implementierung einer Betriebsverpachtung im Ganzen kann eine gruppeninterne Nutzungsüberlassung als eine aktive Tätigkeit angesehen werden. Strittig kann allerdings die Konstellation sein, wenn der verpachtete Betrieb zuvor nicht selbst durch die überlassene Gesellschaft betrieben wurde, sondern mit dem Ziel der Überlassung errichtet wurde.

Gemäß Art. 7 Abs. 2 Buchst. a Unterbuchst. iv) ATAD führt das Finanzierungsleasing zu passiven Einkünften. Hiervon sind nicht die Vermietung und die Verpachtung erfasst.[1110] Es ist irrelevant, ob die Nutzungsüberlassung rein vermögensverwaltend oder gewerblich ist.[1111] Selbst wenn passives Finanzierungsleasing gegeben ist, stellt sich die Frage, ob passive Lizenzeinkünfte durch die Implementierung einer Betriebsverpachtung im Ganzen in aktive Einkünfte umqualifiziert werden können. Grundsätzlich sind die nationalen Vorschriften anwendbar, sodass das Rechtskonstrukt der Betriebsverpachtung im Ganzen bei der Ermittlung des Hinzurechnungsbetrags zu berücksichtigen ist (Art. 8 Abs. 1 Satz 1 ATAD).[1112] Es kann andererseits auf die Finanzrechtsprechung[1113]

1107 Vgl. BFH vom 11.10.2007, X R 39/04, BStBl II 2008, S. 220; H 16 Abs. 5 „Wesentliche Betriebsgrundlagen" EStH; *Kulosa*, in: H/H/R, EStG/KStG, 2019, § 16 EStG, Rn. 656; *Maetz*, in: Bordewin/Brandt, EStG, 2022, § 16 EStG, Rn. 239.

1108 Vgl. BFH vom 20.04.1989, IV R 95/87, BStBl II 1989, S. 863; *Dehmer*, in: Dehmer, Betriebsaufspaltung, 2018, § 15, Rn. 9.

1109 Vgl. *Rödel*, in: Kraft, AStG, 2019, § 8 AStG, Rn. 41; so wohl auch *Wassermeyer/Schönfeld*, in: F/W/B/S, Außensteuerrecht, 2017, § 8 AStG, Rn. 36; *Lehfeldt*, in: S/K/K, AStG/DBA, 2016, § 8 AStG, Rn. 17.

1110 Vgl. *Schnitger/Nitzschke/Gebhardt*, IStR 2016, S. 968; *Böhmer/Gebhardt/Krüger*, in: Hagemann/Kahlenberg, ATAD, 2019, Art. 7 ATAD, Rn. 117.

1111 Vgl. *Schnitger/Nitzschke/Gebhardt*, IStR 2016, S. 968.

1112 Vgl. auch *Böhmer/Gebhardt/Krüger*, in: Hagemann/Kahlenberg, ATAD, 2019, Art. 8 ATAD, Rn. 10.

1113 Vgl. BFH vom 25.05.2011, I R 95/10, BStBl II 2014, S. 760; BFH vom 07.12.2011, I R 5/11, BFH/NV 2012, S. 556; FG Hessen vom 26.03.2015, 10 K 2347/09, EFG 2015,

zur abkommensrechtlichen Behandlung vermögensverwaltender Gesellschaften zurückgegriffen werden. Eine Betriebsverpachtung im Ganzen führt nicht zu Unternehmensgewinnen nach Art. 7 OECD-MA, sondern zu Einkünften aus unbeweglichem Vermögen i. S. von Art. 6 OECD-MA.[1114] Dieser Auslegung steht Art. 8 Abs. 1 Satz 1 ATAD nicht entgegen, da in Art. 3 Abs. 2 OECD-MA ein vergleichbarer Verweis auf das innerstaatliche Recht erfolgt. Es ist auf die nationalen Begriffsbestimmungen zurückzugreifen, soweit das Abkommen keine eigenständigen Bestimmungen beinhaltet.[1115] Folglich kann Art. 7 Abs. 2 Buchst. a ATAD so zu verstehen sein, dass die Begrifflichkeiten losgelöst von dem nationalen Begriffsverständnis auszulegen sind, sodass nach Art. 8 Abs. 1 Satz 1 ATAD die nationalen Vorschriften nur für die Einkünfte der Höhe und nicht dem Grunde nach anzuwenden sind[1116].

7.1.3.2.2 Beispiel des Erwerbs einer Vermietungsgesellschaft und anschließender Errichtung einer Betriebsaufspaltung

Beispiel: Der inländische Investor in der Rechtsform der Kapitalgesellschaft beabsichtigt, sämtliche Anteile an der ausländischen PropCo in der Rechtsform der Kapitalgesellschaft sowie der aktiven ausländischen OpCo in der Rechtsform der Kapitalgesellschaft zu erwerben. Die PropCo überlässt ihren gesamten Geschäftsbetrieb an die OpCo. Nach der Unternehmensakquisition sollen die Anteile an der OpCo durch den inländischen Investor gegen Gewährung neuer Anteile in die PropCo eingebracht werden.

S. 1454; BMF vom 26.09.2014, BStBl I 2014, S. 1258, Tz. 2.2.1 zur abkommensrechtlichen Behandlung vermögensverwaltender Personengesellschaften.

1114 Vgl. BFH vom 25.05.2011, I R 95/10, BStBl II 2014, S. 760; *Prinz*, FR 2012, S. 383; BMF vom 26.09.2014, BStBl I 2014, S. 1258, Rn. 221; *Schaumburg/Häck*, in: Schaumburg, Internationales Steuerrecht, 2017, Rn. 19.236.

1115 Vgl. *Strunk/Kaminski*, in: S/K/K, AStG/DBA, 2021, Art. 3 OECD-MA, Rn. 30; *Wassermeyer/Drüen*, in: Wassermeyer, DBA, 2018, Art. 3 OECD-MA, Rn. 71; *Gosch*, ISR 2013, S. 88; *Dürrschmidt*, in: V/L, DBA, 2021, Art. 3 OECD-MA, Rn. 123.

1116 Da in Art. 8 ATAD der Hinzurechnungsbetrag nur der Höhe nach geregelt wird, ist fraglich, ob und inwiefern der Verweis in Art. 8 Abs. 1 Satz 1 ATAD auf die nationale Einkünftequalifikation in Art. 7 Abs. 2 Buchst. a ATAD durchschlägt (vgl. *Böhmer/Gebhardt/Krüger*, in: Hagemann/Kahlenberg, ATAD, 2019, Art. 7 ATAD, Rn. 3).

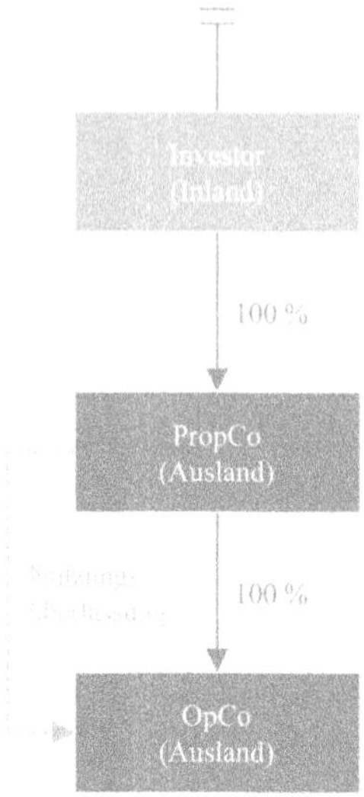

Abbildung 15: Kapitalistische Betriebsaufspaltung

Das Ziel der Akquisitionsstruktur ist die Erlangung einer Betriebsaufspaltung.[1117] Ist eine sachliche und personelle Verflechtung gegeben, nimmt das Besitzunternehmen über das Betriebsunternehmen am allgemeinen wirtschaftlichen Verkehr teil.[1118] Die sachliche Verflechtung erfordert, dass mindestens eine funktional wesentliche Betriebsgrundlage von der PropCo an die OpCo überlassen wird.[1119] Die Nutzungsüberlassung kann entgeltlich oder unentgeltlich

1117 Es sei darauf hingewiesen, dass zwischen Schwesterkapitalgesellschaften mangels Vorliegens einer personellen Verflechtung keine Betriebsaufspaltung gegeben ist (vgl. *Güroff*, in: Glanegger/Güroff, GewStG, 2021, § 2 GewStG, Rn. 349; *Dehmer*, in: Dehmer, Betriebsaufspaltung, 2018, § 1, Rn. 32).

1118 Vgl. *Krumm*, in: Kirchhof/Seer, EStG, 2022, § 15 EStG, Rn. 76; *Hufeld/Schenke*, in: BeckOK EStG, EStG, 2022, § 15 EStG, Rn. 1239 ff.; *Wacker*, in: Schmidt, EStG, 2022, § 15 EStG, Rn. 855 ff.; *Blischke/Desens*, in: K/S/M, EStG, 2016, § 15 EStG, Rn. B 143; *Bode*, in: Brandis/Heuermann, Ertragsteuerrecht, 2020, § 15 EStG, Rn. 635 ff. zu den ertragsteuerlichen Rechtsfolgen einer Betriebsaufspaltung.

1119 Vgl. H 15.7 Abs. 5 „Wesentliche Betriebsgrundlage" EStH; BFH vom 20.09.1973, IV R 41/69, BStBl II 1973, S. 869; *Gluth*, in: H/H/R, EStG/KStG, 2022, § 15 EStG, Rn. 810; *Wacker*, in: Schmidt, EStG, 2022, § 15 EStG, Rn. 809.

erfolgen.[1120] Die personelle Verflechtung erfordert, dass die Gesellschafter des Besitzunternehmens ihren Willen einheitlich gegenüber dem Betriebsunternehmen durchsetzen können.[1121] Dies erfordert die Stimmrechtsmehrheit der Personen, die sowohl am Besitzunternehmen als auch am Betriebsunternehmen beteiligt sind.[1122] Als Rechtsfolge der Betriebsaufspaltung erzielt das Betriebsunternehmen originär gewerbliche Einkünfte i. S. des § 15 Abs. 2 EStG.[1123] Es liegt dann nahe, dass für die Qualifikation der Vermietungs- und Verpachtungstätigkeit des Besitzunternehmens im Rahmen des § 8 Abs. 1 AStG a. F. und AStG auf die Tätigkeit des Betriebsunternehmens abzustellen ist.

Diese Rechtsauffassung steht nicht im Widerspruch mit der h. A.[1124], dass auch eine gewerbliche Vermietung oder Verpachtung unter § 8 Abs. 1 Nr. 6 AStG a. F. und AStG zu subsumieren ist. Denn die Besonderheit der Betriebsaufspaltung besteht darin, dass sich die originäre Gewerblichkeit i. S. des § 15 Abs. 2 EStG nicht durch die Art und Weise der Nutzungsüberlassung ergibt, sondern durch die zuzurechnende Tätigkeit des Betriebsunternehmens. Dies wird durch die Rechtsprechung des Bundesfinanzhofs zur sachlichen Gewerbesteuerbefreiung des § 3 Nr. 20 Buchst. b und c GewStG deutlich.[1125] Die sachliche Gewerbesteuerbefreiung der Betriebsgesellschaft findet ebenfalls bei der Besitzgesellschaft Anwendung.[1126] Besitz- und Betriebsunternehmen werden im

---

1120 Vgl. BFH vom 24.04.1991, X R 84/88, BStBl II 1991, S. 713; BFH vom 12.04.2018, IV R 5/15, BFH/NV 2018, S. 881; *Wacker*, in: Schmidt, EStG, 2022, § 15 EStG, Rn. 809; *Gluth*, in: H/H/R, EStG/KStG, 2022, § 15 EStG, Rn. 812 „Unentgeltliche Nutzung". Siehe auch *Blischke/Desens*, in: K/S/M, EStG, 2016, § 15 EStG, Rn. B 138 zum aktuellen Meinungsstand zum Vorliegen einer sachlichen Verflechtung bei einer bloß unentgeltlichen Nutzungsüberlassung.

1121 Vgl. BFH vom 08.11.1971, GrS 2/71, BStBl II 1972, S. 63; H 15.7 Abs. 6 „Allgemeines" EStH; *Krumm*, in: Kirchhof/Seer, EStG, 2022, § 15 EStG, Rn. 90; *Gluth*, in: H/H/R, EStG/KStG, 2022, § 15 EStG, Rn. 796.

1122 Vgl. BFH vom 28.11.1979, I R 141/75, BStBl II 1980, S. 162; BFH vom 18.02.1986, VIII R 125/85, BStBl II 1986, S. 61. Siehe auch FG Köln vom 17.10.2019, 6 K 832/16, EFG 2020, S. 1149 zur personellen Verflechtung bei mittelbaren Beteiligungsverhältnissen.

1123 Vgl. auch BFH vom 12.11.1985, VIII R 240/81, BStBl II 1986, S. 296; *Gluth*, in: H/H/R, EStG/KStG, 2022, § 15 EStG, Rn. 819.

1124 Vgl. *Goebel/Schmidt*, in: H/K/R, Außensteuerrecht, 2014, § 8 AStG, Rn. 416; *Wassermeyer/Schönfeld*, in: F/W/B/S, Außensteuerrecht, 2017, § 8 AStG, Rn. 217; *Fuhrmann*, in: Fuhrmann, AStG, 2017, § 8 AStG, Rn. 152.

1125 Vgl. BFH vom 29.03.2006, X R 59/00, BStBl II 2006, S. 661; BFH vom 20.08.2015, IV R 26/13, BStBl II 2016, S. 408.

1126 Vgl. H 3.20 „Merkmalerstreckung bei Betriebsaufspaltung" GewStH; FinMin Nordrhein-Westfalen vom 06.10.2010, DStR 2010, S. 2462; BFH vom 09.08.2002,

Hinblick auf die ertragsteuerliche Einkünftequalifikation als Einheitsunternehmen betrachtet.[1127] Ebenfalls behandeln *Wassermeyer/Schönfeld*[1128] Lizenzeinkünfte im Rahmen einer Betriebsaufspaltung als Dienstleistungen i. S. des § 8 Abs. 1 Nr. 5 AStG a. F. und AStG, da der Lizenzgeber am allgemeinen wirtschaftlichen Verkehr teilnimmt. Es wird ersichtlich, dass die Lizenzgewährung in diesem Fall nicht von § 8 Abs. 1 Nr. 6 Buchst. a AStG a. F. und AStG erfasst wird, sondern das Schicksal der Einkünfte der Betriebsgesellschaft trägt.

Nach der hier vertretenen Auffassung führen Lizenzeinkünfte nicht ausschließlich zu Dienstleistungseinkünften i. S. des § 8 Abs. 1 Nr. 5 AStG a. F. und AStG, sondern sind entsprechend der Tätigkeit des Betriebsunternehmens von aktiver oder passiver Natur. Wird eine funktional wesentliche Betriebsgrundlage durch die PropCo an die OpCo überlassen, ist die sachliche Verflechtung erfüllt.[1129] Da die PropCo sämtliche Geschäftsanteile an der OpCo hält, ist ebenfalls die personelle Verflechtung erfüllt, sodass eine kapitalistische Betriebsaufspaltung vorliegt.[1130] Eine Betriebsaufspaltung liegt nicht vor, soweit es sich bei der PropCo und OpCo um Schwesterkapitalgesellschaften handelt.[1131] Aufgrund des Durchgriffsverbots erfordert die personelle Verflechtung bei Besitzkapitalgesellschaften, dass diese die Stimmrechtsmehrheit an der Betriebsgesellschaft halten (kapitalistische Betriebsaufspaltung) oder die Betriebsgesellschaft die Stimmrechtsmehrheit an dieser hält (umgekehrte Betriebsaufspaltung).

III B 34/02, BFH/NV 2002, S. 1616; BFH vom 20.08.2015, IV R 26/13, BStBl II 2016, S. 408; *Micker*, DStR 2012, S. 592 f.; *Bode*, in: Brandis/Heuermann, Ertragsteuerrecht, 2020, § 15 EStG, Rn. 637a; *Wacker*, in: Schmidt, EStG, 2022, § 15 EStG, Rn. 871.

1127 Vgl. BFH vom 19.03.2002, VIII R 57/99, BStBl II 2002, S. 662; BFH vom 29.03.2006, X R 59/00, BStBl II 2006, S. 661.

1128 Vgl. *Wassermeyer/Schönfeld*, in: F/W/B/S, Außensteuerrecht, 2017, § 8 AStG, Rn. 223.

1129 Vgl. auch H 15.7 Abs. 5 „Wesentliche Betriebsgrundlage" EStH; BFH vom 21.05.1974, VIII R 57/70, BStBl II 1974, S. 613; BFH vom 18.06.2015, IV R 11/13, BFH/NV 2015, S. 1398.

1130 Vgl. BFH vom 20.05.2010, III R 28/08, BStBl II 2014, S. 194; *Krumm*, in: Kirchhof/Seer, EStG, 2022, § 15 EStG, Rn. 83; *Gluth*, in: H/H/R, EStG/KStG, 2022, § 15 EStG, Rn. 779.

1131 Vgl. auch *Schiessl/Brinkmann*, in: Lüdicke/Sistermann, Unternehmensteuerrecht, 2018, § 4, Rn. 175; Dehmer, in: Dehmer, Betriebsaufspaltung, 2018, § 1, Rn. 32; *Micker/Schwarz*, FR 2018, S. 771; *Gluth*, in: H/H/R, EStG/KStG, 2022, § 15 EStG, Rn. 779; Sarrazin, in: L/S, GewStG, 2022, § 2 GewStG, Rn. 1140; *Bode*, in: Brandis/Heuermann, Ertragsteuerrecht, Ertragsteuerrecht, 2020, § 15 EStG, Rn. 592.

Zu klären ist, ob und inwiefern nach Vollzug einer Unternehmenstransaktion steuerneutral eine Betriebsaufspaltung implementiert werden kann.[1132] Regelmäßig sind gemäß § 8 Abs. 1 Nr. 9 und 10 AStG a. F. gruppeninterne Anteilsübertragungen sowie vergleichbare ausländische Umwandlungen von aktiver Natur. Hiervon ausgeschlossen sind Anteile an Grundstücksgesellschaften i. S. des § 8 Abs. 1 Nr. 6 Buchst. b AStG a. F., die grundsätzlich zu einer passiven Anteilsveräußerung oder passiven Umwandlung führen.[1133] Da § 8 Abs. 1 Nr. 10 AStG a. F. von Einkünften spricht, stellt sich die Frage, ob hierunter abstrakte oder konkrete Einkünfte zu verstehen sind.[1134] Nach Auffassung von *Wassermeyer/Schönfeld*[1135] kommt es allein darauf an, ob abstrakt Einkünfte durch die Umwandlung vorliegen.[1136] Dies wird damit begründet, dass entsprechend der Rechtssystematik des § 2 Abs. 2 EStG zuerst die sachliche Steuerpflicht in Form der jeweiligen Einkunftsart erfüllt sein muss und erst im Anschluss die Höhe der Einkünfte ermittelt wird.[1137]

Durch die Einschränkung des § 10 Abs. 3 Satz 4 Halbsatz 2 AStG a. F. können Umwandlungen selbst innerhalb der EU oder dem EWR nicht zu Buchwerten

---

1132 Es sei darauf hingewiesen, dass ein Veräußerungsgewinn von Grundstücken nur unter § 8 Abs. 1 Nr. 6 Buchst. b AStG zu subsumieren ist, wenn die ausländische Gesellschaft einer gewerblichen Vermietungs- oder Verpachtungstätigkeit nachgeht (vgl. BFH vom 21.01.1998, I R 3/96, BStBl II 1998, S. 468; BMF vom 14.05.2004, BStBl I 2004, Sondernr. 1/2004, S. 3, Tz. 10.1.1.2; *Vogt*, in: Brandis/Heuermann, Ertragsteuerrecht, 2016, § 8 AStG, Rn. 66; *Lehfeldt* in S/K/K, AStG/DBA, 2016, § 8 AStG Rn. 115; a. A. *Goebel/Schmidt*, in: H/K/R, Außensteuerrecht, 2014, § 8 AStG, Rn. 422). Folglich könnte anstatt eines Share Deals auch ein Asset Deal aus rein deutscher Sicht in Betracht gezogen werden (siehe auch *Rödel*, in: Kraft, AStG, 2019, § 8 AStG, Rn. 542 ff.; *Vogt*, in: Brandis/Heuermann, Ertragsteuerrecht, 2022, § 8 AStG, Rn. 305 ff.; *Mann*, in: BeckOK AStG, AStG, 2022, § 8 AStG, Rn. 279 ff. zur Aktivität von Gewinnausschüttungen).

1133 Vgl. *Rödel*, in: Kraft, AStG, 2019, § 8 AStG, Rn. 575; *Goebel/Schmidt*, in: H/K/R, Außensteuerrecht, 2014, § 8 AStG, Rn. 502; *Lehfeldt*, in: S/K/K, AStG/DBA, 2016, § 8 AStG, Rn. 179; *Fuhrmann*, in: Fuhrmann, AStG, 2017, § 8 AStG, Rn. 254.

1134 Vgl. auch *Wassermeyer/Schönfeld*, in: F/W/B/S, Außensteuerrecht, 2017, § 8 AStG, Rn. 363 zum aktuellen Diskussionsstand.

1135 Vgl. *Wassermeyer/Schönfeld*, in: F/W/B/S, Außensteuerrecht, 2017, § 8 AStG, Rn. 365.

1136 Vgl. *Haun/Reiser/Mödinger*, in: H/K/R, Außensteuerrecht, 2017, § 10 AStG, Rn. 191; *Schießl*, DStZ 2009, S. 208.

1137 Vgl. *Wassermeyer/Schönfeld*, in: F/W/B/S, Außensteuerrecht, 2017, § 8 AStG, Rn. 365.

in der Hinzurechnungsbilanz erfolgen.[1138] Andererseits kann die Rechtsauffassung vertreten werden, dass § 8 Abs. 1 Nr. 10 AStG a. F. konkrete Einkünfte voraussetzt.[1139] Ist der umwandelnde Rechtsträger innerhalb der EU oder dem EWR ansässig, so kann eine vergleichbare ausländische Umwandlung nach den §§ 1 ff. UmwStG zu Buchwerten erfolgen. Das Ergebnis ist, dass keine konkreten Einkünfte vorliegen. Die Ausnahme bei Grundstücksgesellschaften i. S. des § 8 Abs. 1 Nr. 6 Buchst. b AStG a. F. ist dann auf Drittstaatenfälle beschränkt.[1140] Der Gesetzgeber hat bei § 8 Abs. 1 Nr. 8 und 9 AStG auf eine Rückausnahme bei Grundstücksgesellschaften i. S. des § 8 Abs. 1 Nr. 6 Buchst. b AStG verzichtet. Die gruppeninterne Anteilsveräußerung oder ausländische Umwandlung von Grundstücksgesellschaften sind unter Berücksichtigung der sonstigen Voraussetzungen des § 8 Abs. 1 Nr. 8 oder 9 AStG von aktiver Natur. Die Begründung einer Betriebsaufspaltung ist hierdurch deutlich erleichtert worden.

Ergebnis: Durch die Implementierung einer Betriebsaufspaltung kann eine gruppeninterne Nutzungsüberlassung als eine aktive Tätigkeit angesehen werden.

Eine Betriebsaufspaltung ist als eine Vermietungs- und Verpachtungstätigkeit nicht unter Art. 7 Abs. 2 Buchst. a Unterbuchst. iv) ATAD zu subsumieren, da diese nicht zu einem Finanzierungsleasing führt. Selbst wenn dies der Fall ist, kann Art. 8 Abs. 1 Satz 1 ATAD so verstanden werden, dass das nationale Rechtsverständnis des Einheitsunternehmens auch für die Prüfung des Art. 7 Abs. 1 Buchst. a ATAD maßgeblich ist. Andererseits kann die abkommensrechtliche Behandlung eines Besitzunternehmens einer Behandlung als Einheitsunternehmen entgegenstehen.[1141]

1138 Siehe z. B. auch *Vogt*, in: Brandis/Heuermann, Ertragsteuerrecht, 2018, § 10 AStG, Rn. 100; *Haun/Reiser/Mödinger*, in: H/K/R, Außensteuerrecht, 2017, § 10 AStG, Rn. 191; *Wassermeyer/Schönfeld*, in: F/W/B/S, Außensteuerrecht, 2017, § 8 AStG, Rn. 364; *Nolte*, in: AStG eKommentar, AStG, 2021, § 10 AStG, Fassung vom 01.01.2018, Rn. 58.

1139 Ablehnend *Wassermeyer/Schönfeld*, in: F/W/B/S, Außensteuerrecht, 2017, § 8 AStG, Rn. 364.

1140 Vgl. *Haun/Reiser/Mödinger*, in: H/K/R, Außensteuerrecht, 2017, § 10 AStG, Rn. 192; *Wassermeyer/Schönfeld*, in: F/W/B/S, Außensteuerrecht, 2017, § 8 AStG, Rn. 364.

1141 Vgl. Kapitel 7.1.3.2.1.

7.1.4 Beispiel der Unternehmensakquisition von Vertriebsgesellschaften und -unternehmen

7.1.4.1 Schädliches Bedienen und Mitwirken innerhalb einer Unternehmensgruppe

Die Handels- und Vertriebstätigkeit führt gemäß § 8 Abs. 1 Nr. 4 und 5 AStG a. F. sowie AStG zu aktiven Einkünften.[1142] Passive Einkünfte liegen vor, wenn ein schädliches Bedienen oder Mitwirken gegeben ist.[1143] § 8 Abs. 1 Nr. 4 und Nr. 5 Buchst. b AStG a. F. sowie AStG sieht die Möglichkeit eines Funktionsnachweises vor.[1144] Eine schädliche Mitwirkung liegt vor, wenn durch den Beteiligten oder durch die nahestehende Person die (a) zur Vorbereitung, (b) zum Abschluss oder (c) zur Ausführung der Geschäfte gehörenden Tätigkeiten übernommen werden.[1145] Folglich sollen hiervon Funktionen erfasst werden, die typischerweise durch eine selbst überlebensfähige Gesellschaft auszuüben sind (sog. Outsourcing).[1146] Das Tatbestandsmerkmal des Nichtvorliegens einer schädlichen Mitwirkung fordert eine Eigenständigkeit der Funktionsausübung der ausländischen Handelsgesellschaft.[1147] Unschädlich ist die bloße Ausübung der Gesellschafterstellung oder das Tätigwerden im Aufsichtsrat, soweit lediglich den Handelsgeschäften zugestimmt

1142 Vgl. *Vogt*, in: Brandis/Heuermann, Ertragsteuerrecht, 2016, § 8 AStG, Rn. 35 und 50; *Mattern*, in: AStG eKommentar, AStG, 2021, § 8 AStG, Fassung vom 01.01.2015, Rn. 68 und 79.

1143 Vgl. *Mattern*, in: AStG eKommentar, AStG, 2021, § 8 AStG, Fassung vom 01.01.2015, Rn. 78; *Rödel*, in: Kraft, AStG, 2019, § 8 AStG, Rn. 254; *Geurts*, in: Fuhrmann, AStG, 2017, § 8 AStG, Rn. 125; *Vogt*, in: Brandis/Heuermann, Ertragsteuerrecht, 2016, § 8 AStG, Rn. 46. Siehe auch *Haase*, IStR 2007, S. 437 ff. zur grundsätzlichen Problematik.

1144 Vgl. hierzu z. B. BMF vom 14.05.2004, BStBl I 2004, Sondernr. 1/2004, S. 3, Tz. 8.1.4.2.

1145 Vgl. *Wassermeyer/Schönfeld*, in: F/W/B/S, Außensteuerrecht, 2017, § 8 AStG, Rn. 147; *Vogt*, in: Brandis/Heuermann, Ertragsteuerrecht, 2016, § 8 AStG, Rn. 46; *Haun/Cortez*, in: H/K/R, Außensteuerrecht, 2014, § 8 AStG, Rn. 324. Siehe auch *Becker/Loose*, IStR 2018, S. 18 f., die schädliche Mitwirkung als einen der Hauptstreitpunkte im Rahmen von steuerlichen Außenprüfungen bezeichnen.

1146 Vgl. BMF vom 14.05.2004, BStBl I 2004, Sondernr. 1/2004, S. 3, Tz. 8.1.4.3.1; *Geurts*, in: Fuhrmann, AStG, 2017, § 8 AStG, Rn. 126; *Wassermeyer/Schönfeld*, in: F/W/B/S, Außensteuerrecht, 2017, § 8 AStG, Rn. 137. Siehe auch *Kraft*, IStR 2022a, S. 486 f.; *Köhler*, ISR 2012, S. 1 ff.; *Bauschatz*, IStR 2002, S. 334 f.; *Heinsen/Handwerker*, DB 2011, S. 822 ff.

1147 Vgl. *Haun/Cortez*, in: H/K/R, Außensteuerrecht, 2014, § 8 AStG, Rn. 322.

werden muss und keine Funktionen der Handelsgesellschaft übernommen werden.[1148] Problematischer ist, wenn in der Geschäftsführung der ausländischen Gesellschaft ein Beteiligter oder eine nahestehende Person i. S. des § 1 Abs. 2 AStG a. F. und AStG vertreten ist. Hierdurch kann nämlich eine schädliche Mitwirkung faktisch vorliegen.[1149]

Ebenfalls sieht § 8 Abs. 1 Nr. 5 Buchst. b AStG a. F. und AStG bei Dienstleistungen an einen Beteiligten oder an eine nahestehende Person den Funktionsnachweis in Kombination mit dem Nichtvorliegen einer Mitwirkung vor, wobei auf die Grundsätze zu § 8 Abs. 1 Nr. 4 AStG a. F. und AStG sinngemäß verwiesen werden kann.[1150] Hingegen sieht § 8 Abs. 1 Nr. 5 Buchst. a AStG a. F. und AStG bei der Dienstleistungserbringung durch einen Beteiligten oder durch eine nahestehende Person i. S. des § 1 Abs. 2 AStG a. F. und AStG keinen Funktionsnachweis vor, sondern stellt allein auf das Bedienen ab.[1151] Ein wesentlicher Unterschied zur schädlichen Mitwirkung besteht darin, dass die ausländische Gesellschaft im Falle des schädlichen Bedienens im Außenverhältnis die Dienstleistung schuldet.[1152] Die Wahrnehmung von Funktionen erfordert regelmäßig ein Anstellungs- oder Subunternehmerverhältnis, sodass kein schädliches Bedienen gegeben ist, wenn die übertragene Tätigkeit auf einem unmittelbaren Rechtsverhältnis zwischen dem Beteiligten oder der nahestehenden Person mit dem Dienstleistungsempfänger

1148 Vgl. auch *Mattern*, in: AStG eKommentar, AStG, 2021, § 8 AStG, Fassung vom 01.01.2015, Rn. 78; *Wassermeyer/Schönfeld*, in: F/W/B/S, Außensteuerrecht, 2017, § 8 AStG, Rn. 147.

1149 Vgl. *Wassermeyer/Schönfeld*, in: F/W/B/S, Außensteuerrecht, 2017, § 8 AStG, Rn. 147; *Mattern*, in: AStG eKommentar, AStG, 2021, § 8 AStG, Fassung vom 01.01.2015, Rn. 78; kritisch *Lehfeldt*, in: S/K/K, AStG/DBA, 2016, § 8 AStG, Rn. 103; *Becker/Loose*, IStR 2018, S. 19 ff.

1150 Vgl. BMF vom 14.05.2004, BStBl I 2004, Sondernr. 1/2004, S. 3, Tz. 8.1.4.1.2; *Lehfeldt*, in: S/K/K, AStG/DBA, 2016, § 8 AStG, Rn. 110; *Mattern*, in: AStG eKommentar, AStG, 2021, § 8 AStG, Fassung vom 01.01.2015, Rn. 87; *Vogt*, in: Brandis/Heuermann, Ertragsteuerrecht, 2016, § 8 AStG, Rn. 62.

1151 Siehe auch *Wassermeyer/Schönfeld*, in: F/W/B/S, Außensteuerrecht, 2017, § 8 AStG, Rn. 181; *Haun/Cortez*, in: H/K/R, Außensteuerrecht, 2014, § 8 AStG, Rn. 370; BMF vom 14.05.2004, BStBl I 2004, Sondernr. 1/2004, S. 3, Tz. 8.1.5.1.1.

1152 Vgl. *Lehfeldt*, in: S/K/K, AStG/DBA, 2016, § 8 AStG, Rn. 101; *Wassermeyer/Schönfeld*, in: F/W/B/S, Außensteuerrecht, 2017, § 8 AStG, Rn. 181; *Vogt*, in: Brandis/Heuermann, Ertragsteuerrecht, 2016, § 8 AStG, Rn. 59.

beruht.[1153] Hierdurch ergibt sich ein Gestaltungsspielraum, wenn die schuldrechtliche Vertragsbeziehung unmittelbar zwischen dem Beteiligten oder der nahestehenden Person und dem Leistungsempfänger abgeschlossen wird.[1154]

Gemäß Art. 7 Abs. 2 Buchst. a Unterbuchst vi) ATAD stellen der Warenhandel mit verbundenen Unternehmen sowie die Dienstleistungserbringung gegenüber von verbundenen Unternehmen eine passive Tätigkeit dar, sofern das ausländische Unternehmen keinen oder nur einen geringen wirtschaftlichen Mehrwert erbringt (sog. Abrechnungsunternehmen). Abrechnungsunternehmen erwirtschaften im Rahmen einer fremdüblichen Gewinnallokation nur einen geringen (Routine-)Gewinn, welcher gemäß Art. 7 Abs. 2 Buchst. a Unterbuchst. vi) ATAD passiv ist.[1155] Gleichwohl erzielen Abrechnungsunternehmen ausnahmslos passive Einkünfte, sodass es ohne Relevanz ist, ob und inwiefern ein schädliches Bedienen bzw. schädliches Mitwirken gegeben ist.[1156]

7.1.4.2 Unentgeltliches Bedienen oder Mitwirken zur Erlangung aktiver Einkünfte als Handlungsmöglichkeit?

Beispiel: Der inländische Investor in der Rechtsform der Kapitalgesellschaft beabsichtigt, die ausländische SalesCo in der Rechtsform der Kapitalgesellschaft zu erwerben. Zur Erlangung von Synergieeffekten wird angedacht, zahlreiche Funktionen einschließlich der Auftragsbearbeitung im Inland zu zentralisieren. Die Aufgabe der Auftragsbearbeitung soll durch die inländische ServiceCo in der Rechtsform der Kapitalgesellschaft als Tochtergesellschaft des inländischen Investors erfolgen. Ein Entgelt für die Auftragsbearbeitung wird nicht gewährt.

1153 Vgl. *Wassermeyer/Schönfeld*, in: F/W/B/S, Außensteuerrecht, 2017, § 8 AStG, Rn. 182; *Geurts*, in: Fuhrmann, AStG, 2017, § 8 AStG, Rn. 140.

1154 Vgl. *Lehfeldt*, in: S/K/K, AStG/DBA, 2016, § 8 AStG, Rn. 101; *Wassermeyer/Schönfeld*, in: F/W/B/S, Außensteuerrecht, 2017, § 8 AStG, Rn. 182.

1155 Vgl. auch *Böhmer/Gebhardt/Krüger*, in: Hagemann/Kahlenberg, ATAD, 2019, Art. 7 ATAD, Rn. 166.

1156 Vgl. *Musil*, in: Musil/Weber-Grellet, Europäisches Steuerrecht, 2019, Art. 7 ATAD, Rn. 11; *Becker/Loose*, BB 2018, S. 219; *Schnitger/Nitzschke/Gebhardt*, IStR 2016, S. 968 f.; *Haase*, DStR 2019, S. 827; *Rautenstrauch/Suttner*, BB 2016, S. 2392. Siehe auch *Ditz/Quilitzsch*, Ubg 2021, S. 489 mit dem Hinweis auf den deutlich weiteren Wortlaut des Art. 7 Abs. 2 Buchst. a Unterbuchst. vi) ATAD.

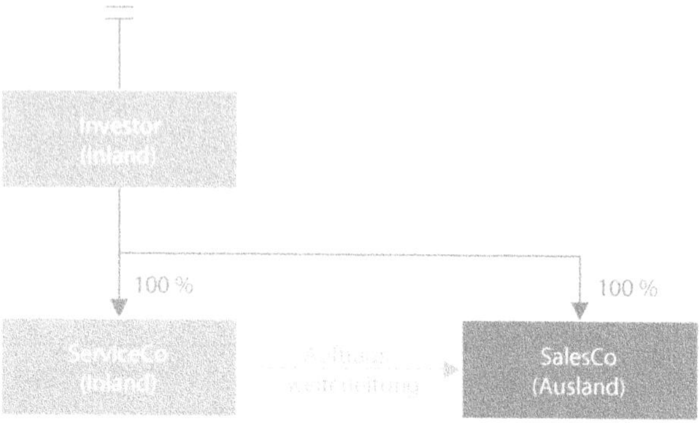

Abbildung 16: Schädliche Mitwirkung bei Vertriebsgesellschaften

Erwirbt der inländische Investor die ausländische SalesCo und erfolgt durch den inländischen Investor die Auftragsabwicklung, ist eine schädliche Mitwirkung gegeben.[1157] Die Vorbereitungstätigkeit umfasst nach der Ansicht von *Lehfeldt*[1158] unter anderem die Vertragsanbahnung, sodass die SalesCo mit ihrer Vertriebstätigkeit passive Einkünfte erzielt.[1159] Das Vorliegen passiver Einkünfte wird hingegen durch die Implementierung der ServiceCo verhindert. Die ServiceCo verzichtet auf ein Entgelt für die Auftragsweiterleitung. Nach § 8 Abs. 1 Nr. 4 Buchst. a AStG a. F. und AStG sowie § 8 Abs. 1 Nr. 5 Buchst. b AStG a. F. und AStG muss eine nahestehende Person nämlich Einkünfte im Inland erzielen, um das Tatbestandsmerkmal der schädlichen Mitwirkung zu erfüllen.[1160]

Von *Wassermeyer/Schönfeld*[1161] wird daher die Auffassung vertreten, dass bei einem unentgeltlichen Tätigwerden keine schädliche Mitwirkung bzw. kein

1157 Vgl. auch *Wassermeyer/Schönfeld*, in: F/W/B/S, Außensteuerrecht, 2017, § 8 AStG, Rn. 152; *Lehfeldt*, in: S/K/K, AStG/DBA, 2016, § 8 AStG, Rn. 88.

1158 Vgl. *Lehfeldt*, in: S/K/K, AStG/DBA, 2016, § 8 AStG, Rn. 88.

1159 Vgl. BMF vom 14.05.2004, BStBl I 2004, Sondernr. 1/2004, S. 3, Tz. 8.1.5.1.2; *Rödel*, in: Kraft, AStG, 2019, § 8 AStG, Rn. 254; *Geurts*, in: Fuhrmann, AStG, 2017, § 8 AStG, Rn. 125.

1160 Vgl. *Geurts*, in: Fuhrmann, AStG, 2017, § 8 AStG, Rn. 140; *Haun/Cortez*, in: H/K/R, Außensteuerrecht, 2014, § 8 AStG, Rn. 373; *Wassermeyer/Schönfeld*, in: F/W/B/S, Außensteuerrecht, 2017, § 8 AStG, Rn. 186.

1161 Vgl. *Wassermeyer/Schönfeld*, in: F/W/B/S, Außensteuerrecht, 2017, § 8 AStG, Rn. 186.

schädliches Bedienen vorliegt.[1162] Die Unentgeltlichkeit stellt gemäß § 8 Abs. 3 Satz 2 KStG eine verdeckte Gewinnausschüttung der ServiceCo an den inländischen Investor dar, die nach § 1 Abs. 1 AStG eine Berichtigung beim inländischen Investor herbeiführt.[1163] Trotz der Einkünftekorrektur sehen *Haun/Cortez*[1164] weiterhin eine unentgeltliche Mitwirkung bzw. ein unentgeltliches Bedienen, da die Rückausnahme des § 8 Abs. 1 Nr. 4 Buchst. a AStG a. F. und AStG sowie § 8 Abs. 1 Nr. 5 Buchst. b AStG a. F. und AStG ein tatsächliches Entgelt voraussetzt.[1165] Andererseits kann die Auffassung vertreten werden, dass eine schädliche Mitwirkung oder ein schädliches Bedienen vorliegt, wenn diese Tätigkeit nach der Berücksichtigung nationaler Korrekturvorschriften der inländischen Besteuerung unterliegt.[1166]

Ergebnis: Im Falle der unentgeltlichen Auftragsabwicklung durch die inländische ServiceCo als Tochtergesellschaft des inländischen Investors kann eine passive Handels- oder Dienstleistungstätigkeit mangels einer schädlichen Mitwirkung bzw. eines schädlichen Bedienens vermieden werden.

Da der Wortlaut des Art. 7 Abs. 2 Buchst. a Unterbuchst. vi) ATAD vom „Erwerb von verbundenen Unternehmen“ oder vom „Verkauf an verbundene Unternehmen“ als Voraussetzung der Passivität spricht, kommt die Notwendigkeit gruppeninterner Liefer- und Leistungsbeziehungen zum Ausdruck. Es stellt sich die Frage, ob und inwiefern der unentgeltliche Warenhandel sowie unentgeltliche Dienstleistungen zu passiven Einkünften i. S. von Art. 7 Abs. 2 Buchst. a Unterbuchst. vi) ATAD führen. Durch die Verwendung der Termini „Erwerb“ und „Verkauf“ erfüllt nicht jede gruppeninterne Geschäftsbeziehung den Tatbestand des Art. 7 Abs. 2 Buchst. a Unterbuchst. vi) ATAD. Zwar sind unter diesen

---

1162 Vgl. *Haun/Cortez*, in: H/K/R, Außensteuerrecht, 2014, § 8 AStG, Rn. 374; *Rödel*, in: Kraft, AStG, 2019, § 8 AStG, Rn. 307; a. A. *Geurts*, in: Fuhrmann, AStG, 2017, § 8 AStG, Rn. 140.

1163 Vgl. BMF vom 23.02.1983, BStBl I 1983, S. 218, Rn. 1.1.3; *Schallmoser/Eisgruber/Janetzko*, in: H/H/R, EStG/KStG, 2021, § 8 KStG, Rn. 428 zur Korrekturnorm des § 8 Abs. 3 Satz 2 KStG. Siehe auch *Wassermeyer u. a.*, in: F/W/B/S, Außensteuerrecht, 2020, § 1 AStG, Rn. 457 zur Korrekturnorm des § 1 AStG.

1164 Vgl. *Haun/Cortez*, in: H/K/R, Außensteuerrecht, 2014, § 8 AStG, Rn. 374.

1165 Vgl. *Rödel*, in: Kraft, AStG, 2019, § 8 AStG, Rn. 307; *Wassermeyer/Schönfeld*, in: F/W/B/S, Außensteuerrecht, 2017, § 8 AStG, Rn. 186; einschränkender *Lehfeldt*, in: S/K/K, AStG/DBA, 2016, § 8 AStG, Rn. 103.

1166 Vgl. *Geurts*, in: Fuhrmann, AStG, 2017, § 8 AStG, Rn. 140; a. A. *Wassermeyer/Schönfeld*, in: F/W/B/S, Außensteuerrecht, 2017, § 8 AStG, Rn. 186; *Haun/Cortez*, in: H/K/R, Außensteuerrecht, 2014, § 8 AStG, Rn. 374.

Begrifflichkeiten rechtsgeschäftliche, entgeltliche Vorgänge zu subsumieren.[1167] Allerdings kann die Auffassung geteilt werden, dass lediglich entgeltliche Vorgänge erfasst werden. Unentgeltliche Vorgänge sind hingegen nicht erfasst, da diese durch Entnahmen bzw. Einlagen bedingt sind.

Sofern die Auffassung vertreten wird, dass Art. 7 Abs. 2 Buchst. a Unterbuchst. iv) ATAD auch unentgeltliche Vorgänge erfasst, stellt sich die Frage, wie bei einer derartigen Lesart etwaige Einkünftekorrekturen zu berücksichtigen sind. Gemäß Art. 8 Abs. 1 Satz 1 ATAD werden die Einkünfte des ausländischen Unternehmens nach den steuerlichen Vorschriften des Mitgliedstaats des Hinzurechnungsempfängers ermittelt, sodass unentgeltliche Geschäftsvorgänge im Zuge (a) der verdeckten Gewinnausschüttung, (b) der verdeckten Einlagen oder (c) der Verrechnungspreise zu korrigieren sind. Die Einkünfte des ausländischen Unternehmens werden gewöhnlich auf ein fremdübliches Niveau korrigiert, sodass im Ergebnis die Unentgeltlichkeit im Hinblick auf die Einkünfteermittlung nach Art. 8 Abs. 1 Satz 1 ATAD negiert wurde. Dennoch beschränkt sich die Wirkungsweise derartiger Korrekturvorschriften ausschließlich auf die Einkünfteermittlung und nicht die rechtliche Qualifikation der Geschäftsbeziehungen. Infolgedessen hat das ausländische Unternehmen zwar Einkünfte, allerdings fehlt es weiterhin an einem entgeltlichen Vorgang, sodass Art. 7 Abs. 2 Buchst. a Unterbuchst. vi) ATAD nicht einschlägig ist.

7.2 Sondervergütungen durch aktive Gesellschaften und Unternehmen anhand des Beispiels der Lizenzgesellschaft

7.2.1 Vorabgewinn und schuldrechtliche Vergütung als Gewinnanteil aus aktiven oder passiven Einkünften

Eine Möglichkeit der Umqualifizierung von Zwischeneinkünften in aktive Einkünfte besteht in der ertragsteuerlichen Besonderheit der Sondervergütungen.[1168] Grundsätzlich ist die additive Gewinnermittlung gemäß § 10 Abs. 3 Satz 1 AStG a. F. und AStG bei der Hinzurechnungsbesteuerung anwendbar, sodass ein Vorabgewinn nach § 15 Abs. 1 Satz 1 Nr. 2 Satz 1 EStG als ein

1167 Vgl. auch *Böhmer/Gebhardt/Krüger*, in: Hagemann/Kahlenberg, ATAD, 2019, Art. 7 ATAD, Rn. 163.

1168 Vgl. hierzu z. B. *Kessler/Becker*, IStR 2005, S. 509.

Gewinnanteil zu betrachten ist.[1169] Für Zwecke des § 8 Abs. 1 AStG a. F. und AStG bestimmt sich die Qualifikation des Vorabgewinns anhand der Tätigkeit der Mitunternehmerschaft. Fraglich ist, ob und inwiefern dieser Grundsatz für schuldrechtliche Vergütungen gilt (sog. Sondervergütungen).[1170] Entsprechend der Rechtsprechung des Bundesfinanzhofs[1171] zu § 9 Nr. 7 GewStG, die einen Gewinnanteil bei Vorliegen einer mitunternehmerischen Beteiligung ablehnt, liegt es nahe, dass Sondervergütungen i. S. des § 15 Abs. 1 Satz 1 Nr. 2 Satz 1 EStG das Schicksal der Tätigkeit der Mitunternehmerschaft tragen.[1172] Die Erfassung von Sondervergütungen i. S. des § 15 Abs. 1 Satz 1 Nr. 2 Satz 1 EStG ist aufgrund der funktionalen Betrachtungsweise notwendig, da wirtschaftlich zusammenhängende Tätigkeiten einheitlich unter die jeweilige Einkunftsart zu subsumieren sind.[1173]

Da Personengesellschaften gemäß Abs. 4 Satz 2 der Erwägungsgründe der ATAD nicht unmittelbar in den Anwendungsbereich der Hinzurechnungsbesteuerung fallen, sind schuldrechtliche Vertragsbeziehungen mit den Gesellschaftern für Zwecke der Ermittlung der passiven Einkünfte zu negieren.[1174] Schuldrechtliche Vergütungen stellen einen Gewinnanteil dar und sind nicht isoliert unter die Einkunftsarten des Art. 7 Abs. 2 Buchst. a ATAD zu subsumieren.[1175] Dies entspricht dem ertragsteuerlichen Grundgedanken, dass

---

1169 Vgl. auch BFH vom 16.05.1990, I R 16/88, BStBl II 1990, S. 1049; *Wassermeyer/Schönfeld*, in: F/W/B/S, Außensteuerrecht, 2017, § 8 AStG, Rn. 44; *Vogt*, in: Brandis/Heuermann, Ertragsteuerrecht, 2016, § 8 AStG, Rn. 9.

1170 Siehe auch *Mattern*, in: AStG eKommentar, AStG, 2021, § 8 AStG, Fassung vom 01.01.2015, Rn. 41; offen gelassen BFH vom 16.05.1990, I R 16/88, BStBl II 1990, S. 1049.

1171 Vgl. BFH vom 13.02.2008, I R 75/07, BStBl II 2010, S. 1028.

1172 Vgl. auch *Mattern*, in: AStG eKommentar, AStG, 2021, § 8 AStG, Fassung vom 01.01.2015, Rn. 41; *Haun/Cortez*, in: H/K/R, Außensteuerrecht, 2014, § 8 AStG, Rn. 106; *Wassermeyer/Schönfeld*, in: F/W/B/S, Außensteuerrecht, 2017, § 8 AStG, Rn. 44.

1173 Vgl. BFH vom 16.05.1990, I R 16/88, BStBl II 1990, S. 1049 zum Gewinnanteil eines Mitunternehmers innerhalb der Hinzurechnungsbesteuerung; siehe z. B. auch *Wassermeyer/Schönfeld*, in: F/W/B/S, Außensteuerrecht, 2017, § 8 AStG, Rn. 44; *Mattern*, in: AStG eKommentar, AStG, 2021, § 8 AStG, Fassung vom 01.01.2015, Rn. 41; *Haun/Cortez*, in: H/K/R, Außensteuerrecht, 2014, § 8 AStG, Rn. 106.

1174 Vgl. auch *Böhmer/Gebhardt/Krüger*, in: Hagemann/Kahlenberg, ATAD, 2019, Art. 7 ATAD, Rn. 12 zur Behandlung von Personengesellschaften.

1175 Vgl. auch *Böhmer/Gebhardt/Krüger*, in: Hagemann/Kahlenberg, ATAD, 2019, Art. 7 ATAD, Rn. 75, die Zinsen für ein Gesellschafterdarlehen nicht als Zinseinkünfte werten.

Einzelunternehmen und Personengesellschaften einheitlich zu behandeln sind.[1176] Andererseits kann die Ansicht vertreten werden, dass schuldrechtliche Vergütungen einer separaten Prüfung zu unterliegen haben. Gesellschafterdarlehen an eine Mitunternehmerschaft führten nämlich vor der Einführung des § 50d Abs. 10 EStG abkommensrechtlich nicht zu Unternehmensgewinnen, sondern zu Zinseinkünften.[1177]

7.2.2 Implementierung einer atypisch stillen Gesellschaft nach Erwerb einer passiven Lizenzgesellschaft

Beispiel: Der inländische Investor in der Rechtsform der Kapitalgesellschaft beabsichtigt, die passive ausländische PropCo in der Rechtsform der Kapitalgesellschaft und die aktive ausländische OpCo in der Rechtsform der Kapitalgesellschaft zu erwerben. Die PropCo überlässt Lizenzen an die OpCo, ohne eine eigene Forschungs- und Entwicklungstätigkeit zu unterhalten. Zudem wird sich die PropCo atypisch still mit einer kapitalmäßigen Beteiligung von 1 % an dem Handelsgewerbe der OpCo beteiligen. Die Lizenzgebühr wird fortan als Vorabgewinn durch die atypisch stille Gesellschaft vergütet.

Durch die Vereinbarung einer atypisch stillen Gesellschaft entsteht gemäß § 15 Abs. 1 Satz 1 Nr. 2 EStG eine Mitunternehmerschaft.[1178] Infolgedessen sind die PropCo und die OpCo als Mitunternehmer der atypisch stillen Gesellschaft

---

1176 Vgl. hierzu z. B. *Kollruss*, FR 2015a, S. 351; FG Hamburg vom 28.01.2010, 1 K 184/07, EFG 2010, S. 1085; *Paus*, FR 1995, S. 536.

1177 Vgl. BFH vom 17.10.2007, I R 5/06, BStBl II 2009, S. 356; BFH vom 08.09.2010, I R 74/09, BStBl II 2014, S. 788; *Richter*, FR 2010, S. 553; *Roser*, in: L/S, GewStG, 2020, § 7 GewStG, Rn. 398. Dieses Ergebnis wird durch die Selbstständigkeitsfiktion einer im Ausland belegenen Betriebsstätte in § 1 Abs. 5 Satz 2 AStG bestärkt (vgl. *Gosch*, ISR 2018, S. 405; *Wassermeyer u. a.*, in: F/W/B/S, Außensteuerrecht, 2020, § 1 AStG, Rn. 2811). Der Rechtsgedanke des Einheitsunternehmens ist bei grenzüberschreitenden Transaktionen fremd. Durch § 1 Abs. 5 Satz 7 Halbsatz 2 AStG wird zudem der Fremdvergleichsgrundsatz für schuldrechtliche Vertragsbeziehungen zwischen Mitunternehmern und der Mitunternehmerschaft angeordnet. Eine wie in § 15 Abs. 1 Satz 1 Nr. 2 EStG vorgesehene Negierung schuldrechtlicher Vergütungen ist zumindest im grenzüberschreitenden Sachverhalt nicht anzunehmen.

1178 Vgl. auch *Haep*, in: H/H/R, EStG/KStG, 2022, § 15 EStG, Rn. 392; *Görgen/Braun*, Ubg 2017, S. 88; OFD Erfurt vom 23.10.2003, FR 2003, S. 1299; *Sarrazin*, in: L/S, GewStG, 2022, § 2 GewStG, Rn. 2247; *Bodden*, in: Korn, EStG, 2022, § 15 EStG, Rn. 195.

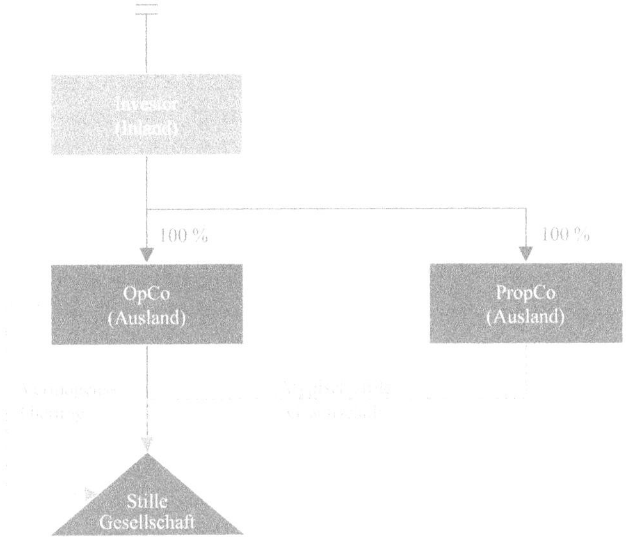

Abbildung 17: Umqualifikation durch atypisch stille Gesellschaft

anzusehen.[1179] Da die PropCo für die Nutzungsüberlassung einen Vorabgewinn erhält, liegt ein Gewinnanteil i. S. des § 15 Abs. 1 Satz 1 Nr. 2 Satz 1 EStG vor. Durch die Vereinbarung eines Vorabgewinns wird eine Diskussion vermieden, ob und inwiefern das Urteil des Bundesfinanzhofs zu § 9 Nr. 7 GewStG auf Sondervergütungen im Rahmen des § 8 Abs. 1 AStG a. F. und AStG anwendbar ist.[1180] Problematisch kann sein, wenn die OpCo nicht ausschließlich aktive Einkünfte erwirtschaftet und die Nutzungsüberlassung sich nicht nachweislich nur auf den aktiven „Tätigkeitsbereich" bezieht.[1181] Die Sondervergütung i. S. des § 15 Abs. 1 Satz 1 Nr. 2 Satz 1 EStG ist dann meines Erachtens anhand eines geeigneten Maßstabs auf die aktiven und passiven Einkünfte aufzuteilen.[1182]

Dessen ungeachtet kann die Anwendung der funktionalen Betrachtungsweise für Sondervergütungen grundsätzlich abgelehnt werden, sofern nicht eine

1179 Vgl. OFD Erfurt vom 23.10.2003, FR 2003, S. 1299; *Kauffmann/Seppelt*, in: Frotscher/Geurts, EStG, 2021, § 15 EStG, Rn. 249; *Wacker*, in: Schmidt, EStG, 2022 § 15 EStG, Rn. 341.

1180 Vgl. BFH vom 13.02.2008, I R 75/07, BStBl II 2010, S. 1028.

1181 Vgl. hierzu z. B. *Geurts*, in: Fuhrmann, AStG, 2017, § 8 AStG, Rn. 34.

1182 Vgl. *Wassermeyer/Schönfeld*, in: F/W/B/S, Außensteuerrecht, 2017, § 8 AStG, Rn. 44.

eindeutige Zuordnung erfolgen kann.[1183] Da durch die atypisch stille Gesellschaft eine Mitunternehmerschaft entsteht, kommt es zu einer Einbringung i. S. des § 24 UmwStG, bei der die OpCo ihren gesamten Betrieb für ertragsteuerliche Zwecke auf die atypisch stille Gesellschaft überträgt.[1184] Es kann vernachlässigt werden, dass nicht nur unerhebliche Bedenken bestehen, ob und inwiefern § 8 Abs. 1 Nr. 10 AStG a. F. und § 8 Abs. 1 Nr. 9 AStG die Errichtung einer atypisch stillen Gesellschaft erfasst.[1185] Denn die Betriebseinbringung durch die OpCo stellt zwar einen tauschähnlichen Veräußerungsvorgang dar, jedoch gehört die Veräußerung als letzter Rechtsakt zu den aktiven Einkünften der OpCo.[1186] Eine Prüfung von § 8 Abs. 1 Nr. 10 AStG a. F. und § 8 Abs. 1 Nr. 9 AStG erübrigt sich.[1187]

Ergebnis: Die Begründung einer atypisch stillen Gesellschaft kann vor allem bei Vorliegen einer passiven Nutzungsüberlassung in Betracht gezogen werden. Strittig kann sein, wenn das Handelsgewerbe nicht ausschließlich aktive Einkünfte erzielt.

Transparente Rechtsträger fallen gemäß Abs. 4 Satz 2 der Erwägungsgründe der ATAD nicht selbst in den Anwendungsbereich der

---

1183 Die Argumentation ist, dass es an einem wirtschaftlichen Zusammenhang zu einer Haupttätigkeit fehlt, sodass die Nutzungsüberlassung eine eigenständige Tätigkeit darstellt. Eine „gesonderte“ Prüfung des § 8 Abs. 1 AStG a. F. und AStG ist zwingend (siehe auch BMF vom 14.05.2004, BStBl I 2004, Sondernr. 1/2004, S. 3, Tz. 8.0.2; *Reiche*, in: Haase, AStG/DBA, 2016, § 8 AStG, Rn. 13; *Mann*, in: BeckOK AStG, AStG, 2022, § 8 AStG, Rn. 100 zur Prüfung eigenständiger Tätigkeiten).

1184 Vgl. *Fuhrmann*, in: W/M, Umwandlungsrecht, 2020, § 24 UmwStG, Rn. 61; *Patt*, in: D/P/M, KStG/UmwStG, 2021, § 24 UmwStG, Rn. 36; *Rasche*, in: R/H/vL, UmwStG, 2019, § 24 UmwStG, Rn. 14.

1185 Fraglich ist, ob und inwiefern eine Einbringung unter § 8 Abs. 1 Nr. 10 AStG a. F. oder § 8 Abs. 1 Nr. 9 AStG zu subsumieren ist, da der Wortlaut von Umwandlungen und nicht von Einbringungen spricht (vgl. *Lehfeldt*, in: S/K/K, AStG/DBA, 2016, § 8 AStG, Rn. 182.6; *Vogt*, in: Brandis/Heuermann, Ertragsteuerrecht, 2016, § 8 AStG, Rn. 127, die gleichwohl bei Einbringungen den Anwendungsbereich des § 8 Abs. 1 Nr. 10 AStG a. F. als eröffnet ansehen).

1186 Vgl. *Wassermeyer/Schönfeld*, in: F/W/B/S, Außensteuerrecht, 2017, § 8 AStG, Rn. 36; *Geurts*, in: Fuhrmann, AStG, 2017, § 8 AStG, Rn. 35; BMF vom 14.05.2004, BStBl I 2004, Sondernr. 1/2004, S. 3, Tz. 8.1.1.

1187 Vgl. *Lehfeldt*, in: S/K/K, AStG/DBA, 2016, § 8 AStG, Rn. 182.4; *Wassermeyer/Schönfeld*, in: F/W/B/S, Außensteuerrecht, 2017, § 8 AStG, Rn. 360; *Goebel/Schmidt*, in: H/K/R, Außensteuerrecht, 2014, § 8 AStG, Rn. 521.

Hinzurechnungsbesteuerung.[1188] Nach der hier vertretenen Auffassung sind folglich etwaige schuldrechtliche Vertragsbeziehungen nicht isoliert unter Art. 7 Abs. 2 Buchst. a ATAD zu subsumieren, sondern tragen vielmehr als Gewinnanteil das Schicksal der laufenden Einkünfte des transparenten Rechtsträgers. Daher kann durch die Vereinbarung einer atypisch stillen Gesellschaft eine Umqualifikation der passiven Einkünfte der PropCo erreicht werden. Die Lizenzeinkünfte werden nicht mehr von Art. 7 Abs. 2 Buchst. a Unterbuchst. ii) ATAD erfasst, sondern sind den laufenden Einkünften zuzurechnen. Für Zwecke der Anti-Steuervermeidungsrichtlinie[1189] stellen Umwandlungen sowie Einbringungen veräußerungsähnliche Vorgänge dar, die als letzten Rechtsakt das Schicksal der laufenden Einkünfte teilen.[1190]

Fraglich ist indessen, ob und inwiefern die Einbringung des Betriebs durch die OpCo in eine atypisch stille Gesellschaft als transparenten Rechtsträger überhaupt zu einem steuerlich relevanten Übertragungsvorgang führt. Argumentativ kann dies nämlich abgelehnt werden, da transparente Rechtsträger vielmehr dem jeweiligen Beteiligten anteilig zuzurechnen sind. Gehen Wirtschaftsgüter jedoch anteilig auf andere Beteiligte über, liegt insoweit ein Veräußerungsvorgang vor. Andererseits kann ein Veräußerungsvorgang gesehen werden, wenn der Beteiligte hierfür am transparenten Rechtsträger Anteile erhält. Auch wenn beide Argumente in gewisser Weise überzeugen, kann eine abschließende Beantwortung offen bleiben, da die OpCo gemäß Art. 7 Abs. 2 Buchst. a ATAD aktive Einkünfte erzielt. Hierunter fällt auch ein Veräußerungsgewinn der aktiven Wirtschaftsgüter.[1191]

7.2.3 Implementierung einer atypisch stillen Unterbeteiligung nach Erwerb einer passiven Lizenzgesellschaft

Beispiel: Der inländische Investor in der Rechtsform der Kapitalgesellschaft beabsichtigt, die passive ausländische PropCo in der Rechtsform der Kapitalgesellschaft und die aktive ausländische OpCo in der Rechtsform der Kapitalgesellschaft zu erwerben. Die PropCo überlässt Lizenzen an die OpCo, ohne einer eigenen Forschungs- und Entwicklungstätigkeit nachzugehen.

1188 Vgl. Kapitel 3.2.3.1.

1189 Vgl. Richtlinie (EU) 2016/1164 des Rates vom 12.07.2016 mit Vorschriften zur Bekämpfung von Steuervermeidungspraktiken mit unmittelbaren Auswirkungen auf das Funktionieren des Binnenmarkts, Abl. EU 2016 L 193/1.

1190 Vgl. auch *Böhmer/Gebhardt/Krüger*, in: Hagemann/Kahlenberg, ATAD, 2019, Art. 7 ATAD, Rn. 279.

1191 Vgl. hierzu z. B. *Haase*, DStR 2019, S. 834.

Die PropCo beteiligt sich mit einer kapitalmäßigen Beteiligung von 10 % am Geschäftsanteil des inländischen Investors an der OpCo atypisch still unter. Die Lizenzgebühr wird als Vorabgewinn durch die atypisch stille Unterbeteiligung vergütet.

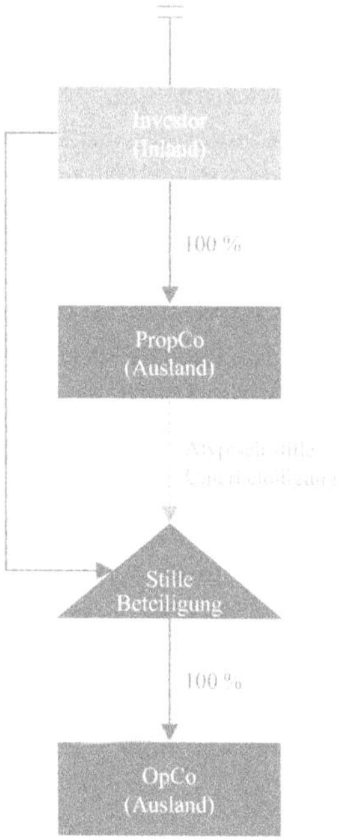

Abbildung 18: Umqualifikation durch atypisch stille Unterbeteiligung

Aus ertragsteuerlicher Sicht ist eine atypisch stille Unterbeteiligung gemäß § 15 Abs. 3 Nr. 2 EStG gewerblich geprägt, da an der Innengesellschaft ausschließlich Kapitalgesellschaften als Vollhafter beteiligt sind.[1192] Nach der hier vertretenen Auffassung ist es irrelevant, ob nämlich eine Außen- oder Innengesellschaft vorliegt.[1193] Als Rechtsfolge der gewerblichen Prägung stellt eine atypisch stille

1192 Vgl. *Kauffmann/Seppelt*, in: Frotscher/Geurts, EStG, 2021, § 15 EStG, Rn. 293; *Wacker*, in: Schmidt, EStG, 2022, § 15 EStG, Rn. 218; OFD Nordrhein-Westfalen vom 05.09.2017, IStR 2017, S. 996.

1193 Vgl. auch *Wacker*, in: Schmidt, EStG, 2022, § 15 EStG, Rn. 215; *Oenings*, in: Wassermeyer/Richter/Schnittker, Personengesellschaften im Internationalen Steuerrecht,

Gesellschaft ertragsteuerlich eine Mitunternehmerschaft mit Betriebsvermögen dar.[1194] Die Gewinnausschüttung der OpCo führt gemäß § 8 Abs. 1 Nr. 8 AStG a. F. auf Ebene der PropCo zu aktiven Einkünften.[1195] Da die PropCo mittelbar mindestens 10 % der Anteile an der OpCo hält, liegt keine passive Portfoliodividende vor (§ 8 Abs. 1 Nr. 7 Buchst. b AStG i. V. m. § 8b Abs. 4 Satz 1 und 4 KStG).[1196]

Des Weiteren handelt es sich bei dem Vorabgewinn um einen Gewinnanteil i. S. des § 15 Abs. 1 Satz 1 Nr. 2 Satz 1 EStG, der funktional den Gewinnausschüttungen zuzurechnen ist und zu aktiven Gewinnen führt.[1197] Eine Einschränkung ergibt sich, wenn die PropCo Zwischeneinkünfte mit Kapitalanlagecharakter erzielt. Die funktionale Betrachtungsweise ist nur für aktive Einkünfte i. S. des § 8 Abs. 1 Nr. 1 bis 6 AStG a. F. und AStG möglich.[1198] Durch die Qualifikation der atypisch stillen Unterbeteiligung als eine Mitunternehmerschaft kommt es zu einer ertragsteuerlichen Übertragung der Anteile an der OpCo durch den inländischen Investor. Nach Ansicht der Finanzverwaltung stellt diese eine Einbringung i. S. des § 24 UmwStG dar.[1199]

2015, Rn. 10.19; so wohl auch FG Düsseldorf vom 28.10.2019, 8 K 2812/16 E, EFG 2020, S. 42.

1194 Vgl. *Sarrazin*, in: L/S, GewStG, 2022, § 2 GewStG, Rn. 2130; *Oenings*, in: Wassermeyer/Richter/Schnittker, Personengesellschaften im Internationalen Steuerrecht, 2015, Rn. 10.34.

1195 Vgl. *Lehfeldt*, in: S/K/K, AStG/DBA, 2016, § 8 AStG, Rn. 157; *Mattern*, in: AStG eKommentar, AStG, 2021, § 8 AStG, Fassung vom 01.01.2015, Rn. 105; BMF vom 14.05.2004, BStBl I 2004, Sondernr. 1/2004, S. 3, Tz. 8.1.8.

1196 Vgl. *Mann*, in: BeckOK AStG, AStG, 2022, § 8 AStG, Rn. 252; *Vogt*, in: Brandis/Heuermann, Ertragsteuerrecht, 2022, § 8 AStG, Rn. 254; *Böhmer/Oppel*, IWB 2020, S. 13; *Ditz u. a.*, DStR 2020, S. 78; *Böhmer/Schewe*/Schlücke, FR 2020, S. 166. Hieraus wird ersichtlich, dass die PropCo zwingenderweise eine mittelbare Beteiligung an der OpCo von mindestens 10 % halten muss, sodass ein Zwerganteil mit einem geringeren Umfang nicht ausreichend ist.

1197 Vgl. BFH vom 16.05.1990, I R 16/88, BStBl II 1990, S. 1049; *Vogt*, in: Brandis/Heuermann, Ertragsteuerrecht, 2016, § 8 AStG, Rn. 9; *Wassermeyer/Schönfeld*, in: F/W/B/S, Außensteuerrecht, 2017, § 8 AStG, Rn. 44.

1198 Vgl. auch *Mattern*, in: AStG eKommentar, AStG, 2021, § 8 AStG, Fassung vom 01.01.2015, Rn. 35; *Fuhrmann*, in: Fuhrmann, AStG, 2017, § 7 AStG, Rn. 212.

1199 Vgl. BMF vom 11.11.2011, BStBl I 1314, Rn. 24.02; *Patt*, in: D/P/M, KStG/UmwStG, 2021, § 24 UmwStG, Rn. 95; a. A. BFH vom 17.07.2008, I R 77/06, BStBl II 2009, S. 464 zu § 20 UmwStG 1995.

Indessen stellt sich die Frage, ob und inwiefern das Besteuerungsrecht eingeschränkt oder ausgeschlossen wird, was einer Buchwertfortführung durch den inländischen Investor entgegensteht (§ 24 Abs. 2 Satz 2 Nr. 1 UmwStG).[1200] Aufgrund des Art. 13 Abs. 5 OECD-MA liegt das Besteuerungsrecht für die durch den inländischen Investor gehaltenen Anteile im Inland.[1201] Dies trifft nicht zu, insoweit die Anteile an der OpCo nach der Einbringung mittelbar der PropCo zuzurechnen sind, sodass es zum Verlust des Besteuerungsrechts kommt. Insoweit ist nach § 24 Abs. 2 Satz 2 Nr. 1 UmwStG der gemeine Wert anzusetzen.[1202] Fraglich ist jedoch, ob und inwiefern in den Anteilen an der OpCo stille Reserven vorhanden sind. Erfolgt die Vereinbarung der atypisch stillen Gesellschaft in einem zeitlichen Zusammenhang mit der Unternehmenstransaktion, ist dies nicht der Fall.

Dessen ungeachtet ist ein Einbringungsgewinn gemäß § 8b Abs. 2 und 3 KStG sowie § 7 Satz 1 GewStG im Ergebnis lediglich zu 5 % bei der Körperschaft- und Gewerbesteuer heranzuziehen.[1203] Der abkommensrechtliche Betriebsstättenvorbehalt führt zu keinem abweichenden Ergebnis.[1204] Zwar kann die atypisch stille Unterbeteiligung den Mitunternehmern eine (anteilige) Betriebsstätte vermitteln.[1205] Gleichwohl liegt nach Art. 5 Abs. 2 Buchst. a OECD-MA keine ausländische Betriebsstätte vor, sofern die Beteiligungsverwaltung durch den inländischen Investor erfolgt.[1206] Selbst wenn eine ausländische

1200 Vgl. auch *Fuhrmann*, in: W/M, Umwandlungsrecht, 2020, § 24 UmwStG, Rn. 743; *Rasche*, in: R/H/vL, UmwStG, 2019, § 24 UmwStG, Rn. 92.

1201 Vgl. *Reimer*, in: V/L, DBA, 2021, Art. 13 OECD-MA, Rn. 190; *Gradel/Klaeren*, in: S/K/K, AStG/DBA, 2019, Art. 13 OCD-MA, Rn. 44; *Gosch*, in: G/K/G/K, DBA, 2019, Art. 13 OECD-MA, Rn. 145.

1202 Vgl. auch BMF vom 11.11.2011, BStBl I 1314, Rn. 24.03 i. V. m. Rn. 20.19; *Bär/Merkle*, in: H/M/B, UmwStG, 2019, § 24 UmwStG; *Haase*, in: Haase/Hofacker, UmwStG, 2021, § 24 UmwStG, Rn. 102a; Rn. 47; *Schmitt*, in: S/H, UmwG/UmwStG, 2020, § 24 UmwStG, Rn. 210.

1203 Vgl. *Selder*, in: Glanegger/Güroff, GewStG, 2021, § 7 GewStG, Rn. 5; *Geiermann*, in: GewStG eKommentar, GewStG, 2021, § 7 GewStG, Fassung vom 01.01.2017, Rn. 22; zur Berücksichtigung einkommen- und körperschaftsteuerlicher Befreiungsvorschriften bei der Ermittlung des Gewerbeertrags.

1204 Vgl. *Ditz*, in: Schönfeld/Ditz, DBA, 2019, Art. 7 OECD-MA 2008, Rn. 246; *Hruschka*, IStR 2016, S. 441; *Wassermeyer*, in: Wassermeyer, DBA, 2012, Art. 10 OCED-MA, Rn. 162.

1205 Vgl. auch BMF vom 26.09.2014, BStBl I 2014, S. 1258, Tz. 2.2.3; *Wassermeyer*, in: Wassermeyer/Andresen/Ditz, Betriebsstätten-Handbuch, 2017, Rn. 9.5.

1206 Vgl. *Möhrle*, in: Wassermeyer/Richter/Schnittker, Personengesellschaften im Internationalen Steuerrecht, 2015, Rn. 20.31; *Wassermeyer*, in: Wassermeyer/Andresen/

Geschäftsleitungsbetriebsstätte nach Art. 5 Abs. 2 Buchst. a OECD-MA gegeben ist, muss die Beteiligung funktional dieser Betriebsstätte zugeordnet werden können.[1207] Dies erfordert eine aktive Beteiligungsverwaltung im Ausland, was bei einer stillen Unterbeteiligung als reine Innengesellschaft schwer vorstellbar scheint.[1208]

Ergebnis: Die Vereinbarung einer atypisch stillen Unterbeteiligung führt zu einem mit der atypisch stillen Gesellschaft vergleichbaren Ergebnis. Gleichwohl ist zu beachten, dass die PropCo eine Beteiligung von mindestens 10 % an der OpCo innehaben muss.

Da schuldrechtliche Vertragsbeziehungen bei transparenten Rechtsträgern einen Gewinnanteil darstellen, richtet sich deren Aktivität bzw. Passivität nach der Qualifikation der laufenden Einkünfte der atypisch stillen Unterbeteiligung.[1209] Fraglich ist jedoch, ob und inwiefern die atypisch stille Unterbeteiligung selbst überhaupt in den Anwendungsbereich der Hinzurechnungsbesteuerung fallen kann. Zwar wird gemäß Art. 7 Abs. 1 ATAD ebenfalls eine ausländische Betriebsstätte erfasst.[1210] Allerdings erfordert dies, dass die atypisch stille Gesellschaft (a) zum einen nicht nur eine schuldrechtliche Vertragsbeziehung darstellt, sondern vielmehr anteilig eine ausländische Betriebsstätte vermittelt, sowie (b) zum anderen die Beteiligung an der OpCo funktional dieser ausländischen Betriebsstätte zugerechnet werden kann. Insoweit die Willensbildung der atypisch stillen Gesellschaft nachweislich aus dem Inland heraus erfolgt, lässt sich weder eine ausländische Geschäftsleitungsbetriebsstätte i. S. von Art. 5 Abs. 2 Buchst. a OECD-MA noch eine funktionale Zuordnung der Beteiligung an der OpCo zu

---

Ditz, Betriebsstätten-Handbuch, 2017, Rn. 9.5. Siehe z. B. auch BFH vom 19.12.2007, I R 19/06, BStBl II 2010, S. 398; *Wassermeyer*, in: Wassermeyer, DBA, 2013, Art. 7 OECD-MA, Rn. 56 ff.; *Haase/Brändel*, StuW 2011, S. 49 ff.; *Kahlenberg*, ISR 2017, S. 421 ff.; *Wacker*, DStR 2019, S. 836 ff. zur Problematik der betriebsstättenlosen Einkünfte.

1207 Siehe z. B. auch *Gradel/Klaeren*, in: S/K/K, AStG/DBA, 2020, Art. 10 OECD-MA, Rn. 84; *Hruschka*, IStR 2016, S. 437 ff.: *Dötsch/Pung*, DB 2014, S. 1215 ff.; *Dötsch/Pung*, DB 2019, S. 146 ff.; *Ditz/Tcherveniachki*, DB 2015, S. 2897 ff.; *Ditz*, in: Schönfeld/Ditz, DBA, 2019, Art. 7 OECD-MA 2008, Rn. 246 zur funktionalen Zuordnung.

1208 Vgl. *Schönfeld/Ditz*, in: Schönfeld/Ditz, DBA, 2019, Art. 10 OECD-MA, Rn. 203; *Hruschka*, ISR 2017, S. 257; *Kraft/Ungemach*, DStZ 2015, S. 719.

1209 Vgl. Kapitel 4.3.2.

1210 Vgl. *Fehling*, in: Schaumburg/Englisch, Europäisches Steuerrecht, 2020, Rn. 17.74; *Musil*, in: Musil/Weber-Grellet, Europäisches Steuerrecht, 2022, Art. 7 ATAD, Rn. 6; *Moser*, IStR 2017, S. 613; *Schnitger/Nitzschke/Gebhardt*, IStR 2016, S. 961.

einer ausländischen Betriebsstätte begründen. Ist hingegen die Beteiligung an der OpCo einer ausländischen Betriebsstätte zuzurechnen, so lägen passive Einkünfte vor. Nach Art. 7 Abs. 2 Buchst. a Unterbuchst. ii) ATAD sind sowohl Gewinnausschüttungen als auch Anteilsveräußerungsgewinne passiv.

7.3 Zusammenfassung für das Kapitel

Bei der Akquisition von Unternehmensgruppen, bei denen aktive und passive ausländische Gesellschaften vorliegen, ist zu prüfen, ob und inwiefern eine Umqualifizierung der passiven Einkünfte in aktive Einkünfte erfolgen kann.

- Wird eine Finanzierungstätigkeit so ausgestaltet, dass es sich um einen gestundeten Gewinnausschüttungsanspruch handelt, so ist die Qualifikation der Zinseinkünfte als aktive Einkünfte sachgerecht, soweit die Gewinnausschüttung gemäß § 8 Abs. 1 Nr. 8 AStG a. F. und § 8 Abs. 1 Nr. 7 AStG von aktiver Natur ist. Dies ist gewöhnlich der Fall, sofern es sich um eine ordentliche Gewinnausschüttung handelt.
- Bei Vorliegen einer passiven Nutzungsüberlassung kann die Errichtung einer Betriebsverpachtung im Ganzen oder Betriebsaufspaltung infrage kommen. Es scheint argumentativ tragbar zu sein, dass die Vermietungs- oder Verpachtungseinkünfte des Besitzunternehmens das gleiche Schicksal wie die Einkünfte des Betriebsunternehmens tragen. Eine isolierte Prüfung des § 8 Abs. 1 Nr. 6 AStG a. F. und AStG scheidet aus. Hinsichtlich der Betriebsverpachtung im Ganzen kann jedoch nicht abschließend geklärt werden, ob das Betriebsunternehmen zuvor den verpachteten Betrieb selbst betrieben haben muss oder diesen ausschließlich zur Überlassung errichtet haben kann.
- Bei Vorliegen ausländischer Vertriebsgesellschaften kann die Problematik eines schädlichen Bedienens bzw. einer schädlichen Mitwirkung durch eine inländische Servicegesellschaft als Tochterkapitalgesellschaft des inländischen Investors vermindert werden. Wird die Servicegesellschaft unentgeltlich für den inländischen Investor tätig, so ergibt sich zwar eine verdeckte Gewinnausschüttung. Gleichwohl ist das Tatbestandsmerkmal der Schädlichkeit mangels Vorliegens inländischer Einkünfte nicht erfüllt.
- Grundsätzlich tragen Vorabgewinne sowie Sondervergütungen das gleiche Schicksal wie die zugrunde liegenden Einkünfte der Mitunternehmerschaft. Bei Vorliegen einer gruppeninternen Nutzungsüberlassung an eine Mitunternehmerschaft unterliegt die Vergütung nicht einer eigenständigen Prüfung im Rahmen des § 8 Abs. 1 Nr. 6 AStG a. F. und AStG. Eine Nutzungsüberlassung ist folglich von aktiver Natur, wenn die nutzungsberechtigte Mitunternehmerschaft aktive Einkünfte erzielt.

8 Möglichkeiten zur Reduzierung des Hinzurechnungsbetrags bei Unternehmensakquisitionen

8.1 Ermittlung des Hinzurechnungsrechnungsbetrages

8.1.1 Anwendung der deutschen Vorschriften

Die Ermittlung des Hinzurechnungsbetrags hat gemäß § 10 Abs. 3 Satz 1 AStG a. F. und AStG in entsprechender Anwendung der deutsch-steuerlichen Vorschriften zu erfolgen.[1211] Gemäß § 10 Abs. 3 Satz 4 AStG a. F. sind unter anderem die Vorschriften über (a) die Zinsschranke i. S. des § 4h EStG und § 8a KStG, (b) die Lizenzschranke i. S. des § 4j EStG sowie (c) das körperschaftsteuerliche Schachtelprivileg i. S. § 8b KStG nicht anwendbar.[1212] In § 10 Abs. 3 AStG ist eine vergleichbare Einschränkung nationaler Vorschriften nicht mehr vorgesehen.[1213] Im Vergleich zur vormaligen Rechtslage sind die Regelungen (a) über die Zinsschranke i. S. des § 4h EStG und § 8a KStG, (b) über die Lizenzschranke i. S. des § 4j EStG sowie (c) über den Betriebsausgabenabzug bei hybriden Gestaltungen i. S. des § 4k EStG zu berücksichtigen.[1214] Analog zu § 8 Abs. 1 Nr. 7 und 8 AStG unterliegen erhaltene Dividenden sowie realisierte Veräußerungsgewinne dem Schachtelprivileg i. S. von § 8b KStG.[1215] Vor allem bei Gewinnausschüttungen sind die Einschränkungen durch das Korrespondenzprinzip sowie die Mindestbeteiligungsquote zu beachten.[1216]

1211 Vgl. *Luckey*, in: S/K/K, AStG/DBA, 2017, § 10 AStG, Rn. 68; *Fuhrmann* in: Fuhrmann, AStG, 2017, § 10 AStG, Rn. 134; *Richter*, ISR 2019, S. 337; *Böhmer/Oppel*, IWB 2020, S. 14; *Linn*, IStR 2020, S. 82.

1212 Vgl. *Wassermeyer/Schönfeld*, in: F/W/B/S, Außensteuerrecht, 2019, § 8 AStG, Rn. 340; *Fuhrmann*, in: Fuhrmann, AStG, 2017, § 10 AStG, Rn. 212.

1213 Vgl. *Böhmer/Oppel*, IWB 2020, S. 18; *Vogt*, in: Brandis/Heuermann, Ertragsteuerrecht, 2022, § 10 AStG, Rn. 96.

1214 Kritsch betrachtend *Linn*, IStR 2020, S. 82 aufgrund der Anwendungskonkurrenz zwischen der Hinzurechnungsbesteuerung und den außerbilanziellen Korrekturen.

1215 Vgl. *Böhmer/Oppel*, IWB 2020, S. 18; *Linn*, IStR 2020, S. 82.

1216 Vgl. OFD Frankfurt vom 16.08.2021, DStR 2021, S. 2468; *Pohl*, in: BeckOK EStG, EStG, 2022, § 8b KStG, Rn. 833 ff.; *Gosch*, in: Gosch, KStG, 2020, § 8b KStG, Rn. 289b zur Behandlung eines unterjährigen Erwerbs.

Gemäß Art. 8 Abs. 1 ATAD sind die passiven Einkünfte ohne Einschränkungen nach den nationalen Vorschriften des Mitgliedstaats zu ermitteln, in dem der Steuerpflichtige steuerlich ansässig ist oder eine Betriebsstätte unterhält.[1217]

8.1.2 Verminderung des Hinzurechnungsbetrags durch Anwendung rein nationaler Ansatz- und Bewertungsvorschriften?

8.1.2.1 Außerachtlassung temporärer Differenzen zwischen den in- und ausländischen Ansatz- und Bewertungsvorschriften

8.1.2.1.1 Unterschiedliche Abschreibungsdauer von abnutzbarem Anlagevermögen

Für Zwecke der Hinzurechnungsbilanz sind (a) die steuerbilanziellen Ansatzvorschriften der §§ 5 ff. EStG sowie (b) die steuerbilanziellen Bewertungsvorschriften der §§ 6 ff. EStG anwendbar.[1218] Es scheint aus Gründen der Wirtschaftlichkeit sachgerecht zu sein, dass bilanzielle Abweichungen im Rahmen des § 10 Abs. 3 Satz 1 AStG a. F. und AStG außer Acht gelassen werden können, sofern diese lediglich eine zeitliche Verlagerung darstellen.[1219] Insbesondere die im Ausland

1217 Vgl. *Schnitger/Nitzschke/Gebhardt*, IStR 2016, S. 970; *Musil*, in: Musil/Weber-Grellet, Europäisches Steuerrecht, 2019, Art. 8 ATAD, Rn. 2; *Fehling*, in: Schaumburg/Englisch, Europäisches Steuerrecht, Rn. 17.79; *Böhmer/Gebhardt/Krüger*, in: Hagemann/Kahlenberg, ATAD, 2019, Art. 8 ATAD, Rn. 6; *Schönfeld*, IStR 2017, S. 727. Die steuerliche Ansässigkeit richtet sich danach, wo der Steuerpflichtige i. S. des Art. 1 ATAD der unbeschränkten Körperschaftsteuerpflicht unterliegt. Die Ansässigkeitsprüfung sollte die Berücksichtigung einer abkommensrechtliche Tie-breaker-Rule i. S. des Art. 4 Abs. 3 OECD-MA umfassen, sodass sich die Anwendbarkeit der nationalen Steuervorschriften nach dem Ort der tatsächlichen Geschäftsleitung richtet (vgl. *Böhmer/Gebhardt/Krüger*, in: Hagemann/Kahlenberg, ATAD, 2019, Art. 8 ATAD, Rn. 7). Siehe auch *Oppel*, ISR 2020, S. 307; *Creed*, in: Haase, Multilaterales Instrument, 2017, Art. 4 MLI, Rn. 43 mit dem Hinweis auf die angedachte Abschaffung der Tie-breaker-Rule gemäß Art. 4 Abs. 1 MLI.

1218 Vgl. auch *Fuhrmann*, in: Fuhrmann, AStG, 2017, § 10 AStG, Rn. 198; BMF vom 14.05.2004, BStBl I 2004, Sondernr. 1/2004, S. 3, Tz. 10.3.2.1; *Luckey*, in: S/K/K, AStG/DBA, 2017, § 10 AStG, Rn. 89.

1219 Vgl. BMF vom 14.05.2004, BStBl I 2004, Sondernr. 1/2004, S. 3, Tz. 8.3.1.1; *Goebel/Haun*, IStR 2007, S. 772

geltenden Abschreibungssätze können für Zwecke der §§ 7 ff. AStG a. F. und AStG übernommen werden, soweit sich die Abweichungen ausgleichen.[1220]

Ergebnis: Von dieser Vereinfachung sollte abgesehen werden, wenn sich im maßgebenden Wirtschaftsjahr geringere Zwischeneinkünfte ergäben. Dies kann der Fall sein, wenn die inländische Absetzung für Abnutzung nach § 7 Abs. 1 und 4 EStG höher ist als die ausländische steuerliche Abschreibung. Insbesondere bei Gebäuden in einem steuerlichen Betriebsvermögen kann dies der Fall sein, für die gemäß § 7 Abs. 4 Satz 1 Nr. 1 EStG in der Regel eine jährliche Absetzung für Abnutzung von 3 % anzusetzen ist.[1221]

Eine derartige Vereinfachung ist auch mit Art. 8 Abs. 1 Satz 1 ATAD vereinbar, da dieser Vorschrift das Prinzip der Wesentlichkeit nicht unbekannt ist. Gleichwohl kann das Prinzip der Wesentlichkeit seine Grenze finden, sofern hierdurch eine rein künstliche Gewinnverlagerung fortan nicht mehr der Hinzurechnungsbesteuerung unterliegt. Dies kann der Fall sein, wenn immaterielle Wirtschaftsgüter im Ausland einer deutlich kürzeren Abschreibungsdauer unterliegen und durch die Übernahme des ausländischen Abschreibungsbetrags etwaige passive Lizenzeinkünfte nicht mehr oder nur teilweise durch Art. 7 Abs. 2 Buchst. a Unterbuchst. i) ATAD erfasst werden.[1222]

8.1.2.1.2 Unterschiedliche Maßstäbe bei der Bewertung von Vorratsvermögen

Ein vergleichbarer Effekt kann sich bei der Bewertung der Herstellungskosten gemäß § 6 Abs. 1 Nr. 1 und 2 EStG ergeben. Die Bewertung von Vorräten kann anstatt zu den Herstellungskosten III gemäß § 6 Abs. 1 Nr. 1b Satz 1 EStG zu den Herstellungskosten II erfolgen.[1223] In diesem Fall können die in § 255 Abs. 2 Satz 3 HGB genannten Gemeinkosten bei der Ermittlung des Hinzurechnungsbetrags „herausgerechnet" werden, soweit diese in der ausländischen Handelsbilanz angesetzt wurden. Es ergeben sich geringere Zwischeneinkünfte.[1224] Da der

---

1220 Vgl. *Goebel/Haun*, IStR 2007, S. 772; BMF vom 14.05.2004, BStBl I 2004, Sondernr. 1/2004, S. 3, Tz. 8.3.1.1.

1221 Vgl. R 7.4 Abs. 3 Satz 1 EStR; *Kulosa*, in: Schmidt, EStG, 2022, § 7 EStG, Rn. 204; *Pfirrmann*, in: Kirchhof/Seer, EStG, 2022, § 7 EStG, Rn. 88.

1222 Nach der hier vertretenen Rechtsansicht hat eine Betrachtung der Totalperiode zu erfolgen, sodass gegenläufige höhere passive Einkünfte zu einem späteren Zeitraum entlastend zu berücksichtigen sind.

1223 Vgl. *Stobbe*, in: H/H/R, EStG/KStG, 2021, § 6 EStG, Rn. 496; *Schindler*, in: Kirchhof/Seer, EStG, 2022, § 6 EStG, Rn. 79; *Kulosa*, in: Schmidt, EStG, 2022, § 6 EStG, Rn. 199.

1224 Vgl. R 6.3 Abs. 3 EStR.

Hinzurechnungsbetrag gemäß § 10 Abs. 3 Satz 2 AStG a. F. durch Betriebsvermögensvergleich i. S. des § 4 Abs. 1 EStG, § 5 EStG zu ermitteln ist[1225], kann dies zu einer Maßgeblichkeit der Vorratsbewertung nach ausländischem Handelsrecht führen. Denn gemäß § 6 Abs. 1 Nr. 1b Satz 2 EStG ist das Bewertungswahlrecht in Einklang mit dem handelsrechtlichen Wertansatz auszuüben (sog. formelle Maßgeblichkeit).

Dieser Rechtsauffassung kann entgegengehalten werden, dass die formelle Maßgeblichkeit des § 5 Abs. 1 Satz 1 EStG und daher wohl auch des § 6 Abs. 1 Nr. 1b Satz 2 EStG ausschließlich an der deutschen Handelsbilanz anknüpft.[1226] Bezüglich § 10 Abs. 3 Satz 2 AStG ist ebenfalls der Betriebsvermögensvergleich als Gewinnermittlungsart der Zwischeneinkünfte vorgesehen. Durch den ausschließlichen Verweis auf § 4 Abs. 1 EStG hat die Hinzurechnungsbilanz allein nach den deutschen steuerbilanziellen Vorschriften zu erfolgen. Eine Maßgeblichkeit der ausländischen Handelsbilanz ist nicht vorgesehen, da eine eigenständige Steuerbilanz zu erstellen ist. Die formelle Maßgeblichkeit des § 6 Abs. 1 Nr. 1b Satz 2 EStG ist für ausländische Gesellschaften weitgehend wirkungslos.

Ergebnis: Durch den bewussten Ansatz von Vorräten zu den niedrigeren Herstellungskosten II können geringere Zwischeneinkünfte erlangt werden. Allerdings ist in diesem Fall der gegenläufige Effekt zu beachten, der spätestens beim Abgang der Vorräte eintritt. Diese Handlungsalternative dürfte folglich von kurzfristiger Natur sein, es sei denn, dass die Vorräte langfristig im betrachteten Unternehmen verweilen.

Die Vorschrift des Art. 8 Abs. 1 Satz 1 ATAD steht der Anwendung nationaler Bewertungswahlrechte nicht entgegen. Insbesondere ist Art. 8 Abs. 1 Satz 1 ATAD keine Maßgeblichkeit einer ausländischen Gewinnermittlung zu entnehmen, sondern fordert vielmehr eine hiervon losgelöste Einkünfteermittlung.[1227]

1225 Vgl. auch *Wassermeyer/Schönfeld*, in: F/W/B/S, Außensteuerrecht, 2019, § 8 AStG, Rn. 218.2; *Luckey*, in: S/K/K, AStG/DBA, 2017, § 10 AStG, Rn. 87; *Fuhrmann*, in: Fuhrmann, AStG, 2017, § 10 AStG, Rn. 130.

1226 Vgl. *Drüen*, ISR 2014, S. 272; *Drüen*, IStR 2019, S. 837 ff.; *Sandleben/Hörtnagl*, DStR 2017, S. 2300; *Schiffers u. a.*, in: Korn, EStG, 2020, § 5 EStG, Rn. 86.

1227 Vgl. auch *Böhmer/Gebhardt/Krüger*, in: Hagemann/Kahlenberg, ATAD, 2019, Art. 8 ATAD, Rn. 11 mit dem Hinweis, dass bei einer ausländischen zahlungsflussorientierten Gewinnermittlung eine Überleitung auf den Betriebsvermögensvergleich zu erfolgen hat.

8.1.2.2 Möglichkeiten auf der Passiva der Hinzurechnungsbilanz

8.1.2.2.1 Neutralisierung passiver Veräußerungsgewinne durch die Bildung von Sonderposten mit Rücklageanteil

8.1.2.2.2 Zulässigkeit der Bildung von Sonderposten mit Rücklageanteil in der Hinzurechnungsbilanz

Bei der Veräußerung passiver Wirtschaftsgüter kann ein möglicher Veräußerungsgewinn zu Zwischeneinkünften führen.[1228] Es stellt sich die Frage, ob und inwiefern ein passiver Veräußerungsgewinn durch die Bildung eines Sonderpostens mit Rücklageanteil vermieden bzw. hinausgeschoben werden kann. Gemäß § 6b Abs. 4 Satz 1 Nr. 2 und 3 EStG setzt die Reinvestitionsrücklage eine inländische Betriebsstätte voraus.[1229] Des Weiteren sind steuerliche Vergünstigungen gemäß § 10 Abs. 3 Satz 4 AStG a. F. und AStG auf den Hinzurechnungsbetrag nicht anzuwenden, soweit diese (a) an die unbeschränkte Steuerpflicht, (b) an einen inländischen Betrieb oder (c) an eine inländische Betriebsstätte anknüpfen. Infolgedessen möchte die Finanzverwaltung § 6b EStG im Rahmen der Hinzurechnungsbesteuerung nicht anwenden.[1230] Die Finanzverwaltung verkennt, dass es sich bei § 6b EStG nicht um eine steuerliche Vergünstigung handelt, sondern vielmehr um eine Bewertungsvorschrift.[1231] Diesbezüglich weisen *Luckey*[1232] und *Nolte*[1233] darauf hin, dass die Auffassung der Finanzverwaltung

---

1228 Vgl. BFH vom 16.05.1990, I R 16/88, BStBl II 1990, S. 1049; BFH vom 07.08.2002, I R 10/01, BStBl II 2002, S. 848; gl. A. *Vogt*, in: Brandis/Heuermann, Ertragsteuerrecht, 2016, § 8 AStG, Rn. 13; BMF vom 14.05.2004, BStBl I 2004, Sondernr. 1/2004, S. 3, Tz. 8.1.1.

1229 Vgl. auch *Marchal*, in: H/H/R, EStG/KStG, 2020, § 6b EStG, Rn. 120; *Carlé/Strahl*, in: Korn, EStG, 2018, § 6b EStG, Rn. 36; *Loschelder*, in: Schmidt, EStG, 2022, § 6b EStG, Rn. 69.

1230 Vgl. FinMin Bremen vom 10.12.1975, BB 1975, S. 1563; a. A. *Nolte*, in: AStG eKommentar, AStG, 2021, § 10 AStG, Fassung vom 01.01.2018, Rn. 54; *Luckey*, in: S/K/K, AStG/DBA, 2017, § 10 AStG, Rn. 107; *Fuhrmann*, in: Fuhrmann, AStG, 2017, § 10 AStG, Rn. 160.

1231 Vgl. *Fuhrmann*, in: Fuhrmann, AStG, 2017, § 10 AStG, Rn. 160; *Edelmann*, in: Kraft, AStG, 2019, § 10 AStG, Rn. 524; *Wassermeyer/Schönfeld*, in: F/W/B/S, Außensteuerrecht, 2019, § 8 AStG, Rn. 342; *Luckey*, in: S/K/K, AStG/DBA, 2017, § 10 AStG, Rn. 107.

1232 Vgl. *Luckey*, in: S/K/K, AStG/DBA, 2017, § 10 AStG, Rn. 107.

1233 Vgl. *Nolte*, in: AStG eKommentar, AStG, 2021, § 10 AStG, Fassung vom 01.01.2018, Rn. 54.

bereits aufgrund der Einführung des § 6b Abs. 2a EStG überholt ist, da hierdurch der reine Inlandsbezug aufgegeben wurde. Nach der hier vertretenen Auffassung kann durch die Bildung eines Sonderpostens mit Rücklageanteil ein passiver Veräußerungsgewinn „neutralisiert" werden. Im Rahmen der Aufstellung der Hinzurechnungsbilanz sollte ferner (a) die Zuschussrücklage nach R 6.5 Abs. 4 EStR sowie (b) die Ersatzbeschaffungsrücklage nach R 6.6 EStR geprüft werden. Es ist zu beachten, dass sich in den Folgezeiträumen gegenläufige Effekte zumeist in Form einer Minderabschreibung ergeben können.

Ergebnis: Durch die Bildung eines Sonderpostens mit Rücklageanteil kann das Vorliegen passiver Veräußerungsgewinne vermieden bzw. hinausgeschoben werden. Allerdings sind der eingeschränkte Anwendungsbereich dieser Vorschriften sowie die späteren gegenläufigen Effekte zu beachten.

Die Vorschriften über die Bildung von Sonderposten mit Rücklageanteil sind gemäß Art. 8 Abs. 1 Satz 1 ATAD bei der Ermittlung der passiven Einkünfte anwendbar. Die Anti-Steuervermeidungsrichtlinie[1234] sieht keinerlei Beschränkung auf nur belastende Vorschriften vor. Bereits aus unionsrechtlichen Gründen ist eine einheitliche Anwendbarkeit begünstigender Vorschriften auf ausländische Unternehmen zwingend, um nicht der Gefahr einer Unionsrechtswidrigkeit ausgesetzt zu sein.[1235]

8.1.2.2.3 Hebung stiller Lasten in Pensionsverpflichtungen nach Unternehmensakquisition

8.1.2.2.3.1 Behandlung der aufgedeckten stillen Lasten bei der übertragenden Gesellschaft

Nach § 10 Abs. 3 Satz 1 AStG a. F. und AStG sind die steuerlichen Vorschriften der § 4f und § 5 Abs. 7 EStG bei der Übertragung von Pensionsverpflichtungen anwendbar. Pensionsverpflichtungen sind in der Hinzurechnungsbilanz der ausländischen Gesellschaft unter entsprechender Anwendung des § 6a EStG anzusetzen und zu bewerten.[1236] Pensionsverpflichtungen sind regelmäßig unterbewertet.[1237] Dies ist der Fall, sofern die Unternehmensakquisition nach

1234 Vgl. Richtlinie (EU) 2016/1164 des Rates vom 12.07.2016 mit Vorschriften zur Bekämpfung von Steuervermeidungspraktiken mit unmittelbaren Auswirkungen auf das Funktionieren des Binnenmarkts, Abl. EU 2016 L 193/1.

1235 Vgl. Kapitel 8.1.1.

1236 Vgl. *Fuhrmann*, in: Fuhrmann, AStG, 2017, § 10 AStG, Rn. 159; *Wassermeyer/Schönfeld*, in: F/W/B/S, Außensteuerrecht, 2019, § 8 AStG, Rn. 270.

1237 Vgl. *Kahle*, DStZ 2017, S. 91; *Oenings/Altenburg*, DStR 2017, S. 540; *Kahle/Braun*, FR 2018, S. 197; *Hey*, FR 2016, S. 492; *Schlotter/Pinkernell*, FR 2011, S. 690; *Beutel*

inländischen Grundsätzen einen Share Deal darstellt und folglich die stillen Reserven bzw. stillen Lasten der ausländischen Gesellschaft nicht aufzudecken sind. Durch die anschließende entgeltliche Übertragung von Pensionsverpflichtungen kommt es zu einer Realisierung der stillen Lasten, sodass ein bilanzieller Aufwand in der Hinzurechnungsbilanz entsteht.[1238] Gemäß § 4f Abs. 1 Satz 1 EStG ist der Aufwand durch die Realisierung der stillen Lasten über 15 Jahre gleichmäßig zu verteilen.[1239] Bei der isolierten Übertragung von Pensionsverpflichtungen ist der Verzicht auf die Aufwandsverteilung nach § 4f Abs. 1 Satz 4 EStG nicht anzuwenden, da hierfür ein steuerlicher Teilbetrieb notwendig ist.[1240] Unter Rückgriff auf die Auffassung der Finanzverwaltung[1241] ist eine derartige Vorgehensweise auf die stillen Lasten beschränkt, die seit der erstmaligen Anwendung der Hinzurechnungsbesteuerung entstanden sind. In der Hinzurechnungseröffnungsbilanz sind die Pensionsverpflichtungen mit dem tatsächlichen Verkehrswert und nicht mit dem geringeren Teilwert i. S. des § 6a EStG zu erfassen, wodurch die historischen stillen Lasten außer Acht gelassen werden

8.1.2.2.3.2 Behandlung des Erwerbsfolgegewinns bei der übernehmenden Gesellschaft

Durch die Rechtsprechung des Bundesfinanzhofs[1242] wurde bestätigt, dass der Übernehmer im Übernahmezeitpunkt die Pensionsverpflichtung gemäß § 6 Abs. 1 Nr. 3 EStG mit den negativen Anschaffungskosten und nicht mit dem niedrigeren Teilwert i. S. des § 6a EStG anzusetzen hat.[1243] Dies ist mit dem Grundsatz der Erfolgsneutralität von Anschaffungs- und Herstellungsvorgängen

---

u. a., in: Lüdicke/Sistermann, Unternehmensteuerrecht, 2018, § 12, Rn. 438; *Prinz*, FR 2011, S. 2021.

1238 Vgl. BFH vom 14.12.2011, I R 72/10, BStBl II 2017, S. 1226; BFH vom 26.04.2012, IV R 43/09, BStBl II 2017, S. 1228; BMF vom 30.11.2017, BStBl I 2017, S. 1619, Tz. 16; *Kahle*, DStR 2018, S. 980; *Bolik/Selig-Kraft*, DStR 2017, S. 174.

1239 Vgl. *Kahle*, DStR 2018, S. 980; *Riedel*, FR 2014, S. 10; *Hennrichs*, in: T/L, Steuerrecht, 2021, § 9, Rn. 196.

1240 Siehe auch *Veit*, in: Korn, EStG, 2016, § 4f EStG, Rn. 13; *Weber-Grellet*, in: Schmidt, EStG, 2022, § 4f EStG, Rn. 4.

1241 Vgl. BMF vom 14.05.2004, BStBl I 2004, Sondernr. 1/2004, S. 3, Tz. 10.3.3.2.

1242 Vgl. auch BFH vom 14.12.2011, I R 72/10, BStBl II 2017, S. 1226; BFH vom 26.04.2012, IV R 43/09, BStBl II 2017, S. 1228.

1243 Vgl. OFD Magdeburg vom 02.06.2014, DStR 2014, S. 1546; *Kahle*, DStR 2018, 976, 980; *Krumm*, in: Brandis/Heuermann, Ertragsteuerrecht, 2021, § 5 EStG, Rn. 242.

zu begründen.[1244] Diesbezüglich sieht § 5 Abs. 7 Satz 1 EStG vor, dass am Bilanzstichtag zum Teilwert zurückzukehren ist.[1245] Hierdurch entsteht ein Erwerbsfolgegewinn in Höhe der Differenz der negativen Anschaffungskosten und des Teilwerts i. S. des § 6a EStG zum Bilanzstichtag.[1246] Dies ist unschädlich, soweit die übernehmende Zwischengesellschaft keine passiven Einkünfte erzielt oder nicht als niedrigbesteuert qualifiziert. Erzielt die übernehmende ausländische Gesellschaft niedrigbesteuerte passive Einkünfte, erhöht der Erwerbsfolgegewinn nach § 10 Abs. 3 Satz 1 AStG a. F. und AStG den Hinzurechnungsbetrag. Analog zur Aufwandsverteilung des § 4f Abs. 1 Satz 2 EStG kann gemäß § 5 Abs. 7 Satz 5 EStG eine Rücklage gebildet werden, wodurch der Erwerbsfolgegewinn gleichmäßig über 15 Jahre verteilt wird.[1247] Auch in diesem Fall kann sich eine steuerliche Vorteilhaftigkeit ergeben, soweit die Wirkungen der Hinzurechnungsbesteuerung bei der übernehmenden ausländischen Gesellschaft geringer als die bei der übertragenden ausländischen Gesellschaft sind.

Ergebnis: Eine steuerliche Vorteilhaftigkeit ergäbe sich immer dann, wenn eine passive ausländische Gesellschaft in der ausländischen Steuerbilanz keine stillen Lasten innehat, sodass die Übertragung keinen Einfluss auf die Höhe der ausländischen Steuern i. S. des § 12 AStG a. F. und AStG hat. Durch die Verteilung der stillen Lasten über 15 Jahre ergäbe sich ein Aufwand, der die passiven Einkünfte vermindert. Gleichwohl ist zu beachten, dass bei der übernehmenden Gesellschaft ein Erwerbsfolgegewinn entstünde, dessen steuerliche Behandlung bei der Prüfung der Vorteilhaftigkeit zu beachten ist.

Gemäß Art. 8 Abs. 1 Satz 1 ATAD sind die Vorschriften des § 4f und § 5 Abs. 7 EStG ebenfalls auf ausländische Unternehmen anwendbar, sodass eine Verteilung der aufgedeckten stillen Lasten sowie eines Erwerbsfolgegewinns bei der Ermittlung der passiven Einkünfte durchzuführen ist.

1244 Vgl. *Herbst/Stegemann*, DStR 2017, S. 2085; *Kahle*, DStR 2018, S. 980; mit Verweis auf BFH vom 16.12.2009, I R 102/08, BStBl I 2011, S. 566; BFH vom 26.04.2012, IV R 43/09, BStBl II 2017, S. 1228.

1245 Vgl. BMF vom 30.11.2017, BStBl I 2017, 1619, Rn. 10; OFD Magdeburg vom 02.06.2014, DStR 2014, S. 1546; *Förster/Staaden*, BB 2016, S. 1326; *Weber-Grellet*, in: Schmidt, EStG, 2022, § 5 EStG, Rn. 503.

1246 Vgl. *Weber-Grellet*, in: Schmidt, EStG, 2022, § 5 EStG, Rn. 503, *Kahle*, DStR 2018, S. 980; *Weber-Grellet*, DB 2018, S. 663.

1247 Vgl. auch *Veit*, in: Korn, EStG, 2016, § 5 EStG, Rn. 660; BMF vom 30.11.2017, BStBl I 2017, S. 1619, Rn. 11; OFD Magdeburg vom 02.06.2014, DStR 2014, S. 1546; *Weber-Grellet*, DB 2018, S. 663.

8.1.3 Verminderung des Hinzurechnungsbetrags durch bewusste Anwendung rein nationaler außerbilanzieller Korrekturvorschriften?

8.1.3.1 Ausschließliche Hinzurechnung der fremdüblichen Zwischeneinkünfte und anzuwendende Korrekturvorschriften

Durch § 10 Abs. 3 Satz 1 AStG a. F. und AStG sind die Vorschriften der §§ 4 ff. EStG und §§ 8 ff. KStG auf ausländische Gesellschaften anwendbar, sodass neben den bilanziellen Vorschriften auch außerbilanzielle zu berücksichtigen sind.[1248] Infolgedessen sind die Vorschriften zur Fremdüblichkeit zu beachten.[1249] Die passiven Einkünfte der ausländischen Gesellschaft sind unter Berücksichtigung der Grundsätze (a) zur verdeckten Gewinnausschüttung sowie (b) zu verdeckten Einlagen zu ermitteln.[1250] Entsprechend der Rechtsprechung des Bundesfinanzhofs[1251] sind die Korrekturvorschriften einschließlich der des § 1 AStG vor einer etwaigen Hinzurechnungsbesteuerung anzuwenden. Von *Köhler*[1252] und *Richter*[1253] wird daher angemerkt, dass lediglich die fremdüblichen Zwischeneinkünfte der Hinzurechnungsbesteuerung unterliegen.[1254] Eine Gewinnallokation,

1248 Vgl. *Wassermeyer/Schönfeld*, in: F/W/B/S, Außensteuerrecht, 2019, § 8 AStG, Rn. 235; *Fuhrmann*, in: Fuhrmann, AStG, 2017, § 10 AStG, Rn. 146; gleiches Ergebnis *Edelmann*, in: Kraft, AStG, 2019, § 10 AStG, Rn. 501 ff.; *Luckey*, in: S/K/K, AStG/DBA, 2017, § 10 AStG; Rn. 68.

1249 Vgl. BFH vom 13.06.2018, I R 94/15, BStBl II 2020, S. 705; *Staats*, in: BeckOK AStG, AStG, 2022, Vor §§ 7–14 AStG, Rn. 149; *van Lishaut*, FR 2019, S. 372; *Köhler*, ISR 2018b, S. 454; *Kraft/Bildstein*, IStR 2019, S. 38.

1250 Vgl. auch *Köhler*, ISR 2018b, S. 455; *Haase*, FR 2019, S. 561; *Kahlenberg/Weiss*, IStR 2018, S. 879; *van Lishaut*, FR 2019, S. 372; *Höring*, IWB 2019, S. 291.

1251 Vgl. BFH vom 13.06.2018, I R 94/15, BStBl II 2020, S. 705.

1252 Vgl. *Köhler*, ISR 2018b, S. 455.

1253 Vgl. *Richter*, ISR 2019, S. 342.

1254 Die Korrektur zwischen ausländischen Gesellschaften richtet sich ausschließlich nach § 8 Abs. 3 Satz 2 und 3 KStG, da § 1 Abs. 1 AStG mangels „Geschäftsbeziehung zum Ausland" keine Anwendung findet (vgl. *Wassermeyer/Schönfeld*, in: F/W/B/S, Außensteuerrecht, 2019, § 10 AStG, Rn. 301 und 318; *Edelmann*, in: Kraft, AStG, 2019, § 10 AStG Rn. 574 f.). Die Korrekturvorschrift des § 1 Abs. 1 AStG beschränkt sich auf Geschäftsbeziehungen einer ausländischen Gesellschaft mit der inländischen Muttergesellschaft sowie auf Geschäftsbeziehungen zwischen ausländischen Gesellschaften, bei denen sich ein Dreieckssachverhalt über eine inländische Muttergesellschaft ergibt (vgl. *Luckey*, in: S/K/K, AStG/DBA, 2017, § 10 AStG, Rn. 76 f.). Siehe auch *Heckerodt/Postler*, IStR 2023, S. 41 ff.; *Heckerodt/Postler*, IStR

die nicht dem Funktions- und Risikoprofil der ausländischen Gesellschaft nach deutschen Grundsätzen entspricht[1255], ist vorrangig nach § 8 Abs. 3 Satz 2 und 3 KStG sowie § 1 AStG zu korrigieren.[1256] Der Anlass der Anwendung der Hinzurechnungsbesteuerung besteht insoweit nicht mehr.[1257]

Die Anti-Steuervermeidungsrichtlinie[1258] kennt mit Art. 8 Abs. 2 Satz 1 ATAD eine Korrektur nicht fremdüblicher Geschäftsbeziehungen, sofern der nationale Gesetzgeber den Principal-purpose-Test in nationales Recht umsetzt.[1259] Diese Vorschrift findet bei Umsetzung des Passivkatalogs keine unmittelbare Anwendung. Allerdings ordnet Art. 8 Abs. 1 Satz 1 ATAD die Anwendung der nationalen Vorschriften an, sodass auch die Regelungen über die Einkünftekorrektur einschlägig sind.

8.1.3.2 Wirkungen der Erwerbsfinanzierung anhand des Beispiels der Zinsschranke

Richtigerweise legt *Linn*[1260] zu § 10 Abs. 3 Satz 1 AStG dar, dass die Anwendung der Abzugsbeschränkung des § 4k EStG neben einer erheblichen Komplexität auch zu einer Doppelerfassung führen kann.[1261] Hierdurch wird deutlich, dass durch die

---

2023, S. 93 ff. im Detail zum Verhältnis zwischen der Hinzurechnungsbesteuerung und der Verrechnungspreiskorrekturen.

1255 Siehe z. B. auch *Waldens/Sedemund*, IStR 2007, S. 450 ff. zur Kohärenz zwischen Risiko- und Funktionsprofil sowie der Exkulpationsmöglichkeit.

1256 Vgl. *Kahlenberg/Weiss*, IStR 2018, S. 879; *Köhler*, ISR 2018b, S. 455; *Richter*, ISR 2019, S. 342; *Haase*, FR 2019, S. 561; *Mattern*, DB 2019, S. 86. Siehe auch BMF vom 14.07.2021, BStBl I 2021, S. 1098, Rn. 1.3 f. zur Anwendungskonkurrenz dieser Korrekturvorschriften.

1257 Fraglich ist, ob eine Korrektur gemäß § 1 Abs. 1 AStG nur im Verhältnis zwischen dem In- und Ausland erfolgen kann oder auch zwischen ausländischen Gesellschaften für Zwecke der Hinzurechnungsbesteuerung (vgl. *Edelmann*, in: Kraft, AStG, 2019, § 10 AStG, Rn. 574; *Bauernschmitt*, in: Haase, AStG/DBA, 2016, § 10 AStG, Rn. 69).

1258 Vgl. Richtlinie (EU) 2016/1164 des Rates vom 12.07.2016 mit Vorschriften zur Bekämpfung von Steuervermeidungspraktiken mit unmittelbaren Auswirkungen auf das Funktionieren des Binnenmarkts, Abl. EU 2016 L 193/1.

1259 Vgl. *Orlet/Pinetz*, in: Hagemann/Kahlenberg, ATAD, 2019, Art. 8 ATAD, Rn. 14; *Musil*, in: Musil/Weber-Grellet, Europäisches Steuerrecht, 2022, Art. 8 ATAD, Rn. 5.

1260 Vgl. *Linn*, IStR 2020, S. 82.

1261 Es sei darauf hingewiesen, dass § 4k EStG anders als § 4j Abs. 1 Satz 5 EStG keine Rangfolge im Verhältnis zur Hinzurechnungsbesteuerung anordnet (siehe z. B. auch

Anwendung (a) der Zinsschranke des § 4h EStG, § 8a KStG, (b) der Lizenzschranke des § 4j EStG sowie (c) der Abzugsbeschränkung bei hybriden Gestaltungen des § 4k EStG eine erhebliche Mehrbelastung entstehen kann.[1262] Dies kann innerhalb konzerninterner Liefer- und Leistungsbeziehungen zu erheblichen Mehrsteuern führen, da die Betriebsausgaben gewinnerhöhend den Zwischeneinkünften hinzugerechnet werden und die korrespondierenden Erträge der Hinzurechnungsbesteuerung unterliegen können.[1263] Infolgedessen ist künftig bei Unternehmenstransaktionen darauf zu achten, dass derartige gruppeninterne Liefer- und Leistungsbeziehungen identifiziert und bereinigt werden.

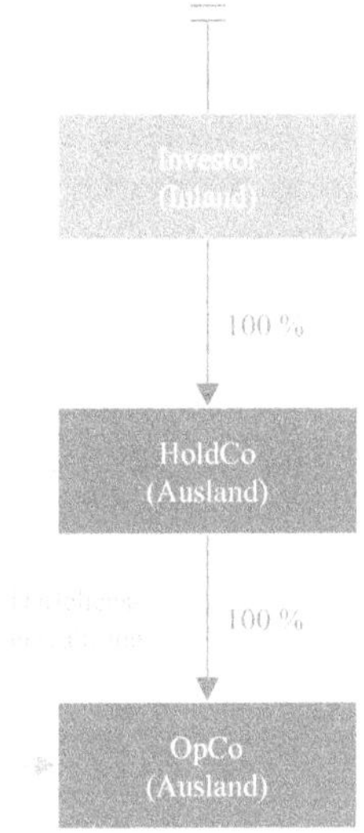

Abbildung 19: Darlehensgewährung über Finanzierungsgesellschaft

Zinowsky, IStR 2021, S. 503; *Grotherr*, IStR 2020, S. 776; *Ehlermann/Link*, ISR 2021, S. 322 ff.).

1262 Vgl. *Kraft/Kockrow*, IWB 2021, S. 573, die sich für einen Anwendungsvorrang der Hinzurechnungsbesteuerung gegenüber der Vorschrift des § 4k EStG aussprechen. Siehe auch *Kramer*, ISR 2018, S. 1 ff.; *Hagemann/Kahlenberg*, IStR 2017, S. 1002 ff. zum Anwendungsvorgang der Hinzurechnungsbesteuerung nach § 4j Abs. 1 Satz 5 EStG sowie weiteren Ausführungen zum Zusammenspiel zwischen der Lizenzschranke und der Hinzurechnungsbesteuerung.

1263 Vgl. *Linn*, IStR 2020, S. 82, der im Detail anhand des § 4k EStG-RefE die mögliche Doppelbesteuerung darlegt.

Beispiel: Der inländische Investor in der Rechtform der Kapitalgesellschaft beabsichtigt, über die ausländische HoldCo in der Rechtsform der Kapitalgesellschaft die ausländische OpCo in der Rechtsform der Kapitalgesellschaft zu erwerben. Zudem soll über die HoldCo eine ausländische FinCo in der Rechtsform der Kapitalgesellschaft implementiert werden. Die FinCo wird mit Eigenkapital ausgestattet und überlässt dieses als ein fremdüblich verzinsliches Darlehen an die OpCo.

Von *Goebel/Haun*[1264] wird vorgetragen, dass sich ein steuerlicher Vorteil daraus ergeben kann, dass z. B. ein Zinsvortrag i. S. § 4h Abs. 1 Satz 5 EStG im Rahmen von aktiven Einkünften entstanden ist, der „Verbrauch" des Zinsvortrags innerhalb von passiven Einkünften erfolgt.[1265] Die Gestaltung kann unter dem neuen Außensteuerrecht in Erwägung gezogen werden, wenn es absehbar ist, dass eine aktive ausländische Gesellschaft künftig als passiv qualifiziert.[1266] Im Hinblick auf den internationalen Trend der Senkung der Körperschaftsteuersätze wird vermehrt eine Niedrigbesteuerung zu erwarten sein (§ 8 Abs. 5 AStG).[1267] Überschreiten die Nettozinsaufwendungen der OpCo die Freigrenze in Höhe von drei Millionen sowie das verrechenbare EBITDA, kommt es zum Aufbau eines Zinsvortrags (§ 4h Abs. 1 Satz 2 und Abs. 2 Satz 1 EStG).[1268] Grundsätzlich erzielt die FinCo nach § 13 Abs. 2 AStG Zwischeneinkünfte mit Kapitalanlagecharakter.[1269] Gleichwohl muss die FinCo gemäß § 13 Abs. 4 i. V. m. § 8 Abs. 5 AStG als ausländische Gesellschaft niedrigbesteuert sein.[1270] Sobald das Tatbestandsmerkmal der Niedrigbesteuerung erfüllt ist, wird die Darlehensgewährung beendet. Der bestehende Zinsvortrag erhöht sich nicht mehr, sondern kann künftig innerhalb der Grenzen des § 4h Abs. 1 EStG mit den niedrigbesteuerten passiven Einkünften der OpCo verrechnet werden.

1264 Vgl. *Goebel/Haun*, IStR 2007, S. 772.

1265 Siehe auch *Heckemeyer/Spengel*, DB 2009, S. 133 ff. zum gesetzgeberischen Hintergrund der Einführung einer Zinsschranke.

1266 Das Gleiche trifft zu, wenn eine ausländische Gesellschaft gegenwärtig das Tatbestandsmerkmal der Niedrigbesteuerung nicht erfüllt. Gleichwohl künftig als niedrigbesteuert gilt.

1267 Vgl. auch *Spengel/Bräutigam*, Ubg 2015, S. 569; *Oppel/Wittling*, BB 2022, S. 1503; *Wassermeyer/Schönfeld*, IStR 2008, S. 499; *Schönfeld*, IStR 2017, S. 723; *Bärsch/Quilitzsch/Schulz*, ISR 2013, S. 362. Siehe auch *Schnitger/Kopec*, IStR 2019, S. 43 ff.; *Loose/Engel*, Ubg 2018, S. 77 ff.; *Nolte u. a.*, DStZ 2018, S. 221 ff., die auf die Problematik der Niedrigbesteuerung durch die US-Steuerreform eingehen.

1268 Vgl. BMF vom 04.07.2008, BStBl I 2008, S. 718, Rn. 40 und 55.

1269 Vgl. *Böhmer/Oppel*, IWB 2020, S. 16; *Gebhardt/Krüger*, IWB 2020, S. 116; *Ditz u. a.*, DStR 2020, S. 79.

1270 Vgl. hierzu z. B. *Ditz u. a.*, DStR 2020, S. 79; *Gebhardt/Krüger*, IWB 2020, S. 116.

Beispiel: Sofern die Darlehensrückführung durch die OpCo nicht mehr angedacht ist, kann die FinCo das Darlehen im Wege einer Sachausschüttung an die HoldCo abtreten (sog. Sachausschüttung). Im Anschluss legt die HoldCo das Darlehen in die OpCo ein, wodurch das Darlehen im Wege der Konfusion untergeht (sog. Sacheinlage).[1271]

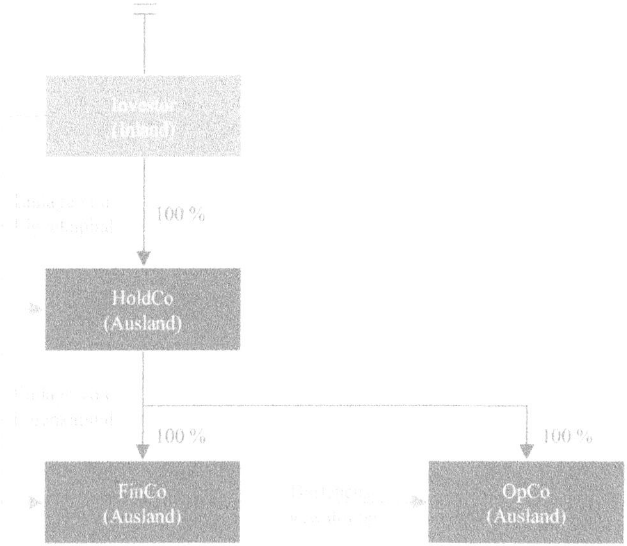

Abbildung 20: Darlehensrückzahlung über Finanzierungsgesellschaft

Bei der Sachausschüttung handelt es sich nicht um eine verdeckte Gewinnausschüttung, sondern um eine offene Gewinnausschüttung.[1272] Da die FinCo nicht unmittelbar durch den inländischen Investor gehalten wird, sondern durch die HoldCo, unterliegt die Sachausschüttung nicht der Körperschaft- und

1271 Vgl. BGH vom 01.06.19967, II ZR 150/66, BGHZ 48, 214; *Fetzer*, in: Münchener Kommentar zum BGB, BGB, 2020, Vor § 362 BGB, Rn. 4 zur rechtlichen Beurteilung der Konfusion.

1272 Vgl. *Gosch*, in: Gosch, KStG, 2020, § 8 KStG, Rn. 147 i. V. m. Rn. 375; *Rengers*, in: Brandis/Heuermann, § 8 KStG, Rn. 190; *Pohl*, NWB 2019, S. 246 ff.; *Bareis/Siegel*, BB 2008, S. 479. Siehe z. B. auch *Pung*, in: D/P/M, KStG/UmwStG, 2021, § 8b KStG, Rn. 130, die eine verdeckte Gewinnausschüttung annimmt, insoweit die Sachausschüttung gesellschaftsrechtlich nicht zulässig ist.

Gewerbesteuer. Zwar erzielt die HoldCo gemäß § 13 Abs. 2 AStG Zwischeneinkünfte mit Kapitalanlagecharakter. Die Sachausschüttung ist jedoch gemäß § 8 Abs. 1 Nr. 7 Buchst. a Satz 1 AStG aktiv.[1273] Die Einlage des Darlehens stellt eine verdeckte Einlage der HoldCo in die OpCo dar, die im Falle der Werthaltigkeit keine wesentlichen Implikationen herbeiführt (§ 8 Abs. 3 Satz 3 KStG).[1274] Nichtsdestotrotz ist eine derartige steuerliche Vorteilhaftigkeit ausschließlich auf die Zinsschranke begrenzt, da nur diese eine zeitliche Verschiebung des Betriebsausgabenabzugs anordnet.[1275]

Ergebnis: Durch den bewussten Aufbau eines Zinsvortrages innerhalb eines Wirtschaftsjahrs, in dem der Anwendungsbereich der Hinzurechnungsbesteuerung nicht eröffnet ist, kann Aufwandspotenzial geschaffen werden, das zukünftig bei der Ermittlung der passiven Einkünfte berücksichtigt werden kann. Gleichwohl ist

---

1273 Wird die Sachausschüttung hingegen auf Ebene der FinCo nicht zum Verkehrswert, sondern zu einem niedrigeren Wert bewertet, so ergibt sich auf Ebene der FinCo eine verdeckte Gewinnausschüttung (vgl. *Gosch*, in: Gosch, KStG, 2020, § 8 KStG, Rn. 147; mit Verweis auf BFH vom 11.04.2018, I R 34/15, BStBl II 2020, S. 201). Die verdeckte Gewinnausschüttung ist gemäß § 8 Abs. 1 Nr. 7 Buchst. a Satz 2 Doppelbuchst. bb AStG nur von aktiver Natur, wenn sich das ausländische Einkommen der OpCo erhöht und die OpCo keiner Niedrigbesteuerung unterliegt (vgl. auch *Mann*, in: BeckOK AStG, AStG, 2022, § 8 AStG, Rn. 249; *Ditz u. a.*, DStR 2020, S. 78; *Linn*, IStR 2020, S. 81; *Böhmer/Oppel*, IWB 2020, S. 16). Unterliegt die OpCo einer Niedrigbesteuerung, ergeben sich passive Einkünfte, die jedoch gemäß § 10 Abs. 3 Satz 1 KStG i. V. m. § 8b Abs. 1 Satz 2 und 5 KStG steuerfrei sind. Fraglich ist jedoch, inwiefern 5 % nicht abzugsfähige Betriebsausgaben auf Ebene der HoldCo zu erfassen sind.

1274 Vgl. auch H 8.9 „Forderungsverzicht" KStH; BFH vom 09.06.1997, GrS 1/94, BStBl II 1998, S. 307. Sofern das die Darlehen nicht werthaltig ist, ergibt sich nach deutschem Verständnis auf Ebene der OpCo ein steuerbilanzieller Ertrag in Höhe des nicht werthaltigen Teils (vgl. *Beutel/Sistermann*, in: Lüdicke/Sistermann, Unternehmensteuerrecht, 2018, § 18, Rn. 13). Dieser Ertrag könnte wiederum selbst der Hinzurechnungsbesteuerung unterliegen (vgl. auch *Hagemann/Kmit*, IWB 2020, S. 946). Gleichwohl vertritt ein Teil des Schrifttums die Rechtsansicht, dass Wertänderungen von Forderungen und Verbindlichkeiten nicht der Hinzurechnungsbesteuerung unterliegt (vgl. *Born*, BB 2009, S. 1730; *Töben/Lohnbeck/Specker*, NWB 2009, S. 1492; *Schein*, IStR 2017, S. 112).

1275 Die Lizenzschranke nach § 4j EStG sowie die Abzugsbeschränkung bei hybriden Gestaltungen nach § 4k EStG führen zu einer endgültigen Versagung des Betriebsausgabenabzugs (so auch *Heil/Pupeter*, BB 2017, S. 800; *Grotherr*, IStR 2020, S. 773; *Ismer*, FR 2014, S. 783).

die Komplexität der Zinsschranke nicht zu vernachlässigen, wodurch sich nur eine äußerst eingeschränkte Planbarkeit ergibt.

Des Weiteren umfasst Art. 8 Abs. 1 ATAD die Anwendung außerbilanzieller Korrekturvorschriften nach dem Recht des Mitgliedstaats des Steuerpflichtigen.[1276] Infolgedessen sind die nationalen Vorschriften über nicht abzugsfähige Betriebsausgaben sowie steuerfreie Einnahmen bei der Ermittlung der passiven Einkünfte zu berücksichtigen. Die Mitgliedstaaten haben zudem (a) gemäß Art. 4 ATAD eine Abzugsbegrenzung von Zinszahlungen sowie (b) gemäß Art. 9 ATAD, Art. 9a und 9b ATAD II eine Abzugsbegrenzung bei hybriden Gestaltungen zu implementieren.[1277] Eine Besonderheit besteht im europäischen Schachtelprivileg. Grundsätzlich sind Gewinnausschüttungen zwischen Gesellschaften, die innerhalb der EU ansässig sind, gemäß Art. 4 Abs. 1 Buchst. a MTRL von der Körperschaftsteuer auszunehmen, insoweit die sachlichen und zeitlichen Voraussetzungen kumulativ erfüllt werden.[1278]

Demungeachtet erlaubt Art. 4 Abs. 3 MTRL, dass die Mitgliedstaaten den Betriebsausgabenabzug für Aufwendungen im Zusammenhang mit den steuerfreien Dividenden versagen. Zudem wird vereinzelt von den Mitgliedstaaten eine pauschale Versagung des Betriebsausgabenabzugs vorgesehen[1279], wodurch sich ein gewisses Gefälle zwischen den Holdingstandorten innerhalb der EU ergibt. Nach Auffassung von *Böhmer/Gebhardt/Krüger*[1280] sind durch den Verweis auf das nationale Recht gemäß Art. 8 Abs. 1 ATAD die Steuerbefreiungen für Dividenden bei der Ermittlung der passiven Einkünfte anzuwenden. Hinzuzurechnende Dividendeneinkünfte i. S. des Art. 7 Abs. 2 Buchst. a Unterbuchst. iii) ATAD ergeben sich nur, wenn aufgrund der Nichterfüllung der sachlichen

---

1276 Siehe auch *Böhmer/Gebhardt/Krüger*, in: Hagemann/Kahlenberg, ATAD, 2019, Art. 8 ATAD, Rn. 10; *Musil*, in: Musil/Weber-Grellet, Europäisches Steuerrecht, 2019, Art. 8 ATAD, Rn. 2.

1277 Vgl. *Weber-Grellet*, DB 2022, S. 1345; *Fehling*, in: Schaumburg/Englisch, Europäisches Steuerrecht, 2020, Rn. 17.27.

1278 Vgl. *Kofler*, in: Schaumburg/Englisch, Europäisches Steuerrecht, 2020, Rn. 14.60; EuGH vom 12.02.2009, Rs. Cobelfret, C-138/07, Slg. I 2009, S. 731.

1279 Vgl. EuGH vom 12.02.2009, Rs. Cobelfret, C-138/07, Slg. I 2009, S. 731; *Kofler*, in: Schaumburg/Englisch, Europäisches Steuerrecht, 2020, Rn. 14.60; *Baumgartner/Brühl*, FR 2020, S. 1037 zur Zulässigkeit der pauschalen Versagung des Betriebsausgabenabzugs.

1280 Vgl. auch *Böhmer/Gebhardt/Krüger*, in: Hagemann/Kahlenberg, ATAD, 2019, Art. 8 ATAD, Rn. 10.

oder zeitlichen Voraussetzungen die Steuerfreistellung versagt wird oder nicht abzugsfähige Betriebsausgaben zu erfassen sind.

8.2 Verteilungsmaßstab der Zurechnung eines Hinzurechnungsbetrags bei erworbenen ausländischen Gesellschaften

8.2.1 Abweichende Gewinnverteilungsabrede ausländischer Gesellschaften und Unternehmen bei Unternehmensakquisitionen durch internationale Unternehmensgruppen

8.2.1.1 Schuldrechtliche Gewinnansprüche als abweichende Gewinnverteilungsabrede?

Ist die Inländerbeherrschung bzw. Verbundbeherrschung erfüllt, so findet die Hinzurechnungsbesteuerung auf die passiven Einkünfte Anwendung.[1281] Gemäß § 7 Abs. 1 AStG a. F. und § 7 Abs. 1 Satz 1 AStG erfolgt die Zurechnung der passiven Einkünfte nach der Beteiligung am Nennkapital.[1282] Die Zurechnungsquote richtet sich folglich nach der prozentualen Kapitalbeteiligung an der ausländischen Gesellschaft.[1283] Die Hinzurechnungsquote des § 7 Abs. 1 AStG a. F. und § 7 Abs. 1 Satz 1 AStG ist jedoch nicht mit der tatbestandlichen Beteiligungsquote des § 7 Abs. 2 Satz 1 AStG a. F. und § 7 Abs. 2 AStG gleichzusetzen.[1284] Gleichwohl kann auf das gleiche Begriffsverständnis

---

1281 Vgl. BMF vom 14.05.2004, BStBl I 2004, Sondernr. 1/2004, S. 3, Tz. 7.1.1; *Mössner/Rode*, in: Fuhrmann, AStG, 2017, § 7 AStG, Rn. 66; *Jacobsen*, in: AStG eKommentar, AStG, 2021, § 7 AStG, Fassung vom 01.01.2018, Rn. 29.

1282 Vgl. *Köhler*, in: S/K/K, AStG/DBA, 2017, § 7 AStG, Rn. 60; *Mössner/Rode*, in: Fuhrmann, AStG, 2017, § 7 AStG, Rn. 68; *Jacobsen*, in: AStG eKommentar, AStG, 2021, § 7 AStG, Fassung vom 01.01.2018, Rn. 29.

1283 Vgl. *Jacobsen*, in: AStG eKommentar, AStG, 2021, § 7 AStG, Fassung vom 01.01.2018, Rn. 29; *Vogt*, in: Brandis/Heuermann, Ertragsteuerrecht, 2016, § 7 AStG, Rn. 35; *Wassermeyer*, in: F/W/B/S, Außensteuerrecht, 2018, § 7 AStG, Rn. 18; *Protzen*, in: Kraft, AStG, 2019, § 7 AStG, Rn. 138; *Köhler*, in: S/K/K, AStG/DBA, 2017, § 7 AStG, Rn. 60.

1284 Vgl. *Debatin*, DB 1978, S. 1195; *Köhler*, in: S/K/K, AStG/DBA, 2017, § 7 AStG, Rn. 60; *Wassermeyer*, in: F/W/B/S, Außensteuerrecht, 2018, § 7 AStG, Rn. 18.1.

abgestellt werden.[1285] Der Hinzurechnungsquote ist nach § 7 Abs. 5 AStG a. F. der Gewinnverteilungsschlüssel der ausländischen Gesellschaft zugrunde zu legen, soweit sich die Gewinnverteilung nicht nach der kapitalmäßigen Beteiligung richtet (sog. abweichende Gewinnverteilungsabrede).[1286] Des Weiteren erfasst § 7 Abs. 5 AStG a. F. ausländische Gesellschaften, die kein Nennkapital haben.[1287] Die Zurechnung erfolgt so, als würden die Einkünfte durch die ausländische Gesellschaft vollumfänglich an die Anteilseigner ausgekehrt.[1288] Typischerweise werden von § 7 Abs. 5 AStG a. F. abweichende Gewinnverteilungsabreden erfasst, die ihre Grundlage in der Satzung der ausländischen Gesellschaft haben.[1289] Gemäß § 7 Abs. 1 Satz 3 AStG soll künftig ebenfalls der Gewinnverteilungsschlüssel für die Zurechnung des Hinzurechnungsbetrags maßgebend sein, soweit (a) der Gewinnverteilungsschlüssel nicht mit der Beteiligung am Nennkapital übereinstimmt oder (b) die ausländische Gesellschaft kein Nennkapital hat.[1290] Die Vorschrift ist meines Erachtens als Rechtfolgennorm inhaltsgleich mit § 7 Abs. 5 AStG a. F. zu verstehen.[1291]

Dem Wortlaut des § 7 Abs. 5 AStG a. F. und folglich wohl auch dem des § 7 Abs. 1 Satz 3 AStG kann nicht eindeutig entnommen werden, ob auf die rechtliche oder die tatsächliche Gewinnverteilung abzustellen ist.[1292] Nach Auffassung

---

1285 Vgl. *Protzen*, in: Kraft, AStG, 2019, § 7 AStG, Rn. 138; *Wassermeyer*, in: F/W/B/S, Außensteuerrecht, 2018, § 7 AStG, Rn. 18; *Köhler*, in: S/K/K, AStG/DBA, 2017, § 7 AStG, Rn. 60.

1286 Vgl. *Vogt*, in: Brandis/Heuermann, Ertragsteuerrecht, 2016, § 7 AStG, Rn. 37; *Köhler*, in: S/K/K, AStG/DBA, 2017, § 7 AStG, Rn. 145; *Fuhrmann*, in: Fuhrmann, AStG, 2017, § 7 AStG, Rn. 161.

1287 Vgl. *Protzen*, in: Kraft, AStG, 2019, § 7 AStG, Rn. 153; *Köhler*, in: S/K/K, AStG/DBA, 2017, § 7 AStG, Rn. 144; *Reiche*, in: Haase, AStG/DBA, 2016, § 7 AStG, Rn. 103; *Wassermeyer*, in: F/W/B/S, Außensteuerrecht, 2018, § 7 AStG, Rn. 93.

1288 Vgl. auch *Mössner/Rode*, in: Fuhrmann, AStG, 2017, § 7 AStG, Rn. 68 mit dem Hinweis, dass § 7 Abs. 5 AStG eine Vollausschüttung fingiert.

1289 Vgl. *Wassermeyer*, in: F/W/B/S, Außensteuerrecht, 2018, § 7 AStG, Rn. 95; *Köhler*, in: S/K/K, AStG/DBA, 2017, § 7 AStG, Rn. 145; *Reiche*, in Haase, AStG/DBA, 2016, § 7 AStG, Rn. 105.

1290 Vgl. *Staats*, in: BeckOK AStG, AStG, 2022, § 7 AStG, Rn. 145; *Vogt*, in: Brandis/Heuermann, Ertragsteuerrecht, 2022, § 7 AStG, Rn. 95. Für die Hinzurechnung nach § 7 Abs. 1 Satz 1 und 3 AStG ist die Stimmrechtsbeteiligung ohne Relevanz (vgl. *Jacobsen*, in: AStG eKommentar, AStG, 2022, § 7 AStG, Fassung vom 01.01.2022, Rn. 68; *Rechid/Schäfer*, BB 2020, S. 2074).

1291 So z. B. auch *Staats*, in: BeckOK AStG, AStG, 2022, § 7 AStG, Rn. 151.

1292 Vgl. auch *Köhler*, in: S/K/K, AStG/DBA, 2017, § 7 AStG, Rn. 145; *Staats*, in: BeckOK AStG, AStG, 2022, § 7 AStG, Rn. 145 ff.

von *Jacobsen*[1293] kann auf die tatsächliche Gewinnverteilung abzustellen sein, sofern diese über eine gewisse Dauer und Beständigkeit durchgeführt wird. Diese letztere Auffassung verkennt, dass die Finanzrechtsprechung[1294] und Finanzverwaltung[1295] eine inkongruente Gewinnausschüttung nur bei Vorliegen triftiger Gründe anerkennt.[1296] Dies soll bspw. der Fall sein, wenn besondere Gesellschafterleistungen wie die Tätigkeit oder Nutzungsüberlassung von Wirtschaftsgütern vergütet werden.[1297] Da der Hinzurechnungsbetrag gemäß § 10 Abs. 3 Satz 1 AStG a. F. und AStG entsprechend der nationalen Vorschriften zu ermitteln ist, finden für Zwecke des § 7 Abs. 5 AStG a. F. und § 7 Abs. 1 Satz 3 AStG die Grundsätze einer inkongruenten Gewinnabrede Anwendung.[1298]

Es ist *Wassermeyer*[1299] und *Protzen*[1300] zuzustimmen, dass auf die rechtliche Gewinnverteilungsabrede abzustellen ist, sodass schuldrechtliche Vertragsbeziehungen nicht unter § 7 Abs. 5 AStG a. F. fallen. Es stellt sich gleichwohl die Frage, ob und inwiefern in § 7 Abs. 1 Satz 3 AStG ein weiterer Begriff der Gewinnverteilung zu sehen ist.[1301] Durch die Verwendung der Begrifflichkeiten des Anspruchs am Gewinn oder Liquidationserlös in § 7 Abs. 2 AStG wurde ein deutlich weiterer Begriff gewählt.[1302] Dies führt nicht zwingenderweise dazu, dass ein schuldrechtlicher Gewinnanspruch auch im Rahmen des § 7 Abs. 1 Satz 3 AStG zu berücksichtigen ist.[1303] Dies kann vor allem daraus gefolgert

---

1293 Vgl. *Jacobsen*, in: AStG eKommentar, AStG, 2021, § 7 AStG, Fassung vom 01.01.2018, Rn. 67.

1294 Vgl. BFH vom 19.08.1999, I R 77/96, BStBl II 2001, S. 43; FG Berlin vom 31.07.2000, 8 K 8401/97, EFG 2000, S. 1324.

1295 Vgl. BMF vom 17.12.2013, BStBl I 2014, S. 63.

1296 Vgl. *Förster*, DB 2015, S. 332; *Fuhrmann*, koesdi 2017, S. 20565.

1297 Vgl. *Fuhrmann*, koesdi 2017, S. 20565; *Förster*, DB 2015, S. 332.

1298 Vgl. BMF vom 14.05.2004, BStBl I 2004, Sondernr. 1/2004, S. 3, Tz. 10.1.1.1; *Edelmann*, in: Kraft, AStG, 2019, § 10 AStG, Rn. 465; *Luckey*, in: S/K/K, AStG/DBA, 2017, § 10 AStG, Rn. 68; *Vogt*, in: Brandis/Heuermann, Ertragsteuerrecht, 2018, § 10 AStG, Rn. 67 zur Anwendung der nationalen Vorschriften.

1299 Vgl. *Wassermeyer*, in: F/W/B/S, Außensteuerrecht, 2018, § 7 AStG, Rn. 95.

1300 Vgl. *Protzen*, in: Kraft, AStG, 2019, § 7 AStG, Rn. 152.

1301 So z. B. auch *Staats*, in: BeckOK AStG, AStG, 2022, § 7 AStG, Rn. 151.

1302 Vgl. *Böhmer/Oppel*, IWB 2020, S. 7, die schuldrechtliche Gewinnbezugsrechte ebenfalls unter § 7 Abs. 2 AStG-RefE subsumieren.

1303 Im Schrifttum wird indes auf die Auslegungsmöglichkeit hingewiesen, dass schuldrechtliche Gewinnansprüche für Zwecke des § 7 Abs. 1 Satz 3 AStG zu berücksichtigen sind, zumindest dann, wenn diese steuerliches Eigenkapital verkörpern (so z. B. auch *Mann*, in: BeckOK AStG, AStG, 2022, § 8 AStG, Rn. 150).

werden, dass § 7 Abs. 1 Satz 1 und 3 AStG von einer Beteiligung am Nennkapital sprechen, wodurch der gesellschaftsrechtliche Bezug veranschaulicht wird.[1304] Ferner wird in § 7 Abs. 1 Satz 3 AStG von der Gewinnverteilung gesprochen, was zum einem von der Begrifflichkeit des Gewinnanspruchs in § 7 Abs. 2 AStG erheblich abweicht und zum anderen den Bezug auf die gesellschaftsrechtlichen Vorschriften des § 721 BGB, § 121 HGB verdeutlicht.[1305]

Ein schuldrechtlicher Gewinnanspruch ist nur auf der Tatbestandseite des § 7 Abs. 2 AStG zu beachten. Gleichwohl kann es sich bei den unterschiedlichen Begrifflichkeiten in § 7 Abs. 1 Satz 3 und § 7 Abs. 2 AStG um ein redaktionelles Versehen des Gesetzgebers handeln. Ist dies der Fall, ist § 7 Abs. 1 Satz 3 AStG als Rechtsfolgennorm teleologisch zu erweitern.[1306] Unter Betrachtung der Begrifflichkeit des Gewinnanspruchs i. S. des § 7 Abs. 2 AStG und des gesetzgeberischen Willens der Inkludierung schuldrechtlicher Beteiligungen kann die Hinzurechnungsquote derartige Vertragsbeziehungen umfassen. Es gilt demnach zu befürchten, dass die Finanzverwaltung sowohl für Zwecke des § 7 Abs. 2 AStG als auch für Zwecke des § 7 Abs. 1 Satz 3 AStG einheitlich schuldrechtliche Vertragsbeziehungen heranzieht.[1307] Es ist trotz allem notwendig, dass der Gewinnanteil für steuerliche Zwecke als Eigenkapital zu werten ist.[1308]

1304 Vgl. *Staats*, in: BeckOK AStG, AStG, 2022, § 8 AStG, Rn. 151; *Oppel/Wittling*, BB 2022, S. 1497.

1305 Vgl. *Ditz/Quilitzsch*, Ubg 2021, S. 487, welche die Einbeziehung von Genussrechten beim Beherrschungserfordernis ausschließlich auf die Begrifflichkeit des Liquidationserlöses stützen.

1306 Vgl. *Englisch*, in: T/L, Steuerrecht, 2021, § 5, Rn. 74.

1307 Vgl. *Staats*, in: BeckOK AStG, AStG, 2022, § 8 AStG, Rn. 150. Teilweise wird im Schrifttum geordert, die Norm des § 7 Abs. 1 Satz 3 und Abs. 2 AStG einheitlich auf Grundlage eines gesellschaftsrechtlichen Verständnisses auszulegen, sodass sowohl auf der Tatbestandsseite als auch der Rechtsfolgenseite schuldrechtliche Vertragsbeziehungen keine Beachtung finden (vgl. *Oppel/Wittling*, BB 2022, S. 1497 f.; *Ditz/Quilitzsch*, Ubg 2021, S. 487).

1308 Vgl. auch *Jacobsen*, in: AStG eKommentar, AStG, 2022, § 7 AStG, Fassung vom 01.01.2022, Rn. 75; *Böhmer/Oppel*, IWB 2020, S. 7; *Vogt*, in: Brandis/Heuermann, Ertragsteuerrecht, 2022, § 7 AStG, Rn. 101 f., die nur Genussrechte, welche steuerliche Eigenkapital darstellen, unter § 7 Abs. 2 AStG subsumieren; a. A. *Staats*, in: BeckOK, AStG, 2022, § 7 AStG, Rn. 192, der eigenkapitalähnliche Genussrechte einer gesellschaftsrechtlichen Beteiligung gleichstellt und Genussrechte mit Fremdkapitalcharakter als schuldrechtlichen Anspruch am Gewinn oder Liquidationserlös einordnet.

Gemäß Art. 7 Abs. 1 Buchst. a ATAD werden die passiven Einkünfte dem Steuerpflichtigen i. S. des Art. 1 ATAD zugerechnet und in die körperschaftsteuerliche Bemessungsgrundlage einbezogen. Bei Art. 8 Abs. 1 Satz 1 ATAD handelt es sich um eine Rechtsfolgennorm, welche die Hinzurechnungsbesteuerung der Höhe nach regelt.[1309] Nach Art. 8 Abs. 3 ATAD sollen die passiven Einkünfte dem Steuerpflichtigen entsprechend seiner Beteiligung i. S. des Art. 7 Abs. 1 Buchst. a ATAD anteilig zugerechnet werden.[1310] Demungeachtet ist Art. 8 Abs. 3 ATAD nicht zu entnehmen, nach welchem Maßstab die anteilige Zurechnung zu erfolgen hat.[1311] Da der Wortlaut der ATAD abstrakt von einer Beteiligung spricht, können sämtliche Beherrschungskriterien für die Hinzurechnungsquote maßgeblich sein.[1312] Unter Berücksichtigung des Abs. 12 Satz 3 der Erwägungsgründe der ATAD liegt es nahe, dass die Zurechnung anhand des Gewinnverteilungsschlüssels erfolgt.[1313]

Dies stimmt mit der von *Mössner/Rode*[1314] vertretenen Rechtsauffassung überein, dass die Hinzurechnungsbesteuerung eine Vollausschüttung unterstellt, wofür die Gewinnverteilungsabrede ausschlaggebend ist.[1315] Dieser Interpretation des Art. 8 Abs. 3 ATAD kann entgegenhalten werden, dass eine derartige Einschränkung der Hinzurechnungsquote dem Wortlaut nicht zu entnehmen ist.[1316] In Art. 8 Abs. 3 ATAD wird nämlich von einer Beteiligung gesprochen. Vor dem Hintergrund des Art. 2 Abs. 4 und Art. 7 Abs. 1 Buchst. a ATAD kann dies assoziieren, dass lediglich eine Stimmrechts- oder Kapitalbeteiligung umfasst wird. Infolgedessen ist Art. 8 Abs. 3 ATAD so zu verstehen, dass allein die gesellschaftsrechtlichen

---

1309 Vgl. *Böhmer/Gebhardt/Krüger*, in: Hagemann/Kahlenberg, ATAD, 2019, Art. 8 ATAD, Rn. 3.

1310 Vgl. *Musil*, in: Musil/Weber-Grellet, Europäisches Steuerrecht, 2019, Art. 8 ATAD, Rn. 8.

1311 Vgl. *Schnitger/Nitzschke/Gebhardt*, IStR 2016, S. 971; *Böhmer/Gebhardt/Krüger*, in: Hagemann/Kahlenberg, ATAD, 2019, Art. 8 ATAD, Rn. 17.

1312 Vgl. auch *Böhmer/Gebhardt/Krüger*, in: Hagemann/Kahlenberg, ATAD, 2019, Art. 8 ATAD, Rn. 17.

1313 Vgl. *Schnitger/Nitzschke/Gebhardt*, IStR 2016, S. 971; *Böhmer/Gebhardt/Krüger*, in: Hagemann/Kahlenberg, ATAD, 2019, Art. 8 ATAD, Rn. 18.

1314 Vgl. *Mössner/Rode*, in: Fuhrmann, AStG, 2017, § 7 AStG, Rn. 68.

1315 Siehe auch *Haun/Solowjeff*, in: H/K/R, Außensteuerrecht, 2021, Vor §§ 7–13 AStG, Rn. 3; *Kilincsoy*, ISR 2021, S. 426 zur Qualifikation der Hinzurechnungsbesteuerung als Durchgriffsbesteuerung. Siehe auch *Debatin*, DStZ 1972, S. 267; *Debatin*, DB 1978, S. 1195, welcher die Hinzurechnungsbesteuerung als Zugriffsbesteuerung bezeichnet.

1316 Vgl. auch *Böhmer/Gebhardt/Krüger*, in: Hagemann/Kahlenberg, ATAD, 2019, Art. 8 ATAD, Rn. 18; *Schnitger/Nitzschke/Gebhardt*, IStR 2016, S. 971.

Vermögens- oder Verwaltungsrechte für die Hinzurechnungsquote heranzuziehen sind, sodass schuldrechtliche Vereinbarungen außen vor zu lassen sind.[1317]

8.2.1.2 Ausgabe von Stamm- und Vorzugsanteilen zur Reduzierung der Hinzurechnungsquote

Beispiel: Der inländische Investor in der Rechtsform der Kapitalgesellschaft sowie dessen Muttergesellschaft als ausländischer Co-Investor in der Rechtsform der Kapitalgesellschaft beabsichtigen, die passive ausländische OpCo in der Rechtsform der Kapitalgesellschaft zu erwerben. Aus operativen Gesichtspunkten soll der inländische Investor die OpCo beherrschen und kontrollieren können, jedoch sollen die Gewinnbezugsrechte weitgehend durch den ausländischen Co-Investor gehalten werden. Im Rahmen der Unternehmensakquisition werden (a) an den inländischen Investor stimmrechtsbegründende Stammanteile mit einer Kapitalbeteiligung von 1 % sowie (b) an den ausländischen Investor stimmrechtslose Vorzugsanteile mit einer Kapitalbeteiligung von 99 % ausgegeben.

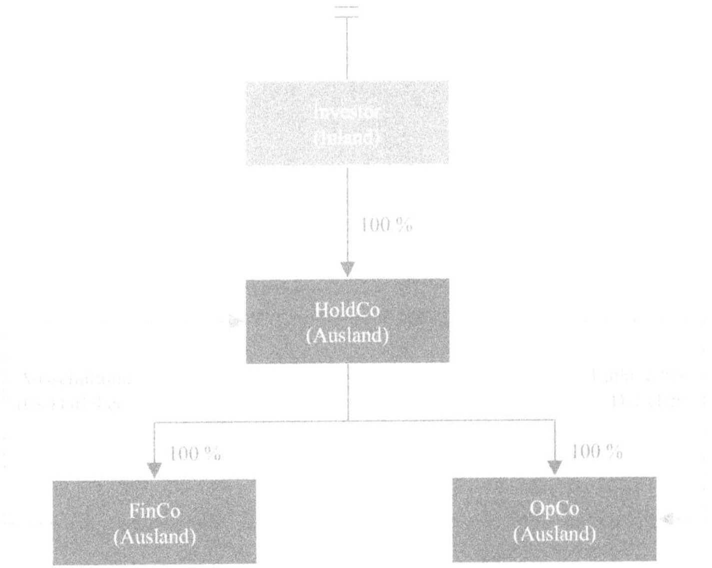

Abbildung 21: Stamm- und Vorzugsanteile bei der Zurechnung

1317 So auch *Böhmer/Gebhardt/Krüger*, in: Hagemann/Kahlenberg, ATAD, 2019, Art. 2 ATAD, Rn. 77.

Stammanteile vermitteln dem inländischen Investor Vermögensrechte in Form eines Anspruchs auf den Gewinn sowie Liquidationserlös.[1318] Des Weiteren hat der inländische Investor entsprechende Stimmrechte als eine Form der Verwaltungsrechte inne. Im Gegensatz hierzu begründen Vorzugsanteile weitgehend nur Vermögensrechte und regelmäßig keine Verwaltungsrechte in Form von Stimmrechten.[1319] Dem ausländischen Investor wird zur Kompensation ein bevorzugtes Gewinnbezugsrecht gewährt.[1320] Durch den Stimmrechtsverzicht sollen entsprechend höhere Kapitalrenditen erlangt werden.[1321]

Durch die Ausgabe von Stamm- und Vorzugsanteilen kommt es grundsätzlich zu einer abweichenden Gewinnverteilungsabrede i. S. des § 7 Abs. 5 AStG a. F. und § 7 Abs. 1 Satz 3 AStG.[1322] Es stellt sich die Frage, ob und inwiefern diese Vorgehensweise im Rahmen der Hinzurechnungsbesteuerung zu berücksichtigen ist. Grundsätzlich genügt die Ausgabe von Anteilsklassen mit verschiedenen Gewinnprofilen den Anforderungen der Finanzverwaltung.[1323] Da die verschiedenen Anteilsklassen im Rahmen des Unternehmenserwerbs ausgegeben werden, liegen anzuerkennende gesellschaftsrechtliche Gründe vor.[1324] Durch die Ausgabe verschiedener Anteilsklassen liegt keine inkongruente Gewinnausschüttung vor, da die Finanzrechtsprechung[1325] und Finanzverwaltung[1326] allein auf eine abweichende Gewinnabrede innerhalb derselben Anteilsklasse

---

1318 Vgl. hierzu z. B. *Stenzel*, DStR 2018, S. 83.

1319 Vgl. hierzu z. B. *Wälzholz*, in: W/M, Umwandlungsrecht, 2018, § 29 UmwG, Rn. 30.1.

1320 Vgl. FG Baden-Württemberg vom 22.05.20017, 10 K 1859/15, EFG 2017, S. 1438 zur Vorzugsdividende.

1321 Zudem könnte durch diese Vorgehensweise eine etwaige Problematik des § 50d Abs. 3 EStG bei Ausschüttungen an den ausländischen Co-Investor minimiert werden, insoweit die Ausschüttungen nicht durch den inländischen Investor erfolgen (vgl. *Gosch*, in: Kirchhof/Seer, EStG, 2022, Rn. 6; *Loschelder*, in: Schmidt, EStG, 2022, § 50d EStG, Rn. 18).

1322 Vgl. *Jacobsen*, in: AStG eKommentar, AStG, 2021, § 7 AStG, Fassung vom 01.01.2018, Rn. 67; *Protzen*, in: Kraft, AStG, 2019, § 7 AStG, Rn. 151.

1323 Vgl. auch BMF vom 17.12.2013, BStBl I 2014, 63; *Förster*, DB 2015, S. 331 ff.; *Wachter*, DB 2022, S. 2111 ff.; *Lauer/Weustenfeld*, DB 2022, S. 985 ff.; *Strecker*, koesdi 2022, S. 22657 ff.

1324 Vgl. *Förster*, DB 2015, S. 332; *Schmidtmann*, Ubg 2014, S. 509.

1325 Vgl. BFH vom 19.08.1999, I R 77/96, BStBl 2001 II, S. 43; FG Berlin vom 31.07.2000, 8 K 8401/97, EFG 2000, S. 1234.

1326 Vgl. BMF vom 17.12.2013, BStBl I 2014, S. 63.

abstellen. Demungeachtet ist es ratsam, dass die Satzung der ausländischen Gesellschaft die Ausgabe verschiedener Anteilsklassen widerspiegelt.[1327]

Da der inländische Investor sämtliche Stimmrechte an der OpCo hält, ist das Beherrschungserfordernis i. S. des § 7 Abs. 2 Satz 1 AStG a. F. und § 7 Abs. 2 AStG erfüllt. Die passiven Einkünfte der ausländischen OpCo sind nach § 7 Abs. 1 AStG a. F. und § 7 Abs. 1 Satz 1 AStG dem inländischen Investor entsprechend seiner Beteiligung am Nennkapital zuzurechnen. Die Hinzurechnungsquote läge im betrachteten Szenario bei 1 %. Gleichwohl befindet sich die Hinzurechnungsquote sogar unter 1 %, da nach § 7 Abs. 5 AStG a. F. bzw. § 7 Abs. 1 Satz 3 AStG auf den abweichenden Gewinnverteilungsschlüssel abzustellen ist.[1328] Da alle Vorzugsanteile vom ausländischen Co-Investor gehalten werden, hat dieser im Hinblick auf die kapitalmäßige Beteiligungsquote ein überproportionales Gewinnbezugsrecht inne. Wird hingegen die kapitalmäßige Beteiligung des inländischen Investors noch weiter reduziert, so vermindert sich die Hinzurechnungsquote i. S. des § 7 Abs. 5 AStG a. F. und § 7 Abs. 1 Satz 3 AStG entsprechend.

Ergebnis: Insbesondere bei international agierenden Unternehmungen mit einer ausländischen Muttergesellschaft kann die Ausgabe von Stamm- und Vorzugsanteilen in Betracht gezogen werden, um die Hinzurechnungsquote zu vermindern. Gleichwohl ergibt sich ein optimiertes Ergebnis nur, sofern die Muttergesellschaft im Ausland nicht einer Hinzurechnungsbesteuerung unterliegt.

Gemäß Art. 8 Abs. 3 ATAD sind die passiven Einkünfte entsprechend der Beteiligung dem Steuerpflichtigen zuzurechnen.[1329] Es kann an dieser Stelle offen bleiben, ob und inwiefern eine Beteiligung für diese Zwecke ausschließlich von gesellschaftsrechtlicher oder auch von schuldrechtlicher Natur sein kann. Insbesondere unter dem Rechtsverständnis, dass der Hinzurechnungsbesteuerung der Rechtsgedanke einer Vollausschüttung zugrunde liegt, ist

---

1327 Vgl. BFH vom 19.08.1999, I R 77/96, BStBl II 2001, S. 43; *Schallmoser/Eisgruber/Janetzko*, in: H/H/R, EStG/KStG, 2021, § 8 KStG, Rn. 323; *Bott*, in: Bott/Walter, KStG, 2022, § 8 KStG, Rn. 472.

1328 Vgl. auch *Protzen*, in: Kraft, AStG, 2019, § 7 AStG, Rn. 151; *Jacobsen*, in: AStG eKommentar, AStG, 2021, § 7 AStG, Fassung vom 01.01.2018, Rn. 67.

1329 Vgl. *Musil*, in: Musil/Weber-Grellet, Europäisches Steuerrecht, 2019, Art. 8 ATAD, Rn. 8; *Böhmer/Gebhardt/Krüger*, in: Hagemann/Kahlenberg, ATAD, 2018, Art. 8 ATAD, Rn. 16.

der Gewinnverteilungsschlüssel auch für Zwecke des Art. 8 Abs. 3 ATAD maßgeblich.[1330]

8.2.1.3 Übertragung des Gewinnbezugsrechts zur Reduzierung der Hinzurechnungsquote?

Beispiel: Der inländische Investor in der Rechtsform der Kapitalgesellschaft sowie dessen Muttergesellschaft als ausländischer Co-Investor in der Rechtsform der Kapitalgesellschaft beabsichtigen, die passive ausländische OpCo in der Rechtsform der Kapitalgesellschaft zu erwerben. Im Rahmen der Unternehmensakquisition werden (a) an den inländischen Investor stimmrechtsbegründende Stammanteile mit einer Kapitalbeteiligung von 1 % sowie (b) an den ausländischen Investor stimmrechtslose Vorzugsanteile mit einer Kapitalbeteiligung von 99 % ausgegeben. Ergänzend beabsichtigt der ausländische Co-Investor, die Gewinnbezugsrechte nach dem jeweiligen Gewinnverteilungsbeschluss in den inländischen Investor einzulegen.[1331]

Durch die betrachtete Handlungsalternative beherrscht der inländische Investor gemäß § 7 Abs. 2 Satz 1 AStG a. F. und § 7 Abs. 2 AStG die ausländische OpCo. Aufgrund des abweichenden Gewinnverteilungsschlüssels richtet sich die Hinzurechnung nach § 7 Abs. 5 AStG a. F. sowie § 7 Abs. 1 Satz 3 AStG.[1332] Beim inländischen Investor sind weniger als 1 % der passiven Einkünfte zu erfassen. Da das Gewinnbezugsrecht auf einem schuldrechtlichen Anspruch gegenüber dem ausländischen Co-Investor beruht, ist dieses für Zwecke des § 7 Abs. 5 AStG a. F. außen vor zu lassen.[1333] Zudem stellt die Zurechnung des § 7 Abs. 1

1330 Vgl. *Mössner/Rode*, in: Fuhrmann, AStG, 2017, § 7 AStG, Rn. 68 zur nationalen Vorschrift des § 7 Abs. 5 AStG a. F.

1331 Sämtliche Chancen und Risiken betreffend die Anteile an der OpCo sollen dem ausländischen Co-Investor zustehen, sodass dieser als wirtschaftlicher Eigentümer i. S. des § 39 Abs. 2 Nr. 1 AO anzusehen ist (siehe auch *Drüen*, in: T/K, AO/FGO, 2020, § 39 AO, Rn. 24a; *Fischer*, in: H/H/Sp, AO/FGO, 2018, § 39 AO, Rn. 179; *Schmidt*, in: H/H/R, EStG/KStG, 2020, § 17 EStG, Rn. 70 „Übergang des wirtschaftlichen Eigentums" zu den weiteren Kriterien für die Zurechnung des wirtschaftlichen Eigentums).

1332 Vgl. auch *Köhler*, in: S/K/K, AStG/DBA, 2017, § 7 AStG, Rn. 145; *Protzen*, in: Kraft, AStG, 2019, § 7 AStG, Rn. 151; *Fuhrmann*, in: Fuhrmann, AStG, 2017, § 7 AStG, Rn. 161; *Vogt*, in: Brandis/Heuermann, Ertragsteuerrecht, 2016, § 7 AStG, Rn. 37; *Staats*, in; BeckOK AStG, AStG, 2022, § 7 AStG, Rn. 145.

1333 Vgl. *Wassermeyer*, in: F/W/B/S, Außensteuerrecht, 2018, § 7 AStG, Rn. 12.3 und 95; *Köhler*, in: S/K/K, AStG/DBA, 2017, § 7 AStG, Rn. 145; *Protzen*, in: Kraft, AStG, 2019, § 7 AStG, Rn. 152.

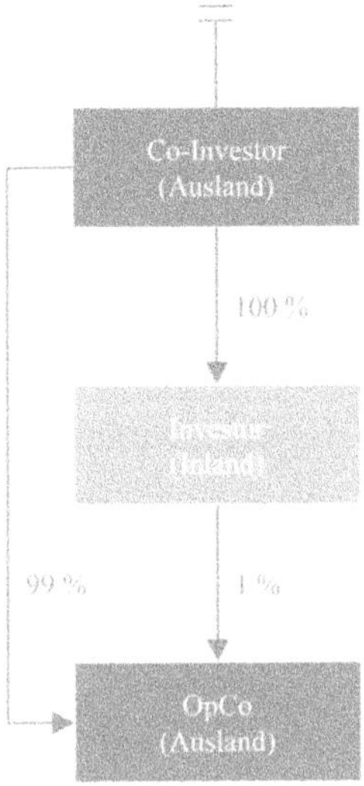

Abbildung 22: Ergänzung durch schuldrechtlichen Gewinnanspruch

Satz 1 und 3 AStG ebenfalls ausschließlich auf die gesellschaftsrechtliche Beteiligung ab.[1334] Bei dem eingelegten Anspruch handelt es sich lediglich um einen schuldrechtlichen Ausschüttungsanspruch gegenüber der OpCo, die im Wege einer Forderungsabtretung auf den inländischen Investor übergeht. Tritt daher der ausländische Co-Investor nicht das Stammrecht, sondern immer nur den Gewinnanspruch an den inländischen Investor ab, ist dieser Vorgang nicht von § 7 Abs. 5 AStG a. F. und § 7 Abs. 1 Satz 3 AStG erfasst. Trotz allem besteht das Risiko, dass im Wege der teleologischen Auslegung des § 7 Abs. 5 AStG a. F. und § 7 Abs. 1 Satz 3 AStG schuldrechtliche Gewinnansprüche bei der Hinzurechnungsquote zu erfassen sind.[1335]

Ergebnis: Durch diese Handlungsalternative kann aus wirtschaftlicher Sicht das gleiche Ergebnis erreicht werden, dass der inländische Investor nahezu

1334 Vgl. auch *Oppel/Wittling*, BB 2022, S. 1497; *Vogt*, in: Brandis/Heuermann, Ertragsteuerrecht, 2016, § 7 AStG, Rn. 35; *Köhler*, in: S/K/K, AStG/DBA, 2017, § 7 AStG, Rn. 61; *Wassermeyer*, in: F/W/B/S, Außensteuerrecht, 2018, § 7 AStG, Rn. 18; a. A. Staats, in: BeckOK AStG, AStG, 2022, § 7 AStG, Rn. 150.

1335 Vgl. hierzu z. B. *Staats*, in: BeckOK AStG, AStG, 2022, § 7 AStG, Rn. 150. Siehe auch *Englisch*, in: T/L, Steuerrecht, 2021, § 5, Rn. 74; *Koenig*, in: Koenig, AO, 2021, § 4 AO, Rn. 113 f.; *Weber-Grellet*, in: Schmidt, EStG, 2022, § 2 EStG, Rn. 33 zur teleologischen Auslegung bei Bestehen einer Regelungslücke.

sämtliche Vermögens- und Verwaltungsrechte an der OpCo hält. Gleichwohl birgt diese Handlungsalternative ein gewisses Risiko.

Auch wenn der Wortlaut des Art. 8 Abs. 3 ATAD vom Wortlaut des Art. 7 Abs. 1 Buchst. a ATAD abweicht, wird hier die Ansicht vertreten, dass auf der Tatbestands- und Rechtsfolgenseite die gleichen Maßstäbe anzulegen sind.[1336] In diesem Fall ist ein schuldrechtlicher Gewinnanspruch bei der Ermittlung der Hinzurechnungsquote gemäß Art. 8 Abs. 3 ATAD zu berücksichtigen.

8.2.2 Zurechnung eines Hinzurechnungsbetrags bei Unternehmensakquisitionen durch ausschließlich schuldrechtliche Beteiligungsform?

8.2.2.1 Hinzurechnungsquote bei Gewinnbezugsrechten in Form von Genussrechten

Die Vorschrift des § 7 Abs. 5 AStG a. F. zielt allein auf gesellschaftsrechtliche Gewinnabreden ab[1337], was ebenfalls für Zwecke des § 7 Abs. 1 Satz 3 AStG fort gilt. § 7 Abs. 1 Satz 3 AStG verwendet weiterhin die Begrifflichkeit „Gewinnverteilung", wodurch der Gesetzgeber nach der hier vertretenen Ansicht das Verständnis des § 7 Abs. 5 AStG a. F. anwenden möchte.[1338] Diesem Verständnis steht die Vorschrift des § 7 Abs. 2 AStG nicht entgegen, da hierdurch ausschließlich das tatbestandliche Beherrschungskriterium und eben nicht die Zurechnung des Hinzurechnungsbetrags als Rechtsfolge geregelt wird. Für Zwecke des § 7 Abs. 2 Satz 1 AStG a. F. sind Genussrechte als schuldrechtliche Beteiligung auf der Seite des Tatbestandsmerkmals außen vor zu lassen, sodass es bereits an einer Beherrschung fehlt.[1339] Für Zwecke des § 7 Abs. 2 AStG ist der Gewinnanspruch bei der Prüfung des Beherrschungserfordernisses zu berücksichtigen, soweit die Genussrechte Eigenkapitalcharakter aufweisen.[1340] Dessen ungeachtet

---

1336 Vgl. auch *Böhmer/Gebhardt/Krüger*, in: Hagemann/Kahlenberg, ATAD, 2019, Art. 8 ATAD, Rn. 17.

1337 Vgl. *Wassermeyer*, in: F/W/B/S, Außensteuerrecht, 2018, § 7 AStG, Rn. 93; *Protzen*, in: Kraft, AStG, 2019, § 7 AStG, Rn. 152; *Fuhrmann*, in: Fuhrmann, AStG, 2017, § 7 AStG, Rn. 164; kritisch *Köhler*, in: S/K/K, AStG/DBA, 2017, § 7 AStG, Rn. 147.

1338 So z. B. auch *Staats*, in: BeckOK AStG, AStG, § 7 AStG, Rn. 151.

1339 Vgl. *Schnitger/Bildstein*, IStR 2009, S. 631; *Köhler*, in: S/K/K, AStG/DBA, 2017, § 7 AStG, Rn. 51; *Wassermeyer*, in: F/W/B/S, Außensteuerrecht, 2018, § 7 AStG, Rn. 12.

1340 Vgl. *Böhmer/Oppel*, IWB 2020, S. 7; *Schnitger/Nitzschke/Gebhardt*, IStR 2016, S. 962; a. A. *Staats*, in: BeckOK AStG, AStG, 2022, § 7 AStG, Rn. 192.

findet eine Zurechnung nach § 7 Abs. 1 Satz 1 AStG keine Anwendung, da keine gesellschaftsrechtliche Beteiligung am Nennkapital besteht. Ebenfalls setzt die Vorschrift des § 7 Abs. 1 Satz 3 AStG eine gesellschaftsrechtliche Beteiligung voraus und läuft bei Genussrechten ins Leere.[1341]

Ergebnis: Durch die umfassende Emission von Genussrechten kann wirtschaftlich eine abweichende Gewinnverteilungsquote erlangt werden. Anders als bei der Ausgabe von Stamm- und Vorzugsanteilen ergibt sich gleichwohl keine für Zwecke des § 7 Abs. 1 Satz 3 AStG zu berücksichtigende Gewinnverteilungsabrede.

Da Genussrechte nicht einen gesellschaftsrechtlichen Gewinnanspruch darstellen, wird diese nach der hier vertretenen Auffassung nicht von Art. 8 Abs. 3 ATAD erfasst. Wird hingegen die Rechtsauffassung vertreten, dass sämtliche Beherrschungsformen des Art. 7 Abs. 1 Buchst. a ATAD auch bei Art. 8 Abs. 3 ATAD zu berücksichtigen sind, sind sowohl gesellschaftsrechtliche als auch schuldrechtliche Gewinnansprüche zu berücksichtigen.[1342] Gleichwohl erfolgt dies nur, soweit die Genussrechte als steuerliches Eigenkapital anzusehen sind.[1343]

8.2.2.2 Hinzurechnungsquote bei Gewinnbezugsrechten in Form einer stillen Unterbeteiligung

Unabhängig davon, dass es sich bei der atypisch stillen Unterbeteiligung um eine schuldrechtliche Beteiligung handelt, stellt die Vergütung keinen Gewinnanteil i. S. des § 7 Abs. 5 AStG a. F. und § 7 Abs. 1 Satz 3 AStG dar. Der Anspruch besteht gegenüber dem Hauptbeteiligten, sodass dies keinen Einfluss auf den rechtlichen Gewinnverteilungsmaßstab der ausländischen Gesellschaft hat.[1344]

1341 Vereinzelt möchte das Schrifttum sowohl auf der Tatbestandsseite als auch Rechtsfolgenseite schuldrechtliche Beteiligungen berücksichtigen (vgl. *Staats*, in: BeckOK AStG, AStG, 2022, § 7 AStG, Rn. 150).

1342 Im Schrifttum wird auf den offenen Wortlaut des Art. 8 Abs. 3 ATAD hingewiesen, woraus sich ein weiter Anwendungsbereich ergibt (vgl. auch *Böhmer/Gebhardt/Krüger*, in: Hagemann/Kahlenberg, Art. 8 ATAD, Rn. 18; *Schnitger/Nitzschke/Gebhardt*, IStR 2016, S. 971).

1343 Siehe z. B. auch *Schnitger/Nitzschke/Gebhardt*, IStR 2016, S. 962; *Böhmer/Gebhardt/Krüger*, in: Hagemann/Kahlenberg, ATAD, 2019, Art. 2 ATAD, Rn. 77.

1344 Vgl. *Wassermeyer*, in: F/W/B/S, Außensteuerrecht, 2018, § 7 AStG, Rn. 95; *Vogt*, in: Brandis/Heuermann, Ertragsteuerrecht, 2016, § 7 AStG, Rn. 37; a. A. *Protzen*, in: Kraft, AStG, 2019, § 7 AStG, Rn. 151; *Jacobsen*, in: AStG eKommentar, AStG, 2021, § 7 AStG, Fassung vom 01.01.2018, Rn. 67.

Obwohl eine atypisch stille Unterbeteiligung eine ertragsteuerliche Mitunternehmerschaft darstellt[1345], basiert der Gewinnanteil des atypisch stillen Unterbeteiligten lediglich auf einer Gewinnabrede im Innenverhältnis zwischen dem Haupt- und Unterbeteiligten. Es ist fraglich, ob und inwiefern die Zwischengesellschaft überhaupt einen abweichenden Gewinnverteilungsschlüssel hat.[1346] Ertragsteuerlich erfolgt die Gewinnverteilung ausschließlich im Rahmen der Feststellungserklärung der atypisch stillen Unterbeteiligung als Mitunternehmerschaft.[1347] Den Gewinnverteilungsschlüssel auf die Ebene der ausländischen Gesellschaft zu projizieren, läuft dem Trennungsprinzip zuwider. Für Zwecke des § 7 Abs. 5 AStG a. F. und § 7 Abs. 1 Satz 3 AStG ist allein auf gesellschaftsrechtliche Gewinnbezugsrechte abzustellen.[1348] Selbst wenn mit § 7 Abs. 4 Satz 2 AStG widerlegbar vermutet wird, dass durch die Mitunternehmerschaft das Beherrschungskriterium erfüllt ist, führt dies nicht zu einer entsprechenden Erfassung eines Hinzurechnungsbetrags.[1349] Durch § 7 Abs. 4 Satz 2 AStG werden lediglich die tatbestandlichen Voraussetzungen ergänzt, sodass sich die Rechtsfolgen weiterhin ausschließlich nach den gesellschaftsrechtlichen Kriterien des § 7 Abs. 1 Satz 1 und 3 AStG richten.[1350]

Ergebnis: Durch die Begründung einer atypisch stillen Unterbeteiligung ergibt sich aus wirtschaftlichen Gesichtspunkten eine abweichende Gewinnverteilung,

1345 Vgl. BFH vom 29.10.1991, VIII R 51/84, BStBl II 1992, S. 512; *Carlé*, koesdi 2008, S. 16169.

1346 Vgl. auch *Protzen*, in: Kraft, AStG, 2019, § 7 AStG, Rn. 152; *Wassermeyer*, in: F/W/B/S, Außensteuerrecht, 2018, § 7 AStG, Rn. 12.3; *Köhler*, in: S/K/K, AStG/DBA, 2017, § 7 AStG, Rn. 145.

1347 Siehe z. B. auch BFH vom 08.11.2005, VIII R 21/01, BFH/NV 2006, S. 491; *Brandis*, in: T/K, AO/FGO, 2022, § 179 AO, Rn. 14 ff.; *Wagner*, in: BeckOK AO, AO, 2022, § 179 AO, Rn. 50 ff.; *Koenig*, in: Koenig, AO, 2021, § 179 AO, Rn. 29 ff. zum Feststellungsverfahren bei einer atypisch stillen Unterbeteiligung.

1348 Vgl. *Kollruss*, DB 2014, S. 1047; *Fuhrmann*, in: Fuhrmann, AStG, 2017, § 7 AStG, Rn. 164; *Vogt*, in: Brandis/Heuermann, Ertragsteuerrecht, 2016, § 7 AStG, Rn. 37; *Protzen*, in: Kraft, AStG, 2019, § 7 AStG, Rn. 152.

1349 Siehe z. B. auch *Staats*, in: BeckOK AStG, AStG, 2022, § 7 AStG, Rn. 246 f.; *Vogt*, in: Brandis/Heuermann, Ertragsteuerrecht, 2022, § 7 AStG, Rn. 133 und 137; *Jacobsen*, in: AStG eKommentar, AStG, 2022, § 7 AStG, Fassung vom 01.01.2022, Rn. 90 und 94; *Böhmer/Oppel*, IWB 2020, S. 7; *Ditz u. a.*, DStR 2020, S. 77 zur widerlegbaren Vermutung.

1350 Vgl. auch *Jacobsen*, in: AStG eKommentar, AStG, 2022, § 7 AStG, Fassung vom 01.01.2022, Rn. 90; *Staats*, in: BeckOK AStG, AStG, 2022, § 7 AStG, Rn. 233.

ohne selbst eine abweichende Gewinnverteilungsabrede i. S. des § 7 Abs. 1 Satz 3 AStG herbeizuführen.

Der Gewinnanteil eines atypisch stillen Unterbeteiligten ist aus zweierlei Gründen nicht für Zwecke des Art. 8 Abs. 3 ATAD zu berücksichtigen. Zum einen werden von Art. 8 Abs. 3 ATAD ausschließlich gesellschaftsrechtliche Gewinnansprüche erfasst.[1351] Zum anderen besteht der Gewinnanspruch nicht unmittelbar gegenüber dem ausländischen Unternehmen. Die atypisch stille Unterbeteiligung stellt jedoch einen transparenten Rechtsträger i. S. des Abs. 4 Satz 2 der Erwägungsgründe der ATAD dar. Die Unterbeteiligung kann das ausländische Unternehmen somit beherrschen (Art. 7 Abs. 1 Buchst. a ATAD).[1352] Fraglich ist, welches der Beteiligungskriterien für die Zurechnung des Art. 8 Abs. 3 ATAD maßgebend ist.[1353] Naheliegend ist, dass die Hinzurechnung nach dem Beherrschungskriterium erfolgt, welches selbst den Tatbestand des Art. 7 Abs. 1 Buchst. a ATAD erfüllt. Eine Zurechnung zum Unterbeteiligten kommt nur in Betracht, sofern der Unterbeteiligte über das wirtschaftliche Eigentum an der Hauptbeteiligung verfügt.[1354]

8.2.3 Leerlaufen der Zurechnung anhand des Kapitalanteils oder Gewinnbezugsrechts bei mehrstufigen Akquisitionsstrukturen?

8.2.3.1 Kapitalanteil als Normalfall der Zurechnung des Hinzurechnungsbetrags

Gemäß § 7 Abs. 1 und § 14 Abs. 1 AStG a. F. sind mehrstöckige Beteiligungsstrukturen im Rahmen der übertragenden Zurechnung zu erfassen.[1355] In einem ersten Schritt sind die passiven Einkünfte einer beherrschten ausländischen Untergesellschaft (sog. nachgeschaltete Zwischengesellschaft) der ausländischen

---

1351 Vgl. auch *Böhmer/Gebhardt/Krüger*, in: Hagemann/Kahlenberg, ATAD, 2019, Art. 8 ATAD, Rn. 17.

1352 Vgl. *Haase*, ISR 2017, S. 354; *Böhmer/Gebhardt/Krüger*, in: Hagemann/Kahlenberg, ATAD, 2019, Art. 7 ATAD, Rn. 21; offen gelassen *Linn*, IStR 2016, S. 647.

1353 Siehe auch *Böhmer/Gebhardt/Krüger*, in: Hagemann/Kahlenberg, ATAD, 2019, Art. 8 ATAD, Rn. 17.

1354 Siehe auch *Böhmer/Gebhardt/Krüger*, in: Hagemann/Kahlenberg, ATAD, 2019, Art. 7 ATAD, Rn. 26 zur Berücksichtigung des wirtschaftlichen anstatt des wirtschaftlichen Eigentums.

1355 Vgl. *Hauswirth*, in: S/K/K, Außensteuerrecht, 2017, § 14 AStG, Rn. 56; *Debatin*, DB 1978, S. 1196 ff.; *Protzen*, in: Kraft, AStG, 2019, § 14 AStG, Rn. 67.

Gesellschaft zuzurechnen.[1356] Die Zurechnung hat gemäß § 14 Abs. 1 Satz 1 AStG a. F. anhand der Beteiligung am Nennkapital zu erfolgen.[1357] Im Anschluss werden die „konsolidierten" Zwischeneinkünfte der ausländischen Gesellschaft gemäß § 7 Abs. 1 AStG a. F. dem Hinzurechnungsempfänger zugerechnet. Durch das ATADUmsG[1358] sieht die Vorschrift des § 7 Abs. 1 Satz 1 AStG eine unmittelbare Zurechnung auch für mittelbare Beteiligungen vor.[1359]

Grundsätzlich ist nicht zu erkennen, dass in Art. 8 Abs. 3 ATAD für mittelbare Beteiligungen andere Zurechnungskriterien wie bei unmittelbaren Beteiligungsverhältnissen gelten sollen. Die Zurechnung erfolgt daher entsprechend der unmittelbaren Beteiligung. Allerdings stellt sich die Frage, wie die Hinzurechnungsquote in Art. 8 Abs. 3 ATAD bei mittelbaren Beteiligungsstrukturen zu ermitteln ist.[1360] Es scheint sachgerecht zu sein, wenn für diese Zwecke eine prozentuale Durchrechnung erfolgt.[1361] Dies ist die logische Rechtsfolge daraus, dass die passiven Einkünfte nach Abs. 5 Satz 3 der Erwägungsgründe der ATAD nur einmal besteuert werden sollen, wodurch eine quotale Zurechnung erforderlich wird. Durch die vollständige Gleichstellung der unmittelbaren und mittelbaren Beteiligung muss im Rahmen des Art. 8 Abs. 3 ATAD auf sämtlichen Beteiligungsebenen das gleiche Kriterium des Art. 7 Abs. 1 Buchst. a ATAD herangezogen werden.[1362]

1356 Vgl. *Protzen*, in: Kraft, AStG, 2019, § 14 AStG, Rn. 125; *Haase*, in: Haase, AStG/DBA, 2016, § 14 AStG, Rn. 41 ff.; *Hauswirth*, in: S/K/K, AStG/DBA, 2017, § 14 AStG, Rn. 53; *Wassermeyer*, in: F/W/B/S, Außensteuerrecht, 2016, § 14 AStG, Rn. 2016.

1357 Vgl. *Hauswirth*, in: S/K/K, Außensteuerrecht, 2017, § 14 AStG, Rn. 53; *Kollruss*, FR 2017, S. 913; *Geurts*, in: Fuhrmann, AStG, 2017, § 14 AStG, Rn. 81.

1358 Vgl. Gesetz zur Umsetzung der Anti-Steuervermeidungsrichtlinie (ATAD-Umsetzungsgesetz) vom 25.06.2021, BGBl I 2021, S. 2035.

1359 Vgl. *Vogt*, in: Brandis/Heuermann, Ertragsteuerrecht, 2022, § 7 AStG, Rn. 93; *Köhler/Staats*, ISR 2021, S. 303; *Staats*, in: BeckOK AStG, AStG, 2022, § 7 AStG, Rn. 100.

1360 Vgl. *Moser*, IStR 2017, S. 615; deutlich einschränkender *Böhmer/Gebhardt/Krüger*, in: Hagemann/Kahlenberg, ATAD, 2019, Art. 8 ATAD, Rn. 24, die sich für eine Zurechnung anhand des Gewinns aussprechen.

1361 Vgl. *Schnitger/Nitzschke/Gebhardt*, IStR 2016, S. 971; *Böhmer/Gebhardt/Krüger*, in: Hagemann/Kahlenberg, ATAD, 2019, Art. 8 ATAD, Rn. 18; kritischer *Moser*, IStR 2017, S. 615.

1362 Vgl. auch *Böhmer/Gebhardt/Krüger*, in: Hagemann/Kahlenberg, ATAD, 2019, Art. 8 ATAD, Rn. 17.

8.2.3.2 *Gewinnbezugsrecht als Ausnahmefall der Zurechnung des Hinzurechnungsbetrags*

8.2.3.2.1 *Berücksichtigung einer disquotalen Gewinnverteilungsabrede bei mittelbaren Beteiligungen*

Eine abweichende Gewinnverteilungsabrede ist im Rahmen des § 14 AStG a. F. zu vernachlässigen, da ein Verweis auf § 7 Abs. 5 AStG a. F. fehlt. Zwar verweist § 14 Abs. 1 Satz 1 AStG a. F. vollumfänglich auf § 7 AStG a. F. Nichtsdestotrotz ist der Rechtsauffassung von *Kollruss*[1363] zuzustimmen, dass sich dieser Verweis lediglich auf das tatbestandliche Beherrschungskriterium beschränkt.[1364] Durch die eigenständige Regelung der Rechtsfolgen in § 14 Abs. 1 Satz 1 AStG a. F. scheidet eine analoge Anwendung des § 7 Abs. 5 AStG a. F. aus.[1365] Durch die Abkehr von der übertragenden Zurechnung des § 14 AStG a. F. werden mittelbar gehaltene Zwischengesellschaften im Wege der unmittelbaren Zurechnung erfasst.[1366] In § 7 Abs. 1 Satz 1 AStG wird die Hinzurechnungsquote gemäß der unmittelbaren und mittelbaren Beteiligung am Nennkapital bestimmt. Es ist sachgerecht, wenn entsprechend des tatbestandlichen § 7 Abs. 2 AStG eine prozentuale Durchrechnung erfolgt.[1367]

Analog zu § 7 Abs. 5 AStG a. F. ist gemäß § 7 Abs. 1 Satz 3 AStG der Gewinnverteilungsschlüssel der ausländischen Gesellschaft maßgebend, sofern eine abweichende Gewinnverteilungsabrede oder kein Nennkapital vorliegt.[1368] Von der Grundidee ist diese Vorschrift das Gegenstück zum Beherrschungskriterium des unmittelbaren und mittelbaren Gewinnanspruchs in § 7 Abs. 2 AStG. Es ist erstaunlich, dass § 7 Abs. 1 Satz 3 AStG den Gewinnverteilungsschlüssel als

---

1363 Vgl. *Kollruss*, FR 2017, S. 913; *Kollruss*, IStR 2017, S. 449 und 450.

1364 Vgl. *Wassermeyer*, in: F/W/B/S, Außensteuerrecht, 2018, § 7 AStG, Rn. 118; *Hauswirth*, in: S/K/K, Außensteuerrecht, 2017, § 14 AStG, Rn. 16; a. A. *Protzen*, in: Kraft, AStG, 2019, § 14 AStG, Rn. 126

1365 Vgl. auch *Kollruss*, FR 2017, S. 913; *Kollruss*, IStR 2017, S. 449 und 450; *Hauswirth*, in: S/K/K, Außensteuerrecht, 2017, § 14 AStG, Rn. 16; *Wassermeyer*, in: F/W/B/S, Außensteuerrecht, 2016, § 14 AStG, Rn. 118.

1366 Vgl. *Linn*, IStR 2020, S. 79; *Ditz u. a.*, DStR 2020, S. 77; *Böhmer/Oppel*, IWB 2020, S. 8.

1367 Vgl. *Köhler/Staats*, ISR 2021, S. 295; *Haun/Solowjeff*, in: H/K/G, Außensteuerrecht, 2021, Vor §§ 7–13 AStG, Rn. 84, die eine prozentuale Durchrechnung bei mittelbaren Beteiligungsverhältnissen fordern.

1368 Vgl. *Jacobsen*, in: AStG eKommentar, AStG, 2022, § 7 AStG, Fassung vom 01.01.2022, Rn. 68; *Vogt*, in: Brandis/Heuermann, Ertragsteuerrecht, 2022, § 10 AStG, Rn. 15; *Staats*, in: BeckOK AStG, AStG, 2022, § 7 AStG, Rn. 145.

ersetzende Rechtsfolge betrachtet, ohne eine Gleichstellung einer unmittelbaren und mittelbaren Beteiligung anzuordnen. Es kann die Ansicht vertreten werden, dass § 7 Abs. 1 Satz 3 AStG eine eigenständige Zurechnungsvorschrift darstellt. Dies lässt sich darauf stützen, dass von einer Steuerpflicht der Einkünfte nach § 7 Abs. 1 Satz 1 AStG gesprochen wird, sodass lediglich die gleichen Rechtsfolgen in Form der Zurechnung passiver Einkünfte erlangt werden. Gleichwohl werden die Art und der Umfang der Zurechnung durch § 7 Abs. 1 Satz 3 AStG abschließend geregelt.

Die Zurechnungsquote richtet sich entsprechend des Wortlauts ausschließlich nach dem unmittelbaren Gewinnverteilungsschlüssel.[1369] Bei einer ausschließlich mittelbar gehaltenen ausländischen Gesellschaft läuft § 7 Abs. 1 Satz 3 AStG ins Leere.[1370] Die unmittelbare Zurechnung teilt den Hinzurechnungsbetrag der unmittelbar gehaltenen ausländischen Gesellschaft zu. Durch die Abkehr von der übertragenden Hinzurechnungsbesteuerung i. S. des § 14 AStG a. F. scheidet eine Hinzurechnung der passiven Einkünfte der ausländischen Untergesellschaft über die Zwischengesellschaft aus.[1371] Gleichwohl kann § 7 Abs. 1 Satz 3 AStG auch weiter ausgelegt werden, sodass lediglich die Begrifflichkeit des Nennkapitals in § 7 Abs. 1 Satz 1 AStG durch den Gewinnverteilungsschlüssel „ersetzt" wird. In diesem Fall ist ein mittelbares Gewinnbezugsrecht zu berücksichtigen.

Da der Wortlaut des Art. 8 Abs. 3 ATAD abstrakt von der Beteiligung spricht, kann es naheliegen, dass die Hinzurechnungsquote sich jeweils nach dem erfüllten Beherrschungskriterium richtet.[1372] Bei mittelbaren Beteiligungsstrukturen fordert Art. 8 Abs. 3 ATAD eine quotale Durchrechnung.[1373] Andererseits kann das Ziel des Abs. 12 Satz 3 der Erwägungsgründe der ATAD der einheitlichen Auslegung auf der Tatbestands- und Rechtsfolgenseite entgegenstehen. Dies ist

---

1369 So wohl auch *Böhmer/Gebhardt/Krüger*, IWB 2021, S. 481, die darauf hinweisen, dass sich der Gewinnverteilungsschlüssel nach der Beteiligung am Nennkapital richtet.

1370 An dieser Stelle könnte das Argument hervorgebracht werden, dass die Gleichstellung einer mittelbaren Beteiligung mit einer unmittelbaren Beteiligung einer gesetzlichen Kodifizierung bedarf (vgl. BFH vom 20.08.2003, I R 61/01, BStBl II 2004, S. 616).

1371 Vgl. *Linn*, IStR 2020, S. 79; *Gebhardt/Krüger*, IWB 2020, S. 115; *Jacobsen*, DStZ 2020, S. 122.

1372 Vgl. *Schnitger/Nitzschke/Gebhardt*, IStR 2016, S. 971; *Böhmer/Gebhardt/Krüger*, in: Hagemann/Kahlenberg, ATAD, 2019, Art. 8 ATAD, Rn. 18 mit dem Hinweis auf den äußerst offenen Wortlaut des Art. 8 Abs. 3 ATAD.

1373 Vgl. auch *Böhmer/Gebhardt/Krüger*, in: Hagemann/Kahlenberg, ATAD, 2019, Art. 8 ATAD, Rn. 18.

der Fall, wenn sich anhand der Stimmrechts- und Kapitalbeteiligung eine Mehrheitsbeteiligung ergibt, jedoch aufgrund eines abweichenden Gewinnverteilungsschlüssels dem Steuerpflichtigen i. S. des Art. 1 ATAD nahezu sämtliche Erträge des ausländischen Unternehmens zustehen. Diese Situation spricht für eine Hinzurechnung anhand des Anspruchs am Gewinn.

8.2.3.2.2 Ausgabe von Stamm- und Vorzugsanteilen bei mehrstufigen Akquisitionsstrukturen

Beispiel: Der inländische Investor in der Rechtsform der Kapitalgesellschaft beabsichtigt, gemeinsam mit und über die ausländische HoldCo in der Rechtsform der Kapitalgesellschaft die passive ausländische OpCo in der Rechtsform der Kapitalgesellschaft zu erwerben. Der inländische Investor erwirbt Vorzugsanteile, die eine Kapitalbeteiligung von 1 % begründen, und die HoldCo erwirbt Stammanteile, die eine Kapitalbeteiligung von 99 % begründen.

Durch das Halten sämtlicher Stammanteile hat der inländische Investor die Mehrheit der Stimmrechte inne, sodass nach § 7 Abs. 2 Satz 1 AStG a. F. und § 7 Abs. 2 AStG das Beherrschungskriterium erfüllt ist. Durch die Ausgabe von verschiedenen Anteilsklassen liegt eine abweichende Gewinnverteilungsabrede i. S. des § 7 Abs. 5 AStG a. F. vor. Der inländische Investor bekommt gemäß

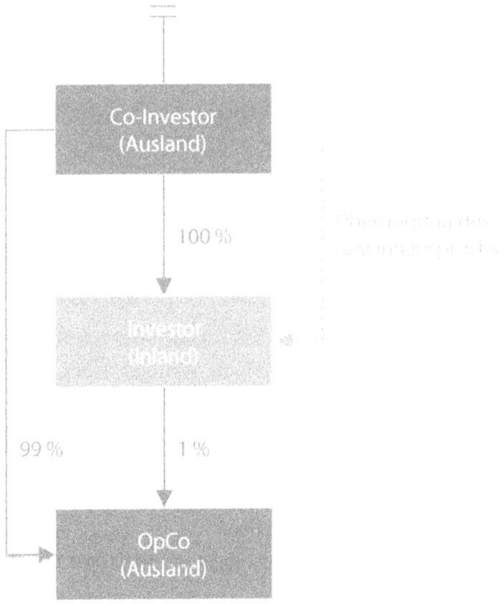

Abbildung 23: Doppelstöckige Auslandsgesellschaft

§ 7 Abs. 5 AStG a. F. entsprechend seines unmittelbaren Gewinnanspruches an der ausländischen Gesellschaft die Zwischeneinkünfte zugerechnet. Die Hinzurechnungsquote ist indes geringer als die kapitalmäßige Beteiligung von 1 %, da der Gewinnanspruch der Stammanteile geringer als der der Vorzugsanteile ist. Des Weiteren werden die passiven Einkünfte der ausländischen OpCo gemäß § 14 Abs. 1 Satz 1 i. V. m. § 7 Abs. 1 AStG a. F. entsprechend der kapitalmäßigen Beteiligung zu 99 % der ausländischen HoldCo und im Anschluss vollumfänglich dem inländischen Investor zugerechnet.

Durch § 7 Abs. 1 Satz 3 AStG werden dem Hinzurechnungsempfänger entsprechend seiner unmittelbaren Gewinnbeteiligung die passiven Einkünfte zugerechnet, sodass sich diesbezüglich das gleiche Ergebnis wie unter Anwendung des § 7 Abs. 5 AStG a. F. ergibt. Nach der hier vertretenen Auffassung verdrängt § 7 Abs. 1 Satz 3 AStG ersatzlos die mittelbare Zurechnung entsprechend der kapitalmäßigen Beteiligung. Die Zurechnung anhand des Gewinnverteilungsschlüssels läuft somit ins Leere, soweit die Beteiligung nicht unmittelbar durch den inländischen Investor gehalten wird. Es verbleibt bei der alleinigen Erfassung des unmittelbaren Gewinnanspruchs von weniger als 1 % auf Ebene des inländischen Investors.

Ergebnis: Durch die Implementierung einer abweichenden Gewinnverteilungsabrede kann die mittelbare ausländische Beteiligungsstruktur die Wirkungsweise des § 7 Abs. 1 Satz 3 AStG auf unmittelbar gehaltene ausländische Gesellschaften beschränken. Gleichwohl ist fraglich, ob und inwiefern diese Ansicht ebenfalls von der Finanzverwaltung geteilt wird.

Die Vorschrift des Art. 8 Abs. 3 ATAD fordert bei mittelbaren Beteiligungsebenen regelmäßig eine quotale Durchrechnung.[1374] Im vorliegend interessierenden Fall ergibt sich aus Art. 8 Abs. 3 ATAD eine Zurechnung der passiven Einkünfte zu 100 % beim inländischen Investor.

8.2.3.2.3 *Nennkapitallose Gesellschaft als Akquisitionsvehikel*

Beispiel: Der inländische Investor in der Rechtsform der Kapitalgesellschaft beabsichtigt, über die ausländische HoldCo in der Rechtsform der Kapitalgesellschaft die passive ausländische OpCo in der Rechtsform der Kapitalgesellschaft zu erwerben. Die OpCo verfügt über kein Nennkapital, jedoch sind die Stimm- und Gewinnbezugsrechte ausschließlich der HoldCo zuzurechnen.

1374 Vgl. auch *Böhmer/Gebhardt/Krüger*, in: Hagemann/Kahlenberg, ATAD, 2019, Art. 8 ATAD, Rn. 18.

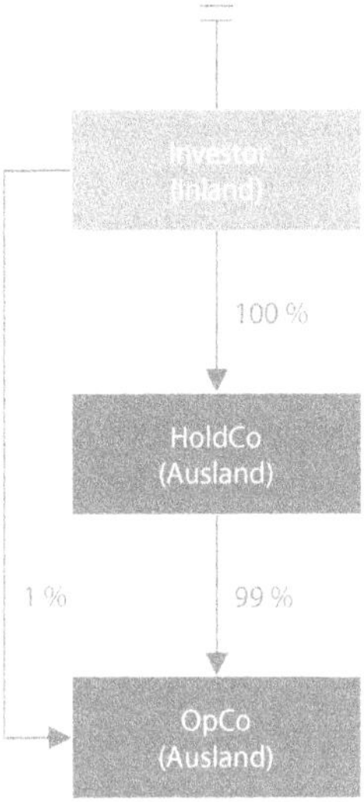

Abbildung 24: Nennkapitallose Gesellschaft

Erwirtschaftet die OpCo passive Einkünfte, so sind diese gemäß § 14 Abs. 1 Satz 1 AStG a. F. der HoldCo als vorgeordnete ausländische Gesellschaft zuzurechnen.[1375] Die Zurechnungsquote richtet sich in Anlehnung an § 7 Abs. 1 AStG a. F. nach der Beteiligung der HoldCo am Nennkapital.[1376] Zutreffenderweise legt *Kollruss*[1377] dar, dass die übertragende Zurechnung des § 14 Abs. 1 AStG a. F. in diesem Fall ins Leere läuft, da die ausländische OpCo kein Nennkapital innehat. Eine Zurechnung anhand der Gewinnbezugsrechte scheidet für Zwecke der übertragenden Zurechnung aus, da es an einem Verweis auf § 7 Abs. 5 AStG a. F. fehlt.[1378] Andererseits kann die Auffassung vertreten werden, dass es sich hier um ein redaktionelles Versehen des Gesetzgebers handelt.[1379]

1375 Vgl. *Jacobsen*, in: AStG eKommentar, AStG, 2021, § 14 AStG, Fassung vom 01.01.2015, Rn. 30; *Hauswirth*, in: S/K/K, AStG/DBA, 2017, § 14 AStG, Rn. 53; *Protzen*, in: Kraft, AStG, 2019, § 14 AStG, Rn. 120.

1376 Vgl. *Hauswirth*, in: S/K/K, AStG/DBA, 2017, § 14 AStG, Rn. 53; *Kollruss*, FR 2017, S. 913.

1377 Vgl. *Kollruss*, FR 2017, S. 913.

1378 Vgl. *Haase*, Ubg 2018, S. 589 f.; *Wassermeyer*, in: F/W/B/S, Außensteuerrecht, 2016, § 14 AStG, Rn. 118; a. A. *Haase*, in: Haase, AStG/DBA, 2016, § 14 AStG, Rn. 20.

1379 Vgl. *Wassermeyer*, in: F/W/B/S, Außensteuerrecht, 2016, § 14 AStG, Rn. 40.

Die Finanzverwaltung kann den § 14 Abs. 1 AStG a. F. teleologisch um die Vorschrift des § 7 Abs. 5 AStG a. F. ergänzen und eine Zurechnung der passiven Einkünfte anhand der Gewinnverteilungsabrede durchführen.[1380] Diese Argumentation verkennt, dass die übertragende Zurechnung in § 14 Abs. 1 Satz 1 AStG a. F. eigenständig und abschließend die Zurechnung regelt.[1381]

Eine teleologische Erweiterung um § 7 Abs. 5 AStG a. F. erfordert einen grundsätzlichen Verweis auf die Zurechnungsvorschriften des § 7 AStG a. F. (sog. Rechtsgrundverweis).[1382] Da § 14 Abs. 1 Satz 1 AStG a. F. eine eigenständige Zurechnungsvorschrift beinhaltet, ist es äußerst fraglich, ob tatsächlich ein redaktionelles Versehen vorliegt.[1383] Durch die Abkehr von der übertragenden Zurechnung sind die passiven Einkünfte der OpCo gemäß § 7 Abs. 1 Satz 1 AStG unmittelbar dem inländischen Investor zuzurechnen.[1384] Fraglich ist jedoch, ob und inwiefern dieser Rechtsansicht § 7 Abs. 1 Satz 3 AStG entgegensteht. Gemäß § 7 Abs. 1 Satz 3 AStG ist für die Hinzurechnungsquote allein die Gewinnverteilungsabrede maßgebend.[1385] Gleichwohl kann nicht verkannt werden, dass § 7 Abs. 1 Satz 3 AStG nur bei unmittelbaren Beteiligungsverhältnissen zur Anwendung kommt, da diese Vorschrift keinen Bezug auf mittelbare Beteiligungen nimmt.

Ergebnis: Selbst nach der Abkehr von der übertragenden Zurechnung kann § 7 Abs. 1 Satz 3 AStG so zu verstehen sein, dass diese Vorschrift ersatzlos § 7 Abs. 1 Satz 1 AStG verdrängt und bei mittelbaren Beteiligungsverhältnissen ins Leere läuft. Folglich kann die Mittelbarkeit an einer Zwischengesellschaft dazu geeignet sein, etwaige Rechtsfolgen der Hinzurechnungsbesteuerung zu vermindern.

1380 Vgl. *Englisch*, in: T/L, Steuerrecht, 2021, § 5, Rn. 74; *Neumann*, in: Gosch, AO/FGO, 2020, § 4 AO, Rn. 42 zur teleologischen Auslegung einer Rechtsnorm.

1381 Vgl. *Wassermeyer*, in: F/W/B/S, Außensteuerrecht, 2016, § 14 AStG, Rn. 71 ff.; *Protzen*, in: Kraft, § 14 AStG, Rn. 120 ff.; *Hauswirth*, in: S/K/K, AStG/DBA, 2017, § 14 AStG, Rn. 53 ff.

1382 Siehe z. B. auch *Haase*, Ubg 2018, S. 589 f.

1383 Vgl. auch *Neumann*, in: Gosch, AO/FGO, 2020, § 4 AO, Rn. 42; *Englisch*, in: T/L, Steuerrecht, 2021, § 5, Rn. 74; *Drüen*, in: T/K, AO/FGO, 2020, § 4 AO, Rn. 366 zur teleologischen Ergänzung bei Gesetzeslücken.

1384 Vgl. *Gebhardt/Krüger*, IWB 2020, S. 115; *Jacobsen*, DStZ 2020, S. 122; *Ditz u. a.*, DStR 2020, S. 77; *Linn*, IStR 2020, S. 79.

1385 Vgl. *Linn*, IStR 2020, S. 79; Staats, in: BeckOK AStG, AStG, 2022, § 7 AStG, Rn. 145.

Der Anti-Steuervermeidungsrichtlinie[1386] ist eine mit § 7 Abs. 5 AStG a. F. und § 7 Abs. 1 Satz 3 AStG vergleichende Einschränkung der Zurechnung bei mittelbaren Beteiligungen fremd. Infolgedessen ist eine Implementierung einer doppelstöckigen Auslandsgesellschaft nicht dazu geeignet, die Wirkungen der Hinzurechnungsbesteuerung zu vermeiden. Gemäß Art. 8 Abs. 3 ATAD erfolgt eine prozentuale Durchrechnung der Gewinnansprüche.[1387] Gemäß Art. 8 Abs. 3 ATAD fordert der Richtlinienverfasser eine anteilige Zurechnung der passiven Einkünfte. Wird der Auffassung von *Moser*[1388] gefolgt, so ist es sachgerecht, dass bei einer mittelbaren Beteiligung an einem nennkapitallosen ausländischen Unternehmen die Zurechnung anhand der durchgerechneten Gewinnbezugsrechtsquote zu erfolgen hat.[1389] Eine Einschränkung der ATAD im Hinblick darauf, dass eine Zurechnung ausschließlich anhand der kapitalmäßigen Beteiligung zu erfolgen hat, ist nicht ersichtlich. Infolgedessen ist ein nennkapitalloses ausländisches Unternehmen nicht zur Vermeidung der Hinzurechnungsbesteuerung geeignet.[1390]

8.3 Möglichkeiten des Verlustausgleichs bei Unternehmensakquisitionen gewinnbringender und verlustträchtiger Gesellschaften

8.3.1 Fehlende Zurechnung negativer Hinzurechnungsbeträge der erworbenen Gesellschaften

Durch § 10 Abs. 1 Satz 4 AStG a. F. und § 10 Abs. 1 Satz 2 AStG ist ein negativer Hinzurechnungsbetrag nicht dem Hinzurechnungsempfänger zuzurechnen.[1391]

1386 Vgl. Richtlinie (EU) 2016/1164 des Rates vom 12.07.2016 mit Vorschriften zur Bekämpfung von Steuervermeidungspraktiken mit unmittelbaren Auswirkungen auf das Funktionieren des Binnenmarkts, Abl. EU 2016 L 193/1.

1387 Vgl. auch *Böhmer/Gebhardt/Krüger*, in: Hagemann/Kahlenberg, ATAD, 2019, Art. 8 ATAD, Rn. 18.

1388 Vgl. *Moser*, IStR 2017, S. 615.

1389 Siehe auch *Böhmer/Gebhardt/Krüger*, in: Hagemann/Kahlenberg, ATAD, 2019, Art. 8 ATAD, Rn. 18.

1390 Vgl. hierzu z. B. *Moser*, IStR 2017, S. 615. Siehe auch *Kollruss*, FR 2017, S. 914, der eine Zurechnung auf Grundlage einer mittelbaren Stimmrechtsbeteiligung als problematisch betrachtet.

1391 Vgl. auch *Haun/Reiser/Cortez*, in: H/K/R, Außensteuerrecht, 2017, § 10 AStG, Rn. 73; *Edelmann*, in: Kraft, AStG, 2019, § 10 AStG, Rn. 221; *Vogt*, in: Brandis/Heuermann, Ertragsteuerrecht, 2018, § 10 AStG, Rn. 33; *Böhmer/Oppel*, IWB 2020, S. 17; *Ditz u. a.*, DStR 2020, S. 80.

Ein negativer Hinzurechnungsbetrag kann gemäß § 10 Abs. 3 Satz 5 AStG a. F. lediglich im Rahmen des § 10d EStG vor- oder zurückgetragen werden.[1392] Mit § 10 Abs. 3 Satz 6 AStG ist der Verlustrücktrag nicht mehr zulässig, sodass nach neuem Recht ausschließlich der Verlustvortrag vorgesehen ist.[1393] Beim Halten mehrerer Zwischengesellschaften ist darauf zu achten, dass kein Ausgleich eines positiven Hinzurechnungsbetrags der einen Gesellschaft mit einem negativen Hinzurechnungsbetrag der anderen Gesellschaft erfolgt.[1394]

Gemäß Art. 8 Abs. 1 Satz 2 ATAD werden negative passive Einkünfte in die Bemessungsgrundlage des Steuerpflichtigen nicht einbezogen, sondern nach den nationalen Vorschriften vorgetragen.[1395] Ein Verlustrücktrag ist nach der ATAD nicht vorgesehen. *Schnitger/Nitzschke/Gebhardt*[1396] weisen darauf hin, dass der Wortlaut des Art. 8 Abs. 1 Satz 2 ATAD abstrakt von Verlusten spricht. Es ist daher fraglich, ob und inwiefern unter der Begrifflichkeit des Verlusts negative Einkünfte einer einzelnen passiven Einkunftsart oder die Summe sämtlicher passiver Einkunftsarten zu verstehen sind.

8.3.2 Verlustnutzung innerhalb der übertragenden Zurechnung

8.3.2.1 Faktische Ergebniskonsolidierung bei vertikalen Beteiligungsverhältnissen

Beispiel: Der inländische Investor in der Rechtsform der Kapitalgesellschaft beabsichtigt, die passive ausländische OpCo in der Rechtsform der Kapitalgesellschaft und die passive ausländische SalesCo in der Rechtsform der Kapitalgesellschaft zu erwerben. Bei der OpCo handelt es sich als Strategieträger um eine verlustbringende Gesellschaft. Hingegen erzielt die SalesCo

1392 Vgl. hierzu z. B. *Debatin*, DStZ 1972, S. 274; *Wassermeyer/Schönfeld*, in: F/W/B/S, Außensteuerrecht, 2019, § 8 AStG, Rn. 135; *Vogt*, in: Brandis/Heuermann, Ertragsteuerrecht, 2018, § 10 AStG, Rn. 34.

1393 Vgl. *Böhmer/Oppel*, IWB 2020, S. 18; *Ditz u. a.*, DStR 2020, S. 80; *Böhmer/Gebhardt/Krüger*, IWB 2021, 479, 494.

1394 Vgl. BMF vom 14.05.2004, BStBl I 2004, Sondernr. 1/2004, S. 3, Tz. 10.1.1.3; *Fuhrmann*, in: Fuhrmann, AStG, 2017, § 10 AStG, Rn. 58; *Haun/Reiser/Cortez*, in: H/K/R, Außensteuerrecht, 2017, § 10 AStG, Rn. 74; kritisch betrachtend *Wassermeyer/Schönfeld*, in: F/W/B/S, Außensteuerrecht, 2019, § 8 AStG, Rn. 134.

1395 Vgl. auch *Böhmer/Gebhardt/Krüger*, in: Hagemann/Kahlenberg, ATAD, 2019, Art. 8 ATAD, Rn. 12; *Musil*, in: Musil/Weber-Grellet, Europäisches Steuerrecht, 2019, Art. 8 ATAD, Rn. 2.

1396 Vgl. *Schnitger/Nitzschke/Gebhardt*, IStR 2016, S. 971.

als Routineunternehmen einen moderaten Gewinn. Die SalesCo wird durch den inländischen Investor gegen Gewährung neuer Anteile in die OpCo eingebracht.

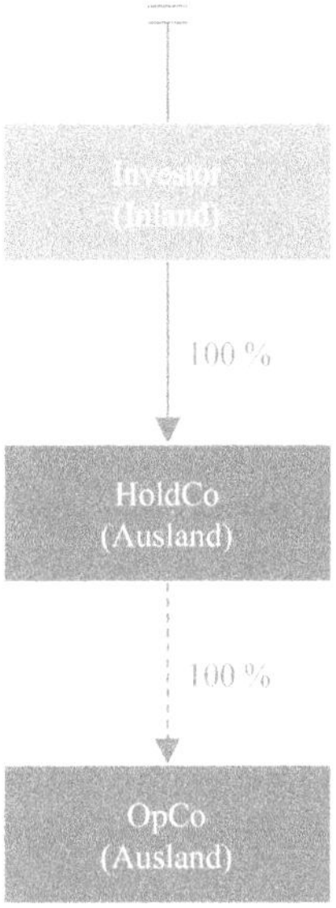

Abbildung 25: Ergebniskonsolidierung durch atypisch stille Gesellschaft

Durch die übertragende Zurechnung des § 14 Abs. 1 AStG a. F. sind die passiven Einkünfte einer nachgeschalteten Zwischengesellschaft der ausländischen Gesellschaft entsprechend ihrer Nennkapitalbeteiligung zuzurechnen.[1397] Von der Zurechnung des § 14 Abs. 1 Satz 1 AStG a. F. werden sowohl die positiven als auch die negativen Zwischeneinkünfte der Untergesellschaft erfasst, sodass die Beschränkung des § 10 Abs. 1 Satz 4 AStG a. F. auf eine nachgeschaltete Gesellschaft betreffend die übertragende Zurechnung keine Anwendung findet.[1398]

1397 Vgl. auch *Franz/Abele*, in: H/K/R, Außensteuerrecht, 2011, § 14 AStG, Rn. 70; *Hauswirth*, in: S/K/K, AStG/DBA; 2017, § 14 AStG, Rn. 16; *Wassermeyer*, in: F/W/B/S, Außensteuerrecht, 2016, § 14 AStG, Rn. 40.

1398 Vgl. *Kraft*, IStR 2016, S. 909; *Franz/Abele*, in: H/K/R, Außensteuerrecht, 2011, § 14 AStG, Rn. 77; *Jacobsen*, in: AStG eKommentar, AStG, 2021, § 14 AStG, Fassung vom 01.01.2015, Rn. 34; BFH vom 20.04.1988, I R 41/82, BStBl II 1988, S. 868; BMF vom 14.05.2004, BStBl I 2004, Sondernr. 1/2004, S. 3, Tz. 14.1.6.

Durch die angedachte Vorgehensweise werden die positiven Zwischeneinkünfte der SalesCo gemäß § 14 Abs. 1 Satz 1 AStG a. F. der OpCo zugerechnet. Es kommt im Ergebnis zu einer Ergebniskonsolidierung für Zwecke der Hinzurechnungsbesteuerung.

8.3.2.2 Verlustausgleich bei Erwerb ausländischer gewinnbringender und verlustträchtiger Schwestergesellschaften

Erfolgt die Einbringung unmittelbar nach der Unternehmensakquisition, ergeben sich grundsätzlich keine inländischen Implikationen, da in den Anteilen an der SalesCo keine stillen Reserven ruhen. Andererseits fällt die Einbringung in den Anwendungsbereich des deutschen UmwStG, sofern es sich bei der OpCo um eine EU- oder EWR-Gesellschaft i. S. des § 1 Abs. 4 Satz 1 Nr. 1 UmwStG handelt.[1399] Die Einbringung ist gemäß § 21 Abs. 1 Satz 1 UmwStG zum gemeinen Wert zu bewerten, sodass es zur Aufdeckung der stillen Reserven kommt.[1400] Gemäß § 21 Abs. 1 Satz 2 und Abs. 2 Satz 2 UmwStG kann die Einbringung einer qualifizierten Beteiligung auf Antrag zu steuerlichen Buchwerten durchgeführt werden, insoweit das Besteuerungsrecht an den eingebrachten Anteilen nicht verloren geht.[1401] Obwohl das inländische Besteuerungsrecht an den Anteilen an der ausländischen SalesCo verloren geht, können die Buchwerte gemäß § 21 Abs. 2 Satz 3 Nr. 2 UmwStG fortgeführt werden.[1402] Bei Anwendung des Art. 13 Abs. 5 OECD-MA steht das Besteuerungsrecht an den Anteilen an der OpCo dem deutschen Fiskus zu.[1403]

1399 Es sei darauf hingewiesen, dass § 1 Abs. 4 Satz 1 Nr. 1 UmwStG nicht mehr explizit das Gründungserfordernis innerhalb der EU oder dem EWR nennt. Gleichwohl besteht das Gründungserfordernis aufgrund des Verweises auf Art. 54 AEUV sowie Art. 34 EWR-Abkommen fort (vgl. *Möhlenbrock/Werner*, in: D/P/M, KStG/UmwStG, 2021, § 1 UmwStG, Rn. 159; *Drüen*, in: F/D, KStG/GewStG/UmwStG, 2022, § 1 UmwStG, Rn. 138; *Mückl*, in: BeckOK UmwStG, UmwStG, 2022, § 1 UmwStG, Rn. 791; *Loose*, in: Brandis/Heuermann, Ertragsteuerrecht, 2021, § 1 UmwStG, Rn. 33).

1400 Siehe z. B. auch BMF vom 11.11.2011, BStBl 2011 I, S. 1314, Rn. 21.07; *Schmitt*, in: S/H, UmwG/UmwStG, 2021, § 21 UmwStG, Rn. 39; *Patt*, in: D/P/M, KStG/UmwStG, 2021, § 21 UmwStG, Rn. 44.

1401 Vgl. hierzu z. B. *Behrens*, in: H/M/B, UmwStG, 2019, § 21 UmwStG, Rn. 185.

1402 Vgl. BMF vom 11.11.2011, BStBl I 2011, S. 1314, Rn. 21.15.

1403 Vgl. auch *Gosch*, in: G/K/G/K, DBA, 2019, Art. 13 OECD-MA, Rn. 145; *Reimer*, in: V/L, DBA, 2021, Art. 13 OCED-MA, Rn. 190; *Wassermeyer*, in: Wassermeyer, DBA, 2011, Art. 13 OECD-MA, Rn. 135.

8.3.2.3 *Untergang eines Verlustvortrags und der laufenden Verluste bei Unternehmensakquisitionen?*

Bei der dargestellten Ausgangsstruktur ist darauf zu achten, dass die Anteile an der gewinnbringenden Zwischengesellschaft in die verlustbringende Zwischengesellschaft eingebracht werden. Dies ist damit zu begründen, dass die Finanzverwaltung die Grundsätze des schädlichen Beteiligungserwerbs i. S. des § 8c KStG auf die laufenden Verluste sowie den Verlustvortrag anwenden möchte, sodass bei der Übertragung der Anteile an der OpCo die laufenden Verluste sowie ein Verlustvortrag der OpCo gemäß § 10 Abs. 3 Satz 1 AStG a. F. i. V. m. § 8c Abs. 1 Satz 1 KStG für Zwecke der Hinzurechnungsbesteuerung untergehen.[1404] Des Weiteren ergibt sich der Vorteil, dass durch die übertragende Zurechnung des positiven Hinzurechnungsbetrags der Vertriebsgesellschaft ein Ausgleich mit einem bereits bestehenden Verlustvortrag der OpCo erfolgen kann.[1405] Liegt ein Verlustvortrag auf Ebene der Untergesellschaft vor, so ist dieser nicht von § 14 Abs. 1 Satz 1 AStG a. F. erfasst.[1406] Die Verlustvorträge sind vergleichbar mit § 15 Satz 1 Nr. 1 KStG als „eingefroren" anzusehen.

8.3.3 Verlustnutzung innerhalb der unmittelbaren Zurechnung

8.3.3.1 *Fehlende Ergebniskonsolidierung bei horizontalen und vertikalen Beteiligungsverhältnissen*

Aufgrund der unmittelbaren Zurechnung i. S. des § 7 Abs. 1 AStG führt die betrachtete Handlungsalternative zu keiner Ergebniskonsolidierung im Rahmen der Hinzurechnungsbesteuerung. Die passiven Einkünfte der SalesCo werden unmittelbar dem inländischen Anteilseigner zugerechnet. Die negativen Zwischeneinkünfte der ausländischen OpCo sind hingegen gemäß § 10 Abs. 1 Satz 2 AStG nicht dem Hinzurechnungsempfänger zuzurechnen, sondern sind gemäß

1404 Vgl. SenFin Berlin vom 06.01.2016, DStR 2016, S. 173; wohl hierdurch überholt BMF vom 14.05.2004, BStBl I 2004, Sondernr. 1/2004, S. 3, Tz. 10.3.5.3. Diese Ansicht wird in der Literatur jedoch weitgehend abgelehnt (vgl. *Wassermeyer/Schönfeld*, in: F/W/B/S, Außensteuerrecht, 2019, § 8 AStG, Rn. 308.1; *Luckey*, in: S/K/K, AStG/DBA, 2017, § 10 AStG, Rn. 114).

1405 Vgl. auch *Wassermeyer/Schönfeld*, in: F/W/B/S, Außensteuerrecht, 2019, § 8 AStG, Rn. 361; *Haun/Reiser/Mödinger*, in: H/K/R, Außensteuerrecht, 2017, § 10 AStG, Rn. 198; *Hauswirth*, in: S/K/K, AStG/DBA, 2017, § 14 AStG, Rn. 66.

1406 Vgl. *Haun/Reiser/Mödinger*, in: H/K/R, Außensteuerrecht, 2017, § 10 AStG, Rn. 198; *Wassermeyer/Schönfeld*, in: F/W/B/S, Außensteuerrecht, 2019, § 8 AStG, Rn. 361.

§ 10 Abs. 3 Satz 5 und 6 AStG lediglich vorzutragen.[1407] Es ist zu prüfen, inwiefern durch die Implementierung einer Personengesellschaft oder Mitunternehmerschaft eine Ergebniskonsolidierung erreicht werden kann.

Ergebnis: Aufgrund der Abkehr von der übertragenden Zurechnung kann keine „Konsolidierung" von positiven passiven Einkünften einer Zwischengesellschaft mit den negativen passiven Einkünften einer anderen Zwischengesellschaft erfolgen, selbst wenn sich diese im gleichen Beteiligungsstrang befinden.

Da der Wortlaut des Art. 8 Abs. 1 Satz 2 ATAD von „Verlusten des Unternehmens" spricht, liegt es nahe, dass auch die Anti-Steuervermeidungsrichtlinie[1408] keine Ergebniskonsolidierung positiver passiver Einkünfte eines ausländischen Unternehmens und negativer passiver Einkünfte eines anderen ausländischen Unternehmens vorsieht.

8.3.3.2 Implementierung transparenter Gesellschaften zur Ergebniskonsolidierung?

Beispiel: Der inländische Investor in der Rechtsform der Kapitalgesellschaft beabsichtigt, die passive ausländische OpCo in der Rechtsform der Kapitalgesellschaft und die passive ausländische SalesCo in der Rechtsform der Kapitalgesellschaft zu erwerben. Bei der OpCo handelt es sich als Strategieträger um eine verlustbringende Gesellschaft. Hingegen erzielt die SalesCo als Routineunternehmen einen moderaten Gewinn. Die OpCo soll sich im Wege einer atypisch stillen Gesellschaft zu 99 % an dem Handelsgewerbe der SalesCo beteiligen.

Durch die schuldrechtliche Vereinbarung einer atypisch stillen Gesellschaft entsteht nach deutschen Grundsätzen eine Mitunternehmerschaft i. S. des § 15 Abs. 1 Satz 1 Nr. 2 EStG.[1409] Da die Hinzurechnungsbesteuerung Personengesellschaften und Mitunternehmerschaften nicht erfasst, sind die positiven Einkünfte der atypisch stillen Gesellschaft ihren Mitunternehmern zuzurechnen.[1410]

1407 Vgl. *Ditz u. a.*, DStR 2020, S. 80; *Böhmer/Oppel*, IWB 2020, S. 18.

1408 Vgl. Richtlinie (EU) 2016/1164 des Rates vom 12.07.2016 mit Vorschriften zur Bekämpfung von Steuervermeidungspraktiken mit unmittelbaren Auswirkungen auf das Funktionieren des Binnenmarkts, Abl. EU 2016 L 193/1.

1409 Vgl. BFH vom 13.07.2017, IV R 41/14, BStBl II 2017, S. 1132; BFH vom 01.03.2018, IV R 38/15, BStBl II 2018, S. 587; *Kessler/Becker*, IStR 2005, S. 505; *Haase*, IStR 2008a, S. 314.

1410 Vgl. auch *Schmidt*, in: H/K/R, Außensteuerrecht, 2018, § 7 AStG, Rn. 101; *Wassermeyer*, in: F/W/B/S, Außensteuerrecht, 2018, § 7 AStG, Rn. 81.

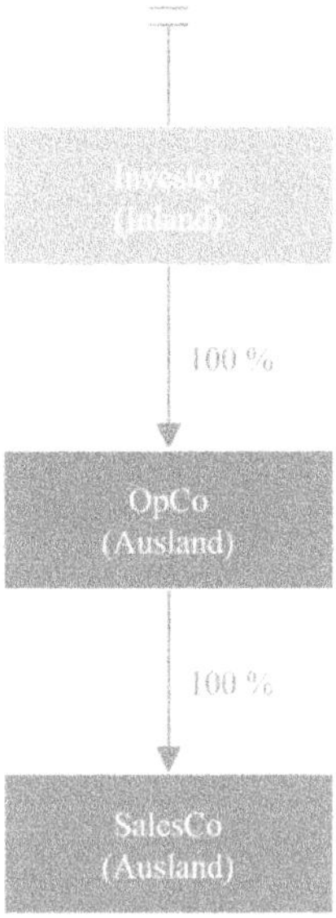

Abbildung 26: Ergebniskonsolidierung durch atypisch stille Gesellschaft

Infolgedessen kommt es zu einer weitgehenden Ergebniskonsolidierung, ohne in die gesellschaftsrechtliche Struktur eingreifen zu müssen. Durch die Begründung einer Mitunternehmerschaft liegt eine Einbringung i. S. des § 24 UmwStG vor, da das Vermögen zumindest für ertragsteuerliche Zwecke auf die atypisch stille Gesellschaft übertragen wird.[1411] Da § 10 Abs. 3 Satz 4 Halbsatz 2 AStG a. F. und AStG die Nichtanwendung des UmwStG anordnet, ist die Einbringung durch die Gewährung einer Mitunternehmerstellung als Tauschvorgang zu werten. Gemäß § 6 Abs. 6 Satz 1 EStG ist das übertragene Vermögen zum gemeinen Wert anzusetzen, sodass innerhalb der Hinzurechnungsbilanz der ausländischen SalesCo die stillen Reserven aufzudecken sind.[1412] Es stellt sich die Frage,

1411 Vgl. *Patt*, in: D/P/M, KStG/UmwStG, 2021, § 24 UmwStG, Rn. 36; *Rasche*, in: R/H/vL, UmwStG, 2019, § 24 UmwStG, Rn. 14; *Bär/Merkle*, in: H/M/B, UmwStG, 2019, § 24 UmwStG, Rn. 8; *Fuhrmann*, in: W/M, Umwandlungsrecht, 2020, § 24 UmwStG, Rn. 61.

1412 Vgl. *Kulosa*, in: Schmidt, EStG, 2022, § 6 EStG, Rn. 853; *Oellerich*, in: BeckOK EStG, EStG, 2022, § 6 EStG, Rn. 3027 ff.; *Werndl*, in: K/S/M, EStG, 2004, § 6 EStG, Rn. M 8 ff. zur ertragsteuerlichen Behandlung eines Tauschvorgangs.

ob und inwiefern hierdurch passive Einkünfte i. S. des § 8 Abs. 1 AStG a. F. und AStG erzielt werden.

Da der Einbringungsgewinn als Veräußerungsgewinn das gleiche Schicksal wie die laufenden Einkünfte trägt[1413], kann dieser aufgrund der Problematik des schädlichen Bedienens oder der schädlichen Mitwirkung im vorliegenden Fall nach § 8 Abs. 1 Nr. 4 oder 5 AStG a. F. und AStG als passiv zu qualifizieren sein. Hingegen können unter sinngemäßer Anwendung des § 8 Abs. 1 Nr. 10 AStG a. F. und § 8 Abs. 1 Nr. 9 AStG aktive Einkünfte vorliegen. Dies erfordert, dass die Begrifflichkeit der Umwandlung mit einem Vorgang i. S. des UmwStG gleichgesetzt werden kann.[1414] Im Schrifttum wird teilweise die Rechtsauffassung vertreten, dass die Vergleichbarkeit ausländischer Umwandlungen gemäß § 1 Abs. 1 und 3 UmwStG eine Gesamtrechtsnachfolge erfordert.[1415] Es ist daher damit zu rechnen, dass die Finanzverwaltung eine Umwandlung mit rechtlicher Vermögensübertragung *ipso iure* für die Aktivität fordern wird.[1416] Allerdings besteht

---

1413 Vgl. BFH vom 16.05.1990, I R 16/88, BStBl II 1990, S. 1049; BFH vom 07.08.2002, I R 10/01, BStBl II 2002, S. 848; so auch BMF vom 14.05.2004, BStBl I 2004, Sondernr. 1/2004, S. 3, Tz. 8.1.1.

1414 Vgl. *Wassermeyer/Schönfeld*, in: F/W/B/S, Außensteuerrecht, 2017, § 8 AStG, Rn. 366; *Rödel*, in: Kraft, AStG, 2019, § 8 AStG, Rn. 691 f.; *Reiche*, in: Haase, AStG/DBA, 2016, § 8 AStG, Rn. 118; *Lehfeldt*, in: S/K/K, AStG/DBA, 2016, § 8 AStG, Rn. 182.6; *Mann*, in: BeckOK AStG, AStG, 2022, § 8 AStG, Rn. 301; restriktiver *Goebel/Schmidt*, in: H/K/R, Außensteuerrecht, 2014, § 8 AStG, Rn. 525, die nur Einbringungen im Wege der Gesamtrechtsnachfolge als Umwandlungen i. S. des § 8 Abs. 1 Nr. 10 AStG a. F. ansehen.

1415 Vgl. BMF vom 11.11.2011, BStBl I 2011, S. 1314, Rn. 01.30; *Möhlenbrock/Werner*, in: D/P/M, KStG/UmwStG, 2021, § 1 UmwStG, Rn. 103; *Haase*, in: Haase/Hofacker, UmwStG, 2021, § 1 UmwStG, Rn. 70; a. A. *Graw*, in: R/H/vL, UmwStG, 2019, § 1 UmwStG, Rn. 97; *Frotscher*, in: F/D, KStG/GewStG/UmwStG, 2021, § 1 UmwStG, Rn. 95.

1416 Die Finanzrechtsprechung hat jüngst beim US Spin-off die Vorschrift des § 20 Abs. 4a Satz 7 EStG so ausgelegt, dass eine Gesamtrechtsnachfolge kein wesentliches Strukturmerkmal der Vergleichbarkeit einer ausländischen Umwandlung darstellt (vgl. BFH vom 01.07.2021, VIII R 9/19, BStBl II 2022, S. 359; BFH vom 01.07.2021, VIII R 28/19, BFH/NV 2021, S. 1497; BFH vom 01.07.2021, VIII R 6/20, BFH/NV 2021, S. 1500; BFH vom 01.07.2021, VIII R 15/20, BStBl II 2022, S. 363; BFH vom 19.10.2021, VIII R 7/20, BStBl II 2022, S. 366; BFH vom 01.07.2021, VIII R 19/20, BFH/NV 2021, S. 1502). Die Finanzverwaltung möchte indes diese Rechtsgrundsätze nur auf § 20 Abs. 4a Satz 7 EStG und nicht auf die umwandlungssteuerrechtlichen Vorschriften anwenden (vgl. BMF vom 19.05.2022, BStBl I 2022, S. 844; BMF vom 15.06.2022, BStBl I 2022, S. 943).

die Besonderheit der atypisch stillen Gesellschaft darin, dass sich die Vermögensübertragung ausschließlich auf die ertragsteuerliche Würdigung beschränkt. Es kann eine Art von steuerlicher Quasi-Gesamtrechtsnachfolge gesehen werden.

Demungeachtet ist mit einer ablehnenden Auffassung der h. M.[1417] und Finanzverwaltung[1418] zu rechnen, da wohl ein Rechtsträgerwechsel im Rahmen einer Umwandlung für die Aktivität als notwendig erachtet wird. Ebenfalls ist das Argument der steuerlichen Quasi-Gesamtrechtsnachfolge aufgrund der Nichtanwendung von § 23 Abs. 3 Satz 1 i. V. m. § 12 Abs. 3 UmwStG nicht haltbar, da die umwandlungssteuerrechtlichen Vorschriften gemäß § 10 Abs. 3 Satz 4 Halbsatz 2 AStG a. F. und AStG bei der Ermittlung des Hinzurechnungsbetrags ausgeschlossen werden, sodass neben den Bewertungsvorschriften auch die sog. steuerliche Fußstapfentheorie nicht zu berücksichtigen ist. Von der Gründung einer reinen Innengesellschaft und dem alleinigen ertragsteuerlichen Zurechnungswechsel ist daher abzuraten.[1419] Alternativ ist daher eine der Ausgliederung i. S. des § 123 Abs. 3 UmwG vergleichbare ausländische Umwandlung auf eine Personengesellschaft in Betracht zu ziehen.

Ergebnis: Durch die Errichtung einer Mitunternehmerschaft kann eine Ergebniskonsolidierung positiver passiver Einkünfte einer ausländischen Gesellschaft mit den negativen passiven Einkünften einer anderen ausländischen Gesellschaft erlangt werden. Es bestünde ein erhebliches Risiko, dass ein ertragsteuerlicher Einbringungsvorgang von passiver Natur ist, wenn nur eine reine Innengesellschaft ohne einen rechtlichen Rechtsträgerwechsel vorliegt.

Da gemäß Abs. 4 Satz 2 der Erwägungsgründe der ATAD transparente Rechtsträger nicht selbst der Hinzurechnungsbesteuerung unterliegen, kann durch die Implementierung einer Personengesellschaft eine Ergebniskonsolidierung

1417 Vgl. *Lehfeldt*, in: S/K/K, AStG/DBA, 2016, § 8 AStG, Rn. 182.6; *Goebel/Schmidt*, in: H/K/R, Außensteuerrecht, 2014, § 8 AStG, Rn. 525; weniger einschränkend *Wassermeyer/Schönfeld*, in: F/W/B/S, Außensteuerrecht, 2017, § 8 AStG, Rn. 366.

1418 Vgl. BMF vom 11.11.2011, BStBl I 2011, S. 1314, Rn. 01.31 zu den Vergleichbarkeitskriterien ausländischer Umwandlungen. Siehe auch *Baur/Ullmann*, IWB 2021, S. 799; *Linn*, IStR 2020, S. 82, die dem Wortlaut des § 8 Abs. 1 Nr. 9 Halbsatz 2 AStG keine exakte Vergleichbarkeit entnehmen möchten und daher wohl einen weiteren Anwendungsbereich sehen.

1419 Gleichwohl kann nicht verkannt werden, dass eine Vertriebsgesellschaft regelmäßig nur einen geringen Routinegewinn zugewiesen bekommt, sodass der gemeine Wert regelmäßig nicht allzu hoch sein dürfte (vgl. auch *Wünnemann*, IStR 2021, S. 74; *Petkova/Greil*, IStR 2021, S. 686 zur aktuellen Entwicklung der Gewinnallokation von Vertriebsgesellschaften).

erlangt werden.[1420] Unterhält die Innengesellschaft selbst eine Betriebsstätte, unterliegt diese gemäß Art. 7 Abs. 1 ATAD der Hinzurechnungsbesteuerung.[1421] Aufgrund der unmittelbaren Zurechnung kann eine Ergebniskonsolidierung für Zwecke der Hinzurechnungsbesteuerung abgelehnt werden, da das ausländische Unternehmen sowie die ausländische Betriebsstätte jeweils eigenständig der Hinzurechnungsbesteuerung unterliegen. Dieser Sichtweise kann entgegengehalten werden, dass bezüglich der Steuerpflicht i. S. des Art. 1 ATAD das ausländische Unternehmen als Gewinnbezugsberechtigter ebenfalls die ausländische Betriebsstätte umfasst. Das anteilige Ergebnis der Betriebsstätte ist dem ausländischen Unternehmen zuzurechnen und erst auf dessen Ebene als passive Einkünfte zu erfassen. Diese ist insbesondere mit dem eigentlichen Sinn und Zweck der ATAD vereinbar, dass Betriebsstätten in den Anwendungsbereich der Hinzurechnungsbesteuerung fallen, wenn der Unternehmensträger nicht der unbeschränkten Körperschaftsteuerpflicht im Quellen- bzw. Belegenheitsstaat unterliegt.[1422]

8.4 Auswirkungen auf den Hinzurechnungsbetrag im Falle der Organgesellschaft als Akquisitionsvehikel

8.4.1 Körperschaft- und gewerbesteuerliches Schachtelprivileg bei Zurechnung des Hinzurechnungsbetrags an eine Organgesellschaft?

Beispiel:
Der inländische Investor in der Rechtsform der Kapitalgesellschaft beabsichtigt, über die inländische HoldCo in der Rechtsform der Kapitalgesellschaft die passive ausländische OpCo in der Rechtsform der Kapitalgesellschaft zu erwerben. Zur Erlangung einer körperschaft- und gewerbesteuerlichen Organschaft wird zwischen dem inländischen Investor und der inländischen HoldCo ein Gewinnabführungsvertrag nach den §§ 291 ff. AktG abgeschlossen.

1420 Siehe auch *Böhmer/Gebhardt/Krüger*, in: Hagemann/Kahlenberg, ATAD, 2019, Art. 7 ATAD, Rn. 12 zur Behandlung transparenter Rechtsträger.

1421 Vgl. hierzu z. B. *Schnitger/Nitzschke/Gebhardt*, IStR 2016, S. 961; *Linn*, IStR 2016, S. 646; *Böhmer/Gebhardt/Krüger*, in: Hagemann/Kahlenberg, ATAD, 2019, Art. 7 ATAD, Rn. 6.

1422 Vgl. auch *Böhmer/Gebhardt/Krüger*, in: Hagemann/Kahlenberg, ATAD, 2019, Art. 7 ATAD, Rn. 11.

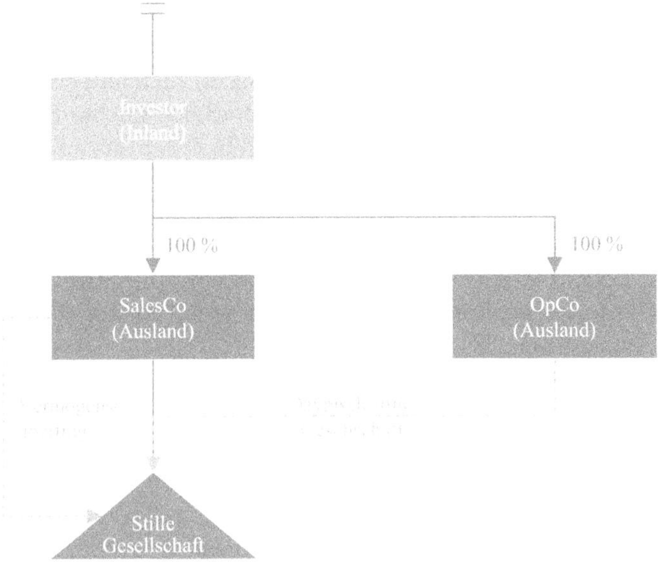

Abbildung 27: Organgesellschaft als Hinzurechnungsempfänger

Die Wirksamkeit der ertragsteuerlichen Organschaft erfordert gemäß § 14 Abs. 1 Satz 1 Nr. 1 Satz 1 KStG, dass der inländische Investor (a) zu Beginn des Wirtschaftsjahrs (b) die Mehrheit der Stimmrechte an der HoldCo hält (sog. finanzielle Eingliederung).[1423] Besitzt der inländische Investor die Anteile an der HoldCo nicht zu Beginn des maßgebenden Wirtschaftsjahrs, so ist die finanzielle Eingliederung erfüllt, wenn die HoldCo im Wege der Neugründung entsteht.[1424] Auf den Erwerb einer Vorratsgesellschaft sollte verzichtet werden, da die finanzielle Eingliederung hierdurch nicht erfüllt ist.[1425] Hierbei ist es ohne

1423 Vgl. BFH vom 28.07.2010, BStBl II 2011, S. 528; *Walter*, in: Bott/Walter, KStG, 2021, § 14 KStG, Rn. 279; *Beinert/Marx*, in: Prinz/Witt, Steuerliche Organschaft, 2019, Rn. 12.3.

1424 Vgl. *Kolbe*, in: H/H/R, EStG/KStG, 2022, § 14 KStG, Rn. 115; FG Hessen vom 18.10.2012, 8 K 1694/09, EFG 2013, S. 235; so wohl auch BFH vom 28.07.2010, BStBl II 2011, S. 528.

1425 Vgl. auch FG Hessen vom 18.10.2012, 8 K 1694/09, EFG 2013, S. 235; *Beinert/Marx*, in: Prinz/Witt, Steuerliche Organschaft, 2019, Rn. 12.61; a. A. *Walter*, in: Bott/Walter, KStG, 2021, § 14 KStG, Rn. 327.

Relevanz, dass der Erwerb einer Vorratsgesellschaft rechtlich als eine wirtschaftliche Neugründung anzusehen ist.[1426] Des Weiteren setzt § 14 Abs. 1 Satz 1 Nr. 3 KStG voraus, dass der Gewinnabführungsvertrag (a) auf mindestens fünf Jahre abgeschlossen und (b) während der Laufzeit tatsächlich durchgeführt wird.[1427] Die ertragsteuerliche Organschaft wird gemäß § 14 Abs. 1 Satz 2 KStG erstmals in dem Veranlagungszeitraum wirksam, in dem der Ergebnisabführungsvertrag ins Handelsregister eingetragen wurde.[1428] Als Rechtsfolge der ertragsteuerlichen Organschaft ist das Einkommen der HoldCo (Organgesellschaft) gemäß § 14 Abs. 1 Satz 1 KStG dem inländischen Investor (Organträger) zuzurechnen.[1429] Die organschaftliche Einkommenszurechnung umfasst ebenfalls einen Hinzurechnungsbetrag.[1430]

Gemäß § 10 Abs. 2 Satz 1 AStG a. F. und AStG führt der Hinzurechnungsbetrag zu einer fiktiven Gewinnausschüttung und isoliert betrachtet zu Einkünften aus Kapitalvermögen.[1431] Gleichwohl ordnet § 10 Abs. 2 Satz 3 AStG a. F. und AStG die Nichtanwendung des Teileinkünfteverfahrens i. S. des § 3 Nr. 40 EStG sowie des Schachtelprivilegs i. S. des § 8b KStG an.[1432] Fraglich ist, ob und inwiefern § 10 Abs. 2 Satz 3 AStG a. F. und AStG auf eine Organgesellschaft als Hinzurechnungsempfänger anwendbar ist. Durch § 15 Satz 1 Nr. 2 Satz 1 KStG

1426 Vgl. BGH vom 09.12.2002, II ZB 12/02, BGHZ 153, S. 158; BGH vom 07.07.2003, II ZB 4/02, BGHZ 155, S. 318 zur rechtlichen Einordnung des Erwerbs einer Vorratsgesellschaft.

1427 Vgl. *Dötsch/Pung*, in: D/P/M, KStG/UmwStG, 2022, § 14 KStG, Rn. 98; *Rödder/Liekenbrock*, in: R/H/N, KStG, 2015, § 14 KStG, Rn. 305; BMF vom 10.11.2005, BStBl I 2005, S. 1038, Rn. 4.

1428 Vgl. *Kolbe*, in: H/H/R, EStG/KStG, 2022, § 14 KStG, Rn. 291; BMF vom 10.11.2005, BStBl I 2005, S. 1038, Rn. 3; *Walter*, in: Bott/Walter, KStG; 2021, § 14 KStG, Rn. 818.

1429 Siehe auch *Walter*, in: Bott/Walter, KStG, 2021, § 14 KStG, Rn. 806; *Rödder/Liekenbrock*, in: R/H/N, KStG, 2015, § 14 KStG, Rn. 478.

1430 Vgl. hierzu z. B. *Rieß/Herbst*, IStR 2018, S. 783; *Wassermeyer/Schönfeld*, in: F/W/B/S, Außensteuerrecht, 2017, § 8 AStG, Rn. 43; *Schaumburg*, in: Schaumburg, Internationales Steuerrecht, 2017, Rn. 13.77.

1431 Vgl. *Wassermeyer/Schönfeld*, in: F/W/B/S, Außensteuerrecht, 2019, § 8 AStG, Rn. 143; *Luckey*, in: S/K/K, AStG/DBA, 2017, § 10 AStG, Rn. 40; *Nolte*, in: AStG eKommentar, AStG, 2021, § 10 AStG, Fassung vom 01.01.2018, Rn. 24; *Edelmann*, in: Kraft, AStG, 2019, § 10 AStG, Rn. 251; *Vogt*, in: Brandis/Heuermann, Ertragsteuerrecht, 2018, § 10 AStG, Rn. 37.

1432 Vgl. *Edelmann*, in: Kraft, AStG, 2019, § 10 AStG, Rn. 370; *Fuhrmann*, in: Fuhrmann, AStG, 2017, § 10 AStG, Rn. 107; *Wassermeyer/Schönfeld*, in: F/W/B/S, Außensteuerrecht, 2019, § 8 AStG, Rn. 202.

erfolgt ein Ausschluss des körperschaftsteuerlichen Schachtelprivilegs auf Ebene der Organgesellschaft (sog. Bruttomethode).[1433] Die Dividendenfreistellung hat gemäß § 15 Satz 1 Nr. 2 Satz 2 KStG auf Ebene des Organträgers zu erfolgen.[1434]

Da der Hinzurechnungsbetrag gemäß § 10 Abs. 2 Satz 1 AStG a. F. und AStG eine Quasi-Dividende darstellt, ist die Bruttomethode des § 15 Satz 1 Nr. 2 Satz 1 KStG anzuwenden.[1435] Auf Ebene des Organträgers erfolgt im Ergebnis eine weitgehende Dividendenfreistellung nach § 15 Satz 1 Nr. 2 Satz 2 KStG i. V. m. § 8b Abs. 1 und 5 KStG.[1436] Dies erfordert, dass § 15 Satz 1 Nr. 2 KStG als *lex specialis* zu verstehen ist, der eine Suspendierung des § 10 Abs. 2 Satz 3 AStG a. F. und AStG herbeiführt.[1437] Nach Ansicht von *Rieß/Herbst*[1438] soll diesbezüglich der Nichtanwendungsbefehl von § 15 Satz 1 Nr. 2 Satz 1 KStG dazu führen, dass § 8b KStG auf Ebene der Organgesellschaft keine Anwendung findet, jedoch der Hinzurechnungsbetrag nicht seine Eigenschaft als Quasi-Dividende verliert. Der Anwendungsvorrang des § 15 Satz 1 Nr. 2 KStG ist auch mit der Rechtsauffassung der Finanzverwaltung vereinbar, die bei einer Aufwärtsverschmelzung auf eine Organgesellschaft § 12 Abs. 2 Satz 2 UmwStG als subsidiär ansieht.[1439] Die Finanzverwaltung forderte bereits vor Ergänzung des § 15 Satz 1 Nr. 2 Satz 2 KStG, dass der Übernahmegewinn nach § 8b Abs. 5 Satz 1 KStG und § 7 Satz 1 GewStG zu 5 % bei der Körperschaft- und Gewerbesteuer zu erfassen ist.[1440]

1433 Vgl. *Rieß/Herbst*, IStR 2018, S. 783; *Walter*, in: Bott/Walter, KStG, 2020, § 15 KStG, Rn. 20; *Kolbe*, in: H/H/R, EStG/KStG, 2020, § 15 KStG, Rn. 44.

1434 Vgl. *Kolbe*, in: H/H/R, EStG/KStG, 2020, § 15 KStG, Rn. 52; *Neumann*, in: Gosch, KStG, 2020, § 15 KStG, Rn. 17; *Krumm*, in: Brandis/Heuermann, Ertragsteuerrecht, 2022, § 15 KStG, Rn. 22 f.; *Walter*, in: Bott/Walter, KStG, 2020, § 15 KStG, Rn. 21.

1435 Vgl. *Rieß/Herbst*, IStR 2018, S. 784.

1436 Vgl. *Walter*, in: Bott/Walter, KStG, 2020, § 15 KStG, Rn. 21; *Rieß/Herbst*, IStR 2018, S. 784; *Kolbe*, in: H/H/R, EStG/KStG, 2020, § 15 KStG, Rn. 52.

1437 Vgl. hierzu z. B. *Rieß/Herbst*, IStR 2018, S. 784; *Rödder/Liekenbrock*, in: R/H/N, KStG, 2015, § 15 KStG, Rn. 73.

1438 Vgl. *Rieß/Herbst*, IStR 2018, S. 784.

1439 Vgl. BMF vom 11.11.2011, BStBl I 2011, S. 1314, Rn. 12.07; *Schießl*, in: W/M, Umwandlungsrecht, 2013, § 12 UmwStG, Rn. 267.39; *Neumann*, in: Gosch, KStG, 2020, § 15 KStG, Rn. 24; a. A. BFH vom 26.09.2018, I R 16/16, BStBl II 2020, S. 206; *Dötsch*, in: D/P/M, KStG/UmwStG, 2015, § 15 KStG Rn. 64; *Frotscher*, in: F/D, KStG/GewStG/UmwStG, 2021, § 12 UmwStG, Rn. 77a.

1440 Vgl. BMF vom 11.11.2011, BStBl I 2011, S. 1314, Rn. 12.07; *Schießl*, in: W/M, Umwandlungsrecht, 2013, § 12 UmwStG, Rn. 267.39; *Neumann*, in: Gosch, KStG, 2020, § 15 KStG, Rn. 24.

Da nach § 15 Satz 1 Nr. 2 Satz 1 KStG die Dividendenfreistellung auf Ebene der Organgesellschaft ausgeschlossen wird, ist ein Rückgriff auf § 10 Abs. 2 Satz 3 AStG a. F. und AStG überflüssig. Durch § 15 Satz 1 Nr. 2 Satz 1 KStG wird ausschließlich § 10 Abs. 2 Satz 3 AStG a. F. und AStG auf der Rechtsfolgenseite verdrängt. Die Eigenschaft als Quasi-Dividende verliert der Hinzurechnungsbetrag jedoch nicht.[1441] Insbesondere ist § 15 Satz 1 Nr. 2 Satz 1 und 2 KStG nicht so zu verstehen, dass die verwirklichten Tatbestandsmerkmale der Organgesellschaft auf die Ebene des Organträgers transferiert werden.[1442] Dies wird aus § 15 Satz 1 Nr. 2 Satz 4 KStG ersichtlich, da sich die Beteiligungsquote i. S. des § 8b Abs. 4 KStG ausschließlich nach den Verhältnissen der Organgesellschaft richtet, sodass die Bruttomethode lediglich die Steuerfreistellung als Rechtsfolge umfasst.[1443] Aus diesem Grunde kann bewusst eine Organgesellschaft als inländischer Anteilseigner gewählt werden, sodass ein möglicher Hinzurechnungsbetrag lediglich zu 5 % der Körperschaftsteuer unterliegt, da diese gemäß § 15 Satz 1 Nr. 2 Satz 4 KStG, § 8b Abs. 4 Satz 6 KStG als zu Beginn des Wirtschaftsjahrs beteiligt gilt.[1444]

Gleichwohl gilt es zu befürchten, dass die Finanzverwaltung trotz der eindeutigen Verlautbarung zu § 12 Abs. 2 Satz 2 UmwStG diese Rechtsauffassung nicht für Zwecke des § 10 Abs. 3 Satz 4 AStG a. F. und AStG teilt.[1445] Gemäß § 2 Abs. 2 Satz 2 GewStG gilt eine Organgesellschaft als Betriebsstätte des Organträgers.[1446] Die Tatbestandsmerkmale einer gewerbesteuerlichen Organschaft stimmen hier mit denen der körperschaftlichen Organschaft nach den §§ 14 bis 17 KStG überein.[1447] Demungeachtet ist für die Organgesellschaft eine

1441 Vgl. *Rödder/Liekenbrock*, in: R/H/N, KStG, 2015, § 15 KStG, Rn. 73; *Rieß/Herbst*, IStR 2018, S. 784.

1442 Vgl. *Rieß/Herbst*, IStR 2018, S. 784; *Kolbe*, in: H/H/R, EStG/KStG, 2020, § 15 KStG, Rn. 52.

1443 Vgl. *Kolbe*, in: H/H/R, EStG/KStG, 2020, § 15 KStG, Rn. 59; *Neumann*, in: Gosch, KStG, 2020, § 8b KStG, Rn. 24a; *Rieß/Herbst*, IStR 2018, S. 784.

1444 Siehe auch OFD Frankfurt vom 16.08.2021, DStR 2021, S. 2468; *Binnewies*, GmbH-StB 2013, S. 256 zum unterjährigen Beteiligungserwerb im Rahmen des § 8b Abs. 4 Satz 6 KStG.

1445 Vgl. BMF vom 11.11.2011, BStBl I 2011, S. 1314, Rn. 12.07.

1446 Vgl. BFH vom 17.12.2014, I R 39/14, BStBl II 2015, S. 1052; *Sarrazin*, in: L/S, GewStG, 2022, § 2 GewStG, Rn. 3520.

1447 Vgl. *Sarrazin*, in: L/S, GewStG, 2022, § 2 GewStG, Rn. 3540; *Kontny*, in: Wendt u. a., GewStG, 2022, § 2 GewStG, Rn. 124.

eigenständige Ermittlung des Gewerbeertrags durchzuführen (sog. gebrochene Einheitstheorie).[1448] Der Hinzurechnungsbetrag gilt gemäß § 7 Satz 7 GewStG als in einer inländischen Betriebsstätte der Organgesellschaft bezogen und ist in deren Gewerbeertrag zu erfassen.[1449]

Zu klären ist, ob und inwiefern das gewerbesteuerliche Schachtelprivileg einen Hinzurechnungsbetrag umfasst, der einer Organgesellschaft zuzurechnen ist. Durch § 7a Abs. 1 Satz 1 GewStG wird in einem ersten Schritt das gewerbesteuerliche Schachtelprivileg auf die Ebene der Organgesellschaft suspendiert.[1450] In einem zweiten Schritt ordnet § 7a Abs. 2 Satz 1 GewStG an, dass § 15 Satz 1 Nr. 2 Satz 2 bis 4 KStG sowie die Vorschriften über das gewerbesteuerliche Schachtelprivileg des § 9 Nr. 2a und 7 GewStG auf Ebene der Organgesellschaft anzuwenden sind.[1451] Dem Organträger ist im Anschluss nur die Nettogröße des Gewinnanteils zuzurechnen, soweit das gewerbesteuerliche Schachtelprivileg zu gewähren ist.[1452] Entscheidend ist daher, ob und inwiefern gemäß § 7a Abs. 2 Satz 1 GewStG und § 9 Nr. 7 Satz 1 GewStG die Dividendenfreistellung anwendbar ist. Grundsätzlich kann die Rechtsauffassung vertreten werden, dass der Hinzurechnungsbetrag unter § 9 Nr. 7 Satz 1 GewStG zu subsumieren ist, da eine Einschränkung dem Wortlaut nicht zu entnehmen ist.[1453]

Es kann *Kahle/Willner*[1454] zugestimmt werden, dass der Hinzurechnungsbetrag als Quasi-Dividende den tatsächlich durchgeführten Gewinnausschüttungen als „normaler" Gewinnanteil gleichzustellen ist.[1455] Diese Rechtsauffassung

---

1448 Vgl. hierzu z. B. GLE vom 02.07.2012, BStBl I 2012, S. 654, Rn. 45; *Sarrazin*, in: L/S, GewStG, 2022, § 2 GewStG, Rn. 3760; *Kontny*, in: Wendt u. a., GewStG, 2022, § 2 GewStG, Rn. 144 zur gebrochenen Einheitstheorie.

1449 Vgl. OFD Nordrhein-Westfalen vom 26.04.2017, IStR 2017, S. 592; *Roser*, in: L/S, GewStG, 2020, § 7 GewStG, Rn. 417; *Schnitger*, IStR 2016, S. 642.

1450 Vgl. auch *Nöcker*, in: L/S, GewStG, 2019, § 7a GewStG, Rn. 12; *Schnitger*, IStR 2016, S. 644; *Rieß/Herbst*, IStR 2018, S. 786.

1451 Vgl. *Schnitger*, IStR 2016, S. 644; *Nöcker*, in: L/S, GewStG, 2019, § 7a GewStG, Rn. 34; *Leister*, in: Wendt u. a., GewStG, 2022, § 7a GewStG, Rn. 33.

1452 Vgl. *Rieß/Herbst*, IStR 2018, S. 786.

1453 Vgl. *Rieß/Herbst*, IStR 2018, S. 786; *Kahle/Willner*, Ubg 2017, S. 27; offen gelassen BFH vom 11.03.2015, I R 10/14, BStBl II 2015, S. 1049; *Kollruss*, GmbHR 2016, S. 633 ff.

1454 Vgl. *Kahle/Willner*, Ubg 2017, S. 27.

1455 Vgl. *Rödder*, IStR 2009, S. 877; *Cloer/Hagemann*, DB 2019, S. 1235; *Kahlenberg/Weiss*, IStR 2019, S. 85; a. A. FG Baden-Württemberg vom 08.05.2018, 6 K 1775/16, IStR 2019, S. 107; *Gosch*, in: Brandis/Heuermann, Ertragsteuerrecht, 2021, § 9 GewStG, Rn. 221a.

wird vom Finanzgericht Baden-Württemberg[1456] abgelehnt, obwohl der erkennende Senat das Vorliegen eines Gewinnanteils bejaht, dieser jedoch ausschließlich auf einer fiktiven Zurechnung beruht. Nach Ansicht des Gerichts ist dies jedoch für Zwecke des § 9 Nr. 7 GewStG a. F. nicht ausreichend.[1457] Aufgrund der alleinigen Zurechnung aus der Einkünfteermittlung nach § 10 Abs. 3 Satz 1 AStG a. F. sieht das Finanzgericht Baden-Württemberg[1458] unzutreffenderweise einen Gewinnanteil i. S. des § 9 Nr. 7 GewStG a. F. als nicht gegeben an. Hierbei wird verkannt, dass bei einer verdeckten Gewinnausschüttung ebenfalls der Gewinnanteil nur aufgrund der Einkünftekorrektur zufließt, jedoch unstrittigerweise von § 9 Nr. 2a und 7 GewStG erfasst wird[1459].

Dieser Überlegung kann entgegengehalten werden, dass eine verdeckte Gewinnausschüttung zu einem „tatsächlichen" Gewinnanteil führt, da dem Gesellschafter ein Vorteil gewährt wurde. Eine verdeckte Gewinnausschüttung führt daher gemäß § 8 Abs. 3 Satz 2 KStG i. V. m. § 20 Abs. 1 Nr. 1 Satz 2 EStG zu einer Umqualifizierung und nicht nur zu einer Zurechnung.[1460] Gleichwohl zielen beide Vorschriften darauf ab, dass eine Einkünftekorrektur erfolgt, sodass meines Erachtens eine unterschiedliche Behandlung innerhalb des § 9 Nr. 7 GewStG a. F. nicht gerechtfertigt ist.[1461] Die gewerbesteuerliche Diskussion erübrigt sich fortan aufgrund des § 10 Abs. 2 Satz 4 AStG, da die Anwendung von § 9 Nr. 7 GewStG auf den Hinzurechnungsbetrag explizit ausgeschlossen wird. Eine mit dem körperschaftsteuerlichen Schachtelprivileg vergleichbare

1456 Vgl. FG Baden-Württemberg vom 08.05.2008, 6 K 1775/16, IStR 2019, S. 107.

1457 Vgl. *Güroff*, in: Glanegger/Güroff, GewStG, 2021, § 9 GewStG, Rn. 17a; *Gosch*, in: Brandis/Heuermann, Ertragsteuerrecht, 2021, § 9 GewStG, Rn. 221a.

1458 Vgl. FG Baden-Württemberg vom 08.05.2018, 6 K 1775/16, IStR 2019, S. 107. Siehe auch *Kollruss*, FR 2015b, S. 693 ff. mit weiteren Ausführungen zur gewerbesteuerlichen Kürzung des Hinzurechnungsbetrags.

1459 Vgl. auch *Roser*, in: L/S, GewStG, 2021, § 9 Nr. 7 GewStG, Rn. 41; *Schnitter*, in: F/D, KStG/GewStG/UmwStG, 2021, § 9 Nr. 2a GewStG, Rn. 142; *Bergmann*, in: Wendt u. a., GewStG, 2022, § 9 Nr. 2a GewStG, Rn. 38.

1460 Siehe auch *Hamacher/Dahm*, in: Korn, EStG, 2017, § 20 EStG, Rn. 167; *Bleschick*, in: Kirchhof/Seer, EStG, 2022, § 20 EStG, Rn. 51 zur Umqualifizierung einer verdeckten Gewinnausschüttung.

1461 Selbst wenn § 9 Nr. 7 GewStG anwendbar ist, setzt die gewerbesteuerliche Kürzung eine ununterbrochene Beteiligung zu Beginn des Erhebungszeitraums voraus, sodass bei einem unterjährigen Erwerb der Hinzurechnungsbetrag im Erwerbsjahr der Gewerbesteuer unterläge (vgl. *Bergmann*, in: Wendt u. a., GewStG, 2022, § 9 Nr. 2a GewStG, Rn. 35 zum Fehlen einer mit § 8b Abs. 4 Satz 6 KStG vergleichbaren Vorschrift).

Argumentation kann die gewerbesteuerliche Erfassung des Hinzurechnungsbetrags nicht verhindern, da § 7a Abs. 2 Satz 1 GewStG eine Prüfung auf Ebene der Organgesellschaft anordnet.

Da § 7 Abs. 1 Satz 1 AStG sowohl unmittelbare als auch mittelbare Beteiligungen umfasst, können die passiven Einkünfte der ausländischen OpCo im Wege einer unmittelbaren Zurechnung auf Ebene des inländischen Investors der Hinzurechnungsbesteuerung unterliegen. Eine Erfassung mittelbarer Beteiligungen innerhalb der Hinzurechnungsbesteuerung unterbleibt gemäß § 7 Abs. 1 Satz 2 AStG nur, soweit auf einer vorgelagerten Beteiligungsebene die Niedrigbesteuerung bereits beseitigt wurde.[1462] An dieser Stelle liegt es nahe, dass es nicht ausreichend ist, wenn die passiven Einkünfte der ausländischen Gesellschaft zwar im Rahmen einer in- oder ausländischen Hinzurechnungsbesteuerung erfasst wurden, jedoch weiterhin als niedrigbesteuert gelten.

Ergebnis: Sofern die Vorschrift des § 15 Abs. 1 Satz 1 Nr. 2 KStG vorrangig anzuwenden ist und einen Nichtanwendungsbefehl des § 10 Abs. 3 Satz 4 AStG herbeiführt, ist der Hinzurechnungsbetrag auf Ebene des inländischen Investors im Ergebnis zu 95 % von der Körperschaftsteuer befreit. Der Hinzurechnungsbetrag unterliegt indes gemäß § 10 Abs. 3 Satz 4 AStG vollumfänglich der Gewerbesteuer. Des Weiteren kann bei Fortbestehen einer Niedrigbesteuerung gemäß § 7 Abs. 1 Satz 1 und 2 AStG eine unmittelbare Zurechnung der passiven Einkünfte zum inländischen Investor in Betracht kommen.

Wird der Hinzurechnungsbetrag gemäß Art. 7 und 8 ATAD als eine Quasi-Dividende qualifiziert, muss das nationale Steuerrecht des Mitgliedstaats des Steuerpflichtigen Sorge tragen, dass ein mögliches Schachtelprivileg auf den Hinzurechnungsbetrag nicht zur Anwendung kommt. Ob die Suspendierung des Schachtelprivilegs bei Vorliegen einer ertragsteuerlichen Organschaft auf Ebene des Organträgers greift, ist offen. Nach der Intention der Anti-Steuervermeidungsrichtlinie[1463] ist es zielführend, dass ein möglicher Einkommenstransfer innerhalb einer ertragsteuerlichen Organschaft neben dem

---

1462 Vgl. *Kielawa-Buzala*, IStR 2020, S. 610; *Müller-Thomzcik/Reiter/Kanduth-Kristen*, FR 2022, S. 533 zur Notwendigkeit der Beseitigung einer Niedrigbesteuerung gemäß § 7 Abs. 1 Satz 2 AStG durch eine in- oder ausländische Hinzurechnungsbesteuerung. Siehe auch *Moser*, IStR 2023, S. 101 ff. zur Vergleichbarkeit einer ausländischen Regelung.

1463 Vgl. Richtlinie (EU) 2016/1164 des Rates vom 12.07.2016 mit Vorschriften zur Bekämpfung von Steuervermeidungspraktiken mit unmittelbaren Auswirkungen auf das Funktionieren des Binnenmarkts, Abl. EU 2016 L 193/1.

originären Einkommen ebenfalls eine Nichtanwendung der Dividendenfreistellung umfasst. Der ATAD ist jedoch nicht zu entnehmen, wie mit einer Gruppenbesteuerung umzugehen ist. Infolgedessen ist gemäß Art. 8 Abs. 1 Satz 1 ATAD auf die Vorschriften des nationalen Rechts zurückzugreifen, sodass mögliche Vorschriften der ertragsteuerlichen Organschaft innerhalb der Hinzurechnungsbesteuerung zu berücksichtigen sind.

Eine Organgesellschaft gilt als Steuerpflichtiger i. S. des Art. 1 ATAD, da diese gemäß § 1 Abs. 1 Nr. 1 KStG der persönlichen Körperschaftsteuerpflicht unterliegt, unabhängig davon, dass das Einkommen ertragsteuerlich dem Organträger zuzurechnen ist.[1464] Eine Organgesellschaft kann demnach selbst Hinzurechnungsempfänger sein. Gemäß Art. 7 Abs. 2 Satz 1 ATAD hat die Organgesellschaft passive Einkünfte in ihre steuerliche Bemessungsgrundlage einzubeziehen.[1465] Nach dem Wortlaut des Art. 7 Abs. 2 Satz 1 ATAD kann die Einbeziehung alternativ im Wege einer transparenten Besteuerung des ausländischen Unternehmens erfolgen.[1466] Bei der transparenten Behandlung des ausländischen Unternehmens werden die passiven Einkünfte zuerst der Organgesellschaft zugerechnet und unterliegen im Anschluss der regulären Körperschaftsteuer auf Ebene des Steuerpflichtigen i. S. des Art. 1 ATAD. Im Fall der transparenten Besteuerung ergibt sich eine vergleichbare Problematik nicht, da der Hinzurechnungsbetrag nicht den Charakter einer Quasi-Dividende aufweist.

8.4.2 Steuerfreistellung der Gewinnausschüttungen durch die ausländische Gesellschaft bzw. das ausländische Unternehmen?

8.4.2.1 Fehlende Anwendbarkeit des § 8b Abs. 1 KStG auf den Hinzurechnungsbetrag

Erfolgt eine Gewinnausschüttung durch eine ausländische Gesellschaft, gewährt § 3 Nr. 41 Buchst. a EStG a. F. eine Steuerfreistellung, soweit im Wirtschaftsjahr des Zuflusses und den vorangegangen sieben Wirtschaftsjahren nach § 10

1464 Vgl. *Böhmer/Gebhardt/Krüger*, in: Hagemann/Kahlenberg, ATAD, 2019, Art. 7 ATAD, Rn. 8.

1465 Vgl. auch *Böhmer/Gebhardt/Krüger*, in: Hagemann/Kahlenberg, ATAD, 2019, Art. 7 ATAD, Rn. 248 im Detail zu den Rechtsfolgen.

1466 So auch *Jacobsen*, IStR 2018, S. 435; *Böhmer/Gebhardt/Krüger*, in: Hagemann/Kahlenberg, ATAD, 2019, Art. 7 ATAD, Rn. 250.

Abs. 2 AStG a. F. ein Hinzurechnungsbetrag zugerechnet wurde.[1467] Für körperschaftsteuerpflichtige Hinzurechnungsempfänger soll die Vorschrift des § 8b KStG auch einschlägig sein.[1468] Die Diskussion der Anwendungskonkurrenz scheint offen bleiben zu können, da unabhängig von der steuerrechtlichen Grundlage der Steuerfreistellung in Höhe von 5 % nicht abzugsfähige Betriebsausgaben angenommen werden (§ 8b Abs. 5 Satz 1 KStG).[1469] Nichtsdestotrotz kann sich eine Besonderheit ergeben, wenn der Dividendenempfänger eine Organgesellschaft ist.

8.4.2.2 Anwendbarkeit des § 8b Abs. 1 KStG durch den Anwendungsbefehl des § 15 Satz 1 Nr. 2 Satz 1 KStG?

Es kann die Auffassung vertreten werden, dass § 3 Nr. 41 Buchst. a EStG a. F. als *lex specialis* vorrangig anzuwenden ist.[1470] Hierdurch findet § 15 Satz 1 Nr. 2 Satz 1 KStG keine Anwendung, da dieser ausschließlich die Nichtanwendung von § 8b KStG auf Ebene der Organgesellschaft vorsieht.[1471] Die Steuerfreiheit der erhaltenen Gewinnausschüttung ergibt sich unmittelbar auf Ebene der Organgesellschaft aus § 3 Nr. 41 Buchst. a EStG a. F. Die Organgesellschaft hat aufgrund von § 15 Satz 1 Nr. 2 Satz 1 KStG die Schachtelstrafe i. S. des § 8b Abs. 5 Satz 1 KStG nicht zu berücksichtigen. Ebenfalls läuft auf Ebene des Organträgers § 15 Satz 1 Nr. 2 Satz 2 KStG ins Leere, da im zugerechneten Einkommen die Gewinnausschüttungen nicht mehr enthalten sind.[1472] Auf der anderen Seite kann argumentiert werden, dass durch § 15 Satz 1 Nr. 2 Satz 1 und 2 KStG die Steuerfreistellung des § 3 Nr. 41 Buchst. a EStG a. F. verdrängt wird, sodass § 8b Abs. 1 und 5 KStG auf Ebene des Organträgers zur Anwendung kommt.[1473]

1467 Vgl. *Haase*, DStR 2019, S. 829; *Levedag*, in: Schmidt, EStG, 2022, § 3 EStG, Rn. 147; *Tormöhlen*, in: Korn, EStG, 2021, § 3 Nr. 41 EStG, Rn. 4.

1468 Vgl. FG Bremen vom 15.10.2015, 1 K 4/15 (5), EFG 2016, S. 675; *Watermeyer*, in: H/H/R, EStG/KStG, 2021, § 8b KStG, Rn. 27.

1469 Vgl. BFH vom 26.04.2017, I R 84/15, BStBl II 2018, S. 492; *Schnitger/Gebhardt*, IStR 2018, S. 215; *von Beckerath*, in: Kirchhof/Seer, EStG, 2022, § 3 Nr. 41 EStG, Rn. 120; *Haase*, DStR 2019, S. 829.

1470 Vgl. auch *Herlinghaus*, in: R/H/N, KStG, 2015, § 8b KStG, Rn. 77; *Weiss*, ISR 2016, S. 170; FG Bremen vom 15.10.2015, 1 K 4/15 (5), EFG 2016, S. 675; offen gelassen BFH vom 26.04.2017, I R 84/15, BStBl II 2018, S. 492.

1471 Vgl. *Schnitger/Rüsch*, FR 2017, S. 1147; *Schönfeld/Rüsch*, in: F/W/B/S, Außensteuerrecht, 2019, § 3 Nr. 41 EStG, Rn. 60.1; *Rieß/Herbst*, IStR 2018, S. 786.

1472 Vgl. *Rieß/Herbst*, IStR 2018, S. 786; *Schnitger/Rüsch*, FR 2017, S. 1147.

1473 Vgl. BMF vom 11.11.2011, BStBl I 2011, S. 1314, Rn. 12.07.

Dieser Auslegung kann entgegengehalten werden, dass sowohl § 15 Satz 1 Nr. 2 KStG als auch § 10 Abs. 2 Satz 3 AStG a. F. auf die Nichtanwendung des § 8b KStG abstellen. Folglich beziehen sich beide Rechtsnormen auf die gleiche Vorschrift, wodurch sich denklogisch ein Konkurrenzverhalten ergibt. Da in § 15 Satz 1 Nr. 2 KStG keinerlei Bezug auf § 3 Nr. 41 Buchst. a EStG a. F. genommen wird, lässt sich ein Nichtanwendungsbefehl mit dem Gesetzeswortlaut nicht vereinbaren.

Gemäß § 11 Abs. 1 Satz 1 AStG wird nicht mehr eine Steuerfreistellung vorgesehen, sondern von einem Kürzungsbetrag gesprochen.[1474] Gemäß § 11 Abs. 1 Satz 1 AStG ist der Kürzungsbetrag von der Summe der Einkünfte abzuziehen.[1475] Bei der vorgelagerten Ermittlung der Einkünfte ist vordergründig das Teileinkünfteverfahren i. S. des § 3 Nr. 40 EStG sowie das Schachtelprivileg i. S. des § 8b KStG anzuwenden. Durch § 11 Abs. 2 Satz 1 AStG wird im Anschluss der Kürzungsbetrag auf den „verbleibenden" steuerpflichtigen Teil der Gewinnausschüttung beschränkt. Bei der Anwendung des Teileinkünfteverfahrens i. S. des § 3 Nr. 40 EStG umfasst der Kürzungsbetrag die verbleibenden 40 % der Gewinnausschüttung, sodass eine vollständige „Steuerfreistellung" gegeben ist.[1476] Bei einem körperschaftsteuerpflichtigen Empfänger kann die Rechtsauffassung vertreten werden, dass § 11 Abs. 2 Satz 1 AStG eine Kürzung der nicht abzugsfähigen Betriebsausgaben i. S. des § 8 Abs. 5 Satz 1 KStG anordnet. Dies lässt sich mit § 9 Nr. 2a Satz 4 GewStG begründen, da es sich bei der Schachtelstrafe i. S. des § 8b Abs. 5 KStG um einen nicht kürzungsfähigen Gewinnanteil handelt.

Obwohl der Gesetzgeber § 9 Nr. 2a Satz 4 GewStG als Klarstellung betrachtet[1477], bedarf es dieser Rückausnahme nur, sofern die nicht abzugsfähigen Betriebsausgaben dem Grunde nach unter den Gewinnanteil i. S. des § 9 Nr. 2a GewStG zu subsumieren sind.[1478] Diesem Rechtsverständnis kann entgegengehalten werden, dass die Anwendung der Vorschrift des § 8b Abs. 3 Satz 1 KStG im Veräußerungsfall eine inländische Betriebsstätte voraussetzt.[1479] Es

---

1474 Vgl. *Ditz u. a.*, DStR 2020, S. 79; *Böhmer/Oppel*, IWB 2020, S. 18.

1475 Vgl. *Böhmer/Oppel*, IWB 2020, S. 19.

1476 Vgl. hierzu z. B. *Böhmer/Oppel*, IWB 2020, S. 19.

1477 Vgl. BT-Drucks. 16/2712, S. 73; kritisch betrachtend *Roser*, in: L/S, GewStG, 2020, § 9 Nr. 2a GewStG, Rn. 45a.

1478 Vgl. *Roser*, in: L/S, GewStG, 2020, § 9 Nr. 2a GewStG, Rn. 45a; *Starke*, FR 2005, S. 683; a. A. BFH vom 10.01.2007, I R 53/06, BStBl II 2007, S. 585.

1479 Vgl. BFH vom 31.05.2017, I R 37/15, BStBl II 2018, S. 144; *Gosch*, in: Kirchhof/Seer, EStG, 2022, § 49 EStG, Rn. 35b; *Herbst/Kopec*, ISR 2019, S. 112.

wird hierdurch deutlich, dass entsprechend des Wortlauts des § 8b Abs. 5 Satz 1 KStG keine Rückgängigmachung der Steuerfreistellung anzunehmen ist, sondern hiervon losgelöst nicht abzugsfähige Betriebsausgaben vorliegen. Folglich umfasst der Kürzungsbetrag nicht die Schachtelstrafe des § 8b Abs. 5 Satz 1 KStG und läuft diesbezüglich ins Leere.[1480] Es stellt sich trotz allem die Frage, ob und inwiefern diese Rechtswürdigung im Falle einer Organgesellschaft als Ausschüttungsempfänger zutreffend ist. Grundsätzlich fordert § 15 Satz 1 Nr. 2 Satz 1 KStG, dass die Steuerfreistellung des § 8b KStG auf Ebene der Organgesellschaft nicht zur Anwendung kommt.[1481]

Die vereinnahmten Gewinnausschüttungen sind vollumfänglich in den Einkünften der Organgesellschaft enthalten. Gemäß § 11 Abs. 1 Satz 1 AStG ist die erhaltene Gewinnausschüttung nichtsdestotrotz von der Summe der Einkünfte zu kürzen.[1482] Die Einkommenszurechnung an den Organträger lässt gemäß § 14 Abs. 1 Satz 1 KStG die erhaltenen Gewinnausschüttungen außen vor. Auf Ebene des Organträgers ist § 15 Satz 1 Nr. 2 Satz 2 KStG i. V. m. § 8b Abs. 5 Satz 1 KStG nicht anwendbar, da in dem zugerechneten Einkommen keinerlei Gewinnausschüttungen mehr inkludiert sind. Da eine weitere Steuerbefreiung beim Organträger ausscheidet, besteht keine Rechtsgrundlage der Erfassung nicht abzugsfähiger Betriebsausgaben i. S. des § 8b Abs. 5 Satz 1 KStG.[1483] Bei Anwendung des § 3 Nr. 41 Buchst. a EStG a. F. auf die Gewinnausschüttung hat eine gewerbesteuerliche Hinzurechnung zu unterbleiben (§ 7a Abs. 2 Satz 1 i. V. m. § 8 Nr. 5 Satz 2 GewStG).[1484] Folglich ist die Gewinnausschüttung i. S. des § 3 Nr. 41 Buchst. a EStG a. F. ebenfalls von der Gewerbesteuer befreit.[1485] Ist die

---

1480 Vgl. *Böhmer/Oppel*, IWB 2020, S. 20.

1481 Vgl. auch *Herlinghaus*, in: H/H/R, EStG/KStG, 2020, § 15 KStG, Rn. 44; *Rieß/Herbst*, IStR 2018, S. 783; *Walter*, in: Bott/Walter, KStG; 2020, § 15 KStG, Rn. 20; *Rödder/Liekenbrock*, in: R/H/N, KStG, 2015, § 15 KStG, Rn. 51.

1482 Vgl. *Böhmer/Oppel*, IWB 2020, S. 19. Siehe auch *Vogt*, in: Brandis/Heuermann, Ertragsteuerrecht, 2022, § 8 AStG, Rn. 37 ff.; *Jahn*, in: BeckOK AStG, AStG, 2022, § 8 AStG, Rn. 136 ff. zur Systematik des Kürzungsbetrags.

1483 Siehe auch BFH vom 26.09.2018, I R 16/16, BStBl II 2020, S. 206; *Dötsch*, in: D/P/M, KStG/UmwStG, 2020, § 15 KStG Rn. 64; a. A. BMF vom 11.11.2011, BStBl I 2011, S. 1314, Rn. 12.07; *Schießl*, in: W/M, Umwandlungsrecht, 2013, § 12 UmwStG, Rn. 267.39.

1484 Vgl. *Schönfeld/Rüsch*, in: F/W/B/S, Außensteuerrecht, 2019, § 3 Nr. 41 ESG, Rn. 62; *Nöcker*, in: L/S, GewStG, 2019, § 8 Nr. 5 GewStG, Rn. 28; *Rieß/Herbst*, IStR 2018, S. 787.

1485 Vgl. auch *Rieß/Herbst*, IStR 2018, S. 787; *Nöcker*, in: L/S, GewStG, 2019, § 8 Nr. 5 GewStG, Rn. 28.

erhaltene Gewinnausschüttung hingegen unter § 8b Abs. 1 und 5 KStG zu subsumieren, unterliegt die Gewinnausschüttung gemäß § 9 Nr. 7 Satz 1 und 2 i. V. m. § 9 Nr. 2a Satz 4 GewStG zu 5 % der Gewerbesteuer.[1486] Gemäß § 11 Abs. 5 Satz 1 AStG ist der Kürzungsbetrag bei der Gewerbesteuer anzuwenden. Durch § 11 Abs. 5 Satz 1 AStG wird vorgesehen, dass lediglich der gewerbesteuerpflichtige Teil durch den Kürzungsbetrag erfasst wird.

In einem ersten Schritt sind die Kürzungsvorschriften des § 9 Nr. 7 und 8 GewStG anzuwenden, sodass lediglich ein übersteigender Betrag durch § 11 Abs. 5 Satz 1 AStG erfasst wird.[1487] Es ergibt sich ein vergleichbares Ergebnis wie bei § 8 Nr. 5 Satz 2 GewStG, da durch den Kürzungsbetrag der nach § 9 Nr. 7 und 8 GewStG verbleibende Teil steuerfrei gestellt wird. Allerdings kommt an dieser Stelle die Frage auf, ob und inwiefern die nicht abzugsfähigen Betriebsausgaben i. S. des § 8 Abs. 5 Satz 1 KStG beim Gewerbeertrag abzuziehen sind.[1488] Aus § 11 Abs. 5 Satz 2 AStG lassen sich keine Rückschlüsse ziehen, da diese Vorschrift lediglich den Kürzungsbetrag erhöht, sofern es nach § 8 Nr. 5 GewStG zu einer Hinzurechnung kommt. Gleichwohl kann argumentiert werden, dass von § 11 Abs. 5 Satz 1 AStG die Schachtelstrafe i. S. des § 8b Abs. 5 KStG nicht erfasst wird. Die Grundlage kann im Wortlaut des § 11 Abs. 1 Satz 1 Nr. 1 AStG gesehen werden, da der Kürzungsbetrag lediglich bei den Einkünften i. S. des § 20 Abs. 1 Nr. 1 EStG abzuziehen ist. Dieser Bezug besteht in § 8b Abs. 1 Satz 1 KStG, jedoch nicht bei § 8b Abs. 5 Satz 1 KStG.

Ergebnis: Aufgrund des Kürzungsbetrags sind etwaige Gewinnausschüttungen einer ausländischen Gesellschaft vollumfänglich von der Körperschaft- und Gewerbesteuer befreit. Der Ansatz von nicht abzugsfähigen Betriebsausgaben scheidet aus.

1486 Vgl. *Schaumburg*, in: Schaumburg, Internationales Steuerrecht, 2017, Rn. 18.221; *Rieß/Herbst*, IStR 2018, S. 787; *Kröner*, in: Bott/Walter, KStG, 2010, § 8b KStG, Rn. 75.

1487 Vgl. *Böhmer/Oppel*, IWB 2020, S. 20; *Vogt*, in: Brandis/Heuermann, Ertragsteuerrecht, 2022, § 11 AStG, Rn. 72; *Jahn*, in: BeckOK AStG, AStG, 2022, § 11 AStG, Rn. 304.

1488 Vgl. *Haun/Solowjeff*, in: H/K/R, Außensteuerrecht, 2021, Vor §§ 7–13 AStG, Rn. 83; *Böhmer/Oppel*, IWB 2020, S. 20, die aufgrund des Art. 8 Abs. 5 ATAD eine vollständige Steuerbefreiung fordern.

Gemäß Art. 8 Abs. 5 ATAD wird die Gewinnausschüttung des ausländischen Unternehmens im Ergebnis auf Ebene des Steuerpflichtigen von der Körperschaftsteuer ausgenommen, soweit diese zuvor im Rahmen der Hinzurechnungsbesteuerung erfasst wurde.[1489] Die Anti-Steuervermeidungsrichtlinie[1490] fordert hingegen eine vollständige Steuerfreistellung derartiger Gewinnausschüttungen.[1491] Bemerkenswerterweise kennt Art. 8 Abs. 5 ATAD keinen mit Art. 4 Abs. 3 MTRL vergleichbaren Vorbehalt, sodass ein „Hintertürchen" der nichtabzugsfähigen Betriebsausgaben zur Erlangung einer nur anteiligen Steuerfreistellung verwehrt bleibt.[1492] Unter Betrachtung der ertragsteuerlichen Organschaft ist die Steuerfreistellung in Art. 8 Abs. 5 ATAD auf Ebene der Organgesellschaft zu gewähren, da diese als Steuerpflichtiger i. S. des Art. 1 ATAD anzusehen ist. Infolgedessen wird das um die Gewinnausschüttungen reduzierte Einkommen dem Organträger zugerechnet, sodass die in Art. 8 Abs. 5 ATAD geforderte Vermeidung einer Doppelbesteuerung sichergestellt wird.[1493] Die Vorschrift des Art. 8 Abs. 5 ATAD sieht eine Nettomethode vor.

1489 Grundsätzlich sieht Art. 8 Abs. 5 ATAD keine Steuerfreistellung von Gewinnausschüttungen vor, sondern einen Abzug der Einkünfte, die zuvor im Rahmen der Hinzurechnungsbesteuerung erfasst wurden (vgl. *Müller-Thomzcik/Reiter/Kanduth-Kristen*, FR 2022, S. 532; *Schnitger/Nitzschke/Gebhart*, IStR 2016, S. 973).

1490 Vgl. Richtlinie (EU) 2016/1164 des Rates vom 12.07.2016 mit Vorschriften zur Bekämpfung von Steuervermeidungspraktiken mit unmittelbaren Auswirkungen auf das Funktionieren des Binnenmarkts, Abl. EU 2016 L 193/1.

1491 Vgl. *Böhmer/Oppel*, IWB 2020, S. 20; *Böhmer/Gebhardt/Krüger*, in: Hagemann/Kahlenberg, ATAD, 2019, Art. 8 ATAD, Rn. 36.

1492 Vgl. *Schnitger/Gebhardt*, IStR 2018, S. 215; *Böhmer/Oppel*, IWB 2020, S. 20.

1493 Vgl. *Schönfeld*, IStR 2017, S. 728; *Schnitger/Gebhardt*, IStR 2018, S. 215. Siehe z. B. auch *Böhmer/Gebhardt/Krüger*, in: Hagemann/Kahlenberg, ATAD, 2019, Art. 8 ATAD, Rn. 37 zur unionsrechtlichen Verpflichtung der Vermeidung einer Doppelbesteuerung.

8.5 Gewerbesteuerpflicht des Hinzurechnungsbetrags bei ausländischen Personengesellschaften, doppelansässigen Gesellschaften oder zugezogenen Drittstaatengesellschaften als Akquisitionsvehikel

8.5.1 Gewerbesteuerliche Kürzung des Hinzurechnungsbetrags bei ausländischen Personengesellschaften?

8.5.1.1 Gewerbesteuerliche Kürzung des Gewerbeertrags einer ausländischen Betriebsstätte

Aufgrund der Einführung des § 7 Satz 7 GewStG und der Ergänzung des § 9 Nr. 3 GewStG ist die Rechtsprechung des Bundesfinanzhofs[1494] zur Behandlung des Hinzurechnungsbetrags als einen kürzungsfähigen Teil des Gewerbeertrags, der auf eine ausländische Betriebsstätte entfällt, überholt.[1495] Gemäß § 7 Satz 7 GewStG gilt der Hinzurechnungsbetrag als in einer inländischen Betriebsstätte vereinnahmt.[1496] Eine gewerbesteuerliche Kürzung nach § 9 Nr. 3 GewStG scheidet indessen aus, da nur der Teil des Gewerbeertrags, der auf eine „eigene" ausländische Betriebsstätte entfällt, der Kürzung unterliegt.[1497] Die erstinstanzliche Finanzrechtsprechung[1498] vertritt die Auffassung, dass der Hinzurechnungsbetrag keinen kürzungsfähigen Gewinnanteil i. S. des § 9 Nr. 7 GewStG a. F. darstellt.[1499] Demungeachtet stellt sich die Frage, ob und inwiefern unter

---

1494 Vgl. BFH vom 11.03.2015, I R 10/14, BStBl II 2015, S. 1049; a. A. GLE vom 14.12.2015, BStBl I 2015, S. 1090; aufgehoben durch GLE vom 04.02.2021, BStBl I 2021, S. 248.

1495 Vgl. *Gebhardt/Krüger*, IWB 2020, S. 298; *Köhler*, ISR 2018a, S. 392, die auf den konstitutiven Charakter der Vorschrift des § 7 Satz 7 GewStG hinweisen. Siehe z. B. auch *Kollruss*, GmbHR 2016, S. 633 ff. mit weiteren Ausführungen zur gewerbesteuerlichen Kürzungsfähigkeit des Hinzurechnungsbetrags.

1496 Vgl. *Schnitger*, IStR 2016, S. 643; *Wassermeyer*, IStR 2016, S. 516; *Schmidt/Cortez*, IWB 2021, S. 56; *Schnitter*, in: F/D, KStG/GewStG/UmwStG, 2021, § 7 GewStG, Rn. 132. Siehe auch *Bärsch/Böhmer*, DB 2017, S. 572, die eine Durchbrechung des Territorialitätsprinzips sehen.

1497 Vgl. *Kahle/Willner*, Ubg 2017, S. 26; *Herbst*, in: Wendt u. a., GewStG, 2022, § 9 Nr. 3 GewStG, Rn. 31; *Scheffler*, ISR 2017, S. 65; *Roser*, in: L/S, GewStG, 2020, § 9 Nr. 3 GewStG, Rn. 6b.

1498 Vgl. FG Baden-Württemberg vom 08.05.2018, 6 K 1775/16, IStR 2019, S. 107.

1499 Vgl. *Bergmann*, in: Wendt u. a., GewStG, 2022, § 9 Nr. 7 GewStG, Rn. 28; *Gebhardt/Krüger*, IWB 2020, S. 299; *Güroff*, in: Glanegger/Güroff, GewStG, 2021, § 9 GewStG, Rn. 17a; *Gosch*, in: Brandis/Heuermann, Ertragsteuerrecht, 2021, § 9 GewStG, Rn. 221b; a. A. *Kahle/Willner*, Ubg 2017, S. 27; *Kahlenberg/Weiss*, IStR 2019, S. 86.

Anwendung des § 9 Nr. 2 GewStG a. F. eine gewerbesteuerliche Kürzung erlangt werden kann.[1500]

8.5.1.2 Gewerbesteuerliche Kürzung des Gewinnanteils an einer ausländischen Personengesellschaft

Beispiel: Der inländische Investor beabsichtigt, über die HoldCo in der Rechtsform einer nach § 15 Abs. 3 Nr. 2 EStG gewerblich geprägten ausländischen Personengesellschaft die passive ausländische OpCo in der Rechtsform der Kapitalgesellschaft zu erwerben.

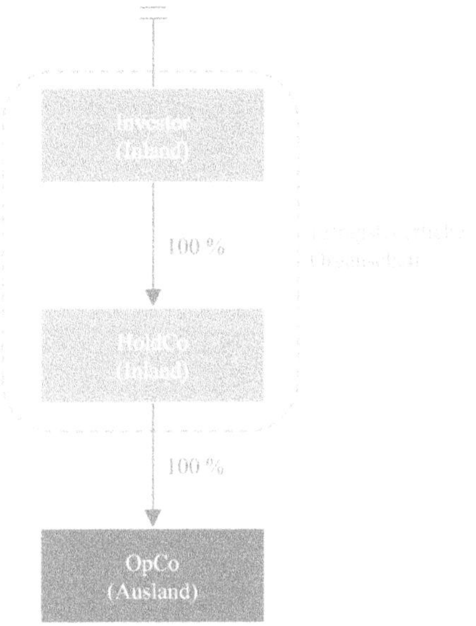

Abbildung 28: Ausländische gewerblich geprägte Personengesellschaft

Es wurde bereits kurz nach der Änderung des § 9 Nr. 2 GewStG a. F. durch das AHRL-ÄndUmsG[1501] darauf hingewiesen, dass bei der Zwischenschaltung

1500 Siehe auch *Kollruss*, FR 2015b, S. 693 ff. zur gewerbesteuerlichen Kürzungsfähigkeit des Hinzurechnungsbetrags.

1501 Vgl. Gesetz zur Umsetzung der Änderungen der EU-Amtshilferichtlinie und von weiteren Maßnahmen gegen Gewinnkürzung und -verlagerung vom 20.12.2016, BGBl I 2016, S. 3000.

einer ausländischen gewerblich geprägten Personengesellschaft der Hinzurechnungsbetrag aufgrund der gewerbesteuerlichen Kürzungsvorschrift nicht der inländischen Gewerbesteuer unterliegt.[1502] Die transparente HoldCo vermittelt allerdings dem inländischen Investor eine ausländische Betriebsstätte.[1503] Auf die ausländischen Betriebsstätteneinkünfte ist § 20 Abs. 2 AStG a. F. und AStG anwendbar, sodass bei Vorliegen passiver Betriebsstätteneinkünfte anstatt der Freistellungsmethode die Anrechnungsmethode anzuwenden ist.[1504] Diese Vorschrift läuft im vorliegend interessierenden Fall ins Leere, da die HoldCo als nur gewerblich geprägte Gesellschaft selbst im Ausschüttungs- oder Veräußerungsfall abkommensrechtlich keine Betriebsstätteneinkünfte hat.[1505] Der Hinzurechnungsbetrag ist bei einer Zurechnung gemäß § 7 Abs. 1 AStG a. F. verfahrensrechtlich der HoldCo zuzurechnen, selbst wenn es sich bei dieser um eine ausländische Personengesellschaft handelt und der inländische Investor der Hinzurechnungsempfänger ist.[1506]

Gemäß § 179 Abs. 1 i. V. m. § 180 Abs. 1 Satz 1 Nr. 2 Buchst. a AO hat für die Einkünfte der HoldCo eine gesonderte und einheitliche Feststellung einschließlich des Hinzurechnungsbetrags zu erfolgen.[1507] Aus gewerbesteuerlicher Sicht vermittelt die HoldCo den Mitunternehmern keine anteilige Betriebsstätte.[1508]

1502 Vgl. *Kahle/Willner*, Ubg 2017, S. 29; *Adrian/Rautenstrauch/Sterner*, DStR 2017, S. 1461, die auf das Gestaltungspotenzial bei Zwischenschaltung einer ausländischen Personengesellschaft hinweisen.

1503 Vgl. BMF vom 26.09.2014, BStBl I 2014, S. 1258, Tz. 2.2.3; BMF vom 14.05.2004, BStBl I 2004, Sondernr. 1/2004, S. 3, Tz. 20.2; *Prokopf*, in: S/K/K, AStG/DBA, 2019 § 20 AStG, Rn. 128.

1504 Vgl. hierzu z. B. *Kraft*, in: Kraft, AStG, 2019, § 20 AStG, Rn. 65.

1505 Vgl. BFH vom 17.10.2007, I R 5/06, BStBl II 2009, S. 356; BFH vom 08.09.2010, I R 74/09, BStBl II 2014, S. 788; *Wassermeyer/Schönfeld*, in: F/W/B/S, Außensteuerrecht, 2017, § 20 AStG, Rn. 129; *Treusch*, in: BeckOK AStG, AStG, § 20 AStG, Rn. 59. Siehe auch *Richter*, FR 2010, S. 553; *Schänzle/Engel*, in: Mössner u. a., Steuerrecht international tätiger Unternehmen, 2018, Rn. 6.54 zur abkommensrechtlichen Behandlung einer gewerblich geprägten, aber rein vermögensverwaltenden Personengesellschaft.

1506 Vgl. BMF vom 14.05.2004, BStBl I 2004, Sondernr. 1/2004, S. 3, Tz. 18.1.1.2; BFH vom 30.08.1995, I R 77/94, BStBl II 1996, S. 122.

1507 Vgl. *Brandis*, in: T/K, AO/FGO, 2021, § 180 AO, Rn. 16; *Kunz*, in: Gosch, AO/FGO, 2020, § 180 AO, Rn. 25.1 zur verfahrensrechtlichen Behandlung ausländischer Personengesellschaften.

1508 Vgl. auch BFH vom 10.07.1974, I R 248/71, S. 752; *Kahle/Willner*, Ubg 2017, S. 25 zu dem Grundsatz, dass die anteilige Zurechnung von Betriebsstätten einer Personengesellschaft für die Gewerbesteuer keine Anwendung findet.

Infolgedessen scheidet die gewerbesteuerliche Kürzung des § 9 Nr. 3 GewStG a. F. aus.[1509] Da § 9 Nr. 2 GewStG a. F. sowohl bei inländischen als auch ausländischen Mitunternehmerschaften zur Anwendung kommt, ist der Gewinnanteil einschließlich des Hinzurechnungsbetrags auf Ebene der HoldCo zu kürzen.[1510] Insbesondere führt die Einschränkung des § 9 Nr. 2 Satz 2 GewStG a. F. nicht zur Versagung der Kürzung, da ausschließlich auf § 7 Satz 8 GewStG Bezug genommen wird.[1511] Dies trifft nicht für den Hinzurechnungsbetrag zu, da dieser gemäß § 7 Satz 7 GewStG der Gewerbesteuer unterliegt.[1512] Ebenfalls setzt § 9 Nr. 2 GewStG a. F. keine inländische Gewerbesteuerpflicht der HoldCo voraus, sodass die Kürzung unabhängig hiervon zu erfolgen hat.[1513] Gemäß § 7 Abs. 1 Satz 1 AStG hat bei mittelbaren Beteiligungsverhältnissen eine unmittelbare Zurechnung des Hinzurechnungsbetrags zu erfolgen.[1514]

Fraglich ist, ob und inwiefern der Hinzurechnungsbetrag verfahrensrechtlich in der gesonderten und einheitlichen Feststellung der HoldCo zu erfassen ist oder unmittelbar dem inländischen Anteilseigner zuzurechnen ist. Der Wortlaut des § 7 Abs. 1 Satz 1 AStG kann verfahrensrechtlich für eine unmittelbare Feststellung gegenüber dem Hinzurechnungsempfänger sprechen. Durch die Anknüpfung an den Steuerpflichtigen i. S. des § 7 Abs. 1 Satz 1 und 4 AStG kann die Rechtsauffassung vertreten werden, dass der Hinzurechnungsbetrag im Feststellungsverfahren i. S. von § 18 AStG dem inländischen Investor unmittelbar zugerechnet wird.[1515] Diese Ansicht verkennt, dass bereits § 7 Abs. 1 AStG a. F. den Hinzurechnungsbetrag verfahrensrechtlich der HoldCo als Anteilseigner

1509 Vgl. *Kahlenberg*, NWB 2018, S. 188; *Schnitger*, IStR 2016, S. 643; *Kahlenberg/Weiss*, IStR 2019, S. 85; *Kahle/Willner*, Ubg 2017, S. 29.

1510 Vgl. *Kahle/Willner*, Ubg 2017, S. 29; *Kahlenberg*, NWB 2018, S. 188; *Pitzal*, in: Wendt u. a., GewStG, 2022, § 9 Nr. 2 GewStG, Rn. 21; *Keß*, in: L/S, GewStG, 2022, § 9 Nr. 2 GewStG, Rn. 20.

1511 Die Vorschrift des § 7 Satz 8 GewStG a. F. und GewStG ordnet ausschließlich die Gewerbesteuerpflicht passive Betriebsstätteneinkünfte an (vgl. *Selder*, in: Glanegger/Güroff, GewStG, 2021, § 7 GewStG, Rn. 22; *Keß*, in: L/S, GewStG, 2022, § 9 Nr. 2 GewStG, Rn. 40).

1512 Vgl. auch *Schnitger*, IStR 2016, S. 643; *Adrian/Rautenstrauch/Sterner*, DStR 2017, S. 1461; *Kahle/Willner*, Ubg 2017, S. 29; *Kahlenberg/Weiss*, IStR 2019, S. 85.

1513 Vgl. *Keß*, in: L/S, GewStG, 2022, § 9 Nr. 2 GewStG, Rn. 20; *Pitzal*, in: Wendt u. a., GewStG, 2022, § 9 Nr. 2 GewStG, Rn. 21.

1514 Vgl. *Gebhardt/Krüger*, IWB 2020, S. 115; *Ditz u. a.*, DStR 2020, S. 77; *Linn*, IStR 2020, S. 79.

1515 Siehe auch *Kraft*, IStR 2011, S. 897 ff. mit weiteren Ausführungen zu den Deklarationspflichten nach § 18 AStG a. F.

zugerechnet hat, obwohl der Steuerpflichtige i. S. des § 7 Abs. 1 AStG als Hinzurechnungsempfänger gilt.[1516] Dieses Ergebnis scheint vor dem Hintergrund des § 7 Abs. 3 AStG a. F. zwar verwunderlich zu sein, da die durch eine Personengesellschaft gehaltenen Anteile anteilig den Gesellschaftern zuzurechnen sind.[1517]

Die stufenweise Vorgehensweise lässt sich gleichwohl mit dem Rechtsgedanken des § 179 Abs. 1 i. V. m. § 180 Abs. 1 Satz 1 Nr. 2 Buchst. a AO begründen.[1518] Ist an der HoldCo wiederum ein transparenter Rechtsträger beteiligt, so ist durch diesen durchzuschauen, bis ein einkommen- oder körperschaftsteuerpflichtiger Gesellschafter ermittelt wird. Eine derartige Vorgehensweise ist aus Gründen der einheitlichen Rechtsanwendung jedoch abzulehnen.[1519] Es scheint daher sachgerecht zu sein, dass der Hinzurechnungsbetrag gemäß § 7 Abs. 1 Satz 1 AStG der HoldCo zuzurechnen ist. Die Abkehr der übertragenden Zurechnung i. S. des § 14 AStG a. F. ist ausschließlich auf die Zurechnung nachgeschalteter Zwischengesellschaften beschränkt. Unabhängig davon scheidet eine gewerbesteuerliche Kürzung aufgrund der Novellierung des § 9 Nr. 2 Satz 2 GewStG durch das ATADUmsG[1520] aus. Der Hinzurechnungsbetrag gilt gemäß § 7 Satz 7 GewStG als in einer inländischen Betriebsstätte bezogen. Auf Ebene des inländischen Investors greift die gewerbesteuerliche Kürzung des § 9 Nr. 2 Satz 1 GewStG nicht. Unter dem neuen Recht wird bewusst die Zwischenschaltung einer ausländischen Mitunternehmerschaft verhindert.[1521]

1516 Vgl. BFH vom 30.08.1995, I R 77/94, BStBl II 1996, S. 122; BMF vom 14.05.2004, BStBl I 2004, Sondernr. 1/2004, S. 3, Tz. 18.1.1.2.

1517 Siehe auch *Korff/Süß*, IStR 2017, S. 907 mit dem Hinweis, dass § 7 Abs. 3 AStG a. F. lediglich die Regelung des § 7 Abs. 1 und 2 AStG a. F. auf der Tatbestandseite präzisiert.

1518 Gemäß § 18 Abs. 1 Satz 3 AStG a. F. und § 18 Abs. 1 Satz 4 AStG sind die allgemeinen Verfahrensvorschriften auch für Zwecke des außensteuerlichen Feststellungsverfahrens sinngemäß anwendbar (vgl. *Hendricks/Engler*, in: F/W/B/S, Außensteuerrecht, 2016, § 18 AStG, Rn. 171; *Korff/Süß*, IStR 2017, S. 906; *Romswinkel*, in: S/K/K, AStG/DBA, 2004, § 18 AStG, Rn. 17).

1519 Vgl. auch *Söhn*, in: H/H/Sp, AO/FGO, 2018, § 180 AO, Rn. 151 f.; *Brandis*, in: T/K, AO/FGO, 2021, § 180 AO, Rn. 10 zum Zweck einer gesonderten und einheitlichen Feststellung.

1520 Vgl. Gesetz zur Umsetzung der Anti-Steuervermeidungsrichtlinie (ATAD-Umsetzungsgesetz) vom 25.06.2021, BGBl I 2021, S. 2035.

1521 Vgl. BT-Drucks. 19/28652, S. 45, *Gosch*, in: Brandis/Heuermann, Ertragsteuerrecht, 2021, § 9 GewStG, Rn. 151a; *Pitzal*, in: Wendt u. a., GewStG, 2022, § 9 Nr. 2 GewStG, Rn. 37.

Ergebnis: Insoweit ein Hinzurechnungsbetrag über eine ausländische Personengesellschaft vereinnahmt wird, scheidet gemäß § 9 Nr. 2 Satz 2 GewStG eine gewerbesteuerliche Kürzung aus. Die gewerbesteuerliche Kürzung des § 9 Nr. 2 GewStG ist auf die „eigenen" Einkünfte der Mitunternehmerschaft beschränkt.

Aufgrund der Anknüpfung des Abs. 3 Satz 3 der Erwägungsgründe der ATAD und des Art. 1 ATAD an die Körperschafsteuerpflicht, kann die Auffassung vertreten werden, dass der Geltungsbereich der ATAD auf die Körperschaftsteuer beschränkt ist.[1522] Die Gewerbesteuer sowie der Solidaritätszuschlag sind in diesem Fall nicht unmittelbar von der ATAD erfasst.[1523] Nichtsdestotrotz fällt der Solidaritätszuschlag mittelbar in deren Anwendungsbereich, da sich dieser als Annexsteuer nach der Höhe der Körperschaftsteuer bestimmt (§ 3 Abs. 1 SolZG).[1524] Eine Einbeziehung der Gewerbesteuer kann sich durch die Anrechnungsvorschrift des Art. 8 Abs. 7 Satz 1 ATAD ergeben.[1525] Die Anrechnung umfasst nämlich die entrichtete Steuer des ausländischen Unternehmens auf die Steuerschuld des Steuerpflichtigen i. S. des Art. 1 ATAD.[1526] Eine Beschränkung der Begrifflichkeit der Steuerschuld auf die Körperschaftsteuer ist hierbei dem Richtlinienwortlaut nicht zu entnehmen, sondern umfasst vielmehr sämtliche Ertragsteuern.[1527]

Die Steueranrechnung erfolgt gemäß Art. 8 Abs. 7 Satz 1 ATAD zwingenderweise auch auf die Gewerbesteuer.[1528] Ist die entrichtete ausländische Steuer auf die Gewerbesteuer anrechenbar, so kann argumentativ daraus geschlossen

---

1522 Vgl. *Kahlenberg/Melkonyan*, StuW 2019, S. 188; *Rüsch*, in: Hagemann/Kahlenberg, ATAD, 2019, Art. 1 ATAD, Rn. 4; *Schönfeld*, IStR 2017, S. 723; *Schnitger/Nitzschke/Gebhardt*, IStR 2016, S. 964.

1523 Vgl. *Schnitger/Nitzschke/Gebhardt*, IStR 2016, S. 964; *Schönfeld*, IStR 2017, S. 723.

1524 Vgl. BFH vom 23.07.1997, X R 125/96, BFH/NV 1998, S. 58 zur steuerrechtlichen Einordnung des Solidaritätszuschlags als Annexsteuer.

1525 Aufgrund der fehlenden Anrechnungsmöglichkeit auf die Gewerbesteuer wird § 12 AStG vor dem Hintergrund des Art. 8 Abs. 7 ATAD unionsrechtlich als äußerst kritisch betrachtet (vgl. hierzu z. B. *Haun/Solowjeff*, in: H/K/R, Außensteuerrecht, 2021, § 12 AStG, Rn. 124; *Köhler/Staats*, ISR 2021, S. 298).

1526 Vgl. auch *Böhmer/Gebhardt/Krüger*, in: Hagemann/Kahlenberg, ATAD, 2019, Art. 8 ATAD, Rn. 63; *Linn*, IStR 2016, S. 647; *Schönfeld*, IStR 2017, S. 727.

1527 Vgl. *Schönfeld*, IStR 2017, S. 727; *Schnitger/Nitzschke/Gebhardt*, IStR 2016, S. 963; *Linn*, IStR 2016, S. 647.

1528 So z. B. auch *Schönfeld*, IStR 2017, S. 727; *Kahlenberg/Prusko*, IStR 2017, S. 309; *Kahlenberg/Melkonyan*, StuW 2019, S. 189; *Schnitger/Nitzschke/Gebhardt*, IStR 2016, S. 963.

werden, dass im Umkehrschluss die passiven Einkünfte i. S. des Art. 7 Abs. 2 Buchst. a ATAD der Gewerbesteuer unterliegen. Dieser Auslegung steht entgegen, dass es sich bei Art. 8 Abs. 7 Satz 1 ATAD um die Rechtsfolgenseite handelt. Aufgrund des eindeutigen Wortlautes des Abs. 3 Satz 3 der Erwägungsgründe der ATAD und des Art. 1 ATAD ist jedoch eine gewerbesteuerliche Erfassung des Hinzurechnungsbetrags nicht gefordert.[1529] Wird der Hinzurechnungsbetrag i. S. des Art. 7 Abs. 2 ATAD der Gewerbesteuer unterworfen, stellt sich die Frage, ob und inwiefern der gewerbesteuerliche Inlandsbezug zu erfüllen ist. Die Gewerbesteuerpflicht erfordert gemäß § 2 Abs. 1 Satz 1 und 3 GewStG einen stehenden Gewerbebetrieb im Inland (sog. Territorialitätsprinzip).[1530] Gegen den gewerbesteuerlichen Inlandsbezug kann sprechen, dass die Anti-Steuervermeidungsrichtlinie[1531] gemäß Art. 1 ATAD ausschließlich die Körperschaftsteuerpflicht in einem Mitgliedstaat fordert.[1532]

Die Hinzurechnungsbesteuerung ist gewöhnlich anwendbar, wenn entweder der Sitz oder der Ort der Geschäftsleitung im Inland liegt.[1533] Durch die Anwendung des Art. 7 Abs. 2 Buchst. a ATAD unterliegt der Hinzurechnungsbetrag der Körperschaft- und Gewerbesteuer, wenn der europäische Gesetzgeber bei der Anwendbarkeitsprüfung ausschließlich auf die Körperschaftsteuer abstellt, jedoch auf der Rechtsfolgenseite sämtliche Ertragsteuern erfassen möchte, sodass die passiven Einkünfte auf das inländische Ertragsteuerniveau heraufgeschleust werden.[1534] Andererseits verkennt diese Rechtsauffassung den grundsätzlichen Gedanken der Gewerbesteuer. Da die Gewerbesteuer als Objektsteuer lediglich

1529 Allerdings ist die Berücksichtigung der Gewerbesteuer bei der Hinzurechnungsbesteuerung aufgrund des Art. 3 ATAD möglich (vgl. *Rüsch*, in: Hagemann/Kahlenberg, ATAD, 2019, Art. 1 ATAD, Rn. 4 zur Einbeziehung der Gewerbesteuer).

1530 Vgl. *Franke*, in: Wendt u. a., GewStG, 2022, § 2 GewStG, Rn. 120; *Keß*, in: L/S, GewStG, 2022, § 2 GewStG, Rn. 3053; BFH vom 03.02.1993, I R 80/91, BStBl II 1993, S. 462.

1531 Vgl. Richtlinie (EU) 2016/1164 des Rates vom 12.07.2016 mit Vorschriften zur Bekämpfung von Steuervermeidungspraktiken mit unmittelbaren Auswirkungen auf das Funktionieren des Binnenmarkts, Abl. EU 2016 L 193/1.

1532 Vgl. *Schönfeld*, IStR 2017, S. 728; *Linn*, IStR 2016, S. 645; *Rüsch*, in: Hagemann/Kahlenberg, ATAD, 2019, Art. 1 ATAD, Rn. 8.

1533 Vgl. *Klein*, in: H/H/R, EStG/KStG, 2020, § 1 KStG, Rn. 19; *Rengers*, in: Brandis/Heuermann, Ertragsteuerrecht, 2021, § 1 KStG, Rn. 32 zu den Voraussetzungen der unbeschränkten Körperschaftsteuerpflicht.

1534 Vgl. *Haun/Solowjeff*, in: H/K/R, Ertragsteuerrecht, 2021, Vor §§ 7–13 AStG, Rn. 31 und 122 zur Problematik der Erfassung des Hinzurechnungsbetrags bei der Gewerbesteuer.

den inländischen Gewerbebetrieb besteuert, widerspricht eine Besteuerung von Erträgen, die nicht im Inland erwirtschaftet wurden[1535], diesem Grundgedanken.[1536] Diese Rechtswertung tritt vor allem ein, wenn der Mitgliedstaat sich dem Rechtsinstitut der Quasi-Dividende bedient. Diese ist im Inland vereinnahmt. Wird der Hinzurechnungsbetrag im Wege einer transparenten Besteuerung zugerechnet, unterliegen die passiven Einkünfte nach dem Verständnis des § 2 Abs. 1 Satz 1 und 3 GewStG nicht der Gewerbesteuer.[1537] Eine andere Rechtsfolge ergibt sich hingegen, wenn die passiven Einkünfte durch den Mitgliedstaat des Steuerpflichtigen als quasi-inländische Einkünfte behandelt werden, sodass diese als im Inland erzielt gelten.

8.5.2 Fehlende Gewerbesteuerpflicht des Hinzurechnungsbetrags bei doppelansässigen Kapitalgesellschaften?

8.5.2.1 Persönliche Körperschaftsteuerpflicht und Erfassung eines Hinzurechnungsbetrags

Beispiel: Der inländische Investor in der Rechtsform der Kapitalgesellschaft beabsichtigt, über die HoldCo in der Rechtsform der Kapitalgesellschaft die passive ausländische OpCo in der Rechtsform der Kapitalgesellschaft zu erwerben. Die HoldCo hat ihren Sitz im Inland und ihren Ort der Geschäftsleitung im Ausland (sog. doppelansässige Gesellschaft).

Gemäß § 1 Abs. 1 Nr. 1 KStG unterliegt die HoldCo der unbeschränkten Körperschaftsteuerpflicht im Inland, da die nach deutschem Recht gegründete Kapitalgesellschaft einen inländischen Sitz i. S. des § 11 AO aufweist.[1538] Es ist ausreichend, wenn sich entweder der Sitz oder der Ort der Geschäftsleitung im

---

1535 Siehe z. B. auch *Roser*, FR 2011, S. 1134; *Patt*, EStB 2001, S. 232; *Kahle/Braun*, DStZ 2019, S. 384, Fn. 37; *Wörsching*, SteuerStud 2010, S. 150 zum Objektcharakter der Gewerbesteuer.

1536 Vgl. *Schaumburg/von Freeden*, in: Schaumburg, Internationales Steuerrecht, 2017, Rn. 9.1; *Güroff*, in: Glanegger/Güroff, GewStG, 2021, § 1 GewStG, Rn. 14; *Sarrazin*, in: L/S, GewStG, 2021, § 1 GewStG, Rn. 9.

1537 Vgl. auch *Jacobsen*, IStR 2018, S. 435; *Böhmer/Gebhardt/Krüger*, in: Hagemann/Kahlenberg, ATAD, 2019, Art. 7 ATAD, Rn. 250 zu den Möglichkeiten der Erfassung des Hinzurechnungsbetrags.

1538 Vgl. *Kalbfleisch*, in: Bott/Walter, KStG, 2017, § 1 KStG, Rn. 31; *Lampert*, in: Mössner u. a., Steuerrecht international tätiger Unternehmen, 2018, Rn. 2.49; *Klein*, in: H/H/R, EStG/KStG, 2020, § 1 KStG, Rn. 19.

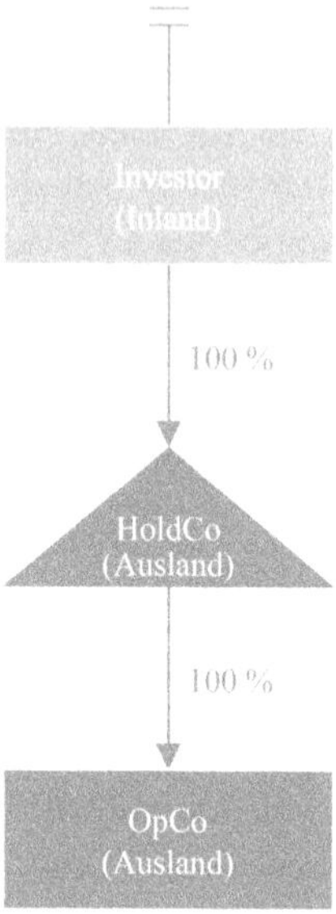

Abbildung 29: Doppelansässige Holdinggesellschaft

Inland befindet, sodass beide Anknüpfungspunkte nicht kumulativ erfüllt sein müssen.[1539] Abkommensrechtlich gilt die HoldCo gemäß Art. 4 Abs. 3 OECD-MA aufgrund der Tie-breaker-Rule als im Ausland steuerlich ansässig.[1540] Da die HoldCo als unbeschränkt Steuerpflichtige die Mehrheit der Anteile an der OpCo hält, ist gemäß § 7 Abs. 2 AStG a. F. und § 7 Abs. 2 Satz 1 AStG das Tatbestandsmerkmal der Beherrschung erfüllt.[1541] Folglich werden die passiven Einkünfte der OpCo gemäß § 10 Abs. 2 Satz 1 AStG a. F. und AStG der HoldCo als eine Quasi-Dividende zugerechnet. Es kann grundsätzlich offen bleiben, ob und inwiefern für eine derartige fiktive Gewinnausschüttung Abkommensschutz

1539 Vgl. *Klein*, in: H/H/R, EStG/KStG, 2020, § 1 KStG, Rn. 19; *Kalbfleisch*, in: Bott/Walter, KStG, 2020, § 1 KStG, Rn. 61

1540 Vgl. *Wassermeyer/Kaeser*, in: Wassermeyer, DBA, 2013, Art. 4 OECD-MA, Rn. 94; *Lehner*, in: V/L, DBA, 2021, Art. 4 OECD-MA, Rn. 241.

1541 Vgl. *Köhler*, in: S/K/K, AStG/DBA, 2017, § 7 AStG, Rn. 70; *Wassermeyer*, in: F/W/B/S, Außensteuerrecht, 2018, § 7 AStG, Rn. 39; *Linn*, IStR 2020, S. 78; *Ditz u. a.*, DStR 2020, S. 76; *Böhmer/Oppel*, IWB 2020, S. 7.

besteht.[1542] Durch § 20 Abs. 1 AStG a. F. und AStG findet die Hinzurechnungsbesteuerung unabhängig hiervon Anwendung (sog. Treaty Override).[1543] Die Doppelansässigkeit der HoldCo führt nicht zur Nichtanwendung der Hinzurechnungsbesteuerung. Durch die Anrechnung der ausländischen Steuern nach § 12 Abs. 1 Satz 1 AStG a. F. und AStG werden die passiven Einkünfte auf das inländische Körperschaftsteuerniveau heraufgeschleust.

8.5.2.2 Sachliche Gewerbesteuerpflicht und Erfassung eines Hinzurechnungsbetrags

Die HoldCo unterliegt gemäß § 2 Abs. 2 Satz 1 GewStG als Gewerbebetrieb kraft Rechtsform der Gewerbesteuer. Gleichwohl setzt § 2 Abs. 1 Satz 1 und 3 GewStG einen stehenden Gewerbebetrieb voraus (sog. Territorialitätsprinzip).[1544] Im Fall einer rein vermögensverwaltenden Tätigkeit der HoldCo verfügt diese ausschließlich am Ort ihrer Geschäftsleitung nach § 12 Satz 2 Nr. 1 AO über eine Betriebsstätte.[1545] Der inländische Sitz führt selbst zu keiner Betriebsstätte, sodass die HoldCo keinen stehenden Gewerbebetrieb nach § 2 Abs. 1 Satz 1 und 3 GewStG im Inland unterhält. Anlässlich der fehlenden Gewerbesteuerpflicht unterliegt der Hinzurechnungsbetrag nicht der Gewerbesteuer. Demungeachtet stellt sich die Frage, ob und inwiefern sich aus § 7 Satz 7 GewStG eine

---

1542 Vgl. *Eilinghoff/Goebel*, in: H/K/R, Außensteuerrecht, 2011, § 20 AStG, Rn. 27; *Prokopf*, in: S/K/K, AStG/DBA, 2019 § 20 AStG, Rn. 40; kritischer *Wassermeyer/Schönfeld*, in: F/W/B/S, Außensteuerrecht, 2017, § 20 AStG, Rn. 21.

1543 Der Treaty-Override des § 20 Abs. 1 AStG a. F und AStG ist wohl verfassungsrechtlich nicht zu beanstanden (vgl. BVerfG vom 15.12.2015, 2 BvL 1/12, BVerfGE 141, S. 1 zum Treaty Override des § 50d Abs. 8 EStG). Siehe z. B. auch *Prokopf*, in: S/K/K, AStG/DBA, 2019 § 20 AStG, Rn. 74.9; *Altrichter-Herzberg/Nuernberger*, GmbHR 2006, S. 468 zur Anwendbarkeit der Rechtsprechung zu § 50d Abs. 8 EStG auf § 20 Abs. 1 AStG a. F. Teilweise wurde im Schrifttum die Einführung des § 20 Abs. 1 AStG a. F. bereits aus unionsrechtlichen Gesichtspunkten als kritisch betrachtet (vgl. *Köhler*, BB 1993, S. 341).

1544 Vgl. BFH vom 03.02.1993, I R 80/91, BStBl II 1993, S. 462; FG Münster vom 12.04.2019, 13 K 3645/16 G, EFG 2019, S. 1317; *Kahlenberg/Melkonyan*, StuW 2019, S. 183; *Keß*, in: L/S, GewStG, 2022, § 2 GewStG, Rn. 3053; *Franke*, in: Wendt u. a., GewStG, 2022, § 2 GewStG, Rn. 120.

1545 Vgl. auch *Keß*, in: L/S, GewStG, 2022, § 2 GewStG, Rn. 2595; *Schaumburg*, in: Schaumburg, Internationales Steuerrecht, 2017, Rn. 21.105; *Mensching*, in: Wassermeyer/Richter/Schnittker, Personengesellschaften im Internationalen Steuerrecht, 2015, Rn. 8.66.

Gewerbesteuerpflicht des Hinzurechnungsbetrags begründen lässt.[1546] Selbst wenn der Gesetzgeber[1547] und die Finanzverwaltung[1548] die Einführung des § 7 Satz 7 GewStG lediglich als eine gesetzgeberische Klarstellung betrachten, kann nicht verkannt werden, dass es sich bei der Zurechnung zu einer inländischen Betriebsstätte um eine Erweiterung in Form einer gesetzgeberischen Fiktion handelt.[1549] Zutreffenderweise vertreten *Kahle/Willner*[1550] die Rechtsauffassung, dass die Fiktion des § 7 Satz 7 GewStG lediglich die Zurechnung des Hinzurechnungsbetrags zu einer bestehenden Betriebsstätte erfasst, jedoch selbst keine inländische Betriebsstätte fingiert.[1551]

Dies lässt sich anhand des eindeutigen Wortlauts des § 7 Satz 7 GewStG begründen, dass der Hinzurechnungsbetrag in einer inländischen Betriebsstätte anfällt.[1552] Die Rechtsfolgennorm des § 7 Satz 7 GewStG erfordert nämlich, dass überhaupt eine inländische Betriebsstätte i. S. des § 12 AO besteht. Die Anwendung des § 7 Satz 7 GewStG ist zuvor ausgeschlossen, soweit die persönliche oder sachliche Gewerbesteuerpflicht nicht erfüllt wird. Die sachliche Gewerbesteuerpflicht der HoldCo ist bereits gemäß § 2 Abs. 1 Satz 3 GewStG ausgeschlossen, da es einer inländischen Betriebsstätte i. S. des § 12 AO fehlt.[1553] Ist keine inländische Betriebsstätte gegeben, so ist § 7 GewStG als Ermittlungsvorschrift nicht anwendbar. Eine ähnliche Diskussion besteht bei § 8 Abs. 1 Nr. 10 AStG a. F. im Hinblick auf das Vorliegen abstrakter oder konkreter Einkünfte. Diese Problematik wird von *Wassermeyer/Schönfeld*[1554] dergestalt gelöst, dass entsprechend

1546 Vgl. *Kahle/Willner*, Ubg 2017, S. 27; *Gebhardt/Krüger/Schwemler*, IWB 2022, S. 342; *Schnitger*, IStR 2016, S. 642.

1547 Vgl. BT-Drucks. 18/9536, S. 58.

1548 Vgl. OFD Nordrhein-Westfalen vom 26.04.2017, IStR 2017, S. 592; überholt durch GLE vom 04.02.2021, BStBl I 2021, S. 248.

1549 Vgl. auch *Wassermeyer*, IStR 2016, S. 518; *Schnitger*, IStR 2016, S. 642; *Köhler*, ISR 2018a, S. 392. Siehe z. B. auch FG Baden-Württemberg vom 08.05.2018, 6 K 2814/16, IStR 2019, S. 113; FG Köln vom 08.11.2018, 13 K 552/17, DStRE 2019, S. 1230 zur Rückwirkungsproblematik.

1550 Vgl. *Kahle/Willner*, Ubg 2017, S. 27.

1551 Vgl. *Sommer/Retzer*, ISR 2016, S. 291; *Wassermeyer*, IStR 2016, S. 518; *Schnitger*, IStR 2016, S. 642; *Haug*, DStZ 2016, S. 858; *Gebhardt/Krüger/Schwemler*, IWB 2022, S. 342.

1552 Vgl. *Wassermeyer*, IStR 2016, S. 518; *Schnitger*, IStR 2016, S. 642.

1553 Vgl. *Sarrazin*, in: L/S, GewStG, 2022, § 2 GewStG, Rn. 2505; *Franke*, in: Wendt u. a., GewStG, 2022, § 2 GewStG, Rn. 18.

1554 Vgl. *Wassermeyer/Schönfeld*, in: F/W/B/S, Außensteuerrecht, 2017, § 8 AStG, Rn. 365.

des § 2 Abs. 2 EStG nur die Vorschriften über die Einkünfteermittlung zur Anwendung kommen, wenn die sachliche Steuerpflicht überhaupt gegeben ist. Übertragen auf die gewerbesteuerliche Hinzurechnungsbesteuerung kann durch § 7 Satz 7 GewStG nicht die sachliche Gewerbesteuerpflicht i. S. des § 2 GewStG begründet werden, sondern es wird allein die Rechtsfolge dargestellt.[1555]

Des Weiteren wird durch die Implementierung einer doppelansässigen Holdinggesellschaft die Problematik des § 20 Abs. 2 AStG a. F. und AStG vermieden. Insbesondere scheidet ein Rückgriff auf die ausländische Betriebsstätte der abschirmenden OpCo gemäß § 20 Abs. 2 AStG a. F. und AStG aus. Eine Besonderheit besteht darin, dass durch § 7 Abs. 1 Satz 1 AStG ebenfalls mittelbare Beteiligungen erfasst werden. Gleichwohl ist gemäß § 7 Abs. 1 Satz 2 AStG von einer mittelbaren Hinzurechnung abzusehen, sofern bereits auf einer vorgelagerten Beteiligungsebene die Niedrigbesteuerung i. S. des § 8 Abs. 5 AStG durch eine Hinzurechnungsbesteuerung beseitigt wurde.[1556] Da § 7 Abs. 1 Satz 2 AStG keine Unterscheidung zwischen einer in- oder ausländischen Gesellschaft vorsieht, kann die Auffassung vertreten werden, dass dem inländischen Investor ein Hinzurechnungsbetrag zuzurechnen ist, da auf Ebene der HoldCo die Niedrigbesteuerung noch nicht beseitigt wurde.[1557] In diesem Fall besteht sogar die Gefahr, dass auf Ebene des inländischen Investors lediglich die ausländische Steuer anzurechnen ist, da die durch die HoldCo entrichtete inländische Körperschaftsteuer keine ausländische Steuer i. S. des § 12 AStG darstellt.

Zudem kann sich für den inländischen Investor eine gewerbesteuerliche Problematik bei Vereinnahmung von Gewinnausschüttungen ergeben.[1558] Das Problem besteht darin, dass gemäß § 9 Nr. 2a GewStG die ausschüttende Gesellschaft eine inländische Gesellschaft sein muss, was regelmäßig der Fall ist, wenn diese ihren Sitz und ihre Geschäftsleitung im Inland hat.[1559] Hingegen fordert § 9 Nr. 7 GewStG ausdrücklich, dass sich der Sitz und der Ort der Geschäftsleitung im Ausland befinden.[1560] Hierdurch wird deutlich, dass nach

---

1555 Vgl. hierzu z. B. *Schnitger*, IStR 2016, S. 642; *Wassermeyer*, IStR 2016, S. 518.

1556 Vgl. *Müller-Thomzcik/Reiter/Kanduth-Kristen*, FR 2022, S. 532.

1557 Vgl. *Moser*, IStR 2023, S. 101 ff.; *Müller-Thomzcik/Reiter/Kanduth-Kristen*, FR 2022, S. 533; *Kielawa-Buzala*, IStR 2020, S. 610 zur Auslegung des § 7 Abs. 1 Satz 2 AStG.

1558 Vgl. *Roser*, in: L/S, GewStG, 2020, § 9 Nr. 2a GewStG, Rn. 16; *Kahlenberg/Weiss*, IStR 2019, S. 86; *Schnitger*, IStR 2013, S. 88; *Bergmann*, in: Wendt u. a., GewStG, 2022, § 9 Nr. 2a GewStG, Rn. 19.

1559 Vgl. *Bergmann*, in: Wendt u. a., GewStG, 2022, § 9 Nr. 2a GewStG, Rn. 19; *Roser*, in: L/S, GewStG, 2020, § 9 Nr. 2a GewStG, Rn. 16.

1560 Vgl. hierzu z. B. *Roser*, in: L/S, GewStG, 2021, § 9 Nr. 7 GewStG, Rn. 23.

dem jeweiligen Wortlaut des § 9 Nr. 2a und 7 GewStG Gewinnausschüttungen durch eine doppelansässige Gesellschaft nicht kürzungsfähig sind.[1561] Im Wege der teleologischen Auslegung kann argumentiert werden, dass es für § 9 Nr. 2a GewStG ausreichend ist, wenn sich allein die Geschäftsleitung im Inland befindet.[1562] Gleichwohl vertritt *Gosch*[1563] die Rechtsauffassung, dass eine derartige Auslegung des § 9 Nr. 2a GewStG vom eindeutigen Wortlaut des Gesetzes nicht gedeckt ist. Folglich ist es mehr als fraglich, ob und inwiefern eine Gewinnausschüttung einer doppelansässigen Kapitalgesellschaft in den Anwendungsbereich des § 9 Nr. 2a oder 7 GewStG fällt.[1564]

Der Bundesfinanzhof[1565] hatte bis jetzt auch nur entschieden, dass die Vorschrift des § 9 Nr. 2a GewStG auf Ausschüttungen durch eine Gesellschaft mit Ort der Geschäftsleitung im Inland und Sitz im Ausland Anwendung findet. Der umgekehrte Fall ist jedoch weiterhin offen. Im Falle einer zeitnahen Veräußerungsabsicht sollte von Gewinnausschüttungen tendenziell abgesehen werden, da sich eine vergleichbare Problematik für Veräußerungsgewinne nicht ergibt.[1566]

Ergebnis: Ist der Hinzurechnungsempfänger eine vermögensverwaltende Kapitalgesellschaft mit Sitz im Inland und Ort der Geschäftsleitung im Ausland, so unterliegt ein Hinzurechnungsbetrag nicht der inländischen Gewerbesteuer. Gleichwohl kann eine Erfassung des Hinzurechnungsbetrags gemäß § 7 Abs. 1 Satz 1 und 2 AStG auf einer mittelbaren Beteiligungsebene notwendig sein.

1561 Vgl. *Gosch*, in: Brandis/Heuermann, Ertragsteuerrecht, 2021, § 9 Nr. 2a GewStG, Rn. 164; *Roser*, in: L/S, GewStG, 2020, § 9 Nr. 2a GewStG, Rn. 16 zum Diskussionsstand bei der doppelansässigen Kapitalgesellschaft.

1562 Vgl. FG Hessen vom 19.10.2018, 8 K 1279/16, EFG 2019, S. 199; *Roser*, in: L/S, GewStG, 2020, § 9 Nr. 2a GewStG, Rn. 16.

1563 Vgl. *Gosch*, in: Brandis/Heuermann, Ertragsteuerrecht, 2021, § 9 Nr. 2a GewStG, Rn. 164; a. A. *Suchanek/Hannweber*, Ubg 2016, S. 441 ff.; *Roser*, in: L/S, GewStG, 2020, § 9 Nr. 2a GewStG, Rn. 16.

1564 Vgl. *Roser*, in: L/S, GewStG, 2020, § 9 Nr. 2a GewStG, Rn. 16; *Bergmann*, in: Wendt u. a., GewStG, 2022, § 9 Nr. 2a GewStG, Rn. 19.

1565 Vgl. BFH vom 28.06.2022, I R 43/18, BFH/NV 2022, S. 1383.

1566 Gemäß § 7 Satz 1 GewStG ist indes eine einkommen- oder körperschaftsteuerliche Steuerbefreiung von Veräußerungsgewinnen bei der Gewerbesteuer zu berücksichtigen und wird weder von den Hinzurechnungsvorschriften des § 8 Nr. 5 GewStG noch von den Kürzungsvorschriften des § 9 Nr. 2a und 7 GewStG erfasst (vgl. auch *Nöcker*, in: L/S, GewStG, 2019, § 8 Nr. 5 GewStG, Rn. 10; *Hofmeister*, in: Brandis/Heuermann, Ertragsteuerrecht, 2021, § 8 GewStG, Rn. 570;).

Problematisch kann eine doppelansässige Gesellschaft sein, da die ATAD keine mit Art. 4 Abs. 3 OECD-MA vergleichbare Tie-breaker-Rule kennt.[1567] Eine doppelansässige Gesellschaft kann der Hinzurechnungsbesteuerung im Mitgliedstaat des Sitzes und Orts der Geschäftsleitung unterliegen. Hat das ausländische Unternehmen im Inland keine weiteren Anknüpfungspunkte in Form einer Betriebsstätte, ist es äußerst kritisch zu betrachten, wenn der Hinzurechnungsbetrag ebenfalls der Gewerbesteuer unterliegt. Unter Bezugnahme auf das Territorialitätsprinzip ist ein gewisser wirtschaftlicher Inlandsbezug vorauszusetzen.[1568] Demungeachtet kann unter Bezugnahme auf Art. 3 ATAD der Hinzurechnungsbetrag der Gewerbesteuer unterworfen werden. Mit Abs. 12 Satz 3 der Erwägungsgründe der ATAD kann sich rechtfertigen lassen, dass die Hinzurechnungsbesteuerung rein künstlichen Gewinnverlagerungen entgegenwirken soll.[1569] Die passiven Einkünfte i. S. des Art. 7 Abs. 2 ATAD sollen bekanntlich auf das inländische Ertragsteuerniveau hochgeschleust werden, sodass es zielführend sein kann, wenn hiervon nicht nur die Körperschaftsteuer erfasst wird.

Gleichwohl unterliegt der Hinzurechnungsbetrag nur der Gewerbesteuer, soweit die entrichtete Steuer gemäß Art. 8 Abs. 7 Satz 1 ATAD auf die Gewerbesteuer anrechenbar ist.[1570] Gemäß Art. 8 Abs. 5 ATAD sind Gewinnausschüttungen eines ausländischen Unternehmens von der steuerlichen Bemessungsgrundlage abzuziehen, soweit diese zuvor im Rahmen der Hinzurechnungsbesteuerung erfasst wurden. Hierbei ist meines Erachtens der Wortlaut des Art. 8 Abs. 5 ATAD so zu verstehen, dass sowohl bei der Körperschaftsteuer als auch Gewerbesteuer eine vollumfängliche Steuerbefreiung gegeben sein muss.[1571] Gleichwohl kann nicht verkannt werden, dass Art. 8 Abs. 5

1567 Vgl. auch *Böhmer/Gebhardt/Krüger*, in: Hagemann/Kahlenberg, ATAD, 2019, Art. 7 ATAD, Rn. 10. Siehe z. B. auch *Creed*, in: Haase, Multilaterales Instrument, 2017, Art. 4 MLI, Rn. 25; *Oppel*, ISR 2020, S. 301 mit dem Hinweis auf Art. 4 Abs. 1 MLI, wodurch es zu einer Abkehr von der Tie-breaker-Rule kommt.

1568 Vgl. *Seer*, in: T/L, Steuerrecht, 2021, § 1, Rn. 88; *Jacobs/Endres/Spengel*, in: Jacobs, Internationale Unternehmensbesteuerung, 2016, S. 9 ff. zur Ausprägung des Territorialitätsprinzips betreffend die Gewerbesteuer.

1569 Vgl. auch *Jochimsen/Zinowsky*, ISR 2016, S. 113; *Schönfeld*, IStR 2017, S. 722; *Kahlenberg/Prusko*, IStR 2017, S. 305.

1570 Vgl. *Linn*, IStR 2016, S. 647; *Böhmer/Gebhardt/Krüger*, in: Hagemann/Kahlenberg, ATAD, 2019, Art. 8 ATAD, Rn. 63; *Schnitger/Nitzschke/Gebhardt*, IStR 2016, S. 963; *Schönfeld*, IStR 2017, S. 727; *Kahlenberg/Prusko*, IStR 2017, S. 309.

1571 Siehe auch *Böhmer/Gebhardt/Krüger*, in: Hagemann/Kahlenberg, ATAD, 2019, Art. 8 ATAD, Rn. 28, die insbesondere § 8b Abs. 5 KStG als mit Art. 8 Abs. 5 ATAD unvereinbar betrachten.

ATAD nur greift, sofern das ausländische Unternehmen bereits zuvor der Hinzurechnungsbesteuerung unterlag. Im Ergebnis ist die Nichtanwendung der § 9 Nr. 2a und 7 GewStG bei doppelansässigen Gesellschaften nicht wünschenswert, wohl aber mit der ATAD vereinbar, sofern sich die Prüfung in Art. 7 Abs. 1 ATAD des Vorliegens eines ausländischen Unternehmens nach dem doppelten Ansässigkeitserfordernis richtet.

8.5.3 Fehlende Gewerbesteuerpflicht des Hinzurechnungsbetrags bei zugezogenen Drittstaatengesellschaften?

8.5.3.1 Persönliche Körperschaftsteuerpflicht und Erfassung eines Hinzurechnungsbetrags

Da die doppelansässige Holdinggesellschaft ihren Ort der Geschäftsleitung i. S. des § 10 AO im Ausland haben muss, kann der inländische Investor nicht selbst die laufende Geschäftsführung übernehmen. Es ist notwendig, dass der inländische Investor ein lokales Management im Ausland einsetzt. Dem Grunde nach kann diese Aufgabe durch das lokale Personal der OpCo wahrgenommen werden, was jedoch nicht immer erwünscht sein kann. Es stellt sich die Frage, ob und inwiefern eine ähnliche Vorteilhaftigkeit erlangt werden kann, wenn eine im Drittland gegründete HoldCo in der Rechtsform der Kapitalgesellschaft ihren Ort der Geschäftsleitung in das Inland verlegt. Gesellschaftsrechtlich besteht die Besonderheit darin, dass wohl keine unionsrechtliche Verpflichtung besteht, eine zugezogene Drittstaatengesellschaft im Inland anzuerkennen (sog. Sitztheorie).[1572] Die Rechtsfähigkeit richtet sich ausschließlich nach dem inländischen Gesellschaftsrecht und nicht nach dem Recht des Gründungsstaats.[1573] Nach Auffassung des Bundesfinanzhofs[1574] setzt die inländische Rechtsfähigkeit der Drittstaatengesellschaft die Eintragung in das Handelsregister voraus.[1575]

Wurde die Drittstaatengesellschaft in das inländische Handelsregister eingetragen und entspricht dem Typus einer deutschen Kapitalgesellschaft

1572 Vgl. BGH vom 27.10.2008, II ZR 158/06, BGHZ 178, S. 192; BFH vom 12.06.1995, II S 9/95, BStBl II 1995, S. 605; BFH vom 08.01.2019, BFH/NV 2019, S. 293; *Sedemund/Sterner*, BB 2005, S. 2779 f.; *Henkel/Port*, in: Mössner u. a., Steuerrecht international tätiger Unternehmen, 2018, Rn. 11.33.

1573 Vgl. BFH vom 12.06.1995, II S 9/95, BStBl II 1995, S. 605; BFH vom 08.01.2019, II B 62/18, BFH/NV 2019, S. 293 zur Grunderwerbsteuer.

1574 Vgl. BFH vom 23.06.1992, IX R 182/87, BStBl II 1992, S. 972.

1575 Vgl. hierzu z. B. *Kalbfleisch*, in: Bott/Walter, KStG, 2017, § 1 KStG, Rn. 53.

(sog. Rechtstypenvergleich), so unterliegt diese in Deutschland der unbeschränkten Körperschaftsteuerpflicht (§ 1 Abs. 1 Nr. 1 KStG).[1576] Die zugezogene Gesellschaft bezieht gemäß § 8 Abs. 2 KStG ausschließlich Einkünfte aus Gewerbebetrieb. Selbst im Falle einer fehlenden Rechtsfähigkeit unterliegt diese gemäß § 1 Abs. 1 Nr. 1 KStG der unbeschränkten Körperschaftsteuerpflicht und stellt keine nicht-rechtsfähige Körperschaft i. S. des § 1 Abs. 1 Nr. 5 KStG dar.[1577] Diese Auslegung steht nicht im Widerspruch mit der Rechtsprechung des Bundesfinanzhofs[1578], da durch das SEStEG[1579] die abschließende Aufzählung aufgegeben wurde.[1580] Infolgedessen ist es im Hinblick auf die persönliche Körperschaftsteuerpflicht zwischenzeitlich irrelevant, ob die zugezogene Drittstaatengesellschaft in das Handelsregister eingetragen wurde.

8.5.3.2 Sachliche Gewerbesteuerpflicht und Erfassung eines Hinzurechnungsbetrags

Ist die zugezogene HoldCo in das inländische Handelsregister eingetragen, so unterliegt diese gemäß § 2 Abs. 2 Satz 1 GewStG der sachlichen Gewerbesteuerpflicht.[1581] Die Gewerbesteuer erstreckt sich nach § 2 Abs. 1 Satz 1 und 3 GewStG auf den inländischen stehenden Gewerbebetrieb, sodass die Verwaltungstätigkeit der HoldCo in der inländischen Geschäftsleitungsbetriebsstätte i. S. des § 12 Satz 2 Nr. 1 AO bei der Gewerbesteuer erfasst wird.[1582] Der Hinzurechnungsbetrag unterliegt gemäß § 7 Satz 7 GewStG der Gewerbesteuer. Die Finanzverwaltung setzt für die Gewerbesteuerpflicht die Eintragung der

1576 Vgl. BFH vom 23.06.1992, IX R 182/87, BStBl II 1992, S. 972; *Jacobsen*, in: AStG eKommentar, AStG, 2021, § 7 AStG, Fassung vom 01.01.2018, Rn. 17.

1577 Vgl. BT-Drucks. 16/2710, S. 30; *Levedag*, in: R/H/N, KStG, 2015, § 1 KStG; Rn. 69; *Lampert*, in: Gosch, KStG, 2020, § 1 KStG, Rn. 109; *Kalbfleisch*, in: Bott/Walter, KStG, 2017, § 1 KStG, Rn. 56.1.

1578 Vgl. BFH vom 23.06.1992, IX R 182/87, BStBl II 1992, S. 972.

1579 Vgl. Gesetz über steuerliche Begleitmaßnahmen zur Einführung der Europäischen Gesellschaft und zur Änderung weiterer steuerrechtlicher Vorschriften (SEStEG) vom 07.12.2006, BGBl I 2006, S. 2783.

1580 Vgl. BFH vom 08.09.2010, I R 6/09, BStBl II 2013, S. 186; *Levedag*, in: R/H/N, KStG, 2015, § 1 KStG; Rn. 69; *Kalbfleisch*, in: Bott/Walter, KStG, 2017, § 1 KStG, Rn. 81.

1581 Vgl. *Keß*, in: L/S, GewStG, 2022, § 2 GewStG, Rn. 3058; BFH vom 06.11.1980, IV R 182/77, BStBl II 1981, S. 220.

1582 Vgl. BFH vom 03.02.1993, I R 80/91, BStBl II 1993, S. 462; *Franke*, in: Wendt u. a., GewStG, 2022, § 2 GewStG, Rn. 120; *Keß*, in: L/S, GewStG, 2022, § 2 GewStG, Rn. 3053.

zugezogenen Drittstaatengesellschaft in das inländische Handelsregister voraus.[1583] Im Umkehrschluss unterliegt die HoldCo bei fehlender Handelsregistereintragung nicht der Gewerbesteuer.[1584] Die Gewerbesteuerpflicht kraft Rechtsform i. S. des § 2 Abs. 2 Satz 1 GewStG kann daher vermieden werden, indem bewusst auf die Eintragung in das inländische Handelsregister verzichtet wird. Als Ergebnis unterliegt der Hinzurechnungsbetrag auf Ebene der HoldCo ausschließlich der Körperschaftsteuer und nicht der Gewerbesteuer.

An dieser Stelle kann *Franke*[1585] zugestimmt werden, dass § 2 Abs. 1 Satz 2 GewStG subsidiär gegenüber von § 2 Abs. 2 Satz 1 GewStG zu prüfen ist. Gemäß § 2 Abs. 1 Satz 2 GewStG liegt ein gewerbliches Unternehmen und folglich die Gewerbesteuerpflicht vor, wenn ein Gewerbebetrieb i. S. des § 15 Abs. 2 EStG gegeben ist.[1586] Die Gewerbesteuerpflicht kraft Tätigkeit erfordert eine originäre gewerbliche Tätigkeit, bei der die Regelung des § 8 Abs. 2 KStG unberücksichtigt bleibt.[1587] Da die HoldCo nur der passiven Beteiligungsverwaltung nachgeht, liegt eine rein vermögensverwaltende Tätigkeit vor und eben kein Gewerbebetrieb kraft Tätigkeit.[1588] Eine gewerbesteuerliche Erfassung des Hinzurechnungsbetrags auf Grundlage des § 2 Abs. 1 Satz 2 GewStG scheidet konsequenterweise aus. Des Weiteren fällt die HoldCo nicht in den Anwendungsbereich des § 2 Abs. 3 GewStG, da hiervon nur Körperschaften erfasst werden, die nicht in § 2 Abs. 2 Satz 1 GewStG genannt wurden.[1589] Da es sich bei der HoldCo um eine Kapitalgesellschaft handelt, ist § 2 Abs. 3 GewStG nicht anwendbar.[1590] Selbst

1583 Vgl. R 2.1 Abs. 3 Satz 3 und R 2.5 Abs. 2 Satz 1 GewStR.

1584 Siehe auch BFH vom 23.06.1992, IX R 182/87, BStBl II 1992, S. 972; *Drüen*, in: Brandis/Heuermann, Ertragsteuerrecht, 2021, § 2 GewStG, Rn. 120; einschränkend *Keß*, in: L/S, GewStG, 2020, § 2 GewStG, Rn. 3059 ff.

1585 Vgl. *Franke*, in: Wendt u. a., GewStG, 2022, § 2 GewStG, Rn. 45.

1586 Vgl. BFH vom 20.02.2013, GrS 1/12, BStBl II 2013, S. 441; *Franke*, in: Wendt u. a., GewStG, 2022, § 2 GewStG, Rn. 20; *Sarrazin*, in: L/S, GewStG, 2022, § 2 GewStG, Rn. 56.

1587 Vgl. H 2.1 Abs. 1 „Begriffsmerkmal“ GewStH.

1588 Vgl. *Hruschka*, IStR 2016, S. 438; *Klein/Hagena*, in: H/H/R, EStG/KStG, 2021, § 50d EStG, Rn. 55a; *Gosch*, in: Kirchhof/Seer, EStG, 2022, § 50d EStG, Rn. 28d.

1589 Vgl. R 2.1 Abs. 5 Satz 1 GewStR; gl. A. *Franke*, in: Wendt u. a., GewStG, 2022, § 2 GewStG, Rn. 164.

1590 Es ist grundsätzlich ohne Relevanz, dass die HoldCo eine nicht-rechtsfähige Kapitalgesellschaft ist, da die Prüfung des Vorliegens einer Kapitalgesellschaft i. S. des § 2 Abs. 2 GewStG ausschließlich auf der Grundlage des Rechtstypenvergleichs zu erfolgen hat (a. A. *Drüen*, in: Brandis/Heuermann, Ertragsteuerrecht, 2021, § 2 GewStG, Rn. 120, der eine nicht-rechtsfähige Kapitalgesellschaft nicht unter § 2 Abs. 2 GewStG

wenn die HoldCo unter § 2 Abs. 3 GewStG zu subsumieren ist, muss für die Gewerbesteuerpflicht ein wirtschaftlicher Geschäftsbetrieb i. S. des § 14 Satz 1 AO vorliegen.[1591] Hiervon ist nach § 14 Satz 1 und 3 AO die reine Vermögensverwaltung negativ abzugrenzen.[1592]

Im Vergleich zu § 15 Abs. 2 EStG setzt der wirtschaftliche Geschäftsbetrieb gemäß § 14 Satz 2 AO jedoch keine Gewinnerzielungsabsicht voraus, sodass eine Einnahmenerzielungsabsicht ausreichend ist.[1593] Der Vermögensverwaltung des § 14 Satz 3 AO ist die Beteiligung an einer Kapitalgesellschaft zuzuordnen, sodass diesbezüglich die gleichen Abgrenzungskriterien wie bei § 15 Abs. 2 EStG zur Anwendung kommen.[1594] Die HoldCo unterhält keinen wirtschaftlichen Geschäftsbetrieb i. S. des § 14 AO, sodass die sachliche Gewerbesteuerpflicht nach § 2 Abs. 3 GewStG nicht gegeben ist. Allerdings ist zu beachten, dass § 7 Abs. 1 Satz 1 AStG sowohl unmittelbar als auch mittelbar Beteiligte als Hinzurechnungsempfänger kennt. Von einer mittelbaren Zurechnung ist gemäß § 7 Abs. 1 Satz 2 AStG nur abzusehen, wenn auf einer vorherigen Beteiligungsstufe die Niedrigbesteuerung durch eine in- oder ausländische Hinzurechnungsbesteuerung beseitigt wurde.[1595]

Ergebnis: Durch den Zuzug einer vermögensverwaltenden Drittstaatengesellschaft mit Sitz im Ausland und Ort der Geschäftsleitung im Inland kann bei Verzicht auf eine Handelsregistereintragung die Gewerbesteuerpflicht des Hinzurechnungsbetrags vermieden werden. Andererseits kann § 7 Abs. 1 Satz 1 und 2 AStG so verstanden werden, dass auf einer mittelbaren Beteiligungsebene die passiven Einkünfte ebenfalls zu erfassen sind.

---

verortet, jedoch eine Gewerbesteuerpflicht gemäß § 2 Abs. 1 Satz 2 GewStG für möglich hält).

1591 Vgl. *Sarrazin*, in: L/S, GewStG, 2022, § 2 GewStG, Rn. 4001; *Orth*, FR 2007, S. 327.

1592 Vgl. *Buciek*, in: Gosch, AO/FGO, 2021, § 14 AO, Rn. 53; *Hartrott*, FR 2008, S. 1095; *Seer*, in: T/K, AO/FGO, 2020, § 14 AO, Rn. 11.

1593 Vgl. *Seer*, in: T/K, AO/FGO, 2020, § 14 AO, Rn. 10; *Buciek*, in: Gosch, AO/FGO, 2021, § 14 AO, Rn. 47.

1594 Vgl. BFH vom 30.06.1971, I R 57/70, BStBl II 1971, S. 753; BFH vom 25.08.2010, I R 97/09, BFH/NV 2011, S. 312; *Seer*, in: T/K, AO/FGO, 2020, § 14 AO, Rn. 11; *Buciek*, in: Gosch, AO/FGO, 2021, § 14 AO, Rn. 53 und 69; *Buge*, in: H/H/R, EStG/KStG, 2022, § 15 EStG, Rn. 1190; *Seer*, DStR 1997, S. 440.

1595 Vgl. hierzu z. B. *Staats*, in: BeckOK AStG, AStG, 2022, § 7 AStG, Rn. 121.

Der persönliche Anwendungsbereich der Anti-Steuervermeidungsrichtlinie[1596] knüpft ausschließlich an die Körperschaftsteuerpflicht eines Steuerpflichtigen innerhalb der EU an (Art. 1 ATAD). Infolgedessen kann die Rechtsauffassung vertreten werden, dass eine zwingende Einbeziehung des Hinzurechnungsbetrags bei der Gewerbesteuer nicht vorgesehen ist. Die gewerbesteuerliche Berücksichtigung stellt nach dieser Ansicht vielmehr eine „freiwillige" Erfassung dar, die mit dem Mindestschutzniveau des Art. 3 ATAD vereinbar ist.[1597] Eine Gewerbesteuerbelastung einer zugezogenen Drittstaatengesellschaft ist nicht zwingend notwendig, gleichwohl mit dem europäischen Sekundärrecht vereinbar. Dieser Rechtsauffassung muss indes entgegengehalten werden, dass Abs. 12 Satz 3 der Erwägungsgründe der ATAD rein künstliche Gestaltungen vermeiden möchte. An diesem Grundgedanken knüpft auch die Hinzurechnungsbesteuerung an, indem in gewisser Hinsicht die passiven Einkünfte des ausländischen Unternehmens bei der inländischen Bemessungsgrundlage erfasst werden. Da im Ergebnis ein „Hochschleusen" auf das inländische Ertragsteuerniveau erreicht werden soll, verstößt eine Nichteinbeziehung des Hinzurechnungsbetrags bei der Gewerbesteuer in gewisser Hinsicht gegen das eigentliche Ziel.

8.6 Zusammenfassung für das Kapitel

Es besteht die Möglichkeit, dass der Hinzurechnungsbetrag ausschließlich der Körperschaftsteuer und nicht der Gewerbesteuer unterliegt.

- Wird die ausländische Gesellschaft über eine ausländische Mitunternehmerschaft gehalten, so wird der Hinzurechnungsbetrag von der gewerbesteuerlichen Kürzungsvorschrift des § 9 Nr. 2 GewStG a. F. erfasst. Durch die Ergänzung des § 9 Nr. 2 Satz 2 GewStG ist gleichwohl die Kürzung auf die originären Einkünfte der ausländischen Mitunternehmerschaft beschränkt, sodass der Hinzurechnungsbetrag nicht kürzungsfähig ist.
- Eine doppelansässige Gesellschaft mit Sitz im Inland und Ort der Geschäftsleitung im Ausland unterliegt nicht der Gewerbesteuer. Wird eine ausländische Gesellschaft über eine doppelansässige Gesellschaft gehalten, unterliegt auch ein Hinzurechnungsbetrag nicht der Gewerbesteuer im Inland.

1596 Vgl. Richtlinie (EU) 2016/1164 des Rates vom 12.07.2016 mit Vorschriften zur Bekämpfung von Steuervermeidungspraktiken mit unmittelbaren Auswirkungen auf das Funktionieren des Binnenmarkts, Abl. EU 2016 L 193/1.

1597 Vgl. *Schönfeld*, IStR 2017, S. 728.

- Ein vergleichbares Ergebnis ergibt sich, wenn eine Drittstaatengesellschaft durch die Verlegung des Orts der Geschäftsleitung in das Inland verzieht und auf eine Eintragung in das Handelsregister verzichtet wird. Es fehlt mangels einer inländischen Betriebsstätte an einer Gewerbesteuerpflicht und der Hinzurechnungsbetrag unterliegt nicht der Gewerbesteuer.
- Problematisch kann gleichwohl sein, dass § 7 Abs. 1 Satz 1 AStG auch mittelbare Beteiligungen umfasst. Von einer Anwendung der Hinzurechnungsbesteuerung soll nur abzusehen sein, wenn gemäß § 7 Abs. 1 Satz 2 AStG die Niedrigbesteuerung bereits auf einer vorherigen Beteiligungsebene beseitigt wurde.

9 Rechtskritische Auseinandersetzung mit der Reform der Hinzurechnungsbesteuerung

9.1 Kapitel 4: Umfassende Überarbeitung des Beherrschungskonzepts

9.1.1 Genussrechte als Beispiel der Gleichstellung gesellschaftsrechtlicher und schuldrechtlicher Beteiligungsformen

Die Vorschrift des § 7 Abs. 2 Satz 1 AStG a. F. nahm bei der Prüfung des Beherrschungskriteriums abschließend auf den Anteil am Nennkapital sowie die Stimmrechte Bezug, sodass sich eine Beherrschung ausschließlich durch gesellschaftsrechtliche Beteiligungen ergeben konnte.[1598] § 7 Abs. 2 Satz 1 AStG a. F. erfasste damit nicht schuldrechtliche Beteiligungsformen.[1599] Anlässlich des ATADUmsG[1600] hat der Gesetzgeber das Beherrschungskonzept dergestalt erweitert, dass nicht nur der Anteil am Nennkapital sowie die Stimmrechte zu berücksichtigen sind, sondern auch der Anspruch auf den Gewinn oder Liquidationserlös.[1601] Die letztgenannten Merkmale finden vor allem Anwendung, wenn die ausländische Gesellschaft einen abweichenden Gewinnverteilungsschlüssel hat.[1602]

Der Wortlaut des § 7 Abs. 2 AStG ist nach der hier vertretenen Ansicht so zu verstehen, dass auch schuldrechtliche Beteiligungsformen hierunter fallen.[1603]

1598 Vgl. *Wassermeyer*, in: F/W/B/S, Außensteuerrecht, 2018, § 7 AStG, Rn. 12; *Köhler*, in: S/K/K, AStG/DBA, 2017, § 7 AStG, Rn. 50; *Reiche*, in: Haase, AStG/DBA, 2016, § 7 AStG, Rn. 80 f.; *Protzen*, in: Kraft, AStG, 2019, § 7 AStG, Rn. 92.

1599 Vgl. hierzu z. B. *Vogt*, in: Brandis/Heuermann, Ertragsteuerrecht, 2016, § 7 AStG, Rn. 21; *Köhler*, in: S/K/K, AStG/DBA, 2017, § 7 AStG, Rn. 51; *Wassermeyer*, in: F/W/B/S, Außensteuerrecht, 2018, § 7 AStG, Rn. 12; *Reiche*, in: Haase, AStG/DBA, 2016, § 7 AStG, Rn. 61; *Fuhrmann*, in: Fuhrmann, AStG, 2017, § 7 AStG Rn. 57.

1600 Vgl. Gesetz zur Umsetzung der Anti-Steuervermeidungsrichtlinie (ATAD-Umsetzungsgesetz) vom 25.06.2021, BGBl I 2021, S. 2035.

1601 Siehe auch *Staats*, in: BeckOK AStG, AStG, 2022, § 7 AStG, Rn. 189; *Linn*, IStR 2020, S. 78; *Ditz/Quilitzsch*, Ubg 2021, S. 487.

1602 So z. B. auch *Linn*, IStR 2020, S. 78; *Böhmer/Oppel*, IWB 2020, S. 7.

1603 Vgl. auch *Vogt*, in: Brandis/Heuermann, Ertragsteuerrecht, 2022, § 7 AStG, Rn. 99; *Staats*, in: BeckOK AStG, AStG, 2022, § 7 AStG, Rn. 192.

Denn die Begrifflichkeit „Anspruch" ist weiter auszulegen, sodass eine Beschränkung auf gesellschaftsrechtliche Gewinnverteilungsabreden nicht sachgerecht ist. Allerdings erfasst die Vorschrift des § 7 Abs. 2 AStG nicht sämtliche schuldrechtliche Beteiligungen.[1604] Denn der Sinn und Zweck der Hinzurechnungsbesteuerung setzt eine Gewinnthesaurierung auf Ebene der ausländischen Gesellschaft voraus.[1605] Dies tritt jedoch nicht ein, wenn die schuldrechtliche Beteiligung ertragsteuerlich als Fremdkapital qualifiziert, da in diesem Fall Betriebsausgaben auf Ebene der ausländischen Gesellschaft sowie Betriebseinnahmen auf Ebene des inländischen Gesellschafters vorliegen. Eine rein künstliche Gewinnverlagerung kann sich damit nicht mehr ergeben, da die Betriebseinnahmen gewöhnlich der regulären Ertragbesteuerung auf Gesellschafterebene unterliegen.

In Art. 7 Abs. 1 Buchst. a ATAD stellt der Richtlinienverfasser bei der Beherrschung auf die Kriterien Kapital, Stimmrechte und Anspruch am Gewinn ab.[1606] Auf den ersten Blick scheint es, dass der Gesetzgeber die Vorgaben der ATAD in § 7 Abs. 2 AStG richtlinienkonform umgesetzt hat.[1607] Gleichwohl gilt es zu beachten, dass die vorgenannte Vorschrift nicht nur auf den Anspruch am Gewinn, sondern auch auf den am Liquidationserlös abstellt. In den meisten Fällen ist diese Erweiterung jedoch ohne Relevanz. Gleichwohl kann der Fall eintreten, dass der Gewinnverteilungsschlüssel nicht mit dem Anspruch auf den Liquidationserlös übereinstimmt.[1608] Insoweit geht § 7 Abs. 2 AStG über den Richtlinienwortlaut hinaus, was andererseits mit dem in Art. 3 ATAD vorgesehenen Mindestschutzniveau vereinbar ist.

Der Umstand, dass im nationalen Recht nur Beteiligungsformen mit Eigenkapitalcharakter unter § 7 Abs. 2 AStG fallen, ist auch mit dem Grundgedanken der ATAD vereinbar.[1609] Zwar sieht der Wortlaut des Art. 7 Abs. 1 Buchst. a ATAD

1604 Vgl. *Böhmer/Oppel*, IWB 2021, S. 7; *Böhmer/Gebhardt/Krüger*, in: Hagemann/Kahlenberg, ATAD, 2019, Art. 2 ATAD, Rn. 77; a. A. *Staats*, in: BeckOK AStG, AStG, 2022, § 7 AStG, Rn. 192.

1605 Vgl. Kapitel 1.1.

1606 Vgl. *Musil*, in: Musil/Weber-Grellet, Europäisches Steuerrecht, 2022, Art. 7 ATAD, Rn. 6; *Schönfeld*, IStR 2017, S. 722; *Linn*, IStR 2016, S. 646; *Haase*, DStR 2019, S. 830.

1607 Vgl. *Staats*, in: BeckOK AStG, AStG, 2022, § 7 AStG, Rn. 178; *Vogt*, in: Brandis/Heuermann, Ertragsteuerrecht, 2022, § 7 AStG, Rn. 99; *Böhmer/Gebhardt/Krüger*, IWB 2021, S. 479. Siehe auch *Böhmer/Gebhardt/Krüger*, in: Hagemann/Kahlenberg, ATAD, 2019, Art. 2 ATAD, Rn. 262 ff. zu den Anpassungsnotwendigkeiten.

1608 Vgl. hierzu z. B. *Kortendick/Ekinci*, IStR 2020, S. 620, Fn. 41.

1609 Vgl. auch *Böhmer/Gebhardt/Krüger*, in: Hagemann/Kahlenberg, ATAD, 2019, Art. 2 ATAD, Rn. 77.

wie das nationale Recht keine derartige Einschränkung vor. Der Sinn und Zweck ist allerdings, rein künstliche Gewinnverlagerung zu vermeiden, was aus Abs. 12 Satz 3 der Erwägungsgründe der ATAD hervorgeht.[1610] Dies setzt denklogisch voraus, dass eine Gewinnthesaurierung auf Ebene des ausländischen Unternehmens erfolgt, was regelmäßig nur bei Eigenkapitalbeteiligungen und eigenkapitalähnlichen Beteiligungsformen möglich ist. Die einschränkende Auslegung des Wortlauts des § 7 Abs. 2 AStG steht damit im Einklang mit den sekundärrechtlichen Vorgaben des Art. 7 Abs. 1 Buchst. a ATAD.[1611]

9.1.2 Unterscheidung zwischen typisch und atypisch stillen Beteiligungsformen

9.1.2.1 Systematische Gleichstellung der typisch stillen Gesellschaft und typisch stillen Unterbeteiligung

Eine typisch stille Gesellschaft und typisch stille Unterbeteiligung werden im deutschen Ertragsteuerrecht als Fremdkapital behandelt, das ein Quasi-Darlehensverhältnis darstellt.[1612] Da diese Einordnung aus den allgemeinen ertragsteuerlichen Grundsätzen resultiert, ergaben sich durch das ATADUmsG[1613] im Grundsatz keine Veränderungen. Zwar erfasst § 7 Abs. 2 AStG fortan auch schuldrechtliche Vertragsbeziehungen, allerdings setzt dies nach der hier vertretenen Ansicht die Qualifikation als Eigenkapital voraus.[1614] Folglich scheidet eine Subsumption einer typisch stillen Gesellschaft unter § 7 Abs. 2 AStG aus.[1615] Bei typisch stiller Unterbeteiligung ist ferner dem Umstand

1610 Vgl. *Englisch*, in: T/L, 2021, § 4, Rn. 100; *Fehling*, in: Schaumburg/Englisch, Europäisches Steuerrecht, 2020, Rn. 17.60; *Kahlenberg/Prusko*, IStR 2017, S. 305; *Jochimsen/Zinowsky*, ISR 2016, S. 113; *Schnitger/Nitzschke/Gebhardt*, IStR 2016, S. 964.

1611 Siehe auch *Böhmer/Gebhardt/Krüger*, in: Hagemann/Kahlenberg, ATAD, 2019, Art. 2 ATAD, Rn. 77; *Böhmer/Oppel*, IWB 2020, S. 7; *Schnitger/Nitzschke/Gebhardt*, IStR 2016, S. 962 zur Notwendigkeit von Eigenkapitalinstrumenten.

1612 Vgl. Kapitel 4.3.1.1 und 4.4.1.1.

1613 Vgl. Gesetz zur Umsetzung der Anti-Steuervermeidungsrichtlinie (ATAD-Umsetzungsgesetz) vom 25.06.2021, BGBl I 2021, S. 2035.

1614 Vgl. auch *Böhmer/Gebhardt/Krüger*, in: Hagemann/Kahlenberg, ATAD, 2019, Art. 2 ATAD, Rn. 77; *Böhmer/Oppel*, IWB 2020, S. 7; *Schnitger/Nitzschke/Gebhardt*, IStR 2016, S. 962.

1615 Vgl. *Vogt*, in: Brandis/Heuermann, Ertragsteuerrecht, 2022, § 7 AStG, Rn. 99 f.; *Staats*, in: BeckOK AStG, AStG, 2022, § 7 AStG, Rn. 106; *Oppel/Wittling*, BB 2022,

Rechnung zu tragen, dass der schuldrechtliche Anspruch gegenüber dem Hauptbeteiligten besteht, sodass es an einem Anspruch gegenüber der ausländischen Gesellschaft fehlt.[1616]

9.1.2.2 *Unsystematische Unterscheidung bei der atypisch stillen Gesellschaft und atypisch stillen Unterbeteiligung*

Die atypisch stille Gesellschaft führt ertragsteuerlich zu einer Mitunternehmerschaft, sodass dem stillen Gesellschafter im Rahmen einer transparenten Besteuerung sein Gewinn- oder Verlustanteil unmittelbar zugerechnet wird.[1617] Folglich hält der stille Gesellschafter auch keine Beteiligung an der ausländischen Gesellschaft, sodass sich hieraus auch keine Beherrschung i. S. von § 7 Abs. 2 Satz 1 AStG a. F. und § 7 Abs. 2 AStG ableiten lässt. Die atypisch stille Gesellschaft führt gleichwohl zur Zurechnung einer anteiligen Betriebsstätte zum stillen Gesellschafter, sodass sich gemäß § 20 Abs. 2 AStG a. F. und AStG passive Betriebsstätteneinkünfte ergeben können. Beachtenswert ist, dass die vorgenannte Vorschrift unverändert keine Mindestbeteiligungsquote bzw. Mehrheitsbeteiligung vorsieht.[1618] Es kommt damit auch bei Vorliegen einer Minderheitsbeteiligung zur Zurechnung passiver Betriebsstätteneinkünfte.[1619]

Grundsätzlich unterscheidet auch die ATAD zwischen intransparenten und transparenten Rechtsträgern.[1620] In Art. 1 ATAD ist nämlich vorgesehen, dass nur körperschaftsteuerpflichtige Rechtsträger in den persönlichen

---

S. 1497. Siehe auch *Köhler*, in: S/K/K, AStG/DBA, 2017, § 7 AStG, Rn. 51; *Reiche*, in: Haase, AStG/DBA, 2016, § 7 AStG, Rn. 61; *Lipp*, ISR 2014, S. 412 zur alten Rechtslage.

1616 Vgl. Kapitel 4.4.1.1 und 4.4.2.1 zur gesellschaftsrechtlichen Einordnung der stillen Unterbeteiligung.

1617 Siehe auch *Hennrichs*, in: T/L, Steuerrecht, 2021, § 10, Rn. 70; *Bode*, in: Brandis/Heuermann, Ertragsteuerrecht, 2022, § 15 EStG, Rn. 317; *Wacker*, in: Schmidt, EStG, 2022, § 15 EStG Rn. 342 zu den Voraussetzungen einer atypisch stillen Gesellschaft.

1618 Vgl. *Vogt*, in: Brandis/Heuermann, Ertragsteuer, 2022, § 20 AStG, Rn. 30; *Prokopf*, in: S/K/K, AStG/DBA, 2019, § 20 AStG, Rn. 137 f. Siehe z. B. auch *Kraft*, in: Kraft, AStG, 2019, § 20 AStG, Rn. 71 zur unionsrechtlichen Einordnung.

1619 Vgl. *Kessler/Becker*, IStR 2005, S. 506; *Haase*, IStR 2008a, S. 314.

1620 Vgl. auch *Fehling*, in: Schaumburg/Englisch, Europäisches Steuerrecht, 2020, Rn. 17.74; *Böhmer/Gebhardt/Krüger*, in: Hagemann/Kahlenberg, ATAD, 2019, Art. 7 ATAD, Rn. 12; *Musil*, in: Musil/Weber-Grellet, Europäisches Steuerrecht, 2022, Art. 1 ATAD, Rn. 1; *Schnitger/Nitzschke/Gebhardt*, IStR 2016, S. 961.

Anwendungsbereich der Anti-Steuervermeidungsrichtlinie[1621] fallen. Personengesellschaften fallen gemäß Abs. 4 Satz 1 der Erwägungsgründe der ATAD nicht in den Anwendungsbereich der Richtlinie. Gleichwohl vermitteln diese ihren Gesellschaftern jeweils eine anteilige Betriebstätte[1622], die unabhängig der Beteiligungshöhe gemäß Art. 7 Abs. 1 ATAD in den Anwendungsbereich der Hinzurechnungsbesteuerung fallen kann.[1623] Diesem Verständnis liegt auch die Vorschrift des § 20 Abs. 2 AStG zugrunde.[1624]

Bedenken können hingegen geäußert werden, wenn es sich bei der atypisch stillen Gesellschaft um eine „ergänzende" Finanzierungsform handelt.[1625] Denn für die Beherrschungsprüfung des § 7 Abs. 2 Satz 1 AStG a. F. und § 7 Abs. 2 AStG ist allein auf die gesellschaftsrechtliche Beteiligung abzustellen, da die schuldrechtliche Beteiligung bereits in den Anwendungsbereich des § 20 Abs. 2 AStG a. F. und AStG fällt. Zwar stellt die ATAD auf eine tatsächliche Beherrschung und Kontrolle ab, allerdings darf nicht verkannt werden, dass durch eine atypisch stille Gesellschaft nur Einfluss auf das Handelsgewerbe ausgeübt werden kann. Diese Einflussnahme darf nach der hier vertretenen Auffassung jedoch nicht auf die Gesellschaftsebene projiziert werden, da die dort „angesiedelten" Verwaltungsrechte umfassender als die des stillen Gesellschafters im Rahmen der atypisch stillen Gesellschaft – als reine Innengesellschaft – sind.

Die atypisch stille Unterbeteiligung führt bei den hier betrachteten Fallkonstellationen zu einer Mitunternehmerschaft[1626], an welcher der Haupt- und Unterbeteiligte anteilig beteiligt ist. Ferner sind die Anteile an der ausländischen Gesellschaft anteilig dem Unterbeteiligten zuzurechnen, da dieser insoweit als

1621 Vgl. Richtlinie (EU) 2016/1164 des Rates vom 12.07.2016 mit Vorschriften zur Bekämpfung von Steuervermeidungspraktiken mit unmittelbaren Auswirkungen auf das Funktionieren des Binnenmarkts, Abl. EU 2016 L 193/1.

1622 So z. B. auch *Wassermeyer*, in: Wassermeyer, DBA, 2013, Art. 7 OECD-MA, Rn. 68; *Haase*, IStR 2008a, S. 314; *Bron*, IStR 2016, S. 28.

1623 Vgl. *Böhmer/Gebhardt/Krüger*, in: Hagemann/Kahlenberg, ATAD, 2019, Art. 7 ATAD, Rn. 6; *Musil*, in: Musil/Weber-Grellet, Europäisches Steuerrecht, 2022, Art. 7 ATAD, Rn. 6; *Schnitger/Nitzschke/Gebhardt*, IStR 2016, S. 961; *Schönfeld*, IStR 2017, S. 722.

1624 Siehe auch *Prokopf*, in: S/K/K, AStG/DBA, 2019, § 20 AStG, Rn. 137 ff. zur Kritik des Fehlens einer Mindestbeteiligungsquote.

1625 Vgl. Kapitel 4.3.2.

1626 Vgl. Kapitel 4.4.2.1.

wirtschaftlicher Eigentümer anzusehen ist (§ 39 Abs. 2 Nr. 2 AO).[1627] Diese Zurechnung gilt sowohl für das neue als auch alte Recht. Eine Besonderheit sieht hingegen § 7 Abs. 4 Satz 2 AStG vor, der bei Mitunternehmerschaften eine Beherrschung widerlegbar vermutet.[1628] Es kommt damit zu einer erheblichen Verschärfung im Vergleich zur Rechtslage vor dem ATADUmsG.[1629]

Zwar stellt auch die ATAD bei transparenten Rechtsträgern auf die dahinterstehenden Gesellschafter ab[1630], sodass die anteilige Zurechnung der Anteile am ausländischen Unternehmen zum Haupt- und Unterbeteiligten sachgerecht ist. Allerdings kennt das Beherrschungskriterium des Art. 7 Abs. 1 ATAD keine mit § 7 Abs. 4 Satz 2 AStG vergleichbare Regelung.[1631] Vielmehr stellt die Anti-Steuervermeidungsrichtlinie[1632] auf eine tatsächliche Beherrschung und Kontrolle im Verbund ab.[1633] Eine widerlegbare Vermutung (Beweislastumkehr) ist dem Richtlinienverfasser fremd. Der deutsche Gesetzgeber weicht insoweit vom Richtlinienwortlaut nach oben ab und implementiert eine deutlich restriktivere Regelung, was zwar sekundärrechtlich mit dem Mindestschutzniveau i. S. des Art. 3 ATAD vereinbar ist.[1634] Allerdings dürfen aus primärrechtlichen Aspekten an den Gegenbeweis nicht allzu hohe Hürden gesetzt werden.

1627 Vgl. BFH vom 22.07.2008, IX R 61/05, BFH/NV 2008, S. 2004; *Weber-Grellet*, in: Schmidt, EStG, 2022, § 17 EStG, Rn. 50; *Fischer*, in: H/H/Sp, AO/FGO, 2019, § 39 AO, Rn. 186; *Drüen*, in: T/K, AO/FGO, 2020, § 39 AO, Rn. 24a.

1628 Vgl. auch *Jacobsen*, in: AStG eKommentar, AStG, 2022, § 7 AStG, Fassung vom 01.01.2022, Rn. 90 und 94; *Staats*, in: BeckOK AStG, AStG, 2022, § 7 AStG, Rn. 246 f.; *Vogt*, in: Brandis/Heuermann, Ertragsteuerrecht, 2022, § 7 AStG, Rn. 133 und 137; *Böhmer/Oppel*, IWB 2020, S. 10; *Ditz u. a.*, DStR 2020, S. 77.

1629 Vgl. Gesetz zur Umsetzung der Anti-Steuervermeidungsrichtlinie (ATAD-Umsetzungsgesetz) vom 25.06.2021, BGBl I 2021, S. 2035.

1630 Vgl. auch *Böhmer/Gebhardt/Krüger*, in: Hagemann/Kahlenberg, ATAD, 2019, Art. 7 ATAD, Rn. 12; *Schnitger/Nitzschke/Gebhardt*, IStR 2016, S. 961, *Haase*, ISR 2017, S. 354.

1631 So z. B. auch *Staats*, in: BeckOK AStG, AStG, 2022, § 7 AStG Rn. 232 zur Vorschrift des § 7 Abs. 4 Satz 1 AStG.

1632 Vgl. Richtlinie (EU) 2016/1164 des Rates vom 12.07.2016 mit Vorschriften zur Bekämpfung von Steuervermeidungspraktiken mit unmittelbaren Auswirkungen auf das Funktionieren des Binnenmarkts, Abl. EU 2016 L 193/1.

1633 Vgl. *Heinsen/Erb*, DB 2018, S. 976; *Quilitzsch/Engelen*, FR 2018, S. 294; *Haase*, ISR 2017, S. 353. Siehe z. B. auch *Schönfeld*, IStR 2017, S. 722; *Oppel*, in: Schaumburg, Internationales Steuerrecht, 2023, Rn. 13.59, Fn. 3; *Oppel/Wittling*, BB 2022, S. 1496, Fn. 28 zur kontrolltheoretischen Idee.

1634 Vgl. *Musil*, in: Musil/Weber-Grellet, Europäisches Steuerrecht, 2022, Art. 3 ATAD, Rn. 1 ff.; *Hagemann u. a.*, IStR 2018, S. 193; *Fehling*, DB 2016, S. 2685; *Kahlenberg/*

9.2 Kapitel 5: Verbundbetrachtung bei gemeinschaftlich handelnden Investoren

9.2.1 Unterscheidung zwischen gesellschaftsrechtlichen Stimmrechten und schuldrechtlichen Mitbestimmungsrechten

Neben der kapitalmäßigen Beteiligungsmehrheit definiert § 7 Abs. 2 Satz 1 AStG a. F. auch die Stimmrechtsmehrheit als ein Beherrschungskriterium.[1635] Ebenfalls sieht § 7 Abs. 2 AStG das Beherrschungskriterium als erfüllt an, wenn die Mehrheit der Stimmrechte gehalten wird, sodass sich insoweit durch das ATADUmsG[1636] keine Veränderung ergab.[1637] Unter Stimmrechten sind nach nationalem Verständnis die gesellschaftsrechtlichen Verwaltungsrechte zu verstehen.[1638] Hingegen stellen Mitbestimmungsrechte schuldrechtlicher Natur keine Stimmrechte dar, sodass diese bei der Prüfung des § 7 Abs. 2 Satz 1 AStG a. F. und § 7 Abs. 2 AStG irrelevant sind.[1639]

Gleichwohl hat der Gesetzgeber mit § 7 Abs. 4 Satz 1 AStG eine weitere Vorschrift eingeführt, durch die das Zusammenwirken durch abgestimmtes

---

Weiss, IStR 2019, S. 86; *Schönfeld*, IStR 2017, S. 721 zum Mindestschutzniveau gemäß Art. 3 ATAD. Es wird ferner im Schrifttum die Ansicht vertreten, dass durch das Primärrecht eine Schrankenwirkung nach oben ausgeht (vgl. *Schönfeld/Ellenrieder/Sendke*, IStR 2022, S. 517 ff.; *Musil*, FR 2018, S. 938; *Schnitger/Nitzschke/Gebhardt*, IStR 2016, S. 960; *Böhmer*, IWB 2017, S. 848; *Linn*, IStR 2016, S. 646, a. A. FG Köln vom 17.05.2017, 2 K 773/16, EFG 2017, S. 1518; *Fehling*, FR 2015, S. 823).

1635 Vgl. Kapitel 5.1.

1636 Vgl. Gesetz zur Umsetzung der Anti-Steuervermeidungsrichtlinie (ATAD-Umsetzungsgesetz) vom 25.06.2021, BGBl I 2021, S. 2035.

1637 Vgl. *Vogt*, in: Brandis/Heuermann, Ertragsteuerrecht, 2022, § 7 AStG, Rn. 97 ff.; *Jacobsen*, in: AStG eKommentar, AStG, 2022, § 7 AStG, Fassung vom 01.01.2022, Rn. 75; *Staats*, in: BeckOK AStG, AStG, 2022, § 7 AStG, Rn. 189 ff.; *Ditz u. a.*, DStR 2020, S. 76; *Linn*, IStR 2020, S. 78; *Haase/Nürnberg*, Ubg 2020, S. 2; *Linn*, IStR 2020, S. 78; *Gebhardt/Krüger*, IWB 2020, S. 117; *Böhmer/Oppel*, IWB 2020, S. 6; *Middendorf/Eberhardt*, StuB 2021, S. 696.

1638 Vgl. *Fuhrmann*, in: Fuhrmann, AStG, 2017, § 7 AStG, Rn. 57; *Wassermeyer*, in: F/W/B/S, Außensteuerrecht, 2018, § 7 AStG, Rn. 12.2; *Jacobsen*, in: AStG eKommentar, AStG, 2021, § 7 AStG, Fassung vom 01.01.2018, Rn. 24; *Vogt*, in: Brandis/Heuermann, Ertragsteuerrecht, 2016, § 7 AStG, Rn. 21.

1639 Vgl. *Wassermeyer*, in: F/W/B/S, Außensteuerrecht, 2018, § 7 AStG, Rn. 55; *Jacobsen*, in: AStG eKommentar, AStG, 2021, § 7 AStG, Fassung vom 01.01.2018, Rn. 37.

Verhalten zu einer Beherrschung führen kann.[1640] Denn bloße schuldrechtliche Stimmrechtsvereinbarungen wie z. B. ein Konsortialvertrag führen nicht zu einer Übertragung von Stimmrechten und begründen damit kein Stimmrecht i. S. von § 7 Abs. 2 Satz 1 AStG a. F. und § 7 Abs. 2 AStG. Eine Stimmrechtszurechnung war nämlich in § 7 Abs. 4 Satz 1 AStG a. F. nur vorgesehen, sofern eine Weisungsgebundenheit vorlag.[1641] Vor allem die Stimmrechtsbündelung innerhalb einer Innengesellschaft war hiervon nicht erfasst, selbst wenn ein Gesellschafter mittelbar über die Innengesellschaft die ausländische Gesellschaft beherrschte.[1642] Fortan können diese Vorgänge ein Zusammenwirken durch abgestimmtes Verhalten darstellen, zumindest dann, wenn diese über den Erwerbszeitpunkt hinaus erfolgen.[1643]

Vetorechte zugunsten eines Gesellschafters der ausländischen Gesellschaft waren bereits für § 7 Abs. 2 Satz 1 AStG a. F. ohne Relevanz.[1644] Es ist damit denklogisch, dass diese Wertung auch unter dem neuen Recht fort gilt, da auch § 7 Abs. 4 Satz 1 AStG mangels Zusammenwirkens nicht greift.[1645] Zwar kann nicht vernachlässigt werden, dass durch ein Vetorecht die Stimmen der übrigen Gesellschafter „entkräftet" werden können. Allerdings ändert dies nichts an der Tatsache, dass allein Gesellschafterbeschlüsse blockiert werden können. Eine Fremdbestimmtheit wird hierdurch nicht erlangt.[1646]

1640 Vgl. auch *Vogt*, in: Brandis/Heuermann, Ertragsteuerrecht, 2022, § 7 AStG, Rn. 133 ff.; *Jacobsen*, in: AStG eKommentar, AStG, 2022, § 7 AStG, Fassung vom 01.01.2022, Rn. 91; *Böhmer/Oppel*, IWB 2020, S. 10; *Weber/Zöller*, FR 2020, S. 294.

1641 Vgl. BMF vom 14.05.2004, BStBl I 2004, Sondernr. 1/2004, S. 3, Tz. 7.4.3; *Kraft*, in: Kraft, AStG, 2019, § 7 AStG, Rn. 121; *Vogt*, in: Brandis/Heuermann, Ertragsteuerrecht, 2016, § 7 AStG, Rn. 32.

1642 Vgl. Kapitel 5.2.1.

1643 Siehe auch BFH vom 22.11.2016, I R 30/15, BStBl II 2017, S. 921; BMF vom 28.11.2017, BStBl I 2017, S. 1645, Rn. 28; *Suchanek*, in: H/H/R, EStG/KStG, 2021, § 8c KStG, Rn. 39 f. zu dieser Diskussion bei § 8c Abs. 1 Satz 2 KStG.

1644 Vgl. *Wassermeyer*, in: F/W/B/S, Außensteuerrecht, 2018, § 7 AStG, Rn. 55; *Köhler*, in: S/K/K, AStG/DBA, 2017, § 7 AStG, Rn. 98; *Jacobsen*, in: AStG eKommentar, AStG, 2021, § 7 AStG, Fassung vom 01.01.2018, Rn. 37.

1645 Vgl. Kapitel 5.2.3.

1646 So auch *Köhler*, in: S/K/K, AStG/DBA, 2017, § 7 AStG, Rn. 98; *Wassermeyer*, in: F/W/B/S, Außensteuerrecht, 2018, § 7 AStG, Rn. 55.

Die Anti-Steuervermeidungsrichtlinie[1647] stellt ebenfalls auf das Beherrschungskriterium „Stimmrecht" ab. Der Richtlinienverfasser hat wohl auch hier die gesellschaftsrechtlichen Verwaltungsrechte vor Augen. Das Vorliegen von schuldrechtlichen Mitbestimmungsrechten ist bei der Prüfung des Art. 7 Abs. 1 Buchst. a ATAD somit ohne Relevanz. Insbesondere bei Stimmrechtsvereinbarungen ist gleichwohl der Sinn und Zweck der ATAD zu beachten, da diese stets auf eine tatsächliche Beherrschung und Kontrolle abstellt.[1648] Umfasst daher die Stimmrechtsvereinbarung die Mehrheit der Stimmrechte am ausländischen Unternehmen, so erfüllt diese Innengesellschaft das Beherrschungserfordernis.[1649] Die Rechtsfolgen der Hinzurechnungsbesteuerung treten indes auf Ebene der Gesellschafter der Innengesellschaft anteilig ein.[1650]

Diesem Verständnis steht auch nicht entgegen, dass transparente Rechtsträger gemäß Abs. 4 Satz 1 der Erwägungsgründe der ATAD nicht der Hinzurechnungsbesteuerung unterliegen. Denn diese Aussage beschränkt sich auf die Rechtsfolgenseite, sodass transparente Rechtsträger selbst das Tatbestandsmerkmal der Beherrschung erfüllen können.[1651] Die Rechtsfolge in Form der Hinzurechnungsbesteuerung hat hingegen auf Ebene des Gesellschafters zu erfolgen. Insoweit weicht § 7 Abs. 4 Satz 1 AStG von der ATAD, da die nationale Vorschrift bloß eine „Zusammenrechnung" der Gesellschafter des ausländischen Unternehmens anordnet, jedoch nicht darauf abstellt, ob die Stimmrechtsvereinbarung überhaupt eine Stimmrechtsmehrheit an der ausländischen Gesellschaft begründet. Ist dies der Fall, so bejaht das nationale Recht eine Beherrschung noch nicht, was nach Ansicht des europäischen Richtlinienverfassers hingegen zu erfolgen hat.

1647 Vgl. Richtlinie (EU) 2016/1164 des Rates vom 12.07.2016 mit Vorschriften zur Bekämpfung von Steuervermeidungspraktiken mit unmittelbaren Auswirkungen auf das Funktionieren des Binnenmarkts, Abl. EU 2016 L 193/1.

1648 Vgl. hierzu z. B. *Haase*, ISR 2017, S. 353; *Heinsen/Erb*, DB 2018, S. 976; *Quilitzsch/Engelen*, FR 2018, S. 294.

1649 Siehe z. B. auch *Linn*, IStR 2016, S. 646; *Haase*, ISR 2017, S. 354; *Böhmer/Gebhardt/Krüger*, in: Hagemann/Kahlenberg, ATAD, 2019, Art. 7 ATAD, Rn. 21 zur Einordnung von Personengesellschaften als Unternehmen, was nach der hier vertretenen Ansicht ebenfalls auf Innengesellschaften zu übertragen ist.

1650 Vgl. auch *Böhmer/Gebhardt/Krüger*, in: Hagemann/Kahlenberg, ATAD, 2019, Art. 7 ATAD, Rn. 21.

1651 So auch *Böhmer/Gebhardt/Krüger*, in: Hagemann/Kahlenberg, ATAD, 2019, Art. 7 ATAD, Rn. 21.

Vetorechte zugunsten eines Gesellschafters führen nach der hier vertretenen Ansicht nicht zu einem Stimmrecht i. S. des Art. 7 Abs. 1 Buchst. a ATAD, da es an entsprechenden Mitwirkungs- und Gestaltungsrechten fehlt.[1652] Das nationale Auslegungsverständnis entspricht damit dem Willen des Richtlinienverfassers.

9.2.2 Übergang von der Inländerbeherrschung zur Verbundbeherrschung

§ 7 Abs. 2 Satz 1 AStG a. F. sah vor, dass die Kapitalbeteiligung und die Stimmrechte sämtlicher unbeschränkt Steuerpflichtiger sowie erweitert beschränkt Steuerpflichtiger zusammenzurechnen sind.[1653] Ohne Relevanz ist hierbei, ob und inwiefern ein Näheverhältnis zwischen den Steuerpflichtigen besteht, sodass es auch zu einer rein zufälligen Inländerbeherrschung kommen konnte.[1654] Mit § 7 Abs. 2 AStG ist nun das Konzept der Verbundbeherrschung vorgesehen, sodass eine Zusammenrechnung „nur" zwischen nahestehenden Personen erfolgt (§ 7 Abs. 3 i. V. m. § 1 Abs. 2 AStG).[1655] Infolge des Abstellens auf den Verbund kommt es damit nicht mehr nur auf die Ebene unterhalb des inländischen Gesellschafters an, sondern die Prüfung hat auch die Ebenen oberhalb des inländischen Gesellschafters zu umfassen.[1656] Hierdurch werden insbesondere Fallkonstellationen erfasst, bei denen der inländische Gesellschafter nicht über eine Mehrheitsbeteiligung verfügt, da weitere Anteile bspw. durch die ausländische Muttergesellschaft gehalten werden.[1657] Die Berücksichtigung der Anteile einer Muttergesellschaft war § 7 Abs. 2 Satz 1 AStG a. F. fremd.

1652 Vgl. auch *Böhmer/Gebhardt/Krüger*, in: Hagemann/Kahlenberg, ATAD, 2019, Art. 7 ATAD, Rn. 26.

1653 Vgl. Kapitel 3.2.2.

1654 Vgl. *Protzen*, in: Kraft, AStG, 2019, § 7 AStG, Rn. 98; *Schönfeld*, StuW 2005, S. 169; *Wassermeyer*, IStR 2018, S. 744; *Haase*, DStR 2019, S. 828; *Ditz/Quilitzsch*, Ubg 2021, S. 486; *Gebhardt/Krüger*, IWB 2020, S. 115; *Cloer/Hagemann*, DB 2019, S. 1229; *Richter/Welling*, FR 2020, S. 109.

1655 Siehe z. B. auch *Busch*, DB 2020, S. 192; *Richter*, ISR 2020, S. 110; *Oppel/Wittling*, BB 2022, S. 1497; *Leidel/Bücheler*, IStR 2022, S. 792 zur Reichweite der nahestehenden Person innerhalb der Hinzurechnungsbesteuerung.

1656 Vgl. *Staats*, in: BeckOK AStG, AStG, 2022, § 7 AStG, Rn. 212.1; *Ditz u. a.*, DStR 2020, S. 76 f.; *Böhmer/Oppel*, IWB 2020, S. 8; Siehe z. B. auch *Kortendick/Ekinci*, IStR 2020, S. 615 ff.; *Ditz/Quilitzsch*, Ubg 2021, S. 485 ff. zum Nahestehen bei der Beherrschungsprüfung i. S. von § 7 Abs. 2 AStG.

1657 Vgl. Kapitel 5.3.1.1.

Ferner wird mit § 7 Abs. 4 Satz 2 AStG widerlegbar vermutet, dass die Gesellschafter einer Personengesellschaft bzw. die Mitunternehmer einer Mitunternehmerschaft als nahestehende Personen gelten. Die Folge ist, dass die durch eine Personengesellschaft oder Mitunternehmerschaft gehaltenen Anteile an einer ausländischen Gesellschaft vollumfänglich dem inländischen Gesellschafter zugerechnet werden, es sei denn, der inländische Gesellschafter kann vom Gegenbeweis Gebrauch machen.[1658] Die Anteile an der ausländischen Gesellschaft sind aufgrund des weiten Wortlauts des § 7 Abs. 4 Satz 2 AStG selbst dann dem ausländischen Gesellschafter zuzurechnen, wenn es sich bei den übrigen Gesellschaftern bzw. Mitunternehmern nicht um inländische Steuerpflichtige handelt.[1659] Die Vorschrift des § 7 Abs. 3 AStG a. F. sah hingegen eine anteilige Zurechnung von durch Personengesellschaften gehaltenen Anteilen vor[1660], sodass mit § 7 Abs. 4 Satz 2 AStG eine erhebliche Verschärfung einhergeht.

Eine Verbundbetrachtung ist auch in Art. 7 Abs. 1 Buchst. a ATAD vorgesehen, da bei der Beherrschungsprüfung sämtliche verbundene Unternehmen i. S. von Art. 2 Abs. 4 ATAD einzubeziehen sind. Diesen Anforderungen hat der deutsche Gesetzgeber im Grundsatz durch die Abkehr von der Inländerbeherrschung Rechnung getragen.[1661] Der nationale Gesetzgeber hat sich gleichwohl bei der Umsetzung des Art. 7 Abs. 1 Buchst. a ATAD für ein deutlich restriktiveres Regelungswerk entschieden. Denn anders als in Art. 2 Abs. 4 ATAD vorgesehen, kann bereits ein beherrschender Einfluss ein Nahestehen begründen (§ 1 Abs. 2 Satz 1 Nr. 2 und Nr. 3 Buchst. c AStG).[1662] Zudem sieht der deutsche Gesetzgeber – wie bereits dargelegt – mit § 7 Abs. 4 Satz 2 AStG

1658 Vgl. hierzu z. B. *Staats*, in: BeckOK AStG, AStG, 2022, § 7 AStG, Rn. 246 ff.

1659 Siehe z. B. auch *Ditz/Quilitzsch*, Ubg 2021, S. 488; *Kortendick/Ekinci*, IStR 2020, S. 617 und 619; a. A. *Bindl/Leidel/Bücheler*, IStR 2022, S. 792 zu den Folgen des § 7 Abs. 4 Satz 1 AStG.

1660 Vgl. BMF vom 14.05.2004, BStBl I 2004, Sondernr. 1/2004, S. 3, Tz. 7.3; *Wassermeyer*, in: F/W/B/S, Außensteuerrecht, 2018, § 7 AStG, Rn. 9.1. Siehe auch BFH vom 11.07.1996, IV R 103/94, BStBl II 1997, S. 39; BFH vom 26.04.2001, IV R 14/00, BStBl II 2001, S. 798; FG Hamburg vom 01.10.2009, 6 K 45/07, EFG 2010, S. 425; FG Niedersachsen vom 28.09.2009, 3 K 869/04, DStRE 2010, S. 992 zur fiktiven Bruchteilsbetrachtung i. S. von § 39 Abs. 2 Nr. 2 AO.

1661 Siehe auch *Vogt*, in: Brandis/Heuermann, Ertragsteuerrecht, 2022, § 7 AStG, Rn. 97 ff.; *Staats*, in: BeckOK AStG, AStG, 2022, § 7 AStG, Rn. 189 ff.; *Haase/Nürnberg*, Ubg 2020, S. 2; *Linn*, IStR 2020, S. 78; *Gebhardt/Krüger*, IWB 2020, S. 117; *Böhmer/Oppel*, IWB 2020, S. 6 zum Konzept der Verbundbeherrschung.

1662 Vgl. Kapitel 5.2.2.

eine „Zusammenrechnung" vor, bei dem es ohne Relevanz ist, ob die Personengesellschaft oder Mitunternehmerschaft über eine Mehrheit der Kapitalanteile oder Stimmrechte verfügt.[1663] Eine derartige Vorgehensweise ist zwar der ATAD fremd, allerdings vor dem Hintergrund des Art. 3 ATAD sekundärrechtlich als zulässig zu betrachten.

Bei mittelbaren Beteiligungen sah die Vorschrift des § 7 Abs. 2 Satz 2 AStG a. F. eine prozentuale Durchrechnung der über die vermittelnde Gesellschaft gehaltenen Beteiligung vor.[1664] Nach dem Verständnis der Finanzverwaltung sind allerdings vermittelnde Gesellschaften nur zu berücksichtigen, wenn an dieser wiederum selbst eine Mehrheitsbeteiligung besteht.[1665] Da § 7 Abs. 2 und 3 AStG fortan auf den Verbund bestehend aus nahestehenden Personen abstellen, bestehen gewisse Bedenken, ob und inwiefern die Ansicht der Finanzverwaltung noch tragbar ist.[1666] Denn in § 1 Abs. 2 und § 7 Abs. 4 AStG findet sich eine abschließende Definition des Nahestehens, der das Erfordernis einer Mehrheitsbeteiligung fremd ist.

Verbundene Unternehmen definiert der europäische Richtlinienverfasser in Art. 2 Abs. 4 ATAD, wobei das Vorliegen eines verbundenen Unternehmens keine Mehrheitsbeteiligung an diesem erfordert, sodass sich insoweit eine Abweichung zum Verständnis der Finanzverwaltung[1667] bei § 7 Abs. 2 Satz 2 AStG a. F. ergibt. Bei mittelbaren Beteiligungsverhältnissen ist vielmehr eine prozentuale Durchrechnung zur Bestimmung der Beteiligungsquote durchzuführen, sodass dem Verbund die quotale Beteiligung zuzurechnen ist.[1668] Das nationale Recht sieht indes vor, dass die Beteiligungen nahestehender Personen in voller Höhe dem inländischen Gesellschafter zuzurechnen sind, selbst dann, wenn keine Beteiligung von 100 % an der vermittelnden Gesellschaft besteht.[1669]

1663 Vgl. hierzu z. B. *Böhmer/Oppel*, IWB 2020, S. 17; *Linn*, IStR 2020, S. 78; *Ditz u. a.*, DStR 2020, S. 77.

1664 Vgl. *Wassermeyer*, in: F/W/B/S, Außensteuerrecht, 2018, § 7 AStG, Rn. 74; *Köhler*, in: S/K/K, AStG/DBA, 2017, § 7 AStG, Rn. 101; *Schmidt*, in: H/K/R, Außensteuerrecht, 2018, § 7 AStG, Rn. 97; *Fuhrmann*, in: Fuhrmann, AStG, 2017, § 7 AStG, Rn. 100.

1665 Vgl. BMF vom 14.05.2004, BStBl I 2004, Sondernr. 1/2004, S. 3, Tz. 7.1.2.

1666 Vgl. Kapitel 5.3.1.2.

1667 Vgl. BMF vom 14.05.2004, BStBl I 2004, Sondernr. 1/2004, S. 3, Tz. 7.1.2.

1668 Vgl. *Schnitger/Nitzschke/Gebhardt*, IStR 2016, S. 971; *Böhmer/Gebhardt/Krüger*, in: Hagemann/Kahlenberg, ATAD, 2019, Art. 8 ATAD, Rn. 18; kritisch betrachtend *Moser*, IStR 2017, S. 615.

1669 Vgl. *Kortendick/Ekinci*, IStR 2020, S. 617 und 619; *Ditz/Quilitzsch*, Ubg 2021, S. 488; a. A. *Bindl/Leidel/Bücheler*, IStR 2022, S. 792.

Da somit ausländische Gesellschaften durch mehrere Steuerpflichtige beherrscht werden können, ist eine vollumfängliche Zurechnung abzulehnen.

9.3 Kapitel 6: Steuerbilanzielle Maßnahmen und außerbilanzielle Korrekturen zur Einflussnahme auf die Steuerquote

9.3.1 Übertragung von Wirtschaftsgütern zwischen verschiedenen Rechtsträgern

Die Ermittlung der effektiven Steuerquote i. S. von § 8 Abs. 3 Satz 1 AStG a. F. hat nach deutschen ertragsteuerlichen Grundsätzen zu erfolgen.[1670] Die nationalen Vorschriften sind gemäß § 8 Abs. 5 Satz 1 AStG auch nach neuem Recht weiterhin anzuwenden.[1671] Durch Umwandlungen wie z. B. Seitwärtsverschmelzungen konnten vor dem ATADUmsG[1672] bewusst stille Reserven gehoben werden, was dazu führen konnte, dass eine Niedrigbesteuerung vermieden wird.[1673] Der deutsche Gesetzgeber hat diesen Gestaltungsalternativen durch die Anpassung des § 8 Abs. 1 Nr. 9 Halbsatz 2 und § 10 Abs. 5 Satz 2 AStG entgegengewirkt.[1674] Denn zum einen setzt die Aktivität voraus, dass auch im Ausland tatsächlich die Buchwerte fortgeführt werden. Zum anderen ergibt sich aus § 10 Abs. 5 Satz 2 AStG eine Buchwertverknüpfung, welche der Hebung der stillen Reserven entgegensteht.[1675]

Zwar nimmt Art. 7 Abs. 1 Buchst. b ATAD nicht dazu Stellung, wie die effektive Steuerquote zu ermitteln ist, allerdings liegt es nahe, dass das Verständnis des

1670 Vgl. BMF vom 14.05.2004, BStBl I 2004, Sondernr. 1/2004, S. 3, Tz. 8.3.2.1; *Fuhrmann*, in: Fuhrmann, AStG, 2017, § 8 AStG, Rn. 316, *Kraft*, in: Kraft, AStG, 2019, § 8 AStG, Rn. 899.

1671 Vgl. hierzu z. B. *Mann*, in: BeckOK AStG, AStG, 2022, § 8 AStG, Rn. 464; *Vogt*, in: Brandis/Heuermann, Ertragsteuerrecht, 2022, § 8 AStG, Rn. 480.

1672 Vgl. Gesetz zur Umsetzung der Anti-Steuervermeidungsrichtlinie (ATAD-Umsetzungsgesetz) vom 25.06.2021, BGBl I 2021, S. 2035.

1673 Vgl. *Oertel*, in: BeckOK AStG, AStG, 2022, § 10 AStG, Rn. 320 ff.; *Linn*, IStR 2020, S. 82; *Becker/Mühlhausen/Schmelz*, ISR 2018, S. 100 ff. Die Vorschrift des § 10 Abs. 5 Satz 2 AStG wird im Schrifttum als eine bloß deklaratorische Vorschrift bezeichnet, da sich die Rechtsfolgen der Buchwertfortführung bereits aus den allgemeinen Bewertungsvorschriften ergeben sollen (vgl. *Vogt*, in: Brandis/Heuermann, Ertragsteuerrecht, 2022, § 10 AStG, Rn. 121).

1674 Vgl. BT-Drucks. 19/28652, S. 56 f.

1675 Vgl. Kapitel 6.2.2.

Mitgliedstaats des Steuerpflichtigen maßgeblich ist.[1676] Denn die Missbrauchsvermeidung muss erfordern, dass die ausländische Steuerquote des ausländischen Unternehmens allenfalls als Indikation herangezogen werden kann. Unter sinngemäßer Anwendung des Art. 8 Abs. 1 Satz 1 ATAD sind damit die nationalen Vorschriften des Mitgliedstaats des Steuerpflichtigen anzuwenden.[1677] Eine etwaiger Step-up führt damit für Zwecke des Art. 7 Abs. 1 Buchst. b ATAD zu einer Mehrabschreibung.

Gleichwohl gilt es hervorzuheben, dass der ATAD eine mit § 10 Abs. 5 Satz 2 AStG vergleichbare Buchwertverknüpfung nicht bekannt ist. Daher weicht das nationale Recht deutlich einschränkender von der Anti-Steuervermeidungsrichtlinie[1678] ab. Allerdings kann sich eine Rechtfertigung des § 10 Abs. 5 Satz 2 AStG zumindest mittelbar aus der ATAD ableiten lassen. Denn gemäß Abs. 12 Satz 3 der Erwägungsgründe der ATAD ist das übergeordnete Ziel, rein künstliche Gewinnverlagerung zu vermeiden.[1679] Es scheint daher nicht mit dem vorgenannten Ziel vereinbar zu sein, wenn durch eine bloße Umwandlung stille Reserven gehoben werden, mit der Folge, dass hierdurch eine Niedrigbesteuerung vermieden wird, es sei denn, dass der Step-up selbst von der Hinzurechnungsbesteuerung erfasst wurde.[1680]

9.3.2 Übertragung von Wirtschaftsgütern zwischen verschiedenen Betriebsstätten

Einer Niedrigbesteuerung kann ferner dadurch entgegengewirkt werden, dass Wirtschaftsgüter zwischen Betriebsstätten in verschiedenen ausländischen Staaten überführt werden. Denn sowohl nach altem als auch neuem Recht kommt es dann zu einer Entstrickung, die zum gemeinen Wert zu bewerten ist (§ 4 Abs. 1

1676 Siehe auch *Böhmer/Gebhardt/Krüger*, in: Hagemann/Kahlenberg, ATAD, 2019, Art. 7 ATAD, Rn. 44 zu den Folgen der divergierenden Gewinnermittlung im Mitgliedstaat des ausländischen Unternehmens und des Steuerpflichtigen.

1677 Vgl. auch *Böhmer/Gebhardt/Krüger*, in: Hagemann/Kahlenberg, ATAD, 2019, Art. 7 ATAD, Rn. 44.

1678 Vgl. Richtlinie (EU) 2016/1164 des Rates vom 12.07.2016 mit Vorschriften zur Bekämpfung von Steuervermeidungspraktiken mit unmittelbaren Auswirkungen auf das Funktionieren des Binnenmarkts, Abl. EU 2016 L 193/1.

1679 Vgl. auch *Fehling*, in: Schaumburg/Englisch, Europäisches Steuerrecht, 2020, Rn. 17.60; *Englisch*, in: T/L, 2021, § 4, Rn. 100; *Kahlenberg/Prusko*, IStR 2017, S. 305; *Jochimsen/Zinowsky*, ISR 2016, S. 113.

1680 Vgl. Kapitel 6.1.

Satz 3 i. V. m. § 6 Abs. 1 Nr. 5a Halbsatz 1 EStG).[1681] Die aufgedeckten stillen Reserven führen zu einem Ertrag, wodurch sich die effektive Steuerquote erhöht.

Die Anwendung der Entstrickungsnormen muss auch für Art. 7 Abs. 1 Buchst. b ATAD gelten. Denn mit Art. 5 Abs. 1 und 5 ATAD besteht indes eine Verpflichtung zur Umsetzung von Entstrickungsnormen.[1682] Die Überführung von Wirtschaftsgütern zwischen Betriebsstätten verschiedener ausländischer Staaten führt damit auch im Rahmen der ATAD zu einem Ertrag, der die effektive Steuerquote mindert.

9.3.3 Nicht fremdübliche Finanzierung zwischen ausländischen Gesellschaften

Besonderheiten können sich ergeben, wenn im In- und Ausland das Verständnis hinsichtlich der Fremdüblichkeit eines Zinssatzes nicht korrespondiert. Durch bewusste Finanzierungsstrukturen kann somit die Situation erreicht werden, dass niedrigbesteuerten ausländischen Gesellschaften ein Ertrag allein für Zwecke der Niedrigbesteuerung zugerechnet wird.[1683] Insbesondere bei Einsatz von ausländischen Holdinggesellschaften war eine verdeckte Gewinnausschüttung im Dreieck gemäß § 8 Abs. 1 Nr. 8 AStG a. F. von aktiver Natur, da hiervon offene und verdeckte Gewinnausschüttungen gleichermaßen erfasst werden.[1684] Durch das ATADUmsG[1685] ist nun in § 8 Abs. 1 Nr. 7 Buchst. a Satz 2 AStG ein Korrespondenzprinzip vorgesehen, sodass die Aktivität von einer entsprechenden Vorbelastung abhängt.[1686]

Nach der hier vertretenen Ansicht fordert Art. 7 Abs. 1 Buchst. b ATAD, dass die nationalen Vorschriften des Mitgliedstaats des Steuerpflichtigen anzuwenden sind.[1687] Die Forderung einer Schattenrechnung in § 8 Abs. 5 Satz 1 AStG

1681 Vgl. Kapitel 6.2.1 und 6.2.2.

1682 Vgl. hierzu z. B. *Fehling*, DB 2016, S. 2862.

1683 Vgl. Kapitel 6.3.1 und 6.3.2.

1684 Vgl. BMF vom 14.05.2004, BStBl I 2004, Sondernr. 1/2004, S. 3, Tz. 8.1.8; *Kroppen*, in: DStJG 31, Einkommen aus Kapital, 2006, S. 324; *Kneip/Rieke*, IStR 2001, S. 666; *Lieber*, FR 2002, S. 139.

1685 Vgl. Gesetz zur Umsetzung der Anti-Steuervermeidungsrichtlinie (ATAD-Umsetzungsgesetz) vom 25.06.2021, BGBl I 2021, S. 2035.

1686 Vgl. *Mann*, in: BeckOK AStG, AStG, 2022, § 8 AStG, Rn. 249; *Vogt*, in: Brandis/Heuermann, Ertragsteuerrecht, 2022, § 8 AStG, Rn. 232; *Binder/Graßl*, IStR 2021, S. 866; *Schönfeld*, IStR 2019, S. 400 f.; *Linn*, IStR 2020, S. 81; *Böhmer/Schewe/Schlücke*, FR 2020, S. 165 f.; *Ditz u. a.*, DStR 2020, S. 78; *Böhmer/Oppel*, IWB 2020, S. 13.

1687 Vgl. auch *Böhmer/Gebhardt/Krüger*, in: Hagemann/Kahlenberg, ATAD, 2019, Art. 7 ATAD, Rn. 44.

steht somit im Einklang mit der Richtlinie. Eine wesentliche Abweichung besteht gleichwohl darin, dass Art. 7 Abs. 2 Buchst. a Unterbuchst. iii) ATAD Dividenden als passiv qualifiziert. Die Vorschrift des § 8 Abs. 1 Nr. 7 AStG erfüllt damit nicht die Vorgaben der ATAD.[1688] Diese Abweichung ist allerdings vor dem Hintergrund zu verstehen und gleichwohl zu relativieren, dass nach Art. 7 Abs. 2 Buchst. a ATAD nur nicht ausgeschüttete Einkünfte passive Einkünfte darstellen können.[1689] Wenn und soweit eine Ausschüttung jedoch zum Nichtvorliegen von passiven Einkünften führt, so ist es konsequent, dass Dividenden von passiver Natur sind.[1690]

Allerdings darf wiederum nicht vernachlässigt werden, dass sich hierdurch die passiven Einkünfte auf einer „anderen" Beteiligungsebene ergeben.[1691] Dies kann insbesondere von Relevanz sein, wenn bestimmte Rechtsträger in der Beteiligungskette nicht als niedrigbesteuert gelten. In diesem Fall sieht die Vorschrift des § 8 Abs. 1 Nr. 7 AStG abweichend von der ATAD passive Einkünfte vor und ist damit als überschießend zu betrachten.

9.4 Kapitel 7: Funktionale Betrachtungsweise als Ausprägung der Verhinderung einer rein künstlichen Gewinnverlagerung

9.4.1 Differenzierung zwischen Finanzierungs- und Vermietungseinkünften sowie Dividendeneinkünften

Das nationale Recht sieht vor, dass ausländische Gesellschaften sämtlichen in § 8 Abs. 1 AStG a. F. genannten Tätigkeiten nachgehen können, sodass die Tätigkeit

---

1688 Vgl. Musil, in: Musil/Weber-Grellet, Europäisches Steuerrecht, 2022, Art. 7 ATAD, Rn. 11; *Böhmer/Gebhardt/Krüger*, in: Hagemann/Kahlenberg, ATAD, 2019, Art. 7 ATAD, Rn. 104; *Linn*, IStR 2020, S. 81; *Böhmer/Oppel*, IWB 2020, S. 13; *Ditz u. a.*, DStR 2020, S. 78.

1689 Vgl. *Haase*, DStR 2019, S. 833; *Schönfeld*, IStR 2017, S. 725; *Schnitger/Gebhardt*, IStR 2018, S. 213 ff.; *Böhmer/Gebhardt/Krüger*, in: Hagemann/Kahlenberg, ATAD, 2019, Art. 7 ATAD, Rn. 54 f.; *Musil*, in: Musil/Weber-Grellet, Europäisches Steuerrecht, 2022, Art. 7 ATAD, Rn. 11.

1690 Vgl. hierzu z. B. *Schnitger/Gebhardt*, IStR 2018, S. 213 ff.

1691 Siehe auch *Böhmer/Gebhardt/Krüger*, in: Hagemann/Kahlenberg, ATAD, 2019, Art. 7 ATAD, Rn. 55; *Schnitger/Gebhardt*, IStR 2018, S. 213 ff. zu einer entsprechenden Kritik.

nicht einheitlich hierunter zu subsumieren ist.[1692] Gleichwohl fordert die funktionale Betrachtungsweise, dass wirtschaftlich zusammenhängende Tätigkeiten einheitlich im Rahmen des § 8 Abs. 1 AStG a. F. zu behandeln sind, da insoweit Nebenerträge bzw. Vor- oder Folgeerträge einer Haupttätigkeit anzunehmen sind.[1693] Die funktionale Betrachtungsweise findet auch bei § 8 Abs. 1 AStG weiterhin Anwendung.[1694] Zinseinkünfte waren gemäß § 8 Abs. 1 Nr. 7 AStG a. F. nur unter sehr engen Voraussetzungen von aktiver Natur.[1695] Die vorgenannte Vorschrift wurde im Rahmen des ATADUmsG[1696] ersatzlos gestrichen, sodass Zinseinkünfte nach neuem Recht ausnahmslos passiv sind, es sei denn, dass diese im Rahmen der funktionalen Betrachtungsweise einer aktiven Haupttätigkeit zuzurechnen sind. Beispielhaft kann die untergeordnete Finanzanlage von liquiden Mitteln aus einer aktiven Tätigkeit genannt werden[1697], worunter auch die Stundung einer aktiven Gewinnausschüttung fällt.[1698]

Die Anti-Steuervermeidungsrichtlinie[1699] enthält selbst keine Aussage dazu, ob und inwiefern die Einkünfte ausländischer Unternehmen zu atomisieren oder nach wirtschaftlichen Gesichtspunkten einheitlich zu beurteilen sind. Der Wortlaut des Art. 7 Abs. 2 Buchst. a ATAD kann zwar so verstanden werden, dass sämtliche Einkunftsarten in Form einer Atomisierung isoliert zu prüfen sind. Dies widerspricht meines Erachtens dem Sinn und Zweck der Richtlinie, da

---

1692 Vgl. BMF vom 14.05.2004, BStBl I 2004, Sondernr. 1/2004, S. 3, Tz. 8.0.2; *Reiche*, in: Haase, AStG/DBA, 2016, § 8 AStG, Rn. 13; *Stahl*, ISR 2014, S. 373; *Kahle/Cortez*, Ubg 2011, S. 956; *Kahle/Willner*, Ubg 2017, S. 22.

1693 Vgl. *Wassermeyer/Schönfeld*, in: F/W/B/S, Außensteuerrecht, 2017, § 8 AStG, Rn. 24; *Kahle/Cortez*, Ubg 2011, S. 957; *Vogt*, in: Brandis/Heuermann, Ertragsteuerrecht, 2022, § 8 AStG, Rn. 58; so auch BMF vom 14.05.2004, BStBl I 2004, Sondernr. 1/2004, S. 3, Tz. 8.0.2.

1694 Vgl. *Mann*, in: BeckOK AStG, AStG, 2022, § 8 AStG, Rn. 100; *Vogt*, in: Brandis/Heuermann, Ertragsteuerrecht, 2022, § 8 AStG, Rn. 68.

1695 Siehe auch *Kroppen*, in: DStJG 31, Einkommen aus Kapital, 2006, S. 327; *Kahle/Cortez*, Ubg 2011, S. 949 ff.; *Ammelung/Kuich*, IStR 2000, S. 642 f.; *Schnitger/Nitzschke/Gebhardt*, IStR 2016, S. 967; *Kraft*, IStR 2010, S. 380 zur Kritik.

1696 Vgl. Gesetz zur Umsetzung der Anti-Steuervermeidungsrichtlinie (ATAD-Umsetzungsgesetz) vom 25.06.2021, BGBl I 2021, S. 2035.

1697 Vgl. auch *Mattern*, in: AStG eKommentar, AStG, 2021, § 8 AStG, Fassung vom 01.01.2015, Rn. 34.

1698 Vgl. Kapitel 7.1.2.1.

1699 Vgl. Richtlinie (EU) 2016/1164 des Rates vom 12.07.2016 mit Vorschriften zur Bekämpfung von Steuervermeidungspraktiken mit unmittelbaren Auswirkungen auf das Funktionieren des Binnenmarkts, Abl. EU 2016 L 193/1.

aus Abs. 12 Satz 3 der Erwägungsgründe der ATAD eindeutig hervorgeht, dass lediglich rein künstliche Gewinnverlagerungen vermieden werden sollen.[1700] Es scheint daher mehr als grotesk, dass die Finanzanlage von liquiden Mitteln, die aus einer aktiven Tätigkeit stammen, selbst wiederum als passiv qualifizieren. Denn insoweit fehlt es an einer rein künstlichen Gewinnverlagerung vom Inland in das Ausland. Passive Einkünfte können sich im betrachteten Fall nur ergeben, wenn die Finanzanlage nicht im Inland erfolgt, sondern im niedrigbesteuerten Ausland, da in diesem Fall zumindest der Anschein besteht, dass eine rein künstliche Verlagerung von mobilen Einkünften erfolgt.[1701] Es ist damit sachgerecht auch im Rahmen der ATAD eine wirtschaftliche Betrachtung heranzuziehen, bei der wirtschaftlich zusammenhängende Aktivitäten einheitlich zu beurteilen sind.

Ferner sieht § 8 Abs. 1 Nr. 6 AStG diverse Ausnahmen vor, bei denen eine Vermietungstätigkeit von passiver Natur ist.[1702] Nach der hier vertretenen Ansicht führt jedoch eine Betriebsverpachtung im Ganzen dazu, dass auf die vorherige Tätigkeit des Vermietungsunternehmens abzustellen ist, da es sich bei den Vermietungseinkünften lediglich um einen Folgeertrag handelt.[1703] Des Weiteren tritt ein vergleichbares Ergebnis bei Vorliegen einer Betriebsaufspaltung auf, da insoweit dem Besitzunternehmen die Tätigkeit des Betriebsunternehmens zugerechnet wird.[1704] Das Besitz- und Betriebsunternehmen werden somit als Einheitsunternehmen behandelt[1705], sodass für die Prüfung des § 8 Abs. 1 AStG a. F. und AStG ausschließlich die Tätigkeit des Betriebsunternehmens von Relevanz

---

1700 Vgl. *Fehling*, in: Schaumburg/Englisch, Europäisches Steuerrecht, 2020, Rn. 17.60; *Englisch*, in: T/L, 2021, § 4, Rn. 100; *Kahlenberg/Prusko*, IStR 2017, S. 305; *Jochimsen/Zinowsky*, ISR 2016, S. 113.

1701 Vgl. *Böhmer/Gebhardt/Krüger*, in: Hagemann/Kahlenberg, ATAD, 2019, Art. 7 ATAD, Rn. 9. Siehe z. B. auch *Schönfeld*, IStR 2017, S. 724; *Bärsch/Böhmer*, DB 2017, S. 572; *Kahlenberg*, StuB 2016, S. 231; *Pinkernell*, IStR-LB 2015, S. 45; *Richter/Kortendick/Ekinci*, GmbHR 2020, S. 694; *Becker/Loose*, BB 2018, S. 217; *Kilincsoy*, ISR 2021, S. 422 zur Thematik der Gewinnverlagerung mit Hilfe von mobilen Einkünften.

1702 Vgl. hierzu z. B. *Lehfeldt*, in: S/K/K, AStG/DBA, 2016, § 8 AStG, Rn. 114; *Fuhrmann*, in: Fuhrmann, AStG, 2017, § 8 AStG, Rn. 151; *Böhmer/Oppel*, IWB 2020, S. 11; *Linn*, IStR 2020, S. 81.

1703 Vgl. Kapitel 7.1.3.2.1.

1704 Vgl. Kapitel 7.1.3.2.2.

1705 Vgl. BFH vom 19.03.2002, VIII R 57/99, BStBl II 2002, S. 662; BFH vom 29.03.2006, X R 59/00, BStBl II 2006, S. 661.

ist.[1706] Dieses Ergebnis beruht sowohl bei der Betriebsverpachtung im Ganzen als auch bei der Betriebsaufspaltung auf der funktionalen Betrachtungsweise.[1707]

Infolge der Anwendung einer mit der funktionalen Betrachtungsweise vergleichbaren wirtschaftlichen Betrachtung liegt es nahe, dass auch die ATAD die Grundsätze zur Betriebsverpachtung im Ganzen sowie Betriebsaufspaltung für anwendbar hält.[1708] Kritisch zu betrachten ist jedoch, dass nach nationalen Gesichtspunkten lediglich die Betriebsverpachtung im Ganzen sowie die Betriebsaufspaltung zu einer „Einheitsbetrachtung" im Rahmen des § 8 Abs. 1 AStG a. F. und AStG führen, sodass es zu einer ungerechtfertigten Differenzierung bei gruppeninternen Nutzungsüberlassungen kommt. Die Anti-Steuervermeidungsrichtlinie[1709] kennt eine derartige Differenzierung nicht, sondern wird auf der Grundlage des Primärrechts vielmehr auf eine Gruppenbetrachtung im jeweiligen Mitgliedstaat abstellen müssen.[1710] Es sind damit erhebliche Bedenken zu äußern, ob und inwiefern das nationale Verständnis mit dem Unionsrecht vereinbar ist, da § 8 Abs. 1 Nr. 6 AStG deutlich über Art. 7 Abs. 2 Buchst. a Unterbuchst. ii) und iv) ATAD hinausschießt, indem es nicht nur Lizenzgebühren und das Finanzierungsleasing erfasst, sondern nahezu sämtliche Vermietungstätigkeiten.[1711]

Die funktionale Betrachtungsweise ist in § 8 Abs. 1 Nr. 7 AStG dergestalt eingeschränkt, dass eine Zurechnung der Gewinnausschüttungen zu den Einkunftsarten des § 8 Abs. 1 Nr. 1 bis 6 AStG ausgeschlossen ist.[1712] Der Wortlaut des § 8 Abs. 1 Nr. 8 AStG a. F. sah eine vergleichbare Einschränkung jedoch

---

1706 Vgl. Kapitel 7.1.3.2.2.

1707 Vgl. Kapitel 7.1.3.2.1 und 7.1.3.2.2.

1708 Siehe auch *Böhmer/Gebhardt/Krüger*, in: Hagemann/Kahlenberg, ATAD, 2019, Art. 7 ATAD Rn. 268; *Schnitger/Nitzschke/Gebhardt*, IStR 2016, S. 970; a. A. *Haase*, ISR 2017, S. 354 zur Anwendung der funktionalen Betrachtungsweise innerhalb der ATAD.

1709 Vgl. Richtlinie (EU) 2016/1164 des Rates vom 12.07.2016 mit Vorschriften zur Bekämpfung von Steuervermeidungspraktiken mit unmittelbaren Auswirkungen auf das Funktionieren des Binnenmarkts, Abl. EU 2016 L 193/1.

1710 Vgl. auch EuGH vom 20.12.2017, Rs. Deister Holding und Juhler Holding, C-504/16 und C-613/16, IStR 2018, S. 197; EuGH vom 14.06.2018, Rs. GS, C-440/17, IStR 2018, S. 543 vor dem Hintergrund der Exkulpationsmöglichkeit des § 50d Abs. 3 EStG.

1711 Vgl. auch *Böhmer/Gebhardt/Krüger*, in: Hagemann/Kahlenberg, ATAD, 2019, Art. 7 ATAD Rn. 11; *Schnitger/Nitzschke/Gebhardt*, IStR 2016, S. 968.

1712 Vgl. *Vogt* in Brandis/Heuermann, Ertragsteuerrecht, 2022, § 8 AStG, Rn. 260; *Baur/Ullmann*, IWB 2021, S. 795 f.

nicht vor. Die Einschränkung des § 8 Abs. 1 Nr. 7 AStG wird insbesondere bei geschäftsleitenden Holdinggesellschaften zur Anwendung kommen, die im Rahmen einer aktiven Beteiligungsverwaltung neben dem Halten der Beteiligungen und dem Ausüben von Gesellschafterrechten umfassende Dienstleistungen gegenüber von Gruppengesellschaften erbringen.[1713] Zwar ist es offensichtlich, dass das bloße Halten von Beteiligung noch nicht einen wirtschaftlichen Zusammenhang zwischen den Gewinnausschüttungen und den zu erbringenden Dienstleistungen begründet, sondern hierfür die Beteiligungserträge einen Nebenertrag darstellen müssen.[1714] Allerdings darf nicht vernachlässigt werden, dass die Dienstleistungserbringung auch einen nicht nur unterstützenden Charakter aufweisen kann, sondern in gewisser Hinsicht für die Beteiligung zumindest mittelbar „werttreibend" sein kann. Es ist dann nicht sachgerecht, wenn die Beteiligungsverwaltung als eine eigene Haupttätigkeit qualifiziert.

Eine mit § 8 Abs. 1 Nr. 7 AStG vergleichbare Einschränkung der funktionalen Betrachtungsweise ist Art. 7 Abs. 2 Buchst. a ATAD fremd. Zwar sind Dienstleistungen durch Abrechnungsunternehmen als passiv anzusehen, wenn und soweit die Dienstleistung gegenüber von verbundenen Unternehmen erbracht werden sowie kein oder nur ein geringer Mehrwert geleistet wird (Art. 7 Abs. 2 Buchst. a Unterbuchst. vi) ATAD).[1715] Allerdings besteht die Besonderheit darin, dass gemäß Art. 7 Abs. 2 Bucht. a Unterbuchst. iii) ATAD Dividenden *per se* passiver Natur sind.[1716] Eine Zuordnung von passiven Dienstleistungen zu den aktiven Dividenden scheidet damit aufgrund des eindeutigen Wortlauts aus, sodass die Einschränkung des § 8 Abs. 1 Nr. 7 AStG wohl nicht zu beanstanden ist. Zudem

---

1713 Siehe z. B. auch *Schönfeld/Ditz*, in: Schönfeld/Ditz, DBA, 2019, Art. 10 OECD-MA, Rn. 203; *Hruschka*, ISR 2017, S. 257; *Kraft/Ungemach*, DStZ 2015, S. 719 zur funktionalen Zuordnung von Beteiligungen, bei denen die Beteiligungserträge einen Nebenertrag der Betriebsstättentätigkeit darstellen.

1714 Vgl. *Wassermeyer/Schönfeld*, in: F/W/B/S, Außensteuerrecht, 2017, § 8 AStG, Rn. 36; *Geurts*, in: Fuhrmann, AStG, 2017, § 8 AStG, Rn. 39; *Lehfeldt*, in: S/K/K, AStG/DBA, 2016, § 8 AStG, Rn. 17.

1715 Vgl. *Musil*, in: Musil/Weber-Grellet, Europäisches Steuerrecht, 2022, Art. 7 ATAD, Rn. 11; *Schnitger/Nitzschke/Gebhardt*, IStR 2016, S. 968 f.; *Linn*, IStR 2016, S. 651; *Schönfeld*, IStR 2017, S. 726.

1716 Vgl. auch *Böhmer/Gebhardt/Krüger*, in: Hagemann/Kahlenberg, ATAD, 2019, Art. 7 ATAD, Rn. 56; *Musil*, in: Musil/Weber-Grellet, Europäisches Steuerrecht, 2022, Art. 7 ATAD, Rn. 11; *Becker/Loose*, BB 2018, S. 218; *Schnitger/Nitzschke/Gebhardt*, IStR 2016, S. 967; *Linn*, IStR 2016, S. 649.

ermöglicht Art. 3 ATAD die Umsetzung restriktiverer Reglungen in nationales Recht.[1717]

9.4.2 Unentgeltlichkeit der Auftragsabwicklung bei Vertrieb durch ausländische Gesellschaften

Die Vertriebstätigkeit einer ausländischen Gesellschaft kann gemäß § 8 Abs. 1 Nr. 4 Buchst. a AStG a. F. und AStG sowie § 8 Abs. 1 Nr. 5 Buchst. b AStG a. F. und AStG zu passiven Einkünften führen, sofern das Tatbestandsmerkmal der schädlichen Mitwirkung bzw. des schädlichen Bedienens erfüllt ist.[1718] Mittels Einsatz inländischer Tochtergesellschaften, die unentgeltlich die Auftragsabwicklung übernehmen, lässt sich weiterhin das Ergebnis erreichen, dass es an einer schädlichen Mitwirkung bzw. an einem schädlichen Bedienen fehlt.[1719]

Vertriebsgesellschaften können als Abrechnungsunternehmen gemäß Art. 7 Abs. 2 Buchst. a Unterbuchst. vi) ATAD zu passiven Einkünften führen, sofern die Vertriebstätigkeit gegenüber verbundenen Unternehmen erfolgt und keinen bzw. nur einen geringen wirtschaftlichen Mehrwert bringt.[1720] Eine wesentliche Abweichung besteht darin, dass die ATAD nicht auf das Vorliegen einer Mitwirkung oder eines Bedienens abstellt, sodass insoweit die nationalen Regelungen großzügiger ausfallen und infrage gestellt werden kann, ob und inwiefern Art. 7 Abs. 2 Buchst. a Unterbuchst. vi) ATAD ordnungsgemäß in nationales Recht umgesetzt wurde.

Ferner spricht Art. 7 Abs. 2 Buchst. a Unterbuchst. vi) ATAD vom „Erwerb“ verbundener Unternehmen sowie vom „Verkauf“ an verbundene Unternehmen, wodurch assoziiert werden kann, dass für die Passivität stets ein entgeltliches Geschäft vorzuliegen hat.[1721] Die fehlende Fremdüblichkeit der Geschäftsbeziehung ist dann vorrangig über die allgemeinen nationalen Korrekturvorschriften anzupassen, sodass die unentgeltliche Auftragsabwicklung nicht zu passiven

1717 Vgl. *Musil*, in: Musil/Weber-Grellet, Europäisches Steuerrecht, 2022, Art. 3 ATAD, Rn. 2 *Schönfeld*, IStR 2017, S. 722; *Kahlenberg*, NWB 2020, 1560, 1565; *Musil*, FR 2018, S. 935; *Kußmaul*, Betriebswirtschaftliche Steuerlehre, 2020, S. 1220.

1718 Vgl. Kapitel 3.2.3.2.1.

1719 Vgl. Kapitel 7.1.4.2.

1720 Vgl. *Musil*, in: Musil/Weber-Grellet, Europäisches Steuerrecht, 2022, Art. 7 ATAD, Rn. 11; *Schnitger/Nitzschke/Gebhardt*, IStR 2016, S. 968 f.; *Linn*, IStR 2016, S. 651; *Schönfeld*, IStR 2017, S. 726.

1721 Vgl. auch *Böhmer/Gebhardt/Krüger*, in: Hagemann/Kahlenberg, ATAD, 2019, Art. 7 ATAD, Rn. 163.

Einkünften führt. Es fehlt nämlich der in Abs. 12 Satz 3 der Erwägungsgründe der ATAD zu unterbindenden rein künstlichen Gewinnverlagerung.[1722]

9.4.3 Vorabgewinne und Sondervergütungen als Sonderform der funktionalen Betrachtungsweise

Nach nationalen Gesichtspunkten stellen Vorabgewinne und Sondervergütungen ein Teil des Gewinnanteils dar (§ 15 Abs. 1 Satz 1 Nr. 2 EStG).[1723] Nach der hier vertretenen Ansicht findet diese Regelung auch im Rahmen der Hinzurechnungsbesteuerung Anwendung, sodass für die Beurteilung auf die Tätigkeit der jeweiligen Personengesellschaft bzw. Mitunternehmerschaft abzustellen ist. Vorabgewinne und Sondervergütungen unterliegen damit nicht einer isolierten Prüfung für Zwecke des § 8 Abs. 1 AStG a. F. und AStG.[1724] Dieser Grundsatz gilt sowohl nach altem als auch neuem Recht, da insoweit die Anwendbarkeit nationaler Vorschriften keine Änderung erfahren hat (§ 10 Abs. 3 Satz 1 AStG a. F. und AStG).[1725]

Art. 7 Abs. 2 Buchst. a ATAD liegt im Grundsatz eine wirtschaftliche Betrachtung zugrunde, sodass es naheliegt, auch Vorabgewinne sowie Sondervergütungen einheitlich als Gewinnanteil zu betrachten.[1726] Diese Rechtsfolge lässt sich unter anderem aus Abs. 4 Satz 2 der Erwägungsgründe der ATAD herleiten, da Personengesellschaften nicht selbst der Hinzurechnungsbesteuerung unterliegen.[1727] Es ist daher sachgerecht, dass infolge der transparenten Behandlung von Personengesellschaften Sondervergütungen für Zwecke des Art. 7 Abs. 2

1722 Siehe auch *Englisch*, in: T/L, 2021, § 4, Rn. 100; *Fehling*, in: Schaumburg/Englisch, Europäisches Steuerrecht, 2020, Rn. 17.60; *Jochimsen/Zinowsky*, ISR 2016, S. 113 zur Zielsetzung der ATAD.

1723 Vgl. Kapitel 7.2.1.

1724 Siehe auch BFH vom 16.05.1990, I R 16/88, BStBl II 1990, S. 1049; *Wassermeyer/Schönfeld*, in: F/W/B/S, Außensteuerrecht, 2017, § 8 AStG, Rn. 44; *Vogt*, in: Brandis/Heuermann, Ertragsteuerrecht, 2016, § 8 AStG, Rn. 9 zur Einordnung des Vorabgewinns.

1725 Vgl. auch *Haun/Cortez*, in: H/K/R, Außensteuerrecht, 2014, § 8 AStG, Rn. 106; *Wassermeyer/Schönfeld*, in: F/W/B/S, Außensteuerrecht, 2017, § 8 AStG, Rn. 44; *Mattern*, in: AStG eKommentar, AStG, 2021, § 8 AStG, Fassung vom 01.01.2015, Rn. 41.

1726 Siehe auch *Böhmer/Gebhardt/Krüger*, in: Hagemann/Kahlenberg, ATAD, 2019, Art. 7 ATAD, Rn. 12 zur Behandlung von transparenten Rechtsträgern.

1727 Vgl. hierzu z. B. *Schnitger/Nitzschke/Gebhardt*, IStR 2016, S. 961, *Haase*, ISR 2017, S. 354; *Böhmer/Gebhardt/Krüger*, in: Hagemann/Kahlenberg, ATAD, 2019, Art. 7 ATAD, Rn. 12.

Buchst. a ATAD nicht anzuerkennen sind, sondern vielmehr einen Gewinnanteil darstellen.

Andererseits kann vor dem Hintergrund der Einführung des § 50d Abs. 10 EStG die Ansicht vertreten werden, dass schuldrechtliche Vertragsbeziehungen anzuerkennen sind und damit einer eigenständigen Prüfung innerhalb des Art. 7 Abs. 2 Buchst. a ATAD unterliegen.[1728] Eine derartige Prüfung ist jedoch allenfalls sachgerecht, wenn und soweit die zugrunde liegenden Vergütungen die steuerliche Bemessungsgrundlage des ausländischen Unternehmens vermindern.[1729] Werden hingegen die Vergütungen – wie nach deutsch-ertragsteuerlichen Grundsätzen – erfolgsneutral behandelt, so fehlt es an einer Möglichkeit der Gewinnverlagerung, weshalb eine isolierte Prüfung nicht tragbar ist.

9.5 Kapitel 8: Einheitliche Ermittlung und Zurechnung des Hinzurechnungsbetrags

9.5.1 Uneingeschränkte Anwendung der nationalen Vorschriften bei der Ermittlung des Hinzurechnungsbetrags

9.5.1.1 Steuerbilanzielle Korrekturen als begünstigende und nichtbegünstigende Vorschriften

Mit § 10 Abs. 3 Satz 1 AStG a. F. war vorgesehen, dass die Ermittlung des Hinzurechnungsbetrags unter Anwendung der nationalen Vorschriften zu erfolgen hat.[1730] Diese Vorschrift findet auch nach der Reformierung der Hinzurechnungsbesteuerung im Rahmen des ATADUmsG[1731] Anwendung, sodass weiterhin die Ermittlung nach den nationalen Vorschriften zu erfolgen hat.[1732] Die

1728 Siehe auch BFH vom 17.10.2007, I R 5/06, BStBl II 2009, S. 356; BFH vom 08.09.2010, I R 74/09, BStBl II 2014, S. 788; *Richter*, FR 2010, S. 553; *Roser*, in: L/S, GewStG, 2020, § 7 GewStG, Rn. 398 zur abkommensrechtlichen Behandlung von vermögensverwaltenden Tätigkeiten.

1729 So auch *Böhmer/Gebhardt/Krüger*, in: Hagemann/Kahlenberg, ATAD, 2019, Art. 2 ATAD, Rn. 77; *Böhmer/Oppel*, IWB 2020, S. 7; *Schnitger/Nitzschke/Gebhardt*, IStR 2016, S. 962 zur Berücksichtigung von schuldrechtlichen Vertragsbeziehungen.

1730 Vgl. *Luckey*, in: S/K/K, AStG/DBA, 2017, § 10 AStG, Rn. 68; *Fuhrmann* in: Fuhrmann, AStG, 2017, § 10 AStG, Rn. 134; *Böhmer/Oppel*, IWB 2020, S. 14; *Richter*, ISR 2019, S. 337; *Linn*, IStR 2020, S. 82.

1731 Vgl. Gesetz zur Umsetzung der Anti-Steuervermeidungsrichtlinie (ATAD-Umsetzungsgesetz) vom 25.06.2021, BGBl I 2021, S. 2035.

1732 Vgl. *Vogt*, in: Brandis/Heuermann, Ertragsteuerrecht, 2022, § 10 AStG, Rn. 96; *Oertel*, in: BeckOK AStG, AStG, 2022, § 10 AStG, Rn. 210; *Böhmer/Oppel*, IWB 2020, S. 18.

nationalen Vorschriften umfassen unter anderem die steuerbilanziellen Vorschriften, welche sich in den §§ 5 ff. befinden. Insbesondere kommen unverändert die Ansatzvorschriften zu den Sonderposten mit Rücklagenanteil wie z. B. in § 6b EStG sowie die Bewertungsvorschriften zu den Herstellungskosten in § 6 Abs. 1 Nr. 1b EStG, zu den Pensionsrückstellungen in § 6a EStG und zur Abschreibung in § 7 EStG in Betracht.[1733]

Durch Art. 8 Abs. 1 Satz 1 ATAD sieht der Richtlinienverfasser ebenfalls vor, dass die Gewinnermittlungsvorschriften des Mitgliedstaats des Steuerpflichtigen zur Anwendung kommen.[1734] Eine Einschränkung sieht Art. 8 Abs. 1 Satz 1 ATAD allerdings nicht vor, sodass die in § 10 Abs. 3 Satz 4 AStG vorgesehene Nichtanwendung von steuerlichen Vergünstigungen, die auf einen inländischen Betrieb oder eine inländische Betriebsstätte abstellen, sowie des UmwStG im Widerspruch zum Richtlinienwortlaut stehen.[1735] Dieser Nichtanwendungsbefehl ist unionsrechtlich kritisch zu betrachten, da eine sachliche Rechtfertigung der Differenzierung zum reinen Inlandsfall nicht ersichtlich ist.

Der nationale Gesetzgeber muss das ausländische Unternehmen vielmehr wie ein quasi-inländisches Unternehmen behandeln, denn insoweit handelt es sich bei § 10 Abs. 3 Satz 4 AStG um eine Ungleichbehandlung zwischen in- und ausländischen Unternehmen.[1736] Diese differenzierende Anwendung der nationalen Vorschriften ist auch nicht durch Art. 3 ATAD gedeckt, da weiterhin das Primärrecht eine Schrankenwirkung nach oben entfaltet.[1737] Ferner ist die Nichtanwendung des UmwStG innerhalb der EU vor dem Hintergrund des Art. 4 Abs. 1 FRL kritisch zu betrachten, da insoweit die Ertragsteuerneutralität von „europäischen" Umwandlungen nicht sichergestellt ist.[1738]

1733 Vgl. Kapitel 8.1.2.1 und 8.1.2.2.

1734 Vgl. *Musil*, in: Musil/Weber-Grellet, Europäisches Steuerrecht, 2019, Art. 8 ATAD, Rn. 2; *Böhmer/Gebhardt/Krüger*, in: Hagemann/Kahlenberg, ATAD, 2019, Art. 8 ATAD, Rn. 6; *Fehling*, in: Schaumburg/Englisch, Europäisches Steuerrecht, Rn. 17.79; *Schönfeld*, IStR 2017, S. 727; *Schnitger/Nitzschke/Gebhardt*, IStR 2016, S. 970.

1735 Siehe auch *Böhmer/Gebhardt/Krüger*, in: Hagemann/Kahlenberg, ATAD, 2019, Art. 7 ATAD, Rn. 110 zur Einordnung von Umwandlungsgewinnen für Zwecke des Art. 7 Abs. 2 Buchst. a ATAD.

1736 Ferner kann infrage gestellt werden, ob und inwiefern eine Beschränkung auf EU- und EWR-Sachverhalte unionsrechtskonform ist (vgl. hierzu z. B. EuGH vom 23.01.2014, Rs. DMC, C-164/12, IStR 2014, S. 106; FG Hamburg vom 15.04.2015, 2 K 66/14, EFG 2015, S. 1404).

1737 Vgl. *Scheffler*, ISR 2017, S. 66; *Musil*, FR 2018, S. 938; *Schönfeld*, IStR 2017, S. 723.

1738 So auch *Böhmer/Gebhardt/Krüger*, in: Hagemann/Kahlenberg, ATAD, 2019, Art. 7 ATAD, Rn. 110.

9.5.1.2 *Außerbilanzielle Korrekturen als nicht-begünstigende Vorschriften*

Neben den steuerbilanziellen Vorschriften sind auch die außerbilanziellen Korrekturvorschriften des deutschen Steuerrechts anzuwenden.[1739] Zuvor sah § 10 Abs. 3 Satz 4 AStG a. F. vor, dass zahlreiche Vorschriften wie z. B. die Zinsschranke i. S. von § 4h EStG, § 8a KStG keine Anwendung finden, wobei diese Einschränkung durch das ATADUmsG[1740] aufgegeben wurde.[1741] Folglich kann der Fall eintreten, dass ein Zinsvortrag zu einem Zeitpunkt aufgebaut wird, in dem die ausländische Gesellschaft noch nicht der Hinzurechnungsbesteuerung unterliegt, jedoch der Abbau des Zinsvortrags den Hinzurechnungsbetrag vermindert.[1742]

Da Art. 8 Abs. 1 Satz 1 ATAD uneingeschränkt auf die nationalen Vorschriften verweist, erfolgt die Ermittlung der passiven Einkünfte auch unter Berücksichtigung der nationalen Vorschriften über die außerbilanziellen Korrekturen.[1743] Insbesondere ist die Anpassung des § 10 Satz 3 Satz 4 AStG vor dem Hintergrund der Anti-Steuervermeidungsrichtlinie[1744] zu befürworten, da mit Art. 4 ATAD die Umsetzung einer Zinsschranke im nationalen Recht verpflichtend ist. Es ist höchst widersprüchlich, wenn für Zwecke der Hinzurechnungsbesteuerung die Regelung zur Zinsschranke außen vor zu lassen ist.[1745]

1739 Vgl. *Luckey*, in: S/K/K, AStG/DBA, 2017, § 10 AStG; Rn. 68; *Edelmann*, in: Kraft, AStG, 2019, § 10 AStG, Rn. 501 ff.; *Fuhrmann*, in: Fuhrmann, AStG, 2017, § 10 AStG, Rn. 146; *Wassermeyer/Schönfeld*, in: F/W/B/S, Außensteuerrecht, 2019, § 8 AStG, Rn. 235.

1740 Vgl. Gesetz zur Umsetzung der Anti-Steuervermeidungsrichtlinie (ATAD-Umsetzungsgesetz) vom 25.06.2021, BGBl I 2021, S. 2035.

1741 Vgl. *Böhmer/Oppel*, IWB 2020, S. 18; *Linn*, IStR 2020, S. 82; *Vogt*, in: Brandis/Heuermann, Ertragsteuerrecht, 2022, § 10 AStG, Rn. 96.

1742 Vgl. Kapitel 8.1.3.2.

1743 Vgl. auch *Böhmer/Gebhardt/Krüger*, in: Hagemann/Kahlenberg, ATAD, 2019, Art. 8 ATAD, Rn. 10; *Musil*, in: Musil/Weber-Grellet, Europäisches Steuerrecht, 2019, Art. 8 ATAD, Rn. 2.

1744 Vgl. Richtlinie (EU) 2016/1164 des Rates vom 12.07.2016 mit Vorschriften zur Bekämpfung von Steuervermeidungspraktiken mit unmittelbaren Auswirkungen auf das Funktionieren des Binnenmarkts, Abl. EU 2016 L 193/1.

1745 Siehe auch *Linn*, IStR 2020, S. 82 zu den missglückten Wechselwirkungen zwischen der Hinzurechnungsbesteuerung und den außerbilanziellen Korrekturvorschriften wie z. B. § 4k EStG.

Gleichwohl stellt sich die Frage, ob und inwiefern der Abbau des Zinsvortrags den Hinzurechnungsbetrag mindert, sofern der Zinsvortrag zu einem Zeitpunkt vor Anwendung der Hinzurechnungsbesteuerung entstanden ist. Zwar erfordert die Systematik des Art. 8 Abs. 1 Satz 1 ATAD eine Schattenrechnung auch für derartige Zeiträume. Allerdings kann ebenfalls die Ansicht vertreten werden, dass ein derartiger Zinsvortrag nicht zu berücksichtigen ist, sondern nur ein Zinsvortrag heranzuziehen ist, der während der Anwendung der Hinzurechnungsbesteuerung entstanden ist. Eine derartige Behandlung von steuerlichen Vorträgen ist dem deutschen Gesetzgeber nicht unbekannt, der bspw. vororganschaftliche Verlustvorträge gemäß § 15 Satz 1 Nr. 1 KStG als „eingefroren" behandelt.

9.5.2 Zurechnung auf Grundlage der Kapitalbeteiligung, der Stimmrechte oder des Gewinnanspruchs

In § 7 Abs. 1 AStG a. F. und § 7 Abs. 1 Satz 1 AStG ist vorgesehen, dass die kapitalmäßige Beteiligung den Hinzurechnungsmaßstab darstellt.[1746] Eine Abweichung besteht dann, wenn die ausländische Gesellschaft einen abweichenden Gewinnverteilungsschlüssel oder kein Nennkapital aufweist, da in diesem Fall gemäß § 7 Abs. 5 AStG a. F. sowie § 7 Abs. 1 Satz 3 AStG der Gewinnverteilungsschlüssel als Hinzurechnungsmaßstab vorgesehen ist.[1747] Zu beachten ist, dass § 7 Abs. 1 Satz 3 AStG wie bereits § 7 Abs. 5 AStG a. F. auf die Gewinnverteilung Bezug nimmt und insoweit vom Wortlaut des § 7 Abs. 2 AStG abweicht, der von einem Anspruch am Gewinn oder Liquidationserlös spricht.[1748] Es wird hierdurch ersichtlich, dass zwar schuldrechtliche Beteiligungen das Beherrschungserfordernis erfüllen können, jedoch dies nicht dazu führt, dass ein Hinzurechnungsbetrag zuzurechnen ist.[1749] Denn § 7 Abs. 1 Satz 3 AStG stellt weiterhin auf die

---

1746 Vgl. *Köhler*, in: S/K/K, AStG/DBA, 2017, § 7 AStG, Rn. 60; *Mössner/Rode*, in: Fuhrmann, AStG, 2017, § 7 AStG, Rn. 68; *Jacobsen*, in: AStG eKommentar, AStG, 2021, § 7 AStG, Fassung vom 01.01.2018, Rn. 29.

1747 Vgl. hierzu z. B. *Fuhrmann*, in: Fuhrmann, AStG, 2017, § 7 AStG, Rn. 161; *Köhler*, in: S/K/K, AStG/DBA, 2017, § 7 AStG, Rn. 145; *Vogt*, in: Brandis/Heuermann, Ertragsteuerrecht, 2022, § 7 AStG, Rn. 95; *Staats*, in: BeckOK AStG, AStG, 2022, § 7 AStG, Rn. 145.

1748 Vgl. *Wassermeyer*, in: F/W/B/S, Außensteuerrecht, 2018, § 7 AStG, Rn. 95; *Protzen*, in: Kraft, AStG, 2019, § 7 AStG, Rn. 152.

1749 Ablehnend *Staats*, in: BeckOK AStG, AStG, 2022, § 8 AStG, Rn. 150.

gesellschaftsvertragliche Gewinnverteilung ab, bei der schuldrechtliche Ansprüche außen vor zu lassen sind.[1750]

Art. 8 Abs. 3 ATAD sieht vor, dass der Hinzurechnungsbetrag dem Steuerpflichtigen entsprechend seiner Beteiligung i. S. des Art. 7 Abs. 1 Buchst. a ATAD anteilig zuzurechnen ist, wobei dem Wortlaut nicht zu entnehmen ist, nach welchem Zurechnungsmaßstab dies zu erfolgen hat.[1751] Selbst wenn der Wortlaut des Art. 8 Abs. 3 ATAD so verstanden werden kann, dass sämtliche Beherrschungskriterien für den Zurechnungsmaßstab maßgeblich sein können, ist der Gewinnverteilungsschlüssel der geeignetste Maßstab.[1752] Denn der Steuerpflichtige profitiert nur insoweit von einer Gewinnverlagerung auf ein ausländisches Unternehmen, wie diesem später Gewinnausschüttungen zuzurechnen sind.[1753] Dieser Intention entspricht auch die Regelung des § 7 Abs. 1 Satz 3 AStG, bei der es sich zwar um eine Ausnahmeregelung handelt, allerdings stets greift, sofern der Gewinnverteilungsschlüssel sich nicht nach der kapitalmäßigen Beteiligung richtet.[1754]

Andererseits stellt sich die Frage, ob und inwiefern die Einschränkung des § 7 Abs. 1 Satz 3 AStG auf gesellschaftsvertragliche Vereinbarungen sachgerecht ist. Hierfür spricht, dass Art. 8 Abs. 3 ATAD lediglich von der Beteiligung spricht, wodurch abweichend von Art. 7 Abs. 1 Buchst. a ATAD nicht ergänzend auf den Anspruch am Gewinn Bezug genommen wird, sondern nur auf die gesellschaftsrechtliche Begrifflichkeit.[1755] Art. 8 Abs. 3 ATAD stellt daher wie § 7 Abs. 1 Satz 3 AStG ausschließlich auf die gesellschaftsrechtliche Grundlage ab.

1750 Teilweise wird aus dem Wortlaut des § 7 Abs. 2 AStG geschlossen, dass Genussrechte lediglich aufgrund des Abstellens auf den Anspruch am Liquidationserlös beim Beherrschungserfordernis einzubeziehen sind (vgl. *Ditz/Quilitzsch*, Ubg 2021, S. 487).

1751 Vgl. auch *Böhmer/Gebhardt/Krüger*, in: Hagemann/Kahlenberg, ATAD, 2019, Art. 8 ATAD, Rn. 17; *Musil*, in: Musil/Weber-Grellet, Europäisches Steuerrecht, 2019, Art. 8 ATAD, Rn. 8; *Schnitger/Nitzschke/Gebhardt*, IStR 2016, S. 971.

1752 So auch *Böhmer/Gebhardt/Krüger*, in: Hagemann/Kahlenberg, ATAD, 2019, Art. 8 ATAD, Rn. 17.

1753 Siehe z. B. auch *Mössner/Rode*, in: Fuhrmann, AStG, 2017, § 7 AStG, Rn. 68 zum Grundgedanken der Vollausschüttung.

1754 Vgl. *Wassermeyer*, in: F/W/B/S, Außensteuerrecht, 2018, § 7 AStG, Rn. 95; *Köhler*, in: S/K/K, AStG/DBA, 2017, § 7 AStG, Rn. 145; *Reiche*, in Haase, AStG/DBA, 2016, § 7 AStG, Rn. 105.

1755 Vgl hierzu z. B. *Staats*, in: BeckOK AStG, AStG, 2022, § 7 AStG, Rn. 151.

9.5.3 Keine Ergebniskonsolidierung bei ausländischen Gesellschaften innerhalb einer Unternehmensgruppe

Die übertragende Zurechnung des § 14 Abs. 1 AStG a. F. sah bei mehrstufigen Beteiligungsketten vor, dass die passiven Einkünfte „von unten nach oben" zuzurechnen sind, sodass dem Hinzurechnungsempfänger lediglich die konsolidierten passiven Einkünfte in Form des Hinzurechnungsbetrags zugerechnet werden.[1756] Dies führt dazu, dass z. B. negative passive Einkünfte mit positiven passiven Einkünften innerhalb derselben Beteiligungskette verrechnet werden können.[1757] Infolge der Abkehr von der übertragenden Zurechnung werden mittelbare Beteiligungen den unmittelbaren Beteiligungen gleichgestellt, sodass eine direkte und nicht mehr stufenweise Zurechnung zu erfolgen hat. Da ein negativer Hinzurechnungsbetrag nicht zugerechnet wird, sondern nur noch vorzutragen ist und nicht mehr zurückgetragen werden kann, entfällt damit eine Ergebniskonsolidierung innerhalb desselben Beteiligungsstrangs (§ 10 Abs. 3 Satz 5 und 6 AStG).[1758] Verluste aus passiven Aktivitäten können jedoch weiterhin mit positiven Einkünften verrechnet werden, sofern es sich beim ausländischen Unternehmen um einen transparenten Rechtsträger handelt.[1759]

Aus der Anti-Steuervermeidungsrichtlinie[1760] ist nicht eindeutig ersichtlich, ob und inwiefern diese das einzelne ausländische Unternehmen oder die ausländische Unternehmensgruppe betrachtet. Da Art. 8 Abs. 1 Satz 1 ATAD allerdings von den Verlusten des Unternehmens im Singular spricht, lässt zumindest der Wortlaut darauf schließen, dass eine Betrachtung des einzelnen ausländischen Unternehmens zu erfolgen hat und damit positive sowie negative passive Einkünfte von verschiedenen ausländischen Unternehmen nicht zusammenzurechnen sind, auch wenn diese im gleichen Mitgliedstaat steuerlich ansässig sind. Die Verluste aus einer passiven Tätigkeit können folglich nur vorgetragen werden,

---

1756 Vgl. BFH vom 20.04.1988, I R 41/82, BStBl II 1988, S. 868; BMF vom 14.05.2004, BStBl I 2004, Sondernr. 1/2004, S. 3, Tz. 14.1.6; *Kraft*, IStR 2016, S. 909; *Franz/Abele*, in: H/K/R, Außensteuerrecht, 2011, § 14 AStG, Rn. 77; *Jacobsen*, in: AStG eKommentar, AStG, 2021, § 14 AStG, Fassung vom 01.01.2015, Rn. 34.

1757 Vgl. Kapitel 8.3.2.1.

1758 Vgl. *Oertel*, in: BeckOK AStG, AStG, 2022, § 8 AStG, Rn. 246; *Ditz u. a.*, DStR 2020, S. 80; *Böhmer/Oppel*, IWB 2020, S. 18.

1759 Vgl. Kapitel 8.3.3.2.

1760 Vgl. Richtlinie (EU) 2016/1164 des Rates vom 12.07.2016 mit Vorschriften zur Bekämpfung von Steuervermeidungspraktiken mit unmittelbaren Auswirkungen auf das Funktionieren des Binnenmarkts, Abl. EU 2016 L 193/1.

was auch der Regelung des § 10 Abs. 1 Satz 2 AStG entspricht. Ferner entspricht es der Intention des Richtlinienverfassers, Personengesellschaften als transparente Rechtsträger zu behandeln, sodass die positiven oder negativen Einkünfte der Personengesellschaft auch für Zwecke der Art. 7 und 8 ATAD den dahinterstehenden Gesellschaftern zuzurechnen sind.[1761] Insoweit steht die transparente Behandlung von Personengesellschaften nach deutschen Grundsätzen im Einklang mit dem Primärrecht.

9.5.4 Gleichstellung von nicht-organschaftlich angebundenen und organschaftlich angebundenen Hinzurechnungsempfängern

Der Hinzurechnungsbetrag wird dem Hinzurechnungsempfänger im Wege einer Quasi-Dividende zugerechnet[1762], auf die allerdings das Teileinkünfteverfahren i. S. von § 3 Nr. 40 EStG sowie das Schachtelprivileg i. S. des § 8b Abs. 1 KStG keine Anwendung finden (§ 10 Abs. 2 Satz 4 AStG a. F. und AStG).[1763] Zu einer Anwendung insbesondere des § 8b Abs. 1 KStG kommt es allerdings, sofern es sich bei dem Hinzurechnungsempfänger um eine Organgesellschaft handelt.[1764] Gemäß § 15 Satz 1 Nr. 2 Satz 1 KStG ist nämlich § 8b Abs. 1 KStG auf Ebene der Organgesellschaft nicht anzuwenden, sondern Gewinnausschüttungen sind im Rahmen der Bruttomethode dem Organträger zuzurechnen und können auf dessen Ebene einer begünstigten Besteuerung unterliegen.[1765] § 15 Satz 1 Nr. 2 Satz 1 KStG ist nämlich nicht so zu verstehen, dass der Hinzurechnungsbetrag

---

1761 Vgl. auch *Böhmer/Gebhardt/Krüger*, in: Hagemann/Kahlenberg, ATAD, 2019, Art. 7 ATAD, Rn. 12; *Schnitger/Nitzschke/Gebhardt*, IStR 2016, S. 961, *Haase*, ISR 2017, S. 354.

1762 Siehe auch *Wassermeyer/Schönfeld*, in: F/W/B/S, Außensteuerrecht, 2019, § 8 AStG, Rn. 70; *Gosch*, in: Gosch, KStG, 2020, § 8b KStG, Rn. 25; *Nolte*, in: AStG eKommentar, AStG, 2021, § 10 AStG, Fassung vom 01.01.2018, Rn. 5; *Kahle/Willner*, Ubg 2017, S. 21 ff.; *Morgenthaler*, IStR 2000, S. 291; *Jacobsen*, DStZ 2019, S. 393; *Scheffler*, ISR 2017, S. 63 f.; *Eilers/Hennig*, ISR 2015, S. 422 zur Einordnung der Hinzurechnungsbesteuerung.

1763 Vgl. *Bauernschmitt*, in: Haase, AStG/DBA, 2016, § 10 AStG, Rn. 63; *Wassermeyer/Schönfeld*, in: F/W/B/S, Außensteuerrecht, 2019, § 10 AStG, Rn. 202; *Vogt*, in: Brandis/Heuermann, Ertragsteuerrecht, 2018, § 10 AStG, Rn. 43; *Gosch*, in: Gosch, KStG, 2020, § 8b KStG, Rn. 25; *Edelmann*, in: Kraft, AStG, 2019, § 10 AStG, Rn. 370.

1764 Vgl. hierzu z. B. *Rieß/Herbst*, IStR 2018, S. 779 ff.

1765 Vgl. *Kolbe*, in: H/H/R, EStG/KStG, 2020, § 15 KStG, Rn. 52; *Walter*, in: Bott/Walter, KStG, 2020, § 15 KStG, Rn. 21; *Rieß/Herbst*, IStR 2018, S. 784.

nicht mehr als Quasi-Dividende gilt, da dieser Status erhalten bleibt. Gleichwohl läuft der Nichtanwendungsbefehl des § 10 Abs. 2 Satz 4 AStG a. F. und AStG ins Leere, sodass der Hinzurechnungsbetrag im Ergebnis nur zu 95 % der Körperschaftsteuer unterliegt.[1766] Bei der Gewerbesteuer findet allerdings die Nettomethode Anwendung, sodass der Hinzurechnungsbetrag in voller Höhe bei der Gewerbesteuer heranzuziehen ist (§ 7 Abs. 2 Satz 1 GewStG).[1767]

Eine Organgesellschaft unterliegt gemäß Art. 1 ATAD selbst der Hinzurechnungsbesteuerung, da diese unabhängig von der Einkommenszurechnung der Körperschaftsteuer unterliegt.[1768] Die steuerliche Bemessungsgrundlage der Organgesellschaft, die dem Organträger zuzurechnen ist, kann somit auch passive Einkünfte umfassen, wobei diese dann erst auf Ebene des Organträgers der Besteuerung unterliegen. Dem nationalen Gesetzgeber steht im Grundsatz frei, ob er die Hinzurechnungsbesteuerung als fiktive Gewinnausschüttung durch das ausländische Unternehmen oder als transparente Besteuerung des ausländischen Unternehmens behandelt.[1769] Bei der erstgenannten Variante, der von der Gesetzessystematik § 10 Abs. 2 Satz 1 AStG a. F. und AStG entspricht, muss der nationale Gesetzgeber gleichwohl sicherstellen, dass die Dividendenprivilegien wie z. B. das Schachtelprivileg i. S. von § 8b Abs. 1 KStG nicht zu Anwendung kommen, wobei es keinen Unterschied machen darf, ob und inwiefern der Steuerpflichtige eine Organgesellschaft ist. Die Folgen des § 15 Abs. 1 Nr. 2 Satz 1 KStG führen damit dazu, dass der Gesetzgeber die Vorgaben der Anti-Steuervermeidungsrichtlinie[1770] nicht ordnungsgemäß in nationales Recht umgesetzt hat.[1771]

Die Gewinnausschüttung von ausländischen Gesellschaften war unter den sachlichen und zeitlichen Voraussetzungen des § 3 Nr. 41 EStG a. F. von der Einkommensteuer befreit.[1772] Sofern es sich um einen körperschaftsteuerpflichtigen

---

1766 Vgl. *Rieß/Herbst*, IStR 2018, S. 784.

1767 Vgl. *Rieß/Herbst*, IStR 2018, S. 786.

1768 Vgl. *Böhmer/Gebhardt/Krüger*, in: Hagemann/Kahlenberg, ATAD, 2019, Art. 7 ATAD, Rn. 8.

1769 Vgl. auch *Jacobsen*, IStR 2018, S. 435; *Böhmer/Gebhardt/Krüger*, in: Hagemann/Kahlenberg, ATAD, 2019, Art. 7 ATAD, Rn. 250.

1770 Vgl. Richtlinie (EU) 2016/1164 des Rates vom 12.07.2016 mit Vorschriften zur Bekämpfung von Steuervermeidungspraktiken mit unmittelbaren Auswirkungen auf das Funktionieren des Binnenmarkts, Abl. EU 2016 L 193/1.

1771 Vgl. Kapitel 8.4.1.

1772 Vgl. *Levedag*, in: Schmidt, EStG, 2022, § 3 EStG, Rn. 147; *Tormöhlen*, in: Korn, EStG, 2021, § 3 Nr. 41 EStG, Rn. 4; *Haase*, DStR 2019, S. 829.

Hinzurechnungsempfänger handelt, findet ebenfalls die Vorschrift des § 8b Abs. 1 KStG Anwendung, wobei nicht nur bei Anwendung der vorgenannten Vorschrift die Schachtelstrafe des § 8b Abs. 5 KStG zu berücksichtigen ist, sondern auch bei Anwendung des § 3 Nr. 41 EStG a. F.[1773] Es kommt damit im Ergebnis zu einer Erfassung des Hinzurechnungsbetrags in Höhe von 105 %.[1774] Seit der Novellierung im Rahmen des ATADUmsG[1775] sieht § 11 Abs. 1 AStG nun einen Kürzungsbetrag vor, der bei der Summe der Einkünfte anknüpft, sodass der Betrag zu kürzen ist, der sich nach Anwendung des Teileinkünfteverfahrens i. S. von § 3 Nr. 40 EStG sowie dem Schachtelprivileg i. S. von § 8b Abs. 1 KStG ergibt.[1776] Hierdurch wird sichergestellt, dass der Hinzurechnungsbetrag nur einmalig und nicht zu 105 % erfasst wird.

Die Anpassung der Behandlung von Gewinnausschüttungen, denen Einkünfte zugrunde liegen, die bereits durch die Hinzurechnungsbesteuerung erfasst wurden, war mehr als zwingend. Denn Art. 8 Abs. 5 ATAD fordert, dass derartige Gewinnausschüttungen von der steuerlichen Bemessungsgrundlage abzuziehen sind, sodass eine mehrfache Erfassung des Hinzurechnungsbetrags nicht den primärrechtlichen Vorgaben entspricht.[1777] Ferner ist zu beachten, dass die ATAD keine mit Art. 4 Abs. 3 FRL vergleichbare Öffnungsklausel kennt, die es zulässt, bestimmte Betriebsausgaben als nicht abzugsfähig zu behandeln.[1778]

9.5.5 Gewerbesteuerliche Erfassung des Hinzurechnungsbetrags unter Anrechnung der ausländischen Steuer auf die Gewerbesteuer

Mit § 7 Satz 7 GewStG fingiert der deutsche Gesetzgeber, dass der Hinzurechnungsbetrag als in einer inländischen Betriebsstätte bezogen gilt.[1779] Wird der Hinzurechnungsbetrag über eine ausländische Mitunternehmerschaft bezogen,

---

1773 Vgl. FG Bremen vom 15.10.2015, 1 K 4/15 (5), EFG 2016, S. 675; *Watermeyer*, in: H/H/R, EStG/KStG, 2021, § 8b KStG, Rn. 27.

1774 Vgl. Kapitel 8.4.2.1.

1775 Vgl. Gesetz zur Umsetzung der Anti-Steuervermeidungsrichtlinie (ATAD-Umsetzungsgesetz) vom 25.06.2021, BGBl I 2021, S. 2035.

1776 So z. B. auch *Böhmer/Oppel*, IWB 2020, S. 19.

1777 Vgl. auch *Böhmer/Gebhardt/Krüger*, in: Hagemann/Kahlenberg, ATAD, 2019, Art. 8 ATAD, Rn. 28; *Böhmer/Oppel*, IWB 2020, S. 20.

1778 Vgl. hierzu z. B. *Böhmer/Oppel*, IWB 2020, S. 20.

1779 Vgl. *Schnitter*, in: F/D, KStG/GewStG/UmwStG, 2021, § 7 GewStG, Rn. 132; *Wassermeyer*, IStR 2016, S. 516; *Schnitger*, IStR 2016, S. 643; *Schmidt/Cortez*, IWB 2021, S. 56.

sah die Kürzungsvorschrift des § 9 Nr. 2 GewStG a. F. vor, dass der gesamte Gewinnanteil einschließlich des Hinzurechnungsbetrags vom Gewerbebetrag des inländischen Hinzurechnungsempfängers zu kürzen ist, sodass der Hinzurechnungsbetrag ausschließlich der Körperschaftsteuer unterlag.[1780] Durch die Änderung des § 9 Nr. 2 GewStG im Rahmen des ATADUmsG[1781] ist die Kürzung für den Hinzurechnungsbetrag ausgeschlossen.[1782] Der Hinzurechnungsbetrag unterliegt fortan nicht nur der Körperschaftsteuer, sondern mangels Kürzung auch der Gewerbesteuer. Ferner setzt der sachliche Anwendungsbereich des § 7 Satz 7 GewStG voraus, dass überhaupt eine inländische Betriebsstätte und folglich eine Gewerbesteuerpflicht des Hinzurechnungsempfängers besteht.[1783] An einer Gewerbesteuerpflicht fehlt es unter anderem, wenn es sich beim Hinzurechnungsempfänger um eine doppelansässige Gesellschaft mit Sitz im Inland sowie Ort der Geschäftsleitung im Ausland oder um eine aus dem Drittland zugezogene Gesellschaft handelt. Der Hinzurechnungsbetrag unterliegt dann lediglich der Körperschaftsteuer.[1784]

Hervorzuheben gilt es, dass der Art. 1 ATAD den persönlichen Anwendungsbereich auf Körperschaftsteuerpflichtige eines Mitgliedstaats beschränkt[1785], sodass die Gewerbesteuer von der Anti-Steuervermeidungsrichtlinie[1786] nicht erfasst wird. Es ist allerdings zutreffend, wenn bejaht wird, dass die Hinzurechnungsbesteuerung „freiwillig" die Gewerbesteuer erfassen kann.[1787] Denn das inländische Unternehmenssteuerniveau hängt nicht nur von der Körperschaftsteuer ab, sondern die Gewerbesteuer nimmt eine zentrale Rolle hierbei ein[1788],

---

1780 Vgl. Kapitel 8.5.1.2.

1781 Vgl. Gesetz zur Umsetzung der Anti-Steuervermeidungsrichtlinie (ATAD-Umsetzungsgesetz) vom 25.06.2021, BGBl I 2021, S. 2035.

1782 Vgl. *Gosch*, in: Brandis/Heuermann, Ertragsteuerrecht, 2021, § 9 GewStG, Rn. 151a; *Pitzal*, in: Wendt u. a., GewStG, 2022, § 9 Nr. 2 GewStG, Rn. 37.

1783 Vgl. *Kahle/Willner*, Ubg 2017, S. 27; *Sommer/Retzer*, ISR 2016, S. 291; *Wassermeyer*, IStR 2016, S. 518; *Schnitger*, IStR 2016, S. 642; *Gebhardt/Krüger/Schwemler*, IWB 2022, S. 342; *Haug*, DStZ 2016, S. 858.

1784 Vgl. Kapitel 8.5.2 und 8.5.3.

1785 Vgl. *Musil*, in: Musil/Weber-Grellet, Europäisches Steuerrecht, 2022, Art. 1 ATAD, Rn. 5; *Böhmer/Gebhardt/Krüger*, in: Hagemann/Kahlenberg, ATAD, 2019, Art. 7 ATAD, Rn. 8.

1786 Vgl. Richtlinie (EU) 2016/1164 des Rates vom 12.07.2016 mit Vorschriften zur Bekämpfung von Steuervermeidungspraktiken mit unmittelbaren Auswirkungen auf das Funktionieren des Binnenmarkts, Abl. EU 2016 L 193/1.

1787 Vgl. *Schönfeld*, IStR 2017, S. 728.

1788 Vgl. Kapitel 2.5.3.

auch wenn dies gegen das für die Gewerbesteuer geltende Territorialitätsprinzip verstößt.[1789] Allerdings muss der Gesetzgeber die Art. 7 und 8 ATAD so umsetzen, dass diese auch der Gewerbesteuer ausreichend Rechnung tragen, was vor allem anlässlich des Fehlens der Anrechnung von ausländischen Steuern auf die Gewerbesteuer unionsrechtlich zu beanstanden ist.[1790] Denn § 12 Abs. 1 Satz 1 AStG erlaubt wie bereits das alte Recht nur eine Anrechnung auf die Einkommen- und Körperschaftsteuer.[1791] Dies verstößt indes gegen Art. 8 Abs. 7 ATAD, der abstrakt nur von der Steuerschuld und nicht von der Körperschaftsteuerschuld spricht.[1792] Zwar ist damit das Ergebnis, dass eine doppelansässige Gesellschaft sowie zugezogene Gesellschaft mit ihrem Hinzurechnungsbetrag nicht der Gewerbesteuer unterliegen[1793], unionsrechtlich zu begrüßen. Allerdings ist die Hinzurechnungsbesteuerung nach geltendem Recht nicht mit Art. 8 Abs. 7 ATAD vereinbar, insoweit § 12 Abs. 1 AStG bei einer gewerbesteuerlichen Erfassung des Hinzurechnungsbetrags nicht unionsrechtskonform ausgelegt wird.[1794]

Auch wenn unmittelbare sowie mittelbare Beteiligungen gleichzustellen sind, sieht § 7 Abs. 1 Satz 2 AStG im Ergebnis einen Vorrang der unmittelbaren Beteiligung vor. Eine Hinzurechnungsbesteuerung auf einer mittelbaren Beteiligungsebene ist nämlich nur durchzuführen, wenn und soweit die Anwendung auf der unmittelbaren Beteiligungsebene nicht zu einer Beseitigung der Niedrigbesteuerung führte.[1795] Die Regelung des § 7 Abs. 1 Satz 1 und 2 AStG beschränkt damit die Hinzurechnungsbesteuerung nicht auf die unmittelbare Beteiligungsebene an der ausländischen Gesellschaft, sondern es erfolgt im Zweifel eine „Nachholung" der Hinzurechnungsbesteuerung auf einer weiteren Beteiligungsebene.[1796]

1789 Siehe auch BFH vom 03.02.1993, I R 80/91, BStBl II 1993, S. 462; *Keß*, in: L/S, GewStG, 2022, § 2 GewStG, Rn. 3053; *Franke*, in: Wendt u. a., GewStG, 2022, § 2 GewStG, Rn. 120 zum Inlandsbezug der Gewerbesteuer vor dem Hintergrund des Territorialitätsprinzips.

1790 Vgl. auch *Haun/Solowjeff*, in: H/K/R, Außensteuerrecht, 2021, Vor §§ 7–13 AStG, Rn. 124; *Schönfeld*, IStR 2017, S. 723.

1791 Vgl. *Linn*, IStR 2016, S. 647; *Haase*, DStR 2019, S. 828; *Böhmer/Gebhardt/Krüger*, IWB 2021, S. 495; *Schönfeld*, IStR 2017, S. 723.

1792 Vgl. *Haun/Solowjeff*, in: H/K/R, Außensteuerrecht, 2021, Vor §§ 7–13 AStG, Rn. 124; *Böhmer/Gebhardt/Krüger*, IWB 2021, S. 495; *Schönfeld*, IStR 2017, S. 723; a. A. *Radmanesh*, in: BeckOK AStG, AStG, 2022, § 12 AStG, Rn. 123 f.

1793 Vgl. Kapitel 8.5.2 und 8.5.3.

1794 Vgl. Kapitel 2.6.1.3.2 zur unionsrechts- und richtlinienkonformen Auslegung.

1795 Vgl. *Müller-Thomzcik/Reiter/Kanduth-Kristen*, FR 2022, S. 532; *Moser*, IStR 2023, S. 101 ff.; *Kielawa-Buzala*, IStR 2020, S. 610.

1796 Vgl. Kapitel 8.5.2.2.

Insbesondere aus Art. 7 Abs. 1 Buchst. a ATAD ist ersichtlich, dass der Richtlinienverfasser die unmittelbare und mittelbare Beteiligung gleichstellen möchte, ohne jedoch selbst eine Rangfolge vorzusehen. Vor dem Hintergrund, dass sich gemäß Abs. 5 Satz 3 und 4 der Erwägungsgründe der ATAD keine Doppelbesteuerung ergeben soll[1797], spricht sich der europäische Gesetzgeber wohl auch für einen Vorrang der unmittelbaren Beteiligung aus. Allerdings kann die Rangfolge des § 7 Abs. 1 Satz 2 AStG sekundärrechtlich zu beanstanden sein, insoweit die Niedrigbesteuerung auf einer mittelbaren Beteiligungsebene im Inland „nachgeholt" wird. Denn es bestehen Bedenken, ob und inwiefern eine inländische Körperschaft- und Gewerbesteuer aus der Anwendung der §§ 7 bis 13 AStG auf einer vorgelagerten inländischen Beteiligungsebene gemäß § 12 Abs. 2 AStG angerechnet werden kann, da es sich bei der inländischen Körperschaft- und Gewerbesteuer nicht um eine ausländische Steuer handelt.[1798]

1797 Vgl. auch *Böhmer/Gebhardt/Krüger*, in: Hagemann/Kahlenberg, ATAD, 2019, Art. 7 ATAD, Rn. 25; *Müller-Thomzcik/Reiter/Kanduth-Kristen*, FR 2022, S. 531 zum Verbot des Vorliegens einer Doppelbesteuerung.

1798 Vgl. *Haun/Solowjeff*, in: H/K/R, Außensteuerrecht, 2021, Vor §§ 7–13 AStG, Rn. 124; *Schönfeld*, IStR 2017, S. 727; *Kahlenberg/Prusko*, IStR 2017, S. 309; *Kahlenberg/Melkonyan*, StuW 2019, S. 189; *Schnitger/Nitzschke/Gebhardt*, IStR 2016, S. 963.

10 Thesenförmige Zusammenfassung

Für die Hinzurechnungsbesteuerung in der Fassung des ATADUmsG[1799] können die Implikationen wie folgt thesenförmig zusammengefasst werden:

- Bei Unternehmenserwerben gemeinsam mit einem ausländischen Co-Investor wird durch schuldrechtliche Beteiligungsformen wie z. B. Genussrechte, typisch stille Gesellschaften und typisch stille Unterbeteiligungen, die ertragsteuerlich als Fremdkapital qualifizieren, das Beherrschungserfordernis i. S. von § 7 Abs. 2 AStG vermieden. Bei der Implementierung einer atypisch stillen Gesellschaft oder atypisch stillen Unterbeteiligung ist § 20 Abs. 2 AStG einschlägig.[1800]
- Durch die Gewährung eines Vetorechts zugunsten des inländischen Investors wird der unternehmerische Einfluss des inländischen Investors gestärkt, ohne dass das Beherrschungserfordernis erfüllt ist. Die Vereinbarung eines Konsortialvertrags oder die Implementierung einer Klammerbeteiligung wird zu einer Beherrschung führen.[1801]
- Die Entstrickung von Wirtschaftsgütern zwischen verschiedenen ausländischen Staaten sowie die Gewährung nicht fremdüblich verzinster Darlehen zwischen ausländischen Gesellschaften führen zu einer Beeinflussung der Steuerquote i. S. des § 8 Abs. 5 AStG. Eine Seitwärtsverschmelzung einer passiven ausländischen Gesellschaft auf eine weitere ausländische Gesellschaft führt nicht mehr zu einem aktiven Step-up.[1802]
- Die Finanzierungseinkünfte aus einer gestundeten Gewinnausschüttung sowie die Vermietungseinkünfte, welche im Rahmen einer Betriebsaufspaltung oder Betriebsverpachtung im Ganzen vereinnahmt werden, qualifizieren als aktiv. Durch das unentgeltliche Tätigwerden einer inländischen Servicegesellschaft als Tochtergesellschaft des inländischen Investors kann einem schädlichen Bedienen oder einer schädlichen Mitwirkung entgegengewirkt werden. Etwaige Vergütungen, die einen Vorabgewinn oder eine Sondervergütung darstellen, tragen das Schicksal der Einkünfte der Mitunternehmerschaft.[1803]

1799 Vgl. Gesetz zur Umsetzung der Anti-Steuervermeidungsrichtlinie (ATAD-Umsetzungsgesetz) vom 25.06.2021, BGBl I 2021, S. 2035.

1800 Vgl. Kapitel 4.

1801 Vgl. Kapitel 5.

1802 Vgl. Kapitel 6.

1803 Vgl. Kapitel 7.

- Das Außerachtlassen temporärer Differenzen, die Bildung von Sonderposten mit Rücklagenanteil sowie die Hebung stiller Lasten beeinflusst die Höhe des Hinzurechnungsbetrags. Dies ist auch der Fall, wenn während einer aktiven Tätigkeit ein Zinsvortrag gebildet wird, der jedoch erst bei der Erzielung passiver Einkünfte abgebaut wird.[1804]
- Durch die Ausgabe von Stamm- und Vorzugsanteilen sowie der Vereinbarung von schuldrechtlichen Vertragsbeziehungen wird die Hinzurechnungsquote beeinflusst.[1805]
- Die Übertragung gewinn- und verlustbringender Betriebe durch ausländische Gesellschaften auf eine gemeinsame Mitunternehmerschaft führt zu einem Verlustausgleich im Rahmen der Hinzurechnungsbesteuerung.[1806]
- Bei der Zurechnung des Hinzurechnungsbetrags zu einer inländischen Organgesellschaft unterliegt der Hinzurechnungsbetrag auf Ebene des Organträgers dem körperschaftsteuerlichen Schachtelprivileg. Eine gewerbesteuerliche Kürzung kommt nicht in Betracht.[1807]
- Ist der Hinzurechnungsempfänger eine doppelansässige Gesellschaft mit Sitz im Inland und Ort der Geschäftsleitung im Ausland oder eine zugezogene Drittstaatengesellschaft, die nicht im Handelsregister eingetragen ist, so unterliegt der Hinzurechnungsbetrag nicht der Gewerbesteuer. Eine zusätzliche Hinzurechnungsbesteuerung auf einer übergeordneten Ebene ergibt sich gemäß § 7 Abs. 1 Satz 2 AStG.[1808]

Dic Kritikpunkte der Hinzurechnungsbesteuerung, welche trotz der Änderungen im Rahmen des ATADUmsG[1809] bestehen, können wie folgt thesenförmig zusammengefasst werden:

- Mit § 7 Abs. 2 AStG setzt der nationale Gesetzgeber Art. 7 Abs. 1 Buchst. a ATAD um, da fortan auch schuldrechtliche Ansprüche auf den Gewinn zu einer Beherrschung führen. Gleichwohl sieht das nationale Recht abweichend von der ATAD vor, dass auch der Anspruch am Liquidationserlös eine Beherrschung begründet, was jedoch durch Art. 3 ATAD gedeckt ist. Zwar

1804 Vgl. Kapitel 8.1.
1805 Vgl. Kapitel 8.2.
1806 Vgl. Kapitel 8.3
1807 Vgl. Kapitel 8.4.
1808 Vgl. Kapitel 8.5.
1809 Vgl. Gesetz zur Umsetzung der Anti-Steuervermeidungsrichtlinie (ATAD-Umsetzungsgesetz) vom 25.06.2021, BGBl I 2021, S. 2035.

stellen auch Personengesellschaften ein Unternehmen i. S. von Art. 7 Abs. 1 ATAD dar und können damit das Tatbestandsmerkmal der Beherrschung erfüllen. Von diesem Konzept weicht § 7 Abs. 4 Satz 2 AStG ab, da nicht die Beherrschung durch die Personengesellschaft maßgeblich ist, sondern das Zusammenwirken durch abgestimmtes Verhalten.[1810]

- Neben der Anteilsmehrheit kann – wie es auch Art. 7 Abs. 1 Buchst. a ATAD vorsieht – eine Stimmrechtsmehrheit eine Beherrschung begründen, wobei sämtliche nahestehende Personen „zusammenzurechnen" sind (§ 7 Abs. 2 und 3 AStG). Die nationale Umsetzung weicht insoweit von der Richtlinie ab, dass das Nahestehen in § 1 Abs. 2 AStG deutlich weiter ausfällt als die Definition der verbundenen Unternehmen in Art. 2 Abs. 4 ATAD. Ferner ist die Beteiligung einer nahestehenden Person vollumfänglich und nicht nur quotal dem Hinzurechnungsempfänger zuzurechnen.[1811]
- Für die Ermittlung der effektiven Steuerquote finden auch die nationalen Vorschriften Anwendung, wobei kritisch zu betrachten ist, dass insbesondere die Vorschriften des UmwStG ausgeschlossen sind. Insoweit ergibt sich eine unionsrechtlich bedenkliche Diskriminierung des ausländischen Unternehmens. Ferner ist zu bemängeln, dass die nationalen Vorschriften keine ausreichende Korrekturmöglichkeit von nicht fremdüblichen Beziehungen zulassen.[1812]
- Das Prinzip der funktionalen Betrachtungsweise entspricht dem Sinn und Zwecke der ATAD, sodass es sachgerecht ist, dass bei der Betriebsverpachtung im Ganzen auf die vorherige Tätigkeit sowie bei der Betriebsaufspaltung auf die Tätigkeit des Betriebsunternehmens abzustellen ist. Allerdings ist diese Einschränkung auf die vorgenannten Fallkonstellationen vor dem Hintergrund, dass § 8 Abs. 1 Nr. 6 AStG nicht nur die Lizenzierung und das Finanzierungsleasing erfasst, zu bemängeln. Ferner gilt es hervorzuheben, dass für Dividenden gemäß § 8 Abs. 1 Nr. 7 AStG die funktionale Betrachtungsweise ausgeschlossen ist.[1813]
- § 10 Abs. 3 Satz 1 und 4 AStG stehen weitgehend im Einklang mit Art. 8 Abs. 1 Satz 1 ATAD, wobei es zu erwähnen gilt, dass im nationalen Recht vereinzelt begünstigende Regelungen wie z. B. das UmwStG bei der Ermittlung des Hinzurechnungsbetrags nicht anzuwenden sind. Da jedoch das ausländische Unternehmen vor dem Hintergrund des Diskriminierungsverbots als quasi-inländisches

1810 Vgl. Kapitel 9.1.
1811 Vgl. Kapitel 9.2.
1812 Vgl. Kapitel 9.3.
1813 Vgl. Kapitel 9.4.

Unternehmen zu behandeln ist, sind derartige Einschränkungen unionsrechtlich abzulehnen.[1814]

- Die Regelung des § 7 Abs. 1 Satz 3 AStG sollte der Intention der ATAD entsprechen, dass der Hinzurechnungsbetrag auf Grundlage des Gewinnverteilungsschlüssels zu erfolgen hat. Es ist hierbei nicht zu bemängeln, dass § 7 Abs. 1 Satz 1 und 3 AStG ausschließlich die gesellschaftsvertragliche Gewinnverteilung erfasst, da auch Art. 8 Abs. 3 ATAD nur an die gesellschaftsrechtliche Beteiligung anknüpft.[1815]
- Die isolierte Betrachtung ausländischer Gesellschaften steht wohl im Einklang mit der ATAD, die stets auf das einzelne ausländische Unternehmen abstellt, sodass es insoweit zu keiner Ergebniskonsolidierung ausländischer Unternehmen kommt. Andererseits behandelt ebenfalls die ATAD Personengesellschaften als transparente Rechtsträger, sodass deren Einkünfte den dahinterstehenden Gesellschaftern zuzurechnen sind.[1816]
- Zwar besteht die Möglichkeit, dass die Hinzurechnungsbesteuerung als eine fiktive Gewinnausschüttung des ausländischen Unternehmens behandelt wird. Allerdings ist in diesem Fall sicherzustellen, dass etwaige Dividendenbegünstigungen auf Ebene des Steuerpflichtigen nicht zur Anwendung kommen, sodass die körperschaftsteuerliche „Besserstellung“ einer Organgesellschaft als Hinzurechnungsempfänger unionsrechtlich zu kritisieren ist.[1817]
- Die gewerbesteuerliche Erfassung des Hinzurechnungsbetrags ist in der Richtlinie im Grundsatz nicht vorgesehen, da Art. 1 ATAD ausschließlich auf die Körperschaftsteuerpflicht Bezug nimmt. Eine „freiwillige“ Einbeziehung des Hinzurechnungsbetrags ist zwar durch Art. 3 ATAD möglich, fordert allerdings auch, dass eine Anrechnung der ausländischen Steuer bei der Gewerbesteuer erfolgt. Da § 12 Abs. 1 AStG weiterhin nur die Anrechnung bei der Einkommen- und Körperschaftsteuer billigt, ist die gewerbesteuerliche Erfassung insoweit nicht mit dem Unionsrecht vereinbar.[1818]

1814 Vgl. Kapitel 9.5.1.
1815 Vgl. Kapitel 9.5.2.
1816 Vgl. Kapitel 9.5.3.
1817 Vgl. Kapitel 9.5.4.
1818 Vgl. Kapitel 9.5.5.

Literaturverzeichnis

Adrian, Gerrit/Rautenstrauch, Gabriele/Sterner, Ingo (DStR 2017): Gewerbesteuer bei der Hinzurechnungsbesteuerung, in: Deutsches Steuerrecht 2017, S. 1457–1463.

Altrichter, Torsten/Nuernberger, Eckart (GmbHR 2006): Verlustnutzung über die Grenze, in: GmbH-Rundschau 2006, S. 466–469.

Altvater, Christian (Konzernsteuerrecht, 2018): Konzernsteuerrecht, in: Kessler/Kröner/Köhler, Hrsg. Kessler, Wolfgang/Kröner, Michael/Köhler, Stefan, 3. Auflage, Freiburg und Frankfurt am Main 2018, § 11, Rn. 1–352.

Alworth, Julian (Tax Coordination in the European Community, 1987): Tax Coordination in the European Community, in: Cnossen, Hrsg. Cnossen, Sijbren, Deventer 1987, S. 253–283.

Amihud, Yakov/Lev, Baruch (RJE 1981): Risk reduction as managerial motive for conglomerate mergers, in: The RAND Journal of Economics 1981, S. 605–617.

Ammelung, Ulrich/Kuich, Peter (IStR 2000): Ausländischer Kapitalmarkt im Sinne des § 8 Abs. 1 Nr. 7 AStG, Nachweis einer aktiven Finanzierung Tätigkeit bei der Begebung von Anleihen, in: Internationales Steuerrecht 2000, S. 641–644.

Antweiler, Walter (KStG, 2021): Kommentierung zu § 27 KStG, in: Bott/Walter, Hrsg. Bott, Harald/Walter, Wolfgang, Körperschaftsteuergesetz, Kommentar, 159. Ergänzungslieferung, Alzenau und Denkendorf 2022.

Anzinger, Heribert (StuW 2022): Steuergerechtigkeit in der Zeit, in: Steuer und Wirtschaft 2022, S. 300–310.

App, Michael (DStR 1994): Unternehmerische Kapitalanlage durch Unterbeteiligung, in: Deutsches Steuerrecht 1994, S. 291–293.

Arnold, Niels (Umstrukturierung inländischer Konzerne, 2015): Umstrukturierung inländischer Konzerne unter Beachtung des § 6a GrEStG, Wiesbaden 2015.

Bader, Axel (Steuergestaltungen mit Holdingsgesellschaften, 2017): Steuergestaltungen mit Holdinggesellschaften, Analyse weltweiter Holding-Steuerregime aus deutscher Sicht, Ingolstadt und München 2017.

Bär, Ulrike/Merkle, Florian (UmwStG, 2019): Kommentierung zu § 24 UmwStG, in: H/M/B, Umwandlungssteuergesetz, Kommentar, Hrsg. Menner, Stefan/Bilitewski, Andrea, 5. Auflage, Frankfurt und Hamburg 2019.

Bärsch, Sven-Eric/Barbu, Yannick/Schneider, Henrik (IWB 2022): Entwurf der EU-Richtlinie gegen die missbräuchliche Nutzung von Briefkastenfirmen (ATAD 3), Folgen der sog. Unshell-Initiative schon ab 2022, in: Internationales Steuer- und Wirtschaftsrecht 2022, S. 103–110.

Bärsch, Sven-Eric/Böhmer, Julian (DB 2017): Internationale Unternehmensbesteuerung in Deutschland nach dem Anti-BEPS-Umsetzungsgesetz, in: Der Betrieb 2017, S. 567–573.

Bärsch, Sven-Eric/Engelen, Christian (DStR 2022): Ermittlung fremdüblicher Zinsen auf Konzerndarlehen, Zugleich Anmerkung der Zinsurteile des BFH v. 18.05.2021 (I R 4/17, I R 62/17), in: Deutsches Steuerrecht 2022, S. 818–821.

Bärsch, Sven-Eric/Quilitzsch, Carsten/Schulz, Sebastian (ISR 2013): BEPS: Steuerliche Implikationen des Aktionsplans der OECD aus deutscher Sicht, in: Internationale Steuer-Rundschau 2013, S. 358–364.

Bärsch, Sven-Eric/Schneider, Henrik (DB 2022): Der neue Substanztest zur Vermeidung der Hinzurechnungsbesteuerung in EU-/EWR-Fällen, in: Der Betrieb 2022, S. 81–86.

Bareis, Peter/Siegel, Theodor (BB 2008): Sachausschüttungen und ihre körperschaftsteuerliche Behandlung de lege lata und de lege ferenda, in: Betriebs-Berater 2008, S. 479–484.

Barthel, Carl (DB 2020): Other People's Money (OPM): Beratung bei Geldanlagen, in: Der Betrieb 2020, S. 2249–2254.

Bauernschmitt, Isabel (AStG, 2016): Kommentierung zu § 10 AStG, in: Haase, Außensteuergesetz, Doppelbesteuerungsabkommen, Kommentar, Hrsg. Haase, Florian, 3. Auflage, Hamburg 2016.

Baumgartner, Egid/Brühl, Manuel (FR 2020): Ausgewählte Aspekte grenzüberschreitender Dividendenbesteuerung im Kapitalgesellschaftskonzern bei Zwischenschaltung von Personengesellschaften, in: Finanz-Rundschau 2020, S. 1033–1040.

Baumgartner, Raphael (IStR 2020): Mögliche Änderungen der Hinzurechnungsbesteuerung durch den zweiten Referentenentwurf eines ATADUmsG, in: Internationales Steuerrecht 2020, S. 524–529.

Baur, Sabrina/Ullmann, Robert (IWB 2021): Änderungen des Aktivkatalogs in § 8 Abs. 1 AStG durch das ATAD-Umsetzungsgesetz, Darstellung und Bewertung, in: Internationales Steuer- und Wirtschaftsrecht 2021, S. 790–800.

Bauschatz, Peter (IStR 2002): Steuerlicher Gestaltungsmissbrauch und Europarecht (Teil II), Öffnung der Steuersysteme im Recht der direkten Steuern der EU-Mitgliedsstaaten und Abwehr grenzüberschreitender Gestaltungen durch Missbrauchsvorschriften anhand ausgewählter Beispiele des deutschen Steuerrechts, in: Internationales Steuerrecht 2002, S. 333–342.

Bauschatz, Peter (KStG, 2020): Kommentierung zu § 27 KStG, in: Gosch, Körperschaftsteuergesetz, Kommentar, Hrsg. Gosch, Dietmar, 4. Auflage, Hamburg 2020.

Beker, Manfred (DStZ 2004): Tatsächliche und rechtliche Grenzen der Besteuerung, in: Deutsche Steuer-Zeitung 2004, S. 32–38.

Becker, Jan Dierk/Kamphaus, Christine/Loose, Thomas (IStR 2013): Greift das Korrespondenzprinzip bei Drittstaatsverschmelzungen?, in: Internationales Steuerrecht 2013, S. 328–334.

Becker, Jan Dierk/Loose, Thomas (BB 2018): Hinzurechnungsbesteuerung nach Umsetzung der ATAD – ein Ausblick aus Sicht der Unternehmenspraxis, in: Betriebs-Berater 2018, S. 215–221.

Becker, Jan Dierk/Loose, Thomas (IStR 2018): Greift die Hinzurechnungsbesteuerung infolge der Organstellung eines inländischen Geschäftsführers bei einer ausländischen Tochtergesellschaft?, in: Internationales Steuerrecht 2018, S. 18–25.

Becker, Jan Dierk/Mühlhausen, Moritz/Schmelz, Michael (ISR 2018): Wertansatz in der Hinzurechnungsbilanz bei grenzüberschreitendem Anteilstausch, in: Internationale Steuer-Rundschau 2018, S. 100–107.

Becker, Johannes/Fuest, Clemens (IER 2010): Taxing foreign profits with international mergers and acquisitions, in: International Economic Review 2010, S. 171–186.

Becker, Wolfgang/Ulrich, Patrick/Zimmermann, Lisa (BB 2014): M&A in mittelständischen Unternehmen, M&A in mittelständischen Unternehmen, in: Betriebs-Berater 2014, S. 789–794.

Behrens, Stefan (UmwStG, 2019): Kommentierung zu § 21 UmwStG, in: H/M/B, Umwandlungssteuergesetz, Kommentar, Hrsg. Menner, Stefan/Bilitewski, Andrea, 5. Auflage, Frankfurt und Hamburg 2019.

Beinert, Stefanie/Marx, Marius (Steuerliche Organschaft, 2019): Steuerliche Organschaft, in: Prinz/Witt, Hrsg. Prinz, Ulrich/Witt, Sven-Christian, 2. Auflage, Köln und München 2019, Rn. 12.1–12.74.

Benecke, Andreas/Beinert, Stefanie (FR 2010): Internationale Aspekte der Umstrukturierung von Unternehmen, in: Finanz-Rundschau 2010, S. 1120–1133.

Benecke, Andreas/Schnitger, Arne (IStR 2010): Neuerungen im internationalen Steuerrecht durch das JStG 2010, in: Internationales Steuerrecht 2010, S. 432–439.

Benz, Sebastian/Böhmer, Julian (DB 2021): Das Steueroasen-Abwehrgesetz, in: Der Betrieb 2021, S. 1630–1636.

Benz, Sebastian/Böhmer, Julian (DB 2022): Der Entwurf der sog. „Unshell"-Richtlinie als Teil der EU-Initiative „Eine Unternehmensbesteuerung für das 21. Jahrhundert", in: Der Betrieb 2022, S. 1028–1037.

Bergau, Torsten (Praxishandbuch Unternehmenskauf, 2021): Praxishandbuch Unternehmenskauf, in Bergau, Hrsg. Bergau, Torsten, Düsseldorf 2020.

Bergmann, Malte (GewStG, 2022): Kommentierung zu § 9 Nr. 2a GewStG, in: Wendt u. a., Gewerbesteuergesetz, Kommentar, Hrsg. Wendt, Michael u. a., 2. Auflage, Berlin, Düsseldorf und Köln 2022.

Berk, Jonathan/DeMarzo, Peter (Corporate Finance, 2017): Corporate Finance, 4. Auflage, London 2017.

Bernstein, Shai/Sheen, Albert (Rev. Financ. Stud. 2016): The Operational Consequences of Private Equity Buyouts: Evidence from the Restaurant Industry, in: Review of Financial Studies 2016, S. 2387–2418.

Bethel, Jennifer/Liebeskind, Julia (Strateg. Manag. J. 1993): The Effects of Ownership Structure on Corporate Restructuring, in: Strategic Management Journal 1993, S. 15–31.

Beutel, David/Sistermann, Christian (Unternehmensteuerrecht, 2018): Unternehmensteuerrecht, in: Lüdicke/Sistermann, Hrsg. Lüdicke, Jochen/Sistermann, Christian, 2. Auflage, Düsseldorf und München 2018, § 18, Rn. 1–107.

Beutel, David u. a. (Unternehmensteuerrecht, 2018): Unternehmensteuerrecht, in: Lüdicke/Sistermann, Hrsg. Lüdicke, Jochen/Sistermann, Christian, 2. Auflage, Düsseldorf und München 2018, § 12, Rn. 1–601.

Beyer, Bettina (DStR 2012): Die handels- und steuerrechtliche Behandlung eines Debt-Equity-Swap mit Genussrechten bei Kapitalgesellschaften, in: Deutsches Steuerrecht 2012, S. 2199–2203.

Biervert, Bernd (EU-Recht, 2019): Kommentierung zu Art. 288 AEUV, in: Schwarze, EU-Recht, Kommentar, Hrsg. Becker, Ulrich u. a., 4. Auflage, Baden-Baden 2019.

Binder, Sebastian/Graßl, Benjamin (IStR 2021): Verdeckte Gewinnausschüttungen in der Hinzurechnungsbesteuerung nach dem ATADUmsG, in: Internationales Steuerrecht 2021, S. 865–874.

Bindl, Elmar/Leidel, Sebastian/Bücheler, Thomas (IStR 2022): Hinzurechnungsbesteuerung bei Investmentstrukturen, Ausgewählte Zweifelsfragen zum neuen Beherrschungsbegriff, in: Internationales Steuerrecht 2022, S. 790–800.

Binnewies, Burkhard (GmbH-StB 2013): Besteuerung von Streubesitzdividenden, in: GmbH-Steuer-Berater 2013, S. 255–258.

Binnewies, Burkhard (KStG, 2021): Kommentierung zu § 8b KStG, in: Streck, Körperschaftsteuergesetz, Kommentar, Hrsg. Binnewies, Burkhard, 10. Auflage, Köln 2021.

Binnewies, Burkhard (KStG, 2021): Kommentierung zu § 27 KStG, in: Streck, Körperschaftsteuergesetz, Kommentar, Hrsg. Binnewies, Burkhard, 10. Auflage, Köln 2021.

Birk, Dieter (StuW 2000): Das Leistungsfähigkeitsprinzip in der Unternehmenssteuerreform, in: Steuer und Wirtschaft 2000, S. 328–336.

Bleschick, Sascha (EStG, 2022): Kommentierung zu § 20 EStG, in: Kirchhof/Seer, Einkommensteuergesetz, Hrsg. Seer, Roman, 21. Auflage, Bochum 2022.

Blischke, André/Desens, Marc (EStG, 2016): Kommentierung zu § 15 EStG, in: K/S/M, Einkommensteuergesetz, Kommentar, Hrsg. Kirchhof, Paul/Söhn, Hartmut/Mellinghoff, Rudolf, 323. Ergänzungslieferung, Heidelberg 2022.

Blumenberg, Jens/Hundeshagen, Christian (Konzernsteuerrecht, 2018): Konzernsteuerrecht, in: Kessler/Kröner/Köhler, Hrsg. Kessler, Wolfgang/Kröner, Michael/Köhler, Stefan, 3. Auflage, Freiburg und Frankfurt am Main 2018, § 7, Rn. 1–510.

Blumers, Wolfgang (BB 2013): Aggressive Steuerplanung – Vielleicht legal, aber jedenfalls verwerflich, in: Betriebs-Berater 2013, S. 2785–2788.

Bodden, Guido (EStG, 2021): Kommentierung zu § 2 EStG, in: Korn, Einkommensteuergesetz, Kommentar, Hrsg. Korn, Klaus u. a., 136. Ergänzungslieferung, Köln 2022.

Bodden, Guido (EStG, 2022): Kommentierung zu § 15 EStG, in: Korn, Einkommensteuergesetz, Kommentar, Hrsg. Korn, Klaus u. a., 136. Ergänzungslieferung, Köln 2022.

Bode, Walter (Ertragsteuerrecht, 2022): Kommentierung zu § 15 EStG, in: Brandis/Heuermann, Ertragsteuerrecht, Kommentar, Hrsg. Heuermann, Bernd/Brandis, Peter, 162. Ergänzungslieferung, München 2022.

Böcking, Hans-Joachim/Herold, Christian/Müßig, Anke (DK 2004): IFRS für nicht kapitalmarktorientierte Unternehmen unter besonderer Berücksichtigung mittelständischer Belange, in: Der Konzern 2004, S. 664–672.

Böhmer, Julian (IWB 2017): Bedeutung und Einwirkung des europäischen Steuerrechts auf die nationale Rechtsordnung, Folgen für das Unternehmenssteuerrecht, in: Internationale Steuer- und Wirtschaftsrecht 2017, S. 843–850.

Böhmer, Julian/Gebhardt, Ronald/Krüger, Sebastian (ATAD, 2019): Kommentierung zu Art. 2 ATAD, in: Hagemann/Kahlenberg, Anti Tax Avoidance Directive, Kommentar, Hrsg. Hagemann, Tobias/Kahlenberg, Christian, Berlin 2018.

Böhmer, Julian/Gebhardt, Ronald/Krüger, Sebastian (ATAD, 2019): Kommentierung zu Art. 7 ATAD, in: Hagemann/Kahlenberg, Anti Tax Avoidance Directive, Kommentar, Hrsg. Hagemann, Tobias/Kahlenberg, Christian, Berlin 2018.

Böhmer, Julian/Gebhardt, Ronald/Krüger, Sebastian (ATAD, 2019): Kommentierung zu Art. 8 ATAD, in: Hagemann/Kahlenberg, Anti Tax Avoidance Directive, Kommentar, Hrsg. Hagemann, Tobias/Kahlenberg, Christian, Berlin 2018.

Böhmer, Julian/Gebhardt, Ronald/Krüger, Sebastian (IWB 2021): Die Änderungen der Hinzurechnungsbesteuerung durch das ATAD-Umsetzungsgesetz, in: Internationales Steuer- und Wirtschaftsrecht 2021, S. 479–496.

Böhmer, Julian/Mühlhausen, Moritz/Oppel, Florian (ISR 2021): Die Körperschaftsteuer-Option nach § 1a KStG n. F. im Internationalen Steuerrecht – Überblick anhand von Beispielfällen, in: Internationale Steuer-Rundschau 2021, S. 388–399.

Böhmer, Julian/Oppel, Florian (IWB 2020): Die neue Hinzurechnungsbesteuerung für Beteiligungen an ausländischen Zwischengesellschaften, in: Internationales Steuer- und Wirtschaftsrecht 2021, S. 5–20.

Böhmer, Julian/Schewe, Benedikt (FR 2020): Unionsrechtmäßigkeit der Hinzurechnungsbesteuerung im Drittstaatenfall, in: Finanz-Rundschau 2020, S. 30–38.

Böhmer, Julian/Schewe, Benedikt/Schlücke, Katharina (FR 2020): Der Referentenentwurf des ATAD-Umsetzungsgesetzes – Gewinnausschüttungen, Veräußerungen und Umwandlungen, in: Finanz-Rundschau 2020, S. 164–171.

Böhmer, Julian/Schewe, Benedikt/Schlücke, Katharina (FR 2021): Neujustierung der Grenzen des deutschen Besteuerungsrechts durch das ATAD-UmsG und das KöMoG, in: Finanz-Rundschau 2021, S. 765–773.

Bolik, Andreas/Selig-Kraft, Carolin (DStR 2017): Bilanzsteuerrechtliche Berücksichtigung der Schuldübernahme – Anmerkungen zum BMF-Entwurf zu § 4f und § 5 Abs. 7 EStG, in: Deutsches Steuerrecht 2017, S. 169–175.

Born, Alexander (BB 2009): Aktuelle Steuerfragen im Zusammenhang mit Debt-Equity-Swap-Transaktionen, in: Betriebs-Berater 2009, S. 1730–1735.

Bott, Harald (KStG, 2020): Kommentierung zu § 8 KStG, in: Bott/Walter, Hrsg. Bott, Harald/Walter, Wolfgang, Körperschaftsteuergesetz, Kommentar, 159. Ergänzungslieferung, Alzenau, Denkendorf und Stuttgart 2022.

Bowman, Edward/Singh, Harbir (Strateg. Manag. J. 1993): Corporate Restructuring: Reconfiguring the Firm, in: Strategic Management Journal, S. 5–14.

Bracewell-Milnes, Barry (The Economics of International Tax Avoidance, 1980): The Economics of International Tax Avoidance, Boston 1980.

Brähler, Gernot (Internationales Steuerrecht, 2010): Internationales Steuerrecht, Grundlagen für Studium und Steuerberaterprüfung, 6. Auflage Wiesbaden 2010.

Brähler, Gernot (Internationales Steuerrecht, 2012): Internationales Steuerrecht, Grundlagen für Studium und Steuerberaterprüfung, 7. Auflage Wiesbaden 2012.

Brähler, Gernot (SteuerStud 2021): Mündliche StB-Prüfung 2022, Das Steueroasen-Abwehrgesetz – zentrale Änderungen im Überblick, in: Steuer und Studium 2021, S. 828–832.

Brandis, Peter (AO/FGO, 2021): Kommentierung zu § 179 AO, in: T/K, Abgabenordnung, Finanzgerichtsordnung, Kommentar, Hrsg. Seer, Roman u. a, 173. Ergänzungslieferung, Köln 2022.

Brandis, Peter (AO/FGO, 2021): Kommentierung zu § 180 AO, in: T/K, Abgabenordnung, Finanzgerichtsordnung, Kommentar, Hrsg. Seer, Roman u. a, 173. Ergänzungslieferung, Köln 2022.

Brealey, Richard/Myers, Stewart/Allen, Franklin (Principles of Corporate Finance, 2020): Principles of Corporate Finance, 13. Auflage, New York 2020.

Breithecker, Volker/Klapdor, Ralf (Internationale Betriebswirtschaftliche Steuerlehre, 2010): Einführung in die Internationale Betriebswirtschaftliche Steuerlehre, mit Fallbeispielen, Übungsaufgaben und Lösungen, 3. Auflage, Duisburg und Emmerich 2010.

Breuninger, Gottfried/Prinz, Ulrich (DStR 2006): Ausgewählte Bilanz- und Steuerrechtsfragen von Mezzaninefinanzierungen, in: Deutsches Steuerrecht 2006, S. 1345–1349.

Brockmeyer, Hans Bernhard (DStR 2007): Bedenkliche Neufassung des § 42 Abs. 1 AO im Referentenentwurf des JStG 2008, in: Deutsches Steuerrecht 2007, S. 1325–1330.

Bron, Jan (DStR 2020): Einbringungen und andere Umstrukturierungen nach §§ 20, 21, 25 UmwStG in Corona-Zeiten, Auswirkungen des Corona-Steuerhilfegesetzes, von sinkenden Unternehmenswerten sowie von Notverkäufen, in: Deutsches Steuerecht 2020, S. 1009–1014.

Bron, Jan (ISR 2016): Atypisch stille Beteiligung an einer Kapitalgesellschaft und Entstrickungsbesteuerung, in: Internationales Steuerrecht 2016, S. 26–29.

Brühl, Manuel (AO, 2022): Kommentierung zu § 39 AO, in: BeckOK AO, Beck'-sche Online-Kommentare, AO, Hrsg. Pfirrmann, Volker/Rosenke, Torsten/Wagner, Klaus, abgerufen Oktober 2022.

Buciek, Klaus (AO/FGO, 2021): Kommentierung zu § 14 AO, in: Gosch, Abgabenordnung, Finanzgerichtsordnung, Kommentar, Hrsg. Gosch, Dietmar/Hoyer, Andreas, 167. Ergänzungslieferung, München und Kiel 2022.

Bühner, Rolf (DB 1986): Strategische Führung im Bereich der Hochtechnologie durch rechtliche Verselbstständigung von Unternehmensteilbereichen, in: Der Betrieb 1986, S. 2341–2346.

Bühner, Rolf/Walter, Hans (DB 1977): Divisionalisierung in der Bundesrepublik Deutschland, in: Der Betrieb 1977, S. 1205–1207.

Buge, Ronald (EStG/KStG, 2021): Kommentierung zu § 20 EStG, in: H/H/R, Einkommensteuer- und Körperschaftsteuergesetz, Kommentar, Hrsg. Hey, Johanna u. a., 310. Ergänzungslieferung, Köln und München 2022.

Burmester, Gabriele (FS Debatin, 1996): Außensteuerrecht, Doppelbesteuerungsabkommen und EU-Recht im Spannungsfeld, Festschrift für Helmut Debatin zum 70. Geburtstag, Hrsg. Burmester, Gabriele/Endres Dieter, Trier und Frankfurt am Main 1996, S. 55–79.

Burmester, Gabriele (FS Flick, 1997): Unternehmen, Steuern, Festschrift für Hans Flick zum 70. Geburtstag, Hrsg. Klein, Franz/Stihl, Hans Peter/Wassermeyer, Franz, Bonn 1997, S. 659–678.

Burmester, Gabriele (Unternehmensfinanzierung im Internationalen Steuerrecht, 2003): Unternehmensfinanzierung im Internationalen Steuerrecht, Trier 2003.

Busch, Oliver (DB 2020): RefE eines ATAD-Umsetzungsgesetzes: Überblick über die Verrechnungspreisaspekte, in: Der Betrieb 2020, S. 191–196.

Carlé, Thomas (DStZ 2008): Die Anwendung des neugefassten § 42 AO aus Verwaltungssicht, in: Deutsche Steuer-Zeitung 2008, S. 653–656.

Carlé, Thomas (koesdi 2008): Unterbeteiligungen bei Personen- und Kapitalgesellschaften: Gestaltungschancen, Risiken, Umstrukturierung, in: Kölner Steuerdialog 2008, S. 16166–16176.

Carlé, Thomas/Strahl, Martin (EStG, 2018): Kommentierung zu § 6b EStG, in: Korn, Einkommensteuergesetz, Kommentar, Hrsg. Korn, Klaus u. a., 136. Ergänzungslieferung, Köln 2022.

Claassen, Frank/Elbeshausen, Henning/Gerds, Johannes (Grundlagen des M&A-Geschäfts, 2018): Grundlagen des M&A-Geschäfts, Strategie, Recht, Steuern, in: Schalast/Raettig, Hrsg. Schalast, Christoph/Raettig, Lutz, 2. Auflage, Frankfurt am Main 2018, S. 673–702.

Cloer, Adrian/Hagemann, Tobias (DB 2019): Grenzen der Hinzurechnungsbesteuerung Auswirkungen der jüngeren Rechtsprechung von EuGH und BFH, in: Der Betrieb 2019, S. 1228–1236.

Cloer, Adrian/Hagemann, Tobias (EStG, 2021): Kommentierung zu § 50d EStG, in: Bordewin/Brandt, Einkommensteuergesetz, Kommentar, Hrsg. Brandt, Jürgen/Bode, Walter, 444. Ergänzungslieferung, Heidelberg 2022.

Cloer, Adrian/Niemeyer, Nicola (FR 2018): Die rückwirkende Umsetzung der ATAD - eine nationale und unionale Folgenabschätzung, in: Finanz-Rundschau 2018, S. 1017–1029.

Copeland, Thomas/Weston, John/Shastri, Kuldeep (Financial Theory and Corporate Policy, 2005): Financial Theory and Corporate Policy, 4. Auflage, Boston 2005.

Cordewener, Axel (FR 2005): Das Abkommen über den Europäischen Wirtschaftsraum: eine unerkannte Baustelle des deutschen Steuerrechts, in: Finanz-Rundschau 2005, S. 236–241.

Cortez, Benjamin (IWB 2010): Grundzüge des US-amerikanischen Steuerrechts, Eine Einführung in das US-amerikanische Steuerrechtsverständnis, in: Internationales Steuer- und Wirtschaftsrecht 2010, S. 531–539.

Cortez, Benjamin (Neuausrichtung der deutschen Hinzurechnungsbesteuerung, 2013): Neuausrichtung der deutschen Hinzurechnungsbesteuerung, Köln 2013.

Cortez, Benjamin (SteuerStud 2011): Die Regelungen der deutschen Hinzurechnungsbesteuerung der §§ 7 bis 14 AStG, in: Steuer und Studium 2011, S. 313–320.

Creed, Tanja (MLI, 2017): Kommentierung zu Art. 4 MLI, in: Haase, Multilaterales Instrument, Kommentar, Hrsg. Haase, Florian, Hamburg 2017.

Crezelius, Georg (DB 2001): Dogmatische Grundstrukturen der Unternehmenssteuerreform, in: Der Betrieb 2001, S. 221–229.

Crezelius, Georg (DB 2007): Vom Missbrauch zum Misstrauen: Zu geplanten Änderung des § 42 AO, in: Der Betrieb 2007, S. 1428–1430.

Dahlke, Andreas (Harmonisierung der Konzernbesteuerung, 2011): Harmonisierung der Konzernbesteuerung in der Europäischen Union, Ökonomische Analyse einer einheitlichen konsolidierten körperschaftsteuerlichen Bemessungsgrundlage, Stuttgart 2011.

Dahm, Markus (ZCG 2019): Relationship Readiness Assessment Teil A: Wie bereit sind Organisationen für eine geschäftliche Kooperation?, in: Zeitschrift für Corporate Governance 2019, S. 149–155.

Dautel, Ralph (DStR 2001): Steuergestaltungen mit partiarischen Darlehen, in: Deutsches Steuerrecht 2001, S. 925–927.

Dautzenberg, Norbert (DB 1994): Doppelbesteuerung und EG-Vertrag: Die Anrechnungsmethode als gemeinschaftsrechtlicher Mindeststandard?, in: Der Betrieb 1994, S. 1542–1545.

Dautzenberg, Norbert (DB 1997): Vereinbarkeit von Doppelbesteuerungsabkommen und EG-Vertrag am Beispiel der Besteuerung der Arbeitnehmereinkünfte, in: Der Betrieb 1997, S. 1354–1361.

Dautzenberg, Norbert (NWB 2000): Diskriminierung inländischer Betriebsstätten ausländischer Körperschaften, in: Steuer- und Wirtschaftsrecht 2000, S. 1627–1628.

Debatin, Helmut (DB 1965a): Einkommens- und Vermögensverlagerungen in sog. Steueroasenländer unter Ausnutzung des zwischenstaatlichen Steuergefälles (Teil I), in: Der Betrieb 1965, S. 1022–1025.

Debatin, Helmut (DB 1965b): Einkommens- und Vermögensverlagerungen in sog. Steueroasenländer unter Ausnutzung des zwischenstaatlichen Steuergefälles (Teil II), in: Der Betrieb 1965, S. 1065–1080.

Debatin, Helmut (DB 1978): Die Erfassungsspannweite der deutschen Zugriffsbesteuerung auf Auslandsbeteiligungen (Teil I), in: Der Betrieb 1978, S. 1195–1200.

Debatin, Helmut (DB 1992): StÄndG 1992 und „Treaty Override", in: Der Betrieb 1992, S. 2159–2163.

Debatin, Helmut (DStZ 1971): Leitsätze für ein Gesetz zur Wahrung der steuerlichen Gleichmäßigkeit bei Auslandsbeziehungen und zur Verbesserung der steuerlichen Wettbewerbslage bei Auslandsinvestitionen, in: Deutsche Steuer-Zeitung 1971, S. 89–102.

Debatin, Helmut (DStZ 1972): Außensteuerreformgesetz, in: Deutsche Steuer-Zeitung 1972, S. 265–278.

Debatin, Helmut (StuW 1967): Die Basisgesellschaft in der Wertung, in: Steuer und Wirtschaft 1967, S. 313–332.

Decker, Matthias (Gesellschaftsrecht, 2021): Kommentierung zu § 1 UmwG, in: Henssler/Strohn, Gesellschaftsrecht, Beck'sche Kurz-Kommentare, Hrsg. Henssler, Martin/Strohn, Lutz, Band 62, 5. Auflage, Köln, Solingen und München 2020.

Dehmer, Hans Holger (Betriebsaufspaltung, 2018): Betriebsaufspaltung, in: Dehmer, Hrsg. Dehmer, Holger Hans, 4. Auflage, Freiburg 2018, § 1, Rn. 1–38.

Dehmer, Hans Holger (Betriebsaufspaltung, 2018): Betriebsaufspaltung, in: Dehmer, Hrsg. Dehmer, Holger Hans, 4. Auflage, Freiburg 2018, § 15, Rn. 1–19.

Dehmer, Hans Holger (Betriebsaufspaltung, 2018): Betriebsaufspaltung, in: Dehmer, Hrsg. Dehmer, Holger Hans, 4. Auflage, Freiburg 2018, § 16, Rn. 1–30.

Dehne, Klaus (ISR 2018): Hinzurechnungsbesteuerung – Bestandsaufnahme und Reformbedarf, in: Internationale Steuer-Rundschau 2018, S. 132–138.

Dehne, Klaus/Rosenberg, Dirk (DB 2022): OECD: Modellregelungen zur Umsetzung einer globalen Mindestbesteuerung (GloBE – Pillar II) – Die

Komplexität eines „dreistufigen" Ansatzes (Teil 1), in: Der Betrieb 2022, S. 556–566.

DePamphilis, Donald (Mergers, Acquisitions, and Other Restructuring Activities, 2019): Mergers, Acquisitions, and Other Restructuring Activities, 10. Auflage, London 2019.

Desai, Mihir/Hines, James (NTJ 2003): Evaluating International Tax Reform, in: National Tax Journal 2003, S. 487–502.

Desens, Marc (EStG/KStG, 2020): Kommentierung zu Einführung zum KStG, in: H/H/R, Einkommensteuer- und Körperschaftsteuergesetz, Kommentar, Hrsg. Hey, Johanna u. a., 310. Ergänzungslieferung, Köln und München 2022.

Desens, Marc (FR 2022): Der Leistungsfähigkeitsgedanke und die Entstrickung im Spiegel der europäischen Freizügigkeitsrechte, in: Finanz-Rundschau 2022, S. 681–688.

Dharmapala, Dhammika/Hines James (JPE 2009): Which countries become tax havens?, in: Journal of Public Economics 2009, S. 1058–1068.

Dirrigl, Hans (DB 1990): Synergieeffekte beim Unternehmenszusammenschluß und Bestimmung des Umtauschverhältnisses, in: Der Betrieb 1990, S. 185–192.

Ditz, Xaver (DBA, 2019): Kommentierung zu Art. 7 OECD-MA 2008, in: Schönfeld/Ditz, Doppelbesteuerungsabkommen, Kommentar, Hrsg. Schönfeld, Jens/Ditz, Xaver, 2. Auflage, Bonn 2019.

Ditz, Xaver (DStR 2006): Übertragung von Geschäftschancen bei Funktionsverlagerungen ins Ausland, in: Deutsches Steuerrecht 2006, S. 1625–1631.

Ditz, Xaver/Ekinci, Orkun (Ubg 2021): Substanztest nach § 8 Abs. 2 AStG – Aktuelle Entwicklungen und Analyse des BMF-Schreibens vom 17.03.2021, in: Die Unternehmensbesteuerung 2021, S. 361–369.

Ditz, Xaver/Engelen, Christian/Quilitzsch, Carsten (DStR 2019): Hinzurechnungsbesteuerung auf dem Prüfstand, in: Deutsches Steuerrecht 2019, S. 361–367.

Ditz, Xaver/Greinert, Markus (Verrechnungspreise international verbundener Unternehmen, 2022): Verrechnungspreise international verbundener Unternehmen, in: Wassermeyer/Baumhoff/Ditz, Hrsg. Wassermeyer, Franz/Baumhoff, Hubertus/Ditz, Xaver, Bonn 2022, Rn. 7.1–7.201.

Ditz, Xaver/Licht, Daniel (ISR 2022): Einfluss internationaler Institutionen auf die Gesetzgebung – Ein würdigender Rückblick über zehn Jahre und Ausblick auf zukünftige Entwicklungen, in: Internationale Steuer-Rundschau 2022, S. 290–302.

Ditz, Xaver/Quilitzsch, Carsten (Betriebsstätten-Handbuch, 2017): Betriebsstätten-Handbuch, in: Wassermeyer/Andresen/Ditz, Hrsg. Wassermeyer,

Franz/Andresen, Ulf/Ditz, Xaver, 2. Auflage, Bonn und Frankfurt am Main 2017, Rn. 3.1–3.88.

Ditz, Xaver/Quilitzsch, Carsten (Ubg 2021): Die Neuregelung der Hinzurechnungsbesteuerung durch das ATAD-Umsetzungsgesetz, in: Die Unternehmensbesteuerung 2021, S. 485–495.

Ditz, Xaver/Seibert, Carolin (FR 2021): Das neue Steueroasen-Abwehrgesetz (StAbwG) – Darstellung und kritische Würdigung, in: Finanz-Rundschau 2021, S. 813–822.

Ditz, Xaver/Tcherveniachki, Vassil (DB 2015): Zuordnung von Beteiligungen an KapGes. zur Betriebsstätte einer Holding-PersGes., in: Der Betrieb 2015, S. 2897–2903.

Ditz, Xaver u. a. (DStR 2020): Unternehmensteuerrechtliche Änderungen im AStG – Ein erster Überblick über den Referentenentwurf des ATAD-Umsetzungsgesetzes v. 10.12.2019, in: Deutsches Steuerrecht 2020, S. 73–81.

Ditz, Xaver/Wassermeyer, Franz (Außensteuerrecht, 2021): Kommentierung zu Vor §§ 7–14 AStG, in: F/W/B/S, Außensteuerrecht, Kommentar, Hrsg. Wassermeyer, Franz u. a., 100. Ergänzungslieferung, Bonn und Köln 2022.

Djanani, Christina/Brähler, Gernot/Hartmann, Thomas (IStR 2004): Die Finanzverwaltung und die autonome Abkommensauslegung, in: Internationales Steuerrecht 2004, S. 481–485.

Dörr, Ingmar (IStR 2004): Abschaffung oder Erweiterung der Organschaft?! Zu den möglichen Konsequenzen der Rechtssache „Marks and Spencer plc.“, in: Internationales Steuerrecht 2004, S. 265–265.

Dörr, Ingmar/Fehling, Daniel (NWB 2007): Europarechtliche Aspekte der Unternehmenssteuerreform 2008, Gesetzänderung im Lichte des Gemeinschaftsrechts, in: Steuer- und Wirtschaftsrecht 2007, S. 2535–2550.

Dötsch, Ewald (KStG/UmwStG, 2022): Kommentierung zu § 15 KStG, in: D/P/M, Die Körperschaftsteuer, Kommentar, Hrsg. Dötsch, Ewald/Pung, Alexandra/Möhlenbrock, Rolf, 106. Ergänzungslieferung, Mendig und Stuttgart 2022.

Dötsch, Ewald/Pung, Alexandra (DB 2014): Organträger-Personengesellschaft mit ausländischen Gesellschaftern: Zur Anwendung des § 14 Abs. 1 Satz 1 Nr. 2 Satz 7 KStG, in: Der Betrieb 2014, S. 1215–1218.

Dötsch, Ewald/Pung, Alexandra (DB 2019): Zuordnung von Kapitalbeteiligungen zu einer inländischen Betriebsstätte einer PersGes. bei Vorhandensein ausländischer Mitunternehmer, in: Der Betrieb 2019, S. 146–148.

Dötsch, Ewald/Pung, Alexandra (KStG/UmwStG, 2022): Kommentierung zu § 14 KStG, in: D/P/M, Die Körperschaftsteuer, Kommentar, Hrsg. Dötsch,

Ewald/Pung, Alexandra/Möhlenbrock, Rolf, 106. Ergänzungslieferung, Mendig und Stuttgart 2022.

Dreher, Maximilian/Ernst, Dietmar (Mergers & Acquisitions, 2021): Mergers & Acquisitions, Grundlagen und Verkaufsprozess mittlerer und großer Unternehmen, 3. Auflage, Tübingen 2021.

Dremel, Ralf (DBA, 2019): Kommentierung zu Art. 1 OECD-MA, in: Schönfeld/Ditz, Doppelbesteuerungsabkommen, Hrsg. Schönfeld, Jens/Ditz, Xaver, 2. Auflage, Bonn 2019.

Dreßler, Günter (Gewinn- und Vermögensverlagerungen, 2007): Gewinn- und Vermögensverlagerungen in Niedrigsteuerländer und ihre steuerliche Überprüfung, München 2007.

Dreßler, Günter (Stbp 2019): Einkünfte oder Verluste aus sog. „Liebhaberei" nach neuerem deutschem und internationalem Steuerrecht, aus DBA-Ländern oder dem sonstigen Ausland Ein informativer Abriss, in: Die steuerliche Betriebsprüfung 2019, S. 251–259.

Drüen, Klaus-Dieter (AO/FGO, 2016): Kommentierung zu § 10 AO, in: T/K, Abgabenordnung, Finanzgerichtsordnung, Kommentar, Hrsg. Seer, Roman u. a, 173. Ergänzungslieferung, Köln 2022.

Drüen, Klaus-Dieter (AO/FGO, 2016): Kommentierung zu § 42 AO, in: T/K, Abgabenordnung, Finanzgerichtsordnung, Kommentar, Hrsg. Seer, Roman u. a, 173. Ergänzungslieferung, Köln 2022.

Drüen, Klaus-Dieter (AO/FGO, 2020): Kommentierung zu § 4 AO, in: T/K, Abgabenordnung, Finanzgerichtsordnung, Kommentar, Hrsg. Seer, Roman u. a, 173. Ergänzungslieferung, Köln 2022.

Drüen, Klaus-Dieter (AO/FGO, 2016): Kommentierung zu § 14 AO, in: T/K, Abgabenordnung, Finanzgerichtsordnung, Kommentar, Hrsg. Seer, Roman u. a, 173. Ergänzungslieferung, Köln 2022.

Drüen, Klaus-Dieter (AO/FGO, 2020): Kommentierung zu § 39 AO, in: T/K, Abgabenordnung, Finanzgerichtsordnung, Kommentar, Hrsg. Seer, Roman u. a, 173. Ergänzungslieferung, Köln 2022.

Drüen, Klaus-Dieter (AO/FGO, 2022): Kommentierung zu § 2 AO, in: T/K, Abgabenordnung, Finanzgerichtsordnung, Kommentar, Hrsg. Seer, Roman u. a, 173. Ergänzungslieferung, Köln 2022.

Drüen, Klaus-Dieter (AO/FGO, 2022): Kommentierung zu § 42 AO, in: T/K, Abgabenordnung, Finanzgerichtsordnung, Kommentar, Hrsg. Seer, Roman u. a, 173. Ergänzungslieferung, Köln 2022.

Drüen, Klaus-Dieter (Ertragsteuerrecht, 2021): Kommentierung zu § 2 GewStG, in: Brandis/Heuermann, Ertragsteuerrecht, Kommentar, Hrsg. Heuermann, Bernd/Brandis, Peter, 161. Ergänzungslieferung, München 2022.

Drüen, Klaus-Dieter (Ertragsteuerrecht, 2021): Kommentierung zu § 7 GewStG, in: Brandis/Heuermann, Ertragsteuerrecht, Kommentar, Hrsg. Heuermann, Bernd/Brandis, Peter, 161. Ergänzungslieferung, München 2022.

Drüen, Klaus-Dieter (GmbHR 2008): Rechtsformneutralität der Unternehmensbesteuerung als verfassungsrechtlicher Imperativ?, in GmbH-Rundschau 2008, S. 393–403.

Drüen, Klaus-Dieter (ISR 2014): Ausländische Buchführungspflichten und innerstaatliche Wirkung, in: Internationale Steuer-Rundschau, S. 265–275.

Drüen, Klaus-Dieter (IStR 2019): Inländisches Gewinnermittlungswahlrecht trotz ausländischer Buchführungspflicht, Zugleich Anmerkungen zu den Konsequenzen des BFH-Urteils v. 14.11.2018 – I R 81/16, in: Internationales Steuerrecht 2019, S. 833–845.

Drüen, Klaus-Dieter (KStG/GewStG/UmwStG, 2022): Kommentierung zu § 1 UmwStG, in: F/D, KStG, GewStG, UmwStG, Kommentar, Hrsg. Frotscher, Gerrit/Drüen, Klaus-Dieter, abgerufen Oktober 2022.

Drüen, Kaus-Dieter (StuW 2012): Verfassungskonforme Auslegung und Rechtsfortbildung durch die Finanzgerichte, Rechtsfortbildung im Steuerrecht, in: Steuer und Wirtschaft 2012, S. 269–280.

Dürrschmidt, Daniel (DBA, 2021): Kommentierung zu Art. 3 OECD-MA, in: V/L, Doppelbesteuerungsabkommen, Kommentar, Hrsg. Lehner, Moris/Ismer, Ronald, 7. Auflage, Nürnberg 2021.

Edelmann, Georg (AStG, 2019): Kommentierung zu § 8 AStG, in: Kraft, Außensteuergesetz, Kommentar, Hrsg. Kraft, Gerhard, 2. Auflage, Halle 2019.

Edelmann, Georg (AStG, 2019): Kommentierung zu § 10 AStG, in: Kraft, Außensteuergesetz, Kommentar, Hrsg. Kraft, Gerhard, 2. Auflage, Halle 2019.

Edelmann, Georg (AStG, 2019): Kommentierung zu § 12 AStG, in: Kraft, Außensteuergesetz, Kommentar, Hrsg. Kraft, Gerhard, 2. Auflage, Halle 2019.

Ehrke-Rabel, Tina/Kofler, Georg (ÖStZ 2009): Gratwanderungen – Das Niemandsland zwischen aggressiver Steuerplanung, Missbrauch und Abgabenhinterziehung, in: Österreichische Steuerzeitung 2009, S. 456–472.

Ehlermann, Christian/Link, Cornelius (ISR 2021): Die Anti-Hybrid-Regel des § 4k EStG – Ausgewählte Anwendungs- und Auslegungsfragen im Inbound-Kontext, in: Internationale Steuer-Rundschau 2021, S. 319–330.

Eichfelder, Sebastian (DStR 2018): Braucht Deutschland eine neue Unternehmensteuerreform?, Steuerpolitik zwischen Wettbewerb und sozialem Ausgleich, in: Deutsches Steuerrecht 2018, S. 2397–2402.

Eichhorn, Franz-Ferdinand (DB 1971): Das „Steuerfluchtgesetz“ im Streitgespräch, in: Der Betrieb 1971, S. 447–450.

Eilers, Stephan/Hennig, Patricia (ISR 2015): BEPS: Hinzurechnungsbesteuerung – BEPS und neue Rechtsentwicklungen, in: Internationale Steuer-Rundschau 2015, S. 422–430.

Eilers, Stephan/Roderburg, Georg (ISR 2022): Neuer Anwendungsbereich von § 42 AO bei Umstrukturierungen und Spaltungen? – Jubiläumsbeitrag zu 10 Jahren ISR, in: Internationale Steuer-Rundschau 2020, S. 303–309.

Eilinghoff, Karolina/Goebel, Sören (Außensteuerrecht, 2011): Kommentierung zu § 20 AStG, in: H/K/G, Außensteuerrecht, Kommentar, Hrsg. Haun, Jürgen/Kahle, Holger/Goebel, Sören, 47. Ergänzungslieferung, Stuttgart und Dortmund 2022.

Eimermann, Dieter (IStR 2001): OECD-Arbeiten zum schädlichen Steuerwettbewerb – ein Zwischenstand, in: Internationales Steuerrecht 2001, S. 81–86.

Eimermann, Dieter (IStR 2010): Seminar F: Steueroasen, in: Internationales Steuerrecht 2010, S. 561–563.

Eimler, Jörg (FR 2021): BMF-Schreiben v. 17.03.2021, FR 2021, 452: Auslegung des § 8 Abs. 2 AStG durch die Finanzverwaltung, in: Finanz-Rundschau 2021, S. 822–844.

Eisenführ, Franz (ZfB 1970): Zur Entscheidung zwischen funktionaler und divisionaler Organisation, in: Zeitschrift für Betriebswirtschaft 1970, S. 725–746.

Eismayr, Rainer/Linn, Alexander (NWB 2011): Änderungen des Außensteuergesetzes durch das JStG 2010, Neue Definition der Niedrigbesteuerung und Änderung Switch-Over-Klausel, Steuer- und Wirtschaftsrecht 2011, S. 30–38.

Elschen, Rainer (StuW 1991): Entscheidungsneutralität, Allokationseffizienz und Besteuerung nach der Leistungsfähigkeit – Gibt es ein gemeinsames Fundament der Steuerwissenschaften?, in: Steuer und Wirtschaft 1991, S. 99–115.

Emmerich, Volker (AktG/GmbHG, 2019): Kommentierung zu § 291 AktG, in: Emmerich/Habersack, Aktien- und GmbH-Konzernrecht, Kommentar, Hrsg. Emmerich, Volker/Habersack, Mathias/Schürnbrand, Jan, 9. Auflage, Bayreuth und München 2019.

Endres, Dieter (Kernfragen der Unternehmensbesteuerung, 2015): Kernfragen der Unternehmensbesteuerung, Symposium für Ulrich Schreiber zum 65. Geburtstag, in: Kahle u. a., Hrsg. Kahle, Holger u. a., Hohenheim u. a. 2015, S. 59–85.

Engelhardt, Clemens (Mergers & Acquisitions, 2016): Mergers & Acquisitions, Strategien, Abläufe und Bergriffe im Unternehmenskauf, München 2016.

Engelke, Holger/Hoffmann, Stephanie (BB 2019): Einfluss der ATAD und aktueller Rechtsprechung auf die Hinzurechnungsbesteuerung, in: Betriebs-Berater 2019, S. 1564–1568.

Englisch, Joachim (Europäisches Steuerrecht, 2020): Europäisches Steuerrecht, in: Schaumburg/Englisch, Hrsg. Schaumburg, Harald/Englisch, Joachim, 2. Auflage, Bonn und Münster 2020, Rn. 7.199–7.302.

Englisch, Joachim (Europäisches Steuerrecht, 2020): Europäisches Steuerrecht, in: Schaumburg/Englisch, Hrsg. Schaumburg, Harald/Englisch, Joachim, 2. Auflage, Bonn und Münster 2020, Rn. 12.1–12.48.

Englisch, Joachim (FR 2021): GloBE – Der 2020 Blueprint für eine internationale effektive Mindeststeuer, in: Finanz-Rundschau 2021, S. 1–14.

Englisch, Joachim (Steuerrecht, 2021): Steuerrecht, in: T/L, Hrsg. Lang, Joachim/Tipke, Klaus, 24. Auflage, Köln, Bochum und Münster 2021, § 4, Rn. 1–123.

Englisch, Joachim (Steuerrecht, 2021): Steuerrecht, in: T/L, Hrsg. Lang, Joachim/Tipke, Klaus, 24. Auflage, Köln, Bochum und Münster 2021, § 5, Rn. 1–153.

Englisch, Joachim (StuW 2003): Zur Dogmatik der Grundfreiheiten des EGV und ihren ertragsteuerlichen Implikationen, in: Steuer und Wirtschaft 2003, S. 88–97.

Ettinger, Jochen/Jaques, Henning (Beck'sches Handbuch Unternehmenskauf im Mittelstand, 2021): Beck'sches Handbuch Unternehmenskauf im Mittelstand, Hrsg. Ettinger, Jochen/Jaques, Henning, 3. Auflage, München und Hamburg 2021.

Fehling, Daniel (DB 2016): Was ist das Mindestschutzniveau in der „Anti-BEPS-Richtlinie"?, in: Der Betrieb, S. 2862–2865.

Fehling, Daniel (Europäisches Steuerrecht, 2020): Europäisches Steuerrecht, in: Schaumburg/Englisch, Hrsg. Schaumburg, Harald/Englisch, Joachim, 2. Auflage, Bonn und Münster 2020, Rn. 17.1–17.128.

Fehling, Daniel (FR 2015): Das BEPS-Projekt auf der Zielgeraden – was bedeutet dies für Deutschland?, in: Finanz-Rundschau 2015, S. 817–823.

Fehling, Daniel (FR 2022): Steuerliches Abwehrrecht, in: Finanz-Rundschau 2022, S. 482–495.

Fehling, Daniel/Koch, Katja (IStR 2021): Einigung beim Zwei-Säulen-Projekt – die Reform der internationalen Unternehmensbesteuerung, in: Internationales Steuerrecht 2021, S. 561–571.

Feldgen, René/Kraeusel, Jörg (EStG, 2021): Kommentierung zu § 15 EStG, Fassung vom 26. Juni 2021, in: EStG eKommentar, EStG, elektronischer Kommentar, Hrsg. Fuhrmann, Claas/Kraeusel, Jörg/Schiffers, Joachim, abgerufen Juni 2022.

Fetzer, Rhona (BGB, 2020): Kommentierung zu Vor § 362 BGB, in: Münchener Kommentar zum BGB, Bürgerliches Gesetzbuch, Kommentar, Hrsg. Säcker, Franz u. a., Band 3, 9. Auflage, München 2022.

Fischer, Lutz/Warneke, Perygrin (Betriebswirtschaftliche Steuerlehre, 1998): Internationale Betriebswirtschaftliche Steuerlehre, 4. Auflage, Hamburg 1998.

Fischer, Lutz/Kleineidam, Hans-Joachim/Warneke, Perygrin (Betriebswirtschaftliche Steuerlehre, 2005): Internationale Betriebswirtschaftliche Steuerlehre, 5. Auflage, Hamburg 2005.

Fischer, Peter (AO/FGO, 2010): Kommentierung zu § 42 AO, in: H/H/Sp, Abgabenordnung, Finanzgerichtsordnung, Kommentar, Hrsg. Drüen, Klaus-Dieter u. a., 267. Ergänzungslieferung, München u. a. 2022.

Fischer, Peter (AO/FGO, 2019): Kommentierung zu § 39 AO, in: H/H/Sp, Abgabenordnung, Finanzgerichtsordnung, Kommentar, Hrsg. Drüen, Klaus-Dieter u. a., 267. Ergänzungslieferung, München u. a. 2022.

Flume, Werner (DB 1970): Zur Problematik eines Steuerfluchtgesetzes, in: Der Betrieb 1970, S. 2142–2146.

Förster, Guido (Umstrukturierung deutscher Tochtergesellschaften, 1991): Umstrukturierung deutscher Tochtergesellschaften im Ertragsteuerrecht, Düsseldorf 1991.

Förster, Guido (DB 2015): Aktuelle Fragen der Besteuerung von Kapitalgesellschaften, in: Der Betrieb, S. 331–340.

Förster, Guido (DStR 2020): Grenzüberschreitende Umstrukturierungen, in: Deutsches Steuerrecht 2020, S. 865–877.

Förster, Guido (IStR 2022a): Internationale Aspekte der Option zur Körperschaftsteuerpflicht von Personenhandelsgesellschaften (Teil I), in: Internationales Steuerrecht 2022, S. 109–116.

Förster, Guido (IStR 2022b): Internationale Aspekte der Option zur Körperschaftsteuerpflicht von Personenhandelsgesellschaften (Teil II), in: Internationales Steuerrecht 2022, S. 157–160.

Förster, Guido (StuW 2019): 100 Jahre deutschsprachige Betriebswirtschaftliche Steuerlehre, in: Steuer und Wirtschaft 2019, S. 317–327.

Förster, Guido/Staaden, Felix (BB 2016): Veräußerung und Erwerb von Mitunternehmeranteilen mit passivierungsbeschränkten Verpflichtungen, in: Betriebs-Berater 2016, S. 1323–1326.

Franke, Tobias (GewStG, 2022): Kommentierung zu § 2 GewStG, in: Wendt u. a., Gewerbesteuergesetz, Kommentar, Hrsg. Wendt, Michael u. a., 2. Auflage, Berlin, Düsseldorf und Köln 2022.

Franke, Tobias u. a. (GewStG, 2022): Kommentierung zu § 7 GewStG, in: Wendt u. a., Gewerbesteuergesetz, Kommentar, Hrsg. Wendt, Michael u. a., 2. Auflage, Berlin, Düsseldorf und Köln 2022.

Frank-Fahle, Constantin/Löbker, Ralf (IStR 2021): Hinzurechnungsbesteuerung und Economic Substance Regulations – Zwei Seiten einer Medaille?, in: Internationales Steuerrecht 2021, S. 44–49.

Franz, Matthias/Abele, Alexander (Außensteuerrecht, 2011): Kommentierung zu § 14 AStG, in: H/K/G, Außensteuerrecht, Kommentar, Hrsg. Haun, Jürgen/Kahle, Holger/Goebel, Sören, 47. Ergänzungslieferung, Stuttgart und Dortmund 2022.

Franzius, Claudio (EUV/GRC/AEUV, 2017): Kommentierung zu Art. 4 EUV, in: Pechstein/Nowak/Häde, Frankfurter Kommentar zu EUV, GRC und AEUV, Hrsg. Pechstein, Matthias/Nowak, Carsten/Häde, Ulrich, Band 1, Tübingen 2017.

Frischmuth, Markus (IStR 2005): Bestandsaufnahme und Zukunft der deutschen Hinzurechnungsbesteuerung (§§ 7 bis 14 AStG), in: Internationales Steuerrecht 2005, S. 361–366.

Frotscher, Gerrit (Internationales Steuerrecht, 2020): Internationales Steuerecht, 5. Auflage, Hamburg 2020.

Frotscher, Gerrit (KStG/GewStG/UmwStG, 2021): Kommentierung zu § 1 UmwStG, in: F/D, KStG, GewStG, UmwStG, Kommentar, Hrsg. Frotscher, Gerrit/Drüen, Klaus-Dieter, abgerufen Dezember 2021.

Frotscher, Gerrit (KStG/GewStG/UmwStG, 2021): Kommentierung zu § 12 UmwStG, in: F/D, KStG, GewStG, UmwStG, Kommentar, Hrsg. Frotscher, Gerrit/Drüen, Klaus-Dieter, abgerufen Dezember 2021.

Fu, Reiner/Wassermeyer, Franz (Außensteuerrecht, 2018): Kommentierung zu § 12 AStG, in: F/W/B/S, Außensteuerrecht, Kommentar, Hrsg. Wassermeyer, Franz u. a., 100. Ergänzungslieferung, Bonn und Köln 2022.

Fuhrmann, Claas (koesdi 2017): Inkongruente Gewinnverwendungsabreden bei Kapital- und Personengesellschaften, in: Kölner Steuerdialog 2017, S. 20563–20570.

Fuhrmann, Claas (Umwandlungsrecht, 2020): Kommentierung zu § 24 UmwStG, in: W/M, Umwandlungsrecht, Kommentar, Hrsg. Widmann, Siegfried/Mayer, Dieter, 197. Ergänzungslieferung, München 2022.

Fuhrmann, Sven (AStG, 2017): Kommentierung zu § 7 AStG, in: Fuhrmann, Außensteuergesetz, Kommentar, Hrsg. Fuhrmann, Sven, 3. Auflage, Frankfurt am Main 2017.

Fuhrmann, Sven (AStG, 2017): Kommentierung zu § 8 AStG, in: Fuhrmann, Außensteuergesetz, Kommentar, Hrsg. Fuhrmann, Sven, 3. Auflage, Frankfurt am Main 2017.

Fuhrmann, Sven (AStG, 2017): Kommentierung zu § 10 AStG, in: Fuhrmann, Außensteuergesetz, Kommentar, Hrsg. Fuhrmann, Sven, 3. Auflage, Frankfurt am Main 2017.

Fuhrmann, Sven (AStG, 2017): Kommentierung zu § 12 AStG, in: Fuhrmann, Außensteuergesetz, Kommentar, Hrsg. Fuhrmann, Sven, 3. Auflage, Frankfurt am Main 2017.

Fuhrmann, Sven/Steuerberg, Daniela (IWB 2011): Erfordernis eigenen Personals und eigener Geschäftsräume nach § 8 AStG – Anmerkung zu I R 61/09, Aktivitätstatbestand zu § 8 AStG, in: Internationales Steuer- und Wirtschaftsrecht 2011, S. 8–11.

Gabert-Pipersberg, Isabel (EStG/KStG, 2021): Kommentierung zu § 6 EStG, in: H/H/R, Einkommensteuer- und Körperschaftsteuergesetz, Kommentar, Hrsg. Hey, Johanna u. a., 310. Ergänzungslieferung, Köln und München 2022.

Galai, Dan/Masulis, Ronald (JFE 1976): The option pricing model and the risk factor of stock, in: Journal of Financial Economics 1976, S. 53–81.

Gaughan, Patrick (Mergers, Acquisitions, and Corporate Restructurings, 2018): Mergers, Acquisitions, and Corporate Acquisitions, 7. Auflage, New Jersey 2018.

Gebhardt, Ronald (Ubg 2012): Grundlegendes zum Phänomen Tax Treaty Overriding im deutschen Internationalen Steuerrecht, in: Die Unternehmensbesteuerung 2012, S. 585–597.

Gebhardt, Ronald/Krüger, Sebastian (IWB 2019): Neues zur Gewerbesteuer auf die Hinzurechnungsbesteuerung, in: Internationales Steuer- und Wirtschaftsrecht 2019, S. 296–304.

Gebhardt, Ronald/Krüger, Sebastian (IWB 2020): Die Hinzurechnungsbesteuerung im Drittstaatenfall, in: Internationales Steuer- und Wirtschaftsrecht 2020, S. 109–120.

Gebhardt, Ronald/Krüger, Sebastian/Hundrieser, Matthis (IWB 2019): Weitere Konkretisierungen zur Einlagenrückgewähr aus Drittstaaten, in: Internationales Steuer- und Wirtschaftsrecht 2019, S. 982–992.

Gebhardt, Ronald/Krüger, Sebastian/Schwemler, Justin (IWB 2022): Das Europaratsübereinkommen und seine Bedeutung für die Hinzurechnungsbesteuerung, in: Internationales Steuer- und Wirtschaftsrecht 2022, S. 336–345.

Gehling, Christian (UmwG, 2021): Kommentierung zu § 13 UmwG, in: Semler/Stengel/Leonard, Umwandlungsgesetz, Beck'sche Kurz-Kommentare,

Hrsg. Stengel, Arndt/Leonard, Nina, 5. Auflage, Frankfurt am Main und München 2021.

Geiermann, Holm (GewStG, 2021): Kommentierung zu § 7 GewStG, Fassung vom 1. Januar 2017, in: GewStG eKommentar, GewStG, elektronischer Kommentar, Hrsg. Bös, Sylvia/Schmieszek, Hans-Peter, abgerufen Juni 2022.

Geiger, Florian/Kurrle, Christoph (Ubg 2021): Schluss mit dem Schweizer Sandwich – Steuerliche Herausforderungen und Lösungen bei der Beseitigung einer Sandwich-Struktur, in: Die Unternehmensbesteuerung, S. 408–417.

Gerken, Lüder/Märkt, Jörg/Schick, Gerhard (Internationaler Steuerwettbewerb, 2000): Internationaler Steuerwettbewerb, Tübingen 2000.

Gersch, Eva-Maria (AO, 2022): Kommentierung zu § 3 AO, in: Klein, Abgabenordnung, Kommentar, Hrsg. Gersch, Eva-Maria u. a., 16. Auflage, Bad Homburg u. a. 2020.

Gersch, Eva-Maria (AO, 2022): Kommentierung zu § 12 AO, in: Klein, Abgabenordnung, Kommentar, Hrsg. Gersch, Eva-Maria u. a., 16. Auflage, Bad Homburg u. a. 2020.

Geurts, Matthias (AStG, 2017): Kommentierung zu § 8 AStG, in: Fuhrmann, Außensteuergesetz, Kommentar, Hrsg. Fuhrmann, Sven, 3. Auflage, Frankfurt am Main 2017.

Geurts, Matthias (EStG, 2020): Kommentierung zu § 20 EStG, in: Bordewin/Brandt, Einkommensteuergesetz, Kommentar, Hrsg. Brandt, Jürgen/Bode, Walter, 444. Ergänzungslieferung, Heidelberg 2022.

Gläser, Sven/Birk, Michael (IStR 2015): Die Hinzurechnungsbesteuerung nach dem BFH-Urteil vom 11.03.2015 – Eine Bestandsaufnahme, in: Internationales Steuerrecht, S. 233–238.

Glatz, Solvejg (AStG, 2022): Kommentierung zu § 1 AStG, in: BeckOK AStG, Beck'sche Online-Kommentare, AStG, Hrsg. Mann, Alexander/Staats, Wendelin, abgerufen Oktober 2022.

Gluth, Rüdiger (EStG/KStG, 2022): Kommentierung zu § 15 EStG, in: H/H/R, Einkommensteuer- und Körperschaftsteuergesetz, Kommentar, Hrsg. Hey, Johanna u. a., 310. Ergänzungslieferung, Köln und München 2022.

Goebel, Sören/Haun, Jürgen (IStR 2007): § 4h EStG und § 8a KStG (Zinsschranke) in der Hinzurechnungsbesteuerung, in: Internationales Steuerrecht 2007, S. 768–774.

Goebel, Sören/Palm, Annette (IStR 2007): Der Motivtest – Rettungsanker der deutschen Hinzurechnungsbesteuerung?, in: Internationales Steuerrecht 2007, S. 720–726.

Goebel, Sören/Schmidt, Sebastian (Außensteuerrecht, 2014): Kommentierung zu § 8 AStG, in: H/K/G, Außensteuerrecht, Kommentar, Hrsg. Haun,

Jürgen/Kahle, Holger/Goebel, Sören, 47. Ergänzungslieferung, Stuttgart und Dortmund 2022.

Görgen, Andreas/Braun, Maximilian (Ubg 2017): Die atypisch stille Gesellschaft als steuerrechtlich gleichwertige Mitunternehmerschaft – Rechtsfolge Bilanzierungspflicht?!, in: Die Unternehmensbesteuerung 2017, S. 88–94.

Gosch, Dietmar (DBA, 2019): Kommentierung zu Art. 13 OECD-MA, in: G/K/G/K, DBA, Kommentar, Hrsg. Gosch, Dietmar u. a., 49. Ergänzungslieferung, Berlin u. a. 2022.

Gosch, Dietmar (DStR 2019): Von Äpfeln und Birnen – Ein steuerjuristischer Essay zum Maß des „Fremdvergleichens" im Konzern, in: Deutsches Steuerrecht 2019, S. 2441–2451.

Gosch, Dietmar (Ertragsteuerrecht, 2021): Kommentierung zu § 9 GewStG, in: Brandis/Heuermann, Ertragsteuerrecht, Kommentar, Hrsg. Heuermann, Bernd/Brandis, Peter, 161. Ergänzungslieferung, München 2022.

Gosch, Dietmar (EStG, 2022): Kommentierung zu § 1 EStG, in: Kirchhof/Seer, Einkommensteuergesetz, Hrsg. Seer, Roman, 21. Auflage, Bochum 2022.

Gosch, Dietmar (EStG, 2022): Kommentierung zu § 17 EStG, in: Kirchhof/Seer, Einkommensteuergesetz, Hrsg. Seer, Roman, 21. Auflage, Bochum 2022.

Gosch, Dietmar (EStG, 2022): Kommentierung zu § 50d EStG, in: Kirchhof/Seer, Einkommensteuergesetz, Hrsg. Seer, Roman, 21. Auflage, Bochum 2022.

Gosch, Dietmar (FS Reiss, 2008): Festschrift für Wolfram Reiss zum 65. Geburtstag, Hrsg. Kirchhof, Paul/Nieskens Hans, Heidelberg und München 2008.

Gosch, Dietmar (ISR 2020): „Nah und verbunden" – Zum Nahestehen und Verbundensein im Steuerrecht, in: Internationale Steuer-Rundschau 2020, S. 333–343.

Gosch, Dietmar (IStR 2013): Über die Auslegung von Doppelbesteuerungsabkommen, in: Internationale Steuer-Rundschau, S. 87–95.

Gosch, Dietmar (IStR 2018): Betriebsstätte und AOA, in: Internationale Steuer-Rundschau, S. 404–416.

Gosch, Dietmar (KStG, 2020): Kommentierung zu § 8 KStG, in: Gosch, Körperschaftsteuergesetz, Kommentar, Hrsg. Gosch, Dietmar, 4. Auflage, Hamburg 2020.

Gosch, Dietmar (KStG, 2020): Kommentierung zu § 8b KStG, in: Gosch, Körperschaftsteuergesetz, Kommentar, Hrsg. Gosch, Dietmar, 4. Auflage, Hamburg 2020.

Gosch, Dictmar/Rautenstrauch, Gabriele (AE 2020): Reform der Hinzurechnungsbesteuerung nach dem RefE eines ATAD-Umsetzungsgesetzes, in: Aktuelle Entwicklungen im Wirtschafts- und Steuerrecht 2020, S. 52–57.

Gradel, Christian/Klaeren, Udo (AStG/DBA, 2019): Kommentierung zu Art. 10 OECD-MA, in: S/K/K, Außensteuergesetz, Doppelbesteuerungsabkommen, Kommentar, Hrsg. Strunk, Günther/Kaminski, Bert/Köhler, Stefan, 60. Ergänzungslieferung, Hamburg und Frankfurt am Main 2022.

Gradel, Christian/Klaeren, Udo (AStG/DBA, 2019): Kommentierung zu Art. 13 OECD-MA, in: S/K/K, Außensteuergesetz, Doppelbesteuerungsabkommen, Kommentar, Hrsg. Strunk, Günther/Kaminski, Bert/Köhler, Stefan, 60. Ergänzungslieferung, Hamburg und Frankfurt am Main 2022.

Graewe, Daniel (BB 2020): Erfolgsfaktoren für M&A-Transaktionen in mittelständischen Unternehmen, in: Betriebs-Berater 2020, S. 2539–2543.

Gramlich, Ludwig (EUV/GRC/AEUV, 2017): Kommentierung zu Art. 63 AEUV, in: Pechstein/Nowak/Häde, Frankfurter Kommentar zu EUV, GRC und AEUV, Hrsg. Pechstein, Matthias/Nowak, Carsten/Häde, Ulrich, Band 2, Tübingen 2017.

Graw, Christian (EStG, 2017): Kommentierung zu § 16 EStG, in: K/S/M, Einkommensteuergesetz, Kommentar, Hrsg. Kirchhof, Paul/Söhn, Hartmut/Mellinghoff, Rudolf, 323. Ergänzungslieferung, Heidelberg 2022.

Graw, Christian (UmwStG, 2019): Kommentierung zu § 1 UmwStG, in: R/H/vL, Umwandlungssteuergesetz, Kommentar, Hrsg. Rödder, Thomas/Herlinghaus, Andreas/van Lishaut, Ingo, 3. Auflage, Bonn, München und Krefeld 2019.

Greil, Stefan (IStR 2021): Überblick zu aktuellen Entwicklungen im Bereich der Verrechnungspreise, 21. IStR-Jahrestagung 2021, in: Internationales Steuerrecht 2021, S. 960–967.

Große, Frank (DStR 2010): Bilanzielle Behandlung von Genussrechten bei Kapitalgesellschaften in Handels- und Steuerbilanz, in: Deutsches Steuerrecht 2010, S. 1397–1400.

Grotherr, Siegfried (BB, 1994): Grunderwerbsteuerliche Probleme bei der Umstrukturierung von Unternehmen und Konzernen, in: Betriebs-Berater 1994, S. 1970–1982.

Grotherr, Siegfried (Handbuch der internationalen Steuerplanung, 2011): Handbuch der internationalen Steuerplanung, Hrsg. Grotherr, Siegfried, Hamburg 2011, S. 5–30.

Grotherr, Siegfried (IStR 2007): Zum Anwendungsbereich der unilateralen Rückfallklausel gemäß § 50d Abs. 9 EStG, in: Internationales Steuerrecht, S. 265–268.

Grotherr, Siegfried (IStR 2020): ATAD-Umsetzungsgesetz: Anwendungs- und Auslegungsfragen zum neuen Betriebsausgabenabzugsverbot gemäß § 4k EStG-E bei hybriden Gestaltungen, in: Internationales Steuerrecht 2020, S. 773–784.

Grotherr, Siegfried (Ubg 2015): Wie weit geht die gesellschaftsrechtliche Verpflichtung des Vorstands zur (aggressiven) internationalen Steuerplanung?, in: Die Unternehmensbesteuerung 2015, S. 360–372.

Grotherr, Siegfried (Ubg 2021): Außensteuerrechtliche Auswirkungen und Zweifelsfragen der Option von Personenhandelsgesellschaften zur Körperschaftsbesteuerung (§ 1a KStG), in: Die Unternehmensbesteuerung, S. 568–582.

Grub, Maximilian/Krispenz, Sabina (BB 2018): Auswirkungen der Digitalisierung auf M&A-Transaktionen, in: Betriebs-Berater 2018, S. 235–239.

Grübel, Sven (ISR 2021): Das Spannungsfeld zwischen § 50d Abs. 3 EStG und § 8 Abs. 2 AStG de lege lata, in: Internationale Steuer-Rundschau, S. 45–55.

Güroff, Georg (GewStG, 2021): Kommentierung zu § 1 GewStG, in: Glanegger/Güroff, Gewerbesteuergesetz, Kommentar, Hrsg. Güroff, Georg/Selder, Johannes/Wagner, Ludwig, 10. Auflage, München 2021.

Güroff, Georg (GewStG, 2021): Kommentierung zu § 2 GewStG, in: Glanegger/Güroff, Gewerbesteuergesetz, Kommentar, Hrsg. Güroff, Georg/Selder, Johannes/Wagner, Ludwig, 10. Auflage, München 2021.

Güroff, Georg (GewStG, 2021): Kommentierung zu § 9 GewStG, in: Glanegger/Güroff, Gewerbesteuergesetz, Kommentar, Hrsg. Güroff, Georg/Selder, Johannes/Wagner, Ludwig, 10. Auflage, München 2021.

Gundel, Jörg (EUV/GRC/AEUV, 2017): Kommentierung zu Art. 288 AEUV, in: Pechstein/Nowak/Häde, Frankfurter Kommentar zu EUV, GRC und AEUV, Hrsg. Pechstein, Matthias/Nowak, Carsten/Häde, Ulrich, Band 2, Tübingen 2017.

Haaf, Nicole/Weiss, Martin (IStR 2022): No place to hide – die estnische Kapitalgesellschaft als Steuersparmodell?, in: Internationales Steuerrecht 2022, S. 701–709.

Haarmann, Wilhelm (IStR 2011): Wirksamkeit, Rechtmäßigkeit, Bedeutung und Notwendigkeit der Hinzurechnungsbesteuerung im AStG, in: Internationales Steuerrecht 2011, S. 565–573.

Haas, Gerhard (BB 1964): Basisgesellschaft im Zwielicht, in: Betriebs-Berater 1964, S. 1135–1139.

Haas, Wolfgang/Wünnemann, Monika (DStR 2018): Steuerpolitik in der 19. Legislaturperiode, Globaler Steuerwettbewerb ist Anlass für notwendige Strukturreformen, in: Deutsches Steuerrecht 2018, S. 377–383.

Haase, Florian (AStG/DBA, 2016): Kommentierung zu § 14 AStG, in: Haase, Außensteuergesetz, Doppelbesteuerungsabkommen, Kommentar, Hrsg. Haase, Florian, 3. Auflage, Hamburg 2016.

Haase, Florian (DStR 2019): Die neue Hinzurechnungsbesteuerung, in: Deutsches Steuerrecht 2019, S. 827–835.

Haase, Florian (Internationales und Europäisches Steuerrecht, 2014): Internationales und Europäisches Steuerrecht, 4. Auflage, Hamburg 2014.

Haase, Florian (ISR 2017): Zukunft des IStR: Hinzurechnungsbesteuerung und Multilaterales Instrument im Fokus, in: Internationale Steuer-Rundschau 2017, S. 349–357.

Haase, Florian (IStR 2007): Ungereimtheiten der sog. Mitwirkungstatbestände des Außensteuergesetzes, in: Internationales Steuerrecht 2007, S. 437–439.

Haase, Florian (IStR 2008a): Die atypisch stille Gesellschaft in der Hinzurechnungsbesteuerung, in: Internationales Steuerrecht 2008, S. 312–316.

Haase, Florian (IStR 2008b): Hinzurechnungsbesteuerung bei doppelansässigen Gesellschaftern, in: Internationales Steuerrecht 2008, S. 695–697.

Haase, Florian (IStR 2009): Der Wechsel zwischen aktiven und passiven Tätigkeiten in § 8 Abs. 1 AStG, in: Internationales Steuerrecht 2009, S. 24–25.

Haase, Florian (FR 2019): Methodenfragen im Zypern-Fall – Ergänzungen zu van Lishaut, FR 2019, S. 370 ff., in: Finanz-Rundschau 2019, S. 560–561.

Haase, Florian (Ubg 2018): Zweifelsfragen bei der übertragenden Hinzurechnung nach § 14 AStG, in: Die Unternehmensbesteuerung 2018, S. 587–590.

Haase, Florian (Ubg 2021): Internationalsteuerliche Aspekte des geplanten KöMoG, in: Die Unternehmensbesteuerung 2021, S. 193–198.

Haase, Florian (UmwStG, 2021): Kommentierung zu § 1 UmwStG, in: Haase/Hofacker, Hrsg. Haase, Florian/Hofacker, Matthias, UmwStG, Praxiskommentar, 3. Auflage, Hamburg und Bremen 2021.

Haase, Florian (UmwStG, 2021): Kommentierung zu § 24 UmwStG, in: Haase/Hofacker, Hrsg. Haase, Florian/Hofacker, Matthias, UmwStG, Praxiskommentar, 3. Auflage, Hamburg und Bremen 2021.

Haase, Florian/Blank, Alexander (Ubg 2021): § 50d Abs. 3 EStG-E: Was lange währt, wird unionsrechtlich endlich gut?, in: Die Unternehmensbesteuerung 2021, S. 78–83.

Haase, Florian/Brändel, Katrin (StuW 2011): Überlegungen zur Theorie der betriebsstättenlosen Einkünfte, in: Steuer und Wirtschaft 2011, S. 49–59.

Haase, Florian/Dorn, Katrin (DStR 2017): Zum Zusammenspiel zwischen körperschaft- und gewerbesteuerlichem Schachtelprivileg bei Bezug über eine gewerbliche Personengesellschaft, in: Deutsches Steuerrecht 2017, S. 134–137.

Haase, Florian/Hofacker, Matthias (Ubg 2019): Der Gesetzesentwurf zur Neuregelung der Hinzurechnungsbesteuerung, in: Die Unternehmensbesteuerung 2019, S. 260–271.

Haase, Florian/Nürnberg, Philip (Ubg 2020): Hinzurechnungsbesteuerung im Fokus: Der Referentenentwurf eines Gesetzes zur Umsetzung der Anti-Steuervermeidungsrichtlinie, in: Die Unternehmensbesteuerung 2020, S. 1–5.

Haase, Florian/Steierberg, Daniela (IWB 2014): Der Entwurf zur Änderung des BMF-Schreibens vom 16.04.2010, in: Internationales Steuer- und Wirtschaftsrecht 2014, S. 4–12.

Haberstock, Lothar (Die Steuerplanung der internationalen Unternehmung, 1976): Die Steuerplanung der internationalen Unternehmung, Wiesbaden 1976.

Hackemann, Tim (IStR 2007): Kann die Niederlassungsfreiheit vor der Hinzurechnung von Drittlandseinkünften nach dem AStG schützen?, Anmerkungen zu dem EuGH-Urteil in der Rechtssache „Cadbury Schweppes" und den §§ 7 ff. AStG, in: Internationales Steuerrecht 2007, S. 351–360.

Hackemann, Tim (KStG, 2020): Kommentierung zu § 8c KStG, in: Bott/Walter, Hrsg. Bott, Harald/Walter, Wolfgang, Körperschaftsteuergesetz, Kommentar, 159. Ergänzungslieferung, Alzenau, Denkendorf und Stuttgart 2022.

Häck, Nils (ISR 2015): Abkommensrechtliche Zuordnung von Beteiligungen zu Betriebsstätten nach BFH, OECD und Finanzverwaltung, in: Internationale Steuer-Rundschau 2015, S. 113–121.

Häde, Ulrich (EUV/AUEV, 2022): Kommentierung zu Art. 120 AEUV, in: Callies/Ruffert, AEUV, EUV, Kommentar, Hrsg. Calliess, Christian/Ruffert, Matthias, 6. Auflage, Berlin 2022.

Häuselmann, Holger/Teufel, Tobias (Unternehmensteuerrecht, 2018): Unternehmensteuerrecht, in: Lüdicke/Sistermann, Hrsg. Lüdicke, Jochen/Sistermann, Christian, 2. Auflage, Düsseldorf und München 2018, § 8, Rn. 1–143.

Haep, Günter (EStG/KStG, 2022): Kommentierung zu § 15 EStG, in: H/H/R, Einkommensteuer- und Körperschaftsteuergesetz, Kommentar, Hrsg. Hey, Johanna u. a., 310. Ergänzungslieferung, Köln und München 2022.

Hageböke, Jens/Stangl, Ingo (Ubg 2021): „Globalisierung" des UmwStG durch das KöMoG und Einbringung durch Drittstaatengesellschafter – Eine Bestandsaufnahme unter Berücksichtigung der „DMC"-Rechtsprechung, in: Die Unternehmensbesteuerung 2021, S. 242–256.

Hagemann, Tobias (ATAD, 2019): Kommentierung zu Art. 5 ATAD, in: Hagemann/Kahlenberg, Anti Tax Avoidance Directive, Kommentar, Hrsg. Hagemann, Tobias/Kahlenberg, Christian, Berlin 2018.

Hagemann, Tobias (IStR 2017): Zur (Un-)Möglichkeit von Floating Income im DBA-Recht, in: Internationales Steuerrecht 2017, S. 849–854.

Hagemann, Tobias/Kahlenberg, Christian (IStR 2017): Zweifelsfragen zur Wirkung der grenzüberschreitenden Lizenzschranke – Verhältnis des § 4j

EStG zur (ausländischen) Hinzurechnungsbesteuerung und anderen ausländischen Abwehrmaßnahmen, in: Internationales Steuerrecht 2017, S. 1001–1006.

Hagemann, Tobias/Kunert, Ruben (IWB 2020): Krisenbedingte Erträge in der Hinzurechnungsbesteuerung, Behandlung von Forderungsverzicht, Abzinsungsertrag und Forderungserwerb unter Nominalwert, in: Internationales Steuer- und Wirtschaftsrecht 2020, S. 946–957.

Hagemann, Tobias u. a. (IStR 2018): Implikationen der ATAD auf das Konzept der übertragenden Zurechnung nach § 14 AStG, in: Internationales Steuerrecht 2018, S. 188–193.

Hahn, Hartmut (IStR 2003): Generalthema I des 58. IFA-Kongresses 2004 in Wien: Double-Non-Taxation – Überblick über den deutschen Nationalbericht, in: Internationales Steuerrecht 2003, S. 446–448.

Hahn, Hartmut (IStR 2006): Bemerkungen zum EuGH-Urteil „Cadbury Schweppes", in: Internationales Steuerrecht 2006, S. 667–670.

Hahn-Joecks, Gabriele (EStG, 2021): Kommentierung zu § 50d EStG, in: K/S/M, Einkommensteuergesetz, Kommentar, Hrsg. Kirchhof, Paul/Söhn, Hartmut/Mellinghoff, Rudolf, 323. Ergänzungslieferung, Heidelberg 2022.

Hamacher, Rolfjosef/Dahm, Joachim (EStG, 2017): Kommentierung zu § 20 EStG, in: Korn, Einkommensteuergesetz, Kommentar, Hrsg. Korn, Klaus u. a., 136. Ergänzungslieferung, Köln 2022.

Hamen, Tom u. a. (IWB 2021): Perspektiven steuerlicher Strukturierung im Konzern Tagungsbericht zur 5. YIN-Jahrestagung v. 13.09.2021 (Panel 1), in: Internationales Steuer- und Wirtschaftsrecht 2021, S. 806–822.

Hannes, Berthold (Qualifikationskonflikte im Internationalen Steuerrecht, 1992): Qualifikationskonflikte im Internationalen Steuerrecht, München 1992.

Hartrott, Sebastian (FR 2008): Die Abgrenzung des Gewerbebetriebs von der privaten Vermögensverwaltung, in: Finanz-Rundschau 2008, S. 1095–1106.

Haslehner, Werner Christof (IStR 2008): Das Konkurrenzverhältnis der Europäischen Grundfreiheiten in der Rechtsprechung des EuGH zu den direkten Steuern, in: Internationales Steuerrecht 2008, S. 565–575.

Hatje, Armin (EU-Recht, 2019): Kommentierung zu Art. 4 EUV, in: Schwarze, EU-Recht, Kommentar, Hrsg. Becker, Ulrich u. a., 4. Auflage, Baden-Baden 2019.

Haßfurter, Anna (AStG, 2022): Kommentierung zu § 1 AStG, in: BeckOK AStG, Beck'sche Online-Kommentare, AStG, Hrsg. Mann, Alexander/Staats, Wendelin, abgerufen Oktober 2022.

Haug, Felix (DStZ 2016): Erstes „BEPS-Gesetz“ und die Konsequenzen für das inländische Steuerrecht, in: Deutsche Steuer-Zeitung 2016, S. 850–861.

Haun, Jürgen/Cortez, Benjamin (Außensteuerrecht, 2014): Kommentierung zu § 8 AStG, in: H/K/G, Außensteuerrecht, Kommentar, Hrsg. Haun, Jürgen/Kahle, Holger/Goebel, Sören, 47. Ergänzungslieferung, Stuttgart und Dortmund 2022.

Haun, Jürgen/Klumpp, Simon (IStR 2018): Zuordnung von Beteiligungen zum Betriebsvermögen einer Personengesellschaft bei grenzüberschreitenden Sachverhalten – Führt die neueste BFH-Rechtsprechung zu einem Paradigmenwechsel?, in: Internationales Steuerrecht 2018, S. 661–670.

Haun, Jürgen/Reiser, Hagen (GmbHR 2004): Ausgewählte Probleme des Anwendungsschreibens zum Außensteuergesetz aus der Sicht der GmbH – Anmerkungen zum BMF-Schreiben v. 14.05.2004, in: GmbH-Rundschau 2004, S. 841–850.

Haun, Jürgen/Reiser, Hagen/Cortez, Benjamin (Außensteuerrecht, 2017): Kommentierung zu § 10 AStG, in: H/K/G, Außensteuerrecht, Kommentar, Hrsg. Haun, Jürgen/Kahle, Holger/Goebel, Sören, 47. Ergänzungslieferung, Stuttgart und Dortmund 2022.

Haun, Jürgen/Reiser, Hagen/Mödinger, Jörg (Außensteuerrecht, 2017): Kommentierung zu § 10 AStG, in: H/K/G, Außensteuerrecht, Kommentar, Hrsg. Haun, Jürgen/Kahle, Holger/Goebel, Sören, 47. Ergänzungslieferung, Stuttgart und Dortmund 2022.

Haun, Jürgen/Schneider, Tobias (IWB 2019): Die Kapitalherabsetzung in den USA, in: Internationales Steuer- und Wirtschaftsrecht 2019, S. 769–785.

Haun, Jürgen/Sauer, Marcel (IStR 2021): Die praktischen Implikationen der Abwehrmaßnahmen des Steueroasen-Abwehrgesetzes v. 25.06.2021, in: Internationales Steuerrecht, S. 917–925.

Haun, Jürgen/Schneider, Tobias (IWB 2019): Die Kapitalherabsetzung in den USA, in: Internationales Steuer- und Wirtschaftsrecht 2019, S. 769–785.

Haun, Jürgen/Solowjeff, Julian (Außensteuerrecht, 2021): Kommentierung zu Vor §§ 7–13 AStG, in: H/K/G, Außensteuerrecht, Kommentar, Hrsg. Haun, Jürgen/Kahle, Holger/Goebel, Sören, 47. Ergänzungslieferung, Stuttgart und Dortmund 2022.

Hauswirth, Helmut (AStG/DBA, 2019): Kommentierung zu § 14 AStG, in: S/K/K, Außensteuergesetz, Doppelbesteuerungsabkommen, Kommentar, Hrsg. Strunk, Günther/Kaminski, Bert/Köhler, Stefan, 60. Ergänzungslieferung, Hamburg und Frankfurt am Main 2022.

Heckemeyer, Jost/Spengel, Christoph (DB 2009): Gewinnverlagerung multinationaler deutscher Unternehmen ins Ausland: Eine Klarstellung, in: Der Betrieb 2009, S. 133–135.

Heckerodt, David (IStR 2019): Die deutsche Hinzurechnungsbesteuerung im Drittstaatenfall, (K)ein Verstoß gegen die Kapitalverkehrsfreiheit; das EuGH-Urteil v. 26.02.2019 – C-135/17, X-GmbH, IStR 2019, 347, in: Internationales Steuerrecht 2019, S. 683–691.

Heckerodt, David/Postler, Steffen (IStR 2023): Das Zusammenspiel der deutschen Verrechnungspreisvorschriften und der Hinzurechnungsbesteuerung: So fern und doch so nah? (Teil I), in: Internationales Steuerrecht 2023, S. 41–49.

Heckerodt, David/Postler, Steffen (IStR 2023): Das Zusammenspiel der deutschen Verrechnungspreisvorschriften und der Hinzurechnungsbesteuerung: So fern und doch so nah? (Teil II), in: Internationales Steuerrecht 2023, S. 93–100.

Heckerodt, David/van Lück, Nicola (IStR 2020): Die deutsche Hinzurechnungsbesteuerung im Drittstaatenfall, Ein Überblick de lege lata und de lege ferenda, in: Internationales Steuerrecht 2020, S. 857–866.

Heckschen, Heribert (Umwandlungsrecht, 2020): Kommentierung zu § 1 UmwG, in: W/M, Umwandlungsrecht, Kommentar, Hrsg. Widmann, Siegfried/Mayer, Dieter, 197. Ergänzungslieferung, München 2022.

Heckschen, Heribert (Umwandlungsrecht, 2022): Kommentierung zu § 13 UmwG, in: W/M, Umwandlungsrecht, Kommentar, Hrsg. Widmann, Siegfried/Mayer, Dieter, 197. Ergänzungslieferung, München 2022.

Heidecke, Björn (ISR 2021): Neues BMF-Schreiben zur Anwendung des Fremdvergleichs: Zusammenfassung und kritische Reflexion, in: Internationale Steuer-Rundschau 2021, S. 380–387.

Heidecke, Björn/Schmidtke, Richard/Wilmanns, Jobst (Funktionsverlagerung & Verrechnungspreise, 2017): Funktionsverlagerung und Verrechnungspreise – Rechtsgrundlagen, Bewertungen, Praxistipps, Wiesbaden 2017.

Heil, Svetlana/Pupeter, Alexander (BB 2017): Lizenzschranke – Gesetzesentwurf eines neuen § 4j EStG, in: Betriebs-Berater 2017, S. 795–801.

Heinold, Michael (Betriebliche Steuerplanung mit quantitativen Methoden, 1979): Betriebliche Steuerplanung mit quantitativen Methoden, München 1979.

Heinsen, Oliver/Erb, Simone (DB 2018): Reformaspekte der Hinzurechnungsbesteuerung nach §§ 7 ff. AStG im Lichte aktueller EU-Rechtsentwicklungen, in: Der Betrieb 2018, S. 975–979.

Heinsen, Oliver/Handwerker, Eva (DB 2011): Das Outsourcing von Geschäftstätigkeiten im Lichte der Hinzurechnungsbesteuerung, Anmerkungen zum BFH-Urteil vom 13.10.2010 – I R 61/09, DB 2010, S. 2770, in: Der Betrieb 2011, S. 82–85.

Heintzen, Markus (FR 2009): Die Neufassung des § 42 AO und ihre Bedeutung für grenzüberschreitende Gestaltungen, in: Finanz-Rundschau 2009, S. 599–606.

Hendricks, Michael/Engler, Friedrich (Außensteuerrecht, 2016): Kommentierung zu § 18 AStG, in: F/W/B/S, Außensteuerrecht, Kommentar, Hrsg. Wassermeyer, Franz u. a., 100. Ergänzungslieferung, Bonn und Köln 2022.

Henkel, Udo/Klein, Sonja (Steuerrecht international tätiger Unternehmen, 2018): Steuerrecht international tätiger Unternehmen, in: Mössner u. a., Hrsg. Mössner, Jörg/Baumhoff, Hubertus/Greif Martin, 5. Auflage, Osnabrück 2018, Rn. 8.1–8.131.

Henkel, Udo/Port, Christian (Steuerrecht international tätiger Unternehmen, 2018): Steuerrecht international tätiger Unternehmen, in: Mössner u. a., Hrsg. Mössner, Jörg/Baumhoff, Hubertus/Greif Martin, 5. Auflage, Osnabrück 2018, Rn. 11.1–11.273.

Hennigfeld, Michael (AO, 2022): Kommentierung zu § 42 AO, in: BeckOK AO, Beck'sche Online-Kommentare, AO, Hrsg. Pfirrmann, Volker/Rosenke, Torsten/Wagner, Klaus, abgerufen Oktober 2022.

Hennrichs, Joachim (Steuerrecht, 2021): Steuerrecht, in: T/L, Hrsg. Lang, Joachim/Tipke, Klaus, 24. Auflage, Köln, Bochum und Münster 2021, § 9, Rn. 1–593.

Hennrichs, Joachim (Steuerrecht, 2021): Steuerrecht, in: T/L, Hrsg. Lang, Joachim/Tipke, Klaus, 24. Auflage, Köln, Bochum und Münster 2021, § 10, Rn. 1–224.

Hennrichs, Joachim (Steuerrecht, 2021): Steuerrecht, in: T/L, Hrsg. Lang, Joachim/Tipke, Klaus, 24. Auflage, Köln, Bochum und Münster 2021, § 14, Rn. 1–80.

Hennrichs, Joachim (ZHR 164): Unternehmensbewertung und persönliche Ertragsteuern aus (aktien-)rechtlicher Sicht, in: Zeitschrift für das gesamte Handelsrecht und Gesellschaftsrecht 164, S. 455–578.

Henze, Hartwig (BB 2000): Leitungsverantwortung des Vorstands – Überwachungspflicht des Aufsichtsrats, in: Betriebs-Berater 2000, S. 209–2016.

Henze, Hartwig (BB 2001): Entscheidungen und Kompetenzen der Organe in der AG: Vorgaben der höchstrichterlichen Rechtsprechung, in: Betriebs-Berater 2001, S. 53–61.

Herbst, Christian (GewStG, 2022): Kommentierung zu § 9 Nr. 3 GewStG, in: Wendt u. a., Gewerbesteuergesetz, Kommentar, Hrsg. Wendt, Michael u. a., 2. Auflage, Berlin, Düsseldorf und Köln 2022.

Herbst, Christian/Kopec, Agnieszka (IStR 2019): Die Schachtelstrafe bei der Veräußerung ausländischer Tochterkapitalgesellschaften, in: Internationales Steuerrecht 2019, S. 107–114.

Herbst, Christian/Schumann, Sophia/Heckerodt, David (Ubg 2022): Noch eine Anti-Steuer-Missbrauchs-Richtlinie? Die „Unshell-Initiative“ zur Bekämpfung von Briefkastenfirmen in der EU (und darüber hinaus), in: Die Unternehmensbesteuerung 2022, S. 402–421.

Herbst, Christian/Stegemann, Dieter (DStR 2017): Neues zur korrespondierenden Bilanzierung, in: Deutsches Steuerrecht 2017, S. 2081–2088.

Herlinghaus, Andreas (EStG/KStG, 2020): Kommentierung zu § 15 KStG, in: H/H/R, Einkommensteuer- und Körperschaftsteuergesetz, Kommentar, Hrsg. Hey, Johanna u. a., 310. Ergänzungslieferung, Köln und München 2022.

Hermes, Ludger (DStR 2019): Die Innengesellschaft als Gestaltungsinstrument für ein mitunternehmerisches Nießbrauchrecht, in: Deutsches Steuerrecht 2019, S. 1777–1784.

Herzig, Norbert/Dautzenberg, Norbert (DB 1997): Die Einwirkungen des EG-Rechts auf das deutsche Unternehmenssteuerrecht, in: Der Betrieb 1997, S. 8–17.

Herzig, Norbert/Dautzenberg, Norbert (DB 2000): Die deutsche Steuerreform ab 1999 und ihre Aspekte für das deutsche Außensteuerrecht und das internationale Steuerrecht, in: Der Betrieb 2000, S. 12–20.

Herzig, Norbert/Lochmann, Uwe/Liekenbrock, Bernhard (DB 2008): Die Zinsschranke im Lichte einer Unternehmensbefragung – Einfluss auf Steuerplanung, Steuergestaltung und Steuerbelastung, in: Der Betrieb 2008, S. 593–602.

Hey, Johanna (BB 2009): Gestaltungsmissbrauch im Steuerrecht nach der Neufassung des § 42 AO und dem dazu ergangenen BMF-Erlass, in: Betriebs-Berater 2009, S. 1044–1048.

Hey, Johanna (DB 2018): Deutsche Interessen im Steuerwettbewerb – Internationale Kooperation, EU-Harmonisierung oder nationale Gesetzgebung?, in: Der Betrieb 2018, S. 2951–2957.

Hey, Johanna (FR 2001): Von der Verlegenheitslösung des § 35 EStG zur Reform der Gewerbesteuer?, Wie die Mängel der pauschalen Gewerbesteueranrechnung den Gesetzgeber zum Handeln zwingen, in: Finanz-Rundschau 2001, S. 870–880.

Hey, Johanna (FR 2008): Gestaltungsspielraum des Gesetzgebers und Sicherung des Steueraufkommens, in: Finanz-Rundschau 2008, S. 1033–1040.

Hey, Johanna (FR 2016): Realitätsgerechtigkeit von Typisierungen als verfassungsrechtliches Problem der Niedrigzinsphase – Zur Verfassungswidrigkeit von § 238 AO und § 6a Abs. 3 Satz 3 EStG, in: Finanz-Rundschau 2016, S. 485–496.

Hey, Johanna (FR 2020): Der Gleichheitssatz im Steuerrecht, BVerfG vom 19. November 2019 zu den Aufwendungen der Erstausbildung: Für die Zuordnung gemischter Aufwendungen gilt das bloße Willkürverbot, in: Finanz-Rundschau 2020, S. 578–586.

Hey, Johanna (IStR 2009): Hinzurechnungsbesteuerung bei ausländischen Familienstiftungen gemäß § 15 AStG i. d. F. des JStG 2009 – europa- und verfassungswidrig!, in: Internationales Steuerrecht 2009, S. 181–190.

Hey, Johanna (Steuerrecht, 2021): Steuerrecht, in: T/L, Hrsg. Lang, Joachim/Tipke, Klaus, 24. Auflage, Köln, Bochum und Münster 2021, § 3, Rn. 1–282.

Hey, Johanna (Steuerrecht, 2021): Steuerrecht, in: T/L, Hrsg. Lang, Joachim/Tipke, Klaus, 24. Auflage, Köln, Bochum und Münster 2021, § 8, Rn. 1–974.

Hey, Johanna (Steuerrecht, 2021): Steuerrecht, in: T/L, Hrsg. Lang, Joachim/Tipke, Klaus, 24. Auflage, Köln, Bochum und Münster 2021, § 13, Rn. 1–187.

Hey, Johanna (StuW 2008): Spezialgesetzliche Missbrauchsgesetzgebung, aus steuersystematischer, verfassungs- und europarechtlicher Sicht, in: Steuer und Wirtschaft 2008, S. 167–183.

Hey, Johanna (Unternehmenssteuerreform, 2001): Unternehmenssteuerreform, in: Deutsche Steuerjuristische Gesellschaft, Hrsg. Pelka, Jürgen, Band 24, Köln 2001, S. 5–23.

Hidien, Jürgen (EStG, 2021): Kommentierung zu § 49 EStG, in: K/S/M, Einkommensteuergesetz, Kommentar, Hrsg. Kirchhof, Paul/Söhn, Hartmut/Mellinghoff, Rudolf, 323. Ergänzungslieferung, Heidelberg 2022.

Hierstetter, Felix (Steuerliche Organschaft, 2019): Steuerliche Organschaft, in: Prinz/Witt, Hrsg. Prinz, Ulrich/Witt, Sven-Christian, 2. Auflage, Köln und München 2019, Rn. 20.1–20.99.

Higgins, Robert/Schall, Lawrence (J. Finance 1971): Corporate Bankruptcy and Conglomerate Merger, in: Journal of Finance 1971, S. 93–114.

Hinz, Michael (Sachverhaltsgestaltungen im Rahmen der Jahresabschlusspolitik, 1994): Sachverhaltsgestaltungen im Rahmen der Jahresabschlusspolitik, Düsseldorf 1994.

Hölzemann, Stefan (IStR 2006): Neues zur steuerlichen Anerkennung ausländischer Kapitalgesellschaften – Sind eigenes Personal, eigene Geschäftsräume und eine Geschäftsausstattung noch erforderlich?, in: Internationales Steuerrecht 2006, S. 830–836.

Höring, Johannes (DStZ 2011): Geplante Änderungen durch das Jahressteuergesetz 2010 – Ende des „Malta-Modells"?, in: Deutsche Steuer-Zeitung 2011, S. 11–20.

Höring, Johannes (IWB 2019): Die Hinzurechnung passiver Einkünfte nach § 8 AStG bei Dreiecksverhältnissen, in: Internationales Steuer- und Wirtschaftsrecht 2019, S. 289–295.

Hörnicke, Gabriel/Kraft, Gerhard (ISR 2022): Die zweifelhafte Unionsrechtskonformität des § 8 Abs. 3 AStG, in: Internationale Steuer-Rundschau 2022, S. 1–10.

Hörnicke, Gabriel/Quilitzsch, Carsten (ISR 2021): Spezielle Abwehrmaßnahmen gegenüber unkooperativen Drittstaaten – Eine kritische Würdigung der §§ 8 bis 11 StAbwG, in: Internationale Steuer-Rundschau 2021, S. 314–319.

Hörtnagl, Robert (UmwG/UmwStG, 2020): Kommentierung zu § 1 UmwG, in: S/H, Umwandlungsgesetz, Umwandlungssteuergesetz, Kommentar, Hrsg. Schmitt, Joachim/Hörtnagl, Robert, 9. Auflage, Bonn und München 2020.

Hoffmann, Daniel (EStG, 2020): Kommentierung zu § 1 EStG, in: Korn, Einkommensteuergesetz, Kommentar, Hrsg. Korn, Klaus u. a., 136. Ergänzungslieferung, Köln 2022.

Hofmeister, Ferdinand (Ertragsteuerrecht, 2021): Kommentierung zu § 8 GewStG, in: Brandis/Heuermann, Ertragsteuerrecht, Kommentar, Hrsg. Heuermann, Bernd/Brandis, Peter, 161. Ergänzungslieferung, München 2022.

Holle, Florian/Krüger, Sebastian/Weiss, Martin (IStR 2021): Die geplante Erweiterung der persönlichen Anwendbarkeit des UmwStG durch das KöMoG – Globalisierung des UmwStG?, in: Internationales Steuerrecht 2021, S. 489–496.

Holle, Florian/Weiss, Martin (IWB 2020): Das „maßgebende Wirtschaftsjahr" der Hinzurechnungsbesteuerung, in: Internationales Steuer- und Wirtschaftsrecht 2020, S. 333–343.

Holst, Kerstin/Krüger, Sebastian (IStR 2021): Abkommensrechtliche Öffnungsklauseln für das AStG und deren Bedeutung für die Hinzurechnungsbesteuerung im Drittstaatenfall, in: Internationales Steuerrecht 2021, S. 80–85.

Homburg, Stefan (Allgemeine Steuerlehre, 2009): Allgemeine Steuerlehre, 6. Auflage, München 2009.

Homburg, Stefan (FA 1999): Competition and coordination in international capital income taxation, in: FinanzArchiv 1999, S. 1–17.

Hoskisson, Robert/Turk, Thomas (ARM 1990): Corporate Restructuring: Governance and Control Limits of the Internal Capital Market, in: Academy of Management Review 1990, S. 459–477.

Hruschka, Franz (DBA, 2019): Kommentierung zu Art. 5 OECD-MA, in: Schönfeld/Ditz, Doppelbesteuerungsabkommen, Kommentar, Hrsg. Schönfeld, Jens/Ditz, Xaver, 2. Auflage, Bonn 2019.

Hruschka, Franz (ISR 2017): Bilaterale Effekte bei grenzüberschreitenden Verschmelzungen, in: Internationale Steuer-Rundschau 2017, S. 255–260.

Hruschka, Franz (IStR 2012): Drittstaatenumwandlung mit Folgen, in: Internationales Steuerrecht 2012, S. 844–847.

Hruschka, Franz (IStR 2016): Die Zuordnung von Beteiligungen zu Betriebsstätten von Personengesellschaften, in: Internationales Steuerrecht 2016, S. 437–443.

Hübner, Heinrich (ErbR 2014): Unterbeteiligung und stille Beteiligung in der Unternehmensnachfolge, in: Zeitschrift für die gesamte erbrechtliche Praxis 2014, S. 257–267.

Hufeld, Ulrich/Schenke, Ralf (EStG, 2022): Kommentierung zu § 15 EStG, in: BeckOK EStG, Beck'sche Online-Kommentare, EStG, Hrsg. Kirchhof, Gregor/Kulosa, Egmont/Ratschow, Eckart, abgerufen Oktober 2022.

Hulde, Bettina (Steuerliche Organschaft, 2019): Steuerliche Organschaft, in: Prinz/Witt, Hrsg. Prinz, Ulrich/Witt, Sven-Christian, 2. Auflage, Köln und München 2019, Rn. 5.1–5.103.

Hummel, Roland/Knebel, Andreas/Born, Alexander (IStR 2014): Doppelbesteuerung BEPS, in: Internationales Steuerrecht 2014, S. 832–840.

Hundeshagen, Christian/Fuss, Max (DK 2022): OECD legt finales Rahmenkonzept für globale Mindeststeuer von 15 % vor, in: Der Konzern 2022, S. 54–56.

Intemann, Jens (EStG/KStG, 2019): Kommentierung zu § 3 Nr. 41 EStG, in: H/H/R, Einkommensteuer- und Körperschaftsteuergesetz, Kommentar, Hrsg. Hey, Johanna u. a., 310. Ergänzungslieferung, Köln und München 2022.

IDW (S 1, 2008): Standard 1, Grundsätze zur Durchführung von Unternehmensbewertungen, in: Prüfungsstandards und weitere Verlautbarungen, Hrsg. Institut der Wirtschaftsprüfer e. V., 70. Ergänzungslieferung, Düsseldorf 2019.

IDW (HFA 1/1994, 1998): Hauptfachausschuss 1/1994: Zur Behandlung von Genussrechten im Jahresabschluss von Kapitalgesellschaften, in: Prüfungsstandards und weitere Verlautbarungen, Hrsg. Institut der Wirtschaftsprüfer e. V., 70. Ergänzungslieferung, Düsseldorf 2019.

Ismer, Roland (EStG/KStG, 2020): Kommentierung zu Einführung in das EStG, in: H/H/R, Einkommensteuer- und Körperschaftsteuergesetz, Kommentar, Hrsg. Hey, Johanna u. a., 310. Ergänzungslieferung, Köln und München 2022.

Ismer, Roland (FR 2014): Verfassungsrechtliche Rechtfertigung der Zinsschranke, in: Finanz-Rundschau 2014, S. 777–784.

Jachmann, Monika (BB 2003): Eine deutsche Abgeltungssteuer auf Kapitalerträge im europäischen Kontext, in: Betriebs-Berater 2003, S. 2712–2719.

Jackstein, Claus-Dieter (FS Debatin, 1996): Außensteuerrecht, Doppelbesteuerungsabkommen und EU-Recht im Spannungsfeld, Festschrift für Helmut Debatin zum 70. Geburtstag, Hrsg. Burmester, Gabriele/Endres Dieter, Trier und Frankfurt am Main 1996, S. 179–206.

Jacobs, Otto (Internationale Unternehmensbesteuerung, 2016): Internationale Unternehmensbesteuerung, 8. Auflage, München 2016.

Jacobs, Otto/Scheffler, Wolfram/Spengel, Christoph (Unternehmensbesteuerung und Rechtsform, 2015): Unternehmensbesteuerung und Rechtsform, 5. Auflage, Mannheim und Nürnberg 2015.

Jacobsen, Hendrik (AStG, 2021): Kommentierung zu § 7 AStG, Fassung vom 1. Januar 2018, in: AStG eKommentar, AStG, elektronischer Kommentar, Hrsg. Mattern, Oliver u. a., abgerufen Januar 2022.

Jacobsen, Hendrik (AStG, 2021): Kommentierung zu § 14 AStG, Fassung vom 1. Januar 2015, in: AStG eKommentar, AStG, elektronischer Kommentar, Hrsg. Mattern, Oliver u. a., abgerufen Januar 2022.

Jacobsen, Hendrik (AStG, 2022): Kommentierung zu § 7 AStG, Fassung vom 1. Januar 2022, in: AStG eKommentar, AStG, elektronischer Kommentar, Hrsg. Mattern, Oliver u. a., abgerufen Oktober 2022.

Jacobsen, Hendrik (DStZ 2010): Die Gestaltung des steuerlichen Übernahmeergebnisses, in: Deutsche Steuer-Zeitung 2010, S. 205–212.

Jacobsen, Hendrik (DStZ 2019): Hinzurechnungsbesteuerung und Kapitalverkehrsfreiheit – Die EuGH-Entscheidung X GmbH, in: Deutsche Steuer-Zeitung 2019, S. 389–400.

Jacobsen, Hendrik (DStZ 2020): Reform des deutschen Hinzurechnungsbesteuerungsrechts, in: Deutsche Steuer-Zeitung 2020, S. 113–125.

Jacobsen, Hendrik (DStZ 2021): Das AStG nach dem ATAD-Umsetzungsgesetz, in: Deutsche Steuer-Zeitung 2021, S. 743–758.

Jacobsen, Hendrik (FR 2009): Die Suche nach steuerlicher Gestaltung, in: Finanz-Rundschau 2009, S. 162–176.

Jacobsen, Hendrik (IStR 2018): Die Vorteilhaftigkeit einer Neuausrichtung des deutschen Hinzurechnungsbesteuerungsrechts, in: Internationales Steuerrecht 2018, S. 433–443.

Jahn, Luisa (AStG, 2022): Kommentierung zu § 11 AStG, in: BeckOK AStG, Beck'sche Online-Kommentare, AStG, Hrsg. Mann, Alexander/Staats, Wendelin, abgerufen Oktober 2022.

Jahndorf, Christian (FR 2022): Ebnen MoPeG und KöMoG den Weg für eine einheitliche Unternehmenssteuer?, in: Finanz-Rundschau 2022, S. 707–708.

Jakob, Dominique (DStR 2000): Erfindungen eines Gesellschafters oder Gesellschafter-Geschäftsführers im Geschäftsbereich der GmbH, in: Deutsches Steuerrecht 2000, S. 1122–1128.

Jakob, Walter (Die steuerliche Behandlung der Unternehmungsteilung, 1983): Die steuerliche Behandlung der Unternehmungsteilung, Stuttgart 1983.

Jansen, Stephan (Mergers & Acquisitions, 2016): Mergers & Acquisitions, 6. Auflage, Wiesbaden 2016.

Jaques, Henning (Beck'sches Handbuch Unternehmenskauf im Mittelstand, 2021): Beck'sches Handbuch Unternehmenskauf im Mittelstand, in: Ettinger/Jaques, Hrsg. Ettinger, Jochen/Jaques, Henning, 4. Auflage, München und Hamburg 2021, Kapitel C, Rn. 1–268.

Jensen, Michael (JEP 1988): Takeovers: Their Causes and Consequences, in: Journal of Economic Perspectives 1988, S. 21–48.

Jensen, Michael/Ruback, Richard (JFE 1983): Takeovers: The scientific evidence, in: Journal of Financial Economics 1983, S. 5–50.

Jochimsen, Claus/Zinowsky, Tim (ISR 2016): Konkretisierung der europäischen Richtlinie zur Bekämpfung von Steuervermeidungspraktiken, in: Internationale Steuer-Rundschau 2016, S. 318–324.

Jochum, Heike (EStG, 2021): Kommentierung zu § 20 EStG, in: K/S/M, Einkommensteuergesetz, Kommentar, Hrsg. Kirchhof, Paul/Söhn, Hartmut/Mellinghoff, Rudolf, 323. Ergänzungslieferung, Heidelberg 2022.

Käshammer, Daniel/Schmohl, Ivo/Schumann, Sophia (IStR 2019): Einlagenrückgewähr durch eine Drittstaatengesellschaft – Ausgewählte Praxisüberlegungen, in: Internationales Steuerrecht 2019, S. 858–861.

Kahle, Holger (DStR 2018): Aktuelle Entwicklungen der Bilanzierung von Rückstellungen, in: Deutsches Steuerrecht 2018, S. 976–981.

Kahle, Holger (DStZ 2017): Ausgewählte Fragen der Bilanzierung von Rückstellungen für ungewisse Verbindlichkeiten, in: Deutsche Steuerzeitung 2017, S. 904–913.

Kahle, Holger (FR 2022): Zur Zukunft der Besteuerung der Personengesellschaften, in: Finanz-Rundschau 2022, S. 377–385.

Kahle, Holger (Handbuch des Jahresabschlusses, 2022): Handbuch des Jahresabschlusses, in: Schulze-Osterloh/Hennrichs/Wüstemann, Hrsg. Schulze-Osterloh, Joachim/Hennrichs, Joachim/Wüstemann, Jens, 80. Ergänzungslieferung, Cottbus u. a. 2022, Abschnitt VII, Maßgeblichkeitsprinzip des § 5 Abs. 1 EStG, Rn. 1–368.

Kahle, Holger (IStR 2007): Aktuelle Entwicklungen der Ertragsbesteuerung ausländischer Betriebsstätte, in: Internationales Steuerrecht 2007, S. 757–764.

Kahle, Holger (StuB 2022): Zur Ertragbesteuerung der Personengesellschaften nach MoPeG und KöMoG, in: Unternehmensteuern und Bilanzen 2022, S. 881–886.

Kahle, Holger/Biebinger, Christian/Wildermuth, Marcel (Ubg 2014): Aggressive Steuerplanung und Treaty-/Directive-Shopping im Binnenmarkt, in: Die Unternehmensbesteuerung 2014, S. 285–298.

Kahle, Holger/Braun, Julia (DStZ 2019): Gewerbesteuerliche Aspekte bei Personengesellschaften – Teil II, Ein weiterer Abgesang auf die Gewerbesteuer, in: Deutsche Steuer-Zeitung 2019, S. 380–389.

Kahle, Holger/Braun, Julia (FR 2018): Bilanzierung angeschaffter Rückstellungen in der Steuerbilanz, in: Finanz-Rundschau 2018, S. 197–211.

Kahle, Holger/Cortez, Benjamin (Ubg 2011): Hinzurechnungsbesteuerung: Ausländische Finanzierungsgesellschaften im Fokus des § 8 Abs. 1 Nr. 7 AStG, in: Die Unternehmensbesteuerung 2011, S. 949–959.

Kahle, Holger/Dahlke, Andreas (DStR 2007): IFRS für mittelständische Unternehmen?, in: Deutsches Steuerrecht 2007, S. 313–318.

Kahle, Holger/Eichholz, Meik/Kindich, Aaron (Ubg 2016): Das Verhältnis der allgemeinen Entstrickungstatbestände zu der Einkünftekorrektur nach § 1 Abs. 5 AStG, in: Die Unternehmensbesteuerung 2016, S. 132–143.

Kahle, Holger/Wildermuth, Marcel (Ubg 2013): BEPS und aggressive Steuerplanung: Ein Diskussionsbeitrag, in: Die Unternehmensbesteuerung 2013, S. 405–417.

Kahle, Holger/Willner, Tobias (Ubg 2017): Hinzurechnungsbesteuerung und Gewerbesteuer, in: Die Unternehmensbesteuerung 2017, S. 21–33.

Kahlenberg, Christian (DB 2019): Cadbury-Test auch für Drittstaaten – Folgerungen aus der EuGH-Entscheidung in der Rs. X-GmbH für die anstehende AStG-Reform, in: Der Betrieb 2019, S. 1590–1595.

Kahlenberg, Christian (ISR 2017): Die Geschäftsleitungsbetriebsstätte als Instrument zur Vermeidung betriebsstättenloser Einkünfte im Abkommensrecht?, in: Internationale Steuer-Rundschau 2017, S. 421–429.

Kahlenberg, Christian (IWB 2019): Auswirkungen des Brexit im Zusammenhang mit der Hinzurechnungsbesteuerung, in: Internationales Steuer- und Wirtschaftsrecht 2019, S. 8–14.

Kahlenberg, Christian (NWB 2018): Gewerbesteuerliche Implikationen der Hinzurechnungsbesteuerung, in: Steuer- und Wirtschaftsrecht 2018, S. 181–189.

Kahlenberg, Christian (NWB 2020): Neues zur (verschärften) Hinzurechnungsbesteuerung in Drittstaatenfällen, in: Steuer- und Wirtschaftsrecht 2020, S. 1560–1567.

Kahlenberg, Christian (StuB 2016): Das Anti Tax Avoidance Package der EU-Kommission, Hinreichende Umsetzung der OECD-Abschlussberichte zu BEPS?, in: Unternehmensteuern und Bilanzen 2016, S. 229–232.

Kahlenberg, Christian/Erdem, Elias (IStR 2020): Ketten-vGA im System der Hinzurechnungsbesteuerung vor und nach der AStG-Reform, in: Internationales Steuerrecht 2020, S. 95–104.

Kahlenberg, Christian/Melkonyan, Satenik (StuW 2019): Die Gewerbesteuer im System der Hinzurechnungsbesteuerung: Eine normative und betriebswirtschaftliche Analyse, in: Steuer und Wirtschaft 2019, S. 182–194.

Kahlenberg, Christian/Prusko, Anselm (IStR 2017): Die Weiterentwicklung der deutschen Hinzurechnungsbesteuerung durch die BEPS-RL, in: Internationales Steuerrecht 2017, S. 304–311.

Kahlenberg, Christian/Quilitzsch, Carsten (IStR 2021): Das Ende der Hinzurechnungsbesteuerung in Drittstaatenfällen?, in: Internationales Steuerrecht 2021, S. 135–140.

Kahlenberg, Christian/Rein, Rebekka (PIStB 2021a): Internationale Aspekte des Optionsmodells für Personengesellschaften – Teil 1, in: Praxis Internationales Steuerrecht 2021, S. 259–266.

Kahlenberg, Christian/Rein, Rebekka (PIStB 2021b): Internationale Aspekte des Optionsmodells für Personengesellschaften – Teil 2, in: Praxis Internationales Steuerrecht 2021, S. 289–298.

Kahlenberg, Christian/Rein, Rebekka (PIStB 2022): Internationale Aspekte des Optionsmodells für Personengesellschaften – Teil 3, in: Praxis Internationales Steuerrecht 2022, S. 52–62.

Kahlenberg, Christian/Weiss, Martin (IStR 2018): BFH zum Substanznachweis bei nachgeschalteten Zwischengesellschaften und Dreieckssachverhalten, in: Internationales Steuerrecht 2018, S. 878–882.

Kahlenberg, Christian/Weiss, Martin (IStR 2019): Erste FG-Entscheidungen: Keine Gewerbesteuer auf den Hinzurechnungsbetrag für sog. Altfälle!

Gilt das auch für die aktuelle Rechtslage?, in: Internationales Steuerrecht 2019, S. 81–87.

Kalbfleisch, Eberhard (KStG, 2017): Kommentierung zu § 1 KStG, in: Bott/Walter, Hrsg. Bott, Harald/Walter, Wolfgang, Körperschaftsteuergesetz, Kommentar, 159. Ergänzungslieferung, Alzenau und Denkendorf 2022.

Kamann, Hans-Georg (EUV/AUEV, 2018): Kommentierung zu Art. 113 AEUV, in: Streinz, EUV, AEUV, Beck'sche Kurz-Kommentare, Hrsg. Streinz, Rudolf, Band 57, 3. Auflage, München 2018.

Kaplan, Steven (JFE 1989): The effects of management buyouts on operating performance and value, in: Journal of Financial Economics 1989, S. 217–254.

Kauffmann, Walter/Seppelt, Michael (EStG, 2021): Kommentierung zu § 15 EStG, in: Frotscher/Geurts, EStG, Kommentar, Hrsg. Frotscher, Gerrit/Geurts, Matthias, abgerufen Dezember 2021.

Kempen, Bernhard (EUV/AUEV, 2018): Kommentierung zu Art. 120 AEUV, in: Streinz, EUV, AEUV, Beck'sche Kurz-Kommentare, Hrsg. Streinz, Rudolf, Band 57, 3. Auflage, München 2018.

Keß, Thomas (GewStG, 2022): Kommentierung zu § 9 Nr. 2 GewStG, in: L/S, Gewerbesteuergesetz, Kommentar, Hrsg. Lenski, Edgar/Steinberg, Wilhelm, 141. Ergänzungslieferung, Bonn 2022.

Kessler, Wolfgang/Becker, Jan Dierk (IStR 2005): Die atypisch stille Gesellschaft als Finanzierungsalternative zur Reduzierung der Steuerbelastung aus der Hinzurechnungsbesteuerung, IStR 2005, S. 505–510.

Kessler, Wolfgang/Düll, Sebastian (DStR 2004): § 8a KStG im Konzernverbund, Kaskadeneffekt, Buchwertkürzung und „Holdingprivileg" nach dem BMF-Schreiben zu § 8a KStG vom 15. Juli 2004, in: Deutsches Steuerrecht 2004, S. 1317–1324.

Kessler, Wolfgang/Eicke, Rolf (IStR 2006): Arbeitsplätze aus dem Steuerparadies: Neue US-Subpart F-Regel schafft Anreize zur Repatriierung von Gewinnen aus Tax Havens in die USA – ein Vorbild für Deutschland?, in: Internationales Steuerrecht 2006, S. 1–6.

Kessler, Wolfgang/Müller, Michael (IStR 2003): Ort der Geschäftsleitung einer Kapitalgesellschaft nach nationalem und DBA-Recht – Bestandsaufnahme und aktuelle Entwicklungen, in: Internationales Steuerrecht 2003, S. 361–369.

Kessler, Wolfgang/Petersen, Torben (IStR 2007): Steuerplanung mit Comtax, in: Internationales Steuerrecht 2007, S. 815–818.

Kessler, Wolfgang/Spengel, Christoph (DB 2022): Checkliste direkte Steuern: Checkliste potenziell EU-rechtswidriger Normen des deutschen direkten Steuerrechts, in: Der Betrieb 2022, Beilage 1, S. 1–38.

Kindler, Peter (HGB, 2019): Kommentierung zu § 230 HGB, in: Koller u. a., Handelsgesetzbuch, Kommentar, Hrsg. Koller, Ingo u. a., 9. Auflage, Regensburg u. a. 2019.

Kielawa-Buzala, Greta (IStR 2020): Die doppelte Hinzurechnungsbesteuerung in Deutschland nach dem ATADUmsG, in: Internationales Steuerrecht 2020, S. 609–615.

Kilincsoy, Ege-Aksel (BB 2020): Möglichkeiten und Grenzen der Anwendung des Entscheidungsneutralitätskonzepts im Steuerrecht, in Betriebs-Berater 2020, S. 2711–2715.

Kilincsoy, Ege-Aksel (ISR 2021): Der unbestimmte Zweck der Hinzurechnungsbesteuerung, in: Internationale Steuer-Rundschau 2021, S. 421–427.

Kingreen, Thorsten (EUV/AUEV, 2022): Kommentierung zu Art. 36 AEUV, in: Callies/Ruffert, AEUV, EUV, Kommentar, Hrsg. Calliess, Christian/Ruffert, Matthias, 6. Auflage, Berlin 2022.

Kirchhof, Paul (EStG, 2021): Kommentierung zu § 2 EStG, in: K/S/M, Einkommensteuergesetz, Kommentar, Hrsg. Kirchhof, Paul/Söhn, Hartmut/Mellinghoff, Rudolf, 323. Ergänzungslieferung, Heidelberg 2022.

Klein, Christoph/Rippert, Benedikt (IStR 2019): Gestaltungen zur Vermeidung der Entstrickungsbesteuerung von Kapitalgesellschaftsanteilen im Privatvermögen, in: Internationales Steuerrecht 2019, S. 439–446.

Klein, Martin (EStG/KStG, 2020): Kommentierung zu § 1 EStG, in: H/H/R, Einkommensteuer- und Körperschaftsteuergesetz, Kommentar, Hrsg. Hey, Johanna u. a., 310. Ergänzungslieferung, Köln und München 2022.

Klein, Manfred (IStR 2001): Hinzurechnungsbesteuerung bei Auslandsholdings – Situation nach Steuersenkungsgesetz und Unternehmenssteuerfortentwicklungsgesetz, in: Internationales Steuerrecht 2001, S. 616–621.

Klein, Martin (EStG/KStG, 2020): Kommentierung zu § 1 KStG, in: H/H/R, Einkommensteuer- und Körperschaftsteuergesetz, Kommentar, Hrsg. Hey, Johanna u. a., 310. Ergänzungslieferung, Köln und München 2022.

Klein, Martin/Hagena, Antje (EStG/KStG, 2021): Kommentierung zu § 50d EStG, in: H/H/R, Einkommensteuer- und Körperschaftsteuergesetz, Kommentar, Hrsg. Hey, Johanna u. a., 310. Ergänzungslieferung, Köln und München 2022.

Kluge, Volker (Internationales Steuerrecht, 1992): Das deutsche Internationale Steuerrecht, Berlin 1992.

Kneip, Christoph/Rieke, Ingo (IStR 2001): Hinzurechnungsbesteuerung bei ausländischen Holdinggesellschaften nach Entwurf eines Unternehmenssteuerfortentwicklungsgesetzes (UntStFG), in Internationales Steuerrecht 2001, S. 665–671.

Knorr, Andreas (WiSt 1998): Globalisierung, in: Wirtschaftswissenschaftliches Studium 1998, S. 238–243.

Knott, Herrmann (Unternehmenskauf, 2019): Unternehmenskauf, in: Knott, Hrsg. Knott, Herrmann, 6. Auflage, Köln 2019, Kapitel I, Rn. 1–12.

König, Rolf (ZfbF 1997): Ungelöste Probleme einer investitionsneutralen Besteuerung – Gemeinsame Wurzel unterschiedlicher neutraler Steuersysteme und die Berücksichtigung unsicherer Erwartungen, in: Schmalenbachs Zeitschrift für Betriebswirtschaftliche Forschung 1997, S. 42–63.

Koenig, Ulrich (AO, 2021): Kommentierung zu § 3 AO, in: Koenig, Abgabenordnung, Kommentar, Hrsg. Koenig, Ulrich, 4. Auflage, München 2021.

Koenig, Ulrich (AO, 2021): Kommentierung zu § 4 AO, in: Koenig, Abgabenordnung, Kommentar, Hrsg. Koenig, Ulrich, 4. Auflage, München 2021.

Koenig, Ulrich (AO, 2021): Kommentierung zu § 12 AO, in: Koenig, Abgabenordnung, Kommentar, Hrsg. Koenig, Ulrich, 4. Auflage, München 2021.

Koenig, Ulrich (AO, 2021): Kommentierung zu § 179 AO, in: Koenig, Abgabenordnung, Kommentar, Hrsg. Koenig, Ulrich, 4. Auflage, München 2021.

Köhler, Stefan (AStG/DBA, 2017): Kommentierung zu Vor §§ 7–14 AStG, in: S/K/K, Außensteuergesetz, Doppelbesteuerungsabkommen, Kommentar, Hrsg. Strunk, Günther/Kaminski, Bert/Köhler, Stefan, 60. Ergänzungslieferung, Hamburg und Frankfurt am Main 2022.

Köhler, Stefan (AStG/DBA, 2017): Kommentierung zu § 7 AStG, in: S/K/K, Außensteuergesetz, Doppelbesteuerungsabkommen, Kommentar, Hrsg. Strunk, Günther/Kaminski, Bert/Köhler, Stefan, 60. Ergänzungslieferung, Hamburg und Frankfurt am Main 2022.

Köhler, Stefan (BB 1993): Die neue Form der Hinzurechnungsbesteuerung für Zwischeneinkünfte mit Kapitalanlagecharakter durch das Steueränderungsgesetz 1992, in: Betriebs-Berater 1993, S. 337–343.

Köhler, Stefan (Die Steuerpolitik der deutschen internationalen Unternehmung, 1994): Die Steuerpolitik der deutschen internationalen Unternehmung im Einflussbereich der Hinzurechnungsbesteuerung, Siegen 1994.

Köhler, Stefan (ISR 2012): Die geliehene Substanz, Outsourcing bei substanzschwachen Gesellschaften, in: Internationale Steuer-Rundschau 2012, S. 1–8.

Köhler, Stefan (ISR 2018a): EuGH: Internationalisierung der Gewerbesteuer im Rückwärtsgang? – Folgerungen für die Hinzurechnungsbesteuerung, in: Internationale Steuer-Rundschau 2018, S. 387–393.

Köhler, Stefan (ISR 2018b): Ganz oder gar nicht (?): Substantiierte Gewinne durch die EU-Grundfreiheiten vor der Hinzurechnungsbesteuerung geschützt, in: Internationale Steuer-Rundschau 2018, S. 453–460.

Köhler, Stefan (ISR 2019a): Hinzurechnungsbesteuerung bei Direktinvestitionen in Drittsaatenfällen wohl bereits seit dem Jahr 2001 grundsätzlich durch die Kapitalverkehrsfreiheit gesperrt, in: Internationale Steuer-Rundschau 2019, S. 175–182.

Köhler, Stefan (ISR 2019b): Hinzurechnungsbesteuerung bei Direktinvestitionen in Drittstaatenfällen grundsätzlich durch die Kapitalverkehrsfreiheit gesperrt, in: Internationale Steuer-Rundschau 2019, S. 441–448.

Köhler, Stefan (ISR 2020): Hinzurechnungsbesteuerung im Drittstaatenfall kann ab 2001 durch die Kapitalverkehrsfreiheit gesperrt sein, in: Internationale Steuer-Rundschau 2020, S. 413–417.

Köhler, Stefan (Konzernsteuerrecht, 2018): Konzernsteuerrecht, in: Kessler/Kröner/Köhler, Hrsg. Kessler, Wolfgang/Kröner, Michael/Köhler, Stefan, 3. Auflage, Freiburg und Frankfurt am Main 2018, § 1, Rn. 1–261.

Köhler, Stefan (Konzernsteuerrecht, 2018): Konzernsteuerrecht, in: Kessler/Kröner/Köhler, Hrsg. Kessler, Wolfgang/Kröner, Michael/Köhler, Stefan, 3. Auflage, Freiburg und Frankfurt am Main 2018, § 8, Rn. 1–99.

Köhler, Stefan/Eicker, Klaus (DStR 2007): kritische Anmerkungen zum BMF-Schreiben „Cadbury Schweppes“ vom 08.01.2007, in: Deutsches Steuerrecht 2007, S. 331–334.

Köhler, Stefan/Haun, Jürgen (Ubg 2008): Kritische Analyse der Änderungen der Hinzurechnungsbesteuerung durch das JStG 2008, in: Die Unternehmensbesteuerung 2008, S. 73–88.

Köhler, Stefan/Kühn, Joachim (AStG/DBA, 2019): Kommentierung zu Überblick Außensteuerrecht, in: S/K/K, Außensteuergesetz, Doppelbesteuerungsabkommen, Kommentar, Hrsg. Strunk, Günther/Kaminski, Bert/Köhler, Stefan, 60. Ergänzungslieferung, Hamburg und Frankfurt am Main 2022.

Köhler, Stefan/Luckey, Jörg/Kollruss, Thomas (Ubg 2010): Das Malta-Modell nach dem Regierungsentwurf des Jahressteuergesetzes 2010, in: Die Unternehmensbesteuerung 2010, S. 465–471.

Köhler, Stefan/Staats, Wendelin (ISR 2021): Wichtige Änderungen der Hinzurechnungsbesteuerung durch das ATAD Umsetzungsgesetz, in: Internationale Steuer-Rundschau 2021, S. 295–305.

Köhler, Stefan/Tippelhofer, Martina (IStR 2007): Verschärfung des § 42 AO durch das Jahressteuergesetz 2008?, Zum unterschiedlichen Missbrauchsbegriff nach deutschem und europäischen Steuerrecht, in: Internationales Steuerrecht 2007, S. 681–684.

Körner, Andreas (IStR 2004): Europarecht und CFC-Regelungen – Anrufung des EuGH im Verfahren „Cadbury Schweppes“, in: Internationales Steuerrecht 2004, S. 697–706.

Kofler, Georg (Europäisches Steuerrecht, 2020): Europäisches Steuerrecht, in: Schaumburg/Englisch, Hrsg. Schaumburg, Harald/Englisch, Joachim, 2. Auflage, Bonn und Münster 2020, Rn. 13.1–13.20.

Kofler, Georg (Europäisches Steuerrecht, 2020): Europäisches Steuerrecht, in: Schaumburg/Englisch, Hrsg. Schaumburg, Harald/Englisch, Joachim, 2. Auflage, Bonn und Münster 2020, Rn. 14.1–14.100.

Kofler, Georg (ISR 2014): Auslegung und Anwendung des harmonisierten Europäischen Steuerrechts, in: Internationale Steuerrundschau 2014, S. 126–133.

Kokott, Juliane (Das Steuerrecht der Europäischen Union, 2018): Das Steuerrecht der Europäischen Union, in: Kokott, Hrsg. Kokott, Juliane, Luxemburg 2018, § 1, Rn. 1–42.

Kokott, Juliane (Das Steuerrecht der Europäischen Union, 2018): Das Steuerrecht der Europäischen Union, in: Kokott, Hrsg. Kokott, Juliane, Luxemburg 2018, § 5, Rn. 1–123.

Kokott, Juliane (ISR 2022): Steuerrecht im Wandel – Menschenrechte und Missbrauchsbekämpfung im Europäischen und Internationalen Steuerrecht, in: Internationale Steuer-Rundschau 2022, S. 283–290.

Kokott, Juliane (IStR 2019): Herausforderungen einer Digitalsteuer, in: Internationales Steuerrecht 2019, S. 123–134.

Kolbe, Stefan (EStG/KStG, 2022): Kommentierung zu § 14 KStG, in: H/H/R, Einkommensteuer- und Körperschaftsteuergesetz, Kommentar, Hrsg. Hey, Johanna u. a., 310. Ergänzungslieferung, Köln und München 2022.

Kollruss, Thomas (DB 2014): Umgekehrt hybride Gesellschaften und Vermeidung der deutschen Hinzurechnungsbesteuerung am Beispiel des US-LLC-Modells, in: Der Betrieb 2014, S. 1045–1050.

Kollruss, Thomas (FR 2015a): Analyse des deutschen Sondervergütungskonzepts bei der internationalen Personengesellschaftsbesteuerung, in: Finanz-Rundschau 2015, S. 351–359.

Kollruss, Thomas (FR 2015b): Fiktive Dividenden im Lichte der gewerbesteuerlichen Schachtelprivilegierung: Eine steuersystematische Analyse unter besonderer Berücksichtigung des AStG-Hinzurechnungsbetrags, in: Finanz-Rundschau 2015, S. 693–710.

Kollruss, Thomas (FR 2016): Unionsrechtsbedingte Unanwendbarkeit der lex Malta bei der Hinzurechnungsbesteuerung, in: Finanz-Rundschau 2016, S. 448–455.

Kollruss, Thomas (FR 2017): Qualifikationskonflikte innerhalb der Hinzurechnungsbesteuerung: Deutsche und europäische Perspektive, in: Finanz-Rundschau 2017, S. 912–920.

Kollruss, Thomas (GmbHR 2016): Gesetzesübersteigende Rechtsfortbildung am Beispiel der gewerbesteuerlichen Kürzung des AStG-Hinzurechnungsbetrags – Zugleich Besprechung der Entscheidung des BFH vom 11.03.2015 – I R 10/14, in: GmbH-Rundschau 2016, S. 633–639.

Kollruss, Thomas (IStR 2008): Hinzurechnungsbesteuerung bei doppelt ansässigen Kapitalgesellschaften, in: Internationales Steuerrecht 2008, S. 316–320.

Kollruss, Thomas (IStR 2017): Das dualistische System: Nachgelagerte Hinzurechnungsbesteuerung bei nachgelagerten Körperschaften, in: Internationales Steuerrecht 2017, S. 447–450.

Kollruss, Thomas/Lukas, Henrike/Rüst, Vanessa (BB 2010): Das Cyprus-Modell – Vermeidung der AStG-Hinzurechnungsbesteuerung und steuerstrukturierte Kapitalanlage, in: Betriebs-Berater 2010, S. 2663–2668.

Kollruss, Thomas/Schrey, Christine/Benten, Marina (GmbHR 2013): Kein pauschales Betriebsausgabenabzugsverbot auf Dividenden einer ausländischen Zwischengesellschaft nach vorangegangener Hinzurechnungsbesteuerung, in: GmbH-Rundschau 2013, S. 684–689.

Kontny, Thorsten (GewStG, 2022): Kommentierung zu § 2 GewStG, in: Wendt u. a., Gewerbesteuergesetz, Kommentar, Hrsg. Wendt, Michael u. a., 2. Auflage, Berlin, Düsseldorf und Köln 2022.

Korff, Matthias/Süß, Christian (IStR 2017): Steuererklärungspflichten bei der Hinzurechnungsbesteuerung, in: Internationales Steuerrecht 2017, S. 904–910.

Korn, Klaus/Strahl, Martin (EStG, 2021): Kommentierung zu § 6 EStG, Fassung vom 1. Januar 2020, in: EStG eKommentar, EStG, elektronischer Kommentar, Hrsg. Fuhrmann, Claas/Kraeusel, Jörg/Schiffers, Joachim, abgerufen Januar 2022.

Korten, Stefan (EUV/AUEV, 2022): Kommentierung zu Art. 65 AEUV, in: Callies/Ruffert, AEUV, EUV, Kommentar, Hrsg. Calliess, Christian/Ruffert, Matthias, 6. Auflage, Berlin 2022.

Kortendick, Andreas/Ekinci, Orkun (DStR 2022): Hinzurechnungsbesteuerung bei Beteiligung an Kapitalanlagegesellschaften – Unangemessen und nicht (nach)vollziehbar, in: Deutsches Steuerrecht 2022, S. 2526–2532.

Kortendick, Andreas/Ekinci, Orkun (IStR 2020): Das neue Beherrschungskonzept in der Hinzurechnungsbesteuerung nach dem ATADUmsG (RefE), in: Internationales Steuerrecht 2020, S. 615–622.

Kortendick, Andreas/Joisten, Christian/Ekinci, Orkun (BB 2018): Zur Anwendung der Hinzurechnungsbesteuerung: Folgerungen aus dem BFH-Urteil vom 13.06.2018 – I R 94/15, in: Betriebs-Berater 2018, S. 3031–3037.

Kraft, Gerhard (AStG, 2019): Kommentierung zu § 1 AStG, in: Kraft, Außensteuergesetz, Kommentar, Hrsg. Kraft, Gerhard, 2. Auflage, Halle 2019.

Kraft, Gerhard (AStG, 2019): Kommentierung zu Vor §§ 7 bis 14 AStG, in: Kraft, Außensteuergesetz, Kommentar, Hrsg. Kraft, Gerhard, 2. Auflage, Halle 2019.

Kraft, Gerhard (AStG, 2019): Kommentierung zu § 8 AStG, in: Kraft, Außensteuergesetz, Kommentar, Hrsg. Kraft, Gerhard, 2. Auflage, Halle 2019.

Kraft, Gerhard (AStG, 2019): Kommentierung zu § 20 AStG, in: Kraft, Außensteuergesetz, Kommentar, Hrsg. Kraft, Gerhard, 2. Auflage, Halle 2019.

Kraft, Gerhard (FR 2016): Der Hinzurechnungsbetrag als „inländische Einkünfte" – Anmerkungen zum terminologischen und konzeptionellen Verständnis der obersten Finanzbehörden im Nichtanwendungserlass vom 14.12.2015, FR 2016, 237, in: Finanz-Rundschau 201, S. 257–260.

Kraft, Gerhard (FR 2020): Der gesetzgeberische Totalausfall bei der ATAD-Umsetzung vor dem Hintergrund aktueller Einflüsse auf die künftige Hinzurechnungsbesteuerung, in: Finanz-Rundschau 2020, S. 105–109.

Kraft, Gerhard (IStR 2010): Konzeptionelle und strukturelle Defizite der Hinzurechnungsbesteuerung – Reformbedarf und Reformnotwendigkeit, in: Internationales Steuerrecht 2010, S. 377–383.

Kraft, Gerhard (IStR 2011): Steuererklärungspflichten im Kontext der Hinzurechnungsbesteuerung, in: Internationales Steuerrecht 2011, S. 897–903.

Kraft, Gerhard (IStR 2012): Ungeklärte Problembereiche der Wirkung von Entstrickungsregeln im System der Hinzurechnungsbesteuerung – eine Aufforderung zur Klarstellung, in: Internationales Steuerrecht 2012, S. 733–739.

Kraft, Gerhard (IStR 2016): Verluste in der Hinzurechnungsbesteuerung, in: Internationales Steuerrecht 2016, S. 909–914.

Kraft, Gerhard (IStR 2022a): Paradigmenwechsel beim hinzurechnungssteuerlichen Substanztest, in: Internationales Steuerrecht 2022, S. 481–488.

Kraft, Gerhard (IStR 2022b): Der spezielle Substanztest bei Einkünften mit Kapitalanlagecharakter, in: Internationales Steuerrecht 2022, S. 526–534.

Kraft, Gerhard (Umstrukturierung und Steuerrecht, 2020): Umstrukturierung und Steuerrecht, in: Deutsche Steuerjuristische Gesellschaft, Hrsg. Hennrichs Joachim, Band 43, Köln 2020, S. 33–68.

Kraft, Gerhard (UmwStG, 2019): Kommentierung zu Grundlagen, in: Kraft/Edelmann/Bron, Hrsg. Kraft, Gerhard/Edelmann, Georg/Bron, Jan, Umwandlungssteuergesetz, 2. Auflage, Halle, München und Frankfurt am Main 2019.

Kraft, Gerhard/Bildstein, Christoph (BB 2017): Immobilientransaktionen in der Hinzurechnungsbesteuerung, in: Betriebs-Berater 2017, S. 2971–2975.

Kraft, Gerhard/Bildstein, Christoph (IStR 2019): Der Fremdvergleich in der Hinzurechnungsbesteuerung – Aktuell und Perspektiven, in: Internationales Steuerrecht 2019, S. 37–41.

Kraft, Gerhard/Beck, Diana (IWB 2012): Subpart F und die §§ 7–14 AStG im konzeptionellen Vergleich und im Spiegel aktueller Entwicklungen (Teil I), Deutsche und US-Hinzurechnungsbesteuerung, in: Internationales Steuer- und Wirtschaftsrecht 2012, S. 629–640.

Kraft, Gerhard/Bron, Jan (IStR 2006): Implikationen des Urteils in der Rechtssache „Cadbury Schweppes" für die Fortexistenz der deutschen Hinzurechnungsbesteuerung, in: Internationales Steuerrecht 2006, S. 614–620.

Kraft, Gerhard/Gräfe, Maren/Moser, Till (ISR 2016): Missbrauchsklausel: Das Verhältnis von allgemeinen zu speziellen Missbrauchsklauseln – illustriert anhand von Gestaltungen mit ausländischen Familienstiftungen, in: Internationale Steuer-Rundschau 2016, S. 219–223.

Kraft, Gerhard/Hohage, Uwe (FR 2021): Unmittelbare ATAD-Anwendung in begünstigend wirkenden Situationen, in: Finanz-Rundschau 2021, S. 538–544.

Kraft, Gerhard/Kockrow, Madeleine (IStR 2022): „Diagonale" Leistungsfähigkeit, Verbindung der mit BEPS erreichten „policy coherence" und der Finanzierungsfunktion der Steuern für die nachhaltige Entwicklung zu einer „Superabschreibung" für nachhaltiges Wirtschaften, in: Internationales Steuerrecht 2022, S. 60–67.

Kraft, Gerhard/Kockrow, Madeleine (IWB 2021): Dreidimensionale Betrachtung der Anti-Hybrid- und CFC-Regeln, in: Internationales Steuer- und Wirtschaftsrecht 2021, S. 570–581.

Kraft, Gerhard/Quilitzsch, Carsten (ISR 2012): Belastungswirkungen der Hinzurechnungsbesteuerung unter dem Postulat steuerlicher Wettbewerbsneutralität – zugleich eine Warnung an die Gestaltungspraxis vor Hinzurechnungsfallstricken, in: Internationale Steuer-Rundschau 2012, S. 109–118.

Kraft, Gerhard/Richter, Konrad/Moser, Till (DB 2014): Genussrechte als Gestaltungsinstrument im Rahmen der Hinzurechnungsbesteuerung nach §§ 7–14 AStG, in: Der Betrieb 2014, S. 85–88.

Kraft, Gerhard/Schürkötter, Nicolas (BB 2021): Der Relevanztest bei der Mitteilungspflicht für grenzüberschreitende Steuergestaltungen – Ein Filter mit der richtigen Durchlässigkeit?, in: Betriebs-Berater 2021, S. 1879–1885.

Kraft, Gerhard/Seydewitz, Eva (BB 2015): Gruppenbesteuerungs- und Verlustkompensationssysteme in der Hinzurechnungsbesteuerung, in: Betriebs-Berater 2015, S. 1494–1500.

Kraft, Gerhard/Ungemach, Markus (DStZ 2015): Abkommensrechtliche Zuordnung von Kapitalgesellschaftsbeteiligungen zu einer geschäftsleitenden Holding-Betriebsstätte, in: Deutsche Steuer-Zeitung 2015, S. 716–724.

Kramer, Jörg-Dietrich (ISR 2018): Die Lizenzgebührenschranke und die Hinzurechnungsbesteuerung, in: Internationale Steuer-Rundschau 2018, S. 1–5.

Kramer, Jörg-Dietrich (IStR 2004): Die Frage nach der Relevanz einer Betriebsstätte im Wohnsitzstaat für die Besteuerung im Quellenstaat, in: Internationales Steuerrecht 2004, S. 672–675.

Kramer, Jörg-Dietrich (IStR 2010): Nochmal: Das Darlehen des ausländischen Mitunternehmers an seine deutsche Personengesellschaft und § 50d Abs. 10 EStG, in: Internationales Steuerrecht 2010, S. 239–241.

Kratz, Peter (Steuerplanung internationaler Unternehmungen, 1986): Steuerplanung internationaler Unternehmungen, Bern und Stuttgart 1986.

Krimpmann, Dominik/Dahlenkamp, Frank/Moritz, Ole (REF 2021): Digitalisierung im M&A-Bereich – eine Einstiegshilfe für Entscheider, in: Rethinking Finance 2021, S. 4–9.

Kröner, Michael (DB 1984): Zur Integration steuerlicher Partialplanung in die Unternehmensplanung, in: Der Betrieb 1984, S. 1409–1415.

Kroppen, Heinz-Klaus (Einkommen aus Kapital 2007): Einkommen aus Kapital, in: Deutsche Steuerjuristische Gesellschaft, Hrsg. Schön, Wolfgang, Band 30, Köln 2007, S. 319–348.

Krumm, Marcel (Ertragsteuerrecht, 2022): Kommentierung zu § 15 KStG, in: Brandis/Heuermann, Ertragsteuerrecht, Kommentar, Hrsg. Heuermann, Bernd/Brandis, Peter, 162. Ergänzungslieferung, München 2022.

Krumm, Marcel (EStG, 2022): Kommentierung zu § 15 EStG, in: Kirchhof/Seer, Einkommensteuergesetz, Hrsg. Seer, Roman, 21. Auflage, Bochum 2022.

Krumm, Marcel (EStG/KStG, 2021): Kommentierung zu § 5 EStG, in: H/H/R, Einkommensteuer- und Körperschaftsteuergesetz, Kommentar, Hrsg. Hey, Johanna u. a., 310. Ergänzungslieferung, Köln und München 2022.

Kudert, Stephan/Rein, Rebekka (FR 2022): Eine ökonomische Analyse der steuerlichen Vorteilhaftigkeit der Option nach § 1a KStG, in: Finanz-Rundschau 2022, S. 976–986.

Kühn, Michal/Schienke-Ohletz, Tanja (BB 2020): Die geplante Reform der Hinzurechnungsbesteuerung nach §§ 7 ff. AStG unter Beachtung europarechtlicher Vorgaben, in: Betriebs-Berater 2020, S. 1562–1570.

Küting, Karlheinz/Lorson, Peter (BB 1998): Grundsätze eines Konzernsteuerungskonzepts auf „externer“ Basis (Teil I), Ein Beitrag zur Konvergenz von internem und externem Rechnungswesen, in: Betriebs-Berater 1998, S. 2251–2258.

Kulosa, Egmont (EStG, 2022): Kommentierung zu § 6 EStG, in: Schmidt, Einkommensteuergesetz, Kommentar, Hrsg. Weber-Grellet, Heinrich, 41. Auflage, München 2022.

Kulosa, Egmont (EStG, 2022): Kommentierung zu § 7 EStG, in: Schmidt, Einkommensteuergesetz, Kommentar, Hrsg. Weber-Grellet, Heinrich, 41. Auflage, München 2022.

Kulosa, Egmont (EStG/KStG, 2021): Kommentierung zu § 16 EStG, in: H/H/R, Einkommensteuer- und Körperschaftsteuergesetz, Kommentar, Hrsg. Hey, Johanna u. a., 310. Ergänzungslieferung, Köln und München 2022.

Kunz, Petra (AO/FGO, 2020): Kommentierung zu § 180 AO, in: Gosch, Abgabenordnung, Finanzgerichtsordnung, Kommentar, Hrsg. Gosch, Dietmar/Hoyer, Andreas, 167. Ergänzungslieferung, München und Kiel 2022.

Kußmaul, Heinz (Betriebswirtschaftliche Steuerlehre, 2020): Betriebswirtschaftliche Steuerlehre, 8. Auflage, Saarbrücken 2020.

Kußmaul, Heinz (DStR 1999): Informationen des betrieblichen Rechnungswesens für das Management, in: Deutsches Steuerrecht 1999, S. 1579–1588.

Kußmaul, Heinz/Dill, Gisbert/Ruiner, Christoph (IWB 2010): Steuerrechtliche Aspekte der grenzüberschreitenden abhängigen Beschäftigung in der Region SaarLorLux, Internationale Arbeitnehmerbesteuerung, in: Internationales Steuer- und Wirtschaftsrecht 2010, S. 801–810.

Kußmaul, Heinz/Kloster, Florian/Licht, Daniel (Ubg 2021): EU-blacklisting, Steueroasen-Abwehrgesetz und globaler Kontext, in: Die Unternehmensbesteuerung 2021, S. 369–386.

Lampert, Steffen (KStG, 2020): Kommentierung zu § 1 KStG, in: Gosch, Körperschaftsteuergesetz, Kommentar, Hrsg. Gosch, Dietmar, 4. Auflage, Hamburg 2020.

Lampert, Steffen (Steuerrecht international tätiger Unternehmen, 2018): Steuerrecht international tätiger Unternehmen, in: Mössner u. a., Hrsg. Mössner, Jörg/Baumhoff, Hubertus/Greif Martin, 5. Auflage, Osnabrück 2018, Rn. 2.1–2.517.

Lang, Friedbert (KStG/UmwStG, 2022): Kommentierung zu § 8 Abs. 3 KStG, Teil A, in: D/P/M, Die Körperschaftsteuer, Kommentar, Hrsg. Dötsch, Ewald/Pung, Alexandra/Möhlenbrock, Rolf, 106. Ergänzungslieferung, Mendig und Stuttgart 2022.

Lang, Joachim (FS Schneider, 1995): Unternehmenstheorie und Besteuerung: Festschrift zum 60. Geburtstag von Dieter Schneider, in: Elschen/Siegel/Wagner, Hrsg. Elschen, Rainer/Siegel, Theodor/Wagner, Franz, Wiesbaden 1995, S. 399–418.

Lang, Joachim (GmbHR 2012): Verfassungswidrigkeit des § 8c KStG – eine Bestandsaufnahme, in: GmbHR-Rundschau 2012, S. 57–63.

Lang, Joachim (StuW 1989): Reform der Unternehmensbesteuerung, in: Steuer und Wirtschaft 1989, S. 3–17.

Lang, Joachim (StuW 1990): Reform der Unternehmensbesteuerung auf dem Weg zum europäischen Binnenmarkt und zur deutschen Einheit Kurzreferat, in: Steuer und Wirtschaft 1990, S. 107–129.

Lang, Michael (IStR 2002): CFC-Gesetzgebung und Gemeinschaftsrecht, in: Internationales Steuerrecht 2002, S. 217–222.

Lang, Michael (SWI 2013): „Aggressive Steuerplanung“ – eine Analyse der Empfehlung der Europäischen Kommission, in: Zeitschrift für internationales Steuer- und Wirtschaftsrecht 2013, S. 62–68.

Lange, Benno/Roßmann, Dirk (StuB 2017): EuGH-Vorlage zur Hinzurechnungsbesteuerung von Zwischeneinkünften mit Kapitalanlagecharakter im Drittstaatenfall, in: Unternehmensteuern und Bilanzen 2017, S. 431–433.

Lauer, Philipp/Weustenfeld, Florian (DB 2022): Inkongruente Gewinnausschüttungen oder „Gesellschaftsrecht vs. Finanzverwaltung“? – Zugleich Anmerkung zum Urteil des FG Münster vom 06.05.2020 – 9 K 3359/18 E AO, in: Der Betrieb 2022, S. 985–995.

Lee, Gwendolyn/Lieberman, Marvin (SMJ 2010): Acquisition vs. Internal Development as Modes of Market Entry, in: Strategic Management Journal 2010, S. 140–158.

Lehfeldt, Constanze (AStG/DBA, 2016): Kommentierung zu § 8 AStG, in: S/K/K, Außensteuergesetz, Doppelbesteuerungsabkommen, Kommentar, Hrsg. Strunk, Günther/Kaminski, Bert/Köhler, Stefan, 60. Ergänzungslieferung, Hamburg und Frankfurt am Main 2022.

Lehner, Moris (DBA, 2021): Kommentierung zu Grundlagen des Abkommensrechts, in: V/L, Doppelbesteuerungsabkommen, Kommentar, Hrsg. Lehner, Moris/Ismer, Ronald, 7. Auflage, Nürnberg 2021.

Lehner, Moris (DBA, 2021): Kommentierung zu Art. 13 OECD-MA, in: V/L, Doppelbesteuerungsabkommen, Kommentar, Hrsg. Lehner, Moris/Ismer, Ronald, 7. Auflage, Nürnberg 2021.

Lehner, Moris (IStR 2001): Der Einfluss des Europarechts auf die Doppelbesteuerungsabkommen, in: Internationales Steuerrecht 2001, S. 329–337.

Lehner, Moris (StuW 1998): Wettbewerb der Steuersysteme im Spiegel europäischer und US-amerikanischer Steuerpolitik, in: Steuer und Wirtschaft 1998, S. 159–173.

Lehner, Moris u. a. (Konzernsteuerrecht, 2018): Konzernsteuerrecht, in: Kessler/Kröner/Köhler, Hrsg. Kessler, Wolfgang/Kröner, Michael/Köhler, Stefan, 3. Auflage, Freiburg und Frankfurt am Main 2018, § 6, Rn. 1–88.

Lehner, Moris/Waldhoff, Christian (EStG 2018): Kommentierung zu § 1 EStG, in: K/S/M, Einkommensteuergesetz, Kommentar, Hrsg. Kirchhof, Paul/Söhn, Hartmut/Mellinghoff, Rudolf, 323. Ergänzungslieferung, Heidelberg 2022.

Lentz, Alexander (Vermeidung einer Minderbesteuerung 2006): Vermeidung einer Minderbesteuerung von Unternehmenseinkünften bis Maßnahmen nach dem Doppelbesteuerungsabkommen Deutschland-USA, Hamburg 2006.

Lentz, Karsten/Sezer, Mustafa (ISR 2021): Beteiligungserträge und Hinzurechnungsbesteuerung nach ATADUmsG-E, in: Internationales Steuerrecht 2021, S. 85–96.

Lieber, Bettina (FR 2002): Neuregelung der Hinzurechnungsbesteuerung durch das Unternehmenssteuerfortentwicklungsgesetz (UntStFG), in: Finanz-Rundschau 2002, S. 139–151.

Lieber, Bettina/Rasch, Stephan (GmbHR 2004): Mögliche Konsequenzen der Rechtssache „Cadbury Schweppes" für die deutsche Hinzurechnungsbesteuerung, in: GmbH-Rundschau 2004, S. 1572–1578.

Liekenbrock, Bernhard (DStR 2016): Entschärfung von § 50i EStG durch das Anti-BEPS-Gesetz!?, in: Deutsches Steuerrecht 2016, S. 2609–2616.

Link, Mathias/Reuter, Hans-Georg/Schmies, Christian (FR 2010): Zum Begriff des ausländischen Investmentanteils nach dem BMF-Schreiben v. 18.08.2009, in: Finanz-Rundschau 2010, S. 369–377.

Linn, Alexander (IStR 2010): Generalthema I: Steuerumgehung und Abkommensrecht, in: Internationales Steuerrecht 2010, S. 542–546.

Linn, Alexander (IStR 2016): Die Anti-Tax-Avoidance-Richtlinie der EU – Anpassungsbedarf in der Hinzurechnungsbesteuerung?, in: Internationales Steuerrecht 2016, S. 645–652.

Linn, Alexander (IStR 2020): Änderungen in der Hinzurechnungsbesteuerung durch das ATADUmsG?, in: Internationales Steuerrecht 2020, S. 77–83.

Linn, Alexander (Missbrauchsverhinderungsnormen und Standortwahl, 2007): Missbrauchsverhinderungsnormen und Standortwahl, Eine rechtsvergleichende und modelltheoretische Analyse des Einflusses von CFC-Regeln und Unterkapitalisierungsregeln, Wiesbaden 2007.

Linn, Alexander/Maywald, Andreas (IStR 2021): Der Rechtstypenvergleich nach MoPeG und KöMoG, in: Internationales Steuerrecht 2021, S. 825–831.

Linnemann, Nils/Weiß, Falko (IStR 2019): Braucht Deutschland doch (k) eine akute Unternehmensteuerreform?, in: Internationales Steuerrecht 2019, S. 692–697.

Lipp, Marisa (ISR 2014): Die Bedeutung der stillen Gesellschaft im Außensteuergesetz, in: Internationale Steuer-Rundschau 2014, S. 408–413.

Lehfeldt, Constanze (AStG/DBA, 2016): Kommentierung zu § 8 AStG, in: S/K/K, Außensteuergesetz, Doppelbesteuerungsabkommen, Kommentar, Hrsg. Strunk, Günther/Kaminski, Bert/Köhler, Stefan, 60. Ergänzungslieferung, Hamburg und Frankfurt am Main 2022.

Leister, Katharina (GewStG, 2022): Kommentierung zu § 7a GewStG, in: Wendt u. a., Gewerbesteuergesetz, Kommentar, Hrsg. Wendt, Michael u. a., 2. Auflage, Berlin, Düsseldorf und Köln 2022.

Levedag, Christian (EStG, 2022): Kommentierung zu § 3 EStG, in: Schmidt, Einkommensteuergesetz, Kommentar, Hrsg. Weber-Grellet, Heinrich, 41. Auflage, München 2022.

Levedag, Christian (EStG, 2022): Kommentierung zu § 20 EStG, in: Schmidt, Einkommensteuergesetz, Kommentar, Hrsg. Weber-Grellet, Heinrich, 41. Auflage, München 2022.

Levedag, Christian (KStG, 2015): Kommentierung zu § 1 KStG, in: R/H/N, Körperschaftsteuergesetz, Kommentar, Hrsg. Rödder, Thomas/Herlinghaus, Andreas/Neumann, Ralf, Bonn, München und Köln 2015.

Lewellen, Wilbur (J. Finance 1971): A Pure Financial Rationale for the Conglomerate Merger, in: Journal of Finance 1971, S. 521–537.

Loose, Matthias (DB 2022): Verminderung des Anteils am Vermögen einer KG, in: Der Betrieb 2022, S. 2123–2125.

Loose, Thomas (Ertragsteuerrecht, 2021): Kommentierung zu § 1 UmwStG, in: Brandis/Heuermann, Ertragsteuerrecht, Kommentar, Hrsg. Heuermann, Bernd/Brandis, Peter, 161. Ergänzungslieferung, München 2022.

Loose, Thomas (PIStB 2021a): Neue Steuerfalle durch Import des Korrespondenzprinzips, in: Praxis Internationales Steuerrecht 2021, S. 185–192.

Loose, Thomas (PIStB 2021b): Zentrale Praxiseffekte des Steueroasen-Abwehrgesetzes, in: Praxis Internationales Steuerrecht 2021, S. 217–224.

Loose, Thomas/Engel, Benjamin (Ubg 2018): Erste Gedanken zu möglichen deutschen steuerlichen Konsequenzen der US-Steuerreform, in: Die Unternehmensbesteuerung 2018, S. 77–83.

Loschelder, Friedrich (EStG, 2022): Kommentierung zu § 6b EStG, in: Schmidt, Einkommensteuergesetz, Kommentar, Hrsg. Weber-Grellet, Heinrich, 41. Auflage, München 2022.

Loschelder, Friedrich (EStG, 2022): Kommentierung zu § 12 EStG, in: Schmidt, Einkommensteuergesetz, Kommentar, Hrsg. Weber-Grellet, Heinrich, 41. Auflage, München 2022.

Loschelder, Friedrich (EStG, 2022): Kommentierung zu § 50d EStG, in: Schmidt, Einkommensteuergesetz, Kommentar, Hrsg. Weber-Grellet, Heinrich, 41. Auflage, München 2022.

Luckey, Jörg (AStG/DBA, 2017): Kommentierung zu § 10 AStG, in: S/K/K, Außensteuergesetz, Doppelbesteuerungsabkommen, Kommentar, Hrsg. Strunk, Günther/Kaminski, Bert/Köhler, Stefan, 60. Ergänzungslieferung, Hamburg und Frankfurt am Main 2022.

Lütke, Stefan (Die CFC-Legislation, 2006): Die CFC-Legislation (Hinzurechnungsbesteuerung) im Spannungsfeld zwischen europäischer Kapitalverkehrsfreiheit und weltweiter Kapitalliberalisierung (WTO), Eine Analyse der Grenzen der europäischen Kapitalverkehrsfreiheit sowie der Steuerordnung der WTO in Hinblick auf Auswirkungen für Ausgleichsmaßnahmen im internationalen Steuerwettbewerb, 2006 Nürnberg.

Lüdemann, Lars (Die Steuerplanung der multinationalen Unternehmung, 2004): Die Steuerplanung der multinationalen Unternehmung unter besonderer Berücksichtigung der deutschen Hinzurechnungsbesteuerung nach §§ 7–14 AStG, Eine Gesamtsteuerbelastungsanalyse beim Bezug von niedrig besteuerten passiven und aktiven Einkünften, Passau 2004.

Lüdicke, Jochen (Unternehmensteuerrecht, 2018): Unternehmensteuerrecht, in: Lüdicke/Sistermann, Hrsg. Lüdicke, Jochen/Sistermann, Christian, 2. Auflage, Düsseldorf und München 2018, § 1, Rn. 1–104.

Lüdicke, Jochen/Richter, Thomas (Unternehmensteuerrecht, 2018): Unternehmensteuerrecht, in: Lüdicke/Sistermann, Hrsg. Lüdicke, Jochen/Sistermann, Christian, 2. Auflage, Düsseldorf und München 2018, § 20, Rn. 1–134.

Lüdicke, Jürgen (IStR 2003): Internationale Aspekte des Steuervergünstigungsabbaugesetzes, in: Internationales Steuerrecht 2003, S. 433–444.

Lühn, Andreas (DK 2008): Das Zielsystem der internationalen Konzernsteuerplanung, in: Der Konzern 2008, S. 93–106.

Mack, Florian (ISR 2020): Aktuelle Entwicklungen zum Fremdvergleichsgrundsatz im Kontext nationaler Gewinnkorrekturnormen, in: Internationale Steuer-Rundschau 2020, S. 253–257.

Maetz, Philipp (DStR 2015): Ausgewählte ertragsteuerliche Problemkreise bei atypischen Unterbeteiligungen, Sperrfrist nach § 6 Abs. 5 S. 4 EStG, Gewerbeverlust nach § 10a GewStG, Wechsel in eine direkte Beteiligung, in: Deutsches Steuerrecht 2015, S. 1844–1852.

Maetz, Philipp (EStG, 2022): Kommentierung zu § 16 EStG, in: Bordewin/Brandt, Einkommensteuergesetz, Kommentar, Hrsg. Brandt, Jürgen/Bode, Walter, 444. Ergänzungslieferung, Heidelberg 2022.

Maiterth, Ralf (DStR 2006): Das EuGH-Urteil „Marks & Spencer" und die grenzüberschreitende Verlustverrechnung aus ökonomischer Sicht, in: Deutsches Steuerrecht 2006, S. 915–919.

Maiterth, Ralf (StuW 2005): Der Einfluss der Besteuerung auf die internationale Wettbewerbsfähigkeit von Unternehmen, in: Steuer und Wirtschaft 2005, S. 47–60.

Marchal, Hendrik (EStG/KStG, 2020): Kommentierung zu § 6b KStG, in: H/H/R, Einkommensteuer- und Körperschaftsteuergesetz, Kommentar, Hrsg. Hey, Johanna u. a., 310. Ergänzungslieferung, Köln und München 2022.

Mammen, Andreas (Ubg 2019): Kritische Analyse der Maßnahmen zur Erzielung einer globalen effektiven Mindestbesteuerung, in: Die Unternehmensbesteuerung 2019, S. 394–402.

Mann, Alexander (AStG, 2022): Kommentierung zu § 8 AStG, in: BeckOK AStG, Beck'sche Online-Kommentare, AStG, Hrsg. Mann, Alexander/Staats, Wendelin, abgerufen Oktober 2022.

Marsch-Barner, Reinhard/Oppenhoff, Stephan (UmwG, 2020): Kommentierung zu § 1 UmwG, in: Kallmeyer, Umwandlungsgesetz, Verschmelzung, Spaltung und Formwechsel bei Handelsgesellschaften, Hrsg. Kallmeyer, Harald, 7. Auflage, Köln 2020.

Martin, Kenneth/McConnell, John (J. Finance 1991): Corporate Performance, Corporate Takeovers, and Management Turnover, in: Journal of Finance 1991, S. 671–687.

Matschke, Manfred (Handbuch Unternehmensbewertung, 2017): Handbuch Unternehmensbewertung, in: Petersen/Zwirner, Hrsg. Petersen, Karl/Zwirner, Christian, Kapitel A, Grundsätze der Unternehmensbewertung, Rn. 1–104.

Matter, Oliver (AStG, 2021): Kommentierung zu § 8 AStG, Fassung vom 1. Januar 2018, in: AStG eKommentar, AStG, elektronischer Kommentar, Hrsg. Mattern, Oliver u. a., abgerufen Januar 2022.

Matter, Oliver (AStG, 2021): Kommentierung zu § 12 AStG, Fassung vom 1. Januar 2015, in: AStG eKommentar, AStG, elektronischer Kommentar, Hrsg. Mattern, Oliver u. a., abgerufen Januar 2022.

Mattern, Oliver (DB 2019): Über das Verhältnis der Hinzurechnungsbesteuerung zum Fremdvergleichsgrundsatz, in: Der Betrieb 2019, S. 83–87.

Mattern, Oliver/Schnitger, Arne (DStR 2003): Die neue Hinzurechnungsbesteuerung des Gewerbesteuergesetzes (Teil I), in: Deutsches Steuerrecht 2003, S. 1321–1328.

Mayer, Stefan (DStR 2009): Übergang des wirtschaftlichen Eigentums an Kapitalgesellschaftsanteilen, in: Deutsches Steuerrecht 2009, S. 674–677.

Meffert, Heribert (DBW 1989): Globalisierungsstrategien und ihre Umsetzung im internationalen Wettbewerb, in: Die Betriebswirtschaft 1989, S. 445–463.

Meilicke, Wienand/Portner, Rosemarie (IStR 2004): Grenzen für den Übergang von der Freistellungs- zur Anrechnungsmethode, in: Internationales Steuerrecht 2004, S. 397–402.

Melkonyan, Satenik/Kudert, Stephan (Ubg 2015): Körperschaftsteuerliche Streubesitzdividenden im Kontext der Hinzurechnungsbesteuerung nach §§ 7 bis 14 AStG, in: Die Unternehmensbesteuerung 2015, S. 132–136.

Menck, Thomas (DStZ 1978): Rechtsmechanismus und Rechtscharakter der Zugriffsbesteuerung, in: Deutscher Steuer-Zeitung 1978, S. 106–111.

Menck, Thomas (IStR 2001): Die (un)verborgene Krise des Außensteuerrechts, Anmerkungen zu einem Beitrag Franz Wassermeyers, in: Internationales Steuerrecht 2001, S. 279–281.

Mensching, Oliver (Personengesellschaften im Internationalen Steuerrecht, 2015): Personengesellschaften im Internationalen Steuerrecht, in: Wassermeyer/Richter/Schnittker, Hrsg. Wassermeyer, Franz/Richter, Stefan/Schnittker, Helder, 2. Auflage, Berlin u. a. 2015, Rn. 8.1–8.166.

Meretzki, Ayk (Personengesellschaften im Internationalen Steuerrecht, 2015): Personengesellschaften im Internationalen Steuerrecht, in: Wassermeyer/Richter/Schnittker, Hrsg. Wassermeyer, Franz/Richter, Stefan/Schnittker, Helder, 2. Auflage, Berlin u. a. 2015, Rn. 15.1–15.128.

Meyer, André (EStG, 2022): Kommentierung zu § 4 EStG, in: BeckOK EStG, Beck'sche Online-Kommentare, EStG, Hrsg. Kirchhof, Gregor/Kulosa, Egmont/Ratschow, Eckart, abgerufen Oktober 2022.

Micker, Lars (DStR 2012): Aktuelle Praxisfragen der Betriebsaufspaltung, in: Deutsches Steuerrecht 2012, S. 589–594.

Micker, Lars (ISR 2021): Die Anrechnung ausländischer Steuern auf die Gewerbesteuer, in: Internationale Steuer-Rundschau 2021, S. 428–434.

Micker, Lars (Ubg 2019): Die Umstrukturierung von Personengesellschaften durch Überführung und Übertragung von Einzelwirtschaftsgütern, in: Die Unternehmensbesteuerung 2019, S. 504–515.

Micker, Lars/Schwarz, Rabea (FR 2018): Aktuelle Anwendungsfragen der Betriebsaufspaltung, in: Finanz-Rundschau 2018, S. 765–774.

Middendorf, Oliver/Eberhardt, David (StuB 2021): Das ATAD-Umsetzungsgesetz – Was lange währt, wird endlich gut?, Ein Überblick aus Sicht der Praxis, in: Unternehmensteuern und Bilanzen 2021, S. 565–566.

Mitchell, Mark/Mulherin, Harold (J. Finance 1994): The Impact of Public Information on the Stock Market, in: Journal of Finance 1994, S. 923–950.

Mitschke, Wolfgang (SteuerStud 2009): EG-Grundfreiheiten versus direkte Steuern der Mitgliedsstaaten, in: Steuer und Studium 2009, S. 427–429.

Möhlenbrock, Rolf/Haubner, David (FR 2022): Die Zukunft der Besteuerung der Personengesellschaften: MoPeG, KöMoG und DAOs, in: Finanz-Rundschau 2022, S. 53–60.

Möhlenbrock, Rolf/Werner, Tobias (KStG/UmwStG, 2021): Kommentierung zu § 1 UmwStG, in: D/P/M, Die Körperschaftsteuer, Kommentar, Hrsg. Dötsch, Ewald/Pung, Alexandra/Möhlenbrock, Rolf, 106. Ergänzungslieferung, Mendig und Stuttgart 2022.

Möhrle, Tobias (Personengesellschaften im Internationalen Steuerrecht, 2015): Personengesellschaften im Internationalen Steuerrecht, in: Wassermeyer/Richter/Schnittker, Hrsg. Wassermeyer, Franz/Richter, Stefan/Schnittker, Helder, 2. Auflage, Berlin u. a. 2015, Rn. 20.1–20.119.

Mörwald, Frieder (DStZ 2019): Verfassungswidrigkeit der geplanten Reform der Grunderwerbsteuer, in: Deutsche Steuer-Zeitung 2019, S. 492–505.

Mössner, Jörg (Steuerrecht international tätiger Unternehmen, 2018): Steuerrecht international tätiger Unternehmen, in: Mössner u. a., Hrsg. Mössner, Jörg/Baumhoff, Hubertus/Greif Martin, 5. Auflage, Osnabrück 2018, Rn. 2.1–2.517.

Mössner, Jörg/Rode, Oliver (AStG, 2017): Kommentierung zu § 7 AStG, in: Fuhrmann, Außensteuergesetz, Kommentar, Hrsg. Fuhrmann, Sven, 3. Auflage, Frankfurt am Main 2017.

Morgenthaler, Gerd (IStR 2000): Steueroasen und deutsche Hinzurechnungsbesteuerung – Zur Deutung der §§ 7 ff. AStG, in: Internationales Steuerrecht 2000, S. 289–295.

Moser, Till (IStR 2017): Reformbedarf in § 15 AStG durch Art. 7 und 8 der EU Anti Tax Avoidance Richtlinie?, in: Internationales Steuerrecht 2017, S. 613–616.

Moser, Till (IStR 2023): Was ist eine „vergleichbare ausländische Regelung" gemäß § 7 Abs. 1 S. 2 AStG idF des ATADUmsG?, in: Internationales Steuerrecht 2023, S. 101–103.

Moser, Till/Gebhardt, Ronald (ISR 2013): Diskussionsanstöße zu einer grundlegenden Reform des § 15 AStG nach dem Scheitern des Jahressteuergesetzes 2013, in: Internationale Steuer-Rundschau 2013, S. 84–87.

Mückl, Norbert (UmwStG, 2022): Kommentierung zu § 1 UmwStG, in: BeckOK UmwStG, Beck'sche Online-Kommentare, UmwStG, Hrsg. Dürrschmidt, Daniel/Mückl, Norbert/Weggenmann, Hans, abgerufen Oktober 2022.

Mühlhausen, Moritz/Schmelz, Michael (DStR 2018): Anwendungsprobleme bei Veräußerung von Anteilen im Rahmen der Hinzurechnungsbesteuerung nach § 8 Abs. 1 Nr. 9 AStG, in: Deutsches Steuerrecht 2018, S. 1641–1649.

Müller, Sergej (ISR 2021): Die Symbiose der materiellen Korrespondenzprinzipien – Hinzurechnungsbesteuerung in Dreieckskonstellationen, in: Internationale Steuer-Rundschau 2021, S. 241–246.

Müller, Sergej (GmbH-StB 2021): Hinzurechnungsbesteuerung: Die Unionsrechtsmäßigkeit des Substanztestes, Eine Analyse des BMF-Schreibens vom 17. März 2021, in: GmbH-Steuer-Berater 2021, S. 283–289.

Müller-Stewens, Günter/Kunisch, Sven/Binder, Andreas (Mergers & Acquisitions, 2016): Mergers & Acquisitions, 2. Auflage, Stuttgart 2016.

Müller-Thomzcik, Sandra/Reiter, Lukas/Kanduth-Kristen, Sabine (FR 2022): Die Vermeidung der Doppelbesteuerung im Rahmen der Hinzurechnungsbesteuerung gem. ATAD in Deutschland und in Österreich, in: Finanz-Rundschau 2022, S. 531–544.

Muschallik, Marco/Ortmann, Sebastian (CF 2017): Bestimmung der Eigenkapitalkosten in der Bewertungspraxis – Eine Analyse von Bewertungsgutachten vor dem Hintergrund relevanter Verlautbarungen und Empfehlungen, in: Corporate Finance 2017, S. 302–311.

Musgrave, Richard/Musgrave, Peggy (Public Finance in Theory and Practice, 1989): Public Finance in Theory and Practice, 5. Auflage, New York 1989.

Musil, Andreas (AO/FGO, 2017): Kommentierung zu § 2 AO, in: H/H/Sp, Abgabenordnung, Finanzgerichtsordnung, Kommentar, Hrsg. Söhn, Hartmut u. a., 267. Ergänzungslieferung, Passau u. a. 2022.

Musil, Andreas (AO/FGO, 2018): Kommentierung zu § 12 AO, in: H/H/Sp, Abgabenordnung, Finanzgerichtsordnung, Kommentar, Hrsg. Söhn, Hartmut u. a., 267. Ergänzungslieferung, Passau u. a. 2022.

Musil, Andreas (EStG/KStG, 2020): Kommentierung zu § 2 EStG, in: H/H/R, Einkommensteuer- und Körperschaftsteuergesetz, Kommentar, Hrsg. Hey, Johanna u. a., 310. Ergänzungslieferung, Köln und München 2022.

Musil, Andreas (Europäisches Steuerrecht, 2019): Kommentierung zu Art. 2 ATAD, in: Musil/Weber-Grellet, Europäisches Steuerrecht, Kommentar, Hrsg. Musil, Andreas/Weber-Grellet, Heinrich, Potsdam und München 2019.

Musil, Andreas (Europäisches Steuerrecht, 2019): Kommentierung zu Art. 7 ATAD, in: Musil/Weber-Grellet, Europäisches Steuerrecht, Kommentar, Hrsg. Musil, Andreas/Weber-Grellet, Heinrich, Potsdam und München 2019.

Musil, Andreas (Europäisches Steuerrecht, 2019): Kommentierung zu Art. 8 ATAD, in: Musil/Weber-Grellet, Europäisches Steuerrecht, Kommentar, Hrsg. Musil, Andreas/Weber-Grellet, Heinrich, Potsdam und München 2019.

Musil, Andreas (Europäisches Steuerrecht, 2022): Kommentierung zu Art. 1 ATAD, in: Musil/Weber-Grellet, Europäisches Steuerrecht, Kommentar, Hrsg. Musil, Andreas/Weber-Grellet, Heinrich, 2. Auflage, Potsdam und München 2022.

Musil, Andreas (Europäisches Steuerrecht, 2022): Kommentierung zu Art. 3 ATAD, in: Musil/Weber-Grellet, Europäisches Steuerrecht, Kommentar, Hrsg. Musil, Andreas/Weber-Grellet, Heinrich, 2. Auflage, Potsdam und München 2022.

Musil, Andreas (Europäisches Steuerrecht, 2022): Kommentierung zu Art. 7 ATAD, in: Musil/Weber-Grellet, Europäisches Steuerrecht, Kommentar, Hrsg. Musil, Andreas/Weber-Grellet, Heinrich, 2. Auflage, Potsdam und München 2022.

Musil, Andreas (Europäisches Steuerrecht, 2022): Kommentierung zu Art. 8 ATAD, in: Musil/Weber-Grellet, Europäisches Steuerrecht, Kommentar, Hrsg. Musil, Andreas/Weber-Grellet, Heinrich, 2. Auflage, Potsdam und München 2022.

Musil, Andreas (FR 2018): Die ATAD-Richtlinien – Ein Paradigmenwechsel in der Steuerpolitik der EU?, in: Finanz-Rundschau 2018, S. 933–941.

Musil, Andreas/Leibohm, Thomas (FR 2008): Die Forderung nach Entscheidungsneutralität der Besteuerung als Rechtsproblem, in: Finanz-Rundschau 2008, S. 807–814.

Nestler, Anke (Grundlagen des M&A-Geschäfts, 2018): Grundlagen des M&A-Geschäfts, Strategie, Recht, Steuern, in: Schalast/Raettig, Hrsg. Schalast, Christoph/Raettig, Lutz, 2. Auflage, Frankfurt am Main 2018, S. 37–56.

Neumann, Ralf (KStG, 2015): Kommentierung zu § 8 KStG, in: R/H/N, Körperschaftsteuergesetz, Kommentar, Hrsg. Rödder, Thomas/Herlinghaus, Andreas/Neumann, Ralf, Bonn, München und Köln 2015.

Neumann, Ralf (KStG, 2015): Kommentierung zu § 8c KStG, in: R/H/N, Körperschaftsteuergesetz, Kommentar, Hrsg. Rödder, Thomas/Herlinghaus, Andreas/Neumann, Ralf, Bonn, München und Köln 2015.

Neumann, Steffen (AO/FGO, 2022): Kommentierung zu § 4 AO, in: Gosch, Abgabenordnung, Finanzgerichtsordnung, Kommentar, Hrsg. Gosch, Dietmar/Hoyer, Andreas, 167. Ergänzungslieferung, München und Kiel 2022.

Neumann, Steffen (KStG, 2020): Kommentierung zu § 15 KStG, in: Gosch, Körperschaftsteuergesetz, Kommentar, Hrsg. Gosch, Dietmar, 4. Auflage, Hamburg 2020.

Neumann-Tomm, Axel (IStR 2015): BEPS – Wenn überhaupt nationale Gegenmaßnahmen, dann mit Augenmaß, in: Internationales Steuerrecht 2015, S. 436–439.

Nielsen, Lars (IStR 2016): Hybridfinanzierte Finanzierungsgesellschaften zwischen Korrespondenzprinzip und Hinzurechnungsbesteuerung de lege lata, in: Internationales Steuerrecht 2016, S. 828–834.

Nöcker, Gregor (GewStG, 2022): Kommentierung zu § 7a GewStG, in: L/S, Gewerbesteuergesetz, Kommentar, Hrsg. Lenski, Edgar/Steinberg, Wilhelm, 141. Ergänzungslieferung, Bonn 2022.

Nöcker, Gregor (GewStG, 2022): Kommentierung zu § 8 Nr. 5 GewStG, in: L/S, Gewerbesteuergesetz, Kommentar, Hrsg. Lenski, Edgar/Steinberg, Wilhelm, 141. Ergänzungslieferung, Bonn 2022.

Nolte, Dirk (AStG, 2021): Kommentierung zu § 10 AStG, Fassung vom 1. Januar 2018, in: AStG eKommentar, AStG, elektronischer Kommentar, Hrsg. Mattern, Oliver u. a., abgerufen Januar 2022.

Nolte, Dirk u. a. (DStZ 2018): America first (?) – die US-Steuerreform und ihre Auswirkungen auf deutsche Unternehmen, in: Deutsche Steuer-Zeitung 2018, S. 221–230.

Nolte, Dirk/Kunert, Ruben (AStG, 2022): Kommentierung zu § 10 AStG, Fassung vom 1. Januar 2022, in: AStG eKommentar, AStG, elektronischer Kommentar, Hrsg. Mattern, Oliver u. a., abgerufen Oktober 2022.

Oellerich, Ingo (EStG, 2022): Kommentierung zu § 6 EStG, in: BeckOK EStG, Beck'sche Online-Kommentare, EStG, Hrsg. Kirchhof, Gregor/Kulosa, Egmont/Ratschow, Eckart, abgerufen Oktober 2022.

Oellerich, Ingo (Europäisches Steuerrecht, 2020): Europäisches Steuerrecht, in: Schaumburg/Englisch, Hrsg. Schaumburg, Harald/Englisch, Joachim, 2. Auflage, Bonn und Münster 2020, Rn. 8.182–8.214.

Oenings, Christoph (Personengesellschaften im Internationalen Steuerrecht, 2015): Personengesellschaften im Internationalen Steuerrecht, in: Wassermeyer/Richter/Schnittker, Hrsg. Wassermeyer, Franz/Richter, Stefan/Schnittker, Helder, 2. Auflage, Berlin u. a. 2015, Rn. 5.1–5.83.

Oenings, Christoph/Altenburg, Nadia (DStR 2017): Kein steuerlicher Lohnzufluss bei der Auslagerung von Pensionslasten auf Schwestergesellschaft – Bestätigung durch BFH-Urteile v. 18.08.2016, in: Deutsches Steuerrecht 2017, S. 538–541.

Oertel, Eva (AStG, 2022): Kommentierung zu § 10 AStG, in: BeckOK AStG, Beck'sche Online-Kommentare, AStG, Hrsg. Mann, Alexander/Staats, Wendelin, abgerufen Oktober 2022.

Oppel, Florian (Internationales Steuerrecht, 2023): Internationales Steuerrecht, in: Schaumburg, Hrsg. Schaumburg, Harald, 5. Auflage, Bonn 2023, Rn. 13.1–13.247.

Oppel, Florian (ISR 2019): Die Anwendung des Multilateralen Instruments (MLI), in: Internationale Steuer-Rundschau 2019, S. 321–327.

Oppel, Florian (ISR 2020): Die Implementierung der BEPS-Ergebnisse in deutsche DBA durch das MLI-Umsetzungsgesetz und Rückschlüsse daraus auf die deutsche Abkommenspolitik, in: Internationale Steuer-Rundschau 2020, S. 295–307.

Oppel, Florian (IStR 2016): BEPS in Europa: (Schein-)Harmonisierung der Missbrauchsabwehr durch neue Richtlinie 2016/1164 mit Nebenwirkungen, in: Internationales Steuerrecht 2016, S. 797–803.

Oppel, Florian (IStR 2020): BFH schließt Direktzugriff auf Einlagekonto auch im Drittstaatensachverhalt aus, in: Internationales Steuerrecht 2020, S. 46–54.

Oppel, Florian/Wittling, Leon (BB 2022): Die Hinzurechnungsbesteuerung i. d. F. des ATADUmsG, in: Betriebs-Berater 2022, S. 1495–1503.

Orlet, Patrick/Pinetz, Erik (ATAD, 2019): Kommentierung zu Art. 2 ATAD, in: Hagemann/Kahlenberg, Anti Tax Avoidance Directive, Kommentar, Hrsg. Hagemann, Tobias/Kahlenberg, Christian, Berlin 2018.

Orth, Manfred (FR 2007): Einkünfte von wirtschaftlichen Geschäftsbetrieben und Betrieben gewerblicher Art ohne Gewinnerzielungsabsicht, in: Finanz-Rundschau 2007, S. 326–334.

Palivanova-Rosenauer, Tatjana (RdF 2014): Umsetzung der AIFM-Richtlinie und neuer steuerlicher Fondsbegriff in Österreich, in: Recht der Finanzinstrumente 2014, S. 38–46.

Paschen, Uwe (Steuerumgehung im Steuerrecht, 2001): Steuerumgehung im nationalen und unternationalen Steuerrecht, Wiesbaden 2001.

Patt, Joachim (EStB 2001): Umstrukturierung von Personenunternehmen, Konsequenzen bei der Gewerbesteuer, in: Ertrag-Steuer-Berater 2001, S. 232–237.

Patt, Joachim (KStG/UmwStG, 2021): Kommentierung zu § 21 UmwStG, in: D/P/M, Die Körperschaftsteuer, Kommentar, Hrsg. Dötsch, Ewald/Pung, Alexandra/Möhlenbrock, Rolf, 106. Ergänzungslieferung, Mendig und Stuttgart 2022.

Patt, Joachim (KStG/UmwStG, 2021): Kommentierung zu § 24 UmwStG, in: D/P/M, Die Körperschaftsteuer, Kommentar, Hrsg. Dötsch, Ewald/Pung, Alexandra/Möhlenbrock, Rolf, 106. Ergänzungslieferung, Mendig und Stuttgart 2022.

Paus, Bernhard (FR 1995): Behandlung von Pensionszusagen an Gesellschafter-Geschäftsführer bei Umwandlung einer GmbH in eine Personengesellschaft oder ein Einzelunternehmen, in: Finanz-Rundschau 1995, S. 533–537.

Peemöller, Volker/Spanier, Günter/Weller, Heino (BB 2002): Internationalisierung der externen Rechnungslegung: Auswirkungen auf nicht kapitalmarktorientierte Unternehmen, in: Betriebs-Berater 2002, S. 1799–1803.

Pellens, Bernhard u. a. (CF 2016): Auswirkungen der bilanziellen Abbildung von M&A-Transaktionen auf zentrale Steuerungskennzahlen, in: Corporate Finance 2016, S. 336–344.

Perwein, Sigmund (GmbHR 2009): Gründung ausländischer Tochter- bzw. Schwestergesellschaften im grenznahen Bereich, Die Personalunion als Gestaltungsproblem im Schnittpunkt zwischen dem Mittelpunkt der geschäftlichen Oberleitung und den Mitwirkenstatbeständen des Außensteuergesetzes, in: GmbH-Rundschau 2009, S. 418–423.

Petereit, Axel (IStR 2003): Die sog. switch-over-Klausel in den deutschen Doppelbesteuerungsabkommen, Überblick, Inhalt und Steuerplanung, in: Internationales Steuerrecht 2003, S. 577–586.

Peters, Sebastian (Internationales Steuerstrafrecht, 2021): Internationales Steuerstrafrecht, in: Schaumburg/Peters, Hrsg. Schaumburg, Harald/Peters, Sebastian, 2. Auflage, Bonn 2021, Rn. 11.1–11.418.

Petkova, Kunka/Greil, Stefan (IStR 2021): Pillar One: Reform der internationalen Unternehmensbesteuerung – Partielle Neuallokation von Besteuerungsrechten, in: Internationales Steuerrecht 2021, S. 685–691.

Pfirrmann, Volker (EStG, 2022): Kommentierung zu § 7 EStG, in: Kirchhof/Seer, Einkommensteuergesetz, Hrsg. Seer, Roman, 21. Auflage, Bochum 2022.

Picot, Arnold (ZfbF 1990): Strukturwandel und Wettbewerbsdruck, in: Schmalenbachs Zeitschrift für betriebswirtschaftliche Forschung 1990, S. 119–134.

Picot, Gerhard (Handbuch Mergers & Acquisitions, 2012): Handbuch Mergers & Acquisitions, 5. Auflage, Stuttgart 2012.

Piltz, Detlev (IStR 2015): BEPS und das staatliche Interesse, in: Internationales Steuerrecht 2015, S. 529–532.

Pinkernell, Reimar (IStR-LB 2015): OECD/G20: Diskussionsentwurf zu Maßnahme Nr. 3 des BEPS-Aktionsplans (Hinzurechnungsbesteuerung), in: Internationales Steuerrecht Länderbericht 2015, S. 45–48.

Pinkernell, Reimar (Ubg 2014): Internationale Steuergestaltung im Electronic Commerce, in: Die Unternehmensbesteuerung 2014, S. 73–79.

Pinkernell, Reimar/Ditz, Xaver (ISR 2020): Säule 2 des Arbeitsprogramms des Inclusive Framework on BEPS der OECD – kritische Anmerkungen zum GloBE-Proposal, in: Internationale Steuer-Rundschau 2020, S. 1–15.

Pinto, Carlo (Tax Competition and EU Law, 2002): Tax Competition and EU Law, Amsterdam 2002.

Pitzal, Christian (GewStG, 2022): Kommentierung zu § 9 Nr. 2 GewStG, in: Wendt u. a., Gewerbesteuergesetz, Kommentar, Hrsg. Wendt, Michael u. a., 2. Auflage, Berlin, Düsseldorf und Köln 2022.

Pohl, Carsten (AStG, 2017): Kommentierung zu Vor §§ 7–14 AStG, in: Fuhrmann, Außensteuergesetz, Kommentar, Hrsg. Fuhrmann, Sven, 3. Auflage, Frankfurt am Main 2017.

Pohl, Carsten (KStG, 2022): Kommentierung zu § 8b KStG, in: BeckOK KStG, Beck'sche Online-Kommentare, KStG, Hrsg. Micker, Lars/Pohl, Carsten, abgerufen Oktober 2022.

Pohl, Carsten (NWB 2019): BFH klärt mehrere Grundsatzfragen, in: Steuer- und Wirtschaftsrecht 2019, S. 244–250.

Pohl, Carsten (Steuerrecht international tätiger Unternehmen, 2018): Steuerrecht international tätiger Unternehmen, in: Mössner u. a., Hrsg. Mössner, Jörg/Baumhoff, Hubertus/Greif Martin, 5. Auflage, Osnabrück 2018, Rn. 1.1–1.266.

Pohl, Dirk (DStZ 2018): Steuermoral – eine rechtliche Kategorie?, in: Deutsche Steuer-Zeitung 2018, S. 827–832.

Polatzky, Robert/Michelberger, Lennart (IStR 2023): Die Umsetzung der globalen Mindestbesteuerung in Deutschland im Lichte der Hinzurechnungsbesteuerung nach dem AStG, in: Internationales Steuerrecht 2023, S. 89–92.

Popp, Karl (REF 2021): „Die Digitalisierung verändert M&A-Prozesse grundlegend", in: REthinking Finance 2021, S. 17–21.

Prechtl, Stefan (Handbuch Unternehmensbewertung, 2017): Handbuch Unternehmensbewertung, in: Petersen/Zwirner, Hrsg. Petersen, Karl/Zwirner, Christian, Kapitel F, Berücksichtigung von Synergien bei der Unternehmensbewertung, Rn. 1–20.

Prinz, Ulrich (DB 2022a): Neue „Steuerkoordinaten" für Personengesellschaften: Bestandsaufnahme, Entwicklungstendenzen, Handlungsbedarf, in: Der Betrieb 2022, S. 11–18.

Prinz, Ulrich (DB 2022b): Internationales Unternehmenssteuerrecht–Unternehmensinteressen zwischen Steuermoral, Steuervermeidung und „überkomplexer" Steuergesetzgebung, in: Der Betrieb 2022, S. 1730–1736.

Prinz, Ulrich (FR 2009): Finanzierungsfreiheit im Steuerrecht – Plädoyer für einen wichtigen Systemgrundsatz, in: Finanz-Rundschau 2009, S. 593–599.

Prinz, Ulrich (FR 2010): Wirren der Rechtsprechung im Columbus Container Fall – Gesetzgeberischer Handlungsbedarf bei der Hinzurechnungsbesteuerung!, in: Finanz-Rundschau 2010, S. 371–381.

Prinz, Ulrich (FR 2011): Steuersystematische „Ungereimtheiten“ auf der Passivseite der Steuerbilanz, in: Finanz-Rundschau 2011, S. 1015–1022.

Prinz, Ulrich (FR 2012): Besteuerungsgrundsätze für hybride internationale Mitunternehmerschaften, in: Finanz-Rundschau 2012, S. 381–384.

Prinz, Ulrich (FR 2019): Personengesellschaften im Internationalen Steuerrecht: Gestaltungsüberlegungen zur betriebsstättenbezogenen Zuordnung von KapGes-Anteilen, in: Finanz-Rundschau 2019, S. 597–601.

Prinz, Ulrich (FR 2021): Globalisierung des deutschen Umwandlungssteuerrechts durch das KöMoG – Begrüßenswert, aber unvollständig, in: Finanz-Rundschau 2021, S. 561–564.

Prinz, Ulrich (FR 2022): Die Reform der Besteuerung der Personengesellschaften – Ein Statement, in: Finanz-Rundschau 2022, S. 61–64.

Prinz, Ulrich (FR 2023): Internationale Personengesellschaften: Option gem. § 1a KStG bei ausländischen Mitunternehmern, in: Finanz-Rundschau 2023, S. 1–6.

Prinz, Ulrich/Otto, Thomas (DB 2019): Fortentwickelte Anrechnung ausländischer Quellensteuern auf die GewSt, in: Der Betrieb 2019, S. 1988–1993.

Prokopf, Kai Heinrich (AStG/DBA, 2019): Kommentierung zu § 20 AStG, in: S/K/K, Außensteuergesetz, Doppelbesteuerungsabkommen, Kommentar, Hrsg. Strunk, Günther/Kaminski, Bert/Köhler, Stefan, 60. Ergänzungslieferung, Hamburg und Frankfurt am Main 2022.

Protzen, Peer Daniel (AStG, 2019): Kommentierung zu § 7 AStG, in: Kraft, Außensteuergesetz, Kommentar, Hrsg. Kraft, Gerhard, 2. Auflage, Halle 2019.

Protzen, Peer Daniel (AStG, 2019): Kommentierung zu § 14 AStG, in: Kraft, Außensteuergesetz, Kommentar, Hrsg. Kraft, Gerhard, 2. Auflage, Halle 2019.

Pung, Alexandra (KStG/UmwStG, 2021): Kommentierung zu § 8b KStG, in: D/P/M, Die Körperschaftsteuer, Kommentar, Hrsg. Dötsch, Ewald/Pung, Alexandra/Möhlenbrock, Rolf, 106. Ergänzungslieferung, Mendig und Stuttgart 2022.

Quilitzsch, Carsten (Ubg 2011): Die Hinzurechnungsbesteuerung als Instrumentarium zur Missbrauchsbekämpfung – Defizite der §§ 7–14 AStG de lege lata und Reformüberlegungen, in: Die Unternehmensbesteuerung 2011, S. 942–948.

Quilitzsch, Carsten/Engelen, Christian (FR 2018): Reformbedarf und Reformüberlegungen zur Hinzurechnungsbesteuerung, in: Finanz-Rundschau 2018, S. 293–299.

Quilitzsch, Carsten/Licht, Daniel/Seibert, Carolin (Ubg 2022): Aktuelle Rechtsprechung zur Besteuerung internationaler Betriebsstätten, in: Die Unternehmensbesteuerung 2022, S. 333–344.

Radmanesh, Sandy (AStG, 2022): Kommentierung zu § 12 AStG, in: BeckOK AStG, Beck'sche Online-Kommentare, AStG, Hrsg. Mann, Alexander/Staats, Wendelin, abgerufen Oktober 2022.

Rädler, Albert (StuW 1996): Eine Europareform für den Steuerstandort Deutschland, in: Steuer und Wirtschaft 1996, S. 252–255.

Rättig, Horst/Protzen, Peer Daniel (IStR 2000a): Unbeabsichtigter Systemwechsel bei der Hinzurechnungsbesteuerung von Kapitalgesellschaften als Folge des Steuersenkungsgesetzes?, in: Internationales Steuerrecht 2000, S. 394–401.

Rättig, Horst/Protzen, Peer Daniel (IStR 2000b): Holdingbesteuerung nach derzeit geltendem und kommenden Außensteuergesetz, in: Internationales Steuerrecht 2000, S. 548–557.

Rättig, Horst/Protzen, Peer Daniel (IStR 2003): Zur Europarechtswidrigkeit der §§ 7–14 AStG und zu den Folgen für die internationale Steuerplanung, in: Internationales Steuerrecht 2003, S. 195–202.

Rättig, Horst/Protzen, Peer Daniel (IStR 2004): Das BMF-Schreiben vom 14.05.2004, IV B 4 – S 1340 – 11/04 (Grundsätze zur Anwendung des Außensteuergesetzes), Analyse und Kritik der wesentlichen Anordnungen im Bereich der Hinzurechnungsbesteuerung der §§ 7 bis 14 AStG, in: Internationales Steuerrecht 2004, S. 625–634.

Rasch, Stephan/Eigelshoven, Axel/Mank, Katharina (ISR 2015): Automotive: Fokus Automobilindustrie – Querschnitt aktueller Betriebsprüfungsthemen, in: Internationale Steuer-Rundschau 2015, S. 392–398.

Rasche, Ralf (UmwStG, 2019): Kommentierung zu § 24 UmwStG, in: R/H/vL, Umwandlungssteuergesetz, Kommentar, Hrsg. Rödder, Thomas/Herlinghaus, Andreas/van Lishaut, Ingo, 3. Auflage, Bonn, München und Krefeld 2019.

Ratschow, Eckart (AO, 2020): Kommentierung zu § 42 AO, in: Klein, Abgabenordnung, Kommentar, Hrsg. Gersch, Eva-Maria u. a., 15. Auflage, Bad Homburg u. a. 2020.

Rautenstrauch, Gabriele/Suttner, Johannes (BB 2016): Die EU Anti-BEPS-Richtlinie: Überblick und künftige Anpassungsnotwendigkeiten im deutschen Recht, in: Betriebs-Berater 2016, S. 2391–2396.

Rechid, Salar/Schäfer, Peter (BB 2020): ATAD-Umsetzungsgesetz: Reform der Hinzurechnungsbesteuerung – Mögliche Konsequenzen in der Praxis von deutschen Kreditinstituten – Teil I, in: Betriebs-Berater 2020, S. 2071–2080.

Reddig, Jens (EStG, 2019): Kommentierung zu § 4j EStG, in: K/S/M, Einkommensteuergesetz, Kommentar, Hrsg. Kirchhof, Paul/Söhn, Hartmut/Mellinghoff, Rudolf, 323. Ergänzungslieferung, Heidelberg 2022.

Redert, Thomas (EStG, 2021): Kommentierung zu § 20 EStG, Fassung vom 1. Januar 2020, in: EStG eKommentar, EStG, elektronischer Kommentar, Hrsg. Fuhrmann, Claas/Kraeusel, Jörg/Schiffers, Joachim, abgerufen Januar 2022.

Rehm, Gebhard (Personengesellschaften im Internationalen Steuerrecht, 2015): Personengesellschaften im Internationalen Steuerrecht, in: Wassermeyer/Richter/Schnittker, Hrsg. Wassermeyer, Franz/Richter, Stefan/Schnittker, Helder, 2. Auflage, Berlin u. a. 2015, Rn. 1.1–1.116.

Reiche, Felix (AStG/DBA, 2016): Kommentierung zu § 7 AStG, in: Haase, Außensteuergesetz, Doppelbesteuerungsabkommen, Kommentar, Hrsg. Haase, Florian, 3. Auflage, Hamburg 2016.

Reimer, Ekkehart (DBA, 2021): Kommentierung zu Art. 13 OECD-MA, in: V/L, Doppelbesteuerungsabkommen, Kommentar, Hrsg. Lehner, Moris/Ismer, Ronald, 7. Auflage, Nürnberg 2021.

Reimer, Ekkehart (Europäisches Steuerrecht, 2020): Europäisches Steuerrecht, in: Schaumburg/Englisch, Hrsg. Schaumburg, Harald/Englisch, Joachim, 2. Auflage, Bonn und Münster 2020, Rn. 7.1–7.198.

Reiner, Günter/Geuter, Tanja (JA 2006): Anteilstausch als Mittel oder Folge von Unternehmensübernahmen – Gestaltungsmodelle im Überblick, in: Juristische Arbeitsblätter 2006, S. 543–548.

Rengers, Jutta (Ertragsteuerrecht, 2021): Kommentierung zu § 1 KStG, in: Brandis/Heuermann, Ertragsteuerrecht, Kommentar, Hrsg. Heuermann, Bernd/Brandis, Peter, 161. Ergänzungslieferung, München 2022.

Rengers, Jutta (Ertragsteuerrecht, 2021): Kommentierung zu § 8 KStG, in: Brandis/Heuermann, Ertragsteuerrecht, Kommentar, Hrsg. Heuermann, Bernd/Brandis, Peter, 161. Ergänzungslieferung, München 2022.

Reiser, Hagen/Cortez, Benjamin (Außensteuerrecht, 2014): Kommentierung zu § 8 AStG, in: H/K/G, Außensteuerrecht, Kommentar, Hrsg. Haun, Jürgen/Kahle, Holger/Goebel, Sören, 47. Ergänzungslieferung, Stuttgart und Dortmund 2022.

Reiser, Hagen/Cortez, Benjamin (ISR 2013): Die Wirkung der Gewerbesteuer im Rahmen der Hinzurechnungsbesteuerung, in: Internationale Steuer-Rundschau 2013, S. 77–83.

Rieck, Jan (IStR 2017): Anrechnung ausländischer Steuern und ATAD – Verpflichtet das EU-Recht zur Anrechnung ausländischer Steuern auf die Gewerbesteuer?, in: Internationales Steuerrecht 2017, S. 399–401.

Rieck, Jan/Fehling, Daniel (IStR 2023): Neues zur effektiven Mindestbesteuerung in der EU – die Umsetzung von Säule 2 nimmt Gestalt an, in: Internationales Steuerrecht 2023, S. 77–88.

Riedel, Lisa (FR 2014): Die Neuregelung der sog. angeschafften Rückstellungen nach § 4f und § 5 Abs. 7 EStG, in: Finanz-Rundschau 2014, S. 6–13.

Rieger, Horst (Prinzipien des internationalen Steuerrechts, 1978): Prinzipien des internationalen Steuerrechts als Problem der Steuerplanung in der multinationalen Unternehmung, Berlin 1978.

Rieß, Jürgen/Herbst, Christian (IStR 2017): Diskussionsbeitrag zur Steuerverstrickung innerhalb der Hinzurechnungsbesteuerung, in: Internationales Steuerrecht 2017, S: 979–987.

Rieß, Jürgen/Herbst, Christian (IStR 2018): Der Hinzurechnungsbetrag und nachlaufende Dividenden in der Organschaft, in: Internationales Steuerrecht 2018, S. 779–788.

Richter, Andreas/Welling, Berthold (FR 2020): Tagungs- und Diskussionsbericht zum 73. Berliner Steuergespräch „Die Reform des Außensteuerrechts", in: Finanz-Rundschau 2020, S. 109–114.

Richter, Heiner (EStG/KStG, 2021): Kommentierung zu § 6 EStG, in: H/H/R, Einkommensteuer- und Körperschaftsteuergesetz, Kommentar, Hrsg. Hey, Johanna u. a., 310. Ergänzungslieferung, Köln und München 2022.

Richter, Lutz/Kortendick, Andreas/Ekinci, Orkun (GmbHR 2020): Tatsächlich, wirklich oder doch wesentlich? – Die Exkulpationsklausel nach dem ATADUmsG im Lichte des Unionsrechts, in: GmbH-Rundschau 2020, S. 694–703.

Richter, Stefan (FR 2010): Analyse des deutschen Sondervergütungskonzepts bei der internationalen Personengesellschaftsbesteuerung, in: Finanz-Rundschau 2010, S. 544–555.

Richter, Thomas (BB 2010): Europarechtswidrigkeit der switch-over-Klausel im § 20 Abs. 2 AStG – BFH zum EuGH-Urteil Columbus Container, in: Betriebs-Berater 2010, S. 1832–1835.

Richter, Thomas (ISR 2019): Die Bedeutung der Funktions- und Risikoanalyse im Rahmen der Verrechnungspreisdokumentation für Zwecke der Hinzurechnungsbesteuerung gem. §§ 7 ff. AStG, in: Internationale Steuer-Rundschau 2019, S. 336–344.

Richter, Thomas (ISR 2020): Geplante Änderung des § 1 AStG durch den Referentenentwurf des ATAD-Umsetzungsgesetzes, in: Internationale Steuer-Rundschau 2020, S. 109–116.

Ritzer, Claus/Stangl, Ingo (FR 2005): Aktuelle Entwicklungen bei den steuerlichen Anforderungen an die Zwischenschaltung ausländischer Kapitalgesellschaften, in: Finanz-Rundschau 2005, S. 1063–1068.

Ritzer, Claus/Stangl, Ingo (DK 2017): Update zur Lizenzschranke, in: Der Konzern 2017, S. 401–406.

Roderburg, Georg (Unternehmensnachfolge, 2020): Unternehmensnachfolge, Handbuch, hrsg. Von Scherer, Stephan, 6. Auflage, Mannheim 2020, § 30, Rn. 1–25.

Rödder, Thomas (IStR 2009): Ist der Hinzurechnungsbetrag gewerbesteuerpflichtig?, in: Internationales Steuerrecht 2009, S. 873–877.

Rödder, Thomas/Liekenbrock, Bernhard (KStG, 2015): Kommentierung zu § 14 KStG, in: R/H/N, Körperschaftsteuergesetz, Kommentar, Hrsg. Rödder, Thomas/Herlinghaus, Andreas/Neumann, Ralf, Bonn, München und Köln 2015.

Rödder, Thomas/Ritzer, Claus (DB 2004): § 8a KStG n. F. im Outbound-Fall, in: Der Betrieb 2004, S. 891–894.

Rödding, Adalbert/Brinkmann, Jan/Fischer, Alexander (Unternehmensteuerrecht, 2018): Unternehmensteuerrecht, in: Lüdicke/Sistermann, Hrsg. Lüdicke, Jochen/Sistermann, Christian, 2. Auflage, Düsseldorf und München 2018, § 14, Rn. 1–180.

Rödel, Sabine (AStG, 2019): Kommentierung zu § 8 AStG, in: Kraft, Außensteuergesetz, Kommentar, Hrsg. Kraft, Gerhard, 2. Auflage, Halle 2019.

Rödel, Sabine (AStG, 2019): Kommentierung zu § 21 AStG, in: Kraft, Außensteuergesetz, Kommentar, Hrsg. Kraft, Gerhard, 2. Auflage, Halle 2019.

Röder, Erik (StuW 2020): Weltweite Mindestbesteuerung multinationaler Unternehmen?, Der Global-Anti-Base-Erosion-Vorschlag der OECD und seine Relevanz für das deutsche Unternehmenssteuerrecht, StuW 2020, S. 35–47.

Rohler, Thomas (GmbH-StB 2010): Personengesellschaften im DBA-Recht, Ihre Behandlung nach dem BMF-Schreiben vom 16.04.2010, in: GmbH-Steuer-Berater 2010, S. 294–300.

Roll, Richard (J. Bus 1986): The Hubris Hypothesis of Corporate Takeovers, J. in: The Journal of Business 1986, S. 197–216.

Rombach, Julia (FR 2019): Die Freistellungsmethode im internationalen Steuerrecht, in: Finanz-Rundschau 2019, S. 167–177.

Romswinkel, Marco (AStG/DBA, 2004): Kommentierung zu § 18 AStG, in: S/K/K, Außensteuergesetz, Doppelbesteuerungsabkommen, Kommentar, Hrsg. Strunk, Günther/Kaminski, Bert/Köhler, Stefan, 60. Ergänzungslieferung, Hamburg und Frankfurt am Main 2022.

Rose, Gerd (Betriebliche Steuerplanung, 1977): Betriebliche Steuerplanung, Wiesbaden 1977.

Rose, Gerd (Betriebswirtschaftliche Steuerlehre, 1992): Betriebswirtschaftliche Steuerlehre: eine Einführung für Fortgeschrittene, 3. Auflage, Wiesbaden 1992.

Rose, Gerd (Internationales Steuerrecht, 2004): Internationales Steuerrecht – Doppelbesteuerung, Internationale Minderbesteuerung, Unternehmensaktivitäten im Ausland, 6. Auflage, Berlin 2004.

Rose, Gerd/Watrin, Christoph (Internationales Steuerrecht, 2016): Internationales Steuerrecht – Doppelbesteuerung, Minderbesteuerung, Europarecht, 7. Auflage Münster 2016.

Rosengarten, Joachim (Beck'sches M&A-Handbuch, 2017): Beck'sches M&A-Handbuch, Planung, Gestaltung, Sonderformen, regulatorische Rahmenbedingungen und Streitbeilegung bei Mergers & Acquisitions, in: Meyer-Sparenberg/Jäckle, Hrsg. Meyer-Sparenberg, Wolfgang/Jäckle, Christof, Düsseldorf und Frankfurt am Main 2017, § 4, Rn. 1–38.

Roser, Frank (FR 2011): GewSt: Steuerliche Grundsätze der (partiellen) steuerlichen Verhaftung und Entlassung, Plädoyer für ein allgemeines Verschonungsprinzip und Folgerungen für die Gewerbesteuer, in: Finanz-Rundschau 2011, S. 1126–1138.

Roser, Frank (GewStG, 2020): Kommentierung zu § 7 GewStG, in: L/S, Gewerbesteuergesetz, Kommentar, Hrsg. Lenski, Edgar/Steinberg, Wilhelm, 141. Ergänzungslieferung, Bonn 2022.

Roser, Frank (GewStG, 2020): Kommentierung zu § 9 Nr. 2a GewStG, in: L/S, Gewerbesteuergesetz, Kommentar, Hrsg. Lenski, Edgar/Steinberg, Wilhelm, 141. Ergänzungslieferung, Bonn 2022.

Roser, Frank (GewStG, 2021): Kommentierung zu § 9 Nr. 3 GewStG, in: L/S, Gewerbesteuergesetz, Kommentar, Hrsg. Lenski, Edgar/Steinberg, Wilhelm, 141. Ergänzungslieferung, Bonn 2022.

Roser, Frank (KStG, 2020): Kommentierung zu § 8 KStG, in: Gosch, Körperschaftsteuergesetz, Kommentar, Hrsg. Gosch, Dietmar, 4. Auflage, Hamburg 2020.

Roser, Frank (IStR 2000): Erforderliche Änderungen der Hinzurechnungsbesteuerung, in: Internationales Steuerrecht 2000, S. 78–80.

Roth, Markus (HGB, 2022): Kommentierung zu § 230 HGB, in: Hopt, Handelsgesetzbuch, Beck'sche Kurz-Kommentare, Hrsg. Hopt, Klaus u. a., Band 9, 41. Auflage, Hamburg u. a. 2022.

Roth, Markus (HGB, 2022): Kommentierung zu § 231 HGB, in: Hopt, Handelsgesetzbuch, Beck'sche Kurz-Kommentare, Hrsg. Hopt, Klaus u. a., Band 9, 41. Auflage, Hamburg u. a 2022.

Rüsch, Gary (ATAD, 2019): Kommentierung zu Art. 1 ATAD, in: Hagemann/Kahlenberg, Anti Tax Avoidance Directive, Kommentar, Hrsg. Hagemann, Tobias/Kahlenberg, Christian, Berlin 2018.

Ruf, Martin/Wohlfahrt, Beate (Ubg 2009): Gewerbesteuerliche Folgen der Hinzurechnungsbesteuerung, in: Die Unternehmensbesteuerung 2009, S. 496–501.

Ruffert, Matthias (EUV/AUEV, 2022): Kommentierung zu Art. 1 AEUV, in: Callies/Ruffert, AEUV, EUV, Kommentar, Hrsg. Calliess, Christian/Ruffert, Matthias, 6. Auflage, Berlin 2022.

Ruffert, Matthias (EUV/AUEV, 2022): Kommentierung zu Art. 288 AEUV, in: Callies/Ruffert, AEUV, EUV, Kommentar, Hrsg. Calliess, Christian/Ruffert, Matthias, 6. Auflage, Berlin 2022.

Samuelson, Paul (JPE 1964): Tax deductibility of economic depreciation to insure invariant valuation, in: Journal of Political Economy 1964, S. 604–606.

Sandleben, Hans-Martin/Hörtnagl, Robert (DStR 2017): Zur Frage einer Bilanzierungspflicht aufgrund ausländischen Steuerrechts, in: Deutsches Steuerrecht 2017, S. 2298–2301.

Sarrazin, Viktor (GewStG, 2021): Kommentierung zu § 1 GewStG, in: L/S, Gewerbesteuergesetz, Kommentar, Hrsg. Lenski, Edgar/Steinberg, Wilhelm, 141. Ergänzungslieferung, Bonn 2022.

Sarrazin, Viktor (GewStG, 2022): Kommentierung zu § 2 GewStG, in: L/S, Gewerbesteuergesetz, Kommentar, Hrsg. Lenski, Edgar/Steinberg, Wilhelm, 141. Ergänzungslieferung, Bonn 2022.

Schaden, Michael/Dieterlen, Anja (IStR 2011): Vorsicht Falle: § 8 Abs. 1 Nr. 9 AStG bei hochbesteuerten Gesellschaften, in: Internationales Steuerrecht 2011, S. 290–294.

Schaden, Michael/Käshammer, Daniel (IStR 2022): Besteuerung von durch Finanzierungsgesellschaften vergebenen Konzerndarlehen – Rn. 3.92 der Verwaltungsgrundsätze Verrechnungspreise vs. BFH v. 18.05.2021 – I R 4/17, in: Internationales Steuerrecht 2022, S. 1–8.

Schäfer, Carsten (BGB, 2020): Kommentierung zu § 705 BGB, in: Münchener Kommentar zum BGB, Bürgerliches Gesetzbuch, Kommentar, Hrsg. Säcker, Franz u. a., Band 7, 8. Auflage, München 2020.

Schänzle, Thomas/Engel, Benjamin (Steuerrecht international tätiger Unternehmen, 2018): Steuerrecht international tätiger Unternehmen, in: Mössner u. a., Hrsg. Mössner, Jörg/Baumhoff, Hubertus/Greif Martin, 5. Auflage, Osnabrück 2018, Rn. 6.1–6.284.

Schallmoser, Ulrich (Ertragsteuerrecht, 2021): Kommentierung zu § 16 EStG, in: Brandis/Heuermann, Ertragsteuerrecht, Kommentar, Hrsg. Heuermann, Bernd/Brandis, Peter, 161. Ergänzungslieferung, München 2022.

Schallmoser, Ulrich/Eisgruber, Thomas/Janetzko, Heike (EStG/KStG, 2021): Kommentierung zu § 8 KStG, in: H/H/R, Einkommensteuer- und

Körperschaftsteuergesetz, Kommentar, Hrsg. Hey, Johanna u. a., 310. Ergänzungslieferung, Köln und München 2022.

Schaumburg, Harald (DB 2005): Außensteuerrecht und europäische Grundfreiheiten, in: Der Betrieb 2005, S. 1129–1137.

Schaumburg, Harald (Europäisches Steuerrecht, 2020): Europäisches Steuerrecht, in: Schaumburg/Englisch, Hrsg. Schaumburg, Harald/Englisch, Joachim, 2. Auflage, Bonn und Münster 2020, Rn. 3.1–3.26.

Schaumburg, Harald (Internationales Steuerrecht, 2017): Internationales Steuerrecht, in: Schaumburg, Hrsg. Schaumburg, Harald, 4. Auflage, Bonn 2017, Rn. 4.1–4.66.

Schaumburg, Harald (Internationales Steuerrecht, 2017): Internationales Steuerrecht, in: Schaumburg, Hrsg. Schaumburg, Harald, 4. Auflage, Bonn 2017, Rn. 5.1–5.29.

Schaumburg, Harald (Internationales Steuerrecht, 2017): Internationales Steuerrecht, in: Schaumburg, Hrsg. Schaumburg, Harald, 4. Auflage, Bonn 2021, Rn. 6.1–6.444.

Schaumburg, Harald (Internationales Steuerrecht, 2017): Internationales Steuerrecht, in: Schaumburg, Hrsg. Schaumburg, Harald, 4. Auflage, Bonn 2021, Rn. 11.1–11.95.

Schaumburg, Harald (Internationales Steuerrecht, 2017): Internationales Steuerrecht, in: Schaumburg, Hrsg. Schaumburg, Harald, 4. Auflage, Bonn 2021, Rn. 13.1–13.79.

Schaumburg, Harald (Internationales Steuerrecht, 2017): Internationales Steuerrecht, in: Schaumburg, Hrsg. Schaumburg, Harald, 4. Auflage, Bonn 2021, Rn. 17.1–17.41.

Schaumburg, Harald (Internationales Steuerrecht, 2017): Internationales Steuerrecht, in: Schaumburg, Hrsg. Schaumburg, Harald, 4. Auflage, Bonn 2021, Rn. 18.1–18.256.

Schaumburg, Harald (Internationales Steuerrecht, 2017): Internationales Steuerrecht, in: Schaumburg, Hrsg. Schaumburg, Harald, 4. Auflage, Bonn 2021, Rn. 21.1–21.247.

Schaumburg, Harald (Internationales Steuerrecht, 2022): Internationales Steuerrecht, in: Schaumburg, Hrsg. Schaumburg, Harald, 5. Auflage, Bonn 2022, Rn. 3.1–3.117.

Schaumburg, Harald (ISR 2016): Steuerwettbewerb: Systematischer Überblick über die Gründe und die Auswirkungen des internationalen Steuerwettbewerbs, in: Internationale Steuer-Rundschau 2016, S. 371–376.

Schaumburg, Harald/Englisch, Joachim (Europäisches Steuerrecht, 2020): Europäisches Steuerrecht, in: Schaumburg/Englisch, Hrsg. Schaumburg, Harald/Englisch, Joachim, 2. Auflage, Bonn und Münster 2020, Rn. 6.1–6.70.

Schaumburg, Harald/Häck, Nils (Internationales Steuerrecht, 2017): Internationales Steuerrecht, in: Schaumburg, Hrsg. Schaumburg, Harald, 4. Auflage, Bonn 2021, Rn. 19.1–19.567.

Schaumburg, Harald/Häck, Nils (Internationales Steuerstrafrecht, 2021): Internationales Steuerstrafrecht, in: Schaumburg/Peters, Hrsg. Schaumburg, Harald/Peters, Sebastian, 2. Auflage, Bonn 2021, Rn. 14.1–14.303.

Schaumburg, Harald/von Freeden, Arne (Internationales Steuerrecht, 2017): Internationales Steuerrecht, in: Schaumburg, Hrsg. Schaumburg, Harald, 4. Auflage, Bonn 2021, Rn. 9.1–9.15.

Scheffler, Wolfram (Besteuerung der grenzüberschreitenden Unternehmenstätigkeit, 2002): Besteuerung der grenzüberschreitenden Unternehmenstätigkeit, München 2002.

Scheffler, Wolfram (Besteuerung von Unternehmen, 2013): Besteuerung von Unternehmen, Band III: Steuerplanung, 2. Auflage, Nürnberg 2013.

Scheffler, Wolfram (Internationale betriebswirtschaftliche Steuerlehre, 2009): Internationale betriebswirtschaftliche Steuerlehre, 3. Auflage, Nürnberg 2009.

Scheffler, Wolfram (ISR 2017): Gewerbesteuer: Hinzurechnungsbesteuerung, grenzüberschreitende Verlustverrechnung und Betriebsstättenbegriff: Gewerbesteuer erschwert eine Problemlösung, in: Internationale Steuer-Rundschau 2017, S. 63–72.

Scheller, Wolfram (Ubg 2011): Innerstaatliche Erfolgszuordnung als Instrument der Steuerplanung, in: Die Unternehmensbesteuerung 2011, S. 262–272.

Scheidle, Helmut (IStR 2007): Die funktionale Betrachtungsweise des AStG in der Bewährungsprobe, in: Internationales Steuerrecht 2007, S. 287–291.

Schein, Oded (IStR 2017): Außensteuergesetzliche Hinzurechnung in Sanierungsfällen, in: Internationales Steuerrecht 2017, S. 109–113.

Scheller, Peter (ISR 2017): S Corporation als Steuerfalle für US-Expatriates?, in: Internationale Steuer-Rundschau 2017, S. 189–196.

Scherer, Stephan (Unternehmensnachfolge, 2020): Unternehmensnachfolge, Handbuch, hrsg. von Stephan Scherer, 6. Auflage, Mannheim 2020, § 5, Rn. 1–37.

Scheunemann, Marc (IStR 2005): Europaweite Verlustberücksichtigung im Konzern: Steine statt Brot durch die Schlussanträge des Generalanwalts Maduro vom 07.04.2005 im Fall Marks & Spencer?, in: Internationales Steuerrecht, S. 303–311.

Schiffers, Joachim (GmbH-StB 2015): Praktische Grundregeln für die Unternehmensbewertung, in: GmbH-Steuer-Berater 2015, S. 300–305.

Schiffers, Joachim/Feldgen, René (GmbH-StB 2014): Treuhandmodell, in: GmbH-Steuer-Berater 2014, S. 141–148.

Schiffers, Joachim (EStG, 2020): Kommentierung zu § 5 EStG, in: Korn, Einkommensteuergesetz, Kommentar, Hrsg. Korn, Klaus u. a., 136. Ergänzungslieferung, Köln 2022.

Schindler, Frank (EStG, 2022): Kommentierung zu § 6 EStG, in: Kirchhof/Seer, Einkommensteuergesetz, Hrsg. Seer, Roman, 21. Auflage, Bochum 2022.

Schießl, Harald (DStZ 2009): Hinzurechnungsbesteuerung bei Umwandlungen am Beispiel der Verschmelzung einer Körperschaft auf eine andere Körperschaft, in: Deutsche Steuer-Zeitung 2009, S. 207–215.

Schießl, Harald (Umwandlungsrecht, 2013): Kommentierung zu § 12 UmwStG, in: W/M, Umwandlungsrecht, Kommentar, Hrsg. Widmann, Siegfried/Mayer, Dieter, 197. Ergänzungslieferung, München 2022.

Schiessl, Martin/Brinkmann, Jan (Unternehmensteuerrecht, 2018): Unternehmensteuerrecht, in: Lüdicke/Sistermann, Hrsg. Lüdicke, Jochen/Sistermann, Christian, 2. Auflage, Düsseldorf und München 2018, § 4, Rn. 1–294.

Schiessl, Maximilian (Beck'sches M&A-Handbuch, 2022): Beck'sches M&A-Handbuch, Planung, Gestaltung, Sonderformen, regulatorische Rahmenbedingungen und Streitbeilegung bei Mergers & Acquisitions, in: Meyer-Sparenberg/Jäckle, Hrsg. Meyer-Sparenberg, Wolfgang/Jäckle, Christof, 2. Auflage, Düsseldorf und Frankfurt am Main 2022, § 1, Rn. 1–26.

Schlotter, Carsten/Pinkernell, Reimar (FR 2011): Bilanzsteuerrechtliche Ansatz- und Bewertungsvorbehalte bei der Übernahme von schuldrechtlichen Verpflichtungen, in: Finanz-Rundschau 2011, S. 689–698.

Schlotter, Josef (EStG, 2021): Kommentierung zu § 20 EStG, in: L/B/P, Das Einkommensteuerrecht, Kommentar, Hrsg. Bitz, Horst/Post, Hartmut, abgerufen Dezember 2021.

Schmidbauer, Rainer (BB 2002): Der Kapitalisierungszinssatz in der Unternehmensbewertung nach dem StSenkG-Diskussion auf Irrwegen?, in: Betriebs-Berater 2002, S. 1251–1257.

Schmidt, Eberhard (BB 1989): Betriebswirtschaftslehre, Teilwert und Realität, in: Betriebs-Berater 1989, S. 1596–1598.

Schmidt, Karsten (HGB, 2019): Kommentierung zu § 230 HGB, in: Münchener Kommentar zum HGB, Handelsgesetzbuch, Kommentar, Hrsg. Drescher, Ingo/Fleischer, Holger/Schmidt, Karsten, Band 3, 4. Auflage, Hamburg 2019.

Schmidt, Lutz/Sigloch, Jochen/Henselmann, Klaus (Internationale Steuerlehre, 2005): Internationale Steuerlehre – Steuerplanung bei grenzüberschreitenden Transaktionen, Wiesbaden 2005.

Schmidt, Sebastian (Außensteuerrecht, 2014): Kommentierung zu § 8 AStG, in: H/K/G, Außensteuerrecht, Kommentar, Hrsg. Haun, Jürgen/Kahle, Holger/Goebel, Sören, 47. Ergänzungslieferung, Stuttgart und Dortmund 2022.

Schmidt, Thomas (AStG, 2012): Kommentierung zu § 8 AStG, in: Schmidt, Außensteuergesetz, Nomos Kommentar, Hrsg. Schmidt, Thomas, Frankfurt am Main 2012.

Schmidtmann, Dirk (GmbHR 2019): Anforderungen an die wirtschaftliche Substanz im Außensteuerrecht, Zugleich Anmerkungen zum BFH-Urteil vom 13.06.2018 – I R 94/15, GmbHR 2019, 79, in: GmbH-Rundschau 2019, S. 59–67.

Schmidtmann, Dirk (IStR 2009): Steuerentstrickungs- und Steuerverstrickungsprobleme bei der Hinzurechnungsbesteuerung, in: Internationales Steuerrecht 2009, S. 295–301.

Schmidtmann, Dirk (IWB 2020): Der Motivtest nach dem Entwurf eines Gesetzes zur Umsetzung der Anti-Steuervermeidungsrichtlinie, in: Internationales Steuer- und Wirtschaftsrecht 2020, S. 176–187.

Schmidtmann, Dirk (Ubg 2014): Steuerplanung bei Kapitalgesellschaften mittels inkongruenter Gewinnausschüttungen nach dem BMF-Schreiben vom 17.12.2013, in: Die Unternehmensbesteuerung 2014, S. 502–511.

Schmieszek, Hans-Peter (AO/FGO, 2021): Kommentierung zu § 42 AO, in: Gosch, Abgabenordnung, Finanzgerichtsordnung, Kommentar, Hrsg. Gosch, Dietmar/Hoyer, Andreas, 167. Ergänzungslieferung, München und Kiel 2022.

Schmitt, Joachim (UmwG/UmwStG, 2020): Kommentierung zu § 21 UmwStG, in: S/H, Umwandlungsgesetz, Umwandlungssteuergesetz, Kommentar, Hrsg. Schmitt, Joachim/Hörtnagl, Robert, 9. Auflage, Bonn und München 2020.

Schmitt, Joachim (UmwG/UmwStG, 2020): Kommentierung zu § 24 UmwStG, in: S/H, Umwandlungsgesetz, Umwandlungssteuergesetz, Kommentar, Hrsg. Schmitt, Joachim/Hörtnagl, Robert, 9. Auflage, Bonn und München 2020.

Schneider, Dieter (Grundzüge der Unternehmensbesteuerung, 1994): Grundzüge der Unternehmensbesteuerung, 6. Auflage, Bochum 1994.

Schneider, Dieter (Investition, Finanzierung und Besteuerung, 1992): Investition, Finanzierung und Besteuerung, 7. Auflage, Wiesbaden 1992.

Schneider, Dieter (Steuerlast und Steuerwirkung, 2002): Steuerlast und Steuerwirkung – Einführung in die steuerliche Betriebswirtschaftslehre, München und Wien 2002.

Schneider, Dieter (StuW 2000): Mängel in der ökonomischen Begründung einer Steuerfreiheit für Kapitaleinkünfte, in: Steuer und Wirtschaft 2000, S. 421–430.

Schneider, Dieter (WPg 1988): Hochsteuerland Bundesrepublik Deutschland: Die Spannweite effektiver Grenzsteuerbelastung für Investitionen, in: Die Wirtschaftsprüfung 1988, S. 328–338.

Schnitger, Arne (BB 2004): Verstoß der Wegzugsbesteuerung (§ 6 AStG) und weiterer Entstrickungsnormen des deutschen Ertragsteuerrechts gegen die Grundfreiheiten des EG-Vertrags, in: Betriebs-Berater 2004, S. 804–813.

Schnitger, Arne (Die Grenzen der Einwirkung der Grundfreiheiten, 2006): Die Grenzen der Einwirkung der Grundfreiheiten des EG-Vertrags auf das Ertragsteuerrecht, 2006 Berlin.

Schnitger, Arne (IStR 2004): Möglichkeit zur Präzisierung des europarechtlichen Prinzips der Rechtsformwahlfreiheit und Körperschaftsteuerguthaben für Betriebsstätten ausländischer Kapitalgesellschaften gemäß § 37 KStG – Vorlagenfrage an den EuGH in der Rs. CLT-UFA, in: Internationales Steuerrecht 2004, S. 821–827.

Schnitger, Arne (IStR 2007): Änderungen der grenzüberschreitenden Unternehmensbesteuerung sowie des § 42 AO durch das geplante Jahressteuergesetz 2008 (JStG 2008), in: Internationales Steuerrecht 2007, S. 729–737.

Schnitger, Arne (IStR 2012): Auswirkungen von abweichender Einkünftezurechnung und ausländischer Gruppenbesteuerung auf die Hinzurechnungsbesteuerung, in: Internationales Steuerrecht 2012, S. 289–297.

Schnitger, Arne (IStR 2013): Fragestellungen zur steuerlichen Behandlung doppelt ansässiger Kapitalgesellschaften, in: Internationales Steuerrecht 2013, S. 82–91.

Schnitger, Arne (IStR 2016): Der Entwurf des AHRL-ÄndUmsG, in: Internationales Steuerrecht 2016, S. 637–644.

Schnitger, Arne/Bildstein, Christoph (IStR 2009): Steuerentstrickungs- und Steuerverstrickungsprobleme bei der Hinzurechnungsbesteuerung, in: Internationales Steuerrecht 2009, S. 629–636.

Schnitger, Arne/Kopec, Agnieszka (IStR 2019): Einfluss der US-Steuerreform auf die Bestimmung der Niedrigbesteuerung iSd § 8 Abs. 3 Satz 1 AStG, in: Internationales Steuerrecht 2019, S. 43–51.

Schnitger, Arne/Krüger, Sebastian/Nielsen, Lars (IStR 2019): Neues zur Unionsrechtskonformität der (erweiterten) Hinzurechnungsbesteuerung, in: Internationales Steuerrecht 2019, S. 340–347.

Schnitger, Arne/Nitzschke, Dirk/Gebhardt, Ronald (IStR 2016): Anmerkungen zu den Vorgaben für die Hinzurechnungsbesteuerung nach der sog „Anti-BEPS-Richtlinie", in: Internationales Steuerrecht 2016, S. 960–975.

Schnitger, Arne/Rüsch, Gary (DK 2016): Behandlung von Gewinnausschüttungen im System der Hinzurechnungsbesteuerung, in: Der Konzern 2016, S. 381–384.

Schnitger, Arne/Rüsch, Garry (FR 2017): Anwendung des § 8b Abs. 5 Satz 1 KStG auf nach § 3 Nr. 41 Buchst. a EStG steuerfreie Gewinnausschüttungen, in: Finanz-Rundschau 2017, S. 1142–1147.

Schnorberger, Stephan u. a. (BB 2023): Globale Mindestbesteuerung – Vermeidung der Doppelbesteuerung und Rechtsschutz im Rahmen von Säule 2, in: Betriebs-Berater 2023, S. 151–159.

Schön, Benjamin (Mergers & Acquisitions als strategisches Instrument, 2013): Mergers & Acquisitions als strategisches Instrument – Die Erschließung technologischen Wissens mittels Unternehmenszusammenschlüsse, Berlin 2013.

Schön, Wolfgang (DB 2001): Hinzurechnungsbesteuerung und Europäisches Gemeinschaftsrecht, in: Der Betrieb 2001, S. 940–947.

Schön, Wolfgang (FR 2001): Die Abzugsschranken des § 3c EStG zwischen Verfassungs- und Europarecht, in Finanz-Rundschau 2001, S. 381–392.

Schön, Wolfgang (IStR 2022): Internationale Steuerpolitik zwischen Steuerwettbewerb, Steuerkoordinierung und dem Kampf gegen Steuervermeidung, in: Internationales Steuerrecht 2022, S. 181–191.

Schön, Wolfgang (IStR-Beihefter 2013): Deutsche Hinzurechnungsbesteuerung und Europäische Grundfreiheiten, in: Internationales Steuerrecht Beihefter 2013, S. 3–22.

Schön, Wolfgang (Tax Competition in Europe, 2003): Tax Competition in Europe, Hrsg. Schön, Wolfgang, Amsterdam 2003, S. 1–42.

Schönfeld, Jens (Außensteuerrecht, 2019): Kommentierung zu § 50d Abs. 9 EStG, in: F/W/B/S, Außensteuerrecht, Kommentar, Hrsg. Wassermeyer, Franz u. a., 100. Ergänzungslieferung, Bonn und Köln 2022.

Schönfeld, Jens (Hinzurechnungsbesteuerung und Europäisches Gemeinschaftsrecht, 2005): Hinzurechnungsbesteuerung und Europäisches Gemeinschaftsrecht, Köln 2005.

Schönfeld, Jens (IStR 2008): Probleme der Anwendung von § 8 Abs. 1 Nr. 9 AStG (Anteilsveräußerungsgewinne und -verluste) in mehrstufigen Beteiligungsstrukturen, in: Internationales Steuerrecht 2008, S. 392–396.

Schönfeld, Jens (IStR 2017): Hinzurechnungsbesteuerung und Anti-Tax-Avoidance-Directive, in: Internationales Steuerrecht 2017, S. 721–729.

Schönfeld, Jens (IStR 2019): Aktuelle Entwicklungen zur Hinzurechnungsbesteuerung, in: Internationales Steuerrecht 2019, S. 397–401.

Schönfeld, Jens (IStR 2022): Die Rolle der Rechtsprechung im Europäischen Steuerrecht, Wolfgang Schön zum 60. Geburtstag, in: Internationales Steuerrecht 2022, S. 617–626.

Schönfeld, Jens (IWB 2006): Quo vadis Hinzurechnungsbesteuerung und EG-Recht – Bestandsaufnahme und neuere Entwicklungen, in: Internationales Steuer- und Wirtschaftsrecht 2006, S. 11–22.

Schönfeld, Jens (StuW 2005): Hinzurechnungsbesteuerung zwischen Steuerwettbewerb und Europäischen Grundfreiheiten, in: Steuer und Wirtschaft 2005, S. 158–170.

Schönfeld, Jens/Ellenrieder, Benedikt/Sendke, Thomas (IStR 2022): Europäische Grundrechte und Sekundärrecht, in: Internationales Steuerrecht 2022, S. 517–525.

Schönfeld, Jens/Häck, Nils (DBA, 2019): Kommentierung zu Art. 23A OECD-MA, in: Schönfeld/Ditz, Doppelbesteuerungsabkommen, Hrsg. Schönfeld, Jens/Ditz, Xaver, 2. Auflage, Bonn 2019.

Schönfeld, Jens/Häck, Nils (DBA, 2019): Kommentierung zu Systematik der Doppelbesteuerungsabkommen, in: Schönfeld/Ditz, Doppelbesteuerungsabkommen, Hrsg. Schönfeld, Jens/Ditz, Xaver, 2. Auflage, Bonn 2019.

Schönfeld, Jens/Häck, Nils (ISR 2013): Der Methodenartikel in der deutschen Verhandlungsgrundlage für Doppelbesteuerungsabkommen, in: Internationale Steuer-Rundschau 2013, S. 168–177.

Schönfeld, Jens/Rüsch, Gary (Außensteuerrecht, 2019): Kommentierung zu § 3 Nr. 41 EStG, in: F/W/B/S, Außensteuerrecht, Kommentar, Hrsg. Wassermeyer, Franz u. a., 100. Ergänzungslieferung, Bonn und Köln 2022.

Scholz, Christian/Köhler, Hanjo (IStR 2022): Prüfung von konzerninternen Finanzierungsbeziehungen unter den Verwaltungsgrundsätzen Verrechnungspreise v. 14.07.2021, in: Internationales Steuerrecht 2022, S. 14–21.

Schmidt, Andrea (EStG/KStG, 2020): Kommentierung zu § 17 EStG, in: H/H/R, Einkommensteuer- und Körperschaftsteuergesetz, Kommentar, Hrsg. Hey, Johanna u. a., 310. Ergänzungslieferung, Köln und München 2022.

Schnitter, Georg (KStG/GewStG/UmwStG, 2021): Kommentierung zu § 7 GewStG, in: F/D, KStG, GewStG, UmwStG, Kommentar, Hrsg. Frotscher, Gerrit/Drüen, Klaus-Dieter, abgerufen Dezember 2021.

Schnitter, Georg (KStG/GewStG/UmwStG, 2021): Kommentierung zu § 9 Nr. 2a GewStG, in: F/D, KStG, GewStG, UmwStG, Kommentar, Hrsg. Frotscher, Gerrit/Drüen, Klaus-Dieter, abgerufen Dezember 2021.

Schreiber, Ulrich (Aspekte der Unternehmensbesteuerung in Europa, 1996): Aspekte der Unternehmensbesteuerung in Europa, in: Jacobs/Spengel, Hrsg. Jacobs, Otto/Spengel, Christoph, Baden-Baden 1996.

Schreiber, Ulrich/Kahle, Holger/Ruf, Martin (Besteuerung der Unternehmen, 2012): Besteuerung der Unternehmen, Eine Einführung in Steuerrecht und Steuerwirkung, 3. Auflage, Mannheim 2012.

Schreiber, Ulrich (DBW 1992): Die Besteuerung internationaler Kapitaleinkommen, in: Die Betriebswirtschaft 1992, S. 829–850.

Schreiber, Ulrich (ZfbF 1993): Ertragbesteuerung und Finanzierung ausländischer Tochterkapitalgesellschaften, in: Schmalenbachs Zeitschrift für betriebswirtschaftliche Forschung 1993, S. 510–534.

Schreiber, Ulrich/Kahle, Holger/Ruf, Martin (Besteuerung der Unternehmen, 2021): Besteuerung der Unternehmen, Eine Einführung in Steuerrecht und Steuerwirkung, 5. Auflage, Mannheim, Stuttgart und Tübingen 2021.

Schreiber, Ulrich/Stellpflug, Thomas (WiSt 1999): Einkommen oder Konsum als Steuerbasis?, in: Wirtschaftswissenschaftliches Studium 1999, S. 186–192.

Schroeder, Werner (EUV/AUEV, 2018): Kommentierung zu Art. 288 AEUV, in: Streinz, EUV, AEUV, Beck'sche Kurz-Kommentare, Hrsg. Streinz, Rudolf, Band 57, 3. Auflage, München 2018.

Schümmer, Markus/Leusder, Johannes/Weinrich, Arndt (IStR 2018): Implikationen der US-Steuerreform auf die Hinzurechnungsbesteuerung nach dem AStG, in: Internationales Steuerrecht 2018, S. 397–402.

Schütz, Holger (AStG, 2017): Kommentierung zu § 20 AStG, in: Fuhrmann, Außensteuergesetz, Kommentar, Hrsg. Fuhrmann, Sven, 3. Auflage, Frankfurt am Main 2017.

Schwedhelm, Rolf (KStG, 2021): Kommentierung zu § 8 KStG, in: Streck, Körperschaftsteuergesetz, Kommentar, Hrsg. Binnewies, Burkhard, 10. Auflage, Köln 2021.

Sedemund, Jan (Umwandlungen im Internationalen Steuerrecht, 2013): Umwandlungen im Internationalen Steuerrecht, in: Prinz, Hrsg. Prinz, Ulrich, Köln 2013, Rn. 3.1–3.209.

Sedemund, Jan/Sterner, Ingo (BB 2005): Auswirkungen von Sitzverlegungen, Satzungsänderungen und Umwandlungen von ausländischen

Zwischengesellschaften auf die deutsche Hinzurechnungsbesteuerung, in: Betriebs-Berater 2005, S. 2777–2783.

Sedlaczek, Michael/Züger, Mario (EUV/AUEV, 2018): Kommentierung zu Art. 63 AEUV, in: Streinz, EUV, AEUV, Beck'sche Kurz-Kommentare, Hrsg. Streinz, Rudolf, Band 57, 3. Auflage, München 2018.

Seer, Roman (AO/FGO, 2017): Kommentierung zu Europarechtsschutz, in: T/K, Abgabenordnung, Finanzgerichtsordnung, Kommentar, Hrsg. Seer, Roman u. a, 173. Ergänzungslieferung, Köln 2022.

Seer, Roman (DStR 1997): Die steuerliche Behandlung des Forschungstransfers unter Berücksichtigung der gesetzlichen Neuregelungen ab 01.01.1997, in: Deutsches Steuerrecht 1997, S. 436–442.

Seer, Roman (Steuerrecht, 2021): Steuerrecht, in: T/L, Hrsg. Lang, Joachim/Tipke, Klaus, 24. Auflage, Köln, Bochum und Münster 2021, § 1, Rn. 1–100.

Seer, Roman (Steuerrecht, 2021): Steuerrecht, in: T/L, Hrsg. Lang, Joachim/Tipke, Klaus, 24. Auflage, Köln, Bochum und Münster 2021, § 6, Rn. 1–91.

Sejdija, Feriz/Gaiser, Simon (DB 2020): Verschmelzungen und andere Vermögensübertragungen außerhalb der EU oder des EWR, in: Der Betrieb 2020, S. 1697–1700.

Sejdija, Feriz/Trinks, Matthias (IStR 2013): Zur steuerlichen Behandlung von Drittlandsverschmelzungen auf Anteilseignerebene, in: Internationales Steuerrecht 2013, S. 866–868.

Selder, Johannes (GewStG, 2021): Kommentierung zu § 7 GewStG, in: Glanegger/Güroff, Gewerbesteuergesetz, Kommentar, Hrsg. Güroff, Georg/Selder, Johannes/Wagner, Ludwig, 10. Auflage, München 2021.

Selling, Heinz-Jürgen (IStR 2000a): Deutschland im Steuerwettbewerb der Staaten – Einige steuerpolitische Überlegungen, in: Internationales Steuerrecht 2000, S. 225–232.

Selling, Heinz-Jürgen (IStR 2000b): Steuerharmonisierung im europäischen Binnenmarkt – Ein Überblick, in: Internationales Steuerrecht 2000, S. 417–424.

Servatius, Wolfgang (Gesellschaftsrecht, 2021): Kommentierung zu § 230 HGB, in: Henssler/Strohn, Gesellschaftsrecht, Beck'sche Kurz-Kommentare, Hrsg. Henssler, Martin/Strohn, Lutz, Band 62, 5. Auflage, Köln, Solingen und München 2020.

Sheen, Albert (J. Finance 2014): The Real Product Market Impact of Mergers, in: Journal of Finance 2014, S. 2651–2688.

Siebing, Theresa (ISR 2021): Wohnsitz und gewöhnlicher Aufenthalt als nationale Anknüpfungsmerkmale der Besteuerung, in: Internationale Steuer-Rundschau 2021, S. 104–113.

Sigloch, Jochen (StuW 1990): Verzerrende Wirkungen von Bemessungsgrundlagen und Tarif auf Unternehmensentscheidungen nach der Steuerreform 1990, in: Steuer und Wirtschaft 1990, S. 229–239.

Söhn, Hartmut (AO/FGO, 2018): Kommentierung zu § 180 AO, in: H/H/Sp, Abgabenordnung, Finanzgerichtsordnung, Kommentar, Hrsg. Drüen, Klaus-Dieter u. a., 267. Ergänzungslieferung, München u. a. 2022.

Sommer, Christoph/Retzer, Daniel (ISR 2016): BEPS-Umsetzung: Entwurf eines Gesetzes zur Umsetzung der Änderungen der EU-Amtshilferichtlinie und von weiteren Maßnahmen gegen Gewinnkürzungen und -verlagerungen: Darstellung der geplanten Neuregelungen und kritische Würdigung, in: Internationale Steuer-Rundschau 2016, S. 283–291.

Sonntag, Nils (AStG/DBA, 2013): Kommentierung zu § 12 AStG, in: S/K/K, Außensteuergesetz, Doppelbesteuerungsabkommen, Kommentar, Hrsg. Strunk, Günther/Kaminski, Bert/Köhler, Stefan, 60. Ergänzungslieferung, Hamburg und Frankfurt am Main 2022.

Spek, Helena/Schumacher, Frederik (Ubg 2021): Anrechnung ausländischer Steuern auf die Gewerbesteuer – jetzt auch in der Praxis!?, in: Die Unternehmensbesteuerung 2021, S. 340–346.

Spengel, Christoph (FR 2009): Bilanzrechtsmodernisierung bis Zukunft der Steuerbilanz, in: Finanz-Rundschau 2009, S. 101–113.

Spengel, Christoph (Internationale Unternehmensbesteuerung, 2003): Internationale Unternehmensbesteuerung in der Europäischen Union, Mannheim 2003.

Spengel, Christoph/Bräutigam, Rainer (Ubg 2015): Steuerpolitik in Deutschland – eine Halbzeitbilanz der aktuellen Legislaturperiode im Kontext europäischer Entwicklungen, in: Die Unternehmensbesteuerung 2015, S. 569–581.

Spengel, Christoph/Jaeger, Claudia/Müller, Katja (IStR 2000): Europarechtliche Beurteilung des Gesetzesentwurfs zur Senkung der Steuersätze und zur Reform der Unternehmensbesteuerung, in: Internationales Steuerrecht 2000, S. 257–262.

Spengel, Christoph/Meier, Ina (FR 2016): Niedrigverzinsung und Unternehmensbesteuerung, in: Finanz-Rundschau 2016, S. 496–502.

Spengel, Christoph/Nusser, Hannah (DK 2015): Aktueller Stand des OECD-BEPS-Projekts und mögliche Konsequenzen für die Konzernbesteuerung, in: Der Konzern 2015, S. 9–15.

Spengel, Christoph/Wiegard, Wolfgang (DB 2005): Deutschland ist ein Hochsteuerland für Unternehmen, in: Der Betrieb 2005, S. 516–520.

Spindler, Gerald, (AktG, 2019): Kommentierung zu § 77 AktG, in: Münchener Kommentar zum AktG, Band 2, 5. Auflage, 2019.

Stahl, Christian (ISR 2014): Die wesentliche wirtschaftliche Tätigkeit i. S. d. § 8 Abs. 2 AStG, Missbrauchsdogmatik im Rahmen der Hinzurechnungsbesteuerung, in: Internationale Steuer-Rundschau 2014, S. 365–374.

Starke, Peter (FR 2005): Gewerbesteuerliche Behandlung von Dividenden, in: Finanzrundschau 2005, S. 681–684.

Stangl, Ingo (Konzernsteuerrecht, 2018): Konzernsteuerrecht, in: Kessler/Kröner/Köhler, Hrsg. Kessler, Wolfgang/Kröner, Michael/Köhler, Stefan, 3. Auflage, Freiburg und Frankfurt am Main 2018, § 4, Rn. 1–566.

Stapperfend, Thomas (EStG/KStG, 2022): Kommentierung zu § 15 EStG, in: H/H/R, Einkommensteuer- und Körperschaftsteuergesetz, Kommentar, Hrsg. Hey, Johanna u. a., 310. Ergänzungslieferung, Köln und München 2022.

Staats, Wendelin (AStG, 2022): Kommentierung zu Vor §§ 7 bis 14 AStG, in: BeckOK AStG, Beck'sche Online-Kommentare, AStG, Hrsg. Mann, Alexander/Staats, Wendelin, abgerufen Oktober 2022.

Staats, Wendelin (AStG, 2022): Kommentierung zu § 7 AStG, in: BeckOK AStG, Beck'sche Online-Kommentare, AStG, Hrsg. Mann, Alexander/Staats, Wendelin, abgerufen Oktober 2022.

Staccioli, Guido/Kunert, Ruben (ISR 2022): Einfache verdeckte Gewinnausschüttungen bei ausländischen, nicht vergleichbaren Umwandlungsvorgängen in der neuen Hinzurechnungsbesteuerung, in: Internationalen Steuer-Rundschau 2022, S. 321–333.

Stahl, Rudolf (EStG, 2020): Kommentierung zu § 16 EStG, in: Korn, Einkommensteuergesetz, Kommentar, Hrsg. Korn, Klaus u. a., 136. Ergänzungslieferung, Köln 2022.

Stein, Volker/Becker, Jan Dierk (GmbHR 2003): Steuerplanung beim Erwerb von Auslandsbeteiligungen im Kapitalgesellschaftskonzern, in: GmbH-Rundschau 2003, S. 84–91.

Steiner, Gerhard (SIW 2006): Aggressive Steuerplanung – oder wo das Geld hinfließt, in: Zeitschrift für internationales Steuer- und Wirtschaftsrecht 2006, S. 308–313.

Stenger, Carola (Unternehmensnachfolge, 2020): Unternehmensnachfolge, in: Scherer, Hrsg. Scherer, Stephan, 6. Auflage, Mannheim 2020, § 5, Rn. 1–269.

Stenzel, Roman (DStR 2018): Grundlagen von Managementbeteiligungen an AG und GmbH (Teil I), in: Deutsches Steuerrecht 2018, S. 82–86.

Stimpel, Thomas (KStG, 2015): Kommentierung zu § 27 KStG, in: R/H/N, Körperschaftsteuergesetz, Kommentar, Hrsg. Rödder, Thomas/Herlinghaus, Andreas/Neumann, Ralf, Bonn, München und Köln 2015.

Stobbe, Thomas (EStG/KStG, 2021): Kommentierung zu § 6 KStG, in: H/H/R, Einkommensteuer- und Körperschaftsteuergesetz, Kommentar, Hrsg. Hey, Johanna u. a., 310. Ergänzungslieferung, Köln und München 2022.

Stöber, Michael (AO/FGO, 2021): Kommentierung zu § 42 AO, in: Gosch, Abgabenordnung, Finanzgerichtsordnung, Kommentar, Hrsg. Gosch, Dietmar/Hoyer, Andreas, 167. Ergänzungslieferung, München und Kiel 2022.

Stöber, Michael (GmbHR 2022): Steuerrechtliche Konsequenzen der Abschaffung des Gesamthandsprinzips für Personengesellschaften durch das MoPeG, in: GmbH-Rundschau 2022, S. 967–974.

Stöber, Michael (NZG 2017): Die Informationsrechte von Genussrechtsinhabern, in: Neue Zeitschrift für Gesellschaftsrecht, S. 1401–1407.

Strahl, Martin (EStG, 2021): Kommentierung zu § 17 EStG, in: Korn, Einkommensteuergesetz, Kommentar, Hrsg. Korn, Klaus u. a., 136. Ergänzungslieferung, Köln 2022.

Stratz, Rolf-Christian/Hettler, Stephan (Beck'sches Mandatshandbuch Unternehmenskauf, 2013): Beck'sches Mandatshandbuch Unternehmenskauf, in: Hettler/Stratz/Hörtnagl, Hrsg. Hettler, Stephan/Stratz, Rolf-Christian/Hörtnagl, Robert, 2. Auflage, Köln, Leipzig und München 2013, § 1, Rn. 1–132.

Strauss, Ingo (BB 2018): Der M&A-Boom geht auch 2018 weiter-Herausforderungen aus rechtlicher Sicht, in: Betriebs-Berater 2018, S. 1–1.

Strecker, Alexander (koesdi 2022): Steuergestaltung mit inkongruenten Gewinnausschüttungen und -verteilungen bei GmbHs, in: Kölner Steuerdialog 2022, S. 22657–22669.

Streinz, Rudolf (EUV/AUEV, 2018): Kommentierung zu Art. 4 EUV, in: Streinz, EUV, AEUV, Beck'sche Kurz-Kommentare, Hrsg. Streinz, Rudolf, Band 57, 3. Auflage, München 2018.

Strunk, Günther (EStG, 2004): Kommentierung zu § 50d EStG, in: Korn, Einkommensteuergesetz, Kommentar, Hrsg. Korn, Klaus u. a., 136. Ergänzungslieferung, Köln 2022.

Strunk, Günther/Haase, Florian (BB 2007): Die tatbestandliche Erfassung von Genussrechten als Anteile an Kapitalgesellschaften bei der Hinzurechnungsbesteuerung, in: Betriebs-Berater 2007, S. 17–23.

Strunk, Günther/Kaminski, Bert (AStG/DBA, 2021): Kommentierung zu Art. 3 OECD-MA, in: S/K/K, Außensteuergesetz, Doppelbesteuerungsabkommen, Kommentar, Hrsg. Strunk, Günther/Kaminski, Bert/Köhler, Stefan, 60. Ergänzungslieferung, Hamburg und Frankfurt am Main 2022.

Stürner, Johannes (DStR 2015): Die Haftung des Stiftungsvorstands bei der Vermögensverwaltung, in: Deutsches Steuerrecht 2015, S. 1628–1634.

Suchanek, Markus (EStG/KStG, 2021): Kommentierung zu § 8c KStG, in: H/H/R, Einkommensteuer- und Körperschaftsteuergesetz, Kommentar, Hrsg. Hey, Johanna u. a., 310. Ergänzungslieferung, Köln und München 2022.

Suchanek, Markus/Hannweber, Paul (Ubg 2016): § 9 Nr. 2a GewStG als Gewerbesteuerfalle bei doppelt ansässigen Tochterkapitalgesellschaften in Zuzugsfällen?, in: Die Unternehmensbesteuerung 2016, S. 441–448.

Sydow, Sabine (Steuerrecht international tätiger Unternehmen, 2018): Steuerrecht international tätiger Unternehmen, in: Mössner u. a., Hrsg. Mössner, Jörg/Baumhoff, Hubertus/Greif Martin, 5. Auflage, Osnabrück 2018, Rn. 1.1–1.266.

Tcherveniachki, Vassil/Linnemann, Nils (DB 2022): Pillar 2 und das Nebeneinander der Mindestbesteuerung und der Hinzurechnungsbesteuerung-Kritische Würdigung der Umsetzung der globalen Mindestbesteuerung (Pillar 2) innerhalb der EU nach dem Richtlinienentwurf vom 22.12.2021, in: Der Betrieb 2022, S. 1350–1357.

Terchete, Jörg Philipp (EUV/GRC/AEUV, 2017): Kommentierung zu Art. 36 AEUV, in: Pechstein/Nowak/Häde, EUV, GRC, AEUV, Frankfurter Kommentar Hrsg. Pechstein, Matthias/Nowak, Carsten/Häde, Ulrich, Band 2, Tübingen 2017.

Terra, Ben/Wattel, Peter (European Tax Law, 2001): European Tax Law, 3. Auflage, London 2001.

Teufel, Tobias (Unternehmensteuerrecht, 2018): Unternehmensteuerrecht, in: Lüdicke/Sistermann, Hrsg. Lüdicke, Jochen/Sistermann, Christian, 2. Auflage, Düsseldorf und München 2018, § 2, Rn. 1–82.

Theile, Carsten (GmbHR 2001): Kapitalmarktorientierte Rechnungslegung auch für die GmbH zwingend?, in: GmbH-Rundschau 2001, S. 892–898.

Tipke, Klaus (Die Steuerrechtsordnung, 1993): Die Steuerrechtsordnung, Steuerrechtfertigungstheorie, Anwendung auf alle Steuerarten, sachgerechtes Steuersystem, Köln 1993.

Tipke, Klaus (Steuergerechtigkeit, 1981): Steuergerechtigkeit in Theorie und Praxis, Vom politischen Schlagwort zum Rechtsbegriff und zur praktischen Anwendung, Köln 1987.

Tipke, Klaus/Lang, Joachim (Steuerrecht 2021): Steuerrecht, Handbuch, Hrsg. Lang, Joachim, 24. Auflage, Köln, Bochum und Münster 2021.

Töben, Thomas (IStR 2017): Floating Income und andere Missverständnisse, in: Internationales Steuerrecht 2017, S. 942–949.

Töben, Thomas/Lohbeck, Allit/Specker, Gerhard (NWB 2009): Rettungsmaßnahmen auf der Schuldenseite zur Überwindung der Krise, Debt Restructuring, in: Steuer- und Wirtschaftsrecht 2009, S. 1484–1499.

Tormöhlen, Helmut (EStG, 2020): Kommentierung zu § 3 Nr. 41 EStG, in: Korn, Einkommensteuergesetz, Kommentar, Hrsg. Korn, Klaus u. a., 136. Ergänzungslieferung, Köln 2022.

Treusch, Christian (AStG, 2022): Kommentierung zu § 20 AStG, in: BeckOK AStG, Beck'sche Online-Kommentare, AStG, Hrsg. Mann, Alexander/Staats, Wendelin, abgerufen Oktober 2022.

Ulrich, Hans (Unternehmungspolitik, 1978): Unternehmungspolitik, Stuttgart 1978.

Valta, Matthias (Internationales Steuerrecht, 2023): Internationales Steuerrecht, in: Schaumburg, Hrsg. Schaumburg, Harald, 5. Auflage, Bonn 2023, Rn. 5.1–5.77.

Valta, Matthias (ISR 2014): Base Erosion and Profit Shifting: Die jüngsten Diskussionsentwürfe der OECD zum BEPS Projekt (Teil 3): Hybride Gestaltungen, in: Internationale Steuer-Rundschau 2014, S. 249–256.

Valta, Matthias (ISR 2022): BEPS 2.0 – Aktueller Stand und Überblicksanalyse der beiden Säulen Marktstaatenbesteuerung und Mindestbesteuerung, in: Internationale Steuer-Rundschau 2022, S. 300–307.

Van Lishaut, Ingo (FR 2019): Methodenfragen im Zypern-Fall (BFH v. 13.06.2018 – I R 94/15, FR 2018, S. 1092), in: Finanz-Rundschau 2019, S. 370–373.

Veil, Rüdiger (AktG, 2019): Kommentierung zu § 291 AktG, in: Spindler/Stilz, Hrsg. Spindler, Gerald/Stilz, Eberhard, Band 2, 4. Auflage, Göttingen und Stuttgart 2019.

Veit, Annekatrin (EStG, 2016): Kommentierung zu § 4f EStG, in: Korn, Einkommensteuergesetz, Kommentar, Hrsg. Korn, Klaus u. a., 136. Ergänzungslieferung, Köln 2022.

Vituschek, Michael (AStG, 2021): Kommentierung zu § 20 AStG, Fassung vom 1. Januar 2015, in: AStG eKommentar, AStG, elektronischer Kommentar, Hrsg. Mattern, Oliver u. a., abgerufen Januar 2022.

Vituschek, Michael (AStG, 2022): Kommentierung zu § 20 AStG, Fassung vom 1. Januar 2022, in: AStG eKommentar, AStG, elektronischer Kommentar, Hrsg. Mattern, Oliver u. a., abgerufen Oktober 2022.

Völker, Dietmar (IStR 2009): Kapitalverkehrsfreiheit für Drittstaatendividenden – Widerspruch zur BFH-Rechtsprechung oder Bestätigung des BFH durch den EuGH-Beschluss vom 04.06.2009?, in: Internationales Steuerrecht 2009, S. 705–709.

Vogel, Klaus (DStZ 1997): Internationales Steuerrecht, in: Deutsche Steuer-Zeitung 1997, S. 269–281.

Vogel, Klaus (StuW 1993): Harmonisierung des Internationalen Steuerrechts in Europa als Alternative zur Harmonisierung des (materiellen) Körperschaftsteuerrechts, in: Steuer und Wirtschaft 1993, S. 380–388.

Vogt, Gabriele (DStR 2005): Die Niedrigbesteuerung in den Hinzurechnungsvorschriften des AStG, in: Deutsches Steuerrecht 2005, S. 1347–1351.

Vogt, Gabriele (Ertragsteuerrecht, 2016): Kommentierung zu § 7 AStG, in: Brandis/Heuermann, Ertragsteuerrecht, Kommentar, Hrsg. Heuermann, Bernd/Brandis, Peter, 161. Ergänzungslieferung, München 2022.

Vogt, Gabriele (Ertragsteuerrecht, 2016): Kommentierung zu § 8 AStG, in: Brandis/Heuermann, Ertragsteuerrecht, Kommentar, Hrsg. Heuermann, Bernd/Brandis, Peter, 161. Ergänzungslieferung, München 2022.

Vogt, Gabriele (Ertragsteuerrecht, 2018): Kommentierung zu § 10 AStG, in: Brandis/Heuermann, Ertragsteuerrecht, Kommentar, Hrsg. Heuermann, Bernd/Brandis, Peter, 161. Ergänzungslieferung, München 2022.

Vogt, Gabriele (Ertragsteuerrecht, 2020): Kommentierung zu § 17 EStG, in: Brandis/Heuermann, Ertragsteuerrecht, Kommentar, Hrsg. Heuermann, Bernd/Brandis, Peter, 161. Ergänzungslieferung, München 2022.

Vogt, Gabriele (Ertragsteuerrecht, 2022): Kommentierung zu Vor §§ 7 bis 13 AStG, in: Brandis/Heuermann, Ertragsteuerrecht, Kommentar, Hrsg. Heuermann, Bernd/Brandis, Peter, 162. Ergänzungslieferung, München 2022.

Vogt, Gabriele (Ertragsteuerrecht, 2022): Kommentierung zu § 7 AStG, in: Brandis/Heuermann, Ertragsteuerrecht, Kommentar, Hrsg. Heuermann, Bernd/Brandis, Peter, 162. Ergänzungslieferung, München 2022.

Vogt, Gabriele (Ertragsteuerrecht, 2022): Kommentierung zu § 8 AStG, in: Brandis/Heuermann, Ertragsteuerrecht, Kommentar, Hrsg. Heuermann, Bernd/Brandis, Peter, 162. Ergänzungslieferung, München 2022.

Vogt, Gabriele (Ertragsteuerrecht, 2022): Kommentierung zu § 10 AStG, in: Brandis/Heuermann, Ertragsteuerrecht, Kommentar, Hrsg. Heuermann, Bernd/Brandis, Peter, 162. Ergänzungslieferung, München 2022.

Vogt, Gabriele (Ertragsteuerrecht, 2022): Kommentierung zu § 11 AStG, in: Brandis/Heuermann, Ertragsteuerrecht, Kommentar, Hrsg. Heuermann, Bernd/Brandis, Peter, 162. Ergänzungslieferung, München 2022.

Vogt, Gabriele (Ertragsteuerrecht, 2022): Kommentierung zu § 12 AStG, in: Brandis/Heuermann, Ertragsteuerrecht, Kommentar, Hrsg. Heuermann, Bernd/Brandis, Peter, 162. Ergänzungslieferung, München 2022.

Vogt, Gabriele (Ertragsteuerrecht, 2022): Kommentierung zu § 20 AStG, in: Brandis/Heuermann, Ertragsteuerrecht, Kommentar, Hrsg. Heuermann, Bernd/Brandis, Peter, 162. Ergänzungslieferung, München 2022.

Von Beckerath, Hans-Jochen (EStG, 2022): Kommentierung zu § 3 Nr. 41 EStG, in: Kirchhof/Seer, Einkommensteuergesetz, Hrsg. Seer, Roman, 21. Auflage, Bochum 2022.

Von Dryander, Christof/Raettig, Lutz (Grundlagen des M&A-Geschäfts, 2018): Grundlagen des M&A-Geschäfts, Strategie, Recht, Steuern, in: Schalast/Raettig, Hrsg. Schalast, Christoph/Raettig, Lutz, 2. Auflage, Frankfurt am Main 2018, S. 19–36.

Voß, Klaus (DB 2021): Ein kursorischer Überblick über die ab 2022 geltenden Bestimmungen der Hinzurechnungsbesteuerung, in: Der Betrieb 2021, S. 2793–2796.

Wachter, Thomas (DB 2022): Neues und Altes zum Nießbrauch an GmbH-Geschäftsanteilen, in: Der Betrieb 2022, S. 2111–2121.

Wacker, Roland (DStR 2019): Personengesellschaften im Internationalen Steuerrecht – Aktuelles zur Betriebsstättenzurechnung, in: Deutsches Steuerrecht 2019, S. 836–846.

Wacker, Roland (EStG, 2022): Kommentierung zu § 15 EStG, in: Schmidt, Einkommensteuergesetz, Kommentar, Hrsg. Weber-Grellet, Heinrich, 41. Auflage, München 2022.

Wacker, Roland (EStG, 2022): Kommentierung zu § 16 EStG, in: Schmidt, Einkommensteuergesetz, Kommentar, Hrsg. Weber-Grellet, Heinrich, 41. Auflage, München 2022.

Wälzholz, Eckhard (Umwandlungsrecht, 2018): Kommentierung zu § 29 UmwG, in: W/M, Umwandlungsrecht, Kommentar, Hrsg. Widmann, Siegfried/Mayer, Dieter, 197. Ergänzungslieferung, München 2022.

Wagner, Klaus (AO, 2022): Kommentierung zu § 179 AO, in: BeckOK AO, Beck'sche Online-Kommentare, AO, Hrsg. Pfirrmann, Volker/Rosenke, Torsten/Wagner, Klaus, abgerufen Oktober 2022.

Wagner, Franz (FA 1986): Der gesellschaftliche Nutzen einer betriebswirtschaftlichen Steuervermeidungslehre, in: FinanzArchiv 1986, S. 32–54.

Wagner, Franz (Kernfragen der Unternehmensbesteuerung, 2015): Kernfragen der Unternehmensbesteuerung, Symposium für Ulrich Schreiber zum 65. Geburtstag, in: Kahle u. a., Hrsg. Kahle, Holger u. a., Hohenheim u. a. 2015, S. 11–40.

Wagner, Franz (StuW 1992): Neutralität und Gleichmäßigkeit als ökonomische und rechtliche Kriterien steuerlicher Normkritik, in: Steuer und Wirtschaft 1992, S. 1–13.

Wagner, Franz (StuW 2001): „Karlsruher Entwurf zur Reform des Einkommensteuergesetzes" – Anmerkungen aus der Perspektive ökonomischer Vernunft, in: Steuer und Wirtschaft 2001, S. 354–362.

Wagner, Franz (StuW 2022): Neue Herausforderung für eine Steuerlehre als betriebswirtschaftliche Disziplin, Steuer und Wirtschaft 2022, S. 336–348.

Wagner, Franz/Dirrigl, Hans (Die Steuerplanung der Unternehmung, 1980): Die Steuerplanung der Unternehmung, Stuttgart 1980.

Wagner, Franz/Wissel, Harald (WiSt 1995): Entscheidungsneutralität der Besteuerung als Leitlinie einer Reform der Einkommensteuer, in: Wirtschaftswissenschaftliches Studium 1995, S. 65–70.

Wala, Thomas/Knoll, Leonhard/Messner, Stephanie (DStR 2007): Vor- und Nachteile einer Integration von internem und externem Rechnungswesen auf Basis der IFRS – Teil I, in: Deutsches Steuerrecht 2007, S. 1834–1838.

Waldens, Stefan/Sedemund, Jan (IStR 2007): Steuern steuern durch Prinzipalstrukturen: Ist nach Cadbury Schweppes nunmehr fast alles möglich?, in: Internationales Steuerrecht 2007, S. 450–457.

Waldhoff, Christian (EUV/AUEV, 2022): Kommentierung zu Art. 113 AEUV, in: Callies/Ruffert, AEUV, EUV, Kommentar, Hrsg. Calliess, Christian/Ruffert, Matthias, 6. Auflage, Berlin 2022.

Walter, Wolfgang (KStG, 2021): Kommentierung zu § 14 KStG, in: Bott/Walter, Hrsg. Bott, Harald/Walter, Wolfgang, Körperschaftsteuergesetz, Kommentar, 159. Ergänzungslieferung, Alzenau, Denkendorf und Stuttgart 2022.

Walter, Wolfgang (KStG, 2020): Kommentierung zu § 15 KStG, in: Bott/Walter, Hrsg. Bott, Harald/Walter, Wolfgang, Körperschaftsteuergesetz, Kommentar, 159. Ergänzungslieferung, Alzenau, Denkendorf und Stuttgart 2022.

Wassermeyer, Franz (Außensteuerrecht, 2016): Kommentierung zu § 14 AStG, in: F/W/B/S, Außensteuerrecht, Kommentar, Hrsg. Wassermeyer, Franz u. a., 100. Ergänzungslieferung, Bonn und Köln 2022.

Wassermeyer, Franz (Außensteuerrecht, 2018): Kommentierung zu Vor §§ 7–14 AStG, in: F/W/B/S, Außensteuerrecht, Kommentar, Hrsg. Wassermeyer, Franz u. a., 100. Ergänzungslieferung, Bonn und Köln 2022.

Wassermeyer, Franz (Außensteuerrecht, 2018): Kommentierung zu § 7 AStG, in: F/W/B/S, Außensteuerrecht, Kommentar, Hrsg. Wassermeyer, Franz u. a., 100. Ergänzungslieferung, Bonn und Köln 2022.

Wassermeyer, Franz (Außensteuerrecht, 2020): Kommentierung zu § 21 AStG, in: F/W/B/S, Außensteuerrecht, Kommentar, Hrsg. Wassermeyer, Franz u. a., 100. Ergänzungslieferung, Bonn und Köln 2022.

Wassermeyer, Franz (Betriebsstätten-Handbuch, 2017): Betriebsstätten-Handbuch, in: Wassermeyer/Andresen/Ditz, Hrsg. Wassermeyer, Franz/Andresen, Ulf/Ditz, Xaver, 2. Auflage, Bonn und Frankfurt am Main 2017, Rn. 9.1–9.59.

Wassermeyer, Franz (DBA, 2013): Kommentierung zu Art. 7 OECD-MA, Doppelbesteuerung, Kommentar, Hrsg. Wassermeyer, Franz u. a., Band 1, 156. Ergänzungslieferung, München 2022.

Wassermeyer, Franz (FS Lüdicke, 2019): Festschrift für Jürgen Lüdicke, in: Gosch/Schnitger/Schön, Hrsg. Gosch, Dietmar/Schnitger, Arne/Schön, Wolfgang, München 2019, S. 605–613.

Wassermeyer, Franz (IStR 2007): Die Anwendung der Doppelbesteuerungsabkommen auf Personengesellschaften, in: Internationales Steuerrecht 2007, S. 413–417.

Wassermeyer, Franz (IStR 2010): Über Unternehmensgewinne im Sinne des Art. 7 OECD-MA, in: Internationales Steuerrecht 2010, S. 37–42.

Wassermeyer, Franz (IStR 2012): Entstrickung innerhalb der Hinzurechnungsbesteuerung, in: Internationales Steuerrecht 2012, S. 804–809.

Wassermeyer, Franz (IStR 2016): Die Besteuerung des Hinzurechnungsbetrages auf der Grundlage des Referentenentwurfs zum Gesetz zur Umsetzung der EU-Amtshilferichtlinie v. 31.05.2016, in: Internationales Steuerrecht 2016, S. 517–518.

Wassermeyer, Franz (IStR 2018): Der Reformbedarf bei der Hinzurechnungsbesteuerung auf der Grundlage der BFH-Rechtsprechung, in: Internationales Steuerrecht 2018, S. 744–747.

Wassermeyer, Franz/Drüen, Klaus-Dieter (DBA, 2018): Kommentierung zu Art. 3 OECD-MA, Doppelbesteuerung, Kommentar, Hrsg. Wassermeyer, Franz u. a., Band 1, 156. Ergänzungslieferung, München 2022.

Wassermeyer, Franz/Kaeser, Christian (DBA, 2018): Kommentierung zu Art. 4 OECD-MA, Doppelbesteuerung, Kommentar, Hrsg. Wassermeyer, Franz u. a., Band 1, 156. Ergänzungslieferung, München 2022.

Wassermeyer, Franz/Kaeser, Christian (DBA, 2018): Kommentierung zu Art. 10 OECD-MA, Doppelbesteuerung, Kommentar, Hrsg. Wassermeyer, Franz u. a., Band 1, 156. Ergänzungslieferung, München 2022.

Wassermeyer, Franz/Schönfeld, Jens (Außensteuerrecht, 2017): Kommentierung zu § 8 AStG, in: F/W/B/S, Außensteuerrecht, Kommentar, Hrsg. Wassermeyer, Franz u. a., 100. Ergänzungslieferung, Bonn und Köln 2022.

Wassermeyer, Franz/Schönfeld, Jens (Außensteuerrecht, 2017): Kommentierung zu § 20 AStG, in: F/W/B/S, Außensteuerrecht, Kommentar, Hrsg. Wassermeyer, Franz u. a., 100. Ergänzungslieferung, Bonn und Köln 2022.

Wassermeyer, Franz/Schönfeld, Jens (Außensteuerrecht, 2019): Kommentierung zu § 10 AStG, in: F/W/B/S, Außensteuerrecht, Kommentar, Hrsg. Wassermeyer, Franz u. a., 100. Ergänzungslieferung, Bonn und Köln 2022.

Wassermeyer, Franz/Schönfeld, Jens (GmbHR 2006): Die EuGH-Entscheidung in der Rechtssache „Cadbury Schweppes“ und deren Auswirkungen auf die deutsche Hinzurechnungsbesteuerung, in: GmbH-Rundschau 2006, S. 1065–1073.

Wassermeyer, Franz/Schönfeld, Jens (IStR 2008): Die Niedrigbesteuerung i. S. des § 8 Abs. 3 AStG vor dem Hintergrund eines inländischen KSt-Satzes von 15 %, in: Internationales Steuerrecht 2008, S. 496–499.

Wassermeyer, Franz u. a. (Außensteuerrecht, 2020): Kommentierung zu § 1 AStG, in: F/W/B/S, Außensteuerrecht, Kommentar, Hrsg. Wassermeyer, Franz u. a., 100. Ergänzungslieferung, Bonn und Köln 2022.

Watermeyer, Heinrich Jürgen (EStG/KStG, 2021): Kommentierung zu § 8b KStG, in: H/H/R, Einkommensteuer- und Körperschaftsteuergesetz, Kommentar, Hrsg. Hey, Johanna u. a., 310. Ergänzungslieferung, Köln und München 2022.

Watrin, Christoph/Eberhardt, David (DStR 2013): Ausschüttungen im System der Hinzurechnungsbesteuerung nach der Neufassung von § 8b Abs. 4 KStG, in: Deutsches Steuerrecht 2013, S. 2893–2607.

Weber, Klaus/Zöller, Daniel (FR 2020): An die Substanz – zur Unionsrechtmäßigkeit der Hinzurechnungsbesteuerung im Drittstaatenfall, in: Finanz-Rundschau 2020, S. 288–297.

Weber, Markus (AktG, 2022): Kommentierung zu § 77 AktG, in: Hölters/Weber, Aktiengesetz, Kommentar, Hrsg. Hölters, Wolfgang/Weber, Markus, 4. Auflage, Düsseldorf 2022.

Weber-Grellet, Heinrich (DB 2011): Veräußerung und Übernahme von Verpflichtungen im Bilanzsteuerrecht, in: Der Betrieb 2011, S. 2875–2880.

Weber-Grellet, Heinrich (DB 2022): Entwicklungen des europäischen Steuerrechts, in: Der Betrieb 2022, S. 1344–1349.

Weber-Grellet, Heinrich (DStR 2009): Neu-Justierung der EuGH-Rechtsprechung, in: Deutsches Steuerrecht 2009, S. 1229–1236.

Weber-Grellet, Heinrich (EStG, 2022): Kommentierung zu § 2 EStG, in: Schmidt, Einkommensteuergesetz, Kommentar, Hrsg. Weber-Grellet, Heinrich, 41. Auflage, München 2022.

Weber-Grellet, Heinrich (EStG, 2022): Kommentierung zu § 4f EStG, in: Schmidt, Einkommensteuergesetz, Kommentar, Hrsg. Weber-Grellet, Heinrich, 41. Auflage, München 2022.

Weber-Grellet, Heinrich (EStG, 2022): Kommentierung zu § 5 EStG, in: Schmidt, Einkommensteuergesetz, Kommentar, Hrsg. Weber-Grellet, Heinrich, 41. Auflage, München 2022.

Weber-Grellet, Heinrich (EStG, 2022): Kommentierung zu § 17 EStG, in: Schmidt, Einkommensteuergesetz, Kommentar, Hrsg. Weber-Grellet, Heinrich, 41. Auflage, München 2022.

Weber-Grellet, Heinrich (Europäisches Steuerrecht, 2022): Kommentierung zu Art. 113 AEUV, in: Musil/Weber-Grellet, Europäisches Steuerrecht, Kommentar, Hrsg. Musil, Andreas/Weber-Grellet, Heinrich, 2. Auflage, Potsdam und München 2022.

Weber-Grellet, Heinrich (FR 2011): Das Koordinatensystem des BVerfG bei der Prüfung von Steuergesetzen, in: Finanz-Rundschau 2011, S. 1028–1034.

Weider, Verena (ISR 2019): Kürzung nach § 9 Nr. 3 GewStG von Hinzurechnungsbeträgen nach alter Rechtslage, in: Internationale Steuer-Rundschau 2019, S. 247–250.

Weiss, Martin (DK 2017): Zur Schachtelstrafe bei § 8b KStG – Zum Problem der Wegelagerersteuer (§ 8b Abs. 3 Satz 1, Abs. 5 Satz 1 KStG), in: Der Konzern 2017, S. 174–181.

Weiss, Martin (ISR 2016): § 3 Nr. 41 Buchst. a EStG ist auch auf Körperschaften anwendbar; das Betriebsausgabenabzugsverbot von 5 % des § 8b Abs. 5 Satz 1 KStG kommt dabei nicht zur Anwendung, in: Internationale Steuer-Rundschau 2016, S. 169–171.

Weiss, Martin (IWB 2016): Neues zur Neutralität von Drittstaatenumwandlungen, in: Internationales Steuer- und Wirtschaftsrecht 2016, S. 904–913.

Weiss, Martin/Brühl, Manuel (IStR 2021): Eine neue Runde bei der Abwicklung von „Dreieckssachverhalten“? – Zugleich Anmerkungen zu dem Schreiben des BMF v. 18.11.2020, IStR 2021, S. 114–121.

Welling, Berthold/Richter, Andreas (FR 2004): 9. Berliner Steuergespräch: Besteuerungsneutralität, in: Finanz-Rundschau 2004, S. 243–246.

Welling, Roland (FR 2022): Der Leistungsfähigkeitsgedanke und die Entstrickung im Spiegel der europäischen Freizügigkeitsrechte – Wie leistungsfähig ist der wesentlich Beteiligte tatsächlich?, in: Finanz-Rundschau 2022, S. 689–690.

Wenzel, Peter (ISR 2017): ATAD: Umsetzungsbedarf bei der spanischen „Transparencia fiscal internacional“ – ein Vorbild für die Reform der deutschen Hinzurechnungsbesteuerung?, in: Internationale Steuer-Rundschau 2017, S. 432–441.

Werndl, Josef (EStG, 2004): Kommentierung zu § 6 EStG, in: K/S/M, Einkommensteuergesetz, Kommentar, Hrsg. Kirchhof, Paul/Söhn, Hartmut/Mellinghoff, Rudolf, 323. Ergänzungslieferung, Heidelberg 2022.

Werneburg, Martin (UmwStG, 2019): Kommentierung zu § 1 UmwStG, in: H/M/B, Umwandlungssteuergesetz, Kommentar, Hrsg. Menner, Stefan/Bilitewski, Andrea, 5. Auflage, Frankfurt und Hamburg 2019.

Wernsmann, Rainer (StuW 2022): Steuergerechtigkeit in der Rechtsprechung des Bundesverfassungsgerichts, in: Steuer und Wirtschaft 2022, S. 280–292.

Werra, Matthias (IStR 2001): Zum Reformbedarf beim Außensteuergesetz unter besonderer Berücksichtigung des Verhaltenskodex, in: Internationales Steuerrecht 2001, S. 438–440.

Wichmann, Gerd (Stbg 2022): Bedeutung der Gesamthandschaft für das Ertragsteuerrecht – aus Sicht des Gesetzes zur Modernisierung des Personengesellschaftsrechts (MoPeG), in: Die Steuerberatung 2022, S. 81–88.

Wichmann, Michael/Schmidt-Heß, Ole (IStR 2014): Die Verhinderung von Abkommensmissbrauch, in: Internationales Steuerrecht 2014, S. 883–888.

Widmann, Siegfried/Mayer, Dieter (Umwandlungsrecht, 2010): Kommentierung zu IDW Standard: Grundsätze zur Durchführung von Unternehmensbewertungen (IDW S 1), in: W/M, Umwandlungsrecht, Kommentar, Hrsg. Widmann, Siegfried/Mayer, Dieter, 197. Ergänzungslieferung, München 2022.

Widmayer, Gerhard (IStR 2001): Genussrechte als Instrument für grenzüberschreitende Finanzierungen, in: Internationales Steuerrecht 2001, S. 337–343.

Wildemann, Horst (DBW 1990): Kundennahe Produktion und Zulieferung: Eine empirische Bestandsaufnahme, in: Die Betriebswirtschaft 1990, S. 309–331.

Williamson, Oliver (JEL 2000): The New Institutional Economics: Taking Stock, Looking Ahead, in: Journal of Economic Literature 2000, S. 595–613.

Winner, Hannes (StuW 2010): Der Kampf gegen „Steueroasen": Eine ökonomische Betrachtung, in: Steuer und Wirtschaft 2010, S. 101–109.

Winter, Michael (UmwG/UmwStG, 2020): Kommentierung zu § 13 UmwG, in: S/H, Umwandlungsgesetz, Umwandlungssteuergesetz, Kommentar, Hrsg. Schmitt, Joachim/Hörtnagl, Robert, 9. Auflage, Bonn und München 2020.

Wirth, Christian (BB 2018): Versicherung von Cyber-Risiken – eine Bestandsaufnahme unter besonderer Berücksichtigung von M&A-Transaktionen, in: Betriebs-Berater 2018, S. 200–208.

Witt, Alexander (Mergers & Acquisitions von börsennotierten Unternehmen in Deutschland, 2019): Mergers & Acquisitions von börsennotierten Unternehmen in Deutschland – Akquisitionsmotive und Integration in das Käuferunternehmen, Wiesbaden 2019.

Witmann, Verena (CF 2016): Einflussfaktoren auf das M&A-Geschehen 2016: Neue Übernahmedynamik deutscher Unternehmen?, in: Corporate Finance 2016, S. 436.

Wörsching, Thomas (SteuerStud 2009): Grundlagen und Grundstrukturen des Internationalen Steuerrechts, in: Steuer und Studium 2009, S. 176–181.

Wörsching, Thomas (SteuerStud 2010): Grundzüge des Internationalen Ertragsteuerrechts, in: Steuer und Studium 2010, S. 150–156.

Wolff, Ulrich (IStR 2001): Überlegungen des Bundesfinanzministeriums zur mittelfristigen Weiterentwicklung des Außensteuergesetzes, in: Internationales Steuerrecht 2001, S. 440–441.

Wünnemann, Monika (IStR 2021): Neue Weltsteuerordnung für Unternehmensgewinne – Die Blueprints der OECD zu Pillar One und Two aus Sicht der deutschen Wirtschaft, in: Internationales Steuerrecht 2021, S. 73–79.

Wulf, Martin (Tax Compliance, 2019): Tax Compliance, in: Streck/Mack/Schwedhelm, Hrsg. Talaska, Peter u. a., 3. Auflage, Köln 2019, Rn. 2.396–2.468.

Ziebe, Jürgen (DStR 1991): Rechtsnatur und Ausgestaltung von Genußrechten, in: Deutsches Steuerrecht 1991, S. 1594–1597.

Zimmerlich, Antje (WRP 2004): Der Fall Microsoft, in: Wettbewerb in Recht und Praxis 2004, S. 1260–1272.

Zimmermann, Norbert (UmwG, 2020): Kommentierung zu § 13 UmwG, in: Kallmeyer, Umwandlungsgesetz, Verschmelzung, Spaltung und Formwechsel bei Handelsgesellschaften, Hrsg. Kallmeyer, Harald, 7. Auflage, Köln 2020.

Zinowsky, Tim/Jochimsen, Claus (ISR 2017): ATAD II – Ausweitung der Abwehrmaßnahmen gegen steuerlich hybride Gestaltungen auf Drittlandsfälle, in: Internationale Steuer-Rundschau, S. 325–336.

Zinowsky, Tim (IStR 2021): Die Vernunft als Maßstab findet Eingang in das Einkommensteuerrecht – Erläuterung der Bestimmungen zur Abwehr hybrider Gestaltungen nach § 4k EStG, in: Internationales Steuerrecht 2021, S. 500–509.

Zirfas de Morón, Heidrun (Transnationale Besteuerung im Kontext der Globalisierung, 1995): Transnationale Besteuerung im Kontext der Globalisierung, Göttingen 1995.

Zitzelsberger, Heribert (IStR 2001): Zum Generalthema II: Die deutsche Steuerreform im internationalen Kontext, in: Internationales Steuerrecht 2021, S. 527–533.

Zwirner, Christian/Lindmayr, Simon (Handbuch Unternehmensbewertung, 2017): Handbuch Unternehmensbewertung, in: Petersen/Zwirner, Hrsg. Petersen, Karl/Zwirner, Christian, Kapitel C, DCF-Verfahren, Rn. 1–39.

Gesetzesmaterialien

Völkerrechtliche Verträge

Abkommen über den Europäischen Wirtschaftsraum (**EWR-Abkommen**) in der Fassung vom 28. Mai 2016 (ABl. EU 2016 L 141/3).

Abkommen zwischen der Bundesrepublik Deutschland und der Republik Ungarn zur Vermeidung der Doppelbesteuerung und zur Verhinderung der Steuerverkürzung auf dem Gebiet der Steuern vom Einkommen und vom Vermögen (**DBA-Ungarn**) vom 28. Februar 2011 (BGBl II 2011, S. 919).

Abkommen zwischen der Bundesrepublik Deutschland und der Schweizerischen Eidgenossenschaft zur Vermeidung der Doppelbesteuerung auf dem Gebiete der Steuern vom Einkommen und vom Vermögen (**DBA-Schweiz a. F.**) in der Fassung vom 29. Dezember 1972 (BGBl II 1972, S. 1021).

Charta der Grundrechte der Europäischen Union (**GRC**) in der Fassung vom 26. Oktober 2012 (Abl. EU 2012 C 324/402).

Mehrseitiges Übereinkommen zur Umsetzung steuerabkommensbezogener Maßnahmen zur Verhinderung der Gewinnverkürzung und Gewinnverlagerung (**MLI**) in der Fassung vom 24. November 2016 (BGBl II 2020, S. 946).

OECD-Musterabkommen zur Vermeidung der Doppelbesteuerung auf dem Gebiet der Steuern vom Einkommen und vom Vermögen (**OECD-MA**) in der Fassung vom 21. November 2017.

Vertrag über die Arbeitsweise der Europäischen Union (**AEUV**) in der Fassung vom 11. Juni 2012 (ABl. EU 2012 L 204/131)).

Vertrag über die Europäische Union (**EUV**) in der Fassung vom 9. Dezember 2011 (ABl. EU 2012 L 112/21).

Europäische Vorschriften

Richtlinie 2003/49/EG des Rates vom 3. Juni 2003 (**ZLRL**) über eine gemeinsame Steuerregelung für Zahlungen von Zinsen und Lizenzgebühren zwischen verbundenen Unternehmen verschiedener Mitgliedstaaten (Abl. EU 2003 L 157/49).

Richtlinie (EG) 2009/133 des Rates vom 19. Oktober 2009 (**FRL**) über das gemeinsame Steuersystem für Fusionen, Spaltungen, Abspaltungen, die Einbringung von Unternehmensteilen und den Austausch von Anteilen, die Gesellschaften verschiedener Mitgliedstaaten betreffen, sowie für die Verlegung des Sitzes einer Europäischen Gesellschaft oder einer Europäischen

Genossenschaft von einem Mitgliedstaat in einen anderen Mitgliedstaat (kodifizierte Fassung) (ABl. EU 2009 L 310/34).

Richtlinie (EU) 2011/96 des Rates vom 30. November 2011 (**MTRL**) über das gemeinsame Steuersystem der Mutter- und Tochtergesellschaften verschiedener Mitgliedstaaten (Neufassung) (Abl. EU 2011 L 345/8).

Richtlinie (EU) 2016/1164 des Rates vom 12. Juli 2016 (**ATAD**) mit Vorschriften zur Bekämpfung von Steuervermeidungspraktiken mit unmittelbaren Auswirkungen auf das Funktionieren des Binnenmarktes (ABl. EU 2016 L 193/1).

Richtlinie (EU) 2017/952 des Rates vom 29. Mai 2017 (**ATAD II**) zur Änderung der Richtlinie (EU) 2016/1164 bezüglich hybrider Gestaltungen mit Drittländern (Abl. EU 2017 L 144/1).

Richtlinie (EU) 2022/2523 des Rates vom 14. Dezember 2022 (**MinBestRL**) zur Gewährleistung einer globalen Mindestbesteuerung für multinationale Unternehmensgruppen und große inländische Gruppen in der Union (Abl. EU 2022 L 328/1).

Nationale Vorschriften

Abgabenordnung 2002 (**AO a. F.**) in der Fassung der Bekanntmachung vom 1. Oktober 2002 (BGBl I 2002, S. 3866) geändert durch Art. 5 des Gesetzes vom 10. Oktober 2007 (BGBl I 2007, S. 2332).

Abgabenordnung 2002 (**AO**) in der Fassung der Bekanntmachung vom 1. Oktober 2002 (BGBl I 2002, 3866) letztmalig geändert durch Art. 3 und 4 des Gesetzes vom 20. Dezember 2022 (BGBl I 2022, S. 2730).

Aktiengesetz 1965 (**AktG**) in der Fassung der Bekanntmachung vom 6. September 1965 (BGBl 1965, S. 1089) letztmalig geändert durch Art. 3 Abs. 3 des Gesetzes vom 4. Januar 2023 (BGBl I 2023, Nr. 10).

Außensteuergesetz 1972 (**AStG a. F.**) in der Fassung der Bekanntmachung vom 8. September 1972 (BGBl I 1972, S. 1713) geändert durch Art. 5 des Gesetzes vom 2. Juni 2021 (BGBl I 2021, S. 2035).

Außensteuergesetz 1972 (**AStG**) in der Fassung der Bekanntmachung vom 8. September 1972 (BGBl I 1972, S. 1713) letztmalig geändert durch Art. 12 und 13 des Gesetzes vom 16. Dezember 2022 (BGBl I 2022, S. 2294).

Bewertungsgesetz 1991 (**BewG**) in der Fassung der Bekanntmachung vom 1. Februar 1991 (BGBl I 1991, S. 230) letztmalig geändert durch Art. 19 und 20 des Gesetzes vom 16. Dezember 2022 (BGBl I 2022, S. 2294).

Bürgerliches Gesetzbuch 2002 (**BGB**) in der Fassung der Bekanntmachung vom 2. Januar 2002 (BGBl I 2002, S. 42) letztmalig geändert durch Art. 6 des Gesetzes vom 7. November 2022 (BGBl I 2022, S. 1982).

Betriebsstättengewinnaufteilungsverordnung (**BsGaV**) in der Fassung der Bekanntmachung vom 13. Oktober 2014 (BGBl I 2014, S. 1603) letztmalig geändert durch Art. 8 Abs. 4 des Gesetzes vom 20. Dezember 2022 (BGBl I 2022, S. 2730).

Erbschaft- und Schenkungsteuergesetz (**ErbStG**) in der Fassung der Bekanntmachung vom 27. Februar 1997 (BGBl I 1997, S. 378) letztmalig geändert durch Art. 8 des Gesetzes vom 16. Juli 2021 (BGBl I 2021, S. 2947).

Einkommensteuergesetz 2009 (**EStG a. F.**) in der Fassung der Bekanntmachung vom 8. Oktober 2009 (BGBl I 2009, S. 3366) geändert durch Art. 3 des Gesetzes vom 3. Juni 2021 (BGBl I 2021, S. 1498).

Einkommensteuergesetz 2009 (**EStG**) in der Fassung der Bekanntmachung vom 8. Oktober 2009 (BGBl I 2009, S. 3366) letztmalig geändert durch Art. 11 des Gesetzes vom 20. Dezember 2022 (BGBl I 2022, S. 2730).

Grunderwerbsteuergesetz (**GrEStG**) in der Fassung der Bekanntmachung vom 26. Februar 1997 (BGBl I 1997, S. 418) letztmalig geändert durch Art. 22 und 23 des Gesetzes vom 16. Dezember 2022 (BGBl I 2022, S. 2294).

Grundgesetz 1949 (**GG**) in der Fassung der Bekanntmachung vom 23. Mai 1949 (BGBl I 1949, S. 1) letztmalig geändert durch Art. 1 des Gesetzes vom 19. Dezember 2022 (BGBl I 2022, S. 2478).

Gesetz betreffend die Gesellschaften mit beschränkter Haftung 1892 (**GmbHG**) in der Fassung der Bekanntmachung vom 20. April 1892 (RGBl 1892, S. 477) letztmalig geändert durch Art. 5 und 6 des Gesetzes vom 15. Juli 2022 (BGBl I 2022, S. 1146).

Gesetz über steuerliche Begleitmaßnahmen zur Einführung der Europäischen Gesellschaft und zur Änderung weiterer steuerrechtlicher Vorschriften (**SEStEG**) in der Fassung der Bekanntmachung vom 12. Dezember 2006 (BGBl I 2006, S. 2783).

Gesetz zum Abbau von Steuervergünstigungen und Ausnahmeregelungen (**StVergAbG**) in der Fassung der Bekanntmachung vom 16. Mai 2003 (BGBl I 2003, S. 660).

Gesetz zur Abwehr von Steuervermeidung und unfairem Steuerwettbewerb (**StAbwG**) in der Fassung der Bekanntmachung vom 25. Juni 2021 (BGBl I 2021, S. 2056) letztmalig geändert durch Art. 8 Abs. 2 des Gesetzes vom 20. Dezember 2022 (BGBl I 2022, S. 2730).

Gesetz zur Entlastung der Familien und zur Verbesserung der Rahmenbedingungen für Investitionen und Arbeitsplätze (Steueränderungsgesetz 1992) (**StÄndG 1992**) in der Fassung der Bekanntmachung vom 25. Februar 1992 (BGBl I 1992, S. 297).

Gesetz zur Fortentwicklung des Unternehmenssteuerrechts (**UntStFG**) in der Fassung der Bekanntmachung vom 20. Dezember 2001 (BGBl I 2001, 3858).

Gesetz zur Modernisierung des Körperschaftsteuerrechts (**KöMoG**) in der Fassung der Bekanntmachung vom 25. Juni 2021 (BGBl I 2021, S. 2050).

Gesetz zur Modernisierung des Personengesellschaftsrechts (Personengesellschaftsrechtsmodernisierungsgesetz) (**MoPeG**) in der Fassung der Bekanntmachung vom 10. August 2021 (BGBl I 2021, S. 3436).

Gesetz zur Senkung der Steuersätze und zur Reform der Unternehmensbesteuerung (Steuersenkungsgesetz) (**StSenkG**) in der Fassung der Bekanntmachung vom 23. Oktober 2000 (BGBl I 2000, S. 1460).

Gesetz zur Umsetzung der Änderungen der EU-Amtshilferichtlinie und von weiteren Maßnahmen gegen Gewinnkürzungen und Gewinnverlagerungen (**AHRL-ÄndUmsG**) in der Fassung der Bekanntmachung vom 20. Dezember 2016 (BGBl I 2016, S. 3000) letztmalig geändert durch Art. 9 des Gesetzes (BGBl I 2017, S. 1682).

Gesetz zur Umsetzung der Amtshilferichtlinie sowie zur Änderung steuerlicher Vorschriften (**AmtshilfeRLUmsG**) in der Fassung der Bekanntmachung vom 29. Juni 2013 (BGBl I 2013, S. 1809).

Gesetz zur Umsetzung der Anti-Steuervermeidungsrichtlinie (ATAD-Umsetzungsgesetz) (**ATADUmsG**) in der Fassung der Bekanntmachung vom 25. Juni 2021 (BGBl I 2021, S. 2035).

Gewerbesteuergesetz 2002 (**GewStG a. F.**) in der Fassung der Bekanntmachung vom 15. Oktober 2002 (BGBl I 2002, S. 4167) geändert durch Art. 9 des Gesetzes vom 3. Juni 2021 (BGBl I 2021, S. 1498).

Gewerbesteuergesetz 2002 (**GewStG**) in der Fassung der Bekanntmachung vom 15. Oktober 2002 (BGBl I 2002, S. 4167) letztmalig geändert durch Art. 5 des Gesetzes vom 19. Juni 2022 (BGBl I 2022, S. 911).

Handelsgesetzbuch 1897 (**HGB**) in der Fassung der Bekanntmachung vom 10. Mai 1897 (RGBl 1897, S. 219) letztmalig geändert durch Art. 1 des Gesetzes vom 15. Juli 2022 (BGBl I 2022, S. 1146).

Körperschaftsteuergesetz 2002 (**KStG**) in der Fassung der Bekanntmachung 15. Oktober 2002 (BGBl I 2002, S. 4144) letztmalig geändert durch Art. 8 und 9 des Gesetzes vom 16. Dezember 2022 (BGBl I 2022, S. 2294).

Jahressteuergesetz 2008 (**JStG 2008**) in der Fassung der Bekanntmachung vom 20. Dezember 2007 (BGBl I 2007, S. 3150).

Jahressteuergesetz 2009 (**JStG 2009**) in der Fassung der Bekanntmachung vom 19. Dezember 2008 (BGBl I 2008, S. 2794).

Jahressteuergesetz 2019 (**JStG 2019**) in der Fassung der Bekanntmachung vom 17. Dezember 2019 (BGBl I 2019, S. 2451).

Solidaritätszuschlaggesetz 1995 (**SolZG**) in der Fassung der Bekanntmachung vom 15. Oktober 2002 (BGBl I 2002, S. 4130) letztmalig geändert durch Art. 4 und 5 des Gesetzes vom 8. Dezember 2022 (BGBl I 2022, S. 2230).

Umwandlungsgesetz 2014 (**UmwG**) in der Fassung der Bekanntmachung vom 28. Oktober 2014 (BGBl I 1994, S. 3210) letztmalig geändert durch Art. 60 des Gesetzes vom 10. August 2021 (BGBl I 2021, S. 3436).

Umwandlungssteuergesetz 1995 (**UmwStG 1995**) in der Fassung der Bekanntmachung vom 15. Oktober (BGBl I 2002, S. 4133) letztmalig geändert durch Art. 3 des Gesetzes vom 16. Mai 2003 (BGBl I 2003, S. 660).

Umwandlungssteuergesetz 2006 (**UmwStG**) in der Fassung der Bekanntmachung vom 7. Dezember 2006 (BGBl I 2006, S. 2782) letztmalig geändert durch Art. 11 des Gesetzes vom 16. Dezember 2022 (BGBl I 2022, S. 2294).

Bundestagsdrucksache

Bericht der Bundesregierung an den Deutschen Bundestag vom 23. Juni 1964 über die Wettbewerbsverfälschungen, die sich aus Sitzverlagerungen und aus dem zwischenstaatlichen Steuergefälle ergeben, BT-Drucks. IV/2412.

Gesetzentwurf der Bundesregierung vom 2. Dezember 1971, Außensteuergesetz, BT-Drucks. VI/2883.

Gesetzentwurf der Bundesregierung vom 25. September 2006, Entwurf eines Jahressteuergesetzes 2007 (JStG 2007), BT-Drucks. 16/2712.

Gesetzentwurf der Bundesregierung vom 4. September 2007, Entwurf eines Jahressteuergesetzes 2008 (JStG 2008), BT-Drucks. 16/6290.

Gesetzentwurf der Bundesregierung vom 19. Juni 2012, Entwurf eines Jahressteuergesetzes 2013 (JStG 2013), BT-Drucks. 17/10000.

Gesetzentwurf der Bundesregierung vom 5. September 2016, Entwurf eines Gesetzes zur Umsetzung der Änderungen der EU-Amtshilferichtlinie und von weiteren Maßnahmen gegen Gewinnkürzungen und -verlagerungen, BT-Drucks. 18/9536.

Gesetzentwurf der Bundesregierung vom 17. März 2021, Entwurf eines Gesetzes zur Modernisierung des Personengesellschaftsrechts (Personengesellschaftsrechtsmodernisierungsgesetz – MoPeG), BT-Drucks. 19/27635.

Gesetzentwurf der Bundesregierung vom 19. April 2021, Entwurf eines Gesetzes zur Umsetzung der Anti-Steuervermeidungsrichtlinie (ATAD-Umsetzungsgesetz –ATADUmsG), BT-Drucks. 19/28652.

Gesetzentwurf der Bundesregierung vom 22. April 2021, Entwurf eines Gesetzes zur Abwehr von Steuervermeidung und unfairem Steuerwettbewerb und zur Änderung weiterer Gesetze, BT-Drucks. 19/28901.

Gesetzentwurf der Fraktionen SPD und BÜNDNIS 90/DIE GRÜNEN vom 15. Februar 2000, Entwurf eines Gesetzes zur Senkung der Steuersätze und zur Reform der Unternehmensbesteuerung (Steuersenkungsgesetz), BT-Drucks. 14/2683.

Weitere Gesetzesmaterialen

Gesetzentwurf der Bundesregierung vom 24. März 2021 (**AStG-RegE**), Entwurf eines Gesetzes zur Umsetzung der Anti-Steuervermeidungsrichtlinie (ATADUmsG).

Gesetzentwurf der Bundesregierung vom 24. März 2021 (**EStG-RegE**), Entwurf eines Gesetzes zur Umsetzung der Anti-Steuervermeidungsrichtlinie (ATADUmsG).

Referentenentwurf des Bundesministeriums der Finanzen vom 24. März 2020 (**AStG-RefE**), Entwurf eines Gesetzes zur Umsetzung der Anti-Steuervermeidungsrichtlinie (ATADUmsG).

Referentenentwurf des Bundesministeriums der Finanzen vom 24. März 2020 (**EStG-RefE**), Entwurf eines Gesetzes zur Umsetzung der Anti-Steuervermeidungsrichtlinie (ATADUmsG).

Referentenentwurf des Bundesministeriums der Finanzen vom 24. März 2020 (**GewStG-RefE**), Entwurf eines Gesetzes zur Umsetzung der Anti-Steuervermeidungsrichtlinie (ATADUmsG).

Rechtsprechungsverzeichnis

Entscheidungen des Europäischen Gerichtshofs

10.02.1979	Rs. Cassis de Dijon	
	120/78	Slg. 1979, S. 649–675
19.01.1982	Rs. Kreditvermittler	
	C-8/81	Slg. I 1982, S. 53–77
18.12.1997	Rs. Inter-Environnement Wallonie ASBL	
	C-129/96	Slg. I 1997, S. 7411–7452
12.05.1998	Rs. Gilly	
	C-336/96	Slg. I 1998, S. 2793–2842
14.10.1999	Rs. Sandoz	
	C-439/97	Slg. I 1999, S. 7041–7080
12.12.2002	Rs. Lankhorst-Hohorst	
	C-324/00	Slg. I 2002, S. 11779–11817
13.12.2005	Rs. Marks & Spencer	
	C-446/03	Slg. I 2005, S. 10837–10886
12.09.2006	Rs. Cadbury Schweppes	
	C-196/04	Slg. I 2006, S. 7995–8054
10.05.2007	Rs. Lasertec	
	C-492/04	Slg. I 2007, S. 3775–3786
11.11.2007	Rs. ELISA	
	C-451/05	Slg. I 2007, S. 8251–8318
06.12.2007	Rs. Columbus Container Services	
	C-298/05	Slg. I 2007, S. 10451–10516
23.10.2008	Rs. Krankenheim Ruhesitz am Wannsee-Seniorenheimstatt GmbH	
	C-157/07	Slg. I 2008, S. 8061–8086
12.02.2009	Rs. Cobelfret	
	C-138/07	Slg. I 2009, S. 731–765
04.06.2009	Rs. KBC Bank und Beleggen	
	C-439/07, C-499/07	Slg. I 2009, S. 4409–4446
17.09.2009	Rs. Glaxo Wellcome	
	C-182/08	Slg. I 2009, S. 8591–8659
21.01.2010	Rs. Société de Gestion Industrielle SA (SGI)	

	C-311/08	Slg. I 2010, S. 487–534
19.07.2012	Rs. Marianne Scheunemann	
	C-31/11	IStR 2012, S. 723–725
23.01.2014	Rs. DMC	
	C-164/12	IStR 2014, S. 106–110
10.04.2014	Rs. Emerging Markets Series of DFA Investment Trust Company	
	C-190/12	IStR 2014, S. 333–341
20.12.2017	Rs. Deister Holding und Juhler Holding	
	C-504/16, C-613/16	IStR 2018, S. 197–203
31.05.2018	Rs. Hornbach-Baumarkt	
	C-382/16	IStR 2018, S. 461–467
14.06.2018	Rs. GS	
	C-440/17	IStR 2018, S. 543–550
26.02.2019	Rs. X GmbH	
	C-135/17	IStR 2019, S. 347–356

Entscheidungen des Bundesverfassungsgerichts

14.04.1959	1 BvL 23/57	BVerfGE 9, S. 237–250
08.04.1987	2 BvR 687/85	BVerfGE 75, S. 223–246
10.11.1998	2 BvL 42/93	BVerfGE 99, S. 246–268
15.01.2014	1 BvR 1656/09	BVerfGE 135, S. 126–154
15.12.2015	2 BvL 1/12	BVerfGE 141, S. 1–56

Entscheidungen des Bundesgerichtshofs

11.07.1951	II ZR 45/50	BGHZ 3, S. 75–82
01.06.1967	II ZR 150/66	BGHZ 48, S. 214–221
10.10.1994	II ZR 32/94	BGHZ 127, S. 176–186
05.02.1998	I ZR 211/95	BGHZ 138, S. 55–66
09.12.2002	II ZB 12/02	BGHZ 153, S. 158–165
07.07.2003	II ZB 4/02	BGHZ 155, S. 318–328
27.10.2008	II ZR 158/06	BGHZ 178, S. 192–203

29.11.2011	II ZR 306/09	BGHZ 191, S. 354–364
16.07.2019	II ZR 175/18	BGHZ 223, S. 13–30
28.05.2020	I ZR 7/16	DB 2020, S. 1731–1737

Entscheidungen des Bundesfinanzhofs

17.07.1968	I 121/64	BStBl II 1968, S. 695–697
26.01.1970	IV R 144/66	BStBl II 1970, S. 264–274
03.02.1971	I R 51/66	BStBl II 1971, S. 408–411
21.05.1971	III R 125/70	BStBl II 1971, S. 721–723
30.06.1971	I R 57/70	BStBl II 1971, S. 753–754
08.11.1971	GrS 2/71	BStBl II 1972, S. 63–65
20.09.1973	IV R 41/69	BStBl II 1973, S. 869–872
10.07.1974	I R 248/71	BStBl II 1974, S. 752–756
29.01.1975	I R 135/70	BStBl II 1975, S. 553–556
24.02.1976	VIII R 155/71	BStBl II 1977, S. 265–266
28.11.1979	I R 141/75	BStBl II 1980, S. 162–163
06.02.1980	I R 50/76	BStBl II 1980, S. 477–480
06.11.1980	IV R 182/77	BStBl II 1981, S. 220–223
09.12.1980	VIIII R 11/77	BStBl II 1981, S. 339–343
26.05.1982	I R 16/78	BStBl II 1982, S. 56–59
25.06.1984	GrS 4/82	BStBl II 1984, S. 751–770
05.06.1985	I S 4/85	BFH/NV 1986, S. 725–726
12.11.1985	VIII R 240/81	BStBl II 1986, S. 296–299
18.02.1986	VIII R 125/58	BStBl II 1986, S. 611–613
15.07.1986	VIII R 154/85	BStBl II 1986, S. 896–900
29.04.1987	I R 192/82	BStBl II 1987, S. 797–797
15.10.1987	IV R 91/85	BStBl II 1988, S. 257–260
15.10.1987	IV R 66/86	BStBl II 1988, S. 260–264
26.10.1987	GrS 2/86	BStBl II 1988, S. 348–358
10.11.1987	VIII R 53/84	BStBl II 1988, S. 186–188
20.04.1988	I R 41/82	BStBl II 1988, S. 868–875
20.04.1989	IV R 95/87	BStBl II 1989, S. 863–865
16.05.1990	I R 16/88	BStBl II 1990, S. 1049–1051
20.11.1990	VIII R 10/87	BFH/NV 1991, S. 34–34
28.11.1990	I R 111/18	BStBl II 1991, S. 313–315

24.04.1991	X R 84/88	BStBl II 1991, S. 713–716
23.10.1991	I R 40/89	BStBl II 1992, S. 1026–1028
29.10.1991	VIII R 51/84	BStBl II 1992, S. 512–517
22.01.1992	I R 61/90	BStBl II 1992, S. 628–630
10.06.1992	I R 105/89	BStBl II 1992, S. 1029–1032
23.06.1992	IX R 182/87	BStBl II 1992, S. 972–975
27.08.1992	IV R 13/91	BStBl II 1993, S. 134–136
15.12.1992	VIII R 42/90	BStBl II 1994, S. 702–706
17.12.1992	IX R 7/91	BStBl II 1994, S. 492–496
03.02.1993	I R 80/91	BStBl II 1993, S. 462–468
03.05.1993	GrS 3/92	BStBl II 1993, S. 616–628
19.05.1993	I R 34/92	BStBl II 1993, S. 804–806
27.01.1994	IV R 114/91	BStBl II 1994, S. 635–638
19.07.1994	VIII R 58/92	BStBl II 1995, S. 362–367
22.11.1994	VIII R 63/93	BStBl II 1996, S. 93–96
07.12.1994	I K 1/93	BStBl II 1995, S. 175–180
02.03.1995	IV R 135/92	BStBl II 1995, S. 531–532
17.05.1995	X R 129/92	BStBl II 1996, S. 183–186
12.06.1995	II S 9/95	BStBl II 1995, S. 605–609
06.07.1995	IV R 79/84	BStBl II 1996, S. 269–273
30.08.1995	I R 77/94	BStBl II 1996, S. 122–126
23.05.1996	IV R 87/93	BStBl II 1996, S. 523–527
11.07.1996	IV R 103/94	BStBl II 1997, S. 39–42
06.03.1997	XI R 2/96	BStBl II 1997, S. 460–462
09.06.1997	GrS 1/94	BStBl II 1998, S. 307–313
03.07.1997	IV R 58/95	BStBl II 1998, S. 86–90
22.07.1997	VIII R 12/96	BStBl II 1997, S. 761–767
23.07.1997	X R 125/96	BFH/NV 1998, S. 58–59
21.07.1999	I R 110/98	BStBl II 1999, S. 812–515
19.08.1999	I R 77/96	BStBl II 2001, S. 43–47
19.01.2000	I R 42/02	BStBl II 2001, S. 222–226
18.04.2000	VIII R 68/98	BStBl II 2001, S. 359–364
26.04.2001	IV R 14/00	BStBl II 2001, S. 798–801
30.05.2001	II R 4/99	BStBl II 2001, S. 606–609
30.10.2001	VIII R 15/01	BStBl II 2002, S. 138–144
17.01.2002	IV R 51/00	BStBl II 2002, S. 873–875
19.03.2002	VIII R 57/99	BStBl II 2002, S. 662–666

09.08.2002	III B 34/02	BFH/NV 2002, S. 1616–1617
23.10.2002	I R 39/01	BFH/NV 2003, S. 289–290
09.07.2003	I B 194/02	BFH/NV 2003, S. 1349–1350
20.08.2003	I R 61/01	BStBl II 2004, S. 616–620
18.09.2003	X R 2/00	BStBl II 2004, S. 17–22
25.02.2004	I R 42/02	BStBl II 2005, S. 14–19
18.03.2004	III R 25/02	BStBl II 2004, S. 787–795
21.07.2004	X R 33/03	BStBl II 2004, S. 1063–1068
11.04.2005	GrS 2/02	BStBl II 2005, S. 679–683
14.06.2005	VIII R 73/03	BStBl II 2005, S. 861–864
08.11.2005	VIII R 21/01	BFH/NV 2006, S. 491–494
08.11.2005	VIII R 11/02	BStBl II 2006, S. 253–258
29.03.2006	X R 59/00	BStBl II 2006, S. 661–668
03.05.2006	I R 124/04	BStBl II 2011, S. 547–552
10.01.2007	I R 53/06	BStBl II 2007, S. 585–586
11.10.2007	X R 39/04	BStBl II 2008, S. 220–223
17.10.2007	I R 5/06	BStBl II 2009, S. 356–361
19.12.2007	I R 19/06	BFH/NV 2008, S. 672–677
29.01.2008	I R 26/06	BStBl II 2008, S. 978–980
13.02.2008	I R 75/07	BStBl II 2010, S. 1028–1030
08.04.2008	VIII R 3/05	BStBl II 2008, S. 852–856
17.07.2008	I R 77/06	BStBl II 2009, S. 464–471
22.07.2008	IX R 61/05	BFH/NV 2008, S. 2004–2007
02.09.2008	X R 48/02	BStBl II 2010, S. 162–166
28.10.2008	VII R 32/07	BFH/NV 2009, S. 355–357
04.06.2009	IV B 69/08	BFH/NV 2009, S. 1644–1647
18.08.2009	X R 20/06	BStBl II 2010, S. 222–225
21.10.2009	I R 114/08	BStBl II 2010, S. 774–778
16.12.2009	I R 102/08	BStBl II 2011, S. 566–567
28.04.2010	I R 81/09	BStBl II 2014, S. 754–759
20.05.2010	III R 28/08	BStBl II 2014, S. 194–196
28.07.2010	I R 89/09	BStBl II 2011, S. 528–531
25.08.2010	I R 97/09	BFH/NV 2011, S. 312–315
08.09.2010	I R 6/09	BStBl II 2013, S. 186–190
08.09.2010	I R 74/09	BStBl II 2014, S. 788–791
13.10.2010	I R 61/09	BStBl II 2011, S. 249–251
09.12.2010	I R 49/09	BStBl II 2011, S. 482–488

04.05.2011	II R 51/09	BStBl II 2014, S. 751–754
25.05.2011	I R 95/10	BStBl II 2014, S. 760–764
07.12.2011	I R 5/11	BFH/NV 2012, S. 556–558
11.12.2011	VIII R 58/98	BStBl II 2002, S. 420–426
14.12.2011	I R 72/10	BStBl II 2017, S. 1226–1228
26.04.2012	IV R 43/09	BStBl II 2017, S. 1228–1232
29.08.2012	I R 7/12	BStBl II 2013, S. 89–92
20.02.2013	GrS 1/12	BStBl II 2013, S. 441–443
05.03.2013	X B 98/11	BFH/NV 2013, S. 924–926
12.06.2013	I R 47/12	BStBl II 2014, S. 770–774
11.12.2013	I R 4/13	BStBl II 2014, S. 791–801
11.02.2014	III B 16/13	BFH/NV 2014, S. 673–674
16.04.2014	I R 2/12	BFH/NV 2014, S. 1813–1817
24.04.2014	IV R 34/10	BStBl II 2017, S. 233–238
17.12.2014	I R 39/14	BStBl II 2015, S. 1052–1056
29.01.2015	I R 68/13	BFH/NV 2015, S. 1112–1115
11.03.2015	I R 10/14	BStBl II 2015, S. 1049–1052
16.04.2015	IV R 1/12	BStBl II 2015, S. 705–709
18.06.2015	IV R 11/13	BFH/NV 2015, S. 1398–1401
20.08.2015	IV R 26/13	BStBl II 2016, S. 408–411
19.01.2016	XI R 38/12	BStBl II 2017, S. 567–577
10.05.2016	X R 5/14	BFH/NV 2017, S. 8–10
13.07.2016	VIII R 47/13	BFH/NV 2016, S. 1831–1834
23.08.2016	X R 27/16	BFH/NV 2018, S. 36–39
12.10.2016	I R 92/12	BFH/NV 2017, S. 685–693
26.04.2017	I R 84/15	BStBl II 2018, S. 492–495
31.05.2017	I R 37/15	BStBl II 2018, S. 144–146
13.07.2017	IV R 41/14	BStBl II 2017, S. 1132–1133
29.11.2017	I R 58/15	BFH/NV 2018, S. 684–687
01.03.2018	IV R 38/15	BStBl II 2018, S. 587–593
11.04.2018	I R 34/15	BFH/NV 2019, S. 77–81
12.04.2018	IV R 5/15	BFH/NV 2018, S. 881–885
13.06.2018	I R 94/15	BStBl II 2020, S. 755–760
19.07.2018	IV R 10/17	BFH/NV 2018, S. 1268–1273
26.09.2018	I R 16/16	BStBl II 2020, S. 206–211
08.01.2019	II B 62/18	BFH/NV 2019, S. 293–296
10.04.2019	I R 15/16	BFH/NV 2019, S. 1312–1315

22.05.2019	I R 11/19 (I R 80/14)	BStBl II 2021, S. 265–269
14.08.2019	I R 44/17	BFH/NV 2020, S. 807–814
14.08.2019	I R 21/18	BFH/NV 2020, S. 759–761
18.12.2019	I R 59/17	BStBl II 2021, S. 270–275
17.11.2020	I R 2/18	BStBl II 2021, S. 580–584
18.05.2021	I R 4/17	BFH/NV 2021, S. 1595–1601
01.07.2021	VIII R 9/19	BStBl II 2022, S. 359–363
01.07.2021	VIII R 28/19	BFH/NV 2021, S. 1497–1499
01.07.2021	VIII R 6/20	BFH/NV 2021, S. 1500–1502
01.07.2021	VIII R 7/20	BStBl II 2022, S. 366–371
01.07.2021	VIII R 15/20	BStBl II 2022, S. 359–363
01.07.2021	VIII R 19/20	BFH/NV 2021, S. 1502–1505
28.06.2022	I R 43/18	BFH/NV 2022, S. 1383–1386

Entscheidungen des Finanzgerichts Baden-Württemberg

22.05.2017	10 K 1859/15	EFG 2017, S. 1433–1438
08.05.2018	6 K 1775/16	IStR 2019, S. 107–113
08.05.2018	6 K 2814/16	IStR 2019, S. 113–116
25.09.2018	6 K 2090/15	EFG 2019, S. 517–520

Entscheidungen des Finanzgerichts Berlin

31.07.2000	8 K 8401/97	EFG 2000, S. 1324–1325

Entscheidungen des Finanzgerichts Bremen

15.10.2015	1 K 4/15 (5)	EFG 2016, S. 675–677

Entscheidungen des Finanzgerichts Düsseldorf

28.10.2019	8 K 2812/16 E	EFG 2020, S. 42–45

Entscheidungen des Finanzgerichts Hamburg

09.08.1997	I 69/85	EFG 1988, S. 281–281
01.10.2009	6 K 45/07	EFG 2010, S. 425–427
28.01.2010	1 K 184/07	EFG 2010, S. 1085–1088
15.04.2015	2 K 66/14	EFG 2015, S. 1404–1408

Entscheidungen des Finanzgerichts Hessen

18.10.2012	8 K 1694/09	EFG 2013, S. 235–236
26.03.2015	10 K 2347/09	EFG 2015, S. 1454–1457
19.10.2018	8 K 1279/16	EFG 2019, S. 199–202
12.11.2020	4 K 832/18	BeckRS 2020, 45902

Entscheidungen des Finanzgerichts Köln

08.11.2018	13 K 552/17	DStRE 2019, S. 1230–1230
17.10.2019	6 K 832/16	EFG 2019, S. 1149–1152

Entscheidungen des Finanzgerichts München

27.01.2014	7 K 987/11	EFG 2014, S. 848–850
13.03.2017	7 K 59/14	EFG 2017, S. 942–943
14.03.2019	14 K 1773/17	BeckRS 2019, 10902
13.07.2021	6 K 215/19	EFG 2021, S. 1702–1707

Entscheidungen des Finanzgerichts Münster

28.08.2014	3 K 744/13 F	EFG 2015, S. 101–103
20.11.2015	10 K 1410/12 F	EFG 2016, S. 453–459
18.10.2018	10 K 4079/16 G	EFG 2019, S. 127–129
12.04.2019	13 K 3645/16 G	EFG 2019, S. 1317–1322
11.02.2022	2 V 1478/21 F	EFG 2022, S. 557–560

Entscheidungen des Finanzgerichts Niedersachsen

28.09.2009	3 K 869/04	DStRE 2010, S. 992–995

Entscheidungen des Finanzgerichts Sachsen

07.12.2009	5 K 669/06	DStRE 2011, S. 297–300

Entscheidungen des Finanzgerichts Schleswig-Holstein

09.04.2001	IV 64/99	EFG 2001, S. 1001–1003
30.06.2011	1 K 73/06	EFG 2011, S. 1911–1915

Verwaltungsanweisungen

Richtlinien und Anwendungserlasse

Anwendungserlass zur Abgabenordnung 2012 (**AEAO**) in der Fassung der Bekanntmachung vom 31. Januar 2014 (BStBl I 2014, S. 290) letztmalig geändert durch Schreiben vom 3. November 2022 (BStBl I 2022, S. 1462).

Einkommensteuer-Richtlinie 2012 (**EStR**) in der Fassung der Bekanntmachung vom 16. Dezember 2005 (BStBl I 2005, Sondernr. 1/2005, S. 1) letztmalig geändert durch die EStÄR 2012 vom 25. März 2013 (BStBl I 2013, S. 276).

Gewerbesteuer-Richtlinie 2009 (**GewStR**) in der Fassung der Bekanntmachung vom 28. April 2010 (BStBl I 2010, Sondernr. 1/2010, S. 2).

Körperschaftsteuer-Richtlinie 2022 (**KStR**) in der Fassung der Bekanntmachung vom 13. April 2022 (BStBl I 2022, Sondernr. 1/2022, S. 2).

Sonstige Verwaltungsanweisungen

BMF vom 19. April 1971, Ertragsteuerliche Behandlung von Leasing-Verträgen über bewegliche Wirtschaftsgüter, IV B/2 – S 2170 – 31/71, BStBl I 1971, S. 264.

BMF vom 21. März 1972, Ertragsteuerliche Behandlung von Finanzierungs-Leasing-Verträgen über unbewegliche Wirtschaftsgüter, IV B 2 – S 2170 – 11/72, BStBl I 1972, S. 188.

BMF vom 23. Februar 1983, Grundsätze für die Prüfung der Einkunftsabgrenzung bei international verbundenen Unternehmen (Verwaltungsgrundsätze), IV C 5 – S 1341 – 4/83, BStBl I 1983, S. 218.

BMF vom 5. März 1987, Bilanzierung von Zerobonds (Null-Kupon-Anleihen), IV B 2 – S 2133 – 1/87, BStBl I 1987, S. 394.

BMF vom 4. Juni 2003, Steuerliches Einlagekonto (Anwendung der §§ 27 und 28 KStG), IV A 2 – S 2836 – 2/03, BStBl I 2003, S. 366.

BMF vom 19. März 2004, Steuerliche Einordnung der nach dem Recht der Bundesstaaten der USA gegründeten Limited Liability Company, IV B 4 – S 1301 USA – 22/04, BStBl I 2004, S. 411.

BMF vom 14. Mai 2004, Grundsätze zur Anwendung des Außensteuergesetzes (Außensteuererlass), IV B 4 – S 1340 – 11/04, BStBl I 2004, Sondernr. 1/2004, S. 3.

BMF vom 10. November 2005, Änderungen bei der Besteuerung steuerlicher Organschaften durch das Steuervergünstigungsabbaugesetz (StVergAbG), IV B 7 – S 2770 – 24/05, BStBl I 2005, S. 1038.

BMF vom 8. Januar 2007, Hinzurechnungsbesteuerung nach dem Außensteuergesetz (AStG), IV B 4 – S 1351 – 1/07, BStBl I 2007, S. 99.

BMF vom 4. Juli 2008, Zinsschranke nach § 4h EStG; § 8a KStG, IV C 7 – S 2742 – a/07/10001, BStBl I 2008, S. 718.

BMF vom 11. Juli 2011, Behandlung der Einbringung zum Privatvermögen gehörender Wirtschaftsgüter in das betriebliche Gesamthandsvermögen einer Personengesellschaft, IV C 6 – S 2178/09/10001, BStBl I 2011, S. 713.

BMF vom 11. November 2011, Anwendung des Umwandlungssteuergesetzes i. d. F. des Gesetzes über steuerliche Begleitmaßnahmen zur Einführung der Europäischen Gesellschaft und zur Änderung weiterer steuerrechtlicher Vorschriften (SEStEG) – Umwandlungssteuererlass 2011, IV C 2 – S 1978 – b/08/10001, BStBl I 2011, S. 1314.

BMF vom 8. Dezember 2011, Zweifelsfragen zur Überführung und Übertragung von einzelnen Wirtschaftsgütern nach § 6 Abs. 5 EStG, IV C 6 – S 2241/10/10002, BStBl I 2011, S. 1279.

BMF vom 24. Januar 2012, Entlastungsberechtigung ausländischer Gesellschaften (§ 50d Abs. 3 EStG), IV B 3 – S 2411/07/10016, BStBl I 2012, S. 171.

BMF vom 17. Dezember 2013, Steuerliche Anerkennung inkongruenter Gewinnausschüttungen, IV C 2 – S 2570 a/11/10001, BStBl I 2014, S. 63.

BMF vom 26. September 2014, Anwendung der Doppelbesteuerungsabkommen (DBA) auf Personengesellschaften, IV B 5 – S 1300/09/10003, BStBl I 2014, S. 1258.

BMF vom 18. Januar 2016, Einzelfragen zur Abgeltungsteuer, IV C 1 – S 2252/08/10004:017, BStBl I 2016, S. 85.

BMF vom 4. April 2016, Gesonderte Feststellung von Nennkapitalrückzahlungen bei ausländischen Kapitalgesellschaften (§ 27 Abs. 8 KStG), IV C 2 – S 2836/08/10002, BStBl I 2016, S. 468.

BMF vom 22. Dezember 2016, Grundsätze für die Anwendung des Fremdvergleichsgrundsatzes auf die Aufteilung der Einkünfte zwischen einem inländischen Unternehmen und seiner ausländischen Betriebsstätte und auf die Ermittlung der Einkünfte der inländischen Betriebsstätte eines ausländischen Unternehmens nach § 1 Abs. 5 des AStG und BsGaV (Verwaltungsgrundsätze Betriebsstättengewinnaufteilung – VWG BsGa); IV B 5 – S 1341/19/10010:003, BStBl I 2017, S. 182.

BMF vom 28. November 2017, Verlustabzugsbeschränkung für Körperschaften (§ 8c KStG), IV C 2 – S 2745 – a/09/10002:004, BStBl I 2017, S. 1645.

BMF vom 30. November 2017, Steuerliche Gewinnermittlung; Bilanzsteuerrechtliche Berücksichtigung von Verpflichtungsübernahmen, Schuldbeitritten und Erfüllungsübernahmen mit vollständiger oder teilweiser Schuldfreistellung, Anwendung der Regelungen in § 4f EStG und § 5 Abs. 7 EStG, IV C 6 – S 2133/14/10001, BStBl I 2017, S. 1619.

BMF vom 4. April 2018, Entlastung vom Steuerabzug vom Kapitalertrag bei ausländischen Gesellschaften (§ 50d Abs. 3 EStG), Unionsrechtskonforme Anwendung, IV B 3 – S 2411/07/10016-14, BStBl I 2018, S. 589.

BMF vom 18. November 2020, Einkommenserhöhung durch eine verdeckte Einlage bei Nichtberücksichtigung einer verdeckten Gewinnausschüttung (§ 8 Abs. 3 Satz 5 KStG), IV C 2 – S 2743/18/10002:001, BStBl I 2020, S. 1226.

BMF vom 17. März 2021, Anwendung des § 8 Abs. 2 AStG; Veröffentlichung der BFH-Urteile vom 22. Mai 2019 I R 11/19 und vom 18. Dezember 2019 I R 59/17, IV B 5 – S 1351/19/10002:001, BStBl I 2021, S. 342.

BMF vom 29. März 2021, Anwendung der Vorschriften über die Pflicht zur Mitteilung grenzüberschreitender Steuergestaltungen, IV B 1 – S 1317/19/10058:011, BStBl I 2021, S. 582.

BMF vom 14. Juli 2021, Verwaltungsgrundsätze Verrechnungspreise; Grundsätze für die Korrektur von Einkünften gemäß § 1 AStG, IV B 5 – S 1341/19/10017:001, BStBl I 2021, S. 1098.

BMF vom 21. April 2022, Rückzahlung von nicht in das Nennkapital geleisteten Einlagen und Rückzahlung von Nennkapital durch Drittstaaten-Kapitalgesellschaften, IV C 2 – S 2836/20/10001:002, BStBl I 2022, S. 647.

BMF vom 19. Mai 2022, BFH-Urteile vom 1. Juli 2021 VIII R 9/19 und VIII R 15/20; Keine Anwendung der Urteilsgrundsätze auf Abspaltungen i. S. d. § 15 UmwStG, IV C 2 – S 1978-b/20/10005:004, BStBl I 2022, S. 844.

BMF vom 15. Juni 2022, Einzelfragen zur Abgeltungsteuer; Kapitalmaßnahme Hewlett-Packard Company (USA) im Jahr 2015; Kapitalmaßnahme eBay Inc. (USA) im Jahr 2015; Kapitalmaßnahme Kraft Foods Inc. (USA) im Jahr 2012; Abspaltungen i. S. d. § 20 Abs. 4a Satz 7 EStG, IV C 1 – S 2252/19/10028:018, BStBl I 2022, S. 943.

FinMin Bremen vom 10. Dezember 1975, Verzeichnis der bei der Ermittlung des Hinzurechnungsbetrages gem. § 10 Abs. 3 AStG zu berücksichtigenden steuerlichen Vergünstigungen und Vorschriften, S 1345 – 100, StEK AStG § 10 Nr. 6, BB 1975, S. 1563.

FinMin Niedersachsen vom 14. Juni 1965, Verlagerung von Einkünften und Vermögen in sogenannte Steueroasenländer, hier: Bericht der Bundesregierung an den Deutschen Bundestag über die Wettbewerbsverfälschung, die sich aus Sitzverlagerungen und aus dem zwischenstaatlichen Steuergefälle ergeben können (Bundestagsdrucksache IV/2412), S 301 – 90 – 31 1, BStBl II 1965, S. 74.

FinMin Nordrhein-Westfalen vom 6. Oktober 2010, Umfang der Befreiungen nach § 3 Nr. 6 und Nr. 20 GewStG bei einer Betriebsaufspaltung; Merkmalsübertragung vom Betriebs- auf das Besitzunternehmen, G 1410 – 7 – V B 4, DStR 2010, S. 2462.

FinMin Nordrhein-Westfalen vom 6. Oktober 2011, Keine steuerneutrale Einlagenrückgewähr nach § 20 Abs. 1 Nr. 1 Satz 3 EStG i. V. m. § 27 KStG durch Kapitalgesellschaften in Drittstaaten, S 2836 – 17 – V B 4, BeckVerw 268159.

FinMin Nordrhein-Westfalen vom 18. Juli 2018, Steuerbilanzieller Ausweis von Genussrechtskapital, S 2133 – 0000036 – V B 1/S 2741 – 91 – V B 4, DB 2018, S. 1762.

Oberste Finanzbehörden der Länder vom 2. Juli 2012, Anwendungsfragen zur Hinzurechnung von Finanzierungsanteilen nach § 8 Nummer 1 GewStG in der Fassung des Unternehmensteuerreformgesetzes 2008, BStBl I 2012, S. 654.

Oberste Finanzbehörden der Länder vom 14. Dezember 2015, gleich lautende Erlasse zu den Folgen aus dem BFH-Urteil vom 11. März 2015, I R 10/14, BStBl I 2015, S. 1090.

Oberste Finanzbehörde der Länder vom 4. Februar 2021, gleich lautende Erlasse zur Aufhebung der gleich lautenden Erlasse der obersten Finanzbehörden der Länder vom 14. Dezember 2015, BStBl I 2021, S. 248.

OFD Erfurt vom 23. Oktober 2003, Steuerliche Behandlung der typisch und atypisch stillen Gesellschaft, S 2241 A – 08 – L 221, FR 2003, S. 1299.

OFD Frankfurt vom 13. Juli 2021, Broschüre „Die wichtigsten Steuern im internationalen Vergleich", S 1340 A – 020 – St 63, BeckVerw 551750.

OFD Frankfurt vom 16. August 2021, Regelung des § 8b Abs. 4 KStG; Unterjähriger Hinzuerwerb von Anteilen, S 2750a A – 027 – St 52, DStR 2021, S. 2468.

OFD Magdeburg vom 2. Juni 2014, Regelungen in § 4f und § 5 Abs. 7 EStG zu Verpflichtungsübernahme, Schuldbeitritt und Erfüllungsübernahme, S 2133 – 27 – St 21, DStR 2014, S. 1546.

OFD Niedersachsen vom 1. Februar 2013, Beteiligung an anderen Körperschaften und Personenvereinigungen i. S. d. § 8b KStG; Allgemeines, Hinweise und Zweifelsfragen, S 2750a – 18 – St 248, BeckVerw 455786.

OFD Nordrhein-Westfalen vom 12. Mai 2016, Körperschaftsteuerliche Behandlung von Genussrechten (§ 8 KStG), S 2742 – 2016/0009 – St 131, DStR 2016, S. 1816.

OFD Nordrhein-Westfalen vom 26. April 2017, Kürzung des Gewerbeertrags nach § 9 Nr. 3 GewStG um den Hinzurechnungsbetrag nach § 10 AStG, Kurzinformation Gewerbesteuer Nr. 03/2017, IStR 2017, S. 592.

OFD Nordrhein-Westfalen vom 5. September 2017, Steuerliche Behandlung von nach ausländischem Recht gegründeten grundstücksverwaltenden Körperschaften und von vermögensverwaltenden gewerblich geprägten Personengesellschaften mit ausländischen Gesellschaftern ab dem Veranlagungszeitraum 2009, S 1300 – 2010/0007 – St 122, IStR 2017, S. 996.

OFD Rheinland vom 22. Oktober 2010, Anwendung der Doppelbesteuerungsabkommen auf Einkünfte aus ausländischen Betriebsstätten (und auf ausländisches Betriebsstättenvermögen) nach § 20 Abs. 2 und 3 AStG, Auswirkungen des BFH-Urteils vom 21. Oktober 2009 I R 114/08, Kurzinfo Int. StR 49/2010, DStR 2011, S. 175.

OFD Rheinland vom 14. Dezember 2011, Steuerliche Behandlung der Umwandlung von Darlehen in Genussrechte, Kurzinfo KSt 56/2011, DStR 2012, S. 189.

SenFin Berlin vom 6. Januar 2016, Anwendung des § 8c KStG auf Verluste im Rahmen der Hinzurechnungsbesteuerung nach dem AStG, III A – S 275a – 3/ 2013, DStR 2016, S. 173.

www.ingramcontent.com/pod-product-compliance
Ingram Content Group UK Ltd.
Pitfield, Milton Keynes, MK11 3LW, UK
UKHW021130041026
8980IPUK00034B/1430

9 783631 913697